Nitsch · Teuber · Hrsg.
Zwischen dem Heiligen und dem Profanen

HISPANISTISCHES KOLLOQUIUM

herausgegeben von

Wolfgang Matzat
Wolfram Nitsch
Gerhard Penzkofer
Bernhard Teuber

Band 3

Wolfram Nitsch · Bernhard Teuber · Hrsg.

Zwischen dem Heiligen und dem Profanen

Religion, Mythologie, Weltlichkeit in der spanischen
Literatur und Kultur der Frühen Neuzeit

Wilhelm Fink

Gedruckt mit freundlicher Unterstützung von:

Deutsche
Forschungsgemeinschaft
DFG

Instituto Cervantes

Bibliografische Information der Deutschen Nationalbibliothek

Die Deutsche Nationalbibliothek verzeichnet diese Publikation in der Deutschen National-
bibliografie; detaillierte bibliografische Daten sind im Internet über
http://dnb.d-nb.de abrufbar.

Alle Rechte, auch die des auszugsweisen Nachdrucks, der fotomechanischen Wiedergabe und der
Übersetzung, vorbehalten. Dies betrifft auch die Vervielfältigung und Übertragung einzelner
Textabschnitte, Zeichnungen oder Bilder durch alle Verfahren wie Speicherung und Übertragung
auf Papier, Transparente, Filme, Bänder, Platten und andere Medien, soweit es nicht §§ 53 und 54
URG ausdrücklich gestatten.

© 2008 Wilhelm Fink Verlag, München
(Wilhelm Fink GmbH & Co. Verlags-KG, Jühenplatz 1, D-33098 Paderborn)

Internet: www.fink.de

Umschlaggestaltung: Evelyn Ziegler, München
Umschlagabbildung: Diego Velázquez, Der Triumph des Bacchus, 1629
Printed in Germany.
Herstellung: Ferdinand Schöningh GmbH & Co. KG, Paderborn

ISBN 978-3-7705-4616-9

Inhaltsverzeichnis

Einleitung: Zwischen dem Heiligen und dem Profanen 9

Theologische und mythographische Horizonte

MANFRED TIETZ
Profane Literatur und religiöse Kultur im Siglo de Oro 23

CHRISTOPH STROSETZKI
Von der *lex divina* zur *lex positiva*
im Drama und in der Traktatliteratur des Siglo de Oro 41

GEORGES GÜNTERT
De los nombres de Cristo. Aspectos filosóficos, religiosos y estéticos 57

FRIEDRICH WOLFZETTEL
Religiöse Instrumentalisierung der Natur — ein barockes Phänomen? 73

AURORA EGIDO
Mitografía e historia literaria.
La *Agudeza* de Gracián ante el panteón clásico 93

Parodien und Profanationen

STEPHAN LEOPOLD
Der Tod der Daphne als Garcilasos poetisches Gründungsopfer.
Frühneuzeitliche Kulturübertragung zwischen *fanum* und *profanum* 121

HANNO EHRLICHER
Literatura peregrina.
Kuriose Pilgertexte zwischen Weltlichkeit und Spiritualität 141

JAVIER GÓMEZ-MONTERO
«Mi romería va por otros nortes ...».
De la *peregrinatio* al *itinerarium urbis* en el *Viaje de Turquía* 171

AGUSTÍN DE LA GRANJA
Ermitañear y *tabernáculo*.
Dos términos equívocos en un dudoso soneto gongorino 189

MARIANO DELGADO
«... que bien sé lo que son tentaciones del demonio».
Aspekte der Dämonologie im *Quijote* 205

Poetische Mythenreprisen

WOLFGANG MATZAT
Barocke Mythenparodie in Lope de Vegas *Arcadia* 227

CHRISTIAN WEHR
Zwischen Profanierung und Transzendenz.
Modellierungen des Ikarus-Mythos in der Lyrik des Siglo de Oro 243

WOLFRAM NITSCH
Der Blitz und das Netz. Mythen der Technik bei Góngora 261

KIRSTEN KRAMER
Mythos und Bildmagie. Zum Verhältnis von
Portrait, Spiegel und Schrift in Góngoras Lyrik 285

FÉLIX DUQUE
La hibridación de culturas en el *El divino Narciso* 311

SEBASTIAN NEUMEISTER
Mimikry? Sor Juana Inés de la Cruz als *in-between*
der kolonialen Mythenaneignung 329

Theatralische und bildliche Repräsentationen

GERHARD PENZKOFER
Hoffest, *momería* und höfische Revue
in Gil Vicentes *La tragicomedia de Amadís de Gaula* 347

ULRIKE SPRENGER
NO∞DO. Zur frühneuzeitlichen Identitätsbildung Sevillas 371

BERNHARD TEUBER
«Santo y bandolero». Sakralität und Profanität in den Räuberstücken
des Siglo de Oro am Beispiel von Calderóns *Devoción de la cruz* 387

GERHARD POPPENBERG
Pro fano. Zu *El pintor de su deshonra* von Calderón (*comedia* und *auto*)
sowie zu *Las meninas* und *Las hilanderas* von Velázquez 413

HANS-JÖRG NEUSCHÄFER
Zwischen *fanum* und *profanum*. Stilmischung und ‹Realismus›
in der Genremalerei von Velázquez und Murillo 455

Einleitung: Zwischen dem Heiligen und dem Profanen

Als im Gefolge der Islamischen Revolution im Iran französische Intellektuelle von einem «retour du religieux», gar von einem «retour au sacré», zu sprechen begannen [1], war noch nicht abzusehen, dass sich das damit bezeichnete Phänomen zu einer prägenden Signatur des beginnenden 21. Jahrhunderts auswachsen sollte. Inzwischen besteht kein Zweifel mehr daran, dass sich die Präsenz der Religion machtvoll in Bereichen bekundet, aus denen der Bezug zum Heiligen längst ausgewandert schien. Die Grenzen zwischen Religionen und weltanschaulichen Überzeugungen, vor allem aber die Grenzen zwischen der Theonomie der Religion und der Autonomie einer säkular verstandenen Gesellschaft, die dank der Aufklärung und seit der Aufklärung als für die Moderne festgezogen, ja unverrückbar galten und mit einer ähnlich klaren Trennung von öffentlicher und privater Sphäre einhergingen, werden derzeit in vielen Gesellschaften neu ausgehandelt. Dies gilt nicht zuletzt für Spanien selbst, wo auf die 1975 einsetzende Periode einer um gesellschaftlichen und kulturellen Konsens bemühten *transición* seit der Mitte der 1990er Jahre eine Phase der sich zuspitzenden Konfrontation zwischen antagonistischen Lagern folgte, die in jüngster Zeit oft ethisch-moralisch oder ausdrücklich religiös motivierte Streitpunkte zum Gegenstand hat, so als würde der langlebige Gegensatz zwischen den *dos Españas* von Neuem aufbrechen.

Vor dem skizzierten Hintergrund behält die Fragestellung des dritten Hispanistischen Kolloquiums, das vom 28. bis 31. März 2006 in München stattfand und dessen Resultate in diesem Band vorgelegt werden, eine fortdauernde Aktualität. Dabei ging es den Veranstaltern keineswegs um eine leichtfertige Parallelisierung zwischen ferner Vergangenheit und aktueller Gegenwart, sondern um die kritische Reflexion eines historischen Phänomens, zu dem sich unter dem Blickwinkel der *longue durée* gleichwohl überraschende Analogien ergaben — auch in der jüngeren Geschichte Spaniens. Im Anschluss an zwei vorausgegangene Kolloquien über *Welterfahrung/ Selbsterfahrung* und über den *Prozess der Imagination*, abgehalten 1998 in Bonn und 2002 in Würzburg [2], begaben sich die Teilnehmer der Tagung einmal mehr in das Siglo de Oro zurück und erörterten den Verlauf der Grenze zwischen dem Heiligen und dem Profanen in der spanischen Literatur und Kultur der Frühen Neuzeit.

---

1   Man denke beispielsweise an den Artikel von Marc Augé, «Retour du religieux?», in: *Encyclopædia Universalis*, Supplément II («Les enjeux»), Paris, 1985, S. 46–51.
2   Vgl. Wolfgang Matzat/Bernhard Teuber (Hrsg.), *Welterfahrung — Selbsterfahrung. Konstitution und Verhandlung von Subjektivität in der spanischen Literatur der frühen Neuzeit*, Tübingen: Niemeyer, 2000 (Beihefte zur Iberoromania, 16); Wolfgang Matzat/Gerhard Penzkofer (Hrsg.), *Der Prozess der Imagination. Magie und Empirie in der spanischen Literatur der frühen Neuzeit*, Tübingen: Niemeyer, 2005 (Beihefte zur Iberoromania, 21).

Die Fragestellung mag zunächst konventionell anmuten. Schließlich sind Bedeutung und Macht religiöser Diskurse und Institutionen — insbesondere in Gestalt der katholischen Kirche, die sich in Folge der Reformation und des tridentinischen Konzils konfessionalisierte — auf die literarischen Hervorbringungen und kulturellen Praktiken des Zeitalters schon oft beschrieben worden. In der Regel wurden dabei die spanische Literatur und Kultur als von einer gestrengen Orthodoxie beherrscht gesehen, in der man, mitunter affirmativ, häufiger perhorreszierend, ein Bollwerk der Gegenreformation erkennen wollte. Die spanische Gesellschaft, etwa unter Philipp II., wurde als theozentrisch konzipiert und theokratisch strukturiert gedeutet, mithin die These vertreten, dass alles Weltliche grundsätzlich unter der Vorherrschaft des Sakralen gestanden habe und eine Ausdifferenzierung von zwei unterschiedlichen Sphären wie in anderen Gesellschaften des neuzeitlichen Europa nicht gelungen sei.

Die jüngste historische Erfahrung lehrt jedoch, dass eine gelingende Ausdifferenzierung des Sakralen und des Profanen zu zwei distinkten Bereichen möglicherweise ein partikulares und nicht, wie lange Zeit unterstellt, ein universales Entwicklungsmodell darstellt, welches die Teleologie des historischen Prozesses zwangsläufig auf seiner Seite hätte. Mannigfaltige Überlagerungen, Durchdringungen und Interferenzen sind hier prinzipiell denkbar — und einmal mehr scheint es, dass solch ein Bündel von Interferenzen im Spanien des Siglo de Oro eine spezifische kulturelle wie auch literarische Konfiguration hervorgebracht hat. So erwies es sich, dass neben eindeutigen Zuschreibungen zum Bereich entweder des Sakralen oder des Weltlichen gerade auch ein oszillierender, geradezu hybrider *in-between space*[3], ein Raum *inter fanum et profanum,* zwischen dem Heiligen und dem Profanen[4], die Aufmerksamkeit der Forschung verdient.

Ein manchmal expliziter, nicht selten jedoch implizit bleibender Bezugshorizont gängiger Lektüren der historischen Konstellation des Siglo de Oro war eben jener theologische Diskurs, der das ‹religiöse Feld› mit Hilfe der Begriffe von Orthodoxie und Häresie zu ordnen und zu kontrollieren trachtete und auch von anderen Disziplinen bedenkenlos vorausgesetzt wurde. Auch in den profanen Literatur- und Kunstwissenschaften wurden demzufolge viele Phänomene in weitgehender Analogie zur theologischen Begriffsbildung als Erfüllung oder Nichterfüllung der offiziell definierten Positionen, als orthodox oder häretisch bzw. heterodox rubriziert[5]. Mit dem *cultural turn,* der sich in

---

3   Homi K. Bhabha, *The Location of Culture*, London/New York: Routledge, 1994.
4   Das Verhältnis der Sakral- zur Profansphäre wurde weniger als ein Nebeneinander oder gar Gegeneinander denn als ein schwer entwirrbares Miteinander und Ineinander beschrieben. Damit drückt sich Nähe und Distanz zu der klassischen religionswissenschaftlichen Studie aus, an deren Titel sich das Kolloquium zwar anlehnte, den es aber bewusst umformulierte: Mircea Eliade, *Das Heilige und das Profane*, Reinbek: Rowohlt, 1957 (Rowohlts Deutsche Enzyklopädie); französisch: *Le Sacré et le Profane*, Paris: Gallimard, 1965.
5   Man denke an den Sonderstatus, den kein Geringerer als Menéndez y Pelayo in einem monumentalen Werk den ‹abweichlerischen› Diskursen, Positionen und Autoren innerhalb der spanischen Tradition zugeschrieben hat; vgl. Marcelino Menéndez y Pelayo, *Historia de*

den vergangenen Jahren vollzogen hat, ist jedoch eine solche Modellierung des Gegenstands obsolet geworden. An die Stelle des theologisch-dogmatischen ist in den Kulturwissenschaften ein stärker anthropologisch und religionswissenschaftlich orientierter Bezugshorizont getreten. Dieser gestattet es, Mythos und Religion mit Ernst Cassirer als «symbolische Formen» zu betrachten, die sich von anderen Formen menschlicher Symboltätigkeit unterscheiden und zugleich mit ihnen vernetzt sind[6]. Deren adäquate Beschreibung ist genuine Aufgabe der Kulturwissenschaften. An die Stelle der aufklärerisch bohrenden Frage nach ‹Wahrheit› oder ‹Lüge› des im Mythos und in der Religion Mitgeteilten (*énoncé*) tritt somit das Interesse an den Modalitäten der Mitteilung (*énonciation*) selbst[7], an Regelhaftigkeit, Ritualität und performativer Kraft von «Wahrheitsspielen» (*jeux de vérité*)[8], nicht mehr von Wahrheitsaussagen.

Wie in anderen europäischen Kulturen ist auch in Spanien mit einer traditionell verwurzelten ‹Diglossie› im Hinblick auf die anderweltlich orientierten Diskurse zu rechnen. Neben dem autoritativ abgesicherten Diskurs der jüdischen und christlichen (teilweise sogar der islamischen) Religion gibt es ebenso den überlieferten Diskurs der abgedankten paganen Religion der Antike, der sich insbesondere im mythologischen Wissen kristallisiert und der im Prinzip seit der Zeit der Kirchenväter in doppelter Weise gedeutet werden kann — nämlich als ein grundsätzlich unzuverlässiger, trügerischer Diskurs oder aber als ein zu entschlüsselnder Code, der dank der Allegorese mit der jüdischen oder christlichen Wahrheit zu vereinbaren sei. Die Mythologie erweist sich somit als eine Art von epistemologischer «Heterotopie»[9], die einerseits unabhängig von den religiös begründeten Wahrheitszwängen der theologischen Doktrin eine eigenständige Existenzberechtigung besitzt, die aber andererseits von Fall zu Fall als mit der religiösen Doktrin kompatibel präsentiert werden kann.

Ab der Renaissance, die programmatisch eine Wiederaneignung der antiken Traditionen propagiert, gewinnt die Mythologie in den europäischen Literaturen der Frühen Neuzeit, gerade auch in Spanien, einen besonderen Rang. Es ist bezeichnend, dass die Verschärfung im Bereich der Zensur die Autoren zum offensiven Gebrauch der Mythologie ermutigt. Ein eklatantes

---

los heterodoxos españoles, 3 Bde., Madrid: Librería Católica San José, 1880–1882; Nachdruck in der Edición Nacional, Bd. 35–42, Madrid: Consejo Superior de Investigaciones Científicas, 1948, sowie 1965 in zweiter Auflage; eine dritte Auflage in drei Bänden ist 1992 erschienen.

6 Ernst Cassirer, *Philosophie der symbolischen Formen* (1923–1929), 3 Bde., Darmstadt: Wissenschaftliche Buchgesellschaft, 1994.
7 Michel de Certeau, *La Fable mystique. XVIe–XVIIe siècle*, Paris: Gallimard, 1982.
8 Der Begriff des «Wahrheitsspiels» («jeu de vérité») wurde in Anlehnung an Wittgensteins Rede vom «Sprachspiel» geprägt von Michel Foucault, *Diskurs und Wahrheit (Berkeley-Vorlesungen 1983)*, Berlin: Merve, 1996; *Herméneutique du sujet*, Paris: Gallimard/Seuil, 2001.
9 Vgl. Michel Foucault, «Des espaces autres» (1967), in: M. F.: *Dits et écrits*, hrsg. v. Daniel Defert/François Ewald, Paris: Gallimard/Seuil, 1994, Bd. 4, S. 752–762.

Beispiel hierfür ist Quevedo, der in seinen *Sueños* zunächst auf christliche Traditionsbestände rekurriert, die Texte aber dann im Konflikt mit der Zensur dergestalt umschreibt, dass es sich um Berichte aus einem antik mythologischen Unterweltreich zu handeln scheint[10]. Ähnliche Schreibverfahren finden in der dramatischen Untergattung des mythologischen Fronleichnamsspiels Verwendung. Doch neben solchen Inszenierungen des Mythos, die eine Durchlässigkeit zwischen heidnischer Rede und christlichem Inhalt intendieren, ist in der spanischen Literatur der Frühen Neuzeit auch ein Gebrauch des Mythos zu beobachten, der auf eine derartige Verkoppelung zweier Bereiche vordergründig verzichtet und die Freiheiten der mythologischen Rede für die Vermittlung intramundaner Inhalte oder die Begründung einer profanen Ästhetik nutzt. Einen Musterfall hierfür stellt das Werk von Góngora dar.

Die Ökonomie der beschriebenen Verfahren ist nuanciert zu interpretieren. Sie bedeutet nicht zwingend, dass Quevedo altertümlicher und Góngora moderner ist, sondern die Textbefunde lassen sich gerade so beschreiben, dass sie keiner impliziten Teleologie untergeordnet werden müssen. Bezeichnenderweise sind neben den genannten ‹Idealtypen› im Sinne von Extremformen auch weitere Realisierungsweisen auszumachen, die den angedeuteten Schematismus eher zu problematisieren, vielleicht sogar zu dekonstruieren vermögen und auf diese Weise eine unverwechselbare Besonderheit der frühneuzeitlichen Situation in Spanien zum Ausdruck bringen, ohne dass diese vorschnell in das Prokrustes-Bett einer wie auch immer gearteten Diachronie eingepasst würde. Wo die Mythologie nicht sakral ist, ist sie dennoch nicht wirklich profan. So lässt sie sich vielleicht als eines der zentralen Paradigmen jener epistemologischen «Heterotopie», jenes kulturellen *in-between space,* verstehen, nach dem das Kolloquium gesucht hatte: Die Mythologie lebt von der Unterscheidung zwischen dem Heiligen und dem Profanen, ohne ihr anheimzufallen.

Andere Felder, auf denen sich Religion und Weltlichkeit eng berühren und die darum nach einer neuen Deutung auf dem Stand der aktuellen kulturwissenschaftlichen Debatte verlangen, sind das Schauspiel und die bildenden Künste. Nicht ausschließlich am Drama der neuspanischen Kolonialkultur, wo ja solches im Grunde genommen zu erwarten war, sondern bereits im Mutterland selbst begegnen uns Phänomene der Hybridität, der Uneindeutigkeit, ja der radikalen Unbestimmtheit. Dies wirkt aus Sicht der Moderne um so befremdlicher, als doch sowohl das Theater wie auch die Malerei in ihren Ordnungen generische Dichotomien zur Verfügung stellen, nach denen sich etwa das weltliche Drama (*comedia*) vom Fronleichnamsspiel (*auto sacramental*), die Themen der religiösen Malerei von den Gattungen mit profanem Inhalt klar unterscheiden lassen. Stückeschreiber und Künstler scheinen aber gerade die Transgression anzustreben, indem sie das Sakrale profanieren und

---

10 Vgl. Ilse Nolting-Hauff, «Literatur und Zensur am Beispiel der *Sueños* von Quevedo», in: I. N.-H. (Hrsg.), *Textüberlieferung, Textedition, Textkommentar*, Tübingen: Narr, 1993 (Romanica Monacensia, 40), S. 31–51.

das Profane sakralisieren, um die territoriale Zuordnung der Bereiche zu verunklaren.

Solch ein Ziel kann umso besser gelingen, als auch hier die Mythologie wiederum ein ebenso attraktives wie wirkmächtiges Dispositiv zur Verfügung stellt, welches das Heilige im Licht bloßer Weltlichkeit und das Weltliche im Licht der Heiligkeit zur Erscheinung zu bringen vermag. In diesem Sinne illustriert den Einband des vorliegenden Bandes das zwischen 1626 und 1628 entstandene ‹mythologische› Gemälde des Velázquez, welches in der doppelten Überlieferung seines Titels als *Die Trunkenbolde* (*Los borrachos*) oder aber als *Der Triumph des Bacchus* (*El triunfo de Baco*) je schon zwei diametral entgegen gesetzte Lesbarkeiten suggeriert, die dennoch nicht gegeneinander ausgespielt, sondern nebeneinander gehalten und miteinander bedacht sein wollen. Der in hellem Licht erstrahlende Gott des Weines, der einen vor ihm knienden Hirten mit dem Efeukranz bekrönt, vergegenwärtigt wie auch sein ungenannter numinoser Begleiter links, der ihm mit einem Zweig Schatten spendet oder Kühlung zufächelt, eine jenseitige Welt, die in das armselige Milieu der Landleute allenfalls im Modus der Epiphanie einzubrechen vermag. Hierbei ist Dionysos, der zerstückelte und wieder auferstandene Gott der Weinrebe, unbezweifelbar eine *figura Christi*, aber ebenso eine Reminiszenz antikebeflissener Gelehrsamkeit. Zugleich ist unübersehbar: Die Erscheinung des Gottes vollzieht sich nicht im Ernst, sondern im Rahmen eines ausgelassenen Schäferspiels, bei dem die beiden einzigen Jünglinge innerhalb der abgebildeten Gesellschaft erwachsener Männer in die Rolle der göttergleichen Komparsen geschlüpft sind und welches darum unverkennbar Züge von Mummenschanz trägt.

Die in der Mitte des Bildes emporgehobene Schale mit Wein versinnbildlicht eine Feier kreatürlicher Trunkenheit und erinnert damit — wenngleich in gebührend verfremdeter Form — an die Elevation des Kelches mit dem konsekriertem Wein am Höhepunkt des tridentinischen Messritus. Der Künstler schließlich auratisiert die Szene durch die geschickt gesetzten Lichteffekte, und er profaniert sie wiederum, indem er alle Register der Mythenparodie zieht, welche ihm die ikonographische Tradition und die eigene Kunstfertigkeit an die Hand geben. Somit bietet Velázquez' Gemälde, das heute im Prado ausgestellt ist, geradezu die *mise en abyme*, die extrem kondensierte Darstellung einer historischen Lebensform, die *inter fanum et profanum* angesiedelt ist, in der sich Religion, Mythologie und Weltlichkeit ineinander verschränken und doch nicht miteinander verschmelzen. Das wäre die anhaltende Provokation, welche die Literatur und Kultur des Siglo de Oro der Welt der Moderne weiterhin entgegenhält.

Wie bei fruchtbaren Kolloquien unvermeidlich, weisen die insgesamt 21 Beiträge untereinander mannigfache Berührungspunkte auf, die zum Teil in den schriftlichen Fassungen der zunächst mündlich gehaltenen Vorträge eigens vertieft wurden, da diese nachträglich überarbeitet und ergänzt werden konnten. Dennoch lässt sich sagen, dass die Autoren vier deutlich erkennbare Fluchtlinien der Argumentation verfolgen, die immer zugleich auch Achsen der Problematisierung sind und denen sich die Studien im Einzelnen zuordnen lassen.

1. *Theologische und mythographische Horizonte.* Gemäß der Zielsetzung des Kolloquiums wurde nicht etwa ein neuerlicher Durchgang durch die gut erforschte geistliche oder auch mythographische Literatur der Zeit angestrebt, sondern stattdessen dargestellt, dass sowohl theoretische Diskurse als auch literarische Praktiken, die dem Bereich des Sakralen zu entstammen scheinen, sich selbst an der Grenze zur Weltlichkeit oder in einem Bereich der Ambivalenz situieren. Die Konstellation des Siglo de Oro charakterisiert MANFRED TIETZ als den Kampf einer klerikalen gegen eine laikale Kultur, die beide um die Vorherrschaft kämpfen und den Konflikt zwischen paganer Bildung und christlicher Frömmigkeit repristinieren, der die altkirchliche Patristik gekennzeichnet hat. Doch in diesem Konflikt brechen grundlegende Gattungen der geistlichen Literatur wie die Predigt, das Fronleichnamsspiel oder die religiöse Dichtung aus der rein sakralen Sphäre aus, um sich dem Profanen anzunähern und das weltliche Publikum für sich zu gewinnen. Die im Abendland dominante Ordnung des Rechts, die seit dem Mittelalter durch den Widerstreit von geistlicher und weltlicher Gewalt, von göttlichem und menschlichem Gesetz gekennzeichnet ist, kontrastiert CHRISTOPH STROSETZKI mit der Idee der Scharia, die das gesellschaftliche und religiöse Leben der islamischen Gemeinschaft überwölbt. Im Spanien des Siglo de Oro versuchen die Schule von Salamanca und die Neuscholastik um Francisco Suárez den latenten Konflikt zu harmonisieren, doch gerade das Drama Calderóns stellt die alte Frage nach dem Tyrannenmord mit neuer Dringlichkeit und interpretiert die Rebellion der Morisken als Folge einer königlichen Politik, die positives Recht ohne Rücksicht auf göttliches Recht durchzusetzen trachtet. In einer eindringlichen Lektüre von Fray Luis de Leóns Traktat *De los nombres de Cristo* legt GEORGES GÜNTERT dar, wie dieses Meisterwerk der spanischen Renaissance-Prosa seine Unverwechselbarkeit gerade dadurch erhält, dass seine theologische Bedeutungsebene sowohl von neuplatonischen Philosophemen als auch von ästhetischen und poetologischen Reflexionen überlagert wird. Damit schreibt Fray Luis dem religiösen Text unverkennbar ein beachtliches Quantum an profaner Sinnenfreude ein, insofern diese Anteil an der Schönheit göttlicher Schöpfung hat. An solche Überlegungen knüpft FRIEDRICH WOLFZETTEL an, wenn er die Darstellung der Natur bei San Jun de la Cruz und bei den Barockautoren Lope de Vega, Calderón und Gracián zum Thema macht. Nur dank Theologisierung und Allegorisierung darf die Natur, die durch den Sündenfall des Menschen geschädigt ist und in Lopes Hirtenspiel ihre Erlösung erfährt, zum legitimen Gegenstand der Literatur werden. Aber unter den Verhältnissen der barocken Ästhetik bleibt die Natur doch der instrumentellen Vernunft unterworfen und kann keine Autonomie gewinnen. Auch die Mythologie wird, wie AURORA EGIDO an ihrer Interpretation der einschlägigen Kapitel aus Graciáns *Agudeza* erläutert, im mythographischen Diskurs der Zeit keineswegs als autonom angesehen. Vielmehr ist es ihre Aufgabe, im Rückgriff auf das Wissen

der Antike und auf das literarische Erbe von Ovids *Metamorphosen* ein Inventar von Stoffen und Themen bereitzustellen, aus denen sich der Scharfsinn und die *concetti* der Zeitgenossen speisen können. Doch untersteht der Scharfsinn selbstverständlich dem Sittengesetz. Wenn sich also die christlichen Autoren der Mythologie bedienen, dann plündern sie die Schätze der Heiden, wie es schon die Israeliten beim Auszug aus Ägypten getan und wie es die Kirchenväter den Christen ausdrücklich anempfohlen hatten.

2. *Parodien und Profanationen.* Gegenüber den Positionen der ersten Sektion, welche die Existenz eines unangreifbaren Heiligen immer voraussetzen, bevor sie in einem zweiten Schritt dessen Öffnung zur Weltlichkeit hin ins Werk setzen, verfolgen die Beiträge der zweiten Sektion eine andere Spur: Sie nehmen das Sakrale in den Blick aus der Perspektive seiner parodistischen Verfremdung, seiner Profanation im starken Sinn des Wortes. Aus der Erfahrung seiner Erniedrigung geht das Heilige nicht unbeschädigt hervor, aber es gleicht sich doch nicht schlechterdings dem Weltlichen an, und in dieser Zone der Ununterschiedenheit treibt die Literatur ihr respektloses Spiel. Garcilasos Rekurs auf den Mythos von Daphne und Apollo, der bereits für Petrarca kapital war, verortet STEPHAN LEOPOLD im Kontext der Bestrebungen, eine spanische Nationaldichtung zu gründen. Doch die Neugeburt vermag nur zu gelingen, wenn der alte Mythos umgeschrieben wird, so dass das autoritative Corpus von Petrarcas Dichtung entweiht und zugleich dessen auratisierte Liebesherrin im bukolischen Avatar der Schäferin Elisa dem Tod im Kindbett überantwortet wird. In Garcilasos Geste verschränkt sich die Profanation des quasi sakralen Vorgängertextes aus Petrarcas Feder mit einem poetischen Gründungsopfer, aus dessen Heiligkeit die kastilische Poesie der Neuzeit erwächst. Eine sakrale ‹Raumpraxis›, welche die Frühe Neuzeit aus dem Mittelalter erbt, ist die Pilgerfahrt. Sie steht im Mittelpunkt eines Corpus von zum Teil noch wenig bekannten Erzählungen aus der zweiten Hälfte des 16. Jahrhunderts, die HANNO EHRLICHER unter dem Lemma einer *literatura peregrina* subsumiert. Doch schlagen sich Texte und Autoren selbst dort, wo sie eine Zeitlang als Jesuitenmissionare gewirkt haben, weder auf die Seite der Glaubenspropaganda noch auf die der Heterodoxie, und sie sind darin modern *avant la lettre* oder jedenfalls symptomatisch für eine historische Situation, in der die Reformen des zeitgleichen tridentinischen Konzils für Spanien gerade keine normative Kraft zu entfalten vermögen. Auch im satirischen Roman *Viaje de Turquía* beginnt, wie JAVIER GÓMEZ-MONTERO nachzeichnet, der Protagonist seine abenteuerliche Reise im Zeichen einer religiös konzipierten *peregrinatio*, setzt sie in der osmanischen Metropole Konstantinopel jedoch im Sinne eines diesseitig orientierten *itinerarium urbis* fort, welches der Befriedigung der Neugier und der Mehrung der Erkenntnis dient. Der Roman folgt mithin einem initiatischen Weg, auf dem das Subjekt in einer gedoppelten Bewegung zum Heiligen empor und in die Welt hineingeführt wird. In seiner philologisch akribischen Analyse eines Góngora zugeschriebenen Sonetts geht AGUSTÍN DE LA GRANJA einer nur vorder-

gründig lexikographischen Frage nach, nämlich der genauen Bedeutung des Verbums *ermitañear* (‹als Einsiedler leben›) und des Substantivs *tabernáculo* (‹Tabernakel›). Die beiden Begriff deuten, wie sich nach umfassender Kontextualisierung zeigt, auf das Wortfeld der Prostitution und verknüpfen somit das Heilige mit dem Obszönen, wobei der Bezug ironischerweise erst über die gelehrte Etymologie sowie über alttestamentliche Entsprechungen herzustellen ist. Noch intrikater als die Auslegung eines notorisch satirischen Sonetts gestaltet sich die Exegese der zahlreichen Anspielungen auf den Satan und das Ritual des Exorzismus im *Don Quijote*. In seinem Beitrag kann MARIANO DELGADO ein bislang von der Forschung vernachlässigtes Netz dämonologischer Verweise rekonstruieren, das den Romantext überspannt und umso mehr Beachtung verdient, als auch die Melancholie des Ritters von der traurigen Gestalt im historischen Umfeld oft auf teuflischen Einfluss zurückgeführt wurde. Ohne vorschnell vereindeutigende Schlüsse zu ziehen, deutet er an, dass Cervantes' parodistischer Ritterroman zugleich als ein komisch gebrochener Exorzismus funktionieren könnte, der die diabolischen Versuchungen der profanen Literatur auszutreiben sucht.

3. *Poetische Mythenreprisen*. Die dritte Sektion widmet sich gezielt Gattungen, in denen die schon in den ersten beiden Sektionen aufgerufenen Personen und Stoffe einer mythischen Urzeit ein unangefochtenes Heimatrecht zu besitzen scheinen: dem Schäferroman, den Lang- oder Kurzformen lyrischer Dichtung und dem mythologischen Drama. Nach WOLFGANG MATZAT schildert Lopes barocker Schäferroman *La Arcadia* zwar die Archaik einer bukolischen Welt, die noch im Mythischen befangen ist, doch tut er dies fraglos auf dem Boden der frühneuzeitlichen Mythenkritik. So fallen bei Lope — stärker noch als in Montemayors der Renaissance verhafteten *Diana* — die selbstbewusste Inszenierung und die parodierende Denunziation der literarischen Fiktion in eins. Die sakrale Alterität einer mythischen Urzeit wird von der Alltäglichkeit des Profanen eingeholt, der überkommene Mythos ist mithin kein Substitut des Heiligen. sondern lässt sich allenfalls im Modus der Parodie wiederholen. Der Produktivität mythischer Bilder geht CHRISTIAN WEHR nach, wenn er die wechselnden Gestaltungen des Ikarus-Motivs von Garcilaso über Herrera bis hin zu Góngora untersucht. Vor dem Hintergrund einer kollektiv verbindlichen Kasuistik der Buße können die poetischen Inszenierungen des Absturzes doch auch als *delectatio morosa*, ja als Inzitation zur moralisch problematischen Individuation des Subjekts ausgelegt werden. Die differenzgesättigte Wiederholung der mythischen Erzählung entbindet Signifikanten, die weder auf ein transzendentes noch auf ein eindeutig profanes Signifikat zu fixieren sind und stattdessen einer Dynamik der unausweichlichen Dissemination gehorchen, die sich nur im Akt des Schreibens zu entäußern vermag. Kaum weniger Wirkung als die Fabel von Ikarus entfaltet, wie WOLFRAM NITSCH aufzeigt, das Schicksal seines unglückseligen Vaters Dädalus. Anders als die zyklopische Gewalt des heiligen Ursprungs, wie sie vom Gott Vulkan versinn-

bildlicht wird, da er für den blitzeschleudernden Zeus die Waffen fertigt, steht der Architekt Dädalus für die menschliche List und Technik im Sinne der profanen Erschaffung einer zweiten Natur. Durch seine ‹Arbeit am Mythos› im *Polifemo* und in den *Soledades* stellt Góngora die grundsätzliche Zwiespältigkeit des technischen Fortschritts aus und spielt so die mythologische Rede in jene Unentschiedenheit zurück, welche die frühneuzeitliche Mythographie domestizieren wollte. Allerdings beschränkt sich Góngoras mythologische Codierung technischer Erfindungen keineswegs auf allgemeine Grundlinien einer anthropologisch fundierten Technikkritik, sondern nimmt auf ganz konkrete Apparate der Epoche Bezug. Nach KIRSTEN KRAMER bezieht sich die gongorinische Mythologie etwa in spezifischer Weise auf neue Praktiken der Visualisierung und auf neue optische Medien, wie sie im Kontext der barocken *magia artificiosa* entwickelt werden. Zwei Beiträge schließlich wagen den Sprung über den Atlantischen Ozean in die Neue Welt und befassen sich mit Sor Juana Inés de la Cruz. Ihr Fronleichnamsspiel *El divino Narciso* enthält eine *loa*, die eine synkretistische Vision von katholischer Eucharistielehre und aztekischem Opferkult entwirft. Für FÉLIX DUQUE ist von herausragender Bedeutung, dass diese Kombination von europäischer Orthodoxie und indianischer Mythologie nicht etwa für ein neuspanisches Publikum, sondern für die Aufführung im Mutterland bestimmt ist. Der Feier religiöser und kultureller Hybridität wächst eine politisch-theologische Dimension zu. Denn die bereits erfolgreich vollzogene *translatio fidei*, die Einpflanzung des christlichen Glaubens in Amerika, verlangt nunmehr nach einem weltlichen Korrelat, nach einer *translatio imperii* von Ost nach West, die erst durch die Wiedergeburt eines unabhängigen, die Reiche der Alten Welt beerbenden Aztekenreichs erfüllt werden kann. Ebenfalls im Horizont aktueller Debatten um Hybridität und Postkolonialismus argumentiert SEBASTIAN NEUMEISTER, wenn er Bhabhas Schlüsselkonzept des *in-between* aufnimmt und aus Sicht der Lateinamerika-Studien fortschreibt: Er betrachtet Sor Juana als Mittlerin im Zwischenraum der Kulturen, die sich mit Hilfe von Mimikry die aus Europa importierte Gelehrsamkeit aneignet, aber unter der Hand auch indigenes Wissen sammelt und weitergibt. Zum Exerzierfeld des transatlantischen Mythentransfers wird insbesondere das Lehrgedicht *Primero Sueño*. Als ‹Kupplerin› zwischen zwei Welten tritt Sor Juana damit das hybride Erbe zweier gleichermaßen prominenter Frauengestalten der iberischen Kulturgeschichte an. Es gelingt ihr, in einer Person die Rolle der Celestina und die Rolle der Malinche zu vereinigen.

4. *Theatralische und bildliche Repräsentationen.* Die vierte Sektion schließlich befasst sich mit Beispielen performativer Praxis und visueller Vergegenwärtigung, worunter das Drama und die Malerei, aber auch das höfische Spiel oder die Epigraphik fallen können. Gil Vicente, der sowohl geistliche als auch weltliche Schauspiele verfasst hat, wird von GERHARD PENZKOFER in seiner Eigenschaft als Hofschriftsteller gewürdigt, der sich in dieser schwierigen Rolle höchst unterschiedlichen, einander überschnei-

denden Einfluss-Sphären aussetzt. Seine *Tragicomedia de Amadís de Gaula* bewahrt Merkmale des höfischen Festes und der *momería* (‹Mummenschanz›), verlegt diese aber dezidiert auf eine ‹Bühne›, so dass sich ein Raum der Fiktion und ein Raum der Nicht-Fiktion voneinander dissoziieren. Dennoch kristallisiert die Aufführung nicht wirklich zur Prägnanzgestalt einer frühneuzeitlichen Theatervorstellung, sondern eher zu einer Art ‹Revue›. Dieser Begriff soll nicht nur das *in-between* zwischen performativem Spiel und dramatischer Repräsentation bezeichnen, sondern auch die epistemologische und epochale Unentschiedenheit zwischen verzauberter und entzauberter Welt, zwischen Mittelalter und Neuzeit. Sevillas städtisches Emblem ist seit Jahrhunderten ein zum Doppelknoten geknüpfter Strang (spanisch *madeja*), der zwischen die Silben *no* und *do* gesetzt ist und darum als *no madeja do* («‹no me ha dejado›: «er/sie/es hat mich nicht verlassen») zu lesen ist. ULRIKE SPRENGER beschreibt die mannigfachen Deutungen des Emblems, in dem sich die Identifikation der Bevölkerung mit ihrer Stadt materialisiert. Wiewohl dem Symbol im Laufe seiner langen Geschichte eine beinahe sakrale Bedeutung zugewachsen ist, da sich in ihm die *communitas* repräsentiert, sind die eigentlich religiösen Belehnungen des Zeichens eher okkasioneller Natur, etwa wenn der Strang im Zeitalter der Gegenreformation als Haarflechte der Gottesmutter und Stadtpatronin gedeutet wird. Das Emblem erweist sich als ein semiotisches Dispositiv, das keine feste Bedeutung zu generieren vermag und für immer wieder neue Aneignungen offen ist. Der Doppelgestalt des Verbrechers, der die Menschennatur schlechthin verkörpert und im Verlauf eines Theaterstücks den Weg zur Heiligkeit findet, widmet sich BERNHARD TEUBER in seiner Analyse von Calderóns Räuberstück *La devoción de la cruz*. Die Figuren bilden fortwährend ödipale Dreiecke und geraten in mörderische Rivalitätskonflikte. Den verhängnisvollen Triangulationen stehen allerdings triadische Formationen gegenüber, in denen sich feindliche Dyaden auf ein unsichtbares Drittes hin öffnen. Der Umschlag von der Triangulation zur Triade steht im Zeichen des Kreuzes. Er kann gleichermaßen als Effekt innerweltlicher Kontingenz wie auch als Einbruch der überweltlichen Gnade in die Welt des Profanen gelesen werden. Solche Unentschiedenheit ergibt sich nicht erst aus dem Aufeinandertreffen von *fanum* und *profanum*, sondern sie steckt schon in der Etymologie des Adjektivs *profanus, -a, -um* selbst. Darum stellt GERHARD POPPENBERG seinen Beitrag unter das ausdrückliche Motto *pro fano*, was ‹für das Heiligtum›, ‹in Vertretung des Heiligtums› oder schließlich auch ‹vor dem Heiligtum› heißen kann: Beim räumlichen Konzept des Begriffs tritt der Betrachter aus dem Tor des Tempels heraus — mit dem Antlitz zur Welt, die nunmehr vor ihm liegt. An Calderóns Werk *El pintor de su deshonra*, das sowohl als blutiges Ehrendrama wie auch als versöhnliches Fronleichnamsspiel vorliegt, lässt sich verdeutlichen, dass es der Dramendichter als Aufgabe der Literatur ansieht, an der Schwelle zum Heiligen zu verharren und die weltliche Rede an das Heilige heranzuführen, zu veredeln. Eine Konzeption profaner Literatur zeichnet sich ab, welche diese nicht aus dem Ressentiment, sondern aus dem Respekt vor dem Sakralen ableitet. In *Las meninas* (*Die Hoffräulein*) und vor allem in *Las hilanderas* (*Die Spinnerinnen*) von Velázquez kehrt die Doppelung von profanem Alltagsleben und ekstatischem Augenblick wieder. Doch die Epiphanie des ganz Anderen, das sich im Medium einer selbsttranszendenten Repräsentation, in der szenischen Evidenz des Mythos von Arachne oder im unerklärlichen Einfall des Lichts vergegenständlicht, ereignet sich am ganz und gar profanen Ort einer madrilenischen Werkstatt, die dennoch kraft der Wirkung, welche die Kunst zu zeitigen vermag, aufhört, profan zu sein. Die Malerei von Velázquez und Murillo behandelt aus einer komplementären Sicht der Beitrag von HANS-JÖRG NEUSCHÄFER, wobei er zunächst die sakralen Sujets in den Vordergrund stellt. Mit Hilfe von Erich Auerbachs Begriff der «Stilmischung», der ursprünglich aus der Literaturwissenschaft stammt, lassen sich bezeichnenderweise auffällige Besonderheiten beschreiben, welche beide Maler in der Gestaltung religiöser Stoffe zur Anwendung bringen. Das Prinzip der «Stilmischung» wandert aus der religiösen Kunst weiter in den Bereich der Mythologie oder der Herrscherbildnisse, und es weckt zwangsläufig Assoziationen zu ‹realistischen› Gattungen der Literatur wie dem Schelmenroman, der häufig mit Murillos Kindportraits in Verbindung gebracht wurde. So erscheinen im Licht der Tagung auch und gerade die herausragenden Werke der spanischen Malerei des Siglo de Oro kaum weniger als die zuvor behandelten Hervorbringungen der Höhenkammliteratur als hybride Kreationen, wenn nicht Kreaturen zwischen dem Heiligen und dem Profanen.

Die Herausgeber danken allen Teilnehmern und Gästen der Tagung. Weiterhin haben uns verschiedene Persönlichkeiten und Institutionen sowohl in ideeller als auch in finanzieller Hinsicht großzügig unterstützt: die Deutsche Forschungsgemeinschaft, welche die Reise- und Aufenthaltskosten der Teilnehmer trug; Herr Prof. Dr. Heinrich Meier, Frau Gudrun Kresnik und die Carl-Friedrich-von-Siemens-Stiftung in München, in deren Haus in Nymphenburg wir tagen und einen Vortragsabend für ein größeres Publikum veranstalten durften; Direktor Ferrando Ferrán Meliá, Kulturreferent Francesco Puértolas und das Instituto Cervantes in München, das zur Begrüßung der Teilnehmer einen Empfang ausrichtete; die Stiftung «Pro Spanien» der Spanischen Botschaft in Berlin, von der wir einen beachtlichen Druckkostenzuschuss erhielten; die Fakultät für Sprach- und Literaturwissenschaft der Universität München und deren Department II, die bereitwillig Zuschüsse zu den Tagungs- und Publikationskosten beisteuerten. Für die praktische Organisation der Tagung haben wir Frau Dr. Britta Brandt, Frau Dr. Gisela Seitschek, Herrn Fernando Nina M.A. und Herrn Fabian Sevilla-Luwich M.A. in München zu danken. Für die Einrichtung, Formatierung und Revision der eingegangenen Typoskripte danken die Herausgeber im Namen aller Autoren Frau Martina Mohr M.A. sowie Bärbel Haas und Clara Theis in Köln. Schließlich gilt unser Dank Herrn Andreas Knop und dem Wilhelm

Fink Verlag, der das Wagnis einging, mit dem vorliegenden Band eine neue Reihe zu beginnen. Möge sie zur rechten Zeit den Freunden der iberischen Sprachen, Literaturen und Kulturen die Erträge vieler nachfolgender Hispanistischer Kolloquien vermitteln!

Köln und Tours, im März 2008 Wolfram Nitsch und Bernhard Teuber

THEOLOGISCHE UND MYTHOGRAPHISCHE HORIZONTE

Manfred Tietz

Profane Literatur und religiöse Kultur im Siglo de Oro

Zur Ausgliederung von klerikaler und laikaler Kultur im Siglo de Oro

Noch gibt es keine in sich geschlossene und systematische Darstellung des ‹Sozialsystems Literatur› des spanischen 16. und 17. Jahrhunderts, wie sie Siegfried J. Schmidt für das europäische 18. Jahrhundert (unter weitgehendem Ausschluss Spaniens) vorgelegt hat[1]. Eine solche Darstellung ist aber zweifelsohne insbesondere aus zwei Gründen ein dringendes Desiderat. Zum einen würde durch sie die schier unendliche Fülle von Einzeluntersuchungen, die die literarhistorische Forschung in den letzten Jahrzehnten in immer schnellerer Folge hervorgebracht hat, in systematische Gesamtzusammenhänge gebracht. Es könnte so der Entwurf einer kohärenten Theorie der spanischen Literatur und Kultur entstehen, statt ohne Vorstellung vom zu konstruierenden Gesamtgebäude weiterhin nur — wenn auch nicht ohne Verdienst — Baustein auf Baustein zu schichten. Zum anderen würde der Versuch, das ‹Sozialsystem der Literatur des Siglo de Oro› zu analysieren, die Reflexion darüber fördern, was denn der eigentliche Kern dieses Systems ist, von dem aus es sich in seiner Entfaltung und seinen Antagonismen verstehen lässt. Dabei muss, wie dies bei Schmidt implizit auch geschieht, das ‹Sozialsystem Literatur› ausgeweitet werden auf das gesamte ‹Sozialsystem Kultur›. Dieser Kern des ‹Sozialsystems Kultur› im Siglo de Oro ist, dies sei hier als Hypothese vertreten, der Prozess der Loslösung dessen, was in der Folge die ‹schöne Literatur›, die *bellas letras*, genannt werden sollte, aus dem umfassenden Gesamtzusammenhang dessen, was damals als der Bereich der Bildung, der Sinnstiftung, des ‹öffentlichen› Lesens und Schreibens angesehen wurde, ein Gesamtzusammenhang, der seinerzeit der Welt der Kirche und der Kleriker als den im etymologischen Sinn lange Zeit einzigen Gebildeten (‹clerici›) zuzuordnen ist. Es handelt sich dabei um einen — hier natürlich nur idealtypisch zu charakterisierenden — Prozess, in dem sich aus der *einen* mittelalterlichen, klerikal-theologisch dominierten Kultur eine *weitere*, eine laikal-säkulare Kultur ausgliedert[2]. Diese zwei Kulturen mussten in der Folge neben- und

---

1 Siegfried J. Schmidt, *Die Selbstorganisation des Sozialsystems Literatur im 18. Jahrhundert*, Frankfurt a. M.: Suhrkamp, 1989.
2 Diese ‹zweite› Kultur wird traditionellerweise mit dem Schlagwort der Renaissance gefasst. Die Verwendung des Terminus verdeckt jedoch den Sachverhalt, dass die vorgehende Kultur durch sie keineswegs vollständig abgelöst wurde; sie existierte vielmehr weiter und sollte im Barock wieder die Oberhand gewinnen.

miteinander existieren und sich in ein hierarchisches Verhältnis setzen[3]. Für ein angemessenes Verständnis des Siglo de Oro ist unabdingbar, stets diese beiden Kulturen im Blickfeld zu haben und sich darüber im Klaren zu sein, dass ihr Neben- und Miteinander keineswegs konfliktfrei gewesen ist. Das Verhältnis der zwei Kulturen war im Gegenteil außerordentlich konfliktreich, insbesondere weil die Vertreter der klerikal-theologischen Kultur keineswegs bereit waren, auf ihren theologisch begründeten Allzuständigkeitsanspruch zu verzichten und ihre gleichsam eigene Hervorbringung, die laikal-säkulare Kultur, in eine von ihr nicht mehr kontrollierbare Freiheit und Autonomie zu entlassen[4]. Das sichtbarste Zeichen ihres fortbestehenden Anspruchs auf die intellektuelle Vormachtstellung sind Existenz und Handhabung der kirchlichen Zensur, die gerade auch hinsichtlich der Produkte der ‹zweiten Kultur› ausgeübt wurden und die mit dem Index von Valdés den Spielraum der profanen Literatur erheblich einengten. Ein weit umfassenderes Instrument zur Disziplinierung der laikalen durch die klerikale Kultur stellten natürlich die Inquisition und alle anderen damals üblichen Formen der Glaubenspraxis, wie zum Beispiel die obligatorische Beichte, dar.

Unter dem Gesichtspunkt der hier skizzierten These von der Koexistenz zweier Kulturen im 16. und 17. Jahrhundert ist das Siglo de Oro keineswegs als eine harmonische, sondern als eine ausgesprochen konfliktgeladene Welt zu sehen, wie dies Américo Castro in seiner These von der «edad conflictiva» immer wieder dargelegt hat. Während aber Castro die Konflikte des Zeitalters primär auf die – zweifelsohne massiv vorhandenen und aus der speziellen spanischen Geschichte resultierenden — Gegensätze von Alt- und Neuchristen zurückführt, will sie die Zwei-Kulturen-These in einen weiteren europäischen Zusammenhang stellen, den etwa Marc Fumaroli für den Bereich der Rhetorik — allerdings wiederum in einem national begrenzten Kontext — dargestellt hat[5].

Die Ausdifferenzierung der beiden Kulturen hat, um ein konkretes Beispiel zu geben, auch eine Ausdifferenzierung des Feldes der Intellektualität zur Folge gehabt. Dieses Feld war in seinen verschiedensten Varietäten

---

3   Es versteht sich, dass diesen ‹Kulturen› reale Lebenswelten mit ihren jeweiligen Frömmigkeitsformen zugrunde lagen, die sich — idealtypisch — als ‹laikale Welt› und ‹monachale Welt› kontrastieren lassen. Dabei lässt sich eine deutliche Tendenz zur ‹Monachalisierung› der Frömmigkeit und des Verhaltens der Laien feststellen; vgl. Manfred Tietz, «Spanische religiöse Literatur im 16. Jahrhundert. Der Entwurf einer Laienfrömmigkeit bei Fray Luis de Granada: Ein Vergleich mit Luthers Kommentar zum 4. Gebot», in: Martine Guille/ Reinhard Kiesler (Hrsg.), *Romania una et diversa. Philologische Studien für Theodor Berchem zum 65. Geburtstag*, Tübingen: Narr, 2000, Bd. 2, S. 939–955.
4   Vgl. meinen früheren Beitrag «Zur Frage der Legitimität der Literatur im Siglo de Oro. Die Thematisierung der Leidenschaften in religiösen und profanen Texten», in: Wolfgang Matzat/Bernhard Teuber (Hrsg.), *Welterfahrung — Selbsterfahrung. Konstitution und Verhandlung von Subjektivität in der spanischen Literatur der frühen Neuzeit*, Tübingen: Niemeyer, 2000 (Beihefte zur Iberoromania, 16), S. 267–292.
5   Marc Fumaroli, *L'âge de l'éloquence. Rhétorique et «res literaria» de la Renaissance au seuil de l'époque classique*, Genève: Droz, 1980.

bislang vom Klerus besetzt. Im 16. und 17. Jahrhundert wurde es — selbstverständlich mit einer Reihe von Vorläuferphänomenen, die bis ins Mittelalter zurückreichen, sowie zahlreichen Überschneidungen — um mindestens zwei weitere, mit dem Klerus auf Teilgebieten konkurrierende Gruppierungen ergänzt: das gebildete Beamtentum, die *letrados*, deren Aufkommen und Denkweise Jean-Marc Pelorson beschrieben hat[6], sowie die professionellen Schriftsteller, deren Aufkommen und allmähliche Ausgliederung aus dem Klerus Christoph Strosetzki untersucht hat[7]. Der Kosmos des Klerus bestand natürlich weiter; aber er musste es hinnehmen, im Laufe des Siglo de Oro in einem langen, grundsätzlich unabgeschlossenen Prozess auf ein spezielles, immer reduzierteres *proprium*, auf Religion und Theologie, eingeschränkt zu werden und im Hinblick auf seine öffentliche Präsenz das ‹Alleinstellungsmerkmal› zu verlieren. Dabei mussten sie insbesondere den Literaten erhebliche Anteile jenes Terrains überlassen, für das sie bis dahin einen Alleinvertretungsanspruch zu haben schienen. Ohne diesen grundsätzlichen Ausdifferenzierungsprozess, dessen Ergebnis von den Zeitgenossen als ein Nebeneinander von «letras divinas» und «letras humanas», von «letras sacras» und «letras profanas» wahrgenommen wurde, wären weder der Roman noch das Theater im Spanien des 16. und 17. Jahrhunderts zu der heute klar sichtbaren Entfaltung gelangt. Der gleiche Prozess hat aber auch, wie weiter unten gezeigt werden wird, zu zwei weiteren für die spanische Literatur der Zeit besonders typischen Phänomenen geführt: zum einen zu der reichen Produktion von sogenannter *a lo divino*-Literatur und zum anderen zu der nicht enden wollenden und in ihrer Argumentation sonderbar verqueren Debatte um die *licitud del teatro*, um die Zulässigkeit des Theaters[8].

Warum sich dieser Prozess der Ausgliederung der zwei Kulturen gerade zur Zeit des Siglo de Oro vollzog, bedürfte langer — sicherlich nicht rasch abschließbarer — Überlegungen, die sicher auch anhand der komplexen Schlagwörter ‹Säkularisierung› und ‹Aufkommen der Moderne› geführt werden müssten. *Dass* und *wie* sich dieser Prozess aber zu dieser Zeit vollzogen hat, sei mit einem längeren Zitat von Hans Küng belegt, der sich im Kontext seiner Pascal-Interpretation auf ihn bezieht:

> Zum ersten Mal in der Geschichte der Christenheit kamen in der Zeit Pascals die Anstöße zu einem neuen Paradigma, zu einem neuen Grundmodell von Welt, Gesellschaft, Kirche und Theologie, primär nicht aus dem Innenraum von Theologie und Kirche, sondern von außen. Aus jener sich rasch ‹verweltlichenden›, ‹säkularisierenden› und so von der Bevormundung von Kirche und Theologie sich

---

6   Jean-Marc Pelorson, *Les «letrados» juristes sous Philippe III*, Poitiers: Université de Poitiers, 1980.
7   Christoph Strosetzki, *Literatur als Beruf. Zum Selbstverständnis gelehrter und schriftstellerischer Existenz im spanischen Siglo de Oro*, Düsseldorf: Droste, 1987.
8   Vgl. dazu Claire-Marie Jeske, *«Letras profanas» und «letras divinas» im Widerstreit. Die Debatte um die moralische Zulässigkeit des Theaters im spanischen Barock*, Frankfurt a. M.: Vervuert, 2006.

‹emanzipierenden› Gesellschaft. Ein komplexer, allumfassender Säkularisierungs- und Emanzipationsprozeß, der grundgelegt war gewiß schon im hohen Mittelalter, dann sichtbar wurde in einer diesseitsfreudigen Renaissance und einem unasketischen Humanismus, der aber erst im 17. Jahrhundert mit Macht durchbrechen konnte. Es war ein *Durchbruch epochalen Ausmaßes*, nicht weniger eine Zäsur als die der Reformation. Bis ins 17. Jahrhundert war die abendländische Kultur, ob katholisch oder protestantisch, wesentlich vom Christentum bestimmt und durchdrungen. Jetzt aber entwickelte sich ein Geistesleben, unabhängig von der Kirche und — da die Kirche sich abschottete — immer mehr gegen sie. Stichwort: ‹kopernikanische Wende›: eine wissenschaftliche und philosophische Revolution zugleich. Die mittelalterliche Einheit des Denkens hatte zu zerbrechen begonnen. Der Mensch rückt als Individuum in den Mittelpunkt, und gleichzeitig weitet und differenziert sich der Horizont des Menschen ins beinahe Unendliche: geographisch durch die Entdeckung neuer Kontinente und physikalisch durch Teleskop und Mikroskop. Was wird zutage treten: *La grandeur* oder *la misère de l'homme?* [9]

Zwar nennt Küng als die neuen, von Pascal selbst repräsentierten Gegenwelten zunächst und vorrangig Wissenschaft, Technologie und Industrie, dann allerdings auch die Kunst, in der natürlich die so genannte schöne Literatur eine herausragende Rolle spielt. So führt Küng weiter aus:

Gewiß: schon in der italienischen Renaissance und im Humanismus hatte sich bekanntlich eine neue Einstellung zum Leben und zur Welt, eine Besinnung auf die menschliche Würde vollzogen, die den Menschen aus dem mittelalterlichen Ordo herauslöste; insbesondere die Kunst war jetzt nicht mehr eingebunden in jenes ganz auf Transzendenz ausgerichtete mittelalterliche Ordnungsgefüge, sondern war Selbstzweck geworden: das Ästhetische ein Eigenwert, manifest in rein säkularen Kunsttheorien, Kunstgeschichtsschreibungen, Kunstsammlungen. Aber dies alles geschah mit deutlichem Blick zurück, in Rückbesinnung auf die Antike: Rinascimento hieß das Zauberwort, Wiedergeburt.

Jetzt aber, im 17. Jahrhundert beginnt die intellektuelle Elite Europas selbstbewußt, autoritätsunabhängig und offen nach vorne zu denken […]. [10]

Das Nebeneinander von klerikaler und laikaler Kultur im Frühchristentum: ein Modell für das Siglo de Oro?

In einer analogen ‹bikulturellen› Lage — hier eine klerikal-religiöse und dort eine laikal-literarische Kultur — hatte sich die Kirche, anders als dies Hans Küng hier feststellt, allerdings bereits schon einmal befunden. Es war dies während der ersten Jahrhunderte des Christentums, als sich dieses mit der spätantiken, im Bildungswesen noch allenthalben präsenten heidnischen

---

9 Hans Küng, «Religion im Aufbruch der Moderne», in: Walter Jens/Hans Küng, *Dichtung und Religion. Pascal, Gryphius, Lessing, Hölderlin, Novalis, Kierkegaard, Dostojewski, Kafka*, München: Kindler, 1985, S. 12.
10 Ebd., S. 14 f.

Kultur konfrontiert sah, es seine Position dieser ‹anderen Kultur› gegenüber
definieren musste und schließlich im Widerstreit der beiden Kulturen obsiegte,
auch wenn dieser Sieg nicht ohne zeitweilige Kompromisse erlangt wurde.
Das patristische Werk, das diese konfliktive Situation zwischen heidnisch-
laikaler und christlich-klerikaler Kultur am deutlichsten widerspiegelt, ist die
unter ihrem lateinischen, aus dem Griechischen übersetzten Titel *Ad adolescentes* bekannte Schrift des ostkirchlichen Kirchenvaters Basilius von Cäsarea
(329/30–378): *An die jungen Männer, wie sie aus den heidnischen Schriften
Nutzen ziehen können*. Die ausgesprochen schmale Schrift von nur wenigen
Seiten[11], die im Abendland um 1400 «in lateinischer Übersetzung schlagartig
große Verbreitung fand»[12], wurde von den italienischen Humanisten, die im
Zuge der Renaissance auf die Welt der Antike und damit auf eine andere, dem
Christentum supplementäre Kultur zurückgriffen, als eine programmatische
Schrift zur Versöhnung der antiken — natürlich heidnischen und damit grundsätzlich laikalen — Bildung und Literatur mit dem Christentum verstanden
und entsprechend propagiert. In der Schrift *Ad adolescentes* schien die
Möglichkeit einer Koexistenz und Gleichberechtigung zweier letztlich grund-
verschiedener Kulturen durch die Autorität eines herausragenden Kirchenvaters bestätigt. Eine genaue Lektüre zeigt allerdings, dass diese Möglichkeit
für Basilius und seine Gelegenheitsschrift[13] an eine unabdingbare Voraussetzung geknüpft war: an die Überzeugung von der unumstößlichen Vorrangstellung des Christentums, seiner Weltsicht, seines Werte- und Tugendsystems
gegenüber allen paganen literarischen und moralischen Inhalten, mögen sie
auch von Platon, Homer oder Sokrates vertreten werden. Die heidnischen
Klassiker sind daher einer christlichen Lektüre (mit dem *telos* des christlichen
Gottes und dem transzendenten Ziel des Einzelnen, mit seinem Tugendstreben
— anders als die antiken Protagonisten — die ewige Seligkeit zu erlangen) zu
unterziehen und so in das christliche Bildungssystem zu integrieren. Es handelt sich somit um eine eindeutige Unterwerfung der pagan-literarischen unter
die christlich-theologische Kultur. Der heidnischen Literatur kann daher für
den Christen nur eine propädeutische Funktion zukommen[14]; in all ihren

---

11 Abgedruckt in Basilius von Cäsarea, *Mahnreden*, übers. v. Anton Staegmann. München: Kösel, 1984.
12 Vgl. die im Internet zugängliche Dissertation von Friederike Bräutigam, *Basileios der Grosse und die heidnische Bildung. Eine Interpretation seiner Schrift «Ad adolescentes»*, Diss. Jena 2003, S. 35.
13 Friederike Bräutigam macht plausibel, dass es sich bei *Ad adolescentes* um keine Schrift zur «Grundsatzfrage nach dem Umgang mit der heidnischen Literatur» und zur Frage handelt, «ob also die pagane Bildung einen Platz in der christlichen Erziehung habe oder nicht»; ebd., S. 13. Die Schrift will, wie die Verfasserin überzeugend darlegt, vielmehr Schüler im Alter von etwa 15 Jahren, die als Christen in das noch funktionierende heidnische Bildungs-system, zu dem die Lektüre der griechischen paganen Klassiker gehört, integriert sind, dazu ermuntern, sich dieser Lektüre nicht zu verweigern (was ihren Ausschluss aus dem einzig funktionierenden Bildungssystem bedeutet hätte) und sich dennoch mit diesem Schrifttum und dem in ihm propagierten Weltbild und Wertesystem nicht zu identifizieren.
14 Friederike Bräutigam, *Basileios der Große und die heidnische Bildung* (Anm. 12), S. 121.

Texten muss das christlich Nützliche gesucht, alles andere systematisch ‹übersehen› werden[15].

Anders als es sich in der heutigen Sicht der Dinge darstellt, haben die Humanisten *Ad adolescentes* jedoch «als Empfehlungsschrift für die *studia humanitatis* im italienischen Quattrocento» verstanden, wie Luzi Schucan in ihrer rezeptionsgeschichtlichen Arbeit dargelegt hat[16]. Die Humanisten — und mit ihnen ein Gutteil der Theologen — haben die Schrift des Basileus zwischen 1470 bis 1500 — europaweit — geradezu boomartig nicht weniger als fünfzigmal zum Druck befördert[17]. Es ist dies zweifelsohne ein Beleg für die Hoffnung der humanistisch inspirierten Intellektuellen, die antik profane mit der zeitgenössisch christlichen Kultur versöhnen zu können.

Auch in Spanien wurde die kleine Schrift *Ad adolescentes* zwischen 1490 und 1501 achtmal gedruckt, ein Vorgang, in den sogar eine Autorität wie Antonio de Nebrija (1442–1522) involviert war. Nach einer fast zwanzigjährigen Pause erschien das Werk noch einmal im Jahre 1519 in griechischer und lateinischer Sprache, herausgegeben von keinem Geringeren als dem Humanisten Fernando Núñez de Toledo y Guzmán, el Pinciano (1475–1553). Auf diese Edition folgten zwei weitere Ausgaben von 1526 und 1543, die das endgültige Ende der positiven Rezeption von *Ad adolescentes* in Spanien — und damit der Perspektive auf eine Versöhnung der beiden Kulturen — darstellen. Es ist vielleicht kein Zufall, dass dieses Ende in etwa zusammenfällt mit dem Ende jener «invasión erasmiana»[18], die von 1527 bis 1532 dauerte, mit dem sich auch der Traum von einem — damals von beiden Seiten her als durchaus möglich angesehenen — ‹christlichen Humanismus› im Sinn einer liberalen und toleranten Koexistenz der beiden Kulturen zumindest in Spanien definitiv auflöst[19].

Die Trennung der beiden Kulturen unter klerikalem Vormachtsanspruch

Es stellt sich jetzt die Frage, wie hinsichtlich des Nebeneinanders der beiden Kulturen, der laikal-literarischen und der klerikal-theologischen, im posthumanistischen Europa nach dem Scheitern von Versöhnungsversuchen wie

---

15 «Sie [sc. die christlichen Leser] müssen das Nützliche erkennen, um das Übrige [sc. das Heidnische] zu übergehen.»; ebd., S. 27.
16 Luzi Schucan, *Das Nachleben von Basilius Magnus «Ad adolescentes». Ein Beitrag zur Geschichte des christlichen Humanismus*, Genève: Droz, 1973 (Travaux d'Humanisme et Renaissance, CXXXIII), S. 90 ff.
17 Ebd., S. 117.
18 Marcel Bataillon, *Erasmo y España. Estudios sobre la historia espiritual del siglo XVI*, México/Buenos Aires: Fondo de Cultura Económica, [2]1966, S. 279 ff.
19 Es ist sicher eher eine programmatische Aussage als eine bloße Zufälligkeit, dass Cervantes im Vorwort des *Don Quijote* «San Basilio» mit dem impliziten Verweis auf die Schrift *Ad adolescentes* erwähnt; vgl. Miguel de Cervantes, *Don Quijote de la Mancha*, hrsg. v. Francisco Rico, Barcelona: Crítica, 1998 (Biblioteca Clásica, 50), S. 17.

dem ‹christlichen Humanismus› verfahren worden ist. Für Spanien will scheinen, dass die gesamte weitere Auseinandersetzung zwischen den beiden Kulturen von Seiten der weiterhin dominierenden — der klerikal-theologischen — Kultur, unter dem oben angeführten Verdikt der unumstößlichen Vorrangstellung des Christentums gegenüber jeder anderen Form der Weltdeutung, geführt wurde [20]. Im Hinblick auf die Literatur lassen sich in dieser Auseinandersetzung einige grundsätzlich verschiedene Positionen und literarische Vorgehensweisen namhaft machen, die das Literatursystem der Zeit konfigurieren.

Eine erste Position ist die des konzessionslosen Beharrens auf einem klerikal-theologischen Absolutheitsanspruch, wie er sich in Francisco de Vitorias bekanntem Diktum von der Allzuständigkeit der Theologie und der Theologen darstellt: «El oficio del teólogo es tan vasto, que ningún argumento, ninguna disputa, ninguna materia, parecen ajenos a su profesión.» [21] Die Konsequenz für die laikal-literarische Kultur war eine doppelte. Einerseits wurde in der Hierarchie der Wissens- und Zuständigkeitsordnungen deren generelle Unterordnung unter die klerikal-theologische Kultur postuliert, was in die historische Praxis unter anderem mit einem umfassenden Zensurverfahren umgesetzt wurde. Die andere Konsequenz war eine grundsätzliche Ablehnung der profanen ‹schönen Literatur›. Diese zeigt sich vor allem in der lang anhaltenden, ständig wiederholten — und von der bisherigen literarhistorischen Forschung durchaus wahrgenommenen — Polemik gegen die Verwendung paganen und profanen Wissens [22], dann speziell gegen den (Ritter-)Roman sowie in den weit umfänglicheren und expliziteren — nicht nur von der deutschsprachigen Forschung weit weniger wahrgenommenen — kirchlichen Stellungnahmen gegen das Theater [23]. Dabei verwandte die klerikal-theologische Kultur gegenüber den Anhängern einer profanen Kultur durchaus massive Repressalien, wie sich etwa im Bereich der Moraltheologie und der Beichtpraxis in der extremen Frage zeigt, ob das Lesen eines Romans oder das Betreten eines Theaters bereits als Todsünde einzustufen sei.

---

20 Für Frankreich stellt sich die Situation eher so dar, dass es die laikal säkulare Kultur ist, die im Verlauf des 17. Jahrhunderts — trotz heftiger klerikaler Gegenwehr — die Vorrangstellung einnehmen wird.
21 Francisco de Vitoria, «De la potestad civil», in: *Obras. Relecciones teológicas*, lat./span., hrsg. v. Teófilo Urdanoz, Madrid: Biblioteca de Autores Cristianos, 1960, S. 150. Überraschenderweise zieht Vitoria selbst hinsichtlich des Allzuständigkeitsanspruchs des Theologen bereits unmittelbar anschließend die Parallele zum — paganen — Rhetor, wie ihn Cicero beschrieben hat.
22 Die Frage wurde im Katholizismus (wie im übrigen auch bereits bei Basilius) anhand von *Exodus* 12, 35–36 diskutiert wird, wo es heißt, die Israeliten hätten bei ihrem Auszug die Schätze Ägyptens («silberne und goldene Geräte und Kleider», in allegorischer Deutung das ‹pagane Wissen›) auf Geheiß Gottes mit sich fortgenommen. Dies wurde als Erlaubnis zu Aneignung und Nutzung profanen Wissens in der Welt der Religion gedeutet.
23 Vgl. die oben angeführte Arbeit von Claire-Marie Jeske, *«Letras profanas» und «letras divinas» im Widerstreit* (Anm. 8), die die relevantesten Texte dieser Polemik analysiert.

Die Strategie der — scheinbaren — Nichtwahrnehmung oder zumindest der grundsätzlichen Ausgrenzung konnte jedoch nicht vermeiden, dass in der frühen Neuzeit — gefördert auch durch den Buchdruck — die literarischen Produkte der laikal-literarischen Kultur für das quantitativ zunehmende Lesepublikum eine stetig zunehmende Attraktivität gewannen[24]. Es sei hier nur an den außerordentlichen Erfolg der Ritterromane beim breiten und den der Schäferromane beim elitären Lesepublikum erinnert. Die logische Reaktion der Gegenseite war der Versuch, dem profanen, sich immer stärker ausdifferenzierenden Literatursystem ein eigenes, religiös zentriertes System von literarisch geprägten Texten entgegenzusetzen. Hier hätte zwar, wie im Protestantismus, als Lesestoff unmittelbar auf die biblischen Geschichten, den Psalter und das Kirchenlied zurückgegriffen werden können. Dies war jedoch aus grundsätzlichen, im Trienter Konzil festgeschriebenen Erwägungen, nicht der Fall, weil die biblischen Texte nicht unkontrolliert in das Verstehensermessen der Laien und ihrer Kultur gegeben werden sollten und eine stärker ritualisierte Religionspraxis in der katholischen Kirche der Laien nicht bedurfte. An die Stelle der möglichen Bibeltexte trat eine sehr große Zahl von in vielerlei Hinsicht zensierten Texten, die sowohl den religiösen Bedürfnissen des Lesepublikums entsprechen und aufgrund eigener ästhetischer Ansprüche der Attraktivität der profanen Texte entgegentreten sollten und dies auch tatsächlich getan haben. Hier entstand im Spanien des 16. und 17. Jahrhunderts, basierend auf der Dominanz der klerikal-theologischen Kultur, eine außerordentliche, europaweit einzigartige Fülle von auch literarisch durchaus anspruchsvollen Texten, die als sogenannte «aszetisch-mystische Literatur» im ganzen katholischen, in Randbereichen auch im protestantischen Europa rezipiert wurden. Autoren wie der bereits genannte Dominikaner Luis de Granada (1504–1588) oder der Jesuit Juan Eusebio Nieremberg (1595–1658) wurden zu europäischen, zum Teil sogar zu globalen Bestsellerautoren[25], deren Schriften ganz gezielt und teilweise mit Subventionen auf dem religiösen europäischen Büchermarkt verbreitet wurden. Die ungeheure, bislang nicht einmal bibliographisch vollständig erfasste Fülle dieser Literatur, zu der — wenngleich in quantitativ weit geringerem Umfang — auch die Werke von Teresa de Ávila (1515–1582) und Juan de la Cruz (1542–1591) zu rechnen sind, übertrifft quantitativ alles, was im gleichen Zeitraum von der laikal-literarischen Kultur hervorgebracht wurde, auf deren Hervorbringungen die

---

24 Der Dominikanermönch Luis de Granada formuliert im «Prólogo ó breve tratado» zu seinem frühen Werk *Guía de pecadores* (1556–1557) die Opposition der beiden Kulturen und ihrer Lesestoffe wie folgt: Die klerikale Kultur (oder «caballería cristiana») verfügt zwar über das Schrifttum der «buena doctrina», doch «[...] estas armas (sc. die guten, die bibelnahen Lesestoffe) nos tienen robadas hoy en muchas partes del pueblo cristiano nuestros enemigos (sc. die laikalen Schriftsteller!), y [han] dejado en lugar dellas las armas de su milicia: que son libros torpes y profanos, atizadores de vicios». Vgl. Luis de Granada, *Obras*, hrsg. v. José Joaquín de Mora, Bd. 1, Madrid: Atlas, 1944 (BAE), S. 1–2.
25 Vgl. die allein vier Bände umfassende Bibliographie der Schriften, Ausgaben und Übersetzungen von Luis de Granada, Salamanca, 1926–1928.

«spanische Literatur des Siglo de Oro» nur um den Preis einer völlig eingeschränkten Wahrnehmung und eines höchst problematischen Kanons reduziert werden kann.

Dieses Schrifttum wurde und wird in Spanien von katholisch-konservativer Seite — spätestens seit Menéndez y Pelayo (1856–1912) und in Deutschland sicher nicht erst seit Ludwig Pfandl (1881–1942) — als die eigentliche kulturelle Leistung des Siglo de Oro hervorgehoben. Sein Platz im Literatursystem der Zeit ist jedoch noch nicht hinreichend beschrieben, auch nicht im Hinblick auf die Versuche, die Formen und Stilmittel der profanen «schönen Literatur» zur Darstellung religiöser Inhalte heranzuziehen, wie dies zum Beispiel in *De los nombres de Cristo* des Augustinermönchs Luis de León (1527?–1591) der Fall ist, wo zur Propagierung religiöser Inhalte das Genus des Dialogs verwandt wird, das in der profanen Literatur der Renaissance seine Attraktivität für ein weltliches Lesepublikum unter Beweis gestellt hatte. Etwas Analoges zeigt sich im *Libro de la conversión de la Magdalena, en que se esponen los tres estados que tuvo de pecadora, i de penitente, i de gracia* (1588) von Malón de Chaide (1530?–1589), der — wie Luis de León ebenfalls Augustinermönch – die für die *letras divinas* zentrale Form der Heiligenvita mit dem sich im Bereich der *letras profanas* immer mehr als Erfolgsgenus herausbildenden Roman zu kontaminieren versuchte, oder bei Cristóbal de Fonseca und seinem *Tratado del amor de Dios* (1592), den Cervantes — ironisch überschwänglich — im Prolog des *Don Quijote* erwähnt und der eine ins Christliche gewendete Replik auf León Hebreos berühmte, 1590 vom Inca Garcilaso de la Vega ins Spanische übersetzte *Dialoghi d'amore* ist. In diesen Texten finden sich zahlreiche Hybridformen, die Elemente der beiden Kulturen verbinden, die meines Ermessens noch nicht die nötige Beachtung der hispanistischen Literatur- und Kulturwissenschaft gefunden haben.

Die Predigt — eine Gattung zwischen den beiden Kulturen

Ein spezifisches, ganz im Bereich der klerikal-theologischen Kultur angesiedeltes Genus, ist die Predigt, die in der Hispanistik — anders als in der Germanistik oder Galloromanistik — erst allmählich in das Blickfeld der Literarhistoriker und Kulturwissenschaftler gelangt. Dabei war die Predigt in Anbetracht ihrer Stellung im Alltagsleben der Zeit und in Anbetracht der seinerzeitigen Analphabetenraten (mehr als zwei bis drei Prozent der damaligen Bevölkerung war wohl nicht in der Lage, komplexere Texte zu lesen) die einzige Form literarisch geprägter Texte, mit der — außer im Theater — die Masse des Publikums in Kontakt kam. Darüber hinaus war die Predigt durchaus auch an der Propagierung literarischer Moden beteiligt, wie dies die konzeptistisch-kulturalistische Predigt des Trinitariermönchs Hortensio Félix

Paravicino (1580–1633) sowie die lange Polemik gegen diese Art des Predigens in der zeitgenössischen Predigtpräzeptistik sehr deutlich belegen[26]. Diese Präzeptistik zeigt im übrigen, wie ein Teil der Prediger alle verbalen und non-verbalen Elemente der profanen Literatur in ihre Texte aufnahm, um die Zuhörer im Kampf der beiden Kulturen für sich zu gewinnen, und wie andere Prediger bemüht waren, alles Laikal-Literarische aus ihren Texten zu verbannen, damit nur der «Christus crucifixus» Gegenstand der Predigt bliebe[27]. Hier scheinen die Fronten ähnlich verlaufen zu sein wie bei der Befürwortung oder Ablehnung der *comedias de santos* und der *autos sacramentales*, die, anders als in den literarhistorischen Handbüchern oft noch dargelegt, im Siglo de Oro keineswegs als unstrittiges katholisches und nationales Erbe angesehen, sondern gerade auch von Vertretern der klerikal-theologischen Kultur sehr grundsätzlich bekämpft wurden.

Es kann somit kein Zweifel daran bestehen, dass während des ganzen Siglo de Oro zwischen den beiden hier skizzierten Positionen und Kulturen ein überaus heftiger Streit herrschte, in dem sich die jeweiligen Vertreter — wie auch sonst bei der Produktion und Rezeption religiös geprägter Literatur — nach den verschiedenen Orden, ihren Autoritäten und Traditionen sowie nach den verschiedensten Adressatengruppen gegliedert aufstellten. Dass auch im Bereich der Predigt im spanischen Siglo de Oro Außergewöhnliches geleistet wurde, was der Analyse im Hinblick auf unsere Fragestellung würdig wäre, sei mit dem Hinweis auf die Namen von Luis de Granada und Philipp Díez belegt, deren Predigtsammlungen im katholischen Europa — unter anderem von Carlo Borromeo, dem entschiedenen Vertreter der katholischen Reform — systematisch und zum Teil kostenlos verbreitet wurden und die dazu beitrugen, den spanischen Predigtgeschmack zu verbreiten.

Eine die Kulturgrenzen überschreitende Textform: die Literatur *a lo divino*

Es sei schließlich noch ein weiterer und letzter Texttypus erwähnt, der Ausdruck des Zusammengehens, aber auch der erbitterten Konkurrenz der beiden hier immer wieder angesprochenen Kulturen ist. Es sind dies die — in

---

26 Zur Predigt der Zeit generell vgl. Felix Herrero Salgado, *La oratoria sagrada en los siglos XVI y XVII*, 2 Bde., Madrid: Fundación Universitaria Española, 1996–1998. Zur speziellen Debatte um die kulturalistische Predigt vgl. Manfred Tietz, «El auto sacramental calderoniano y la predicación ‹crítica y culta› del barroco», in: Laura Dolfi (Hrsg.), *«Culteranismo» e teatro nella Spagna del Seicento*, Rom: Bulzoni, 2006, S. 195–211.

27 Diese Auffassung vertritt u. a. der Dominikaner Agustín Salucio (1523–1601) in seinen *Avisos para los predicadores del santo Evangelio*, hrsg. v. Álvaro Huerga, Barcelona: Juan Flors, 1959, S. 206. Salucio unterscheidet klar zwischen (guten) «autores sagrados» und (schlechten) «libros de gente non sancta». Er lehnt die Tendenz ab, in die Predigt das Gift («ponzoña») profaner Elemente und Denker einzubeziehen und setzt sich ausdrücklich von Basilius ab: «Aunque San Basilio hizo un tratado de cómo nos podíamos aprovechar de la lección de ellos; […]» (S. 203).

Spanien weit stärker als in allen anderen europäischen Literaturen der Zeit verbreiteten — so genannten *a lo divino*-Texte, die sich in allen drei Genera, der Lyrik ebenso wie in der Narrativik und der Dramatik, finden. Die beiden umfassendsten Arbeiten zu diesem Gegenstand — die von Bruce W. Wardropper[28] und Francisco Javier Sánchez Martínez[29] — haben sich allerdings bislang vorrangig mit der Lyrik befasst. Bei diesem Literaturtypus, der außerhalb Spaniens gemeinhin als ‹geistliche Contrafaktur›, in Spanien als *sacralización* oder *divinización* der Texte oder eher abwertend als ‹religiöse Parodie› bezeichnet wird[30], bedient sich die klerikal-theologische Kultur in sozusagen parasitärer Weise der Produkte ihrer laikal-literarischen Konkurrenten. Sie übernimmt die formal-strukturellen und inhaltlichen Elemente der Texte, schreibt sie aber «dergestalt um, daß in ihnen eine zusätzliche und unerwartete Sinnebene aufscheint, die den Worten eine religiöse Bedeutung verleiht», wie es Bernhard Teuber formuliert hat[31]. So wird etwa in der Contrafaktur der petrarkistischen Liebeslyrik von Garcilaso de la Vega bei Sebastián de Córdoba (1545?–1604?)[32] aus der zwischenmenschlichen (geschlechtlichen) Liebe (*amor profano*), dem Gegenstand der *letras profanas*, die Liebe zu Gott (*amor sacro*), der Komplex der *letras divinas*. Dabei verwendet die Contrafaktur Texte (und Musiken), die in der Sphäre des Profanen bereits eine außerordentliche Wirksamkeit bewiesen haben. Die *a lo divino*-Version basiert damit paradoxerweise auf dem Erfolg der profanen Version[33] und verfolgt dabei doch das ausdrückliche Ziel, die vorausgehende Fassung, das profane Original, völlig zu ersetzen, wie dies der bereits angeführte «furibundo detractor de la lírica garcilasiana: el agustino fray Pedro Malón de Chaide» mit aller wünschenswerten Deutlichkeit festgestellt hat[34].

---

28 Bruce W. Wardropper, *Historia de la poesía lírica a lo divino en la cristiandad occidental*, Madrid: Revista de Occidente, 1958.
29 Francisco Javier Sánchez Martínez, *Historia y crítica de la poesía lírica culta «a lo divino» en la España del Siglo de Oro*, 5 Bde., Alicante: Sánchez Martínez, 1995–1999.
30 Zu diesen Bezeichnungen und ihrer Verwendung in den verschiedenen Nationalphilologien vgl. ebd. die Aufstellung Bd. 1, S. 25–26.
31 Bernhard Teuber, *Sacrificium litterae. Allegorische Rede und mystische Erfahrung in der Dichtung des heiligen Johannes vom Kreuz*, München: Fink, 2003, S. 143.
32 Sebastián de Córdoba, *Las obras de Boscán y Garcilaso traslasdadas en materias Christianas*, Granada 1575. Der Garcilaso gewidmete Teil liegt in einer aktuellen, von Glen Goss Gale besorgten kritischen Ausgabe vor: Sebastián de Córdoba, *Garcilaso a lo divino*, Madrid: Castalia, 1972.
33 Dies zeigt z. B. die Tatsache, dass nicht nur Garcilaso, der unumstrittene «príncipe de los poetas españoles» des 16. Jahrhunderts, in diesem Sinne sakralisiert oder parodiert wurde, sondern dass dies auch für Góngora zutrifft, zu dessen *Polifemo* Martín de Páramo y Pardo 1666 einen *Polyphemo* veröffentlichte. Zu weiteren Repliken auf Góngora vgl. Titus Heydenreich, *Culteranismo und theologische Poetik. Die «Colusión de letras humanas y divinas» (1637/1644) des Aragoniers Gaspar Buesso de Arnal zur Verteidigung Góngoras*, Frankfurt a. M.: Klostermann, 1977, sowie Sánchez Martínez, *Historia y crítica de la poesía lírica culta «a lo divino»* (Anm. 29), Bd. 5.
34 Sánchez Martínez, *Historia y crítica de la poesía lírica culta «a lo divino»* (Anm. 29), Bd. 3, S. 82.

Bei der *divinización* wird der für die profan-literarische Kultur in der frühen Neuzeit konstitutive mentale Säkularisationsprozess rückgängig gemacht. Dabei wird von Seiten der klerikal-theologischen Kultur an der Berechtigung des Anspruchs auf grundsätzliche Höherrangigkeit der so entstandenen religiösen Texte kein Zweifel gelassen [35].

Das Verdienst der bereits erwähnten, mehrbändigen und materialreichen Arbeit von Sánchez Martínez ist es zweifelsohne, dass sie mir einer großen Anzahl von Beispielen erstmals in systematischer Form belegt, dass die *a lo divino*-Dichtung faktisch alle literarischen Gattungen betraf und dass sie keineswegs, wie Menéndez y Pelayo im Hinblick auf die *divinización* der *poesía culta* (nicht aber der *poesía popular*) urteilte, eine «tarea absurda»[36] oder lediglich ein «fenómeno marginal»[37], sondern ein im ganzen Siglo de Oro völlig normales und verbreitetes Phänomen gewesen ist. So zutreffend und verdienstvoll die Feststellung dieser Normalität, die eine positive Bewertung eines lange aus dem Kanon ausgeschlossenen Textkorpus impliziert, auch ist, so muss gegen Sánchez Martínez doch der Vorbehalt geäußert werden, dass der Hinweis auf eine Normalität der kulturellen Realität im Siglo de Oro die Tatsache verschleiert, dass es sich dabei um das Ergebnis eines mit großer Erbitterung führten Kampfes zwischen den beiden Kulturen handelt, in denen es insbesondere die klerikal-theologisch orientierte Kultur nicht an harschen Worten und — wie der oben angeführte Hinweis auf die Todsünde zeigt — an massiven Drohgebärden fehlen ließ, wobei sich die Vertreter der laikal-literarischen Kultur angesichts der ständigen Gefahr der Denunziation und der Zensur ähnlich scharfe Attacken nicht leisten konnten (oder wollten). So forderte Fernando de Herrera, ein promovierter Kanonikus in Úbeda, in seiner *Epístola preliminar* zur 1575 in Granada veröffentlichten Edition von Sebastián de Córdobas Werk *Las obras de Boscán y Garcilaso trasladadas en materias Christianas y religiosas* alle spanischen Autoren («genios») auf, systematisch *a lo divino*-Versionen der profanen lyrischen Produktion herzustellen: «[...] plugiesse a Dios [que en] esta empressa tan señalada tomassen [sc. la pluma] todos los poetas e hystoriadores para que en la sancta Yglesia no uviesse libros profanos de mentiras y vanidades y amores torpes»[38]. Es wäre

---

35 So gesteht López de Úbeda im Vorwort zu seinem *Vergel de Flores Divinas* (Alcalá de Henares, 1582) zwar Garcilaso, Boscán, Castillejo und vielen anderen Autoren zu, sie seien «eruditissimos y gravissimos poetas». Er stellt aber zugleich fest: «Pero todas sus obras, o las mas, han sido a lo humano, que en effecto y con verdad lo que queda dellas es, lo que de el rastro de la culebra sobre la piedra, y de el camino que haze el aue por el ayre»; vgl. ebd., Bd. 1, S. 115.

36 Ebd., Bd. 1, S. 39.

37 Ebd., Bd. 1, S. 39 u. 34.

38 Zitiert nach Sánchez Martínez, *Historia y crítica de la poesía lírica culta «a lo divino»* (Anm. 29), Bd. 5/2, S. 245. In ganz ähnlicher Weise stellte López de Úbeda auch für die Musik fest, es sei ein universeller Missstand im Spanien seiner Zeit «que no hay cosa mas olvidada en el mundo, que el fin para que se hizieron los instrumentos musicos, que fue para

sicher falsch, in solchen Aussagen bloße Rhetorik sehen zu wollen und keine reale Kampfansage, auch wenn diese nicht verwirklicht werden konnte. Es sei daran erinnert, dass sich in den geistlichen Stand getretenen Autoren wie Tirso de Molina oder auch Calderón nach der Priesterweihe das Schreiben profaner Theaterstücke verbot.

Insgesamt zeigt sich allerdings aus der heutigen historischen Sicht, dass das Verfahren der *divinización* profaner Texte, mit denen die klerikal-theologische Kultur das Hoheitsgebiet der laikal-literarischen zu bedrohen schien und auch tatsächlich bedrohte, trotz eventueller kurzfristiger Erfolge auf Dauer keinen Erfolg hatte und sich nicht in den heutigen Kanon der spanischen Lyrik einschreiben konnte — sieht man von dem Fall der Lyrik von Juan de la Cruz ab, falls man dessen Texte überhaupt als (keineswegs typische) *a lo divino*-Versionen profaner Lyrik ansehen will[39]. Der Grund für diesen Misserfolg liegt wohl darin begründet, dass die *a lo divino*-Versionen genau jenen Schritt in Richtung auf den besonderen, auf intellektuelle und ästhetische Autonomie zielenden Status zumindest der anspruchsvolleren literarischen Texte zurücknehmen und die Literatur — wie einst die Philosophie — im Gegensatz zu dem von Hans Küng angeführten historischen Prozess, dem sich auch das katholische Spanien nicht entziehen konnte, wieder zur *ancilla theologiae* machen wollten.

Das Scheitern des spanischen Romans im Kontext des Kampfes der zwei Kulturen

Der oben geschilderte Sachverhalt, der sich mit dem Schlagwort ‹Retheologisierung› der Literatur recht angemessen fassen lässt, zeigt sich im Siglo de Oro auch im Bereich des Romans. Dabei ist hervorzuheben, dass auch die *divinización* von Romantexten im Siglo de Oro keineswegs auf seltene Einzelfälle beschränkt gewesen ist. Im Folgenden soll allerdings nur auf einen Text in aller Kürze Bezug genommen werden: auf die in der einschlägigen Literatur zwar viel zitierte, jedoch, wie die Seltenheit der Ausgabe belegt, weder von den zeitgenössischen noch von den heutigen Lesern umfassender zur Kenntnis genommene *Clara Diana*[40], die *a lo divino*-Version des ersten spanischen Schäferromans, der *Diana* (1559) von Jorge de Montemayor (1520?–1561)[41].

---

que con ellos nuestro Señor fuesse alabado y glorificado [...]: y nosotros como arañas todos los conuertimos para nuestro daño en aguisillos [?] del infierno»; ebd., Bd. 1, S. 117.

39 Für ein solches Verständnis haben sich zwar durchaus Autoritäten wie Jean Baruzi und Dámaso Alonso ausgesprochen; vgl. Sánchez Martínez, *Historia y crítica de la poesía lírica culta «a lo divino»* (Anm. 29), Bd. 1, S. 47. Bernhard Teuber äußert sich dagegen zurückhaltender, wenn er die grundsätzlichen Unterschiede zwischen der petrarkistischen Liebeslyrik und den Texten von Juan de la Cruz herausstellt; vgl. *Sacrificium litterae* (Anm. 31), S. 146–147.

40 Fray Bartolomé Ponce de León, *Primera Parte de la Clara Diana a lo divino, repartida en siete libros*, Zaragoza: Lorenzo de Robles, 1599. Die am Ende des Buchs noch einmal

Die Umstände des Zustandekommens dieser Contrafaktur hat ihr Verfasser, der Zisterziensermönch Bartolomé Ponce de León[42], in seinem Vorwort explizit dargelegt und seine Abwertung des laikal-literarischen Ausgangstextes bereits auf dem Titelblatt seines Werkes deutlich gemacht, wenn er dort feststellt, er wende sich an den «prudente lector» — was nur heißen kann, Montemayor tue eben dies nicht. Hier die einleitenden Worte der «Dedicatoria del autor»:

> El año mil quinientos cincuenta y nueve, estando yo en la corte del Rey don Phelipe segundo deste nombre señor nuestro por negocios desta mi casa y monasterio de Sancta Fe, tractando entre caualleros cortesanos, vi y ley la Diana de Gorge [sic] de Mõtemayor, la qual era tan accepta quanto yo jamas otro libro en Romance aya visto: entonces tuue entrañable desseo de conocer a su autor, lo qual se me cumplio tan a mi gusto, que dentro de diez dias se offrecio tener nos combidados a los dos, vn cauallero muy Illustre, aficionado en todo estremo al verso y poesia.

Es erstaunt nun, mit welchem Überlegenheitsgestus der noch junge und unbedeutende Mönch sich aus dem Selbstverständnis, der überlegenen Kultur, anzugehören, anschickt, den Erfolgsautor Montemayor zu belehren und ihn in Grund und Boden zu verdammen, wenn er fortfährt:

> Luego se começo a tractar sobre mesa del negocio. Y yo con algun buen zelo, le comence a dezir quan desseada auia tenida [sic] su vista y amistad, si quiera para con ella tomar brio de dezille quan mal gastaua su delicado entendimiento con las demas potencias del alma, ocupando el tiempo en meditar conceptos, medir versos, fabricar historias, y componer libros de amor mundano [!] y estilo prophano.

Montemayor reagiert auf diese — vermutlich verbindlich vorgetragene — Attacke mit Humor, grenzt aber mit aller Deutlichkeit die beiden Kulturen, die er und Ponce vertreten, ab. Ponce berichtet dementsprechend: «Con medida risa me respondio diziendo: Padre Ponce, hagan los frayles penitencia por todos, que los hijosdalgo armas y amores son su professiõ».

Auf diese Replik antwortet Ponce wiederum aus dem — rhetorisch nur schwach verdeckten — Anspruch auf Allzuständigkeit und auf eine gewisse Omnipotenz: «Yo os prometo señor Montemayor (dixe yo) de con mi rusticidad y gruessa vena, componer otra Diana la qual con toscos garrotazos corra

---

explizit angekündigte *Segunda Parte* ist nie erschienen. Der Text wird hier zitiert nach der Ausgabe, die sich im British Museum befindet.

41   Vgl. die knappe — doch zutreffende — Behandlung des Textes in dem Standardwerk von Juan Bautista Avalle-Arce, *La novela pastoril española*, Madrid: Istmo, ²1974, S. 265–274.

42   Zu den wenigen Daten zur Person von Ponce, darunter das seines Ordenseintritts im Jahre 1551, vgl. den Artikel in der *Enciclopedia Universal Ilustrada*, Madrid: Espasa-Calpe, 1908–1933, Bd. 46. Der aus Aragón stammende Ponce, der 1591 sogar Abt seines Klosters wurde, scheint ein Vielschreiber gewesen zu sein. Neben der *Clara Diana* ist jedoch nur eine Vita des Bischofs von Osma erhalten (*Puerta real inexcusable de la muerte*), die drei Ausgaben erlangte: 1577, 1584, 1596.

contra la vuestra». Er berichtet dann von ihrem versöhnlichen Auseinandergehen, nicht ohne jedoch auf den kurz danach eingetretenen Tod Montemayors mit einem moralischen Seitenhieb aus der Perspektive der klerikaltheologischen Kultur einzugehen:

> Con esto y mucha risa se acabo el combite, y nos despidimos: perdone Dios su alma que nunca mas le vi, antes de alli a pocos meses me dixerõ como vn muy amigo suyo le auia muerto por ciertos celos o amores; justissimos juyzios son de Dios, que aquello que mas tracta y ama qualquiera viuiendo, por la mayor parte le castiga, muriendo siendo en offensa de su criador, sino veldo [sic] pues con amores viuio y aun cõ ellos se crio, en amores se metio, siempre en ellos contemplo, los amores ensalço, y de amores esriuio, y por amores murio.[43]

Ponce berichtet dann (ganz aufrichtig?), dass er den Text, den er als Replik auf Montemayors *Diana* schrieb, eigentlich nicht zur Veröffentlichung vorgesehen hatte, ihn aber 1571 einem Bekannten in Madrid anvertraute, der das Werk wohl handschriftlich kursieren ließ, bis schließlich 1599, vierzig Jahre nach dem Gespräch mit Montemayor, die Veröffentlichung aufgrund der Übernahme der Druckkosten durch einen «caballero amigo mio» möglich wurde.

Woran hatte nun der Zisterziensermönch Anstoß genommen? Dies ist genau all das, was die Gattung Roman, die in ihrer modernen Form nicht zufällig im 16. Jahrhundert entstanden ist[44], ausmacht: die Darstellung des Menschen nicht in seinem Bezug primär zu Gott und zum Jenseits, dem Gegenstand der klerikal-theologischen Sichtweise, sondern in einer Welt ohne Gott in seinem Bezug zu sich selbst, zu den anderen Menschen und zum Diesseits, wobei dieser Bezug im Roman vor allem anhand der Frage der Affektkontrolle und selbstgesteuerten Disziplinierung — textnäher formuliert anhand der Liebe oder genauer gesagt anhand der Leidenschaften — thematisiert und mit dem von Alltagswissen und paganer Reflexion geprägten Instrumentarium der zeitgenössischen Psychologie analysiert wird. Die gesamte Handlung und die ganze Reflexion des Romans von Montemayor kreisen mit großer Insistenz um die Liebe zwischen Sireno und Diana, deren grundsätzliche Unmöglichkeit keiner irgendwie gearteten diesseitigen oder jenseitigen Lösung zugeführt wird[45]. Der große Erfolg des Romans — allein in Spanien wurde er zwischen 1559 und 1624 dreißigmal aufgelegt und löste im Zeitraum von 1578 bis 1633 außer zwei Fortsetzungen siebzehn Folgeromane aus — belegt, dass diese Texte den Bedürfnissen und Sehnsüchten der Rezipienten aus dem Bereich der laikal-literarischen Kultur entsprochen

---

43 «Carta dedicatoria», unpaginiert.
44 Zu einigen Überlegungen zur Entstehung des Romans, die allerdings häufig doch wieder allzu rasch ins Historisch-Deskriptive gehen, vgl. den von Jean Canavaggio herausgegebenen Sammelband *La invención de la novela*, Madrid: Casa de Velázquez, 1999.
45 Montemayors Lösung — Sireno wird mit dem Trank des Vergessens der Fee Felicia von seiner Liebesleidenschaft befreit — befriedigte, wie auch das Urteil von Cervantes zeigt, letztendlich nicht, da sie weder wahrscheinlich noch anthropologisch glaubhaft ist.

haben. Zu den Fortschreibungen des Romans von Montemayor gehört natürlich auch die *Clara Diana* von Bartolomé Ponce, der den Roman aus der Perspektive der klerikal-theologischen Kultur einem völligen Umschreibprozess, einer *divinización*, unterzieht. Ponce selbst hat sein Vorgehen im seinem Vorwort kurz erläutert. Da der von ihm angesprochene «prudente lector» jemand ist, der den oben von Hans Küng skizzierten Paradigmawechsel nicht vollzogen hat, kann für ihn auch nicht die geschlechtliche Liebe Zentrum und Sinn des Lebens sein. Dies können nur die Liebe zu Gott und die Rettung der Seele aus den — vom Teufel vertretenen — Gefährdungen des Diesseits sein. Ponce hat daher aus dem geschlechtlichen Liebesstreben Sirenos das Streben des Menschen und der Seele zu Gott gemacht, die in diesem Streben ständigen Versuchungen durch den Teufel ausgesetzt ist. Dabei bleibt die größte Nähe zu Montemayors Text die Ansiedlung des Geschehens in der Schäferwelt und der ausführliche Einbau von lyrischen Texten, die aber nicht über die Leidenschaften, sondern über die Heilsgeschichte berichten. Im Mittelpunkt der — allegorischen — Handlung steht der «hombre racional», dessen Seele der Teufel, die Welt und das Fleisch von ihrem *telos*, der Liebe zu Gott und dem auf das Jenseits gerichtete Tugendstreben, abbringen wollen. Ponce deutet bereits im Prolog an, wie diese Grundkonstellation durch das Einfügen weiterer allegorischer Personen in eine komplexe Handlung umgesetzt werden kann:

> Introduzen se en ella el Diablo como mayoral de los rebaños que siguen al mundo y carne, finjo al mundo como vn caçador zagalejo, y como la carne y el se juntan, dissimulo la carne como vna polida pastora, que se llame come en Latin Caro, enseño tener esta pastora Caro tres hermanas menores, llamadas la primera Esqualida, la segunda Rutuba, la tercera Felia, que significan, concupiscencia occulorum etc., superbia vitae [...]. Muestro como el mayoral Demonio tiene siete hijas legitimas, las cuales son disimuladas como pastoras siruen a Caro, que son los siete vicios. Pongo otras siete diuinas pastoras mortales enemigas delas ya dichas, que son las siete virtudes. Fabrico vn pastor debaxo nombre de Barpolio, que representa el hõbre racional. Al fin labro vn dechado que palpablemente muestra de baxo especulaciõ y metaphora el discurso de nuestra vida, y donde va a parar, como en vn cristalino espejo de lo que hoy mas se vsa en el mundo [...].[46]

Ohne auf weitere Details einzugehen, lässt sich feststellen, dass hier das Grundwissen des Katechismus und die klassischen Themen der Predigt, die Heilsgeschichte insgesamt und die Erlösung der Einzelseele im Besonderen, zur Darstellung kommen. Die *Clara Diana* ist insgesamt der Versuch, die beim Lesepublikum erfolgreichen Elemente der laikal-literarischen Kultur in den Dienst der klerikal-theologischen Kultur zu stellen, um so die ‹verlorenen Schafe› wieder zurückzugewinnen. Dabei ist allerdings festzustellen, dass dieser Versuch recht kläglich gescheitert ist. Dass dieses Scheitern im generellen Kontext der Zeit nicht notwendigerweise vorprogrammiert war, zumal wenn

---

46 «Carta dedicatoria», unpaginiert.

ein weitaus begabterer Autor sich der Sache annahm, zeigt Lope de Vegas Roman *Los Pastores de Belén* (1612). Hier handelt es sich um eine *a lo divino*-Version der *novela pastoril*, die zu den meistgedruckten nichtdramatischen Werken Lopes gehört.

Der Kampf der beiden Kulturen und die Folgen

Angesichts der hier vorgebrachten Materialien, ihrer Verortung in zwei als grundsätzlich verschiedenen charakterisierten, doch sich überschneidenden Kulturen und der Betonung der Tatsache, dass die Auseinandersetzung zwischen diesen beiden Kulturen keineswegs, wie das Sprechen vom Goldenen Zeitalter der spanischen Literatur suggeriert, ein friedvolles Nebeneinander, sondern ein ausgesprochen konfliktives Gegeneinander gewesen ist, bleibt eine doppelte Frage. Erstens: Hat es in diesem Kampf der beiden Kulturen einen Sieger und einen Verlierer gegeben, oder haben sich die beiden Kulturen nach langem Streit einfach auseinander dividiert, wobei sich jede der beiden ihr *proprium* definiert und sich darauf beschränkt? Zweitens: Welche Auswirkung hat dieser Widerstreit auf die Entwicklung der spanischen Literatur und Kultur im Siglo de Oro und die einzelnen Autoren im konkreten Fall gehabt? Zweifelsohne hat das Siglo de Oro ganz außergewöhnliche Autoren hervorgebracht: Lope, Cervantes, Tirso, Quevedo, Góngora, Calderón. Doch es sollte nicht außer Betracht bleiben, dass Tirso und Calderón das Schreiben von *comedias* unter Druck der klerikal-theologischen Kultur aufgegeben haben (oder aufgeben mussten) und dass, was das Theater insgesamt angeht, die These von seiner Banalisierung, Strangulierung oder Kastration im Verlauf des Siglo de Oro vertreten wird[47] — wenn auch nicht ohne entschiedenen Widerspruch[48]. Schließlich stellt sich erneut die Frage nach dem faktischen Verstummen des spanischen Romans in der zweiten Hälfte des 17. Jahrhunderts, nachdem dieses Genus gerade in Spanien und in der hier skizzierten bikulturellen Situation in der ersten Hälfte des 17. Jahrhunderts Modellcharakter für das restliche Europa erlangt hatte, ein Phänomen, das José Fernández Montesinos schon vor einem halben Jahrhundert als das überraschendste — und vielleicht ungeklärteste — Problem der spanischen Literaturgeschichte

---

47 Vgl. Manfred Tietz, «Comedia y tragedia», in: José María Díez Borque (Hrsg.), *Calderón desde el 2000*, Madrid: Ollero & Ramos, 2001, S. 160 ff. Auch Wolfgang Matzat scheint in der Behandlung der Leidenschaften und der Ehrenfrage bei Calderón eher die Verwendung eines Musters als eine tiefer gehende anthropologische Reflexion zu sehen: «Norma y deseo en los dramas de honor de Calderón», in: Manfred Tietz (Hrsg.), *Deseo, sexualidad y afectos en la obra de Calderón*, Stuttgart: Steiner, 2001, S. 129–138.

48 Hier sei auf neuere Tendenzen zur Aufwertung des intellektuellen Gehalts der *autos sacramentales* verwiesen, für die stellvertretend die Arbeit von Gerhard Poppenberg genannt sei: *Psyche und Allegorie. Studien zum spanischen «auto sacramental» von den Anfängen bis zu Calderón*, München: Fink, 2003.

bezeichnet hat[49]. Vielleicht sind die hier angedeuteten Antworten auf diese Fragen — mit denen sich im Übrigen bereits George Ticknor (1791–1871)[50] ohne Furcht vor klaren Stellungnahmen auseinander gesetzt hat — falsch. Es wäre aber wünschenswert, dass die hier aufgeworfenen Fragen als legitim angesehen und aufgrund einer umfassenden Auseinandersetzung mit dem ‹Kultursystem› des spanischen Siglo de Oro beantwortet würden.

---

49 *Introducción a una historia de al novela en España en el siglo XIX* (1960), Madrid: Castalia, ³1972, S. 1.
50 George Ticknor, *Geschichte der schönen Literatur in Spanien*, hrsg. v. Nikolaus Heinrich Julius, Bd. 2, Leipzig: Brockhaus, 1867, S. 316–324.

Christoph Strosetzki

Von der *lex divina* zur *lex positiva* im Drama und in der Traktatliteratur des Siglo de Oro

Die Verankerung der staatlichen Gesetzgebung in nicht verhandelbaren Prinzipien kultureller, ethischer oder religiöser Art wird und wurde ebenso häufig postuliert wie negiert. Während den einen die Identifikation mit der Verfassung ausreicht, fordern die anderen eine Leitkultur, auf deren Grundlage das positive Recht erst zur Geltung kommen könne[1]. Man hat sich neuerdings daran gewöhnt, den religiös neutralen Rechtsstaat parlamentarischer Prägung dem islamischen Gottesstaat gegenüberzustellen. Ersterer berücksichtige in seiner Gesetzgebung die freie und vernünftige Autonomie mündiger Bürger, letzterer sei auf die Scharia gegründet. Allerdings treten die abendländischen Demokratien erst am Ende eines langen Prozesses der Abstreifung gottesstaatlicher Modelle auf. Dabei hat der Prozess der Aufklärung sicherlich zu einer Säkularisierung geführt, die Frage aber nach der Notwendigkeit der Korrektur positiven Rechts durch übergreifende Prinzipien nicht endgültig beantwortet.

Islamische Rechtswissenschaft in islamischen Glaubensstaaten ist Scharia-Exegese, wird vom «Obersten Rat für Islamische Angelegenheiten» in Kairo seit Jahrhunderten betrieben und liegt in den 27 Bänden der *Enzyklopädie des islamischen Rechts* vor. Während es im Koran heißt: «Wer gegen Gott und seinen Gesandten ungehorsam ist, der befindet sich in einem offenkundigen Irrtum», steht im Alten Testament Ähnliches[2]. Die «zehn Gebote» habe Jahwe eigenhändig auf die beiden Gesetzestafeln geschrieben[3] und Moses übergeben, der sie aus Zorn über sein Volk zerschlug, bevor sie dann in einer zweiten Anfertigung im Tempel von Jerusalem aufbewahrt wurden. Auch das Neue Testament schreibt: «Man muss Gott mehr gehorchen als den Menschen»[4]. Wenngleich sich die mittelalterlichen Theoretiker auf die Bibel berufen, finden sie bei der Rückführung menschlicher Gesetze auf göttliche gleichzeitig Unterstützung durch die griechische Philosophie und die römische Stoa.

---

1   Norbert Lammert (Hrsg.), *Verfassung. Patriotismus. Leitkultur. Was unsere Gesellschaft zusammenhält*, Hamburg: Hoffmann und Campe, 2006.
2   «Wenn du nun der Stimme des Herrn, deines Gottes, gehorchen wirst, dass du hältst und tust alle seine Gebote [...]», in: *Deuteronomium* 28, 1.
3   Vgl. *Deuteronomium* 4, 13.
4   *Koran*, 33. Sure, V. 36; *Apostelgeschichte* 5; vgl. Friedrich Wilhelm Graf, *Moses Vermächtnis. Über göttliche und menschliche Gesetze*, München: Beck, ²2006, S. 16; zur religiösen Problementwicklung im Judentum und im Islam vgl. Rémi Brague, *La loi de Dieu. Histoire philosophique d'une alliance*, Paris: Gallimard, 2005 (L'esprit de la cité), bes. S. 195–251.

Insofern sich die Selbstdarstellung des Papstes als *vicarius Christi* seit dem 12. Jahrhundert und die Vorstellung von ihm als höchstem Priester, als *pontifex maximus,* in der Renaissance durchsetzte, kam ihm die Zuständigkeit für die gesamte Christenheit zu, und Rechtsmittel gegen seine Entscheidungen waren ausgeschlossen. Mit der Schwäche der weltlichen Herrschaft im 9. und 10. Jahrhundert hatte der Papst zunehmend definiert, nach welchen christlichen Grundsätzen in der *res publica christiana* zu leben sei. Der hierarchische Instanzenweg von einem Richter zum nächsthöheren bei Berufungen führte zum Papst, dem obersten Richter. Dieses Prozessrecht diente nicht zuletzt der Verwirklichung der päpstlichen Weltherrschaft. «Der Papst sah sich als Inhaber der kaiserlichen Rechte, als wirklicher Kaiser, und damit berechtigt, alle Würdenträger bis hin zum Kaiser nach seinem Belieben abzusetzen»[5]. Bis 1300 gilt der Papst als *verus imperator* und das Kaisertum als ein *beneficium*, das der Papst als Lehnsherr seinem Lehnsnehmer übertragen oder auch verweigern konnte. 1302 wird mit der Bulle *Unam Sanctam* die Lehre vertreten, es gebe nur einen Leib der einen Kirche mit einem Haupt, nicht zwei Köpfe wie bei einem Monstrum, so dass sich beide Schwerter, das geistliche und das weltliche, in der Gewalt des Nachfolgers Petri befinden. Die Situation änderte sich vorübergehend im 15. Jahrhundert, als mehrere Päpste miteinander konkurrierten und das Machtvakuum durch Konzilien kompensiert wurde. Beim 5. Laterankonzil in den Jahren 1512 bis 1517 wurde dann entschieden, dass jeder Konzilsbeschluss nur mit Zustimmung des Papstes wirksam wird, wodurch die päpstliche Monarchie erneut den Sieg davontrug[6].

Welche Verbindungen gibt es zwischen göttlicher und weltlicher Ebene? Die christliche Schöpfungslehre nimmt für Schöpfer und Geschöpf eine gemeinsame Ordnung an und legt so den Ableitungszusammenhang zwischen *ius divinum* und *ius naturale* fest. Auf drei Ebenen gilt die Ordnung der *lex dei:* in der Natur, in den Gesetzen des Staates und in den moralischen Geboten für den einzelnen. Handelt der einzelne also moralisch gut, dann orientiert er sich mit seiner individuellen Vernünftigkeit an der Vernünftigkeit der Schöpfung. Aus dem *ius divinum* läßt sich ein *ius naturale* ableiten, das wiederum maßgeblich ist für die einzelnen Gesetze des positiven Rechts. Letzteres steht als vergängliche *lex temporalis* der als ewig gedachten *lex dei* gegenüber. Die Ursprünge für die christliche Gesetzesordnung liegen in der Antike. In diesem Zusammenhang kommt Platon und der Stoa, vor allem aber der Aristotelesrezeption des Thomas von Aquin und der Thomasrezeption der politischen Theoretiker im Siglo de Oro, Bedeutung zu. Platon lässt Hippias die Opposition von Natur und Setzung (*thesis:* woraus sich das Wort «Gesetz» als «Gesetztes» erschließt) folgendermaßen veranschaulichen:

---

5   Mathias Schmoeckel, *Auf der Suche nach der verlorenen Ordnung. 2000 Jahre Recht in Europa; ein Überblick*, Köln u. a.: Böhlau, 2005, S. 136; vgl. im folgenden ebd., S. 182 f.
6   Vgl. ebd., S. 226.

> Ich denke, sagte er, ihr versammelten Männer, dass wir Verwandte und Befreundete und Mitbürger von Natur sind, und nicht durch das Gesetz. Denn das Ähnliche ist dem Ähnlichen von Natur verwandt, das Gesetz aber, welches ein Tyrann der Menschen ist, erzwingt vieles gegen die Natur[7].

Die ungeschriebenen Gesetze der Natur erscheinen Hippias als höhere Richtschnur einer Ordnung, deren Gültigkeit unabhängig von bloßer Anerkennung sei, da sie von Natur aus in menschlichen Handlungen wirkten. Daher ist der sich damit beschäftigende Philosoph dem Gesetzgeber gegenüber nicht gleichberechtigt, sondern kritisch und überlegen.

Aristoteles verbindet Gesetz mit Moral und handelt Gerechtigkeit, Recht und Billigkeit als Tugenden im fünften Buch der *Nikomachischen Ethik* ab. Er unterscheidet dianoetische Verstandestugenden und ethische Charaktertugenden. Grundgebot für alle Tugenden ist die *mesotes*, die rechte Mitte zwischen dem Zuviel und dem Zuwenig, zum Beispiel steht Tapferkeit zwischen Draufgängertum und Feigheit. Gerechtigkeit wird als ethische Charaktertugend, als Mitte zwischen Unrecht-Tun und Unrecht-Erleiden beschrieben. Ungerechtigkeit ist also die Verletzung einer Proportion, so dass zum Beispiel bei der eigenen Person das Zuviel an Vorteilhaftem und Zuwenig an Nachteiligem Ungerechtigkeit ist[8]. Indem das Gesetz Handlungen verbietet, fördert es im Allgemeinen die Tugend, so wenn es zum Beispiel in der Schlacht die Flucht verbietet, die Tapferkeit, oder wenn es den Ehebruch verbietet, die Besonnenheit. Der aristotelische Rechtsbegriff ist also nicht vom ethischen Kontext abgelöst: Es «darf nicht übersehen werden, was die entarteten Verfassungen tatsächlich übersehen: die Mitte»[9].

---

7 Zitiert nach Stefan Lippert, *Recht und Gerechtigkeit bei Thomas von Aquin. Eine rationale Rekonstruktion im Kontext der «Summa theologiae»*, Marburg: Elwert, 2000 (Marburger theologischen Studien, 65), S. 30; Platon, *Protagoras*, 337 c–d. Dagegen sieht der durch seinen *homo-mensura*-Satz bekannte Sophist Protagoras bei den Gesetzen das Verhältnis von *physis* und *nomos* als Gegensatz und gewährt der menschlichen Gesetzgebung weitgehende Unabhängigkeit.

8 «Beim ungerechten Hergang liegt das Zuwenig im Unrechtleiden, das Zuviel im Unrechttun»; Aristoteles, *Nikomachische Ethik*, hrsg. v. Günther Bien, Hamburg: Meiner, 1995, S. 115 (1133 b). Vgl. zur Verbindung von Ethos und Gesetzgebung Joachim Ritter, ‹Naturrecht› bei Aristoteles. *Zum Problem einer Erneuerung des Naturrechts*, Stuttgart: Kohlhammer, 1961 (Res publica, 6), S. 23.

9 Aristoteles, *Politik*, hrsg. v. Günther Bien, Hamburg: Meiner, 1995, S. 193 (1309 b); Beim mittelalterlichen Aristotelesdeuter Thomas von Aquin steht die Thematik des Rechts im Zusammenhang mit der Gerechtigkeit, die als Kardinaltugend nach der Klugheit und vor der Tapferkeit und Besonnenheit thematisiert wird. Zur Veranschaulichung der *lex aeterna* führt Thomas einen Künstler an, der mit seiner *ratio* gestaltet, wie der Weltregent mit seiner *ratio* die Ordnung seiner Regierungsgewalt vorgibt. Wenn nun Gesetze Maß und Regel von Handlungen sind, dann erscheint das ewige Gesetz als «Plan der göttlichen Weisheit, insofern [es] alle Handlungen und Bewegungen lenkt». Erkennbar sei die der göttlichen Sphäre zugehörige *lex aeterna* für endliche Wesen nicht direkt, sondern so wie die Ideen im platonischen Höhlengleichnis nur am Abglanz. Vgl. Thomas von Aquin, *Summa Theologica* I–II, Das Gesetz I–II, q. 90–105, hrsg. v. Katholischen Akademikerverband, Heidelberg/Graz u. a.: Kerle/Styria, 1977, Bd. 13, q. 93, 1, S. 48.

Die Verbindung von Sein und Sollen ergibt sich aus dem Naturbegriff, der bei Aristoteles teleologisch ist. Dabei ist an die Zielursachenlehre zu denken, die das Wesen einer Sache in der immanenten Form sieht, die sie von der Möglichkeit zur Wirklichkeit überführt. Natur ist also zugleich Ziel und Zweck. Die Zielursache strebt den vollkommenen Naturzustand an: «Denn die Beschaffenheit, die ein jedes Ding beim Abschluss seiner Entstehung hat, nennen wir die Natur des betreffenden Dinges, sei es nun ein Mensch oder ein Pferd oder ein Haus oder was sonst immer»[10]. Wenn dies mit der Definition des Menschen als *zoon politikon* und dem Erstreben der angelegten Möglichkeit des obersten Gutes verbunden wird, dann werden gute Verfassungen zur Bedingung der Möglichkeit menschlicher Entfaltung, da sie am Gemeinwohl ausgerichtet sind, im Gegensatz zu schlechten Verfassungen, in denen Eigennutz die Politik dominiert.

Als eine Anwendung der Moralphilosophie, um das Verhalten der Bürger zu steuern, charakterisiert der spanische Rechtstheoretiker Francisco Suárez 1612 in *De legibus* die Jurisprudenz[11]. Er beruft sich auf Platons Dialoge *Timaios* und *Phaidros*, wenn er vier Kategorien von Gesetzen unterscheidet: die göttlichen, himmlischen, natürlichen und menschlichen. Da unter den himmlischen Gesetzen die der schicksalsbestimmenden Himmelskörper zu verstehen sind, lehnt Suárez sie ab. Das göttliche Gesetz, das er auch als *lex aeterna* bezeichnet, charakterisiert er als «ratio gubernatrix universi in Dei mente existens»[12]. Die natürlichen Gesetze sieht Suárez einerseits als Emanationen der göttlichen Gesetze und andererseits als Resultate unmittelbarer menschlicher Einsichten in Gut und Böse[13]. Die vierte Kategorie bilden schließlich die menschlichen Gesetze, das positive Recht. Auch wenn diese direkt vom Menschen verkündet werden, nennt Suárez Plutarch, der auf die Gottähnlichkeit des Fürsten hinweist, und Augustinus, nach dem der weise menschliche Gesetzgeber immer auch die *lex aeterna* in seine Überlegungen einbeziehe[14].

Was passiert aber, wenn das positive Recht, wenn also die menschlichen Gesetze, nicht den natürlichen oder göttlichen entsprechen? Aristoteles schreibt dem Naturrecht einen höheren Rang als dem Recht aufgrund von Satzung zu. Zwar können auch in der Natur Veränderungen auftreten, wenn etwa die linke Hand so trainiert wird, dass sie die Aufgaben der rechten über-

---

10   Aristoteles, *Politik* (Anm. 9), S. 4 (1252 b).
11   Francisco Suárez, *De Legibus* I, Madrid: CSIC, 1971 (Corpus Hispanorum de pace, 11), S. 5; vgl. zur Finalität des Menschen als metaphysischer Grundlage des sittlich Guten Elisabeth Gemmeke, *Die Metaphysik des sittlich Guten bei Franz Suarez*, Freiburg im Breisgau u. a.: Herder, 1961 (Freiburger theologische Studien, 84), S. 51–62.
12   Suárez, *De Legibus* I (Anm. 11), S. 40; vgl. auch F. S., *De Legibus* III, Madrid: CSIC, 1974, S. 4–57.
13   Vgl. Gemmeke, *Metaphysik des sittlich Guten* (Anm. 11), S. 254–264.
14   Suárez, *De Legibus* I (Anm. 11), S. 54; vgl. P. Alois Schubert, *Augustins Lex-Aeterna-Lehre. Nach Inhalt und Quellen*, Münster: Aschendorff, 1924 (Beiträge zur Geschichte der Philosophie des Mittelalters, 24/2).

nehmen kann. Doch was verändert werden kann, darf es nicht unbedingt. Wenn es naturrechtlich geboten ist, die Toten zu bestatten, kann auch entgegengesetztes positives Recht daran nichts ändern, wie Aristoteles in seiner *Rhetorik* am Beispiel des Dramas *Antigone* von Sophokles ausführt [15]. Nachdem König Kreon verfügt hat, dass Antigones abtrünniger Bruder Polyneikes nicht nach Recht und Brauch begraben werden darf, sondern den Vögeln zum Fraß vorgeworfen werden soll, gibt er als allgemeines Gesetz bekannt, dass Zuwiderhandelnde öffentlich gesteinigt werden sollen. Antigone aber sieht sich mehr an das natürliche bzw. göttliche als an das menschliche Gesetz gebunden und widersetzt sich daher Kreons Gesetz: «Auch glaubte ich, so viel vermöchte kein Befehl von dir, um ungeschriebne, ewige, göttliche Gesetze zu überrennen als ein Sterblicher. Denn nicht von heut und gestern, sondern immerdar bestehn sie: niemand weiß, woher sie kommen sind» [16]. Auch die Stoiker thematisieren die mögliche Inkongruenz von überpositivem und positivem Gesetz. Sie führen eine göttliche Weltvernunft ein, die sie *nomos* nennen und deren Gesetze von der menschlichen Gesetzgebung abzugrenzen sind. Sie unterscheiden daher zwischen dem Weltgesetz (*lex aeterna*), dem Naturgesetz (*lex naturalis*) und dem vom Menschen gesetzten Gesetz (*lex humana*). Da es das Weltgesetz erforderlich macht, sich in das Weltgeschehen einzufügen, wird nach Chrysipp der, der sich dagegen auflehnt, ebenso erfolglos bleiben wie der Hund, der sich auf die Hinterbeine setzt und doch mitgeschleift wird [17]. Ebenso wie das Weltgesetz des Kosmos ist nach dem Stoiker Cicero die *lex naturalis*, deren anthropologische Konstanten zum Beispiel Pflichterfüllung und Verbot von Unredlichkeit sind, der menschlichen Verfügbarkeit entzogen:

> Wir können aber auch nicht durch den Senat oder das Volk von diesem Gesetz gelöst werden, es braucht als Erklärer und Deuter nicht Sextus Aelius geholt werden, noch wird in Rom ein anderes Gesetz sein, ein anderes in Athen, ein anderes jetzt, ein anderes später, sondern alle Völker und zu aller Zeit wird ein einziges, ewiges und unveränderliches Gesetz beherrschen, und einer wird der gemeinsame Meister gleichsam und Herrscher aller sein: Gott [18].

Gott, Natur und Vernunft befinden sich also auf einer höheren, nichtempirischen Warte, die die positiven Gesetze transzendiert und kritisch betrachtet. Nur eine *lex naturalis* bietet das Kriterium, gute von schlechten positiven Gesetzen zu unterscheiden. Daher ist es töricht «zu glauben, alles sei gerecht, was in Bestimmungen und Gesetzen der Völker fest gelegt ist. Etwa

---

15 Aristoteles, *Rhetorik*, 1373 b; vgl. Lippert, *Recht und Gerechtigkeit* (Anm. 7), S. 54.
16 Sophokles, *Antigone*, gr./dt., hrsg. v. Bernhard Zimmermann, Düsseldorf/Zürich: Artemis & Winkler, 1999 (Tusculum Studienausgabe), S. 37, V. 453 ff.
17 Vgl. Hans Welzel, *Naturrecht und materiale Gerechtigkeit*, Göttingen: Vandenhoeck & Ruprecht, [4]1962 (Jurisprudenz in Einzeldarstellungen, 4), S. 40
18 Cicero, *De re publica / Vom Gemeinwesen*, lat./dt., hrsg. v. Karl Büchner, Stuttgart: Reclam, 1995, S. 281 (III, 22).

auch, wenn es irgendwelche Gesetze von Tyrannen sind»[19]. Ungerechte menschliche Verordnungen sind für Cicero ebensowenig Gesetze wie Übereinkünfte von Räubern.

> Würde sich aber das Recht nur auf die Weisungen der Völker, die Anordnungen der Verantwortlichen und die Entscheidungen der Richter stützen, dann wäre es Recht zu rauben, die Ehe zu brechen und Testamente zu fälschen, wenn dies nur durch Abstimmungen und Beschlüsse einer Mehrheit gebilligt würde[20].

Die Trennung der *lex humana* vom natürlichen und göttlichen Gesetz und damit die Autonomisierung des empirischen und positiven Rechts wird auch in der Rechtstheorie des Aristotelikers Thomas von Aquin problematisiert[21]. Empirisch festhalten lässt sich die Unfähigkeit des Menschen, als einzelner gemäß seinen Interessen zu leben: «Wären nämlich viele Menschen beisammen und jeder nur auf das bedacht, was ihm selbst angemessen erscheint, so würde die Gesellschaft nach entgegengesetzten Richtungen auseinandergeraten»[22]. Metaphysisch wird als Gegenmittel die Notwendigkeit von Recht und Staat postuliert. Ergab sich diese bei Platon aus der Idee der Gerechtigkeit, wird sie bei Thomas aus dem göttlichen Willen abgeleitet. Und nicht weil viele etwas wollen und daraus Gesetze machen, ist der faktische Wille der Menge zugleich ein Sollen. Wäre das positive Recht schon deshalb gerecht, weil es aus dem Willen des Menschen hervorgeht, dann könnte der menschliche Wille nicht ungerecht sein[23]. *Lex humana* bezeichnet nach Thomas das positive Recht, das aus den beiden übergeordneten Ebenen, *lex aeterna* und *lex naturalis*, abzuleiten ist. Wo die Ableitung von der oberen auf die untere Ebene nicht möglich ist, sieht Thomas Freiräume für die eigenständige Entscheidung entstehen.

Der Humanist Luis de León unterscheidet in seiner rechtstheoretischen Schrift *De legibus* 1571 im Anschluss an die Stoa und an Thomas' ewiges, natürliches und menschliches Gesetz. Die zahlreichen Vorschriften des natürlichen Gesetzes sind auf die Weisung zu reduzieren, das Gute zu tun und das Böse zu meiden, sowie naturgemäß zu leben[24]. Auch wenn menschliche

---

19 Cicero, *De legibus / Über die Gesetze*, lat./dt., hrsg. v. Rainer Nickel, Düsseldorf/Zürich: Artemis & Winkler, ²2002, S. 46 f. (*De legibus* I, XV, 42).
20 Ebd., S. 48 f. (*De legibus* I, XV, 43); zu Cicero als Vorläufer für Thomas vgl. Wolfgang Kluxen, ‹*Lex naturalis*› *bei Thomas von Aquin*, Wiesbaden: Westdeutscher Verlag, 2001, S. 16 (Nordrhein-Westfälische Akademie der Wissenschaften, G 378).
21 Vgl. Thomas von Aquin, *Summa Theologica* I–II. *Das Gesetz* I–II (Anm. 9), q. 90–105; *Summa Theologica* I. *Erhaltung und Regierung der Welt*, q. 103–119, hrsg. v. Katholischen Akademikerverband, Heidelberg/Graz u.a.: Kerle/Styria, 1951, Bd. 8; *Summa Theologica* II–II. *Recht und Gerechtigkeit*, q. 57–79, hrsg. v. Katholischen Akademikerverband, Heidelberg/Graz u. a.: Kerle/Styria, 1953, Bd. 18.
22 Thomas von Aquin, *Über die Herrschaft der Fürsten*, übers. v. Friedrich Schreyvogl, Stuttart: Reclam, 1971, S. 7.
23 *Summa Theologica* II–II, q. 57, 2; S. 7 f. (Anm. 21).
24 Fray Luis de León, *De legibus* (1571), hrsg. v. Luciano Pereña, Madrid: CSIC, 1963, S. 68 (Corpus Hispanorum de pace, 1).

Gesetze nach Luis de León im allgemeinen vom natürlichen oder ewigen Gesetz abgeleitet sind, kann es doch Ausnahmen geben, wie zum Beispiel bei den Universitätsstatuten von Salamanca, beim Getreidepreis oder der Residenzpflicht von Klerikern[25]. Vor diesem Hintergrund kann ein Gesetz auch fehlschlagen und damit die Frage aufwerfen, ob es den Untertanen erlaubt ist, dem Gesetz zuwiderzuhandeln. Luis de León hält den zivilen Ungehorsam für gerechtfertigt, wenn mit Sicherheit feststeht, dass bei Gesetzesbefolgung das *bonum commune* verletzt wird[26]. Auf das Prinzip des *bonum commune* als Kriterium zur Bewertung von positivem Recht soll später noch eingegangen werden.

Es gibt also einzelne Fälle, in denen ziviler Ungehorsam gegenüber falschen Gesetzen erlaubt ist. Denkbar ist auch, dass die gesamte positive Gesetzessystematik fehlgeleitet ist, wenn sie sich etwa im Gegensatz zum menschlichen *bonum commune* oder zum göttlichen Gesetz befindet. So ist zum Beispiel die Finalität dann nicht gegeben, wenn sich ein Gesetz nicht am Gemeinwohl, sondern am Eigennutz des Legislators ausrichtet. Die positiven Gesetze stehen dann deutlich im Gegensatz zum göttlichen Gut, wenn sie zur Gottlosigkeit verleiten. Hier begründet Thomas die Widerstandspflicht kategorisch mit dem Hinweis auf Paulus' von uns bereits anfangs erwähnten Satz, man solle Gott mehr gehorchen als den Menschen[27]. Ist das Ende der Tyrannei absehbar und die Intensität der Unterdrückung erträglich, dann kann jedoch von einem Umsturz im Interesse der Beibehaltung der Rechtssicherheit abgesehen werden. Sind Temporalitäts- und Intensitätsvorbehalte nicht erfüllt, dann gilt nach Thomas:

> Wenn es zum Rechte eines Volkes gehört, sich selbst einen König zu bestimmen, so kann mit vollem Rechte der eingesetzte König von ebendemselben Volke von seinem Platze entfernt oder seine Macht eingeschränkt werden, wenn er die königliche Gewalt in tyrannischer Weise missbraucht. Und man darf nicht glauben, dass ein solches Volk gegen die Treue handelt, indem es den Tyrannen absetzt[28].

Es stellt sich die Frage, wann das Absetzen eines Tyrannen und der Volksaufstand erlaubt sind. Sie wird konkret in der *Quaestio de seditione* des Humanisten und Thomisten Francisco de Vitoria (1492–1546) diskutiert. Der Volksaufstand sei insofern mit Krieg vergleichbar, als es sich um eine Konfrontation mit Angriff und Verteidigung handle. Der Unterschied bestehe jedoch darin, dass beim Krieg eine gegenseitige Konfrontation vorliege, während es beim Volksaufstand ausreiche, wenn eine Seite die Waffen erhebe. Ein weiterer Unterschied liege darin, dass der Krieg gegen Fremde und Feinde geführt werde, der Volksaufstand zwischen Parteiungen einer einzigen Gemeinschaft stattfinde. Gibt es zum Beispiel in einer Stadt einen Tyrannen und

---

25 Ebd., S. 87, 112–118.
26 Ebd., S. 125.
27 Lippert, *Recht und Gerechtigkeit* (Anm. 7), S. 154.
28 Thomas von Aquin, *Über die Herrschaft der Fürsten* (Anm. 22), S. 24.

es erhebt sich eine Partei gegen ihn und eine andere für ihn, dann kommt es zum Aufstand, wie etwa in Florenz bei den Anhängern und Gegnern der Medici. Wenn Vitoria dem Volk das Recht zubilligt, die Tyrannei zu beendigen, greift er auf Thomas von Aquin zurück. So habe sich auch der Apostel Petrus gegen die Saduzäer und gegen die Pharisäer gestellt, «Quia concordia eorum erat mala. Ita etiam concordia populi in tyrannide potest esse mala et ideo aliquis potest tollere talem concordiam»[29]. Nicht jede Einheit und jeder Friede sind es also wert, geschützt zu werden. Wie auch nicht jede Menschenmenge, etwa die von Dieben, als Volk zu bezeichnen ist. Unter Rückgriff auf Augustinus definiert Vitoria das Volk als «coetum iuris consensu et utilitatis communione sociatum»[30]. Mit Thomas rät Vitoria zur Wahrung der Verhältnismäßigkeit und dazu, den Tyrannen zu dulden, wenn andernfalls mehr als die Hälfte der Bürger einer Stadt dem Aufstand zum Opfer fallen würde.

Darf ein beliebiger Privatmann den Tyrannen töten?[31] Dagegen spricht nach Vitoria, dass ein Privatmann nicht durch öffentliche Autorität legitimiert ist. Dafür spricht, dass man sich gegenüber einem Angreifer verteidigen kann und dass im Rahmen einer legitimen Verteidigung Gewalt mit Gewalt beantwortet werden darf. Umso mehr ist es erlaubt, denjenigen zu töten, der die Republik angreift. Zu bedenken gibt Vitoria, dass zwei Arten von Tyrannen zu unterscheiden sind: Der eine ergreift die Königskrone, ohne dazu berechtigt zu sein, der andere ist zwar berechtigt, wird aber im Verlauf seiner Regierungszeit zum Tyrannen, der alles dem eigenen Vorteil und nicht dem Gemeinwohl zuordnet und damit den Staat ruiniert. Gegen den zweiten Typ darf sich der Staat wehren, nicht aber eine Einzelperson. Da gegen den ersten Typ der Staat immer schon Krieg führe, dürfe in diesem Fall auch eine Privatperson töten, da sie dann im Interesse der Verteidigung des Staates handle und durch öffentliches Interesse legitimiert wäre.

Luis de Montesinos, der zwischen 1593 und 1620 an der Universität von Alcalá lehrte, führt weitere systematische Gründe zur Rechtfertigung zivilen Ungehorsams an[32]. Zwar sei Gehorsam ein Gebot des Naturrechts, jedoch nur unter der Voraussetzung, dass sich der Herrscher am Gemeinwohl orientiert. Nur wenn er dem Ganzen diene und die Freiheit der Untergebenen garantiere, sei politischer Gehorsam gerechtfertigt. In jedem anderen Fall werde ziviler Ungehorsam zur Pflicht. Auch sei Gehorsam kein absoluter Wert, sondern er

---

29 Francisco de Vitoria, «Quaestio de seditione», in: F. de V., *Relectio de Iure Belli o Paz Dinámic.: Escuela Española de la Paz primera generación 1526–1560*, hrsg. v. Luciano Pereña, Madrid: CSIC, 1981, S. 274 (Corpus Hispanorum de pace, 6), («porque el estar de acuerdo con ellos era malo. Así también el estar de acuerdo el pueblo con la tiranía puede ser malo y por eso puede uno acabar con esa unión»).
30 Ebd., S. 270 («sino una asociación estructurada sobre una aceptación común del derecho y sobre la comunidad de intereses»).
31 Francisco de Vitoria, «Dubium de tyranno», in: Vitoria, *Relectio* (Anm. 29), S. 279–285.
32 Vgl. Luciano Pereña, «Perspectiva histórica», in: Francisco Suárez, *De iuramento fidelitatis*, hrsg. v. Luciano Pereña, Madrid: CSIC, 1979, S. 128–130 (Corpus Hispanorum de pace, 18).

stehe in Relation zur Legitimität der staatlichen Autorität, zum rechten Machtgebrauch, zum Grad der Orientierung am Gemeinwohl sowie zu Recht und Gerechtigkeit gegenüber allen Untertanen. Je größer hierbei Mängel hervortreten, desto berechtigter werde ziviler Ungehorsam. Da die Macht der Könige vom Volk stamme und dieses der Übertragung an den Souverän zuzustimmen habe, sei man einem Despoten, der durch Gewalt an die Macht gekommen ist, nicht zu Gehorsam verpflichtet. Auch wo das Gemeinwohl in offensichtlicher Weise verletzt werde, die Untertanen unterdrückt und versklavt werden und die Gesetze nicht mehr dem Gemeinwohl, sondern dem Herrscher dienen, ist nach Luis de Montesinos ziviler Ungehorsam geboten. Oberstes Prinzip ist also das Gemeinwohl, an dem die Herrscher ebenso orientiert sein sollen wie die Beherrschten. Ein Verstoß dagegen durch den Herrscher erscheint als Vertragsbruch, der auch den Beherrschten aus seinen Bindungen entlässt [33].

Zur konkreten Veranschaulichung sei auf Calderón de la Barca eingegangen. In seinem Drama *Amar después de la muerte*[34] werden der Aufstand und die Sezession der Morisken dadurch veranlasst, dass König Philipp II. verordnet, kein Moriske dürfe Nationalfeste abhalten, seidene Kleider tragen, in öffentlichen Bädern gesehen werden, sich frei mit anderen in seinem Haus versammeln oder sich der arabischen Sprache bedienen[35]. Nun denken die Morisken, die Christen wollten sie versklaven, und ziehen mit Waffen und Lebensmitteln in das Alpujarra-Gebirge, um dort nicht als Sklaven, sondern als freie Herren zu leben. Die Morisken ernennen ihrerseits einen Anführer, und es kommt zu kriegerischen Auseinandersetzungen mit den Spaniern.

---

33 Ähnlich sieht Diego de Mesa in seinem 1622 beendeten Werk *Política o razón de Estado*: «El menosprecio es cuando los que gobiernan, soberbios y desvanecidos, no estiman a los súbditos, tratándolos como a gente vil y con violencia; de lo cual los súbditos desdeñados, como les llega una ocasión que mueva de verás, toman las armas y quitan el dominio a los que lo tienen.» Diego Pérez de Mesa, *Política o razón de Estado*, hrsg. v. Luciano Pereña, Madrid: CSIC, 1980, S. 201 (Corpus Hispanorum de pace, 20); «La desemejanza asimisma causa alteración y mutación de estados; en la cual principalmente entra la desemejanza y diferencia en la religión, unos católicos y otros herejes, unos luteranos y otros calvinistas, unos cristianos viejos y otros moriscos. La cual división y disimilitud cuánto sea pestilente y dañosa a todo género de estado, lo manifiestan bien las turbaciones intestinas de Francia, las guerras y azotes de Flandes y Alemania y Inglaterra»; ebd., S. 206. Vgl. auch zum «derecho de resistencia» bei einem spanischen Juristen des 16. Jahrhunderts Francisco Carpintero Benítez, *Del derecho natural medieval al derecho natural moderno. Fernando Vázquez de Menchaca*, Salamanca: Universidad, 1977, S. 172–181 (Acta Salmanticensia, 35).
34 Zum Vergleich mit einschlägigen Chroniken von Diego Hurtado de Mendoza und Pérez de Hita vgl. Jorge Checa, «Calderón de la Barca y las catástrofes de la historia: *Amar después de la muerte*», in: *Nueva revista de filología hispánica* 51 (2003), H. 1, S. 147–192, hier S. 147 f., S. 182 ff.
35 «Ninguno de la nación avricana, que hoy es caduca ceniza de aquella invencible llama en que ardió España, pudiese tener fiestas, hacer zambras, vestir sedas, verse en baños, juntarse en ninguna casa, ni hablar en su algarabía, sino en lengua castellana»; Pedro Calderón de la Barca, «Amar después de la muerte», in: Calderón, *Obras completas*, hrsg. v. Angel Valbuena Briones, Madrid : Aguilar, [5]1966, Bd. 1, S. 351–386, hier S. 352.

Schließlich wird dem spanischen Befehlshaber[36] zur Milde geraten. Verkündet wird ein Generalpardon, das der Moriskenanführer nicht akzeptiert, da er inzwischen zum «rey tirano» (116) geworden ist. Die Parteien der Befürworter und Gegner dieser Entscheidung beginnen einen Bürgerkrieg, in dessen Verlauf sie ihren Anführer ermorden. Während sich also zunächst die Morisken berechtigterweise gegen die Spanier erheben, schwächen sie schließlich durch einen Bürgerkrieg die eigenen Reihen.

Gleich zu Beginn des Dramas wird auf die religiösen Sitten der Mauren hingewiesen: «Celebremos nuestro día, / que es el viernes, a la usanza / de nuestra nación, sin que / pueda esta gente cristiana, / entre quien vivimos hoy / presos en miseria tanta, / calumniar ni reprender / nuestras ceremonias»[37]. Dreimal werden Allah und die gloreiche maurische Vergangenheit evoziert, dreimal schließt sich dabei der Ausruf aller Umstehenden Morisken an: «Su ley viva!»[38]. Gemeint ist damit die *lex divina* des Islam. Sie eröffnet also die erste Szene des ersten Aktes, vor deren Hintergrund dann der Ungehorsam gegenüber der spanischen *lex positiva* beschlossen werden kann. Dennoch lässt Calderón — wohl auch mit Rücksicht auf die Zensur — den Sprecher der Morisken Malek die Anordnung vorsichtig als «ley justa y prevención santa» bezeichnen, da es natürlich sei, dass die afrikanischen Sitten allmählich in Vergessenheit gerieten, jedoch dürfe man bei einer Veränderung der Sitten nicht «con furia tanta» und «violencia» vorgehen[39]. Angesichts der Härte der Spanier bleibt nur die Sezession in die Alpujarra, die die Morisken noch als ihren eigenen Besitz betrachten: «toda es nuestra: retiremos a ella bastimentos y armas. [...] y haceos señores, de esclavos»[40]. Schließlich ist es Isabel Tuzaní, die auf den Generalpardon der Spanier vertrauend den Aufstand beendet. Bedenkt man nun, dass sie ihrerseits als «morisca en la voz y católica en el alma»[41] lebte, dann ermöglicht sie zugleich einen spielerischen Kontrapunkt zur Ausgangssituation des Dramas und baut eine Brücke zur Einsicht in die Legitimität des Handelns der Morisken. Die bei ihr und den Morisken bestehende Inkongruenz von *lex positiva* und *lex divina* löst sie nicht durch Aufstand, sondern durch Aufgabe des Aufstands.

Auch Beispiele für den Tyrannenmord sind bei Calderón nicht selten. Als sich in *La gran Cenobia* das Kriegsglück zu Aurelians Ungunsten wendet, stürzt er wütend die Weissagerin, die ihm einen Sieg prophezeite, in eine Höhle, woraufhin sie in ihm einen Tyrannen sieht, den sie ihrerseits stürzen will. Als Aurelian gegenüber Decius, der ihm während des Kampfes in einer schwierigen Lage das Leben rettet und dem er einen Anteil am Thron ver-

---

36 Vgl. zur Identifizierung der spanischen Führung mit der Providenz Checa, «Calderón de la Barca» (Anm. 34), S. 163.
37 Pedro Calderón de la Barca, *Amar después de la muerte* (Anm. 35), S. 351.
38 Ebd.
39 Ebd., S. 352.
40 Ebd., S. 353.
41 Ebd., S. 385.

sprochen hatte («te doy palabra de hacerte igual en mi imperio»[42]), das Versprechen bricht und auch die lästigen Soldforderungen seiner Soldaten abweist: «¿Qué importa a un rey que haya pobres en su imperio? Sufran y padezcan, pues; que pues el cielo los hizo pobres, él sabe por qué»[43], wächst die Zahl seiner Gegner. Auch Livius und seine Freundin Irene wollen ihn ermorden. Decius tut es mit der Begründung: «Muerte mis manos te den por bárbaro, por tirano, por soberbio y por cruel»[44]. Alle sind dem Tyrannenmörder dankbar: «Te nombramos César nuestro, por haber librádonos de un tirano»[45]. Hatte sich doch Aurelian weder an der *lex divina,* noch an der *lex naturalis,* weder an der Moral, noch am Gemeinwohl orientiert. Auf die Problematik des schon mehrfach erwähnten Gemeinwohls soll nun abschließend noch kurz systematisch eingegangen werden.

Das positive Gesetz soll nach Thomas auf das *bonum commune* hingeordnet sein[46]. Die notwendige Ausrichtung des positiven Gesetzes auf das *bonum commune* bringt es mit sich, dass positive Gesetze, die dem *bonum commune* abträglich sind, nicht befolgt werden dürfen, also ein Handeln *contra legem* geboten ist. Allgemein kann es zur Entfernung des Gesetzes vom *bonum commune* kommen, wenn es dem menschlichen Legislator nicht möglich war, alle möglichen Einzelfälle zu bedenken, wenn sich die Vernunft weiter vom Unvollkommenen zum Vollkommenen entwickelt hat oder wenn sich die Lebensverhältnisse (*conditiones*) der Menschen geändert haben. Da die alten Gesetze bereits durch die Gewohnheit (*consuetudo*) gestützt sind, ist die Bewahrung von Gesetzen zu bevorzugen und Veränderung nur als Reaktion auf deutliche Beeinträchtigung des allgemeinen Wohls zu rechtfertigen[47]. Menschliche Gesetze müssen also wechseln, wenn die Umstände und Verhältnisse, in die sie regulierend eingreifen, sich verändern oder wenn im Zuge der allgemeinen Vervollkommnung «aliquid melius»[48] in Erscheinung tritt. In diesem Zusammenhang diskutiert Luis de León, ob eine Gewohnheit (*consuetudo*) Gesetzeskraft erlangen kann, ob eine öffentlich verbreitete Gewohnheit Gesetze interpretiert, ob sie Gesetze abschaffen kann, die etabliert und gebilligt waren, und schließlich, ob eine Gewohnheit von sich aus und ohne schriftliches Zeugnis ein ungeschriebenes Gesetz sein kann. Hier zeigt sich deutlich eine andere Orientierung in der Ableitung der Gesetze: Sie erfolgt nicht deduktiv aus der *lex aeterna,* sondern induktiv aus der Gewohnheit.

---

42 Pedro Calderón de la Barca, «La gran Cenobia», in: *Obras completas,* hrsg. v. Luis Astrana Marín, Madrid: Aguilar, ³1951, Bd. 1, S. 155–185, hier S. 171.
43 Ebd., S. 182.
44 Ebd., S. 184.
45 Ebd., S. 184.
46 Thomas von Aquin, *Summa Theologica* I–II (Anm. 21) q. 95, 4; S. 105 (aber auch schon q. 90, 3; S. 12).
47 Lippert, *Recht und Gerechtigkeit* (Anm. 7), S. 145 f.
48 Fray Luis de León, *De legibus* (Anm. 24) , S. 128.

Da in jedem Fall jedes Gesetz als Ziel das «bonum publicum et commune»[49] hat, leitet Luis de León daraus ab, dass die Vorschriften, die sich am Eigennutz orientieren, keine Gesetze sein können. Denn Könige seien nicht die Eigentümer des Besitzes ihrer Untertanen und können ihn nicht für sich beanspruchen. Da der Herrscher seine Macht vom Volk erhält, hat sie den Zweck, dem Volk zu dienen und zu nutzen. «Nam reges non habent dominium nec imperant servis, sed hominibus liberis»[50]. Dem *bonum commune* dient auch die Wirkung des Gesetzes, den Menschen vollkommener und moralisch gut zu machen. Dabei stehen dem Gesetz drei Handlungsmöglichkeiten zur Verfügung: «imperare, prohibere, permittere et punire»[51].

Folgerichtig sieht Francisco Suárez das Gesetz an eine Gemeinschaft und nicht an einen einzelnen gerichtet. Damit es gerecht ist, habe es — hier zitiert Suárez Isidor — «ad commune bonum», d. h. nicht am Einzelinteresse, sondern am gemeinsamen Nutzen für die Bürger, ausgerichtet zu sein[52]. Dabei kann, wie in Suárez' folgendem Aristoteles-Zitat, an der Stelle des Gemeinwohls der Bürger auch der Staat selbst stehen: «Leges ad rem publicam esse accommodandas, non rem publicam ad leges»[53]. Suárez beruft sich auf Platon, bei dem Gesetze auf Tugenden und «ad communem pacem et felicitatem»[54] ausgerichtet seien[55]. Oberste Prinzipien des Gesetzes sollen sein «bonum commune» und «felicitas civitatis»: «Debet ergo esse lex propter commune bonum»[56]. Von diesen auf das Gemeinwohl bezogenen Gesetzen sind diejenigen zu unterscheiden, die sich an eine Berufsgruppe oder an Minderjährige wenden. Obwohl sich die Strafgesetze an Straffällige, die Steuergesetze an bestimmte Einkommensgruppen richten, ist auch bei ihnen das «commune bonum» letztes Ziel.

Die Lehre vom Gemeinwohl ist es, die Machiavelli zum Ausgangspunkt seiner Überlegungen macht, wenn er eine unmoralische Handlung des Monarchen dadurch rechtfertigt, dass sie dem Staatswohl und nicht dem Einzelinteresse des Fürsten dient. In seiner Argumentation verzichtet er auf den nicht-empirischen Teil der Rechtslehre. Die zentrale Frage ist bei ihm die nach den Mitteln, mit denen Macht erhalten werden kann. Er beobachtet seine Zeitgenossen und gewinnt ein negatives Bild von ihnen: Sie seien schlecht und

---

49 Ebd., S. 22; Unabhängig davon haben sich die Gesetze auch am «bonum divinum» auszurichten, da dahin ohnehin das gesamte Universum orientiert ist (vgl. ebd., S. 24).
50 Ebd., S. 31.
51 Ebd., S. 55.
52 Suárez, *De Legibus* I (Anm. 11), S. 104.
53 Ebd., S. 129.
54 Ebd., S. 130.
55 Vgl. zur Mittelstellung der Tugend bei Aristoteles, Thomas und Suárez Wilhelm Ernst, *Die Tugendlehre des Franz Suárez*, Leipzig: St.-Benno-Verlag, 1964, S. 204–218 (Erfurter theologische Studien, 15).
56 Suárez, *De Legibus* I (Anm. 11), S. 132.

stets von bösen Neigungen getrieben⁵⁷. Der Mensch benötigt nach Machiavelli den Staat, um sich vor anderen zu schützen. Der Staat setzt also zur Ordnung des Gemeinwesens Zwangsmittel ein, zu denen Gesetze und Gewalt gehören⁵⁸.

Noch einen anderen Punkt gilt es bei Machiavelli festzuhalten: Die Lehre von der Staatsräson ermöglicht es dem stärkeren Individuum oder dem stärkeren Staat, sich ohne Rücksicht auf *lex divina* oder *lex naturalis* gegenüber anderen im Interesse des Gemeinwohls durchzusetzen. Das brachte ihm viel Kritik ein, obwohl sein Ansatz weder so neu noch so originell war, wie er schien. Bereits Cicero setzt sich mit dem Skeptiker Karneades auseinander, für den nicht die Natur das Gesetz festlegt, sondern die jeweiligen wechselnden Interessen der Menschen. Für ihn ist natürliche Gerechtigkeit inexistent bzw. Zeichen größter Dummheit, da sie für fremden Vorteil sorge und dem eigenen schade. Als Beispiel werden die Römer angeführt, die, wollten sie gerecht sein, fremdes Gut zurückerstatten und in ihre Hütten zurückkehren müssten. «Kein Staat ist so dumm, dass er nicht lieber ungerecht herrschen als gerecht Sklave sein wollte»⁵⁹. Klug dagegen sei es, zitiert Cicero diese Position weiter,

> die Macht zu vergrößern, den Reichtum zu vermehren, die Grenzen vorzuschieben, [...] über möglichst viele zu gebieten, Vergnügungen zu genießen, stark zu sein, zu regieren, zu herrschen; die Gerechtigkeit aber schreibt vor, alle zu schonen, für das Menschengeschlecht zu sorgen, einem jeden das Seine zu geben [...]⁶⁰.

Nach Cicero weist Laktanz darauf hin, dass, wer eine fehlerhafte Sache verkaufen möchte, gerecht ist, wenn er den Fehler angibt, und klug, wenn er ihn verschweigt und Erfolg hat. Noch einen Schritt weiter geht nach Platon der Sophist Kallikles, wenn er das Naturrecht umdeutet, das Gerechte als das Recht des Stärkeren definiert und erklärt, von Natur aus sei das Unrechtleiden,

---

57 Machiavelli, *Il principe / Der Fürst*, ital./dt., hrsg. v. Philipp Rippel, Reclam: Stuttgart, 1995, S. 17 (1. Buch, 3. Kap.); später vertrat Hobbes in seinem *Leviathan* eine vergleichbare Position, als er den Satz «homo homini lupus» prägte.
58 Ebd., S. 77, 129, 135. Wenn allerdings Machiavell im Schlusskapitel von *Il Principe* Italien von den Barbaren befreien will und ihnen das richtige Recht und gute Gesetze gegenüberstellt, dann befindet er sich insofern auf der Ebene metaphysischer Voraussetzungen, als er der Ordnung gegenüber der Unordnung den Vorzug gibt. Spekulativer noch wird Machiavelli, wenn er darstellt, dass sich in der Frühzeit die Menschen zusammenschlossen, um den Stärksten zu ihrem Anführer zu machen: «Um Übel zu vermeiden, entschloss man sich, Gesetze zu schaffen und Strafen gegen Zuwiderhandelnde einzuführen»; ebd., S. 13. Gleich zwei Mal nennt Machiavelli hier Zwecke, die er seinem Rechtsrealismus als evidente Voraussetzungen stillschweigend zugrundelegt, ohne ihre mögliche Provenienz aus einer *lex aeterna* oder *lex naturalis* zu erwähnen. Dabei sieht es so aus, als ob aus dem Sein das Sollen ableitbar ist: Ist der Mensch schlecht, dann soll er durch Gesetze unter Kontrolle gehalten werden. In Wirklichkeit geht der Rechtsrealismus von der nicht-empirischen und einfach gesetzten Voraussetzung aus, dass der Mensch in geordneter Gemeinschaft leben soll.
59 Cicero, *De re publica / Vom Gemeinwesen* (Anm. 18), S. 277 (III, 18).
60 Ebd., S. 273 (III, 15).

vom Gesetz aus das Unrechttun übler. Dem Stärkeren gebühre nach der Natur das Herrschaftsrecht über den Schwachen, das ihm der Schwache durch die menschliche Gesetzgebung wegnehme, indem sie ihm die Notwendigkeit der Gleichheit aller suggeriere[61].

Anschauliches Beispiel für Missachtung des Gesetzes und Arroganz des jeweils Stärkeren bietet Calderóns Stück *La cisma de Inglaterra*, wo das Recht des Stärkeren als auch ohne Rekurs auf Gemeinwohl und Staatsräson herrscht. Dies zeigt sich beim König Heinrich VIII. ebenso wie bei seinem Kanzler Wolsey und seiner Geliebten Anna Boleyn. In letztere verliebt sich der König, als sie ihm am Hof vorgestellt wird. Sein ehrgeiziger Kardinal Wolsey, dem es nicht gelungen war, Papst zu werden, schwört gegenüber dem neuen Papst Rache. Als die Königin Catalina ihm einmal den Zutritt zum Zimmer des Königs verweigert, schwört er auch ihr Rache. Er verspricht Anna, sie zur Königin zu machen, wenn sie schwöre, ihm gegenüber nie undankbar zu werden, was sie verspricht. Wolsey rät ihr, dem König gegenüber Liebe zu heucheln und ihm zu erklären, sie könne ihn nur lieben, wenn er sie heirate. Dem König erklärt er, seine Heirat mit der Königin Catalina sei ungültig. Heinrich verkündet daraufhin die Ungültigkeit seiner Heirat dem Parlament mit dem abschließenden Hinweis: «Y el vasallo que sintiere mal, advierta temeroso que le quitaré al instante la cabeza de los hombros»[62]. Anna wird Königin und Heinrich bricht mit der katholischen Kirche und ihren Gesetzen. Als Wolsey seine Belohnung von Anna einfordert, lässt sie ihn fallen, woraufhin ihn auch der König als Kanzler entläßt. Gewissensbisse hat sie nicht: «¿Tirana me llaman? ¿Ingrata soy?»[63]. Als Anna schließlich mit ihrem Geliebten Carlos zusammentrifft, bemerkt der König, dass er getäuscht worden ist, und verurteilt Anna zum Tode. Als am Ende des Stückes das Parlament Maria zur Prinzessin von Wales erheben will, lehnt sie es ab, die Enteignungen der Katholischen Kirche anzuerkennen: «Y pues vuestra majestad sabe la verdad, no quiera que por razones de Estado la ley de Dios se pervierta»[64]. So zeigt sich dem Publikum *la ley de Dios* der *razón de Estado* überlegen. Die Ordnung ist insofern wiederhergestellt, als die *razón de Estado* mit ihren unterschiedlichen Erscheinungsformen widerlegt worden ist.

Zusammenfassend lässt sich festhalten: Das mittelalterliche Modell ist von einer *lex divina* dominiert, aus der *lex naturalis* und *lex positiva* möglichst deduktiv abzuleiten sind. Sein weltliches Korrelat findet das Modell im Papst als oberstem Richter und Herrscher. Die Vorstellung eines nichtempirischen Gegenübers zu den positiven Gesetzen hatte schon Platon durch den Gegensatz von *physis* und *thesis* artikuliert und Aristoteles durch den Begriff der *mesotes*, der rechten Mitte, mit der Moral verbunden. Zudem hatte Aristoteles

---

61 Platon, *Gorgias*, 483 c–484 b.
62 Pedro Calderón de la Barca, «La cisma de Inglaterra», in: *Obras completas* (Anm. 42), S. 491–521, hier S. 509.
63 Ebd., S. 512.
64 Ebd., S. 520.

wie Thomas die Welt als vernünftige Ordnung verstanden, in der der Weltregent wie ein Künstler mit seiner *ratio* Ordnung als Zielursache vorgibt. Der Thomist Suárez entwickelt daraus eine Art Emanationsverhältnis, in dem aus dem göttlichen das natürliche und aus dem natürlichen das menschliche Gesetz hervorgeht, so dass zum Beispiel ein weiser Fürst in seiner Weisheit immer auch die *lex divina* einbezieht.

In der Theorie erwies sich das System als stimmig, in der Praxis jedoch zeigten sich Brüche. Wenn es dem Legislator nicht möglich war, alle möglichen Einzelfälle zu übersehen, wenn er Entwicklungen und Neuerungen nicht bemerkt, wenn er überfordert oder tyrannisch ist oder wenn das Volk zur Räuberbande wird, dann funktionieren die Ableitungen nicht mehr. Auch erwiesen sich Universitätsstatuten und Getreidepreise als von göttlichem und natürlichem Recht unberührte Gestaltungsfreiräume.

Allerdings sind dies nur praktische Aspekte, die die Gültigkeit der Theorie nicht tangieren. So wie Antigone die falschen Gesetze Kreons durch göttliche widerlegt sieht, sehen die Morisken positives durch göttliches Gesetz entkräftet. Und auch die Ermordung des Tyrannen Aurelian war durch höheres Gesetz legitimiert. Dadurch, dass die Konflikte am Ende jeweils zugunsten des höheren Gesetzes behoben sind, bestätigt sich in allen drei Beispielen die Dominanz der nichtempirischen Gesetzesebenen. Opposition gegen positives Recht legitimiert sich dabei durch göttliches Recht oder Naturrecht und kann sich auf Vitoria berufen, der den Volksaufstand mit dem Hinweis auf Petrus' Haltung gegenüber den Saduzäern und Pharisäern rechtfertigt, oder auf Thomas' Pauluszitat, nach dem Gott mehr zu gehorchen ist als den Menschen.

Das mittelalterliche Modell funktioniert also deduktiv durch Ableiten des positiven Gesetzes vom allgemeineren natürlichen oder göttlichen Gesetz. Gegen die Induktion vom positiv gegebenen Konkreten auf das Allgemeine führt Thomas an, dass der menschliche Wille dann nicht ungerecht sein könnte, wenn positives Recht schon deshalb gerecht wäre, weil es aus dem Willen der Menschen hervorgehe. Auch für die Stoiker ergab sich die Gesetzeshaftigkeit nicht aus den Willensbekundungen des Volkes. Eben die Deduktion aber muss bei Machiavelli wegfallen, da er den gesamten nichtempirischen Teil der Rechtstheorie streicht. Es bleibt das positive Gesetz. War zuvor die Finalursache der *polis* oder der *res publica* das *bonum commune*, wobei das *bonum* teleologisch als Zweck[65] auch eine ethische Dimension hatte, wird das *bonum commune* nunmehr als Stärke verstanden, der Staatsräson zugeordnet und zum reinen Machtfaktor. Die Kategorie des *bonum commune* erweist sich als ausgehöhlt und bietet, wie auch die der *consuetudo*, nunmehr einen neuen Ausgangspunkt für induktives Denken.

---

65 Vgl. zur Bedeutung des Zwecks für die gesellschaftliche und rechtliche Ordnung bei Suárez Julius Seiler, *Der Zweck in der Philosophie des Franz Suárez*, Innsbruck: Rauch, 1936, S. 97–101.

Das ebenso Hervorhebenswerte wie Problematische bei Machiavelli ist nun, dass durch Verlust des göttlichen und des natürlichen Rechts Teleologie und Deduktion gleichermaßen wegfallen und sich die Induktion auf die Optimierung der Mittel zur Machtvergrößerung beschränkt. Zu welchen negativen Entwicklungen eine individualisierte Staatsräson führt, wo sich der jeweils Stärkere nicht nur über göttliche und natürliche, sondern auch über positive Gesetze hinwegsetzt, hat Calderón in *La cisma de Inglaterra* gezeigt. Mit diesem Stück wird dem Machiavellismus und den Positionen des vorsokratischen Skeptikers Karneades und des Sophisten Kallikles ebenso widersprochen wie auch in neuerer Zeit durch Kant und im deutschen Grundgesetz, wenngleich in letzteren beiden Fällen die positive Gesetzgebung im *a priori* bzw. im Naturrecht verwurzelt ist[66].

---

66 Vgl. Immanuel Kant, *Metaphysische Anfangsgründe der Rechtslehre*, hrsg. v. Bernd Ludwig, Hamburg: Meiner, 1986 (Philosophische Bibliothek, 360): «Das Naturrecht im Zustande einer bürgerlichen Verfassung (d. i. dasjenige, was für die letztere aus Prinzipien a priori abgeleitet werden kann) kann durch die statuarischen Gesetze der letzteren nicht Abbruch leiden» (S. 64). Naturrecht ist «das nicht-statuarische, mithin lediglich das a priori durch jedes Menschen Vernunft erkennbare Recht» (S. 109). Allgemein untergliedert er: «in das Naturrecht, das auf lauter Prinzipien a priori beruht, und das positive (statuarische) Recht, was aus dem Willen eines Gesetzgebers hervorgeht» (S. 46). — In der frühen Kommentierung des deutschen Grundgesetzes wurde angesichts des Nationalsozialismus und der Nürnberger Kriegsverbrecher-Prozesse der Artikel 1 («Die Würde des Menschen ist unantastbar») als naturrechtlich begründet angesehen. Das Naturrecht wird im Artikel 6 (2) explizit erwähnt: «Pflege und Erziehung der Kinder sind das natürliche Recht der Eltern [...]». Vgl. Gustav Radbruch, «Gesetzliches Unrecht und übergesetzliches Recht», in: *Süddeutsche Juristenzeitung* 1, 5 (1946), S. 105–108; zur neueren Kommentierung des Artikels 1 (1) durch Matthias Herdegen vgl. Ernst-Wolfgang Böckenförde, «Die Würde des Menschen war unantastbar», in: *Frankfurter Allgemeine Zeitung*, 3. 9. 2003.

Georges Güntert

De los nombres de Cristo.
Aspectos teológicos, filosóficos y estéticos

1. Fray Luis de León y sus predecesores

La reflexión sobre el significado de los nombres bíblicos de Dios surge merced a los estudios exegéticos de los padres de la Iglesia. No sorprende que, entre los primeros autores que se ocuparon del asunto, se cuente San Jerónimo, traductor del Antiguo Testamento que, en su carta *De decem nominibus Dei,* disertaba sobre las diez principales denominaciones de Yahvé, recordando, de paso, la veneración que los hebreos tributaban a su nombre sagrado: Yahvé es el Dios único que tiene muchos nombres, aunque ninguno de ellos expresa, por completo, su esencia[1]. En el carácter innombrable de la divinidad insiste también, a zaga de Proclo, el pseudo-Areopagita: su obra *De divinis nominibus,* del siglo V, pretende demostrar que los distintos nombres de Dios expresan aspectos particulares de la esencia divina, a que atribuyen, por tanto, condiciones finitas, contradictorias con el ser de la Divinidad.

Con Orígenes y, más sistemáticamente, con Ambrosio y Agustín de Hipona comienza la recolección de los nombres de Cristo, que son — según el *Decretum Gelasianum,* índice de libros proscritos y prescritos — veintiocho, es decir, cuatro por siete, en correspondencia con los siete nombres del Espíritu Santo. Isidoro de Sevilla conocía, sin duda, el *Decretum*: el libro VII de sus *Etimologías* se abre con el capítulo *De Deo,* y el acápite siguiente trata sobre los *nomina Christi.* El asunto de las designaciones bíblicas de Dios inquietaba también a los teólogos medievales; se pueden, de hecho, seguir sus huellas en los himnos eclesiásticos, en la liturgia y en las letanías. Pero es en el misticismo musulmán y cristiano donde la cuestión de los nombres divinos alcanza mayor relieve: baste con remitir a tratados como *Els Cent noms de Dèu* de Ramón Llull y el *De variis Christi nominibus* de Bernardo de Claraval.

Luis de León conocía bien esta tradición. Aubrey F. G. Bell, en su prestigiosa monografía sobre el monje agustino, quiso reconstruir la biblioteca de su

---

1   *Patrologia Latina,* S. Hieronymi, «Epístola XXV», ed. J. P. Migne, Paris: Garnier, 1844–1900, t. 22, col. 428–429. Ver también su comentario a Ezequiel 46, pp. 12–15, en: *P. L.,* t. 25, col. 462. Sobre las fuentes patrísticas de fray Luis de León consúltense: Ernst Robert Curtius, «Nomina Christi», en: *Mélanges Joseph de Gellinck S. J.,* Gembloux: Duculot, t. 2, pp. 1029–1032; Cristóbal Cuevas, «Introducción», en: Fray Luis de León, *De los nombres de Cristo,* ed. C. C., Madrid: Cátedra, 1980, pp. 86–89; y Jesús-María Nieto Ibáñez, *Espiritualidad y patrística en «De los nombres de Cristo»,* Madrid: Escurialenses, 2001, *passim.*

celda de cautivo, donde comenzó, según parece, la redacción de su tratado *De los nombres de Cristo*[2]. Basta, sin embargo, con recorrer azarosamente las páginas del volumen para encontrar un gran número de referencias a diversas *autoridades*, entre las que destacan, como los autores más citados, San Jerónimo y San Agustín. Es más: dado que las actas del proceso del Santo Oficio contra fray Luis, que contienen transcripción de las cartas remitidas desde su celda, se conservan, es posible verificar las peticiones de libros que el prisionero enviaba a sus cofrades. En el documento n° 4, por ejemplo, pide «un San Bernardo y un Fray Luis de Granada, de oración»[3]; y en el n° 62 menciona, a propósito de la interpretación de unas líneas de la Vulgata, «la carta *Ad Marcellam* de San Jerónimo, que está en el tercer tomo de sus obras»; tomo que contenía, con toda probabilidad, la carta *De decem nominibus Dei,* a la que acabamos de aludir[4].

La teoría de los nombres de Cristo de fray Luis podría derivar de los escritos del patrono de su orden, San Agustín, que, a la hora de tratar sobre las designaciones bíblicas de Jesús, distinguía entre los nombres que convienen a Cristo *per proprietatem* y aquellos que se le atribuyen *per similitudinem* — como *vitis, ovis, leo, agnus*[5]. Casi mil años después, en una de sus *Epístolas familiares,* Francesco Petrarca se valdría de las observaciones de San Agustín para demostrar que los primeros teólogos habían sido poetas, y que la Teología, en sus comienzos, era, ni más ni menos, «una poesía de Dios»: «parum abest quin dicam theologiam poeticam esse de Deo: Cristum modo leonem modo agnum modo vermem dici, quid nisi poeticum est?»[6]. Ahora bien: el *De los nombres de Cristo* conecta de nuevo Teología con Poesía, y es que Luis de León, a diferencia de sus predecesores, a quienes movían presupuestos exclusivamente teológicos, hace converger en su obra los más diversos intereses y discursos: teológico-exegético, filosófico, filológico, didáctico-moral, místico (en cuanto se propone alcanzar el ideal de la perfección cristiana) y, por fin, estético.

Se ha dicho que Luis de León encarna, más que ningún otro de los grandes escritores castellanos, la confluencia de la tradición bíblica con la tradición grecorromana[7]. Y es cierto: los argumentos de los doctores de la Iglesia se

---

2   Aubrey Fitz G. Bell, *Luis de León. Un estudio del Renacimiento español*, Barcelona: Araluce, 1923, en especial: cap. 6.
3   Fray Luis se refiere a la siguiente edicion: Fray Luis de Granada, *Libro de la Oración y Meditación en el qual se trata de la consideración de los principales misterios de nuestra Fe*, Salamanca: De Portonaris, 1554, en: Manuel López Muñoz, *Fray Luis de Granada y la Retórica*, Almería: Universidad de Almería, 2000, p. 120.
4   Jesús-María Nieto Ibáñez, *Espiritualidad y patrística* (n. 1*)*, pp. 39–40.
5   Aurelius Augustinus, «In Joannis Evangelium», cap. 10, 11–24, in: *Patrologia Latina* (n. 1), t. 35, col. 1728–1729.
6   *Familiarium Rerum* X, 4, 1, en: Francesco Petrarca, *Opere*, Firenze: Sansoni, 1975, t. 1, p. 663.
7   Eugenio Asensio, «Fray Luis de León y la Biblia», en: Saturnino Álvarez Turienzo (ed.), *Escritos sobre Fray Luis de León*, Salamanca: Diputación de Salamanca, 1993, pp. 133–

combinan, en los escritos de fray Luis, con referencias históricas, alusiones mitológicas, citas de la literatura clásica etc.; es preciso, con todo, subrayar que las Sagradas Escrituras, fuente máxima de la sabiduría, son el indiscutible modelo de sus comentarios. *De los nombres de Cristo*, por otro lado, es un diálogo platónico a la manera renacentista. El *locus amoenus*, en que los participantes disertan sobre los nombres divinos; el acontecer de las conversaciones en un momento concreto del día, bien por la mañana, bien por la tarde, después de la siesta, «cuando la fuerça del calor comenzava a caer»; la contemplación del cielo nocturno, «perfecta imagen de la paz»; la convicción de que la naturaleza misma nos invita a profundizar en los misterios divinos: todos estos ingredientes remiten a una espiritualidad que tiene sus orígenes, por una parte, en la vida contemplativa de las órdenes religiosas — la granja en la que los tres se reúnen, es propiedad de los agustinos — y, por otra, en la literatura, desde el *De vita solitaria* de Petrarca a las églogas de Garcilaso. Por más que fray Luis evite citar a los autores contemporáneos, el peso del pensamiento renacentista sobre *De los nombres de Cristo* es indiscutible: subyacen a las reflexiones de Luis de León la ciencia filológica del hebraísta y amigo Benito Arias Montano; la cábala cristiana de Johannes Reuchlin y Pico della Mirandola, de que fray Luis se sirve en varios de los capítulos de su tratado [8]; y, sobre todo, la filosofía neoplatónica de Marsilio Ficino, que fray Luis aprendió, con toda probabilidad, gracias a las lecciones alcalaínas de Cipriano de la Huerga, que había estado en Lovaina y que fue su profesor [9].

2. Significado del microcosmos y teoría del nombre

Quien medita sobre las designaciones bíblicas de Cristo se propone, en rigor, conectar lo divino con lo humano. Cristo es el mediador entre Dios, que es uno, y el mundo, que es múltiple; es el lugar de encuentro entre la humanidad, que alcanzó su más alta perfección en él, y la divinidad, de la que también participa. Ahora bien: lo que permite enlazar las dos realidades, finita e infinita, individual y universal, es la doctrina neoplatónica del microcosmos; y

---

158, p. 134. Sobre la presencia de los autores clásicos, véase Luis Gil, «Fray Luis de León y los autores clásicos», en: Teófilo Viñas Román (ed.), *Fray Luis de León. IV Centenario*, Madrid: Escurialenses, 1992, pp. 207–306.

8 A propósito de la influencia de la cábala cristiana sobre fray Luis, consúltese Francisco Javier Perea Siller, *Fray Luis de León y la lengua perfecta. Lingüística, cábala y hermenéutica en «De los nombres de Cristo»*, Córdoba: Camino, 1998. Este autor recuerda asimismo el hecho de que dos generales de la orden de los agustinos, Egidio de Viterbo (1465–1532) y Girolamo Seripando (1493–1563), conocían y practicaban los métodos exegéticos de la cábala cristiana.

9 Eugenio Asensio dice del cisterciense que fue «un lector fervoroso de Marsilio Ficino y Pico de la Mirandola»; ver: Eugenio Asensio, «Cipriano de la Huerga, maestro de fray Luis de León», en: Luisa López Grigera (ed.), *De Fray Luis de León a Quevedo y otros estudios sobre retórica, poética y humanismo*, Salamanca: Universidad, 2005, pp. 81–101, p. 95.

es que, así como Dios se manifiesta en el universo, a la vez uno y múltiple, y lo comprehende, así el hombre contiene esta complejidad, por lo menos virtualmente, dentro de sí:

> Consiste, pues, la perfección de las cosas en que cada uno de nosotros sea un mundo perfecto, para que por esta manera, estando todos en mí y yo en todos los otros, y teniendo yo su ser de todos ellos, y todos y cada uno dellos teniendo el ser mío, se abrace y eslavone toda aquesta máchina del universo, y se reduzga a unidad la muchedumbre de sus diferencias [...]. Lo qual es avezinarse la criatura a Dios de quien mana, que en tres personas es una esencia, y en infinito número de excellencias no comprehensibles, una sola perfecta y senzilla excellencia. (NC, p. 156)[10]

Francisco Rico ha demostrado que existe, desde los tiempos de los primeros padres de la Iglesia, una longeva tradición que hace del propio Jesús el perfecto microcosmos, ofrecido a los hombres para que participen de su riqueza[11]. En palabras de fray Luis: «La propria y verdadera sabiduría del hombre es saber mucho de Christo, y a la verdad, es la más alta y más divina sabiduría de todas» (NC, p. 147). Si la perfección equivale a la posesión de todos los conocimientos, el hombre tiene, virtualmente, la habilidad para adquirirlos. Ahora bien: la aprehensión del mundo exterior tiene lugar, en el ser humano, por medio del pensamiento y la palabra. Son, pues, los *nombres* los que posibilitan que comprendamos el mundo y percibamos la sabiduría divina de la que son expresión el universo y, por supuesto, nosotros mismos.

El nombre, de acuerdo con la primera de las definiciones de Luis de León, hace las veces de «sustituto de la cosa» (NC, p. 155); del *referente*, en términos modernos. La segunda definición que fray Luis nos ofrece, ya profundiza más en la relación objeto designado *versus* nombre. Y es que lo que se nombra tiene dos distintos modos de ser, a saber: el «real y verdadero», y el «que le da nuestra boca y entendimiento» a través de la *palabra* (NC, p. 156). Si las cosas en sí «son la verdad», en el alma y en la boca se convierten en «imágenes de la verdad», que «traen consigo significación». El *significante* se denomina «figura», si consiste en un signo escrito, «sonido» si es un signo acústico (NC, pp. 162–163). Luis de León distingue también los signos arbitrarios (como diría Saussure) de los signos motivados: los primeros significan «por naturaleza» y, los segundos, «por arte». Existen, por lo tanto, signos inmotivados[12]. En el más anciano de los idiomas, sin embargo, las cosas y las palabras consonaban todavía, según se desprende del capítulo del Génesis en que Adán «puso a cada cosa su nombre» (NC, p. 159). También

---

10 Los números de páginas en el texto remiten a la edición de Cristóbal Cuevas: Fray Luis de León, *De los nombres de Cristo*, Madrid: Cátedra, 1980. A partir de ahora: NC.
11 Francisco Rico, *El pequeño mundo del hombre. Varia fortuna de una idea en la cultura española,* Barcelona: Destino, 2005, pp. 72 y 81–82.
12 A propósito de la conformidad entre el significante y el significado dice el autor en otro lugar: «No se guarda esto siempre en las lenguas; es grande verdad. Pero si queremos decir la verdad, en la primera lengua de todas casi siempre se guarda» (NC, p. 159).

los nombres de Cristo, designaciones bíblicas, es decir, inspiradas, «traen consigo algún particular secreto que la cosa en sí contiene» (NC, p. 162).

Estas consideraciones, que encierran una completa teoría del lenguaje, sirven, en el *Libro primero*, de introducción. Después de la reflexión preliminar, el más anciano de los participantes, Marcelo, presunto *alter ego* del autor, menciona la doctrina del Dios inefable, a quien los teólogos definen como un «abysmo de ser y de perfección infinita»; es muy difícil, por supuesto, que una «palabra limitada alcance a ser imagen de lo que no tiene limitación» (NC, p. 168). Los *nombres propios* de Dios no pueden, por consiguiente, pertenecer a la categoría de los que fray Luis denomina «nombres cabales», capaces de abarcar y declarar «todo aquello que hay en él» (NC, p. 168). A Dios no podemos ponerle un nombre que lo iguale, porque no es posible que «la palabra llegue adonde el entendimiento no llega» (NC, p. 169). La perfección de Cristo, por otra parte, es a la vez una y múltiple: se puede comprender como totalidad, sí, pero también como sobreabundancia de bienes «que se derraman sobre nosotros», y que son imposibles de nombrar con una única palabra. El número de nombres que las Sagradas Escrituras atribuyen a Cristo es, de hecho, muy elevado. Marcelo selecciona, de los veinte que recuerda, «diez». (En la primera edición de 1583 eran sólo «nueve»; la primera redacción del texto, así las cosas, coincidía con el opúsculo *De nueve nombres de Cristo* del beato Alonso de Orozco, que varios estudiosos identifican con el «papel», que Sabino, el más mozo de los tres, despliega en el inicio de cada capítulo, para que sirva de guía a la conversación). Recuérdese que los nombres tratados habían de ser, en el texto definitivo de 1595, «catorce», distribuidos en tres libros [13].

3. Visión cristocéntrica, neoplatónica y estética del mundo

La idea de la perfección divina, según decía, se manifiesta a través de *términos complejos*, en que lo uno y lo múltiple coexisten. En las líneas que siguen, quiero llamar la atención sobre un caso particularmente significativo que podría servir para ilustrar los usos específicos que de los *términos complejos* hace fray Luis.

En el primer capítulo, *Pimpollo*, esto es, tallo nuevo, y, a través de las derivaciones metonímicas, «germen», «árbol» y «fruto», se nos enseña, con explícita mención de San Pablo (*Colosenses* 1, 16), que el propósito de toda la Creación es Cristo, «fruto» del «árbol del mundo» [14]. Fray Luis, desde esta perspectiva cristocéntrica, compara el universo con una planta inmensa cuyas

---

[13] La edición de Federico de Onís reproduce el opúsculo del Beato Alonso de Orozco. Ver: Fray Luis de León, *De los nombres de Cristo*, ed. de Federico De Onís, Madrid: Espasa-Calpe, 1956 («Apéndice» del tomo 1).

[14] Sobre el cristocentrismo de la obra véase: Segundo Folgado Flórez, «Sistematica teológica en Fray Luis de León desde los *Nombres de Cristo*», en: Teófilo Viñas Román (ed.), *Fray Luis de León. IV Centenario* (n. 7), pp. 209–231.

raíces son los elementos, cuyas ramas y hojas forman, en asombrosa variedad, «la grandeza del mundo» (NC, p. 181). San Pablo, en su primera carta a los Corintios, se sirve tanto de la categoría metafórica de lo *vegetal* (es Dios quien hace crecer, somos su labrantío) como de la categoría de lo *mineral,* con términos derivados del sector de la arquitectura: edificar, Cristo como fundamento, el hombre como templo de Dios. Las imágenes del árbol y del templo tienen en común su complejidad: en ambas existe lo múltiple dentro de lo simple. San Pablo utiliza, empero, una tercera categoría metafórica: la del cuerpo y sus miembros, símbolo de la comunidad de los fieles, procedentes de pueblos distintos, unidos, no obstante, en el cuerpo de Cristo. «Del mismo modo que el cuerpo es uno, aunque tiene muchos miembros, y todos los miembros del cuerpo, con ser muchos, forman un cuerpo, así también Cristo» (1 *Corintios* 12, 12).

Fray Luis, evidentemente, debió de meditar sobre las epístolas paulinas antes de redactar el capítulo primero. La más elaborada de sus comparaciones, sin embargo, procede no tanto de sus lecturas bíblicas cuanto de su conocimiento de las obras maestras del neoplatonismo renacentista. La memorable página que sigue, — en palabras de Azorín: la «soberbia descripción de un palacio y de sus tráfagos, toda rapidez y movimiento»[15] —, compara la variedad y riqueza de una obra de arte, arquitectónica y pictórica, con la hermosura del universo, con el fin de destacar, en cada una de las dos partes que constituyen el símil, la supeditación de las obras a sus correspondientes dueños. La estructura lógica del texto se apoya en una homología: del mismo modo que el rey es incomparablemente superior a su palacio, así Cristo, «para cuyo nacimiento se ordenó todo desde su principio», es más admirable que todos los esplendores del cielo y de la tierra. Por cierto: el palacio secular es, como bien ha escrito Ernst Robert Curtius, imagen del «templo del mundo»[16].

Fray Luis introduce, con miras a conseguir el debido efecto de *admiratio*, un *sujeto cognitivo* — el que entra en el palacio para admirarlo —, y describe su recorrido: parte de sus percepciones visuales y auditivas y concluye con la aprehensión de la totalidad, que produce asombro, si bien, después de la presentación de las distintas experiencias, se nos invita, de nuevo, a reflexionar. La construcción del período, que contiene multitud de sintagmas, resulta tanto más ingeniosa cuanto que el *plano expresivo,* la sintaxis bipartita, configura la estructura lógica del contenido: indicio claro de auto-reflexividad. Leamos

---

15 Azorín (José Martinez Ruiz), *Los dos Luises y otros ensayos*, Buenos Aires: Espasa-Calpe, 1944, p. 100.
16 Ernst Robert Curtius, *Literatura europea y Edad media latina*, México: Fondo de Cultura Económica, 1955, en particular: «Dios como artífice», t. 2, pp. 757–759. Dante Alighieri, en *Paradiso* XXI, 8, entiende el cielo («l'etterno palazzo») como mansión de Dios. Es conocida, además, la metáfora del mundo o del cielo como templo; véase, sin ir más lejos, *Apocalipsis* 2, 19: «Apertum est templum Dei in caelo». Sobre el Templo de Jerusalén como imagen del cosmos véase también Rico, *El pequeño mundo del hombre* (n. 11), pp. 152–157.

ahora esta descripción, que, en la medida en que contiene un elemento jerárquico (Dios es superior a su creación), hace que pensemos en una catedral dotada de una de cúpula, como las que se empezaron a erigir en tiempos de Luis de León:

> Porque si cualquiera que entra en algún palacio o casa real rica y sumptuosa, y vee primero la fortaleza y firmeza del muro ancho y torreado, y las muchas órdenes de las ventanas labradas, y las galerías y los chapiteles que deslumbran la vista, y luego la entrada alta y adornada con ricas labores, y después los zaguanes y patios grandes y diferentes, y las columnas de mármol, y las largas salas y las recámaras ricas, y la diversidad y muchedumbre y orden de los aposentos, hermoseados todos con peregrinas y escogidas pinturas, y con el jaspe y el pórfiro y el marfil y el oro que luze por los suelos y paredes y techos, y vee juntamente con esto la muchedumbre de los que sirven en él, y la disposición y rico adereço de sus personas, y el orden que cada uno guarda en su ministerio y servicio, y el concierto que todos conservan entre sí, y oye también los menestrales y dulçura de música, y mira la hermosura y regalo de los lechos, y la riqueza de los aparadores, que no tienen precio, luego conoce que es incomparablemente mejor y mayor aquél para cuyo servicio todo aquello se ordena, assí devemos nosotros también entender que, si es hermosa y admirable esta vista de la tierra y del cielo, es sin ningún término muy más hermoso y maravilloso aquel por cuyo fin se crió, y que si es grandíssima, como sin ninguna duda lo es, la majestad deste templo universal que llamamos mundo nosotros, Christo, para cuyo nascimiento se ordenó desde el principio, y a cuyo sujeto se sujetará todo después, y a quien agora sirve y obedece y obedecerá para siempre, es incomparablemente grandíssimo, gloriosíssimo, perfectíssimo, más mucho de lo que ninguno puede ni encarecer ni entender (NC, p. 183).

No se trata, simplemente, de un elogio de la hermosura del mundo, como los de Séneca o Cicerón [17], o los más tardíos de Ambrosio y Basilio, autoridades todas que fray Luis de Granada, contemporáneo de nuestro autor, recuerda en su *Introducción del símbolo de la fe* (1583) [18]. Lo que se compara es, en este caso, la complejidad de las obras de arte mundanas con la perfección del mundo, templo de Dios.

Ernst Robert Curtius estudió los avatares (clásicos, bíblicos, patrísticos y medievales) del tópico del «Dios artífice» y del «Dios pintor» [19]. La *Theología Platónica* de Marsilio Ficino, que recoge tradiciones y conceptos procedentes del *Timeo*, habla a su vez del Dios «artífice» o «arquitecto» y compara su obra, el universo, con una casa [20]. En su polémica con Lucrecio, expone su propia concepción del orden cósmico: la sabiduría y la voluntad del Creador rigen, en su opinión, el universo. Ficino, con el propósito de ilustrar su punto

---

17 M. Tullius Cicero, *De natura deorum*, XXXIV–XXXVI; y L. A. Séneca, *Ad Martiam de Consolatione*, XVIII, 1–7.
18 Fray Luis de Granada, *Introducción del Símbolo de la Fe*, ed. de J. M. Balcells, Madrid: Cátedra, 1989, pp. 159–161 y pp. 168–169.
19 Curtius, *Literatura europea y Edad media latina* (n. 16), t. 1, pp. 757–775.
20 Ficin Marsile (Marsilius Ficinus), *Théologie platonicienne de l'immortalité des âmes*, ed. de Raymond Marcel, Paris: Les Belles Lettres, 1964, t. 1, p. 109.

de vista, dice haber visto en Florencia un «tabernaculum», es decir, una casita o una especie de reloj animado, de fabricación alemana. Del «tabernaculum» salían figuritas de animales, que, girando alrededor de un eje central, se movían hacia la izquierda, hacia la derecha, y también hacia arriba o hacia abajo, a la vez que imitaban diversos gestos. Música de distintos instrumentos (trompetas, cornetas y cantos de aves) acompañaba estos movimientos: la obra, en fin, producía una notable sensación de maravilla. Nótese que Ficino, como fray Luis, habla primero de los efectos visuales y, después, de los acústicos; introduce, acto seguido, los elementos clave de su comparación. Los dos términos comparados son: el poder vibratorio del eje central que mueve las figuras, y el dinamismo del mundo, efecto de la voluntad divina:

> Vidimus Florentiae Germani opificis tabernaculum, in quo diversorum animalium statuae ad pilam unam connexae atque libratae, pilae ipsius motu simul diversis motibus agebantur, aliae ad dextram currebant, aliae ad sinistram, sursum atque deorsum, aliae sedentes assurgebant, aliae stantes inclinabantur, hae illas coronabant, iollae cantus audiebantur, illae alias vulnerabant. Tubarum quoque et cornuum sonitus et avium cantus audiebantur, aliaque illic simul fiebant, et similia succedebant quam plurima uno tantum unius pilae momento. Sic Deus per ipsum esse suum (quod idem reipsa est ac intelligere atque velle, quodve est simplicissimum quoddam omnium centrum, a quo, ut alias diximus, reliqua tamquam lineae deducuntur) facillimo nutu vibrat quicquid inde dependet[21].

Entre las personalidades más representativas de la cultura renacentista figura Baltasar Castiglione, el autor de *El Cortesano*, obra de considerable divulgación en España gracias a la versión castellana de Boscán. Pues bien: en el *Libro primero*, donde se reflexiona sobre las habilidades características del cortesano, uno de los personajes puestos en escena subraya la importancia del diseño, actividad de gran utilidad en el aristócrata, que necesita, por ejemplo «en la guerra», saber dibujar. A quienes desestiman el arte de la pintura, dicho personaje les censura con la siguiente argumentación:

> E veramente chi non estima questa arte parmi che molto sia dalla ragione alieno; ché la machina del mondo, che noi veggiamo coll'amplo cielo di chiare stelle tanto splendido e nel mezzo la terra dai mari cinta, di monti, valli e fiumi variata e di sì diversi alberi e vaghi fiori e d'erba ornata, dir si pò che una nobile e gran pintura sia, per man della natura e di Dio composta; la qual chi pò imitare, parmi esser di gran laude degno […][22].

También Castiglione, por lo tanto, conecta dos distintas actividades artísticas: los pintores, en un desafío meritorio, deben imitar la «pintura de Dios», es decir, el universo. De modo análogo se expresará, en verso, un contemporáneo suyo, Francesco Lancillotti: «E sappi, che chi dir vorrà Pittura / per dir

---
21 *Ibid.*, t. 1, p. 122.
22 Baldassare Castiglione, *Il libro del Cortegiano*, ed. de E. Bonora, Milano: Mursia, 1972, pp. 93–94.

corretto el proprio nome, dica / un altro Iddio e un'altra Natura»[23]. Con todo, debemos a Torcuato Tasso la comparación más cercana, desde el punto de vista sintáctico, a la de fray Luis. En sus *Discorsi dell'arte poetica*, Tasso asimila la problemática estructura (a la manera de *oxymoron*) de su máximo poema con la *concordia discors* del universo. El interés crítico de sus reflexiones es, por supuesto, mayúsculo:

> [...] Però ché, sí come in questo mirabile magisterio di Dio che mondo si chiama, e 'l cielo si vede sparso o distinto di tanta varietà di stelle; e, discendendo poi giuso di mano in mano, l'aria e 'l mare pieni di uccelli e di pesci, e la terra albergatrice di tanti animali cosí feroci come mansueti, nella quale e ruscelli e fonti e laghi e prati e campagne e selve e monti si trovano, e qui frutti e fiori, là ghiacci e nevi, qui abitazioni e culture, là solitudini e orrori; con tutto ciò uno è il mondo che tante e sí diverse cose nel suo grembo rinchiude, una la forma e l'essenza sua, uno il modo dal quale sono le sue parti con *discorde concordia* insieme congiunte e collegate: e non mancando nulla in lui, nulla però vi è soverchio o di non necessario; cosí parimenti giudico che da eccellente poeta (il quale non per altro divino è detto se non perché, al supremo Artefice nelle sue operazioni assomigliandosi, della sua divinità viene a partecipare) un poema formar si possa nel quale, quasi in un picciolo mondo, qui si leggano ordinanze d'eserciti, qui battaglie terrestri e navali, qui espugnazioni di città, scaramucce e duelli, qui giostre, qui descrizioni di fame e di sete, qui tempeste, qui incendii, qui prodigii; là si trovino concilii celesti ed infernali, là si veggiano sedizioni, là discordie, là errori, là venture, là incanti, là opere di crudeltà, di audacia, di cortesia, di generosità; là avvenimenti d'amore, or felici or infelici, or lieti or compassionevoli; ma che nondimeno uno sia il poema che tanta varietà di materie contegna, una la forma e la favola sua, e che tutte queste cose siano di maniera composte che l'una l'altra riguardi, l'una a l'altra corrisponda, l'una da l'altra o necessariamente o verisimilmente dependa; sí che una sola parte o tolta via o mutata di sito, il tutto ruini[24].

En Tasso, la filosofía y la teología contemporáneas están al servicio de la estética de su poema; Luis de León, en cambio, aprovecha la sensación estética de la *admiratio* para llegar a la intuición de lo divino. Además, mientras la concepción del mundo poético de Tasso es *inmanente* (pues la sabiduría intrínseca del poeta conforma el texto desde dentro y se manifiesta, a la postre, en la perfecta coherencia del poema), la de fray Luis es *trascendente*: establece la inferioridad de las distintas obras de arte, humana y divina, respecto de sus dueños. No es ni necesario ni probable que fray Luis leyese la primera redacción de los *Discorsi* de Tasso, que circularon manuscritos hasta la década de 1580. (La edición definitiva de los *Discorsi,* en seis libro data de 1594; es posterior, por tanto, a la muerte del salmantino). Yo no pretendía, en efecto, identificar las fuentes directas de fray Luis, sino subrayar el común carácter

---

23 Francesco Lancillotti, «Trattato di pintura», en: Paola Barocchi (ed.), *Scritti d'arte del Cinquecento*, Torino: Ricciardi-Einaudi, 1978, t. 4, p. 744.
24 Torquato Tasso, *Discorsi dell'arte poetica*, ed. E. Mazzali, Torino: Ricciardi-Einaudi, 1977, «Discorso secondo», t. 1, pp. 41–42.

neoplatónico, renacentista, de comparaciones como las de Luis de León, Marsilio Ficino y Torcuato Tasso.

4. Comentario de los nombres y técnicas de la interpretación

Pero volvamos a fray Luis. Se ha sostenido que la disposición de los temas adquiere, en *De los nombres de Cristo*, un carácter simbólico, en conexión tanto con el orden de la naturaleza como con los contenidos teológicos que los propios nombres sugieren[25]. La interpretación es válida, pero sólo si se predica de las dos primeras ediciones, divididas en dos libros cuyos capítulos siguen, de hecho, un ritmo ascendente y descendente: desde la mañana hasta el mediodía, y desde la tarde hasta la noche. Cambian, asimismo, los escenarios de la conversación: los tres personajes se hallan, por la mañana, en el huerto de la granja; por la tarde, cruzan el río para subir a un soto, situado en una isleta del Tormes. Conviene recordar que las alusiones a cuestiones espaciales y temporales son, excepto en las introducciones, más bien escasas: casi ausentes, en el libro primero, donde dominan los temas pastoriles (véanse «Pimpollo», «Camino», «Pastor», «Monte»), se hacen más frecuentes en el segundo, que transmite la sensación del tiempo que pasa (¡el río!) y del día que muere, con el exclusivo propósito de revelar el esplendor del cielo estrellado. En consonancia con el nuevo escenario, los nombres sobre los que discuten por la tarde presentan a Cristo como redentor del mundo, en su vida y en su muerte, sobre todo «Braço de Dios», presentan a Cristo como redentor del mundo, en su vida y muerte. El último nombre del libro segundo, «Esposo», es de carácter más intimista y propiamente místico: fray Luis se inspira, a cada paso, en el *Cantar de los Cantares*, que, recuérdese, había traducido[26].

Ahora bien: la estructura del discurso se modifica con la edición de 1595, que cuenta con un libro más que las anteriores. Las conversaciones de los dos primeros libros tienen lugar el 29 de junio (festividad de San Pedro y Pablo). Los tres personajes, sin embargo, vuelven a coincidir a la mañana del día siguiente; deciden, no obstante, visto el cansancio del más anciano de ellos, aplazar su meditación sobre los nombres de Cristo hasta la tarde. El tercer

---

25   José Ramón Alcántara Mejía, *La escondida senda. Poesía y hermenéutica en la obra castellana de Fray Luis de León,* Salamanca: Universidad, 2002, pp. 196–207. Y también: Cayetano Estébanez Estébanez, «La naturaleza en la estructura literaria de los *Nombres de Cristo*», en: *Arbor* nº 86 (1973), pp. 333–334, así como Cristóbal Cuevas, «Fray Luis de León y la visión renacentista de la naturaleza: estética y apologética», en: V. García de la Concha/J. San José Lera (eds.), *Fray Luis de León. Historia, humanismo y letras,* Salamanca: Universidad, 1996, pp. 367–380.

26   Sobre el aspecto místico de este capítulo compárese Sergio González, «Estudio ascético-místico en *De los Nombres de Cristo* de Fray Luis de León: ‹Esposo›», en: Teófilo Viñas Román (ed.), *Fray Luis de León. IV Centenario* (n. 7), pp. 233–274. Véase también: Alain Guy, «Espiritualidad y mística en Fray Luis de León», *ibid.*, pp. 381–398.

libro contiene, así las cosas, ambos momentos, mañana y tarde: es, por tanto, equivalente (desde el punto de vista semántico) a los otros dos. El pretexto de la nueva reunión es el olvido del «nombre propio» de Cristo, «Jesús», con cuya interpretación concluye el tercer libro, que diserta tanto sobre la humanidad de Cristo («Cordero», «Amado», «Jesús») como sobre su divinidad («Hijo de Dios», «Verbo»).

Entre el primer tema, «Hijo de Dios», sobre el que Juliano diserta con detención, y el segundo, «Cordero», se pasa de la meditación sobre el nacimiento de Jesús a la contemplación de su muerte en la Cruz. Entre ambos capítulos aparece el episodio del ave agredida por dos cuervos, que se precipita en el agua, de donde, sin embargo, resurge para, acto seguido, levantar otra vez el vuelo y cantar «con nueva dulzura» (NC, p. 562). No se trata, en absoluto, de un «corto intermedio naturalista», como quería Vossler, sino de una alegoría de la muerte y resurrección de Cristo[27]. Baste con recordar el comentario de Marcelo, quien, tras asistir con estupefacción a la escena, pronuncia «con un suspiro disimulado» estas palabras: «Al fin, Iesús es Iesús» (NC, p. 563).

Las técnicas interpretativas de fray Luis varían a lo largo de los catorce capítulos de su tratado. La extensión del comentario depende, con harta frecuencia, del número y naturaleza de las citas, que pueden ser muchas o pocas, y que suelen ofrecer distintas acepciones del sustantivo discutido. Los métodos exegéticos, aún así, difieren, incluso dentro del mismo capítulo. En tanto que teólogo, fray Luis conoce la teoría patrística de la polisemia bíblica, esto es, la necesidad de tomar en consideración los cuatro sentidos del texto: literal, moral, alegórico y anagógico. En tanto que hebraísta, sin embargo, concede cierta relevancia a la literalidad misma de las palabras.

En los primeros capítulos, «Pimpollo», «Camino» y «Pastor», fray Luis privilegia las derivaciones metonímicas y metafóricas de los distintos nombres. Así, «Camino» se puede predicar del caminante, de su propósito (el camino del cristiano), de su «inclinación y manera de proceder», y, claro está, de su meta, que es Cristo. Además, en cierta frase de los *Proverbios* («El Señor me crió en el principio de sus caminos»), la expresión «sus caminos» significa «sus obras»; en otras ocasiones, connota «sus preceptos y su ley» (NC, p. 209). Idéntica variedad de acepciones esconde el sustantivo «Pastor»: «Porque en esto que llamamos pastor se pueden considerar muchas cosas: unas que miran propriamente a su officio, y otras que pertenecen a las condiciones de su persona y su vida» (NC, p. 221). La expansión del sentido permite a fray Luis describir la armonía de la vida bucólica e insistir, de paso,

---

27 Karl Vossler, *Fray Luis de León*, Buenos Aires: Espasa-Calpe, 1946, p. 56. En el texto original, redactado en alemán, Vossler habla de «ein kurzes Naturspiel»; véase K. V., «Gespräche über die Namen Christi», en: *Sitzungsberichte der Bayerischen Akademie der Wissenschaften* (1943), n° 1, p. 42.

en «la fineza del sentir» de los pastores. Marcelo se acuerda, acto seguido, del *Cantar de los Cantares*, sí, pero también de Teócrito y Virgilio:

> Y a la verdad, los poetas antiguos, y quanto más antiguos tanto mayor cuydado, atendieron mucho a huyr de lo lascivo y artificioso, de que está lleno el amor que en las ciudades se cría, que tiene poco de verdad y mucho de arte y de torpeza. Mas el [amor] pastoril, como tienen los pastores los ánimos senzillos y no contaminados con vicios, es puro y ordenado a buen fin; y como gozan del sosiego y libertad de negocios que les ofrece la vida sola del campo, no aviendo en él cosa que les divierta, es muy bivo y agudo (NC, p. 223).

Técnica distinta sigue fray Luis en el capítulo «Monte», donde parte de supuestos etimológicos. Y es que monte connota preñez, dado que, como enseña Marcelo, la palabra «monte» (en hebreo «har») es muy similar, desde un punto de vista fonético, a la palabra «preñado» («harah»). El «monte» es, así las cosas, símbolo de la abundancia: multitud de dones, físicos y espirituales, dimanan de su cumbre. La coexistencia de lo uno y de lo múltiple sugiere, de nuevo, la idea de perfección:

> Producen árboles de differentes maneras: unos que sirven de madera para los edificios, y otros que con sus frutas mantienen la vida. Paren yervas, más que ninguna otra parte del suelo, de diversos géneros y de secretas y efficaces virtudes. En los montes, por la mayor parte, se conciben las fuentes y los principios de los ríos, que nasciendo de allí y cayendo en los llanos después, y torciendo el passo por ellos, fertilizan y hermosean las tierras. Allí se cría el azogue y el estaño y las venas ricas de la plata y del oro, y de los demás metales todas las minas, las piedras preciosas y las canteras de las piedras firmes, que son más provechosas, con que se fortalescen las ciudades con muros y se ennoblecen con sumptuosos palacios. Y finalmente, son como un arca los montes, y como un depósito de todos los mayores thesoros del suelo (NC, p. 247).

La soledad de los montes es, por lo demás, refugio secular de los profetas y de los poetas, es decir, de quienes, inspirados, son capaces de expresar sus ideas «con número y consonancia devida»; en otras palabras: con un estilo sublime. «Porque poesía», añade Marcelo, «no es sino una comunicación del aliento celestial y divino» (NC, p. 254). A esta sentencia subyace, por supuesto, el concepto platónico del «furor divinus»: la verdadera poesía es, ni más ni menos, revelación.

Sobre todo en el último de los capítulos de su texto, fray Luis adopta procedimientos exegéticos de procedencia cabalística. Un experto en esta ciencia, Gershom Scholem, escribe que:

> El mundo secreto de Dios es un mundo de lenguaje, un mundo de nombres divinos [...] Las letras y los nombres no son un medio normal de la comunicación. Son mucho más que eso. Cada uno representa una concentración de energía y

expresa una plenitud de significados que no son traducibles a la lengua humana o, por lo menos, no minuciosamente[28].

Pues bien: en el comienzo de este capítulo, Marcelo anuncia su deseo de examinar los dos nombres, en principio, más adecuados a Cristo, «Jesús», su designación humana, y «Verbo» (en hebreo «Dabar», *logos*, palabra), su nombre divino (NC, p. 615). Dos son las naturalezas de Cristo; dos son los temas del último capítulo. Es preciso subrayar, con todo, que «Jesús», en tanto derivado de «Iehosuah», se remonta, como Marcelo demuestra poco después, a «Yahveh», el más sagrado de los nombres divinos. Yahvé es el nombre que no se debe pronunciar, el del Dios inefable; «Iehosuah», en cambio, por razón de las letras que se le añaden, sobre todo la -s (en hebreo *sin*), «tiene pronunciación clara»: conviene, por tanto, a Cristo, la encarnación de Dios (NC, p. 624). Los hebreos, como bien sabía San Jerónimo, simbolizaban el nombre de Dios con el tetragrámaton YHVH, suma de las únicas cuatro consonantes que pueden aparecer escritas en hebreo. Estas cuatro letras son, sin embargo, semivocálicas, lo que hace decir a uno de los personajes de fray Luis: «Porque si miramos al sonido con que se pronuncia, todo él es vocal, ansí como lo es aquél a quien significa, que todo es ser y vida y espíritu, sin ninguna mezcla de composición o materia» (NC, p. 164). Además, las cuatro letras del tetragrámaton son intercambiables: la variedad de sus combinaciones simboliza la copresencia de lo distinto y de lo mismo, la unidad y multiplicidad de Dios: «y, así, en virtud, cada una dellas es todas, y todas son cada una, que es como imagen de la sencillez que ay en Dios por una parte, y de la infinita muchedumbre de perfectiones que por otra tiene» (NC, p. 164). De la técnica de las permutaciones, denominada *tseruf*, se había servido, con fines místicos, Johannes Reuchlin. Fray Luis demuestra conocer el procedimiento; prescinde de él, sin embargo, en la «Introducción» de su primer libro, donde menciona por primera vez el tetragrámaton.

En su disquisición sobre *Dabar*, «Verbo», nombre privativo de Cristo, Marcelo advierte de que se trata de una palabra «que no dize una cosa sola, sino una muchedumbre de cosas» (NC, p. 616). Su discurso, por cierto, sigue otro de los métodos de los cabalistas, el *notaricón*, consistente en deshacer una palabra con el propósito de comprender, aislado, el sentido de sus distintas consonantes. Fray Luis, en la estela de la *Hebraici Alphabeti Interpretatio* de San Jerónimo, viene a decir que la letra D tiene «fuerça de artículo», «siendo guía del nombre»; que la letra B significa ‹edificio›, «porque Cristo fue obrero de él»; y que la letra R sugiere conceptos como «cabeza, principio y espíritu», predicables, en cierto modo, de Cristo (NC, pp. 617–618). Después de disertar en torno del significado de las consonantes aisladas, Marcelo procede a la

---

28 Gershom Scholem, «The Meaning of the Torah in Jewish Mysticism», en: *Diógenes* 14–15 (1956), p. 39, cit. por Catherine Swetlicki, «Luis de León y el enredo de las letras sagradas: descifrando el significado de *De los nombres de Cristo*», en: Álvarez Turienzo (ed.), *Escritos sobre Fray Luis de León* (n. 7), pp. 159–178. p. 164.

silabación: sostiene incluso que DA-BAR significa «el hijo» o «este es el hijo» y que su anagrama RAB, «buelto y leydo al contrario», es, por su parte, un «amontonamiento de muchas cosas excelentes en una». Tras averiguar el sentido de las distintas consonantes y sílabas, Marcelo se pronuncia sobre el significado de la palabra misma, en tanto que palabra: *Dabar*, es, desde este punto de vista, «el verbo que concibe el entendimiento en sí mismo»; deviene, por tanto, «imagen entera e igual de la cosa que entiende», es decir, «nombre cabal» de la divinidad de Cristo (NC, p. 621).

Francisco Javier Perea Siller ha demostrado que San Jerónimo no puede ser, en modo alguno, fuente exclusiva de las consideraciones cabalísticas de fray Luis: su autoridad, sin embargo, bien pudo preservar al monje de nuevas acusaciones [29]. Otra lectura suya fue, ciertamente, Johannes Reuchlin, que en sus *De rudimentis hebraicis* (1506) había levantado el problema de las discordancias de la Vulgata con el original hebreo del Antiguo Testamento, señalando las muchas imperfecciones de la versión de San Jerónimo. Pero a consecuencia del Concilio de Trento, se corría gran peligro al criticar abiertamente el texto de la Vulgata [30]. Conviene, por fin, recordar que los comentarios de dos últimos nombres, «Jesús» y «Verbo», y también del tetragrámaton, introducido desde un principio, son, a todas luces, los más profundos del tratado. Parece claro, por lo tanto, que Luis de León, lejos de condenar los procedimientos cabalísticos, se servía de ellos con familiaridad.

5. En conclusión: dignidad del asunto, nobleza del estilo

Con vistas a comprender el lugar histórico que corresponde a la obra de Luis de León, escrita en el umbral de la modernidad, si bien en «tiempos de calamidades» (NC, p. 139), conviene leer con atención las tres cartas nuncupatorias de fray Luis a don Pedro Portocarrero, miembro de la Inquisición y rector de la Universidad de Salamanca. Las dedicatorias en cuestión se dirigen a un amigo; tienen, sin embargo, carácter oficial en cuanto forman parte del libro; encierran, además, sobre todo la primera, una justificación de los propósitos del autor, un programa estético y, por supuesto, una defensa contra eventuales acusaciones; y permiten, a la vez, adivinar las convicciones ideológicas de fray Luis, en buena medida divergentes del Discurso dominante de la sociedad de su tiempo.

Fray Luis parte de la situación de la cultura castellana después del Concilio de Trento. La Iglesia había prohibido, con motivo de las discusiones surgidas a raíz del humanismo y la Reforma, la traducción de las Sagradas Escrituras a los idiomas vernáculos; la mayor parte de los cristianos, claro está, carecía de los conocimientos necesarios para leer, en latín, la Biblia. Pero

---

29 Perea Siller, *Fray Luis de León y la lengua perfecta* (n. 8), pp. 140–142.
30 Asensio, «Fray Luis de León y la Biblia» (n. 7).

fray Luis señala los aspectos negativos de esta decisión de la Iglesia. Y es que las Sagradas Escrituras están redactadas «con palabras llaníssimas y en lengua que era vulgar a aquellos a quien [Dios] las dio primero» con el propósito de que fuesen «en los trabajos desta vida, consuelo, y en las tinieblas y errores della, clara y fiel luz» (NC, p. 140). La diferencia entre la coyuntura lingüística de los hebreos del Antiguo Testamento y la de los españoles de las últimas décadas del Quinientos son patentes: la comparación de ambas situaciones entraña, por tanto, una dosis considerable de ironía. Luis de León disiente del *statu quo*: ofrece a sus lectores, a su vez cultos, una somera presentación del pensamiento bíblico y patrístico que sirve de compendio del dogma y de incentivo a la devoción.

La dedicatoria del libro tercero demuestra que fray Luis, además de profundo conocedor del hebreo, del griego y del latín, fue defensor apasionado de los idiomas vernáculos. En ella, responde a quienes le reprochaban haberse servido del castellano para divulgar asuntos graves; a quienes criticaban su empleo del diálogo, más propio de los erasmistas que de los teólogos ortodoxos; y a quienes, en fin, le instaban a que utilizase un estilo más llano, más próximo a la lengua del pueblo. Los críticos de las tres mencionadas categorías asumen, en opinión de fray Luis, un mismo prejuicio, a saber: consideran que el castellano es incapaz de expresar contenidos elevados. Todos los idiomas, antiguos y modernos, disponen, sin embargo, de diferentes niveles de estilo: los grandes autores de la Antigüedad clásica, desde Platón hasta los padres de la Iglesia, supieron formular pensamientos sublimes sin renunciar a sus respectivos idiomas maternos. La defensa de las potencialidades del castellano y, por tanto, de su posible adecuación a los contenidos teológicos, concluye con una definición del propio estilo de fray Luis:

> Y destos son los que dizen que no hablo en romance porque no hablo desatadamente y sin orden, y porque pongo en las palabras concierto, y las escojo y les doy su lugar, porque piensan que hablar romance es hablar como se habla en el vulgo, y no conocen que el bien hablar no es común, sino negocio de particular juyzio, ansí en lo que se dize como en la manera como se dize, y negocio que, de las palabras que todos hablan, elige las que convienen, y mira el sonido dellas, y aun cuenta a vezes las letras, y las pesa y las mide y las compone, para que no solamente digan con claridad lo que se pretende dezir, sino también con armonía y dulzura (NC, p. 497).

Son palabras del poeta de la *Oda a Salinas*, del teólogo de formación neoplatónica que considera innecesario segregar la meditación religiosa sobre la hermosura del mundo de las consideraciones estéticas. Y es que, para él, la armonía (numérica) del universo y la armonía (numérica y rítmica) del lenguaje inspirado son ambas de origen divino.

Friedrich Wolfzettel

Religiöse Instrumentalisierung der Natur — ein barockes Phänomen?

I. Natur, Schöpfung und Sündenfall: Calderón

Kein Begriff scheint der barocken Restitution des mittelalterlich scholastischen Kosmoskonzepts[1] so genau zu entsprechen wie der des *teatrum mundi*[2]. Göttliches und Menschliches, Transzendenz und Natur bilden einen selbstverständlichen, unhinterfragbaren Zusammenhang; jede irdische Funktion ist nur vikarischer Natur, aber alles Irdische verweist gemeinsam auf die göttliche Vollkommenheit und Seinsfülle; irdische, natürliche Schönheit borgt, ja usurpiert gleichsam einen Teil oder Abglanz des Ewigen. Mit den — von Gott selbst gesprochenen — Eingangsversen des «auto sacramental alegórico» von Calderón, *El gran teatro del mundo:*

> Hermosa compostura
> De esa varia inferior arquitectura,
> que entre sombras y lejos
> a esta celeste usurpa los reflejos [...] (V. 1 ff.)[3]

Das malerische Vokabular — *sombras* (Schattierungen), *lejos* (Perspektivierung der Ferne) — unterstreicht zugleich die Seinsverschiedenheit zwischen Urbild und Abbild, auch wenn die irdischen Blumen mit den himmlischen Sternen wetteifern und einen «humano cielo de caducas flores» (V. 8) bilden. Der unbewegten Ewigkeit des göttlichen ‹Künstlers› entspricht die «fábrica feliz del universo» (V. 22) jedoch nicht im Sinne bewegungsloser Spiegelung, sondern in jener agonistischen und antagonistischen Dynamik der Elemente und ihrer ständigen Metamorphose, für den der Autor den Vergleich mit dem Mythos des ständig sich selbst erschaffenden Phönix nicht scheut:

> Campaña de elementos,
> con montes, rayos, piélagos y vientos:
> te surcan los bajeles de las aves;
> con vientos, donde graves

---

1 Joachim Küpper, *Diskurs-Renovatio bei Lope de Vega und Calderón. Untersuchungen zum spanischen Barockdrama,* Tübingen: Narr, 1990 (Romanica Monacensia, 32), bes. Kap. 3.3, S. 126 ff.
2 Monika Bosse/André Stoll (Hrsg.), *Theatrum mundi. Figuren der Barockästhetik in Spanien und Hispano-Amerika,* Bielefeld: Aisthesis, 1997.
3 Zitate nach Pedro Calderón de la Barca, *Autos sacramentales,* hrsg. v. Angel Valbuena Prat, Bd. 1, Madrid: Espasa-Calpe, 1972 (Clásicos castellanos, 69).

> con piélagos y mares donde a veces
> te vuelan las escuadras de los peces;
> con rayos donde ciego
> te ilumina la cólera del fuego;
> con mantos donde dueños absolutos
> te pasean los hombres y los brutos:
> siendo, en continua guerra,
> monstruo de fuego y aire, de agua y tierra (V. 9 ff.).

Die Form des *auto* gehorcht dem agonistischen Prinzip. Gott selbst ruft die Erde aus ihrem Schlaf und Versteck, um seine Macht zu demonstrieren und in einer «Vorführung» zu veranschaulichen: «Una fiesta hacer quiero / a mi mismo poder...» (V. 39 f.). Die «gran naturaleza» (V. 42) soll zur «representación bien aplaudida» (V. 45) werden, einer «comedia» (V. 47), in der sich der Himmel gleichsam umgekehrt sieht und spiegelt. Kurz, die Welt wird, wie es Gott in genauen Anweisungen verfügt, das «Theater», in dem er selbst Regie führt und in dem dem Menschen die Rolle des «recitante» (V. 66) zufällt. Der «Welt» obliegt es, für den «hermoso aparato» (V. 59), die «apariencias» (V. 63), Sorge zu tragen. Als ausführendes Organ steht sie für die «parte obedencial» (V. 75), um das auszuführen (*ejecutar*), was ihr aufgetragen wird: «la obra», das Werk, welches auf das göttliche Wunder («milagro», V. 78) verweist. Jede Autonomie des Irdischen und Natürlichen ist dadurch ausgeschlossen; Welt und Natur erscheinen als vom göttlichen «Autor» beliebig inszenierbares Schauspiel[4], und indem der Dichter den Schöpfer als «autor» bezeichnet, gibt er den in der Renaissance üblich gewordenen Titel eines «zweiten Gottes oder Schöpfers»[5] gleichsam an Den zurück, dem dieser Ruhm allein gebührt. Künstler und Natur unterwerfen sich Dem, der wie in einem Nebel, «vapor confuso» (V. 88) oder «negro velo» (V. 83), «todo cubierto y oculto» (V. 84) hält, um dann zu gegebener Zeit die Szene mit einem Lichtstrahl zu erhellen; das Tages- und das Nachtgestirn fungieren als willige Helfer des göttlichen Plans. Das Naturgesetz, «la gran ley natural» (v. 101) wird sich dann als Ausdruck nicht irdischer Gesetzlichkeit, sondern der göttlichen Gesetze offenbaren. Oder anders: In der heilsgeschichtlichen Abfolge der im Stück genannten drei Zeitalter ist das Zeitalter des Naturgesetzes nur die Vorstufe und Bühne der weiteren Abfolge von der «ley escrita» (V. 169) zur «ley de gracia» (V. 203). In den von Gott selbst beschriebenen «tres edades del mundo» (V. 208) mündet Naturgeschichte so selbstverständlich in Heilsgeschichte und wird — im Fortgang des Dramas — von dieser und der Allegorie des Menschen und der Gesellschaft buchstäblich

---

4   Vgl. Alexander A. Parker, *Los autos sacramentales de Calderón de la Barca* (1943), Barcelona: Ariel, 1983, S. 99 ff.
5   Hierzu Vinzenz Rufer, «*Homo secundus Deus*. Eine geistesgeschichtliche Studie zum menschlichen Schöpfertum», in: *Philosophisches Jahrbuch der Görres-Gesellschaft* 63 (1954), S. 248–291.

überholt[6]. Was aber noch auffälliger ist: Die Heilsgeschichte vollzieht sich dann vorwiegend nicht mehr in und mit der Natur, sondern unabhängig davon. Die Natursymbolik des Anfangs wird später buchstäblich in Vergessenheit geraten.

Doch betrachten wir zunächst diese gleichsam autonome Naturordnung, die der «ley natural» (V. 101) entspricht. Der Autor preist das Wunderwerk einer paradiesischen Natur mit ihren «ingeniosas perspectivas», «que se dude cómo supo / la naturaleza hacer / tan gran lienzo sin estudio» (V. 105 ff.):

> Las flores mal despuntadas
> de sus rosados capullos
> saldrán la primera vez
> a ver el Alba en confuso.
> Los árboles estarán
> llenos de sabrosos frutos [...].
> Quebraránse mil cristales
> en guijas, dando su curso
> para que el Alba los llore
> mil aljofares menudos (V. 109–120).

Aber es ist keine Paradieslandschaft im traditionellen Sinn. Der Morgen der Welt ist zwar noch ohne «el áspid de la invidia» (V. 115), welche die Schlange der Versuchung evoziert, aber Berge und Täler, Meeresarme und Buchten evozieren anders als im Paradiesmythos eine offene, vielfältige Welt, die wie eine bildhafte Landkarte vor dem virtuellen Betrachter ausgebreitet ist und an die postlapsarische Welt von Miltons *Paradise Lost* erinnert. Die Erschaffung der Welt gehört zum Repertoire der Gattung des *auto sacramental*. Während etwa Lope de Vega sich in seinem Schöpfungsdrama *Creación del mundo y primera culpe del hombre* damit begnügt, Adán beim Anblick der Wunder der Welt den Schöpfungsbericht der Genesis paraphrasieren zu lassen (um alsbald zum Thema des Sündenfalls überzugehen)[7], betont Calderón eben die unschuldige Vielfalt und Schönheit des Geschaffenen. Es ist, wie gesagt, weniger ein Garten Eden als eine jungfräuliche, noch nicht in Gebrauch genommene Welt «de varios campos incultos» (V. 124), «sin edificio ninguno» (V. 134), kurz bevor Mundo Staaten gründet und Städte errichtet, welche die Wasser der Sintflut alsbald bedecken werden. Naturschönheit bleibt so an den Augenblick des Erwachens gebunden. In der Behandlung von Graciáns *Criticón* werden wir sehen, dass Calderón mit dieser Form der Auslagerung von Naturschönheit aus dem geschichtlichen Kontext nicht allein steht. Ansatz-

---

6   Zu der Orientierung der drei Zeitalter an der Bibel siehe Sebastián Bartrina, «Contenido bíblico en *El gran teatro del mundo*», in: *Razón y Fe* 158 (1958), S. 337–354, und Alberto Sánchez, «Estructura conceptual trimembre en *El gran teatro del mundo* de Calderón», in: Luciano García Lorenzo (Hrsg.), *Calderón. Actas del Congreso internacional sobre Calderón y el teatro español del Siglo de oro*, Bd. 2, Madrid: CSIC, 1983, S. 769–787.
7   Lope de Vega, *Obras escogidas*, hrsg. v. Federico Carlos Sáinz de Robles, Madrid: Aguilar 1947, Bd. 3, S. 81 ff.

weise ist autonome Natur mithin im *Gran teatro del mundo* vorgeschichtliche Natur ohne den Menschen. Zwar ist Calderón bestrebt, die Abfolge der drei heilsgeschichtlichen Zeitalter ebenfalls durch Naturbilder zu veranschaulichen und die Natur so bis zu einem gewissen Grad in die Geschichte einzubinden. Doch mit der Sintflut und den nachfolgenden Naturerscheinungen des mosaischen Zeitalters — Wassermauern im Roten Meer, Feuersäule, Sonnenfinsternis bis hin zum Erdbeben beim Tode Jesu — dienen Naturereignisse von jetzt an nur noch als Zeichen, die göttliches Handeln beglaubigen. In der im weiteren Verlauf vorgestellten «Theaterprobe» menschlich-gesellschaftlicher Existenz verengt sich der Spielraum dann vollends zur sozialen Allegorie zwischen Wiege und Bahre (V. 241 f.). Aus dem ursprünglich kosmischen, dann terrestrischen «Großen Welttheater» ist unversehens die bloße Umsetzung des Topos der Welt als Bühne getreten, auf der die Vertreter der Stände vom Bettler bis zum König ihre je eigene, von der «justicia distributiva» (V. 337) vorbestimmte Rolle proben[8]. Das ‹große› Welttheater schrumpft durch den Verlust des Kosmischen und der Natur zum ‹kleinen› Welttheater nach dem Motto «que toda la vida humana / representaciones es» (V. 427 f.).

Freilich mit einer Ausnahme, die wie ein Abglanz des unwiederbringlich Verlorenen erscheint und in der allegorischen Figur Hermosura verankert ist. Mit ihr tritt der Mikrokosmos an die Stelle des Makrokosmos und des großflächigen Panoramas. «Cristal, carmín, nieve y grana / pulan sombras y bosquejos / que te afeiten de reflejos» (V. 513 ff.), spricht Mundo zu Hermosura und benützt dabei vielleicht nicht zufällig wieder das eingangs benützte Schlüsselwort «reflejos». Die Natur dient zum Schmuck des Menschen. Die Entgegnung von Hermosura spiegelt freilich zugleich die ganze moralische Fragwürdigkeit einer nicht auf Gott bezogenen Naturschönheit:

> A mí, matices me da
> de jazmín, rosa y clavel.
> Hoja a hoja y rayo a rayo
> se desaten a porfía
> todas las luces del día,
> todas las flores del Mayo;
> padezca mortal desmayo
> de envidia al mirarme el sol,
> y como a tanto arrebol
> e girasol ver desea,
> la flor de mis luces sea
> siendo el sol mi girasol (V. 497–507).

Diese hochmütige, mit den Konnotationen des Neides verbundene Schönheit vergewaltigt gleichsam die Natur und zeigt die ganze Fragwürdigkeit einer der

---

8   Vgl. auch Didier Soullier, *Calderón et le grand théâtre du monde*, Paris: PUF, 1992, Teil 3, S. 227 ff.

«discreción estudiosa» (V. 534) entgegengesetzten *ostentación*. Naturgenuss und Naturschönheit bezeichnen, wie das nachfolgende Streitgespräch zwischen Hermosura und Discreción deutlich macht, nur *eine* und zudem problematische Seite menschlicher Existenz. Warum genießt du nicht die frühlingshafte Landschaft und ihre «resplandores, rayo a rayo, / y matices, flor a flor» (V. 681 f.), fragt Hermosura ihr Gegenüber und gibt zu bedenken, warum Gott denn die schöne Natur erschaffen habe, «si no ha de gozar / el olfato el blando olor / de sus fragantes aromas» (V. 691 ff.); wozu die Vögel in ihrem bunten Gefieder und die süßen Früchte, ja wozu «montes, valles, cielo, sol» (V. 706), kurz alle die «maravillas de Dios» (V. 710), wenn nicht für den Augengenuss und den Genuss des Menschen überhaupt? Und wie zu erwarten erhält Hermosura die augustinisch getönte Antwort: genießen, um zu bewundern und dankzusagen, ja, doch nicht «para verlas las criaturas / sin memoria del Criador» (V. 717 f.). «Las bellezas de la Hermosura existen para llevar los hombres a Dios», kommentiert Alexander A. Parker[9]. Überdies muss Hermosura lernen,

> [...] que no hay rosa
> de blanco o rojo color
> que a las lisonjas del día,
> que a los halagos del sol
> saque a deshojar sus hojas,
> que no caduque [...] (V. 1051–1056).

Hier und im späteren Dialog von Mundo und Hermosura wird die Natur zum Inbegriff des Sterblichen. Innerhalb des theologischen Gegensatzes von Seele und Körper geht es darum, den Lernprozess von Hermosura einsichtig zu machen:

> Pasmóse, aquí, la gran naturaleza
> viendo cuán poco la hermosura dura [...] (V. 1314 f.).

«La belleza no puedo haber cobrado» (V. 1321), klagt Mundo. Damit wird zugleich deutlich, warum der Autor den Naturbegriff und die «gran naturaleza» auf den Aspekt sterblicher Schönheit beschränkt und verkürzt hat. Die Natur wird zum moralischen Problem und tritt letztlich hinter den übrigen Allegorien zurück. Die Aufspaltung des Menschen in verschiedene soziale Rollen lässt das anfängliche Bild der vollkommenen Natur beinahe in Vergessenheit geraten. Man möchte von einer Unvereinbarkeit der moralischen Allegorie mit dem kosmischen Register sprechen. Das Erwachen der Maienschönheit der Natur im Diskurs von Hermosura ist daher nur noch «reflejo», fast parodistisches Zitat der ursprünglich evozierten Schönheit der neu geschaffenen Natur. Und daher ist die angedeutete Lust an Naturschönheit von Anfang an durch Eitelkeit und Gottvergessenheit kontaminiert. Das späte

---

9   Parker, *Los autos sacramentales* (Anm. 4), S. 117.

Sündenfall- und Heilsdrama *La vida es sueño*[10] scheint genau die Lücke zu füllen, die zwischen der Schöpfung und dem Anfang der Geschichte im *Gran teatro del mundo* liegt. Doch erweist auch diese Version des Sündenfalls die Unvereinbarkeit von Heilsgeschichte und Natur. Das Versagen des mit *entendimiento* und *libre albedrío* ausgestatteten Menschen bedingt auch den Verlust einer ursprünglichen Natur. Geschichte als Ergebnis des Sündenfalls ist so zutiefst ambivalent[11]. Indem von Anfang an Sombra, der Schatten des Chaos und der Fürst der Finsternis auftreten, wird auch die Gefährdung der unschuldigen Natur sinnfällig. In der Schönheit der Blumen steckt schon das Gift der Zersetzung des Paradieses, und gleichzeitig setzt eben das heilsgeschichtliche Drama die geschichtliche Dynamik in Gang, die in der Selbstüberhebung des Menschen den Übergang vom Garten Eden zur «agricultura» (V. 1096), die Instrumentalisierung der Natur im wissenden Umgang mit ihren Kräften («ciencias», V. 1162), symbolisiert. Sombra selbst bezeichnet sich als «agricultora, que estudia / esmerar sus [sc. der Natur] obras» (V. 1114 f.), und bindet so Kultur an die sündhafte Überholung des Ursprungs. Der Traum des Menschen von eigener Größe erwächst aus dem Ungehorsam gegenüber dem göttlichen Gesetz der Natur:

> EL HOMBRE (*durmiendo*):
> Ya, ya sé quién soy, y aunque
> la Tierra fuese a mi madre,
> competir puedo a mi padre,
> pues sé sus ciencias, y sé
> que inmortal príncipe soy
> del orbe (V. 1380 ff.).

Die Modernitätsthese Regalados erscheint von daher problematisch. ‹Modern› ist die Konzeption einer Fortschrittsgeschichte, die auf Naturbeherrschung gründet. Doch antimodern ist die Anwendung des *desengaño*-Motivs auf den sich als «príncipe del orbe» träumenden Menschen. Erst im Bewusstsein der vier Elemente erwacht der Mensch zu echtem Selbstbewusstsein und gelangt vom Bewusstsein der Schuld zur Hoffnung auf «la luz de la gracia» (V. 1892), deren Lobpreis zuletzt die vier Elemente anstimmen werden. Erst diese Rückkehr zu Gott in der Rückbesinnung auf den heiligen Ursprung heilt die durch die Kulturentwicklung verursachte Spaltung. Das sakramentale Drama des Menschen spielt vor dem kosmischen Hintergrund der Elemente, die die Verwandlung des Chaos in den Kosmos symbolisieren. Die Natur als solche freilich erscheint in dieser Perspektive als eine verlorene und nicht mehr einholbare Dimension ursprünglicher Ganzheit. Der verlorenen Natur entspricht

---

10 Calderón, *Autos sacramentales* (Anm. 3), Bd. 1, S. 125 ff. Hierzu Parker, *Los autos sacramentales* (Anm. 4), S. 185–220.
11 Zu dieser ideologischen Ambivalenz des theologisch scheinbar orthodoxen Stückes siehe auch Antonio Regalado, *Calderón. Los orígines de la modernidad en la España del Siglo de Oro*, Barcelona: Destino, 1995 (Ensayos, 22), der anders als Joachim Küpper in Calderón den Überwinder mittelalterlicher Traditionen sieht.

die ebenso notwendige wie fragwürdige Geschichte. Eine autonome Würdigung der Natur ist in dieser — in sich stringenten — theologischen Perspektive nicht möglich.

II. Unschuld, Natur und Gesellschaft: Gracián

Dem Erwachen der Natur bei Calderón steht bei Baltasar Gracián das Erwachen des Menschen in der Natur gegenüber. Der nur wenige Jahre nach dem früher entstandenen, aber erst 1649 aufgeführten allegorischen Drama verfasste, allegorische Roman *El Criticón* (1651—1659)[12], thematisiert merkwürdigerweise ähnlich wie *El gran teatro del mundo* die Spaltung zwischen einer heiligen, ursprünglichen Natur und der moralischen Bewährung des Helden in der geschichtlich gesellschaftlichen Welt. Mit Hilfe des alten Motivs des durch Gefangenschaft künstlich vom Leben ferngehaltenen Kindes und Jugendlichen gestaltet der Autor die schon von Fray Luis de Granada[13] angedeutete, unmittelbare und durch keine Gewohnheit eingeübte Begegnung des unkundigen Jünglings mit den Wundern der Natur. Steht diese ursprüngliche Erfahrung im Zeichen des Staunens über eine ‹wunderbare Wirklichkeit›, so dient das Sehen im ganzen übrigen Roman der Illustration des *homo viator*-Schemas und der damit verbundenen Aneignung von Weltklugheit und gehört so in eine Reihe mit *El Discreto* und dem *Oráculo manual*; wie Santos Alonso betont, «*El Criticón* recoge toda la obra anterior en forma de novela»[14], auch wenn der — wohl auf Montesinos[15] zurückgehende — häufige Vergleich mit dem pikaresken Roman[16] unseres Erachtens auf eine falsche Spur zu führen droht. Denn der philosophische, erkenntnistheoretische Anspruch des Titels schließt nicht nur einen experimentellen Duktus ein, der dem pikaresken Genre gerade fehlt; auch die unter der ungewöhnlichen Bezeichnung *crisi* aufeinander folgenden Kapitel zeichnen einen exemplarischen Lebenslauf, welcher mit dem ausschnitthaften autobiographischen Rückblick des ‹pikaresken› Helden trotz des gemeinsamen Witzigungs- und *desengaño*-Motivs nur oberflächlich zu tun hat. Richtig ist freilich, dass der Autor selbst diese pikareske Tradition andeutet, indem er «tan ruines amos» im Dienste von «Mundo» für seinen Helden geltend macht (S. 169).

---

12 Zitate nach Baltasar Gracián, *El Criticón,* hrsg. v. Santos Alonso, Madrid: Cátedra, ²1984 (Letras Hispánicas, 122).
13 In der *Introducción del Símbolo de la Fe*, einem Genesiskommentar und Hexameron nach patriotischem Muster heißt es einmal: «Si un niño naciese en una cárcel, y creciese en ella hasta la edad de veinte y cinco años sin ver más que lo que estaba dentro de aquellas paredes, y fuese hombre de entendimiento, la primera vez que, salido de aquella cárcel, viese el cielo estrellado de una noche serena», usw.; hrsg. v. José María Balcells, Madrid: Cátedra, 1989 (Letras Hispánicas, 296), Kap. 4, S. 186.
14 Gracián, *El Criticón* (Anm. 12), S. 23.
15 José F. Montesinos, *Gracián o la picaresca pura*, Madrid: Cruz y Raya, 1933.
16 Gracián, *El Criticón* (Anm. 12), S. 32 f.

Näher liegt trotzdem — paradoxerweise — der Vergleich mit dem religiösen Roman *The Pilgrim's Progress from this world to that which is to come* (1678–84), den John Bunyan freilich «under the similitude of a dream» erzählt[17]. Für uns entscheidend ist überdies, dass nur Gracián eine entwicklungsgeschichtliche Perspektive andeutet, um seinen «peregrino del vivir» in sein romanhaftes «teatro del Universo» (S. 74), «en este teatro de tragedias» (S. 169), einzuführen, und dass die zentrale Rolle der Natur an eben diese Neuerung gebunden ist. Die Motivik der Lebensalter erlaubt dem Autor, die «hermosa naturaleza» als erste Stufe sinnlich-ästhetischer Wahrnehmung und als Voraussetzung weiterführender, reiferer Erkenntnis geltend zu machen und diesen unmittelbaren Zauber der Natur zugleich an ein frühlingshaftes Sehen zu binden:

> Es la hermosura agradable ostentación del començar: nace el año entre las flores de una alegre primavera, amanece el día entre los arreboles de una risueña aurora y comiença el hombre a vivir entre las risas de la niñez y las lozanías de la juventud [...] (S. 87).

Der allegorische Lebensroman[18] beginnt bekanntlich nach dem Schema des griechischen Romans[19] mit dem Schiffbruch Critilos, der auf einer Insel dem jungen Andrenio begegnet. Dieser, der sich später als sein Sohn herausstellen wird, erzählt ihm von den Anfängen seines Lebens in einer Höhle, wo er von einem Raubtier genährt wurde, von dem Erwachen der Sinne und des Verstandes und der Wahrnehmung der äußeren Welt, nachdem ein Erdbeben den Höhlenpanzer gesprengt hat[20]. Diese Passagen, die zum Schönsten gehören, was die spanische Literatur hervorgebracht hat, sind merkwürdigerweise von der Kritik nur wenig beachtet worden. Zeitlich und gedanklich parallel zum cartesianischen *cogito* ist die Ich-Werdung des aus der Enge der Höhle befreiten Andrenio hier an die Wahrnehmung von Naturschönheit geknüpft. Der Autor benützt das platonische Höhlenmotiv, um einen mehrstufigen Erkenntnisvorgang von symbolischer Blindheit zum Sehen in Gang zu setzen:

---

17 John Bunyan, *The Pilgrim's Progress from this World to That which is to Come, Delivered under the Similitude of a Dream*, hrsg. v. James Blanton Wharey, Oxford: Clarendon, ²1960 (The World's Classics).

18 Vgl. zu dieser Tradition Samuel C. Chew, *The Pilgrimage of Life*, New Haven/London: Yale UP, 1962, sowie Gerhard Schröder, *Baltasar Graciáns «Criticón». Eine Untersuchung zur Beziehung zwischen Manierismus und Moralistik*, München: Fink, 1966 (Freiburger Schriften zur romanischen Philologie, 2).

19 Vgl. Theodore L. Kassier, *The Truth Disguised. Allegorical Structure and Technique in Gracián's «Criticón»*, London: Tamesis, 1976 (Colección Támesis, A 53).

20 Angesichts gewisser motivlicher Parallelen (Aufzucht des Waisenkinds durch eine Wölfin, Erdbeben) und der gemeinsamen erkenntnistheoretischen Problemstellung liegt überdies ein Vergleich mit Calderóns *En la vida todo es verdad y todo mentira* nahe, das Joachim Küpper als antiskeptizistische «Propädeutik des Fideismus» interpretiert hat: «Calderóns *En la vida todo es verdad y todo mentira*: Anti-skeptizistische Hyperbolisierung des Zweifels als Propädeutik des Fideismus (mit Bemerkungen zu Corneilles *Héraclius*)», in: *Romanistisches Jahrbuch* 48 (1997), S. 316–346.

«la vez primera que me reconocí y pude hacer concepto de mí mismo me hallé encerrado dentro de las entrañas de aquel monte [...]» (S. 70). Von einem wilden Tier gesäugt, ist das noch tierähnliche Kind zunächst in der Phase der «ignorante infancia» (S. 71) und gelangt erst mit den Jahren zu einem Ich-Bewusstsein, in dem das plötzliche innere Licht, «un tan gran golpe de luz y de advertencia», das fehlende äußere Licht, «la carencia de la luz», ersetzt: «Pero, pues vivo, pues conozco y advierto, ser tengo» (S. 71). Die dritte entscheidende Stufe erfolgt mit dem Erdbeben, das die Höhle und damit die bisherige Lebensform zertrümmert und die neue Phase der Außenerkenntnis einleitet. Nach der Ohnmacht erwacht Andrenio: «volví poco a poco a recobrarme de tan mortal deliquio, abrí los ojos a la que començaba abrir el día, día claro, día grande, día felicíssimo, el mejor de toda mi vida» (S. 76). Und weiter:

> [...] Miraba el cielo, miraba la tierra, miraba el mar, ya todo junto, ya cada cosa de por sí, y en cada objeto déstos me transportaba sin acertar a salir dél, discurriendo y lográndolo todo con insaciable fruición (S. 77).

Vor dem anschließenden moralischen Erwachen steht so «este gran teatro de tierra y cielo» (S. 76). Gleichzeitig fungiert der Anfang des Sehens emblematisch für den Roman als solchen. «Durch das ganze *Criticón* zieht sich eine Theorie des Sehens, das Sehen gemeint als staunendes Gewahrwerden», schreibt Hugo Friedrich [21]. Während aber im weiteren Verlauf moralisches *entendimiento* und kritisches Sehen gefragt sind, geht es jetzt noch um das erste, naive Sehen des jungen Helden, der die Rolle des ersten Menschen spielt. Gracián variiert hier offensichtlich die erkenntnistheoretische Problematik, die Calderón in dem Segismundo-Drama *La vida es sueño* thematisiert hatte. Während der ein Leben lang vom Vater in einen Turm eingesperrte und so vom Leben ferngehaltene Held freilich in reifem Alter in die Welt des Hofes versetzt wird [22], ist der aus der Höhle befreite und in eine Naturszenerie versetzte Andrenio Sinnbildfigur für das zum Leben erwachende Kind. Das gleichsam frühlingshafte Sehen der Natur erscheint als das «privilegio único del primer hombre» (S. 77), als nicht wiederholbare Seligkeit des erstmaligen Betrachtens der Dinge in ihrer «novedad» (S. 77). Nur der Weise ist fähig, diese Neuheit auch bei wiederholtem Sehen zu empfinden. Durch Critilo nimmt Gracián so das Staunen Andrenios zum Anlass einer Reflexion über die Bedingungen des Staunens selbst. Denn: «Los mayores prodigios, si son fáciles y a todo querer, se envilecen; el uso libre hace perder el respeto a la más relevante maravilla y en el mismo sol fue favor que se ausentase de noche para que fuesse deseado a la mañana.» (S. 78) Andrenio betrachtet und

---

21 Nachwort zu der gekürzten deutschen Übersetzung *Criticón oder Über die allgemeinen Laster des Menschen*, hrsg. v. Hanno Studniczka, Reinbek: Rowohlt, 1957 (Rowohlts Klassiker der Literatur und der Wissenschaft, 2), S. 223.
22 Hierzu Rivera de Rosales, *Sueño y Realidad. La ontología poética de Calderón de la Barca*, Hildesheim u. a.: Olms, 1998 (Europaea Memoria I, 7), S. 10.

bewundert die Wunder der Schöpfung, noch bevor er ihre Ordnung und Mannigfaltigkeit, die «gran fábrica que vemos y admiramos» (S. 72), richtig verstehen kann. Gracián stellt so das Schöpfungswunder nach, zeigt aber gleichzeitig, dass diese Form der Naturbetrachtung noch zu einer präreflexiven Stufe gehört, die notwendig überholt werden wird. «Que aun el sol — dixo Critilo — a la segunda vez ya no espanta, ni a la tercera admira» (S. 82). So ist die in der *Crisi tercera* entwickelte «hermosa Naturaleza» bereits eine — durch den von Critilo eingebrachten Gottesgedanken — vermittelte Natur; die barocken Stichwörter Staunen und Neugier sind zum Zweck der Gotteserkenntnis umgeleitet worden. Die anthropologische Schwäche des Menschen, nur über das jeweils Neue staunen zu können und sich durch Gewöhnung abstumpfen zu lassen — «gran hechizo es el de la novedad» (S. 84) —, dient hier zugleich als Ausgangspunkt einer Kritik an der Neuigkeitssucht und als Ansporn für das Einüben eines neuen staunenden Sehens, welches auch als philosophisches Staunen zur göttlichen Erstursache des Schönen vordringt.

An die Stelle der unmittelbaren Naturbetrachtung tritt damit die kosmische Reflexion, der alles Sichtbare zum Symbol wird. Der Akzent liegt auf dem Verstehen der Weltharmonie und ihrer Zusammenhänge, für die Gracián hier bekanntlich sogar — nach Meinung des Herausgebers wohl wider bessere Einsicht[23] — die kopernikanische Weltsicht opfert und die Erde wieder fest im Mittelpunkt des Universums verankert. Denn: «Todos estos prodigios, ¿quién sino una infinita sabiduría pudiera executarlos?» (S. 94). Bevor der Autor seine Gestalten in die reale Welt entlässt und Critilo seine missglückte frühere Lebensgeschichte referiert, dient die Natur so abschließend als Gottesbeweis, das heißt als Beweis für einen Schöpfer, der «como soberano Príncipe, estando retirado a su inaccessible incomprehensibilidad, nos habla por medio de sus criaturas» (S. 95). Wieder steht die Naturwahrnehmung am Anfang des lebensweltlichen *theatrum mundi*, um in der Folge durch ein moralisches und religiöses Register überholt zu werden. So ermahnt Critilo alsbald seinen Schüler Andrenio, nicht in dem «agradable laberinto de prodigios» (S. 86) stehen zu bleiben, sondern über die «belleza que en todo el universo resplandeze» (S. 86) zur grenzenlosen Schönheit des Schöpfers, «aquella beldad infinita del Criador» (S. 87), vorzustoßen. Schon die nachfolgende religiöse Einbettung der Naturanschauung in eine Theologie der symbolischen Teilhabe der Natur am verborgenen Göttlichen nimmt diesem frühlingshaften, gleichsam prälapsarischen Anfang etwas von seiner präreflexiven Spontaneität. Was bleibt, ist das Motiv des Sehens, denn — wie es einmal in Bezug auf Critilo heißt — «en el ver y conocer consistía su total remedio» (S. 182). Doch dieses Sehen hat in der Folge, wie bereits angedeutet, nichts mehr mit der Natur, sondern mit dem Aufdecken gesellschaftlicher Wirklichkeit zu tun. Der Weg Andrenios von der Kindheit zum Alter, sein Personwerden und das Einüben

---

23 Gracián, *El Criticón* (Anm. 12), Anm. S. 93.

von *discreción* sind nicht allein mit dem Verlust des Staunens verbunden; die weitere Entwicklung bedingt auch den Vorrang des Profanen vor dem Heiligen, des Gesellschaftlichen vor der Natur. Einem Propädeutikum gleich dient das Thema der Natur in den einleitenden Kapiteln dazu, die Stellung des Menschen im Kosmos zu verankern; als Koordinate des weiteren Lebensweges hat sie keine Bedeutung mehr. Wie bei Calderón scheint alles auf eine tiefere Unvereinbarkeit zwischen Natur und Gesellschaft hinauszulaufen, und wie bei Calderón ist die unverbaute Naturerfahrung an eine präreflexive, fast prälapsarische Entwicklungsstufe gebunden. Nur beim ersten Erwachen ist der Mensch dieser Erfahrung zugänglich, welche die Natur selbst heiligt.

III. Die heilsgeschichtliche Verwandlung der Natur: Lope de Vega

Die ästhetisch-ideologische Autonomie des mythologischen Dramas von der von Küpper postulierten «Diskurs-Renovatio» ist nach wie vor umstritten[24]. Dessen ungeachtet erweisen sich ohne Zweifel die Mythologie und die damit verbundenen ovidianischen und pastoralen Gattungen am resistentesten gegenüber theologischer Instrumentalisierung. Wenn überhaupt, erfährt die Natur in diesem Rahmen eine gewisse Autonomisierung. Dies gilt auch für die mythologische Landschaft seit Garcilaso de la Vega. Emilio Orozco Díaz konnte in seiner Studie über das Naturgefühl in der spanischen Literatur seit dem *Poema del Cid* zeigen, dass etwa in den *Soledades* Góngoras «late un sentimiento pánico de la Naturaleza de exaltación de sus fuerzas»[25]; die arkadisch überhöhte Natur wird zur mythischen Natur, die der Enge und Unfreiheit des höfischen Lebens entgegengesetzt ist. Es ist daher bemerkenswert, dass Lope de Vega Carpio, dessen Werk mit dem Schäferroman *Arcadia* (1598) einsetzt, in den fünf Büchern des Schäferromans *Pastores de Belén* eben diese unabhängige Tradition in den Dienst eines heilsgeschichtlichen Hirtenspiels stellt[26].

---

24 Während Küpper, *Diskurs-Renovatio* (Anm. 1), S. 131 ff., am Beispiel des *Divino Orfeo* (1663) die «Widerlegung des Konzepts einer autonomen Dichtkunst» geltend macht, betont Sebastian Neumeister, «La mitología», in: José Maria Díez Borque (Hrsg.), *Calderón desde el 2000,* Madrid: Ollero y Ramos, 2001, S. 237–254, die eigenen Gesetze des mythologischen Dramas und Hoffestes gegenüber dem *auto sacramental*. Vgl. auch S. N., *Mythos und Repräsentation. Die mythologischen Festspiele Calderóns*, München: Fink, 1978 (Theorie und Geschichte der Literatur und der schönen Künste, 41), S. 104: «Geistliches und weltliches Spiel mit dem Mythos stehen offensichtlich autonom nebeneinander und berühren sich kaum oder nur über große Distanz, chronologisch ebenso wie poetisch-strukturell». An anderer Stelle definiert Neumeister die höfisch-mythologische *fiesta* als «Selbstfeier» (S. 268 ff.).
25 Emilio Orozco Díaz, *Paisaje y sentimiento de la naturaleza en la poesía española*, Madrid: Ediciones del Centro, 1974 (Ediciones del Centro, 17), S. 47. Erstaunlich in dieser an sich nützlichen Arbeit sind eine extreme Ungleichgewichtigkeit und völlige Gattungsindifferenz. Hinsichtlich des Siglo de Oro geht es ausschließlich um Lyrik.
26 Im Gegensatz zu dem heilsgeschichtlich allegorischen Drama *El nacimiento de Cristo,* in: Lope de Vega, *Obras,* hrsg. v. Marcelino Menéndez Pelayo, Bd. 8/2, Madrid: Atlas, 1963

Die *Pastores de Belén, Prosas y versos divinos*[27] von 1612 sind dem wenig später verstorbenen Sohn des Autors, Carlos Félix gewidmet. Antonio Carreño spricht von einer «*Arcadia* a lo divino, única en las letras del Siglo de Oro»[28], verweist aber zugleich auf zahlreiche andere Beispiele einer «redención» profaner Texte und Gattungen im spanischen Barock[29]. Die Anfänge des Weihnachtsspiels reichen zwar ins 15. Jahrhundert zurück — man denke an die *Égloga de Navidad* des Juan del Encina —, nirgends aber wird das arkadische Paradigma so konsequent christianisiert und heilsgeschichtlich fundiert[30] wie bei Lope de Vega. Ist das arkadische Genre an sich durch die Idyllisierung der Natur und die wachsende Verdrängung des rustikalen Elements charakterisiert, so übernimmt Lope de Vega diese Idyllisierung jedoch jetzt als Ausweis einer nun nicht mehr mythisch, sondern religiös begründeten Verwandlung der Natur und restituiert zugleich den rustikalen Rahmen zur Demonstration jener Nähe zum Volkstümlichen, die man seit jeher bei ihm gerühmt hat. Autonomer schäferlicher Naturverherrlichung[31] entspricht jetzt der religiöse Lobpreis der verwandelten Natur. Dass dies auch der lyrischen Tendenz der Dramatik Lope de Vegas entgegenkommt[32], sei nur am Rande vermerkt. Und wieder impliziert dieses ideologische Projekt eine wiedergewonnene Unschuld und frühlingshafte Grazie, die den Beginn eines neuen Zeitalters andeuten. Repräsentiert der Andrenio des *Criticón* paradigmatisch den neuen Menschen, der auch die Natur neu, das heißt in ihrer «novedad» zu sehen fähig ist, so impliziert hier die Geburt Jesu eben jenen neuen Blick, der dann gleichsam an die anbetenden Hirten relegiert wird.

Es geht mithin nicht allein um die Heiligung der Natur durch das göttliche Geschehen der Inkarnation, sondern buchstäblich um deren Verwandlung. Wie die Aufforderung in einem dialogischen Schäferlied lautet: «Mezcla lo pastoril y lo Escolástico» (S. 485). Autor dieser Metamorphose ist Christus selbst, der «recién nacido Pastor» (S. 363), der als göttlicher «Médico y Cirujano» (S. 361) die erstarrte Welt erlöst. Jeder Rest einer Autonomie ist durch diese Repristinierung des prälapsarischen Paradieses getilgt. Um den Kontrast zwischen dem winterlichen Bethlehem vor der Geburt und dem postnatalen

---

(Biblioteca de autores españoles, 159), S. 225 ff. Vgl. auch das Nachwort zu der deutschen Ausgabe: Lope de Vega, *Hirten von Bethlehem*, hrsg. v. Fritz Vogelsang, Frankfurt a. M.: Insel, 1991.

27 Zitate nach der Ausgabe: Lope de Vega, *Pastores de Belén*, hrsg. v. Antonio Carreño, Barcelona: PPU, 1991 (Lecturas Hispánicas y Universales, 9).

28 Carreño, «Introducción», ebd., S. 9. Vgl. hierzu auch Jean Louis Flecmakowska, «De cómo un coloquio pastoril se transmuta en dos coloquios a lo divino», in: *Actas del Primer Congreso Internacional de Hispanistas*, Oxford, 1964, S. 271–280.

29 Ebd., S. 11.

30 Vgl. Meir Sternberg, *The Poetics of Biblical Narrative*, Bloomington: Indiana UP, 1985 (Indiana Studies in Biblical Literature, 453).

31 Vgl. Lope de Vega, *Arcadia*, hrsg. v. Edwin S. Morby, Madrid: Castalia, 1975, S. 100–107, 386–389 (Clásicos Castalia, 63).

32 Vgl. David M. Gitlitz, *La estructura lírica de la comedia de Lope de Vega*, Valencia: Albatros, 1980 (Albatros hispanófila, 10).

Arkadien deutlich zu machen, betont der Autor im dritten Buch die Strenge des Winters und die Rauheit einer Natur, gegen die sich die Hirten schützen müssen. Es ist eine tote, erstarrte Natur der reglosen Bäume, der tot zur Erde fallenden Vögel und der hungrigen Tiere, eine erlösungsbedürftige Natur, die sich nach dem kommenden Frühling zu sehnen scheint. Und genau diese Wiedergeburt wird durch die Geburt des Heilands bewirkt. Das göttliche Wunder äußert sich auch in einem Wunder der Natur. Die Hirten, «hijos y descendientes de aquellos antiguos pastores y Patriarcas» (S. 439), staunen über die Vielfalt der Blumen, die aus dem Raureif sprießen; sie entdecken üppig blühende Rebstöcke, bewaldete Hügel und Berge. Die ganze Natur scheint im Aufbruch, so wie die munteren Wasser, die von Stein zu Stein springen. Freude ist an Schönheit gebunden, Schönheit an die Frische einer erwachten Natur, in der man Blumen pflücken und Kränze flechten kann und in der in der Folge das arkadische Ritual des Wettgesangs stattfinden kann. Denn die Gaben der Hirten sind natürlich poetische Gaben, die nun dem göttlichen Eros und nicht mehr den schönen Schäferinnen gelten. Der arkadische Mythos erfüllt sich mit neuem Leben, wenn die Erde selbst sieht, dass ihre Hoffnung sich erfüllt und ein neues Goldenes Zeitalter anbricht:

> Aves celestiales
> los aires alegran,
> pacífica Oliva
> vuelven las Adelfas.
> Las montañas altas
> las nevadas çierras,
> aguas en cristales
> nieve en flores truecan (S. 374).

Das Christfest ist hier eine Apotheose des Erwachens. «Gil, mira en el arrebol / del cielo, que el Sol se muestra.» (S. 376) Und an anderer Stelle werden Weinen und Lachen des göttlichen Kindes mit dem Verhalten der Elemente verbunden (S. 389 f.):

> AMINADAB:
> Instrumentos hicieron sus corrientes
> Las aguas, que a los valles descendían
> Desde las sierras altas eminentes,
> que en otra edad de lágrimas servían;
> sobre suyas espaldas hacen puentes
> los sauces y los plátanos que crían,
> que viéndose vestir de tantos modos,
> besan el agua por mirarse todos (S. 429).

Emblematisch für diese wundersame Verwandlung der Natur ist die Gestalt Mariae, «hecha un Cielo abreviado» (S. 446). So wie sie werden Blumen, Blätter und Quellen jetzt zu einem Abbild des Himmels. Die Natur erinnert unter himmlischen Vorzeichen daran, was sie als ursprüngliche paradiesische Natur sein könnte. Anders als Calderón entwirft Lope de Vega kein kosmisches Panorama, auch verbindet er nicht wie Gracián den Mikrokosmos der einzelnen Blüte mit dem Makrokosmos der Architektur der Welt; er entwirft eine enge landschaftliche Szenerie, die der Abgeschlossenheit des arkadischen Vorbilds entspricht, um so zugleich Erinnerungen an den verlorenen Garten Eden und den Mythos des Goldenen Zeitalters zu beschwören.

> Jardín donde no hay flor que no se halle
> De las virtudes de que estáis vestida;
> árbol en cuya planta esclarecida
> La Sierpe antiqua para siempre calle (S. 448).

Der typologische Verweis auf Maria, die neue Eva, deren Ave den Sündenfall rückgängig macht, dient eben dieser Wiedergewinnung eines neuen Arkadiens:

> La enfermedad, no sólo peligrosa
> en Eva, sino en tantos sucesores
> por las manzanas mira, y por mejores
> juzga las flores, que pidió la esposa (S. 442).

Die Erlösung wird die Frucht dieser Blüte sein. Der weihnachtliche ‹Hirtenroman› Lope de Vegas macht sich nicht nur wie kein anderer Naturbilder zunutze, um den mythischen Neubeginn zu feiern; die erlöste Natur ist auch Ausdruck der Versöhnung zwischen Himmel und Erde und erinnert damit zugleich an den defizitären Status einer Natur, die ohne das himmlische Wirken keine Lebenskraft entfaltet und kein Recht auf Darstellbarkeit zu haben scheint. Erst die göttliche Geburt macht aus dem winterlich erstarrten Hintergrund der Szene ein Abbild des Himmels, das von nun an besungen und beschrieben werden kann und gleichsam als eigener Akteur des Heilsgeschehens auftritt. Erst die durch die göttliche Gnade lebendig gewordene Natur ist auch eine handelnde Natur mit eigenen Rechten. Nur unter diesen theologischen Prämissen ist die Natur legitimer Gegenstand dichterischer Sprache. Der ‹erlöste› Schäferroman zeigt die unerlöste Natur der pastoralen Tradition in einem ambivalenten Licht.

IV. Natur und der Aufstieg der Seele: San Juan de la Cruz

Die panoramatisch ausgebreitete, frühlingshaft erneuerte Landschaft bei Calderón und zum Teil auch bei Gracián setzt den Blick von oben voraus, der den Ausblick und Überblick an die gelungene Überwindung alles Schweren und Partikulären bindet. Der «psychologie de la pesanteur»[33] steht bei Gaston Bachelard das befreiende Erlebnis des «psychisme ascensionnel»[34] gegenüber,

---
33 Gaston Bachelard, *La terre et les rêveries de la volonté*, Paris: Corti, 1958, S. 341 ff.
34 Gaston Bachelard, *La terre et les rêveries du repos*, Paris: Corti, 1942, S. 212; *L'air et les songes. Essai sur l'imagination du mouvement*, Paris: Corti, [3]1959, S. 146–185.

den Hedwig von Beit in ihrer tiefenpsychologischen Deutung des Berges im Märchen als symbolische Jenseitsreise und als eine Form der Begegnung mit dem Unbewussten gedeutet hat[35]. Es ist daher kaum verwunderlich, dass der Aufschwung zu Gott und der Aufstieg zum Licht in der Mystik seit jeher in Bildern des Berges und der Höhe zum Ausdruck kommen. So setzt etwa das «itinerarium mentis in Deum» bei Bernhard von Clairvaux die Besteigung des Berges der Vollkommenheit in den vier Stufen der Liebe voraus[36], denn: «Diese Liebe ist ein Berg, der steilaufragende Berg Gottes»[37]. Und bei Fray Luis de León, der sich auf die mystisch-asketische Tradition des 16. Jahrhunderts stützen kann[38], heißt Christus «Monte», weil «en los postreros días será establecido el MONTE de la casa del Señor sobre la cumbre de todos los montes»[39].

Gleichwohl impliziert nicht jede mystische Höhenerfahrung zugleich ein entsprechendes Landschaftserlebnis. Eher im Gegenteil. Der Aufstieg zum Berge Karmel in der wohl ambitioniertesten mystischen Schrift des spanischen Siglo de Oro von Juan de la Cruz bindet vielmehr die gesuchte erotische Vereinigung mit dem Geliebten an das gleichzeitige Vergessen der Welt und das Versinken alles Sichtbaren in der «noche oscura». «Cesó todo, y dejéme / dejando mi cuidado / Entre las azucenas olvidado», wie es am Ende des Gedichts *Subida del monte Carmelo* heißt[40]. Der Aufstieg zum Gipfel des Berges der Vollkommenheit, typologisch mit dem Vorbild des Moses auf dem Berge Horeb und mit Jakob auf dem Berge Bethel (Bd. 2, Buch 5) verknüpft, dient nicht dem Anschauen der Welt, sondern — im augustinischen Sinne — der Einkehr in das eigene Ich. Originell ist nicht das Motiv des mystischen Aufstiegs — «Los escritores ascéticos del XVI incorporan al término *monte*, con invariable sentido metafísico, a sus escritos teológicos, e incluso a los títulos», bemerkt Ricardo Senabre[41] —, neu gegenüber Autoren wie Fray Bernardino

---

35 Hedwig v. Beit, *Symbolik des Märchens. Versuch einer Deutung*, Bern/München: Francke, [5]1975, S. 51.
36 Bernhard von Clairvaux, *Der Weg der Liebe,* hrsg. v. Bernhardin Schellenberger, Leipzig: St. Benno, 1990, «Das Buch über die Liebe Gottes», S. 219 ff.; vgl. auch P. Sinz, «Die Naturbetrachtung des heiligen Bernhard», in: *Anima* (März 1953), S. 30–51.
37 Ebd., S. 267.
38 Vgl. Ricardo Senabre, *Tres estudios sobre Luis de León,* Salamanca: Universidad de Salamanca 1978, S. 29. Zu nennen wären *Subida del Monte Sión por la vía contemplativa* (1535) von Fray Bernardino de Laredo oder *Vergel de oración y Monte de contemplación* (1544) von Alonso de Orozco.
39 Fray Luis de León, *De los nombres de Cristo*, Madrid: Espasa-Calpe, [4]1956 (Clásicos Castellanos, 28), Bd. 1, S. 157. Vgl. auch José Damián Gaitán, «Subida del monte Carmelo», in: Salvador Ros (Hrsg.), *Introducción a la lectura de San Juan de la Cruz,* Salamanca: Junta de Castilla y León, 1993, S. 361–399.
40 San Juan de la Cruz, *Obras escogidas*, Madrid: Espasa-Calpe, [7]1974, S. 30. Eine spanische Ausgabe der umfangreichen Schrift war mir nicht zugänglich; eine vierbändige deutsche Übersetzung, *Aufstieg zum Berge Karmel*, liegt im Nachdruck, Darmstadt: WBG, [8]1987, vor. Angaben nach dieser Ausgabe.
41 Siehe Senabre: *Tres estudios sobre Luis de León* (Anm. 38), S. 29.

de Laredo (*Subida del Monte Sión por la vía contemplativa,* 1535) oder Alonso de Orozco (*Vergel de oración y Monte de contemplación,* 1544), ist die Radikalität, mit der Juan de la Cruz den Aufstieg zu einem spirituellen Weg, ja zu einer erkenntnistheoretischen Wanderung macht. Die Wegemetaphorik ebenso wie deren Stationen bleiben dabei abstrakt und symbolisch. Nicht die Aufwertung der Welt, sondern ihre Abwertung ist die Voraussetzung für diese Einkehr in das eigene Ich, welche die Umkehrung der Werte auf der Unvergleichbarkeit Gottes und der Inkommensurabilität der physischen und der metaphysischen Wirklichkeit gründet: Was in den Augen der Welt als groß oder schön gilt, wird vor Gott hässlich und gemein. Eine umfassende kosmische Harmonie wie im *Gran teatro del mundo* (Bd. 1, Buch 4) ist in solcher Perspektive undenkbar. Da die Gelüste und insbesondere die Augenlust die Seele nur blenden (Bd. 1, Buch 8 u. 13), geht es darum, die störenden Sinne abzutöten und sich ganz der dunklen Nacht des Geistes (Buch 2) hinzugeben, in dem die Nacht selbst zu Licht wird. An die Stelle des Sehens der Schöpfung mit neuen Augen tritt die göttliche Schau im Verzicht auf den Gebrauch der menschlichen Sinne (Bd. 3, Buch 25). Weltliche Erinnerungen und Phantasien vergleicht der Autor mit getrübtem Fensterglas, dessen Flecken als Flecken der Wahrnehmung das mystische Sehen verunreinigen. «Nicht einmal als Dichter und Künstler pflegt San Juan bei Naturschilderungen zu verweilen», bemerkt Karl Vossler im Zusammenhang mit dem Motiv der Einsamkeit: «Die sichtbare Welt ist für seine Anschauung vor allem dazu da, dass sie versinkt, verdämmere oder sonst wie entschwinde»[42].

Auf den ersten Blick ist kein größerer Unterschied denkbar als derjenige zwischen der *Subida del monte Carmelo* und dem thematisch identischen *Cántico espiritual*, auch wenn — wohl unter dem Einfluss von Ruysbroeck und Raimundus Lullus — «esta dicotomía entre ‹el mundo de abajo› y ‹el mundo de arriba› es precisamente la estructura fundamental de toda la obra», wie der Herausgeber Cuevas García kommentiert[43]. Denn im Gegensatz zu der großen mystischen Abhandlung der *Subida* räumt der *Cántico* der Naturwahrnehmung noch einen bedeutenden Platz ein, freilich wiederum mit der wesentlichen Einschränkung, dass die Naturbilder instrumentalisiert und der religiösen Botschaft untergeordnet werden. Positiv kommentiert Orozco Díaz[44] diese Stufe der Vergeistigung von Landschaft, «el máximo en la espiritualización del paisaje»[45]: «Disminuye así en su poesía el valor de lo externo y superficial. Permanece de la visión de la naturaleza lo esencial; el ser de las cosas, la sustancia». Wird Lope de Vega die Verchristlichung

---

42 Karl Vossler, *Poesie der Einsamkeit in Spanien* (1940), München: Beck, ²1950, S. 248.
43 Cristóbal Cuevas García, «Estudio preliminar», in: San Juan de la Cruz, *Cántico espiritual. Poesías*, hrsg. v. C. C. G., Madrid: Alhambra, 1979, S. 67. Vgl. auch Eulogio Pacho, «Cántico espiritual», in: Ros (Hrsg.), *Introducción a la lectura de San Juan de la Cruz* (Anm. 39), S. 440–481.
44 Orozco Díaz, *Paisaje y sentimiento* (Anm. 25), S. 97.
45 Ebd., S. 100.

Arkadiens im Sinne des Weihnachtswunders durch die Verwandlung und ihre Arkadisierung der Natur betreiben, so dient die «égloga de sentido místico»[46] bei Juan de la Cruz dazu, die ideale arkadische Welt von vornherein als naturhaft symbolischen Hintergrund des mystischen Aufstiegs zu etablieren. Der Herausgeber Cuevas García betont freilich den «enfoque espacial de la naturaleza» und die «visión esencialmente pictórica» des göttlichen Idylls, für das er nicht zögert, Vorbilder von Tizian und Giorgione zu bemühen[47]. Die instrumentalisierte Natur ist zugleich eine «naturaleza a-graciada, transformada por la gracia»[48]. Damit wird die mystische Liebeshandlung zwischen Esposo und Esposa aber mit prälapsarischen Konnotationen aufgeladen; wiederum erweist sich die in den Blick tretende Natur als verwandelte, unschuldige Natur. Nur unter diesen Prämissen scheint die schöne Natur überhaupt darstellbar bzw. darstellungswürdig. Die arkadisch-mystische Landschaft ist eine Seelenlandschaft; «todo lo creado se rescata para el provecho y gozo de la Esposa»[49]. Tatsächlich verwandelt sich die Schöpfung so «en un inmenso filón de símbolos y alegorías divinas», doch ob man mit dem Herausgeber daraus schließen kann, dass «Dios y la naturaleza» se confunden[50], bleibt unseres Erachtens doch dahingestellt. Sicher aber ist die ganze Schöpfung, von der Gott sah, dass sie gut war, in Christus, «el Verbo su Hijo» (S. 156), gerechtfertigt und geheiligt[51].

Die Dynamik der allegorisierten Naturdarstellung resultiert aus dem Motiv der Suche nach dem geflüchteten, verborgenen Bräutigam der Seele. Die Natur, «montes y riberas» mit ihren «bosques y espesuras» (S. 121), den Quellen und Höhlen, «los valles solitarios nemorosos, / las ínsulas estrañas, / los ríos sonorosos» (S. 123), und ihren Tieren, «las aves ligeras, / leones, ciervos, gamos saltadores» (S. 125), wird so zu einer vielstimmigen widerständlichen Natur, die gleichsam im Einzelnen entdeckt und untersucht werden kann. Vor der Nacht des mystischen Erkennens, wie sie etwa der «Cantar el alma que se goza de conocer a Dios por fee» (S. 347) besingt, liegt daher das taghelle Erkennen der Welt. Wiederum befinden wir uns in einer Morgenlandschaft des Aufbruchs und der ursprünglichen Reinheit:

> Y vámonos a ver en tu hermosura
> Al monte y al collado,
> do mana el agua pura [...] (S. 128, V. 36)

---

46 Ebd., S. 40 ff.
47 Ebd., S. 45. Vgl. Orozco Díaz, *Paisaje y sentimiento* (Anm. 25), S. 98: «No hay paisaje en toda nuestra poesía con más aire, con términos más lejanos ni más anchurosos y claros. Nos ofrece las cosas en toda su grandeza, en visión amplia y completa [...]».
48 Ebd.
49 Ebd.
50 Ebd., S. 46.
51 In dekonstruktivistischer Perspektive hat Bernard Teuber, *Sacrificium litterae. Allegorische Rede und mystische Erfahrung in den Dichtungen des heiligen Johannes vom Kreuz*, München: Fink, 2003, diesen Prozess als erotische «Theopoetik» gedeutet.

Die angedeutete Bergwanderung mit dem Ziel des «matrimonio espiritual» zwischen Seele und Gott, Braut und Bräutigam, steigert dieses Erlebnis der Begegnung mit dem Ursprünglichen. Angesichts der «alteza» des göttlichen Wortes (S. 308) wird die Höhe zur Voraussetzung der Erkenntnis; «la noticia matutina y esencial de Dios, que es conocimiento en el Verbo divino, el qual — por su alteza — es aquí significado por el Monte» (S. 308). Dabei beruft sich der Autor auf *Jesaia* 2, 3: «et ibunt populi multi et dicent venite et ascendamus ad montem Domini», und 2, 2: «et erit in novissimis diebus praeparatus mons domus Domini in vertice montium». Die herabströmenden geistlichen Wasser des letzten vom Autor interpretierten Verses, «y la cavallería a visto de las aguas descendía» (S. 331), beenden den gelungenen Aufstieg, der — wie Jorge Guillén[52] betont hat — das ursprüngliche arkadische Muster längst hinter sich gelassen hat. An die Stelle der kleinen arkadischen Landschaft ist implizit einmal mehr eine große kosmische Landschaft getreten, die Landschaft der Erlösung, in der sich die suchende Heldin bewegt. Andrenio musste seine Höhle zerbrechen, um die Welt zu erkennen; die «Esposa» des *Cántico espiritual* aber sucht nach dem gelungenen Aufstieg gerade die «subidas / cabernas de la piedra» (S. 312, V. 37) auf, deren Tiefe die verborgene Weisheit Gottes bzw. die vom göttlichen Licht erfüllte Seele symbolisiert[53]. Der Aufstieg führt zum Licht, aber zu jenem mystischen Licht, welches auch in dem Bild der «noche oscura» zum Ausdruck kommt. Die Höhle bezeichnet letztlich die Abwendung von der Natur und die Negation von Landschaft. Sie führt eben zu dem Symbol des Nicht-Sehens zurück, von dem Gracián seinen Ausgang nimmt[54].

Größe, aber auch Begrenztheit dieser Form symbolisch-allegorischer Naturbetrachtung, in der die Natur immer auf ein Anderes, nie auf sich selbst verweist, werden deutlich, wenn man den karmelitischen Mystiker des Siglo de Oro mit der franziskanischen Poesie der früheren Generation eines Fray Luis de Granada oder Fray Luis de León vergleicht. Fray Luis de Granada und Fray Luis de León verbinden den Sinn für kosmische Weite mit der Fähigkeit zur Unmittelbarkeit der Wahrnehmung. Valbuena Prat hat das glückhafte Naturgefühl in der *Introducción del símbolo de la fe* von Luis de Granada ausführlich beschrieben[55]. Nach Orozco Díaz setzt der «proceso de espiritua-

---

52 Jorge Guillén, «Lenguaje insuficiente. San Juan de la Cruz o lo inefable místico», in: J. G., *Lenguaje y poesía*, Madrid: Alianza, 1969 (El libro de bolsillo, 211), S. 73–109.
53 Helmut Hatzfeld, *Estudios literarios sobre mística española*, Madrid: Gredos, 1955 (Biblioteca románica hispánica, 2, 16), Kap. 10, S. 318–324: «Las profundas cavernas», spricht von einem «símbolo del alma divinizada» (S. 323). Vgl. auch R. Duvivier, «Le *Cántico espiritual* en quête du repos», in: *Langues romanes* 23 (1968), S. 327–366.
54 Hatzfeld, *Estudios literarios* (Anm. 53), zeigt im Vergleich mit der anschaulich geschilderten Berglandschaft bei Ruysbroeck, der nicht von einer Höhle, sondern von dem Tal der Seele spricht, die Paradoxie des Bildes einer im mystischen Sinn erleuchteten Höhle.
55 Angel Valbuena Prat, *Historia de la literatura española*, Barcelona: Gili, o. J., Bd. 1, S. 640 ff.

lización del paisaje» hier «este gozar de las bellezas de la Creación» voraus[56]. Die ganzheitlich erlebte Natur als «símbolo de la fe» ist hier nicht notwendig ihres sinnlichen Eigenwertes beraubt, um zum bloßen Bild religiöser Erfahrung zu werden. Sie erscheint als Spiegel Gottes, aber auch als «naturaleza sentida y observada» im Rahmen einer noch ganz renaissancehaft geprägten «teología natural»[57]. Eine solche Natur bleibt nicht symbolisch allgemein, sondern kann — wie etwa die unterschiedlichen Gipfellinien der Berge — in ihrer jeweiligen Besonderheit beschrieben werden. Bei Luis de León steht hinter der mystischen Sehnsucht das reale Gefühl der «inmensa hermosura»[58] der kosmischen Ordnung; «Noche serena» spiegelt die Struktur einer imaginierten Reise zu den Sternen ähnlich wie das «volar al cielo» in der Ode «A Felipe Ruiz»[59], die in dem anaphorischen «veré» der vier letzten Strophen zu einer Apotheose des Sehens wird. Noch vor der religiösen Hoffnung des Aufstiegs der Seele (in der 17. Ode «Morada del Cielo»), mit ihrer Motivik der Bergbesteigung, der Sonne und des Lichts, steht in der 15. Elegie «Esperanzas burladas» «la luciente verdad»[60] der Schöpfung.

Die Beispiele müssten selbstverständlich vervielfacht werden, um zu einer tragfähigen Basis der hier angedeuteten These eines Mentalitätswandels im barocken Siglo de Oro zu kommen. Noch immer gilt ja der Hinweis von Manfred Tietz auf die «Vernachlässigung der religiösen Literatur des 17. Jahrhunderts»[61]. Besonderes Gewicht müsste in einer solchen Perspektive vielleicht der Entwicklung und Überlagerung des Schäferromans beigemessen werden, einer Gattung, die sich der religiösen Stilisierung von Natur und Kosmos verweigert, aber — eben deshalb — um die Wende zum 17. Jahrhundert, wie Valbuena Prat es formuliert, nur noch «perdura en la otoñal muestra pastoril de *La constante Amarilis*» (1609)[62], um dagegen im *Don Quijote* kritisch diskutiert und bei Lope und in der Mystik religiös transformiert zu werden. Unsere Beispiele scheinen darauf hinzudeuten, dass die von Küpper postulierte «Diskurs-Renovatio» auch einen Diskurs-Wandel im Bereich der Thematisierung der Natur mit sich bringt und dass letzteres Phänomen zugleich als Kriterium für die literarhistorisch umstrittene Abgrenzung zweier Siglos de Oro, das heißt von Renaissance und Barock, taugen könnte.

Eine letzte Überlegung mag diese These unterstreichen. In einem Beitrag zur Bildersprache Montaignes hat der französische Forscher Michel Baraz einmal den Vorrang des Sehens in der Renaissance hervorgehoben: «la

---

56 Orozco Díaz, *Paisaje y sentimiento* (Anm. 25), S. 92.
57 Fray Luis de Granada, *Introducción* (Anm. 13), Einleitung S. 66 u. 69.
58 *Poesía lírica del Siglo de Oro,* hrsg. v. Elias L. Rivers, Madrid: Cátedra, ²1980 (Letras Hispánicas, 85), S. 121, V. 71.
59 Ebd., S. 121.
60 Ebd., S. 125, V. 58–59.
61 «Überlegungen zur literarhistorischen Analyse der religiösen Literatur des Siglo de Oro», in: Hans-Josef Niederehe (Hrsg.), *Schwerpunkt Siglo de Oro*, Hamburg: Buske, 1986, S. 69–91, hier S. 72.
62 Valbuena Prat, *Literatura española* (Anm. 55), S. 730.

supériorité du sens de la vue a été affirmé fort souvent à l'époque de la Renaissance. On considère la forme visible de l'objet comme révélation d'une essence invisible et l'on attribue des vertus magiques à certaines images visuelles»[63]. Im Anschluss an Foucaults historische Epistemologie möchte man von magischer Unmittelbarkeit sprechen. Im Rückblick auf unser Thema dürfte diese Bezeichnung aber für das frühe Siglo de Oro und insbesondere einen Luis de León eher gelten als für das barocke Goldene Zeitalter, für welches die Zurücknahme des unmittelbaren Sehens und der verschleierte Blick in die «noche oscura» der Seele bei Juan de la Cruz charakteristisch erscheinen. Tatsächlich ließe sich die instrumentalisierte Naturwahrnehmung auch als instrumentalisiertes Sehen interpretieren. Auffällig ist, dass dieser Übergang von einem unmittelbaren Sehen der ‹wunderbaren› Wirklichkeit bei Gracián und Calderón durch die Struktur der hier vorgestellten Werke selbst gespiegelt wird. Ähnlich wie San Juan de la Cruz mit der Arkadisierung der Mystik die Abwendung von der Außenwelt in der *Subida del monte Carmelo* vorbereitet, thematisieren der *Criticón* und *El gran teatro del mundo* strukturell den Übergang vom unmittelbaren Sehen zu einer moralphilosophisch vermittelten Welterfassung. Es ist, als ob diese Werke den Epochenbruch in ihre Struktur aufgenommen hätten. Insbesondere der *Criticón* ruft mit dem Insistieren auf einem voraussetzungslos jugendlichen frischen Sehen noch einmal das verlorene Ideal der magischen Unmittelbarkeit in Erinnerung, bevor Critilos kritische Exegese den Weg in die vermittelte Gegenwart weist. Die später nirgends mehr aufgenommene Sicht auf die Natur beweist zur Genüge, dass wir es mit einer überwundenen, frühen Stufe naiver Erkenntnis zu tun hatten. Der neue reife und vermittelte Blick beruht so auf der Überholung des unmittelbaren Sehens, ähnlich wie die Idyllisierung der weihnachtlichen Natur in den *Pastores de Belén* die Nichtung und Überholung der abgewerteten winterlichen Natur voraussetzt. Nicht der unmittelbare Blick auf die Wunder der Natur offenbart zugleich das Göttliche, sondern es bedarf, wie im Falle des *Criticón*, des wissenden Moralphilosophen und Interpreten, um die naiv wahrgenommene Natur auf Gott hin zu deuten und so als Ausdruck des göttlichen Wirkens einsichtig zu machen. Erst die solchermaßen umgestaltete, interpretierte Natur wird offenbar dem religiösen Imperativ gerecht.

---

63 Michel Baraz, «Les images dans les *Essais* de Montaigne», in: *Bibliothèque d'Humanisme et de Renaissance* 27 (1965), S. 361–394, hier S. 381.

Aurora Egido

Mitografía e historia literaria.
La *Agudeza* de Gracián ante el panteón clásico

> Soñó dioses a muchos la inhumana gentilidad.
> (*El Héroe*, primor II)

Baltasar Gracián pretendió que la *Agudeza* hundiera sus raíces en la cultura grecolatina rescatada por el Humanismo para demostrar que el arte de ingenio y la fragua de los conceptos tenían en ella su fundamento. El jesuita quiso escribir un arte conceptual nuevo, a la sazón inexistente, al igual que hiciera en el *Oráculo manual* con el *Arte de prudencia*. La presencia de la mitología en toda su obra merecería consideración particular, aunque en la *Agudeza* sea, tal vez, donde el interés por descubrir sus funciones se acrecienta, sobre todo cuando comprobamos que su autor evitó configurarla alegóricamente, como él mismo dice en el prólogo, «por medio de un convite en que cada una de las Musas sirviera en delicado plato su género de concetos, o si no erigiendo un nuevo monte de la mente, en competencia del Parnaso, son sus nueve Piérides, o cualquier otra invención»[1]. La renuncia a seguir una tradición acrisolada por las mitografías, las preceptivas y otros géneros, convertidos en vehículos que transmitían la catalogación de autores bajo el ropaje mitológico, era todo un

---

[1] Baltasar Gracián, *Obras completas*, ed. Luis Sánchez Laílla, Madrid: Espasa-Calpe, 2001 (Biblioteca de literatura universal), pp. 309 s., por la que citaremos. A Gracián le interesó, ya desde los primeros primores de *El Héroe*, mucho más el mundo de los héroes que el de los dioses, aunque a veces los mezclara. Él siguió en parte la idea evemerista de que los dioses son héroes sublimados por sus hechos. Véase Guillermo Serés, «El evemerismo medieval español: de Alfonso el Sabio al Tostado», en: *La razón del mito*, ed. Gregorio Luri Medrano, Madrid: UNED, 2000, pp. 159–175, para el tema en general. En *Natalis Comitis Mythologiae, sive explicationum fabularum...*, Venecia, 1568, p. 6, ya se planteaba en el prólogo, al hilo de la utilidad de las fábulas, la variedad del género y de los autores que las trataron, desde Esopo, Hesiodo, Cicerón, Ovidio y otros muchos, incluidos persas y egipcios, aunque partiendo de la existencia de un solo dios. El rechazo de Gracián a la alegoría parnasiana gozaba de amplios precedentes, como señalamos en «Góngora y la batalla de las Musas», en: *Góngora hoy I–II–III*, ed. Joaquín Roses, Córdoba: Diputación de Córdoba, 2002 (Colección de estudios gongorinos, 2), pp. 95–126, donde apuntamos la concepción del Parnaso como oficina y museo de saberes y artes, así como el alejamiento del jesuita aragonés respecto a esa tradición simbólico-alegórica en el tratado de la *Agudeza*. Aparte habría que considerar los amplios usos del mito y de la alegoría por parte de la Compañía de Jesús, tanto en la enseñanza y el teatro como en sus academias y justas. Los jesuitas hicieron uso particular de la mitología replanteando, bajo el dictado de Trento, la vieja cuestión de su uso en la enseñanza de los jóvenes que ya Platón expusiera en el libro segundo y tercero de *La república*, en: *Obras completas*, Madrid: Aguilar, 1969, pp. 684 ss. y 701, en particular.

desafío, y no exento, como vemos, de ironía, pues añade a continuación: «pero heme dejado llevar del genio español, o por gravedad o por desahogo en el discurrir» (p. 310). De este modo, se distanció de los modelos parnasianos tradicionales para discurrir a lo libre, intentando ser también novedoso en la forma de presentar las reglas del ingenio, con la seguridad de que se trataba de algo exquisito, a la sazón inexistente, y no de una retórica o poética al uso. El tratado de la *Agudeza* supuso, en cuanto tal, un serio revés a la veladura mitológica de viajes y montes del Parnaso, con sus Castálidas y Musas, situando el arte del concepto en el territorio del ingenio[2].

Para adentrarnos en el ámbito mitológico de la *Agudeza* conviene tener en cuenta la idea de erudición que Gracián desarrolla en el discurso LVIII, considerándola como «magacén rebutido», lleno de joyas de sabiduría, con el que el escritor da gusto y sustancia a su obra[3]. Su idea de la variedad le lleva a buscar la más sublime y realzada, pero nunca uniforme, «ni toda sacra, ni toda profana, ya la antigua, ya la moderna» (*ibid.*). De ahí que lo importante para él no sea la fuente de la que mana dicha erudición, sino la forma en la que se emplee, según las circunstancias, la materia, el lugar y los oyentes. Es curioso que Gracián no hable a tal fin de la mitología en cuanto tal, sino de las formas en las que la materia se expone, ya se trate de filosofía moral, historia o poesía. Aun así, la fusión sacro-profana que establece cuando se refiere a «quien escuchare los arrullos de una tórtola viuda que arrulla un Niño Dios [...]» (p. 763), nos muestra bien a las claras que las imágenes de la mitología, como las de la Biblia, eran para él lugares comunes de los que extraer tonos para componer su propia música[4]. Además el uso de la erudición mitológica no bastaba para el jesuita sin la aplicación ingeniosa que ya hicieran los Padres de

---

2 Su amigo Juan Francisco Andrés de Uztarroz (como otros muchos autores, hasta bien entrado el siglo XX) retrocedió al escribir la historia de las glorias locales bajo la alegoría parnasiana en su *Aganipe de los cisnes aragoneses en el clarín de la fama* (1652), donde Gracián figuraba como uno de tantos.

3 Véase la introducción a Baltasar Gracián, *Obras completas* (n. 1), p. XXXIV. La tradición enciclopédica le venía marcada por las propias mitografías desde la mencionada de Natalio Cómite (n. 1), quien incluyó al final un «index rerum notabilium», que constituye una auténtica poliantea de temas y símbolos que el lector podía seleccionar. Además cada uno de los dioses venía refrendado por numerosas fuentes clásicas, que ampliaban la concepción histórico-literaria de la mitografía configurando un filón inacabable de asuntos y argumentos. Otro tanto se desprende de la *Genealogiae Joannis Boccatii*, Venecia: Augustino de Zannis Portesio, 1511, con abundancia de fuentes clásicas. Hemos tratado de ello en «Mitografía y canon literario en el *Teatro de los dioses*», en: *Sileno*, 17 (2004), pp. 17–24. Y véase el trabajo de José Enrique Laplana, «Arte de erudición», en: *Congreso Internacional Baltasar Gracián: Pensamiento y erudición* (en adelante: *Actas*), eds. Aurora Egido/Fermín Gil Encabo/José Enrique Laplana, Zaragoza: Gobierno de Aragón/Institución Fernando el Católico, 2003, t. 1, pp. 257–287. Téngase en cuenta además la consideración del Parnaso como biblioteca, en nuestro artículo «Góngora y la batalla de las Musas...» (n. 1), p. 95.

4 Manfred Hinz, «*Agudeza y Progymnasmata*», en: Sebastian Neumeister (ed.), *Baltasar Gracián. Antropología y estética*, Berlín: Frey, 2004, pp. 87 s., ya señaló que *locus communis* equivalía en los progimnasmas a lo que Ernst Robert Curtius, *Literatura europea y edad media latina*, México: Fondo de Cultura Económica, 1976, entendió por *topos*.

la Iglesia, remontando el lugar común a más elevado empleo; como cuando Clemente de Alejandría acomodó a la figura de Cristo crucificado la de Orfeo calmando a las fieras:

> El verdadero Orfeo es aquel Señor que, teniendo estirados sus sagrados miembros en la lira de la cruz, con aquellas clavijas de los duros clavos, hizo tan dulce y suave armonía que atrajo a sí todas las cosas [5].

En cualquier caso, no deja de ser curioso que, al hablar de la erudición, Gracián utilice numerosos ejemplos sacados de la mitología, consciente tal vez de que constituía un minero inagotable de agudezas una imprescindible despensa conceptual [6]. Para explicar su idea de que el concepto es un fondo sobre el que campean las figuras retóricas, se sirve del mito de Psique y Cupido sacado de las *Metamorfosis* de Apuleyo (p. 774), mostrando así que el uso de la mitología, como el de cualquier materia, debía ser proporcionado y misterioso, lleno de profundas ponderaciones y realzado por encima del sustrato temático del que se partiera. Pero para alcanzar la agudeza en esa fábula, que Gracián pudo contemplar a su antojo en las estampas de Rafael de Urbino que Lastanosa guardaba entre los tesoros de su casa-museo, había que buscar la adecuación, entre palabras y pensamientos, e incluso metros distintos, según los casos [7]. Al jesuita le importa resaltar sobre todo el resultado de la aplicación ingeniosa, para que de ella surja un verbo preñado, no hinchado, que signifique más que resuene (p. 778). Consciente además de que los tiempos mudan los gustos, percibió que la alegoría ya no se practicaba en su tiempo, más propicio a las semejanzas y a las novedades contenidas en «los misterios y reparos» (p. 779).

Dividido el *Arte de ingenio* (1642) en cincuenta discursos, que luego la ulterior *Agudeza* (1648) elevaría a sesenta y tres, Gracián se distanciaba en él no solo del arquetipo alegórico-mitológico de tantas obras de preceptiva, sino de la estructura del diálogo renacentista patente en la *Filosofía antigua poética* de Pinciano. El discurso le permitía una clasificación ordenada y particular, propia del tratado, y una evidente libertad en el discurrir a la que apelaba su

---

[5] A continuación, el ejemplo del ave fénix, sobre el que volveremos luego, le sirve para mostrar cómo un jesuita, Diego de Baeza, convierte la imagen tópica en una aguda equivalencia de la Virgen María, muerta y resucitada triunfante, «de suerte que esta acomodación se funda en el morir la fénix en el fuego, María en el amor, y en el resucitar luego triunfando» (p. 765). Las imágenes ígneas fueron, como dijimos, de particular gusto para el jesuita aragonés, que las desplegó en un amplio bestiario en el que tampoco faltó la salamandra (p. 767).

[6] Véanse, aparte los citados, otros ejemplos relativos a los mitos de Acteón, Diana, Marte, Venus, Anfión, etc., que aparecen en ese discurso, con variantes antiguas y modernas (pp. 764 ss.).

[7] Gracián insiste en la adecuación entre metro y concepto, sacando a este propósito unas sentencias de Francisco Agustín de Tárrega, en unas quintillas dedicadas «A Endimión», p. 775. Y véase Karl-Ludwig Selig, *The library of Vincencio Juan de Lastanosa, patron of Gracián*, Genève: Droz, 1960 (Travaux d'humanisme et de renaissance, 43), al que irán referidas todas las alusiones a la biblioteca del mecenas oscense.

intento de explicar, nada más y nada menos, que «todos los modos y diferencias de concetos», como dice el título de 1648. Salvada esa enorme distancia con algunos de sus predecesores, ya fuesen autores de retóricas, poéticas o filosofías morales, Gracián, sin embargo, utilizará la mitología grecolatina como uno de tantos repertorios eruditos en los que extraer imágenes iluminadoras para sus explicaciones conceptuales. El jesuita se sirvió fundamentalmente del bagaje simbólico de los mitos que, unido al de los bestiarios y polianteas, le permitía analizarlos desde el punto de vista de la agudeza. El peso moral de los mismos va a ser fundamental en su obra, a la zaga de una ejemplaridad ampliamente fomentada por los evemeristas, que buscaron en ellos la verdad oculta. Conocedor de las cuatro tradiciones mitográficas: histórica, física, moral y enciclopédica, Gracián se afiliará a una u otra corriente, atendiendo a la función conceptual que el mito representaba en el texto en cuestión[8]. Esta y otras obras suyas son un claro exponente del sincretismo de los diversos métodos interpretativos de la mitología que se llevaron a cabo en la literatura a partir del Renacimiento[9]. En ellas se ve además el inmenso esfuerzo por apartarse de los usos y abusos que de la mitología hiciera la Compañía de Jesús en su teatro y fiestas públicas. En las bibliotecas jesuíticas no faltaban desde luego las obras de los grandes mitógrafos, como es el caso de la de Huesca, en cuyos anaqueles estaban las *Metamorfosis* de Ovidio y las obras de Pérez de Moya y el Padre Vitoria, entre otras[10].

El primer ejemplo de imagen mítica en la *Agudeza* surge de la oratoria sagrada, pues se trata de un orador cristiano que el miércoles de ceniza «pintó fénix al alma, que del polvo de su cuerpo renace al clarísimo oriente de la

---

8   Jean Seznec, *The Survival of the Pagan Gods. The Mythological Tradition and its Place in Renaissance Humanism and Art*, Princeton: UP, 1972 (Bollingen Series, 38), por extenso. Gracián parte obviamente de la falsedad de las historias fabulosas de los dioses de la gentilidad, concibiendo la mitología, al igual que la definiera un siglo más tarde el *Diccionario de Autoridades,* como «narración de las fábulas».
9   Téngase en cuenta que Baltasar de Céspedes, en su *Discurso de las letras humanas,* ed. Gregorio de Andrés, Madrid: Biblioteca «La ciudad de Dios», 1965 (La Biblioteca «La ciudad de Dios», 1, 14), pp. 235–237, consideró ya en 1600 la mitología como una de las disciplinas básicas del humanista. Véase Guillermo Serés, «El enciclopedismo mitográfico de Baltasar de Vitoria», en: *La Perinola,* 7 (2003), pp. 401 s., quien recalca la fuerte impronta que la exégesis medieval tuvo en la mitografía renacentista.
10 José Enrique Laplana, «Noticias y documentos relativos a la biblioteca de la Compañía de Jesús en Huesca», en: *Voz y Letra,* 9/1 (1998), pp. 123–140, consigna su presencia, así como las obras de Esopo, Alciato, Textor y otros autores relacionados con la mitología. Pero donde pudo embeberse de ella con mayor libertad fue en la biblioteca de Lastanosa, donde no solo estaban Homero, Virgilio y Ovidio o Luciano, sino también las obras de Vincenzo Cartari, Baltasar de Vitoria y otros mitógrafos, aparte los *Jeroglíficos* de Pierio Valeriano, las *Empresas* de Camilo Camili y otras obras relacionadas con el tema que nos ocupa, como son *La estafeta del dios Momo* de Salas Barbadillo, los *Avisos* de Boccalini o *El asno de oro* de Apuleyo. Entre los manuscritos, también se constatan libros de fábulas con estampas *(ibid.,* p. 77), aparte las esculturas y los cuadros mitológicos coleccionados por dicho mecenas, con presencia de vestigios arqueológicos.

gracia» (p. 312)[11]. Obviamente, la fusión cristiana y la pagana se evidencia en el uso de dicho emblema, un lugar común elevado anagógicamente por un proceso de conceptualización que permitía establecer la equivalencia ingeniosa: «Nace el hombre tan desnudo de noticias en el alma, como en el cuerpo de plumas, pero su industria y su trabajo le desquitan con ventajas» (*ibid*). La omisión del autor de esa imagen y el hecho de que lo califique de «valiente» hacen pensar que bien podría tratarse de un ejemplo salido de un sermón del propio Gracián, que incluso jugaba, como otras veces, con la «gracia» de su primer apellido, para tratar no solo del tema del alma, que renace como fénix el miércoles cuaresmal a la gracia divina, sino de la fuerza con la que el hombre puede superar su desnudez nativa, renaciendo como ella merced a su trabajo y a su industria. El ejemplo sintetiza, además de la mencionada fusión sacro-profana, una doble vertiente, poética y humana, que mezcla la teoría con la acción práctica en todos los planos de la agudeza ingeniosa. Gracián inicia así una nueva y original andadura al poner los mitos al servicio de su máquina conceptual; y lo hace a sabiendas de que los usos agudos de la mitología ya estaban presentes desde la Antigüedad, y solo había que destacarlos en un arte nuevo como el suyo.

Por otro lado, los ejemplos del bestiario, fundidos con la mitología y con la Biblia, le servirán para establecer una red de analogías conceptuales en el plano mítico que son correlativas a la propia mecánica de la misma agudeza. Me refiero en particular a la utilización de imágenes ígneas y solares a las que era tan afecto, como la que en el discurso II hace que se unan de nuevo la mitología clásica con la bíblica, pero reduciéndolas a imágenes modernas con las que explica su nuevo arte conceptual:

> Si el percibir la agudeza acredita de águila, el producirla empeñará en ángel; empleo de querubines y elevación de hombres, que los remonta a extravagante jerarquía[12].

Mediante esa operación, Gracián establece la esencia de la agudeza ilustrada tratando de convertir tales imágenes lumínicas e ígneas en símbolos de la mente ingeniosa que, con sus remontes agudos, se eleva por encima de las jerarquías usuales[13]. Semejantes imágenes, sin constituir una alegoría estricta,

---

11 Para el tema en general, Antonio Bernat Vistarini, «Del bestiario y las imágenes zoomórficas en la obra de Baltasar Gracián», en: *Actas* (n. 3), t. 1, pp. 353–368, y Juan Francisco Esteban Lorente, «La emblemática en el arte aragonés en tiempos de Baltasar Gracián», *ibid.*, pp. 369–388.

12 P. 314. Pero Gracián va más allá, al llamar a María «Aurora del Empíreo» (p. 327), pues no solo funde lo sacro-profano, sino que crea una tercera dimensión mucho más moderna que desencadena nuevas e inauditas imágenes conceptuales.

13 Detrás estaba toda una tradición astrológica y cósmica fomentada por la Compañía de Jesús en su teatro y fiestas, como supo muy bien Calderón, pero en el jesuita aragonés se estiliza enormemente. Para el tema en general, J. Pizarro, «Astrología, emblemática y arte efímero», en: *Goya. Revista de arte*, n° 187/188 (1985), pp. 47–59, y Fernando Rodríguez de la Flor, «La ciencia del cielo. Representaciones del saber cosmológico», en: *La península*

van tejiendo, sin embargo, una tupida red que se extiende a toda la obra, conformando el armazón de su «teórica flamante» [14].

Dado que la agudeza conceptual se extiende a todo tipo de autores y géneros, e incluso más allá de épocas y naciones, es obvio que Gracián trata de entresacarla también de los propios mitos, y, en este sentido, no son pocos los ejemplos que, como el de Narciso, brillan igualmente en un epigrama latino de Pentadio que en otro de Marcial traducido por Salinas al castellano (pp. 316s.), creándose a través de él un concepto semejante al que antes se deducía del ave fénix. Gracián sigue la corriente humanística que vio en los mitos paganos una sabiduría oculta y misteriosa luego vulgarizada a través de los jeroglíficos y emblemas [15]. El jesuita, sin embargo, es bastante moderno en sus apreciaciones, tratando de recoger de la historia literaria aquellos ejemplos en los que los modelos se diluyen hasta adelgazarse en símbolos casi autónomos, como ocurre con el soneto a la rosa de Góngora «Ayer naciste y morirás mañana» (p. 319), donde procura emular la tradición ausoniana [16]. Choca

---

metafísica. Arte, literatura y pensamiento en la España de la Contrarreforma, Madrid: Biblioteca Nueva, 1999 (Colección Metrópoli, 7).

14 Así lo expusimos en la introducción a Baltasar Gracián, *Arte de ingenio. Tratado de la Agudeza*, Zaragoza: Gobierno de Aragón/Institución Fernando el Católico, 2005. En la *Agudeza* (pp. 324 s.), vemos imágenes del cisne, el águila y la fénix como ejemplos de agudeza mixta en torno a Góngora, al que vuelve a llamar «culto poeta, cisne en los concentos, águila en los conceptos» (p. 343). Su obsesión por esos símiles se extiende a otros ejemplos. Véase el que elige del conceptuoso Antonio Hurtado de Mendoza, «¡Oh mal terrible, / ser fénix en amar y en morir cisne!» (p. 384), y otros de Diego de Morlanes y Góngora (p. 386), aunque se burlara luego de tal ave en *El Criticón*. Y véase p. 339, sobre el cisne como imagen sacro-profana. Gracián presenta un bestiario curioso que merecería consideración aparte, sacándolo a veces de la literatura religiosa, como ocurre con los ejemplos de la osa, que con su lengua va dando vida a las crías, con ejemplos del padre jesuita Francisco de Mendoza y de San Ambrosio (p. 415). Y véase el león de San Marcos en p. 419, aunque no falten animales a lo profano, como la tórtola clásica o el avestruz africano, sacado de la *Isabela* de Lupercio Leonardo (p. 417). El tema del ave fénix, que además fue emblema de Lastanosa, editor de la *Agudeza*, aparece también a lo divino en un poema de fray Pedro Gracián, hermano del jesuita, p. 418, que lo utiliza para hablar de San Francisco de Borja. La fénix es constante en la *Agudeza* y llega a representar hasta al mismo Dios recién nacido en un ejemplo sacado de Gregorio Nacianceno. Para ella y otras aves simbólicas en la emblemática, véase José Julio García Arranz, *Ornitología emblemática. Las aves en la literatura simbólica ilustrada en Europa durante los siglos XVI y XVII*, Cáceres: Universidad de Extremadura, 1996, pp. 334 ss. Y la introducción, pp. 50 ss., sobre los usos simbólicos del mundo zoológico. Aparte habría que considerar el catalogo de imágenes vegetales, como la calabaza pintada por Alciato o el almendro de un soneto de Pantaleón de Ribera, obviamente llenos de tradición moral, lo mismo que el león de César o las liebres mansas (pp. 420 s.).

15 Edgar Wind, *Los misterios paganos del Renacimiento,* Barcelona: Seix Barral, 1972, pp. 27 ss., y Mario Praz, *Studies in Seventeenth Century Imagery*, Roma: Edizione di Storia e Letteratura, ^{2}1964 (Sussidi eruditi, 16), quien mostró la huella de tales presupuestos en la Compañía de Jesús, abriendo el camino a otros estudios.

16 Más adelante, en el discurso XI, alabará el soneto de Lope, que empieza «¡Con qué artificio tan divino sales!» (p. 408), sobre el mismo tema, aunque su factura elocutiva sea muy distinta. En este caso, encarece las «dos moralidades» que se deducen de él. Y otro tanto se desprende de un epitafio de Pontano Joviano, al túmulo de una doncella llamada Rosa,

también que no entre apenas en el amplio campo de la poesía mitológica de larga extensión, prefiriendo el poema breve o fragmentado, en un proceso selectivo que se aleja bastante de los gustos de su tiempo, y que se aprecia sobre todo en la discreción con la que se acerca al *Polifemo* de Góngora, aunque también lo haga por otras razones [17]. La *Agudeza* representa, en este y otros sentidos, el triunfo del símbolo sobre el mito.

Gracián fue, a su manera, un gran mitógrafo, que no solo demostró que conocía bien el panteón clásico, sino que sabía interpretar los usos verbales cargados de ingenio que de él habían hecho los poetas. Para él la mitología era esencialmente poesía, vale decir, vehículo de ficciones, comparaciones y antítesis agudas, como las que entresaca de un epigrama latino de Tito Strozzi sobre la lucha entre el dios Pan y el Amor, basado en el juego ingenioso del significado etimológico de *pan* equivalente a «todas las cosas» (p. 325), con lo que la mitología terminaba por ser también filología, como supieron muy bien los humanistas.

Otro aspecto curioso es el de la unidad poemática que el mito presta al convertirse, por ejemplo, en asunto de un soneto, como el de Carrillo sobre Píramo y Tisbe, «Mira el amante, pálido y rendido» (p. 326). En sus comentarios al mismo, Gracián explica meridianamente que dicho mito es lo que da trabazón al discurso, prestándole además una filosofía moral con la que se establecen nuevas correlaciones ingeniosas. Ello explica, en buena parte, los usos y abusos de la mitología en el Siglo de Oro, porque, al transformarse ésta en almacén de asuntos y argumentos, el autor podía, a partir de ellos, poner en marcha la máquina conceptuosa, creando nuevas correspondencias, como hizo Góngora al decir:

Dos términos de beldad
se levantan junto a donde
los quiso poner Alcides
con dos columnas al orbe [18].

A lo largo de la *Agudeza* se comprueba, sin embargo, que los mitos no son su materia prima, pues el jesuita tiende a explicar la fábrica de los conceptos en sentido universal, y aquellos sólo ocupan una parte estimable, pero breve, que incluso debe ser superada, al descomponerse en imágenes nuevas e impensa-

---

aunque en este la agudeza surja del nombre mismo, como imagen de la hermosura frágil. La circunstancia especial del nombre lleva encerrada en sí la agudeza por semejanza. Y véase p. 419, donde aparece nuevamente la rosa como símbolo de honestidad y recato. En p. 569 se ofrece como ejemplo de «desengañada verdad». Gracián menciona al «conceptuoso» Ausonio en el prólogo y en los discursos V, X, XI, XXXI–XXXII y XXXVI.

17 El jesuita rompe así la unidad que las series intercaladas tenían en el mito, desde Ovidio a Juan Bautista Marino, para buscar lo fragmentario. Véase *Tutte le opere di Giovanni Battista Marino*, ed. Giovanni Pozzi, Milan: Mondadori, 1976, pp. 50–52.

18 P. 333. Gracián, sin embargo, achaca a Quevedo que sea más sutil que culto al hacer a hablar a Apolo en términos correlativos de ponderación (p. 334). Y véase la fábula sobre el mismo tema de Villamediana en p. 521.

das que se salen de los modelos tradicionales. La hidra bocal de los conceptos a que el jesuita alude, trata de buscarlos además no en las acepciones vulgares, sino en las extraordinarias, es decir, en aquellos ejemplos en los que al arquetipo se le unen nuevas formas de agudeza, como ocurre, por ejemplo, con la muerte de Lucrecia en un soneto de Camoens (pp. 347 s.) o en aquel en el que Luis Carrillo convierte los pasos ligeros del Tiempo en paradigma de su desengaño, convertido el poeta en Argos de su propio mal (p. 349).

Gracián entiende que el mito, ya se aplique a los dioses o a los héroes, es mudable, y se transforma gracias al ingenio, aunque sea fiel a la esencia que lo identifica como tal. Así ocurre cuando, al hablar de proporción e improporción, recoge las variantes sobre el caso de la infeliz Dido para hacer «una armonía agradable», basándose en los poemas de Ausonio, Guarini o Salinas (pp. 350–352). Con tal fin, el jesuita selecciona los mitos a partir de la serie conceptual en la que aparecen los ejemplos recogidos, aplicándose a su exégesis en cada momento dado.

La concepción de lo sacro en relación con los mitos, se traduce en Gracián en misterio, pues él cree firmemente en su función oracular, como prueba el discurso VI sobre la «ponderación misteriosa», cuyas agudezas caben tanto en un verso de Ovidio sobre el carro del sol, como en una canción de Lope al Santísimo Sacramento, pues ambos despiertan la curiosidad del lector e incitan al descubrimiento [19]. De ese modo, los ejemplos acarreados de la religión cristiana o los de la pagana son idénticos, a juicio del jesuita, que no los valora como tales, sino como exponentes de un *Arte de ingenio* aplicado con distintos fines, para dar así lugar al misterio o a la dificultad. María, Febo, Júpiter o incluso San Antonio de Padua, situados en el mismo plano conceptual, no significan tanto por sí mismos como por el ingenio que desencadenan en los

---

19 Los numerosos ejemplos de ese discurso muestran por extenso que el misterio existe tanto en los mitos e historias grecolatinas como en los de tradición bíblica, equiparándose en un mismo nivel analítico. Gracián emplea el mismo tratamiento en cualquier parcela de la historia de las religiones cuya literatura le interesa únicamente desde el punto de vista conceptual ingenioso. El misterio aparece también en la parcela heroica del discurso XIV, sobre la competencia entre Ulises y Ayax para ganar el escudo de Héctor, que Alciato recreara en uno de sus emblemas. Gracián, sin embargo, no se deja llevar por la pintura de estos, sobre los que trata en el discurso LVII, junto a otras especies de agudeza fingida, porque, dice: «es otro linaje de aguda invención, y puede llamarse figurada, por jeroglíficos, emblemas y empresas» (p. 756). Con la oculta sabiduría de los mitos llenó Juan Pérez de Moya su *Philosofía secreta*, ed. Carlos Clavería, Madrid: Cátedra, 1995, recogiendo una amplia tradición también presente en Pedro Sánchez de Viana, *Anotaciones sobre los quinze libros de las Transformaciones de Ovidio. Con la mitología de las fabulas y otras cosas*, Valladolid: Diego Fernández de Córdova, 1689, en cuyo prólogo dice que los antiguos encerraron en ellas «todas las reglas de la philosophía y la teología», desmintiendo que fuesen cuentos de viejas o sueños ociosos de poetas. Asunto sobre el que volverá Gracián, como veremos. Cuestión aparte es la integración en un mismo plano de héroes y santos, como ocurre con la paridad que establece el discurso XIV de la *Agudeza* entre San Ignacio y San Francisco Javier con los ejemplos de Ayax y Héctor.

distintos autores seleccionados, concordando extremos, realzando hipérboles y ponderando con valentía, tras sortear toda clase de dificultades [20].

Cabe señalar que su visión del concepto no solo es variada, sino fragmentaria. Del infinito número de conceptos agudos, él va seleccionando únicamente aquellos ejemplos que convienen a su argumentación, forzosamente discreta en todos los planos. De ahí que de la «Fábula de Adonis» (p. 388) de Diego de Frías, recoja apenas cuatro versos para ejemplificar la agudeza por semejanza en clave de burlas, sin pararse a discurrir sobre el resto del poema. Él fue consciente además de que no bastaba con establecer cualquier tipo de equivalencia si no se hacía con sutileza de proporción y correspondencia entre los extremos careados; ya se tratase de una semejanza familiar, caso del soneto de Garcilaso «Como la tierna madre que el doliente», o de la fábula de Apolo y Dafne recreada en octosílabos por Quevedo [21].

Gracián fue consciente además de que los mitos no sólo se habían proyectado literariamente, ya que la emblemática había doblado su presencia en ella, gracias a la pintura. De ese modo, Alciato podía dar alma a la letra de Teócrito en la que el Amor se queja a su madre Venus al haber sido herido por una abeja (pp. 400 s.). Pero su aproximación a las *picturae* o a la *subscriptio* de los emblemas se hace casi siempre desde una perspectiva conceptual, pues, más allá de lo pictórico, se descubre la construcción elocutiva y la moralidad filosófica que se desprende de la adecuación del mito al tema tratado; sobre todo cuando andan implicados en la operación el misterio y la dificultad [22]. El jesuita tiende así a superar cualquier aproximación que se quede en el plano puramente retórico o plástico para buscar el trasfondo filosófico y moral que la imagen mítica pueda acarrear. Su alabanza de Horacio, «igualmente filósofo que poeta», va en esa dirección, incardinándose en un tópico ampliamente glosado desde el Renacimiento [23]. Baste recordar, entre otros, *Los treynta y*

---

20 Véanse por extenso los discursos VII y VIII. En este, sirve lo mismo un soneto de Lope sobre San Diego que los dísticos latinos de Marco Antonio Muret sobre Venus.

21 Disc. X. El tema gozaba de una riquísima tradición literaria desde Garcilaso, como es bien sabido, y remite además a la interpretación desengañada que el futuro Urbano VIII, Maffeo Barberini, dio a unos versos al pie de la escultura «Dafne perseguida por Apolo», según recuerda Alfonso Rodríguez de Ceballos, «Baltasar de Vitoria y su interpretación de la mitología», en: *La visión del mundo clásico en el arte español*, Madrid: CSIC, 1993. Dicho tema fue también glosado por el Brocense. Gracián parece conocer muy bien la tradición mitográfica de la poesía de Garcilaso, que fue siempre pilar de los comentaristas. Véase Suzanne Guillou-Varga, *Mythes, mythographes et poésie lyrique au Siècle d'Or espagnol*, Paris: Didier, 1986, t. 1, pp. 21 ss. En el discurso X Gracián recoge toda una serie de paranomasias lumínicas desde Virgilio que constituyen en sí mismas una pequeña poliantea.

22 Recordemos además la huella *ekphrástica* acarreada por las *Imágenes* de Filostrato, ed. Luis Alberto de Cuenca/Miguel Ángel Elvira, Madrid: Siruela, 1993 (Biblioteca azul; Series menor, 1), tan presentes en la literatura a través de los siglos.

23 Para la relación entre poesía y filosofía, patente ya en San Agustín y con fuertes raíces medievales, Curtius, *Literatura europea y edad media latina* (n. 4), pp. 305–355. Otra perspectiva, más afincada en el Humanismo, ofrece Eugenio Garin, *Medioevo y Renacimiento. Estudios e Investigaciones*, Madrid: Taurus, 1981, pp. 52–68; y véase Jill Kraye, *Introducción al humanismo renacentista*, Cambridge: UP, 1998, cap. 8, para el debate entre

cinco *Diálogos familiares de la Agricultura Cristiana*, de Juan de Pineda, quien siguió la especie ficiniana de la poesía como don divino con fundamento filosófico [24].

La cultura para Gracián era sinónimo de clasicidad, de ahí que se sirviera de la mitología grecolatina, incluso a la hora del panegírico, pues cuando quiere alabar las sílabas del soneto de Góngora «Menos solicitó veloz saeta», no duda en equipararlas con «las mismas arenas de oro de Hipocrene» (p. 412). Lo cierto es que, del panteón clásico, el jesuita va recogiendo a conveniencia los mitos que él ve traídos con mayor acierto, según sus intereses particulares, recalando especialmente en los que tratan de caducidad, fragilidad, desengaño y muerte, como la mencionada transformación de Apolo en laurel o la rosa marchita, que tanto abundan en la *Agudeza*. De este modo se asigna al mito una verdad poética universal que solo tiene que ver con la historia ocasionalmente y en la medida en que goza de una tradición poética.

El tratamiento de los mitos en Gracián no reviste, por otro lado, una carga religiosa buscada, más allá de la que se deduce de los poemas seleccionados. De ahí que incida en asuntos profanos muy concretos que podían suscitar ciertos recelos, aunque anduvieran ya vueltos a lo divino, como es el caso de Júpiter y el garzón de Ida, que saca a relucir en el discurso XIV, siguiendo el texto de Marcial y la traducción de Salinas, pues a él solo le interesa en la medida en que encerraba agudeza por paridad conceptuosa. Y no teme, por ello, que a esos ejemplos le siga otro de Diego López de Andrade sobre el nacimiento de Cristo y el Bautista.

Otro aspecto fundamental es el del uso de la mitología como hipérbole máxima, patente en el soneto encomiástico gongorino «Sacros, altos, dorados

---

filología y filosofía. Las *Anotaciones sobre los quinze libros de las Transformaciones de Ovidio* de Pedro Sánchez de Viana (n. 19), ya desde el prólogo, conciben la mitología como «posada antigua de la philosophia», ilustrándose después con múltiples ejemplos a partir de la poesía castellana de Juan de Mena. El Padre Vitoria en su *Teatro de los dioses de la gentilidad. Primera Parte*, Salamanca: Antonio Ramírez, 1620, f. 1, parte de que los filósofos y poetas antiguos fueron los teólogos de la gentilidad, según Lactancio, San Agustín y San Ambrosio, probando la fusión entre mitología clásica y Sagrada Escritura. Dado que Gracián fue durante muchos años profesor de Escritura, conocería a la perfección la corriente cristiana de dicha fusión. También parece que recogió la tradición ciceroniana basada en la *ratio*, partiendo de un concepto de religión fundado en una naturaleza capaz de revelar por sí misma la existencia de una divinidad, como muestra *El Criticón*. Véase además Cicerón, *Sobre la naturaleza de los dioses*, ed. Ángel Escobar, Madrid: Gredos, 1999 (Biblioteca Clásica Gredos, 269), p. 36; y, del mismo, «La pervivencia del corpus teológico ciceroniano en España», en: *Revista española de filosofía medieval*, 4 (1997), pp. 189–201, para su huella en Fernández de Heredia, Villena, Vives, Guevara, Huarte y fray Luis de Granada.

24 Salamanca: Pedro de Adurça y Diego López, 1589. Pineda dedica un amplio capítulo a la relación entre filosofía y teología basándose en Platón, Ficino y Macrobio, entendiendo que el poeta es medio adivino y medio profeta. Para la dialéctica sabio-filósofo-teólogo, Christoph Strosetzki, *La literatura como profesión. En torno a la autoconcepción erudita de la existencia en el Siglo de Oro español*, Kassel: Reichenberger, 1997 (Teatro del siglo de oro/Estudios de literatura, 39), pp. 135 ss.

chapiteles» (p. 423), donde la circunstancia especial a que se aplica, es decir, el realce del Monasterio del Escorial erigido por Felipe II, recoge el tópico solar sobre Apolo y Júpiter, tan repetido en las obras de Gracián, por alusión al monarca. De ese modo, se encarecía la grandeza del rey y del edificio, enhiesto contra la destrucción de la Parca y convertido en segundo templo de Salomón, al igual que luego haría el jesuita en *El Criticón*[25]. Su exégesis, aunque sucinta, aclara en qué consiste la conformidad de los términos sobre los que se levanta sutilmente la comparación conceptuosa, incluso olvidándose de los mitos con los que empieza el poema, pues dice que Góngora «forma la paridad entre los dos reyes, fieles, sabios, y en la especialidad de sus dos maravillosos templos» (p. 424).

En toda la *Agudeza* la moralidad es fundamental, tanto en las apreciaciones conceptuosas de un Gracián que la deduce del mito de Diana con el jabalí, como del nacimiento de Baco, según el epigrama de Marcial «agudo universal» (*ibid.*), como él lo califica. Sería un grave error, sin embargo, pensar que Gracián se fija única y exclusivamente en tal función, pues el jesuita compartía con el padre Baltasar de Vitoria, en su *Teatro de los dioses de la gentilidad*, aunque no lo cite, la idea de que la fábula mitológica servía, como dice Lope en el prólogo a esa obra, «para exornación y hermosura de la Poesía»[26].

Gracián sigue permanentemente el tópico agustiniano del *expoliare aegyptios* y trabaja, como todos los escritores de su tiempo, sobre un amplio espectro de fusión sacroprofana en el que la Biblia y los mitos clásicos se funden y confunden, trasvasándose de unos tiempos a otros y de unas lenguas a otras. La mitología muestra también en la *Agudeza* su enorme capacidad de asimilación a todas las esferas, incluidas las de la política, como ocurre con el ejemplo de las trasposiciones de Boccalini, cuando se refiere, con el silencio de Harpócrates, al Gran Capitán (p. 456). La transformación mitológica deviene así en transformación poética, lo mismo que ocurre con la fábula o el

---

25 Gracián, al igual que Góngora, en este y otros puntos como el de la hipérbole y el del panegírico, parece seguir a Hesíodo, en su *Teogonía*, Madrid: Alianza, 1990, pp. 29 ss., 69 ss. y 93 ss., donde vio a los dioses como garantes de belleza e inmortalidad. El tópico, sin embargo, también se ofreció en clave de burlas en numerosos poemas del Barroco, como apuntamos en «Góngora y la batalla de las Musas» (n. 1), pp. 101 ss., prolongando la tradición del *Diálogo de los dioses* de Luciano. Y véase por extenso Ellen Lokos, *The Solitary Journey. Cervantes's «Voyage to Parnassus»*, New York/San Francisco: Peter Lang, 1991 (Studies on Cervantes and his Time, 1), para lo relativo a Caporali y Cervantes. Gracián en *El Político* emplearía escasamente el panteón de los dioses grecolatinos, deteniéndose más en las figuras heroicas de los monarcas más excelentes de la historia para realzar con ellas la de Fernando el Católico.

26 *Teatro de los dioses de la gentilidad. Primera Parte* (n. 23). Lope alude también a la tradición hermética de Trimegisto, Platón y los jeroglíficos, destacando además el interés de la mitología «para inteligencia de los Poetas Griegos, Latinos y Españoles, y de cualquiera otra lengua». Gracián coincidiría con Lope en el empleo de la mitología como conocimiento de las Humanidades.

apólogo, tan caros al autor de *El Discreto* y de *El Criticón*[27]. Él se acerca también, en este y otros sentidos, a la *Filosofía secreta* de Pérez de Moya, al que, por cierto, tampoco menciona, situando en el mismo plano la fábula mitológica, el apólogo y la ficción, siempre que de ellas se deduzca una filosofía moral[28].

Por ello, y aunque ocupen un lugar menor en la *Agudeza,* los mitos se rebajan también a la sátira, sobre todo cuando viene de la mano de un Marcial traducido por Bartolomé Leonardo o por Miguel de Salinas (p. 461). El ejemplo elegido tiene además una evidente trascendencia, pues no se trata sólo de hacer revivir a los clásicos en los modernos, sino de demostrar, con un clásico nacido en la antigua Bílbilis, su continuidad a través de los siglos, hasta llegar a los poetas modernos que lo resucitaban y realzaban, como muestran otros autores en las páginas de la *Agudeza*.

Gracián se convierte además en todo un comentarista de los usos mitológicos al recordar las teorías de Boccalini relativas al tópico «fingen los poetas», vale decir, a la invención de quienes dieron «por verdaderos los tritones, basiliscos, unicornios, sirenas, hipogrifos, centauros, esfinges, la fénix y otros animales, los cuales era notorio y manifiesto que jamás la madre Naturaleza había tenido pensamiento de criarlos en el mundo» (p. 463)[29]. Incluso añade con cierto humor — como haría un erasmista respecto a la abundancia de reliquias —, que algunos comenzaron «a hacer mercancía del cuerno del unicornio, de las plumas de la fénix, del basilisco acecinado, que vendían por muy caro precio a personas caprichosas y simples» (*ibid.*); afirmación que se acerca muchísimo a la desmitificación de los anticuarios y

---

27 Para la distinción entre fábulas mitológicas, apologéticas y milesias, Alejo Venegas, *Tractado de Orthographía y acentos en las tres lenguas principales,* Toledo: Lázaro Salvago, 1531; y, en particular, María Consuelo Álvarez Morán/Rosa María Iglesias Montiel, «La *Philosophia secreta* de Moya: la utilización de los modelos», en: *Los humanistas españoles y el humanismo europeo*, Murcia: Universidad de Murcia, 1990, pp. 185–189, además de Guillermo Serés, «Antecedentes exegéticos de la *Filosofía secreta* de Juan Pérez de Moya (1585)», en: Christophe Couderc/Benoît Pellistrandi (eds.): *Por discreto y por amigo. Mélanges offets à Jean Canavaggio*, Madrid: Casa de Velázquez, 2005 (Collection de la Casa de Velázquez, 88), pp. 633–648.

28 Su acercamiento a Pérez de Moya ha de situarse en una línea escolástica que vio el mito como veladura moral, pero prescindió de la vertiente teológica, como señala Serés, «Antecedentes» (n. 27), p. 644.

29 Recordemos la definición, consecuente con el título completo de Juan Pérez de Moya, *Philosophia secreta: donde debaxo de historias fabulosas se contiene mucha doctrina provechosa*, Madrid: Francisco Sánchez, 1585: «Fabula dicen habla fingida con que se representa una imagen de alguna cosa [...] porque toda fábula se funda en un razonamiento de cosas fingidas y aparentes, inventadas por los poetas y sabios, para que debajo de su honesta recreación de apacibles cuentos, dichos con alguna semejanza de verdad, inducir a los lectores a muchas veces leer y saber su escondida movilidad y provechosa doctrina» (p. 657). Pérez de Moya se extiende ampliamente sobre el mencionado tópico «fingen los poetas» en el cap. 1 del libro VI, pp. 601 ss. Gracián sigue en el discurso XVIII a Boccalini, tan presente en *El Criticón,* cuyo ingenio menciona en los discursos XVI, XVII, XX, XXVI–XXVIII, LV y LVI.

de las antigüedades en *El Criticón*. La mirada juiciosa, discreta y prudente del jesuita sobre los mitos se identifica así con la de Boccalini, al hablar de la mentira de las fábulas que, sin embargo, consideraba patrimonio de los poetas, dando por supuesta la libertad de estos, incluso para la agudeza por exageración, que explica por entero en el discurso XIX, donde el conocido emblema de Hércules y las cadenillas, recogido por Alciato, ejemplifica meridianamente el poder de la elocuencia[30]. Esta conlleva no sólo mentiras, sino ponderaciones y encarecimientos que exigen a veces valentía y riesgo en el uso del equívoco, como el que dice que acometió Lope para tratar del mito de Leandro y Hero en el soneto que empieza «Por ver si queda en su furor deshecho», y del que dice Gracián «es de lo mejor que hizo» (p. 478).

Paso a paso, las licencias de la poesía y del poeta van siendo mayores, aunque esa libertad comporte todo tipo de erudición, reparos y misterios con los que se consigue dar nuevo brillo a los conceptos. Al engarzar y disponer ejemplos, el jesuita va tejiendo una tupida red mitológica en la que se opera el milagro de que todos los grandes autores modernos pasen así a ocupar un lugar añadido al panteón clásico, incluido el magistral y entretenido libro intitulado *El Conde Lucanor*, digno, a su juicio, de figurar en la librería délfica (504)[31]. En ese sentido, los ejemplos en prosa, aunque en menor escala, se igualan en excelsitudes al verso, pues los mitos se convierten en conceptos agudos en ambos casos, tanto en el plano sublime como en el humilde. De ahí que el ya aludido de Apolo y Dafne, comentado en los versos elevados de Quevedo o de Villamediana, sea prueba también de graciosos encarecimientos en la sazonada pluma de Salas Barbadillo:

[...] Apolo,
dios tan prudente y tan cuerdo,
que de cochero se sirve
por no sufrir a un cochero (p. 521).

---

30 Para el tema en general, Francesca Perugini, «La biblioteca emblemática de Baltasar Gracián», en: *Actas* (n. 3), pp. 327–352, y Sagrario López Poza, «Los libros de emblemas como tesoros de erudición auxiliares de la *inventio*», en: *Emblemata aurea. La emblemática en el arte y la literatura del Siglo de Oro*, ed. Rafael Zafra/José Javier Azanza López, Madrid: Akal, 2000 (Arte y estética, 56), pp. 263–279.

31 P. 504. De ese modo, el apólogo se integra en el panteón mítico, ayudado, en este caso, por la reciente reedición de *El Conde Lucanor [...] con advertencias y notas de Gonzalo Argote y de Molina* (Madrid: Pedro Coello, 1642), que llevaba integrados el *Discurso hecho sobre la poesía castellana* y el *Discurso de la lengua antigua castellana*, tal y como aparecieron en la primera edición de Sevilla: Hernando Díaz, 1575, y basada, entre otros testimonios, en el ejemplar de la obra de don Juan Manuel que fuera propiedad de Jerónimo Zurita. También cita Gracián a Esopo en los discursos XXV y LV, recreándolo e imitándolo en *El Discreto* y en *El Criticón*, ya desde el prólogo a la Primera Parte. Cabe recordar también que Pérez de Moya distinguió entre fábula mitológica, apológica y milesia (considerando a ésta un desvarío sin fundamento para embobar a los simples, con mención del *Asno de Oro* y de los libros de caballerías), aparte las genealógicas, «que tratan de linaje o parentesco de los dioses fingidos de la gentilidad»; cf. *Philosofía secreta* (n. 19), p. 65.

Pero quizás lo más significativo sea comprobar cómo Gracián sigue lo que bien podríamos llamar una burlesca *genealogía deorum* a lo moderno, configurada por uno que fingió la descendencia de los necios (p. 543 s.) en la que los dioses son sustituidos por abstracciones como el Tiempo Perdido, que al casar con la Ignorancia, tuvieron un hijo llamado Pensé-Qué [32]. Al seguir esa tipología, el jesuita da un paso adelante, dinamizándola en una larga alegoría narrativa que, partiendo de las cuatro edades del hombre, es casi un *Criticón* en miniatura (pp. 555–558), aparte otros paralelismos con el último realce de *El Discreto*.

El discurso de la *Agudeza* en el que vemos mejor la perspectiva desde la que Gracián contempla las *Metamorfosis* es el XXIX, dedicado a la agudeza sentenciosa, pues en él habla del «fecundo Ovidio» a propósito del mito de Faetón. Aparte la amplitud de la cita elegida, cabe destacar que para él el mito no es sino un «razonamiento tan moral como alegórico, en que Apolo aconseja al temerario hijo a llevar el gobierno de su luz con moderación y prudencia» (p. 573). El énfasis con el que el jesuita destaca el modo en el que el autor realza «lo grave de la enseñanza» (*ibid.*), como si la fábula equivaliera a una sentencia más de las que el discurso trata, prueba que el mito valía sobre todo por la manera en la que el autor había logrado expresar alegóricamente y en grado sentencioso los principios de filosofía moral glosados por él en sus obras.

Gracián trató por todos los medios de demostrar el clasicismo de los escritores de su tiempo que habían resucitado conceptualmente los géneros y la elocuencia de la Antigüedad con igual éxito e incluso añadiendo algunas invenciones nuevas, procurando además mitificar la agudeza de acción histórica en todos sus planos. Por ello el discurso XXX de los dichos heroicos equiparará a Artajerjes y Julio César con Alfonso V de Aragón, León X y Carlos V. La función política de los dioses y héroes mitológicos se detalla en numerosos ejemplos, incluso en los construidos con un simple juego de palabras o un equívoco [33]. La misma gracia peculiar española en la *Agudeza*, consistente en los juegos de palabras o en los equívocos ingeniosos, sitúa a España en claro paralelo con los modelos clásicos en los discursos XXXII y XXXIII, contribuyendo así al buscado realce de las letras patrias en todos los planos, que llevaba vigente más de un siglo. Gracián fue también consciente, como buen jesuita, de la función política de los mitos, de ahí que recogiera el

---

32 Como señaló Maxime Chevalier, *Quevedo y su tiempo. La agudeza verbal*, Barcelona: Crítica, 1992, pp. 124–130, este recreó también ese viejo esquema de la *Genealogía de la necedad*, en el *Sueño del Infierno* y en *La hora de Todos*, siguiendo a Mal Lara, Juan Costa y Jerónimo de Mondragón. Pérez de Moya lo recreó en «De la descendencia de los modorros», dejando su huella en la *Agudeza* y en la «Genealogía del Vulgacho», *Criticón* II, 5.

33 Manfred Hinz, *Agudeza* (n. 4), p. 88, señala que Gracián sitúa en el mismo plano la agudeza verbal y la agudeza de acción en los capítulos XLV–XLVII de la *Agudeza*, porque ambas se corresponden con un mismo ejercicio en la *chria* retórica. A través de los progimnasmas se alcanzaba así el *inventionis acumen* (p. 94).

ejemplo de Alcides y los pigmeos empleado por un hijo de Lastanosa para representar al rey Felipe IV como domador de herejes que triunfó sobre los pigmeos enemigos [34].

Por otro lado, conviene tener en cuenta que la traducción ocupa al respecto un lugar preeminente, al dar vida en lenguas romances al patrimonio de la clasicidad. De este modo, las versiones que Salinas hace de Marcial tienen, como apuntamos, esa función de continuidad restauradora en la *Agudeza* de 1648, gracias a la cual se pueden actualizar los mitos. Además los ejemplos acarreados de los autores grecolatinos se engastan para ilustrar y enriquecer los versos nuevos, como ocurre con uno de la *Eneida* de Virgilio ingeniosamente utilizado por un jesuita en Lisboa para reanudar un sermón ya comenzado ante la llegada de la reina (p. 605), o con otros ejemplos que demuestran que los dichos de la Antigüedad permanecían vivos. Dicha actualización llegaba incluso a las oposiciones universitarias, según prueba el caso de Martín Bautista de Lanuza, vestido para el acto académico con insignias militares que depuso al iniciar su lección, simbolizando con ello que las armas de Marte dejaban paso a los saberes de Minerva [35]. Entramos así en el vastísimo campo de la agudeza de acción del discurso XXXIV, que, incluye también los dichos y hechos heroicos, adaptados a la *circunstancia especial*, como ocurrió con un equívoco de Felipe II o cuando el emperador Carlos V acomodó, con una palabra, el *Veni, vidi, vici* del César, al felicísimo fin de su jornada en Alemania, diciendo: *Veni, vidi, vicit Deus* (p. 608) [36].

---

34   P. 771. El tema fue recogido por Filóstrato, *Imágenes* (n. 22), p. 20. En dicha edición se recuerda su huella en la pintura de Giulio Romano y más tarde en Goya, aparte los conocidos *Viajes de Gulliver* de Jonathan Swift. Alciato lo popularizó en sus *Emblemas*, simbolizando en él a los que se atreven a más de lo que pueden con sus fuerzas. Véanse los comentarios de Diego López, *Declaración magistral de los emblemas de Alciato* (1655), ed. Duncan Moir, Menston: Scholar Press, 1973 (Continental Emblem Book, 13), pp. 264–265.
35   P. 861. Cuestión aparte sería considerar en Gracián la mencionada tradición evemerista que identificó a los dioses del panteón clásico con los héroes, partiendo del estudio de *El Héroe* graciano. Sobre el tema en general, Don Cameron Allen, *Mysteriously Meant. The Rediscovery of Pagan Symbolism and Allegorical Interpretation in the Renaissance*, Baltimore: Johns Hopkins UP, 1970, pp. 53–60, aunque el jesuita tiene una perspectiva mucho más moderna, que llega a reemplazar en todas sus obras a los dioses con los héroes, y a estos con los sabios (a excepción, claro está, de *El Comulgatorio*).
36   P. 608. A la circunstancia especial dedicamos un capítulo en *Las caras de la prudencia y Baltasar Gracián,* Madrid: Castalia, 2000 (Nueva Biblioteca de Erudición y Crítica, 18). Los ejemplos políticos del uso mitológico son abundantes en la *Agudeza*. Pero Gracián era consciente del proceso de desmitificación operado en su tiempo. Pongo por caso los *Discursos, epístolas y epigramas de Artemidoro* (1605), de Andrés Rey de Artieda, Zaragoza: Angelo Tauanno, ff. 6 ss., que, por cierto, estaban en la biblioteca de Lastanosa, donde se muestran, a propósito del casamiento del duque de Alburquerque, grandes dosis de parodia caballeresca, muy próxima a la del *Quijote*, como apuntamos en otro lugar. Y lo mismo ocurre en la «Justa de Paris», donde aparecen Melisenda y don Gaiferos junto a Venus y Montesinos, así como en el epitalamio del marqués de La Bañeza (ff. 9 ss.) o con el casamiento del marqués de Cuéllar (ff. 24vº ss.). En otra línea cronística, habría que ubicar posteriormente el *Poema trágico de Atalanta e Hipomenes* del gongorino aragonés Juan de

Otro aspecto a considerar en la *Agudeza* es la frecuencia que en ella hay de temas amatorios vinculados frecuentemente a Venus y a Cupido (disc. XXXV)[37]. En este sentido, bien podemos decir que la obra es también una pequeña filografía. El tema suele ir unido a la invención fabulosa que da pie a la ponderación de la belleza, al encarecimiento o a la moralidad[38]. La visión del amor en esta obra merecería consideración más amplia, pero es evidente que Gracián elige dos tipos de ejemplos, en lo profano: el de la exaltación de la amada y el del desengaño amoroso, cruzándose ambos extremos en el ejemplo del emblema de Alciato en el que Eros y Anteros se encuentran en una posada y trocan sus armas, con lo que se invierten las tornas, pues Amor tira sus dardos a los viejos y da muerte a los mozos (p. 615); una prueba más de un desencanto graciano que, como señaló Neumeister, más tarde retomaría Schopenhauer[39]. El jesuita encarece así la renovación de los mitos clásicos buscándoles una nueva moralidad ingeniosa que él añade al sentido tradicional de la fábula antigua, como ya hiciera, según él, Garcilaso con el mito de Leandro y Hero, o Camoens con su recreación del de Cupido y Diana (pp. 616 y 621). El sentido de ficción que Gracián da a las fábulas mitológicas es idéntico al que da a la fábula moralizante, como prueba el mencionado libro de *El Conde Lucanor,* «siempre agradable, aunque siete veces se lea» (p. 621), porque todo depende de cómo se entreteje conceptualmente en la ingeniosa ficción la susodicha filosofía moral[40].

    Moncayo, entre otros muchos poemas laudatorios de la nobleza bajo ropaje mitológico. Usos que venían ya de la poesía garcilasista y que se emplearon hasta el cansancio.

37 A ello debió contribuir no poco la existencia en la biblioteca de Lastanosa de los *Amorum Emblemata* de Otho Vaenius, Amberes, 1608.

38 Es curioso ver cómo los mitógrafos renacentistas contribuyeron al proceso de la desmitificación amorosa ya desde el *Libro intitulado las catorze cuestiones* (Burgos, 1545) del Tostado, quien, al igual que Bembo o Gil Polo, habla de la invención del amor, negando a Cupido existencia real, pues dice «no aver tal dios, mas ser fingimiento que los hombres hicieron para escusacion de sus errores». Tesis que a su modo sostendría también Gracián en *El Criticón.*

39 Para el tema, tan abundante en la *Agudeza,* véase Sebastián Neumeister, «Schopenhauer als Leser Graciáns», en: S. N./Dietrich Briesenmeister (eds.), *El mundo de Gracián*, Berlín: Colloquium, 1991 (Biblioteca Ibero-Americana, 36), pp. 261–277; además Christoph Strosetzki, «Elementos escépticos en Gracián», en: Neumeister: *Antropología y estética* (n. 4), pp. 237–265, y nuestro estudio *Humanidades y dignidad del hombre en Baltasar Gracián,* Salamanca: Universidad de Salamanca, 2001 (Acta Salmanticensia, Estudios filológicos: 282). Los ejemplos seleccionados en la *Agudeza* muestran una clara predilección por la filosofía neoestoica del engaño, aunque tamizados por los ideales cristianos mantenidos por Justo Lipsio. Véase la introducción a Francisco de Quevedo, *Un Heráclito cristiano. Canta sola a Lisi y otros poemas,* eds. Lía Schwartz/Ignacio Arellano, Barcelona: Crítica, 1998 (Biblioteca clásica, 62), pp. XXXIV ss. y, en general, Karl Alfred Blüher, *Séneca en España. Investigaciones sobre la recepción de Séneca en España desde el siglo XIII hasta el siglo XVII*, Madrid: Gredos, 1983 (Biblioteca románica hispánica: 2, Estudios y ensayos, 329).

40 Ya en la edición mencionada de 1575, Argote de Molina lo utiliza como modelo de «la pureza y propiedad de nuestra lengua», aparte de destacar la riqueza de su doctrina y consejos, comparando la obra de don Juan Manuel con la de Sócrates y Platón, y viéndolo como modelo de enseñanza entre maestro y alumno «debaxo de graciosos cuentos y fábu-

El jesuita encarece en especial la agudeza enigmática que se establece en el plano délfico, patente en géneros como el enigma o el problema, que buscan la respuesta resolutiva (discursos XL y XLI), en la línea marcada también por su *Oráculo manual,* donde trató de ser la nueva esfinge, y el octavo filósofo que diera respuesta pronta a cualquier pregunta que le hicieran los lectores[41]. La *Agudeza* rindió así un gran tributo, lo mismo que el *Oráculo* y otras obras del jesuita, a la tradición hermética de la mitología propiciada por el Humanismo, particularmente el neoplatónico, pero sin olvidar la vieja tradición de los *Ovidios moralizados,* que tanto peso tuvieron en las mitografías medievales como muestran, por ejemplo las «cuestiones» del Tostado, bien que matizándola[42].

Otro aspecto curioso es el del uso de la mitología para crear suspense a partir de una expectación que deja pendiente el final del discurso, como ocurre con el soneto de Bartolomé Leonardo elegido por Gracián, que empieza: «Lice es aquella; llega Fausto y mira» (pp. 669–670), en donde el poeta engaña al lector con las ponderaciones de la belleza de Lice y la alusión a Juno, para terminar diciendo que aquella no tiene «un adarme» de juicio, con lo que el lector queda sorprendido por la agudeza. Gracián se explaya así sobre esa «salida impensada»; treta con la que, según dice, jugó también Lope en un soneto-epigrama que supone una cadena de referentes míticos en los que a cada dios le corresponde un símbolo positivo, pero en el que la correlación se invierte en el endecasílabo final: «Amor, el fuego, y Celos, el infierno»[43].

---

las», que luego el propio Baltasar Gracián seguiría, como hemos indicado, en *El Criticón.* Además cabría considerar el catálogo de sentencias y dichos que Argote sacó en esa obra para ver su impronta en el belmontino. En el prólogo a la edición de 1642 de *Arte de ingenio,* se alude a la mezcla de lo dulce con lo provechoso que mostraba don Juan Manuel en sus graciosos cuentos, siguiendo la doctrina de la antigua filosofía moral. A Gracián debió atraerle el discurso sobre la poesía castellana (ff. 127 ss.) en el que Argote habla constantemente de los ingenios castellanos, teniendo *El Conde Lucanor* (f. 131) como modelo de primera respecto al uso de la lengua castellana, razón por la que añade un índice de vocablos antiguos al final del libro. Para Gracián, la fábula solía ir encaminada al logro de una moralidad, incluso cuando se trataba de ilaciones raras e ingeniosas, como la de la sagaz Vulpeja, presente también en *El Discreto* y en *El Criticón,* y que aparece en los discursos XXXVIII y XXXIX de la *Agudeza.*

41 Téngase en cuenta que a esos dos discursos sigue otro de máximas prudenciales y observaciones sublimes (pp. 662 ss.), en el que acarrea ejemplos de Ovidio y Marcial, junto a otros de Jorge Manrique o Pedro Téllez de Girón, Castiglione, Mateo Alemán o Palmireno y Lope, mostrando un mismo fondo común.
42 Véase al respecto José Álvarez Arenas, «*Sobre los dioses de los Gentiles,* de Alonso Tostado Rivera de Madrigal», en: *Archivo español de arte,* 49 (1976), pp. 338–343, quien señala cómo los presupuestos de Madrigal influyeron poderosamente en el Tostado, empeñado en intensificar el valor anagógico del mito; además de Rodríguez de Ceballos, *La visión del mundo clásico en el arte español* (n. 22), pp. 213–214.
43 P. 671. Gracián es consciente de que el efecto sorpresa se logra sobre todo cuando hay ponderación o énfasis de algún tipo, poniendo como ejemplo un soneto de Quevedo sobre Acteón y Diana, donde la muerte se troca al final en vida (p. 672). Después recoge otro ejemplo de dubitación de un soneto de Juan de Arguijo en el que aparecen Teseo y Diana.

Gracián utiliza también ejemplos mitológicos en la agudeza de acción con diversos casos por desempeño en el hecho, mostrando con ellos la proyección que este tipo de ingeniosidad tuvo en la emblemática[44]. Y otro tanto ocurre con la agudeza en apodos, que termina también por convertirse en una especie de dicho en acción donde no falta la parte burlesca, como cuando Quevedo habló de la fénix en estos términos:

> Ave del yermo, que sola
> haces la pájara vida,
> a quien sola libró Dios
> de las malas compañías (p. 691).

El jesuita buscó en numerosas ocasiones, según hemos dicho, la moralidad de los usos mitológicos, como ocurre cuando pondera la agudeza por semejanza en un soneto de Arguijo en el que Tántalo se transforma en modelo del avaro «en sus riquezas pobre»[45]. Ello no significa, sin embargo, que la *Agudeza* destaque únicamente lo moral sobre otros predicamentos, pues Gracián, sin llegar a los dictados modernos de Baltasar de Céspedes y de Vitoria, que dejaron a un lado los presupuestos éticos largamente glosados por mitógrafos de la talla de Cómite, León Hebreo y Landino, consideró prioritarias en su obra las reglas conceptuales del ingenio[46]. El jesuita, tan imbuido de filosofía moral, la pondera constantemente, pero analiza y valora sobre todo la agudeza conceptual, acercándose en buena parte a la línea renovadora del *Teatro de los dioses,* donde las moralidades quedan sobreentendidas. El jesuita aragonés coincidió además con Vitoria no solo en hacer de su obra historia literaria y hasta canon literario, sino en relacionar la historia con el mito[47].

Paso a paso la *Agudeza* va mostrando el gusto puntual por el concepto ingenioso aislado, independiente y libre, denunciando en todos los planos la

---

44 Véase pp. 676–682. Téngase en cuenta que el uso de los emblemas en las mitografías, y viceversa, fue muy amplio. Así lo prueba Sánchez de Viana en sus citadas *Anotaciones* (n. 19), f. 12vº, donde remite a Alciato Conviene recordar también el peso que la emblemática tuvo en mitógrafos como el Padre Vitoria, discípulo del Brocense. Éste, en sus *Comentarios a los emblemas de Alciato* (1573), abundó en su sentido cristiano y moralizador, tratando de conciliar la religión cristiana con las Humanidades, como indica Rodríguez G. de Ceballos, *La visión del mundo clásico en el arte español* (n. 22).

45 P. 700. La suspensión del poema, cuyos elementos aparentemente dispersos solo encuentran sentido al final, la pondera también en el discurso LIV, alabando un epigrama neolatino de su admirado Jaime Falcón, dedicado a Carlos V, en el que éste encarna con sus gestas las glorias de los héroes clásicos (pp. 733 s.). No olvidemos además que Calderón, basándose precisamente en un ejemplo mitológico de Falcón sacado por Gracián en la *Agudeza,* se inspiró a la hora de escribir *La fiera, el rayo y la piedra.*

46 Véase, para el *Discurso de las Letras Humanas* (1600) de Baltasar de Céspedes, y para el padre Vitoria, Rodríguez de Ceballos (n. 22), quien insiste en su alejamiento del método moralizador; Pérez de Moya, *Philosophia secreta* (n. 29), p. 26, por el contrario, fue muy fiel a los presupuestos alegórico-morales, en la línea marcada por Fulgencio.

47 Véase nuestro trabajo «Mitografía e historia literaria en el *Teatro de los dioses*» (n. 3). Sobre el último aspecto, Lía Schwartz, «Gracián y los cánones neolatinos del siglo XVII», en: *Actas* (n. 3), pp. 105–133.

enfadosa cárcel de la metáfora continuada, es decir, de la alegoría que va ligando imágenes a través de un largo trecho, ocasionando fastidio al que lee, sin temer por ello atacar los *Ragguagli* de Boccalini (p. 713)[48]. Independientemente de que *El Criticón* contradijera más tarde todo cuanto sobre este asunto dice el discurso LI de la *Agudeza*, lo cierto es que Gracián prefiere en ella no «estar pensando en un águila, carroza o nave», para discurrir a lo libre como tantos otros ingenios.

Para él, las *Metamorfosis* de Ovidio son equiparables a las epopeyas, las fábulas, las sentencias, las sátiras, los enigmas, los diálogos, los emblemas, los refranes o las alegorías y cuentos. Es decir, las concibe como un fondo susceptible de engendrar agudezas, y son éstas las que verdaderamente le interesan, partiendo de una relación de semejanza que es la que fundamenta la invención fingida y el traslado de lo falso a lo verdadero o verosímil, según los casos (p. 741). De ahí que utilice con el mismo propósito la *Odisea* de Homero o la *Eneida* de Virgilio que el *Teágenes* de Heliodoro o el citado *Guzmán de Alfarache*, pues todos ellos son, para él, ejemplos de «agudeza compuesta fingida especial» y entran, por tanto, en el campo de la verdad ficticia[49]. Al colocar al *Guzmán* a la altura de la épica clásica, Gracián se preparaba para su gran obra, *El Criticón,* cuya Primera Parte aparecería tres años después de la *Agudeza*, llena de elementos mitológicos, aunque recreados a nueva luz, tal y como ya lo había hecho a menor escala en *El Discreto* (1646), donde dio cabida al apólogo, la sátira, la invectiva y otros géneros, sin olvidar la fábula[50]. Esta construye el realce XXIII «Arte para ser dichoso», creando una fábula suya de nuevo cuño, y sintiéndose como un moderno Esopo, capaz de fundir a Ovidio con Apuleyo, Boccalini y Salas Barbadillo, para crear así una nueva invención fabulística.

---

48 La obra de Boccalini y la de Caporali, que tanto influyó en Cervantes, fue básica en el proceso de desmitificación y sátira propiciado por Gracián, como apuntamos en «Góngora y la batalla de las Musas» (n. 1), p. 116. Véase además el discurso LV sobre la agudeza compuesta fingida en común, donde alude al *Guzmán de Alfarache* de Mateo Alemán como ejemplo de alegoría o parábola con fin moral, recogiendo un extenso ejemplo de esa obra sobre el viaje al mundo de Contento ordenado por Júpiter. El caso creo demuestra a las claras cómo Gracián creía en los mitos y apólogos de nueva invención que rehiciesen los antiguos. Operación que él repite en *El Discreto* y más por extenso en *El Criticón*.
49 Como recuerda Jesús María González de Zarate, *Mitología e historia del arte,* Vitoria: Ephialte, 1997, el mito, ya desde la *Odisea* XII, 450, de Homero, equivalía a «contar un relato». Gracián integró todo tipo de metamorfosis en el capítulo de las fábulas, donde convivieron con las narraciones más variadas, incluidos los apólogos. La frase sobre Apuleyo de Gracián muestra una clara conexión con Pérez de Moya (n. 29), autor leídismo por poetas y artistas, como ha señalado Rosa López Torrijos, *La mitología en la pintura española del Siglo de Oro,* Madrid: Cátedra, 1985 (Arte: grandes temas).
50 Para Gracián, todo era, en definitiva, fábula. Sobre esta, Pilar Cuartero, «La fábula en Gracián», y Maxime Chevalier, «Cuentos y chistes tradicionales en la obra de Gracián », en: *Actas*, t. 1, pp. 135–174 y 175–183, respectivamente. Cuartero señala el corpus de colecciones de fábulas grecolatinas, castellanas e italianas que manejó el jesuita para recrearlas libremente en sus obras. Y véase nuestra edición de Baltasar Gracián, *El Discreto,* Madrid: Alianza, 1977 (El libro de bolsillo: Sección literatura: 1833), pp. 340–345.

En el discurso LVI, cuando se centra en la épica en prosa, o en verso, a la que, según el jesuita y los escritores de su tiempo, pertenecían también las *Metamorfosis* de Ovidio y las mitografías de otros autores, reflexiona sobre las transformaciones antiguas en general, deduciendo que eran ya cosa de antaño, pero no porque no fuesen efectivas, sino por la dificultad que implicaba crear novedades en ese campo. De ahí la importancia del aserto para entender su perspectiva respecto al tema:

> Las metamorfosis tuvieron su tiempo y su triunfo, aunque estén hoy tan arrimadas. Todo lo dificultoso es violento, y todo lo violento no dura; así que el no estar hoy en plática, mas es por sobra de dificultad que por falta de artificio y inventiva. Grande humildad y aun flojedad de nuestros modernos darse a traducir, o cuando más parafrasear ajenas y rozadas antiguallas, pudiendo aspirar a inventarlas con ventaja (p. 744).

Como vemos, el jesuita es implacable respecto al mimetismo de su época y la falta de invención en el tratamiento obsoleto de la mitología. Él hace además una curiosa definición de las metamorfosis en la que caben usos nuevos a gusto del autor, y conexiones con otras formas y géneros, como la del jeroglífico, abriendo así el camino a la renovación mítica, toda vez que esta «se funda en la similitud»:

> Consiste su artificio en la semejanza de lo natural con lo moral, explicada por transformación o conversión fingida del sujeto en el término asimilado; de donde es que cualquiera símile se pudiera convertir en metamorfosi (p. 744).

De ahí a la transformación de mito en símbolo y hasta en imagen autónoma sólo había un paso que, sin embargo, tardaría siglos en ser definitivo. Gracián coloca también el *Asno de oro* de Apuleyo como nueva metamorfosis, aunque dice que no se ha entendido su recóndita moralidad, pues «lo relajaron muchos a los cuentos que van heredando los niños de las viejas» (*ibid.*)[51]. El jesuita cree que la compleja trabazón de esa obra, lo mismo que el mito de Apolo y Dafne, combina «lo dulce y entretenido», para dar con su moralidad «al blanco del desengaño»[52]. Además de interpretar el simbolismo de los mitos ovidianos, considera en la *Agudeza* otro tipo de metamorfosis, como las de Apuleyo

---

51 El jesuita se adhiere a la corriente iniciada por su admirado Luis Vives, que, en *De recta Ratione dicendi libri tres*, Lovaina: Rutgeri Rescii, 1533, 320 ss., situaba el apólogo y la fábula milesia en el mismo plano que la verdad fingida con verosimilitud. En la obra de Apuleyo dice Gracián que se describe ingeniosamente la semejanza de un hombre vicioso como una bestia en la que aquel se transforma, aunque luego vuelva a su ser gracias a la sabiduría y al silencio (p. 744). Gracián recogerá en la *Agudeza* los cuatro tipos de fábulas marcadas por Pérez de Moya, *Philosophia secreta* (n. 29), libro I, cap. I: mitológicas, apologéticas, milesias y genealógicas. Moya, sin embargo, zahirió a la fábula milesia, en la que incluye el *Asno de Oro* de Apuleyo y los libros de caballerías, considerándolos «cebos del demonio», *ibid.*, pp. 65–67.

52 P. 745. Así interpreta ese mito ovidiano como el triunfo de la castidad, mientras que el de Mirra lo ve como perpetuo lamento de su «infame torpeza».

y otros autores modernos, analizando su proceso de elaboración[53]. De este modo, el discurso LVI es un breve tratado sobre los mitos y otras formas de crear conceptos, como la de la alegoría, que el jesuita no cree consistan solo en lo principal de la fábula, vista en su conjunto, sino en una circunstancia de la misma[54]. El desdén por las fábulas milesias y por los libros de caballerías en algunos mitógrafos como Sánchez de Viana sería también capital para Gracián, que buscó siempre la verdad o la verosimilitud provechosa[55]. Por todo ello creemos de capital importancia la corriente iniciada por Vives, al situar el apólogo y la fábula milesia en el terreno de la verosimilitud aristotélica. Pues unidos ambos a la fábula mitológica y a la genealógica en la obra de diversos mitógrafos, favorecerían la fusión de géneros en la *Agudeza* y sobre todo en *El Criticón*.

El análisis ulterior de la alegoría, en el que caben desde Platón al *Pastor de Nochebuena* del obispo Juan de Palafox, pasando por Luciano, Dante, Boccalini o la mismísima *Celestina,* muestra que, para Gracián, los mitos y las alegorías andaban de la mano en la moderna ficción narrativa, como si se tratase de un disfraz que luego se podía extender al apólogo y otros géneros incluido el que hoy conocemos como novela picaresca, pues vuelve a citar por extenso el *Guzmán de Alfarache.* Al jesuita le atrajo sin duda, la invención de la fábula de Júpiter y las edades del hombre de Mateo Alemán, que luego él recrearía a su modo y por extenso en *El Criticón*[56]. Por todo ello, el discurso LVI será fundamental para entender la fábrica de esa obra graciana, pues en él también alude a la fábula animal, restaurada a partir de los apólogos antiguos, por don Juan Manuel y por Bartolomé Leonardo de Argensola, entre otros[57].

---

53 Téngase en cuenta que la exégesis mítica andaba de la mano con la tradición esópica, que defendía la narración verosímil trascendida, como muestra ya desde el prólogo Pedro Sánchez de Viana en sus *Anotaciones sobre los quince libros de las Transformaciones de Ovidio, con la mitología de las fábulas y otras cosas* (n. 19).

54 Gracián lo ejemplifica con el caso de Jo para crear con ella una ingeniosa agudeza gráfica (p. 745).

55 Serés, «El enciclopedismo mitológico» (n. 9), pp. 405–406.

56 Sobre ello, nuestro trabajo *Las caras de la prudencia* (n. 36). Por otro lado, el mito, al oponerse al *logos*, comprendía toda suerte de relatos factibles, que englobaban, aparte los relatos de la genealogía de los dioses, las fábulas y argumentos ficticios de todo tipo. Véase Luis Gil, *Transmisión mítica,* Barcelona: Planeta, 1975, pp. 11–14, donde apunta cómo ya los mitos griegos llegaron depurados y reelaborados a Roma, y en ese proceso crítico alcanzaron una evidente desmitificación.

57 En el discurso LVII entrará en la agudeza fingida que conforman los cuentos y apólogos, el chiste o la fábula, siendo de nuevo el cuento de don Illán de don Juan Manuel (tan caro a Borges, lector de Gracián) el que se lleva la palma. También se incluyen los jeroglíficos, los emblemas y empresas, así como las parábolas. Luego, en el LIX dará varios ejemplos sobre los usos de la erudición, sacados algunos de la mitología, y siempre para demostrar la ligazón lógica que debe de haber entre los elementos contrastados de los que surge la moralidad. Pone como ejemplo la traducción de Salinas a un poema de Marcial sobre Venus, Marte y el mirto, que desencadena un juego de palabras en un soneto de Arguijo con el que Gracián ejemplifica los extremos de paridad y disparidad (p. 769). También prueba con el Faetón de un soneto de Góngora la gradación con la que este consigue una agudeza

De este modo, la unión y equiparación de epopeya, alegoría, metamorfosis y apólogo moral en el discurso sobre «La agudeza compuesta fingida en especial», sería básica a la hora de configurar *El Criticón* como una manera moderna de dar vida a las formas clásicas. El mito se integraba así en la alegoría para formar parte de la invención.

Gracián afirma el uso del mundo animal e inanimado para entender la realidad humana, estableciendo todo tipo de paralelismos entre ambos extremos dentro del tratamiento fisiológico tradicional aplicado al mito. *El Discreto* recogió diversos ejemplos de este tipo de agudezas por apólogo, alegoría o fábula, pero sería en *El Criticón* donde haría una mezcla de estos y otros géneros y subgéneros, incluido el de las metamorfosis, para integrarlos en una fábula alegórica propia que explicara la vida del hombre en el mundo. Consecuente con estos presupuestos, Gracián partirá en su obra mayor de los mitos, pero los usará a su albedrío, incluso transformándolos, y nunca mejor dicho, como nuevo mitógrafo, o creándolos *ex novo* con la invención de Artemia, Sofisbella y otros muchos personajes en los que la alegoría contribuyó a la creación de lo que bien podríamos llamar mitos modernos[58]. En *El Criticón* se haría así realidad un concepto finamente trabado en el segundo realce de *El Discreto*, donde Gracián expresó que el arte no era milagro de los dioses, sino industria con la que la naturaleza mejora y progresa:

> Es la humana naturaleza aquella que fingió Hesíodo, Pandora. No la dio Palas la sabiduría, ni Venus la hermosura, tampoco Mercurio la elocuencia, y menos Marte el valor; pero sí el arte, con la cuidadosa industria, cada día la van adelantando con una y otra perfección.

El empleo de la erudición nunca fue estanco para Gracián. Del teatro de la memoria, los mitos, como otros bocados de sabiduría, le sirvieron para la invención de nuevos discursos, mezclándose de este modo, lo antiguo con lo moderno y lo sacro con lo profano, adaptando la materia a las circunstancias y a los receptores[59]. El principio de variedad haría además que todos los géneros

---

ejemplar (p. 767), apuntando otro de Ícaro como ejemplo *a contrario* de lo que no se debe imitar, según su moralidad (p. 769). Gracián seguirá además la huella *ekphrástica* de la *Iconología* (1592), Madrid: Akal, 1987, de Cesare Ripa, así como la de los emblemas morales como los de Sebastián de Covarrubias y Juan de Orozco.

58 Schwartz, «Gracián y los cánones» (n. 47), pp. 127 s., establece el canon graciano con abundantes citas de las *Metamorfosis* de Ovidio en la *Agudeza*, y recuerda que éstas eran texto obligado en los cursos de gramática de los colegios de la Compañía de Jesús. Para otros mitos en la obra que nos ocupa, véase el trabajo de la misma autora, «De la erudición noticiosa. El mito de Acteón en la poesía áurea», en: *Actas del X Congreso de la AIH*, ed. Antonio Vilanova, Barcelona: Universidad de Barcelona, 1992, pp. 551–561.

59 P. 763. Cuestión aparte de los cuarenta ejemplos tomados de la *Heroyda Ovidiana* del padre Matienzo en la *Agudeza* de 1648, según ha demostrado Alberto Blecua, «Sebastián de Alvarado y Alvear, el Padre Matienzo y Baltasar Gracián», en: *Estudios de filología y retórica en homenaje a Luisa López Grigera,* Bilbao: Universidad de Deusto, 2000 (Serie letras), pp. 77–127. La *Heroyda* publicada en Bordeaux, *A costa de Bartolomé París, Librero de Pamplona,* 1628, llevaba ya en su título «morales reparos» que en Gracián pasan a ser conceptos agudos. Por nuestra parte, queremos añadir que dicha obra estaba en la

se integraran para ponerse al servicio de nuevas agudezas conceptuales. Para el jesuita, «lo material de las palabras y lo formal de los pensamientos» (p. 772) son indispensables a la hora de conformar un estilo perfecto; de ahí que el mito, como cualquier otra materia, debiera integrarse en esa fusión. Su obra, en este y otros sentidos, presenta una clara continuidad con el *Teatro de los dioses* del Padre Vitoria, pues este hizo todo lo que hoy definiríamos como análisis formal y literario del mito, aunque el jesuita aragonés lo situara en el plano de la agudeza conceptual y no solo de la materia tratada. Uno y otro fundieron los autores clásicos con los modernos, y en clara coincidencia de ejemplos en algunos casos.

En su teoría de los estilos Gracián expuso, al final de la *Agudeza* su idea de la variedad, pero sujetándola a un fin censor y moral concreto, de modo que la narración (y esto vale para los mitos) es «como el canto llano, sobre el que se echa después el agradable artificioso contrapunto» (p. 779). No lo hubiera dicho mejor Lope de Vega[60]. De todo ello no debe desprenderse, sin embargo, un panegírico absoluto a la dificultad o a la oscuridad en la *Agudeza*, pues su alabanza del soneto de Garcilaso «Hermosas ninfas que en el río metidas» (p. 789) ensalza precisamente «la elocuencia natural», pues, paradójicamente, para el jesuita, «la verdadera arte ha de ser huir del arte y afectación»[61]. La alabanza de la «lisura» del estilo del toledano bien merece ser valorada, pues aunque el jesuita aragonés no la practique, es evidente que admiraba ese lenguaje poético que parecía brotar por vez primera de un manantial nuevo, aunque sus aguas procedieran de fuentes antiguas.

Al establecer las cuatro causas de la agudeza: *ingenio, materia, ejemplar* y *arte,* el jesuita relega los mitos a la segunda, o sea, a la materia, entendida como un inmenso corpus mnemotécnico en el que elegir y sobre el que discurrir, buscando una ejemplaridad que debía partir de la coyunda entre *Arte* e *Ingenio*, sin la cual es imposible generar conceptos. La superación del

---

biblioteca de Lastanosa; cf. Selig (n. 7), nº 446: *Heroyda Ovidiana de Sebastián de Albarado Burdeos año 1628 en 4º*. También se encontraba en el Colegio de los jesuitas de Huesca, como se ve por el catálogo publicado por José Enrique Laplana, «Noticias y documentos», en: *Voz y letra* (n. 10), donde aparece a nombre de Sebastián de Alvarado y de Alvear.

60 «Usar lugares comunes, como engaños de Ulises, salamandra, Circe y otros, ¿por qué ha de ser prohibido?, pues ya son como adagios y términos comunes, y el canto llano sobre que se funden varios conceptos». Son palabras de Lope a don Juan de Arguijo que recogimos en nuestro estudio *De la mano de Artemia. Estudios sobre literatura emblemática, mnemotécnica y arte en el siglo de oro*, Palma de Mallorca: Olañeda et al., 2004 (Medio Maravedí: Estudios, 13), p. 196.

61 También en el discurso LXII elogia a Mateo Alemán por su estilo natural, «como el pan que nunca enfada». Carlos Vaíllo, «El *Teatro de los dioses de la gentilidad* de fray Baltasar de Vitoria y la poesía española del Siglo de Oro», en: *Vestigia fabularum. La mitologia antita a les literatures catalana i castellana entre l'Etat Mitjana i la Moderna*, ed. Roger Friedlein, Barcelona: Publicacions de l'Abadia de Monserrat, 2004 (Textos i estudis de cultura catalana, 98), pp. 161–176, destacó las alabanzas de Vitoria al ingenio de Garcilaso, Lupercio Leonardo y Lope.

alegorismo en la *Agudeza* no fue absoluta, pues el método moral aplicado a la interpretación de los mitos y los símbolos, tuvo, como vemos, una clara presencia en la obra[62]. Pero la original aplicación de la mitología al arte del concepto permitió al jesuita correr por cuenta propia y avanzar en un terreno que le abriría luego el camino hacia *El Criticón,* donde edificó, sobre los cimientos clásicos, una alegoría de nuevo cuño que venía plagada de elementos satíricos. Esta le posibilitó la creación de una nueva mitología, en la que los vestigios de los dioses y héroes antiguos convivían con alegorías de nueva invención que en realidad encarnaban los mitos contemporáneos. De ese modo, la inmensa corte de sus personajes alegóricos se añadió al panteón antiguo conformando un repertorio de pseudodeidades modernas, que servían para dar una nueva visión del hombre y del mundo. Gracián, como Rabelais en el prólogo a su *Gargantua,* ironizó en la *Agudeza* sobre el uso de la alegoría, pero construyó con ella su obra mayor. Para entonces, las fábulas de los dioses antiguos, claramente deslindadas de la verdad histórica y concebidas como parte de la ficción poética o literaria, ya solo serían para él lugares comunes[63]. Ellas, como el resto de los saberes y disciplinas, le servirían únicamente de instrumentos a la hora de erigir la gran epopeya moderna que pretendía ser *El Criticón,* donde el panteón clásico de los dioses y de los héroes se sometería a un amplio proceso satírico y desmitificador en el careo con el presente[64].

En el espíritu analítico de la *Agudeza* Gracián parece adelantarse a los presupuestos de Northrop Frye en su *Anatomy of Criticism* (Princeton, 1957), al descubrir en el mito los principios estructurales de la literatura, solo que poniéndolos al servicio de la historia del concepto. Con esta se demostraba además que la suma de *mito* y *logos* era tan plausible como la paradójica unión del *arte* con el *ingenio*[65]. En la *Agudeza* culmina una larga historia mitográfica y mitológica que tuvo en las letras del Barroco su máximo exponente, y se inició otra más moderna en la que los mitos pasaron a ser un patrimonio conceptual que permitía construir símbolos autónomos. Baltasar Gracián fue a la vez fiscal, juez, notario y hasta reo de ese largo proceso, levantando acta del

---

62 Para la tradición alegórica del mito y su fusión con el significado moral, véase R. Links, *Myth and allegory in ancient art,* Londres: Warburg Institute, 1939 (Studies of the Warburg Institute, 6), y en particular Lester K. Born, «Ovid and Allegory», en: *Speculum* 8 (1934), pp. 362–379.
63 Sobre la verdad histórica y la ficticia en Gracián, en relación con Zurita y Cervantes, *Las caras de la prudencia* (n. 36), pp. 239–241.
64 Véase la introducción de Schwartz a Francisco de Quevedo, *Un Heráclito cristiano* (n. 34). Sobre la desmitificación en esa obra graciana, a la luz de la tradición marcada por *La asamblea de los dioses* de Luciano, véase el capítulo IV dedicado a Momo en nuestro estudio *Las caras de la prudencia* (n. 36). Emanuele Tesauro, en *Il cannocchiale aristotelico,* Madrid, 1741, traducido por Miguel de Sequeiros, planteó también el valor de la alegoría como la mejor imagen ingeniosa a la hora de popularizar verdades abstractas y hacerlas asequibles a cualquier lector.
65 Siempre, claro está, que el juicio dominase en la operación. Pérez de Moya, *Philosophia secreta* (n. 29), p. 70, ya anotaba, a propósito del sentido tropológico del mito, la unión de conversión y palabra o razón para «informar el ánima a buenas costumbres».

mismo en un *Arte* nuevo con el que aspiraba a dar cuenta de la totalidad de los conceptos. En él parece cumplirse el principio asentado por Roberto Calasso cuando afirma que, finalizada la liturgia de los mitos, «todo acabó en historia de la literatura»[66]. Pero en el siglo XVII, como demostró la *Agudeza y arte de ingenio*, ésta no podía ni debía prescindir de su armazón conceptual[67].

---

66 Roberto Calasso, *La literatura y los dioses*, Barcelona: Anagrama, 2001, p. 11. Gracián parece aplicarse al estudio de los mitos desde una perspectiva muy actual, utilizándolos como forma interpretativa. Sobre el tema en géneral, William Righter, *Myth and Literature*, London/Boston: Routledge & Kegan Paul, 1975 (Concepts of literature), pp. 45 ss.
67 Así lo expusimos en «Voces y cosas. Claves para la poesía del Siglo de Oro», en: *Prosa y poesía. Homenaje a Gonzalo Sobejano*, eds. Jean-François Botrel et al., Madrid: Gredos, 2001, pp. 105–121, y en «La invención del Barroco literario», en: *De la mano de Artemia* (n. 60), pp. 195–204. Este trabajo se inserta en el Proyecto *Edi-Gracián* BFF 2003–06314 del Ministerio de Educación y Ciencia.

PARODIEN UND PROFANATIONEN

Piero di Cosimo, *Death of Procris* (1510), London: National Gallery

Stephan Leopold

Der Tod der Daphne als Garcilasos poetisches Gründungsopfer. Frühneuzeitliche Kulturübertragung zwischen *fanum* und *profanum*

> Cenantibus autem eis accepit Iesus panem et benedixit ac fregit / deditque discipulis suis et ait / accipite et comedite hoc est corpus meum.
>
> *Evangelium secundum Matthaeum* 26, 26

1. Ein ambivalentes Hochzeitsgeschenk

Die Vermählung des spanischen Königs Karl I. mit Isabella von Portugal im Jahre 1526 ist ein in mehrerlei Hinsicht symbolträchtiges Ereignis: Der Austragungsort der Feierlichkeiten — die Alhambra zu Granada — bekräftigt die 1492 ebendort vollzogene Einigung Spaniens, und in der Brautwahl drückt sich ein Hegemonialgedanke aus, der die spanische Integration gesamtiberisch perspektiviert[1]. Dass die politisch bedeutsame Eheschließung zudem weit über die iberische Halbinsel hinausweist, hat seine Ursache darin, dass Karl seit 1520 auch Kaiser des Sacrum Imperium ist[2]. So wird in Granada nicht nur das spanische *corpus politicum* performativ bestätigt, sondern zugleich die *translatio imperii* ausgestellt, der zufolge Spanien Rom beerbt[3]. Unter den Hochzeitsgästen befindet sich daher auch eine italienische Gesandtschaft, die dem Kaiser ihre Aufwartung macht. Die Gesandten sind jedoch nicht allein

---

1 Die Trauung findet am 10. März in Sevilla statt. Daraufhin begibt sich die Hochzeitsgesellschaft nach Granada, wo auf der Alhambra mehrtägige Feierlichkeiten stattfinden. Aus der Ehe mit Isabella geht der spätere spanische König Philipp II. hervor, der ab 1581 auch die portugiesische Krone tragen wird.
2 Karl wird 1519 gewählt und am 24. Oktober 1520 im Münster zu Aachen mit der achteckigen Plattenkrone Karls des Großen gekrönt.
3 Der für das mittelalterliche Reichsverständnis zentrale Translationsgedanke fußt auf *Daniel* 2, 21: «[Dominus] mutat tempora et aetates / transfert regna atque constituit […]». Er geht von einer Übertragung des Römischen Reichs auf andere Länder — wie etwa Frankreich, Deutschland oder eben Spanien — aus und ist in letzter Instanz eine Legitimationsfigur, die historische Kontingenz in Kontinuität überführt. Vgl. hierzu einlässlich Ulrike Krämer, «*Translatio imperii et studii*». *Zum Geschichts- und Kulturverständnis in der französischen Literatur des Mittelalters und der Frühen Neuzeit*, Bonn: Romanistischer Verlag, 1996, S. 8 ff.

deshalb gekommen, um sich in Unterwerfung zu üben. Einer der spanischen Gäste weiß folgendes zu berichten:

> Porque estando un día en Granada con el Navagero, [...] tratando con él en cosas de ingenio y de letras [...] me dixo por qué no provava en lengua castellana sonetos y otras artes de trobas usados por los buenos authores de Italia. Y no solamente me lo dixo así livianamente, más aun me rogó que lo hiciesese[4].

Es ergeht von Seiten des venezianischen Gesandten Andrea Navagero also ein nachdrücklicher Dichtungsauftrag, den der Angesprochene — es handelt sich dabei um Juan Boscán — durchaus ernst nimmt; denn er muss erkennen, «que este verso que usan los castellanos [...] no hay quien sepa de dónde tuvo principio» (S. 119). Der spanischen Dichtung ermangelt es also an Geburtsrecht und damit an Legitimität. Die italienische Dichtung hat hingegen ihren Gründungsvater in Petrarca, «[quien] fue el primero que en aquella provincia [sc. Italia] le acabó de poner en su punto [sc. al comienço de la poesía vernacular], y en éste se ha quedado y quedará [...] para siempre» (ebd.). Das ist eine harte Einsicht, zumal auf einem Festakt, der ja nicht zuletzt dazu dient, die spanische Vorherrschaft in Europa zu demonstrieren.

Auf italienischer Seite wird Navageros Mission als großer Erfolg gedeutet, und Pietro Bembo, der *spiritus rector* des italienischen Petrarkismus, beglückwünscht den Gesandten postwendend zu einer patriotischen Leistung, die nicht nur die Lagunenstadt, sondern gleich die ganze Welt betrifft:

> Rallegromi con voi del bello e singolar nome che avete con la patria nostra in cotesta prima legazion vostra, la quale in tanto è lodata da ogniuno, ch io non basto a dirlo. Perge, insta, perfice ut coepisti. Il che se fia, come spero e mi confido nella vostra prudenza che sarà, rendetevi sicuro che la patria vi se ne dimostrarà grata, e voi sarete, da lei e dal mondo, tenuto non dico grande e illustre cittadin di lei, ma senza pari[5].

Boscáns Darlegung scheint also durchaus den historischen Tatsachen zu entsprechen. Auch lässt sich Bembos Postscriptum «e a M. Baldassar Castiglione siate contento raccomandarmi» (ebd.) in Hinblick auf die betriebene Kulturpolitik verstehen[6]. Der ebenfalls in Granada weilende päpstliche Nuntius wird nämlich seinen *Cortegiano* 1527 in Spanien abschließen, und es ist sicher kein Zufall, wenn es wiederum Boscán ist, der sich der Übersetzung dieses für die kulturelle Selbstkonstitution Italiens zentralen Werks annimmt[7]. Dass diese

---

4   Juan Boscán, «A la duquesa de Soma», in: *Obra completa* (1543), hrsg. v. C. Clavería, Madrid: Cátedra, 1999, S. 115–120, hier S. 118.
5   «A M. Andrea Navaiero [*sic*] Oratore in Ispagna. A' VII d'Abrile MDXXVI», in: Pietro Bembo, *Lettere*, hrsg. v. E. Travi, Bd. 2 (1508–1528), Bologna: Caducci, 1990, S. 352.
6   Den ökonomischen Aspekt sollte man hier nicht gering schätzen, schließlich bedeutet der erfolgreiche Export des italienischen Kulturmodells für die Druckereimetropole Venedig keinen geringen Umsatzzuwachs und erweist sich somit in der Tat als eine patriotische Leistung.
7   Vgl. hierzu Anne J. Cruz, *Imitación y transformación. El petrarquismo en la poesía de Boscán y Garcilaso de la Vega*, Amsterdam/Philadelphia: Benjamins, 1988, S. 48 f.

weitreichende Übernahme italienischer Kultur gerade bei der Granadiner Hochzeit ihren Ursprung nimmt und damit eng an die Präsenz des Kaisers gebunden ist, wird man in diesem Zusammenhang nicht unberücksichtigt lassen dürfen. Von Belang ist hierbei vorrangig das Missverhältnis von einem starken *corpus politicum* und jenem von Boscán konstatierten literarischen Bastardentum, das dem zu imperialer Größe erwachsenen Spanien den Makel kultureller Illegitimität einträgt. Wie symbolhaft dieser Makel ist, zeigt ein Blick auf die politische Theologie der Epoche, die den Herrscher nach Maßgabe der Zwei-Körper-Lehre sakralisiert und der zufolge Karl bei der Krönung in Aachen sein sterbliches *corpus naturale* mit dem überzeitlichen *corpus mysticum* des Heiligen Imperiums verbunden hat[8]. Geht nun dieses Zwei-Körper-Modell in der Person des Kaisers rückstandslos auf, so zielt Navageros Argument auf das kulturelle *corpus naturale* Spaniens, das sich eben gerade nicht auf der Höhe des *corpus mysticum* befinde und sich nur über eine Verbindung mit dem italienischen Kulturkörper — dem semiotischen *corpus Petrarchae* — legitimieren könne. Mit der bereits vollzogenen *translatio imperii* geht mithin ein Akkulturierungsauftrag einher, der in die entgegengesetzte Richtung weist und auf die Unterwerfung unter ein transzendental gedachtes Dichtungsmodell zielt, dessen unhintergehbarer Garant Petrarca ist.

Mag diese Sakralisierung von Kultur dem postmodernen Denken auch in weite Ferne gerückt sein, so ist sie nichtsdestoweniger die zentrale Legitimationsfigur des frühneuzeitlichen Italien, das im Gegensatz zu Spanien über kein intaktes *corpus politicum* verfügt und zu nicht unbeträchtlichem Teil unter Fremdherrschaft steht[9]. Machiavellis um 1515 entstandene Schrift *Il Principe*, die ja nicht zuletzt auf den performativen Gewinn eines *corpus politicum* abzielt, kann in Italien keine Umsetzung finden[10]. Vor diesem Hintergrund hat man die sprach- und kulturpolitischen Einigungsbestrebungen zu deuten, deren unbestrittener Champion Pietro Bembo ist und deren zentraler

---

8   Vgl. hierzu grundlegend Ernst H. Kantorowicz *The King's Two Bodies. A Study in Mediaeval Political Theology*, Princeton (N. J.): Princeton UP, 1957. Für den spanischen Kontext siehe Jing Xuan, *Der König im Kontext. Subversion, Dialogizität und Ambivalenz im weltlichen Theater Calderón de la Barcas*, Heidelberg: Winter, 2004, S. 27 f.

9   Aufgrund ihrer Vasallenschaft gegenüber dem Reich erkennt der französische Staatstheoretiker Jean Bodin daher auch eine Souveränität der italienischen Herzöge nicht an. Vgl. *Les six livres de la République de Jean Bodin Angevin* (1583), Aalen: Scientia, 1961, I, 10 («Des vrayes marques de souveraineté»), S. 213 f.

10 Gleichwohl macht Machiavelli kein Hehl daraus, dass eben dies die Appellfunktion seines Textes ist. Man denke hier an die «Exhortatio ad capessendam Italiam in libertatemque a barbaris vindicandam» (Kap. 26), mit der der Text schließt: «Considerato, adunque, tutte le cose di sopra discorse, e pensando meco medesimo se, al presente, in Italia correvano tempi da onorare uno nuovo principe, e se ci era materia che dessi occasione a uno prudente e virtuoso di introdurvi forma che facessi onore a lui e bene alla università degli uomini di quella; mi pare concorrino tante cose in benefizio di un principe nuovo, che io non so qual mai tempo fussi piú atto a questo». Vgl. Niccolò Machiavelli, *Il Principe / Der Fürst* (1532), hrsg. v. Philipp Rippel, Stuttgart: Reclam, 1986, S. 198. Zum Entstehungsdatum siehe das «Nachwort», S. 225.

Fluchtpunkt Petrarca und der *Canzoniere* sind[11]. Bereits 1501 hat Bembo eine kritische Ausgabe des *Canzoniere* vorgelegt, und seine 1525 — also im Jahr vor der Granadiner Hochzeit — erschienene *Prose della volgar lingua* etablieren Petrarcas *Canzoniere* endgültig als verbindliches Sprach- und Dichtungsmodell. Wie sehr der vatikanische Beamte und spätere Kurienkardinal hierzu immer auch auf eine Sakralisierung des *corpus Petrarchae* setzt, mag ein Blick auf das 79. Sonett seiner *Rime* belegen:

1   Tosto ch 'l dolce sguardo Amor m'impetra,
2   forse perch'io più volentier sospiri,
3   parmel indi veder, che l'arco tiri
4   e spenda tutta in me la sua faretra.
5   Ma se Madonna mai tanto si spetra,
6   che tinta di pietà ver me si giri,
7   signor mio caro, alor, pur ch'io la miri,
8   fa me d'uom vivo una gelata pietra[12].

Zunächst hat man es hier mit einer typisch petrarkistischen Liebessituation zu tun, bei der das von Amor in Ablehnung versteinerte Antlitz der Dame das Initium der topischen Liebespfeile darstellt. Im zweiten Quartett wendet sich der Sprecher jedoch direkt an Amor und äußert eine sonderbare Bitte; denn für den Fall, dass sich die Dame je ‹entsteinern› und ihm mitleidsvoll zuwenden sollte, wünscht er sich, nun seinerseits in einen eisigen Stein verwandelt zu werden, um sie so besser betrachten zu können. Diese doppelte Versteinerung ist allerdings nicht das einzig Ungewöhnliche an dem Sonett. So stellt nämlich bereits das erste, deutlich an die *rime petrose* der Petrarkischen ‹Metamorphosenkanzone› (*Canzoniere* Nr. 23) gemahnende Reimwort «impetra»₁ eine onomastische Perspektivierung auf Petrarca dar, und das gesamte Reimparadigma auf -*etra* ist Echo dieses ersten Namensteils. Der zweite Namensteil — *arca* — wird dann bezeichnenderweise durch den Bogen Amors — «arco»₃ — angespielt, der in der religiös gefärbten Apostrophe «signor mio caro»₇ als anagrammatische Variation wiederkehrt, wodurch sich für das erste Quartett das Bild einer Liebesdurchbohrung im Sinne der mystischen Transverberation ergibt[13]. Dem *sensus litteralis* wird auf diese Weise ein poetologischer

---

11   Zum Verhältnis von politischer Theologie und kultureller Selbstformung siehe allgemein Albrecht Koschorke, «Macht und Fiktion», in: Thomas Frank u. a. (Hrsg.), *Des Kaisers neue Kleider. Über das Imaginäre politischer Herrschaft*, Frankfurt a. M.: Fischer, 2002, S. 73–84.
12   Pietro Bembo, *Prose e Rime*, hrsg. v. C. Dionisotti, Turin: Classici italiani, 1978.
13   Der Begriff ist hier insofern anachronistisch, als er sich erst in Bezug auf die wohl bekannteste Episode aus dem Leben der heiligen Theresa von Ávila eingebürgert hat, die ja auch Gegenstand der berühmten Statue von Bernini ist. Vgl. hierzu Bernhard Teuber, *Sacrificium litterae. Allegorische Rede und mystische Erfahrung in der Dichtung des heiligen Johannes vom Kreuz*, München: Fink, 2003, S. 486. Die Liebesvereinigung mit der Gottheit, wie sie im Hohelied bereits vorfindlich ist, gehört jedoch zu den zentralen Motiven mystischer Dichtung. Dies wird umso sinnfälliger, wenn man die zeitgenössische Praxis der Spiritualisierung des petrarkischen *Canzoniere* mit einbezieht. Vgl. hierzu Marc Föcking, »Gabriel

Zweitsinn eingeschrieben, und die gattungsmäßige Referenz der denotativ aufgerufenen «Madonna»₅ überschrieben durch den konnotativ aufscheinenden Gründungsvater Petrarca, der als mystisch überformter Liebesgott die Petrifikation bewirken soll. Letzteres unterstreicht Bembo, wenn er in Sonettmitte jene poetologisch gewichtige Stelle der ‹Metamorphosenkanzone› — «facendomi d'uom vivo un lauro verde»₃₉ — zitiert, in der Lauras strafender Blick den Dichter in Lorbeer verwandelt[14]. Indem der «lauro verde»₃₉ durch eine «gelata pietra»₈ ersetzt wird, ist aber nicht nur Petrarca als der eigentliche Verwandler benannt, sondern auch der Vorname des Verwandelten — Pietro — in feminisierter Form angespielt. Die *rime petrose* auf *-etra* ahmen lautlich diese Metamorphose nach, und so wie aus dem lateinischen ‹Felsen› — *petra* — ein italienischer ‹Stein› — *pietra* — wird, soll aus dem transzendenten Petrarca das poetische *corpus mysticum* des Pietro hervorgehen. Der solchermaßen abgesicherte Vorname erweist sich aber auch in anderer Hinsicht als höchst bedeutungsvoll, insofern nämlich, als dieser auf den Stellvertreter Christi und Gründungsvater der römischen Kurie verweist, zu dem Jesus sagt: «et ego dico tibi quia tu es Petrus / et super hanc petram aedificabo ecclesiam meam [...]»[15]. Spielt nun Bembo diesen Stiftungsauftrag als onomastische Metamorphose durch, so gibt er damit zugleich zu verstehen, dass sich die künftige Kulturgemeinde auf eben jene «gelata pietra»₅ zu stützen habe, wie sie der vom Gründerwort durchdrungene päpstliche Funktionsträger in seiner Dichtung hervorbringt.

Wie man sieht, verbindet Bembo in seinem 79. Sonett poetologische Reflexion und Theologie zu einer dichten Figur onomastischer Selbstlegitimation. Er bedient sich damit eines ‹theopoetischen› Verfahrens, das Bernhard Teuber zufolge in der Übertragung des spezifisch christlichen Imaginariums — hier der Stiftungsauftrag Jesu und die *unio mystica* — auf ein profanes Medium — die weltliche Liebesdichtung — besteht. Geht Teuber dabei von einer Analogie zu den drei *officia oratoris* aus, so wären die *unio mystica* und der Stiftungsauftrag zunächst wohl auf der Ebene der *inventio* zu suchen, da sie in der Tat topische Versatzstücke des christlichen Motivarsenals darstellen, die das Gedicht neu kontextualisiert. Die radikale *conversio* durch die mystische Transverberation schlägt sich aber auch auf der Ebene der *dispositio* nieder: Zum einen imitiert das Reimparadigma auf *-etra* die Anverwandlung Bembos an Petrarca, zum anderen soll diese onomastische Metamorphose den Stiftungsauftrag legitimieren. Auf der Ebene der *elocutio* kommt die Theopoetik schließlich in der auf die Doppelnatur Christi bezogenen Figur der *Inconfusio indivisa*, dem ‹unvermischten Ungeteiltsein› zum Tragen, wenn der

---

Fiammas *Rime spirituali* und die Abschaffung des Petrarkismus«, in: Klaus W. Hempfer/ Gerhard Regn (Hrsg.), *Der petrarkistische Diskurs: Spielräume und Grenzen*, Stuttgart: Steiner, 1993, S. 225–254.
14   Der Petrarkische *Canzoniere* wird durchweg zitiert nach der Ausgabe von Marco Santagata, Mailand: Montadori, 1996.
15   *Evangelium secundum Matthaeum* 16, 18.

«signor mio caro»⁷ sowohl der Amor des *sensus litteralis* als auch der transzendente Petrarca des theopoetischen *sensus allegoricus* ist[16]. Will man noch einen Schritt weiter gehen, könnte man Bembos theopoetisches Verfahren als eine Mimikry am *sensus anagogicus* bezeichnen, die den heilsgeschichtlich bedeutsamen Terminus der *petra* auf die Stiftung der Kulturgemeinschaft umlegt und auf diese Weise *profanum* performativ in *fanum* übersetzt. Der *sensus anagogicus* dient damit in letzter Instanz zur Bekräftigung einer kollektiven Sinndimension, für die der Petrarkismus als wesentlicher Teil des diskursiven Überbaus einzustehen hat[17]. Für Bembo, der ja Träger dieser Sinndimension sein will, bedeutet dies dann freilich auch, dass er seinen Namen und seine legislatorische Funktion als *pontifex litterarum* der imaginären Identifikation mit Petrarca verdankt, der das eigentliche Initiationsmoment der *Rime* darstellt und diese legitimiert.

Wie man weiß, ist Bembos Konsolidierungsgeste großer Erfolg beschieden, und Ernst Robert Curtius spricht nicht ganz zu Unrecht von einer ‹Pest des Petrarkismus›, die das Italien des Cinquecento heimsucht[18]. Wenn die Krankheitsmetapher das Phänomen dennoch nur unzureichend beschreibt, so liegt das daran, dass die ‹Pest des Petrarkismus› zugleich das *remedium* einer anderen Krankheit ist: Indem sich im italienischen Petrarkismus politische Theologie und christlicher Stiftungsauftrag überlagern, entsteht ein Raum *inter fanum et profanum*, der Italien auf kultureller Ebene mit jener Einheit versieht, deren es auf politischer Ebene ermangelt, und der damit kompensatorisch für die ausgebliebene *renovatio Romae* aufkommt[19]. Für den Dichtungsauftrag von Granada ergeben sich hieraus folgende Perspektiven: Zum einen kann man ihn als eine Interpellation im Sinne Louis Althussers lesen — als eine Anrufung also, die, über die christliche *conversio* modelliert, ein freiwilliges *assujettissement* unter das ideale *sujet* Petrarca fordert, zugleich aber

---

16 Vgl. hierzu Bernhard Teuber, «Die Evidenz des blutigen Leibes und das christliche Imaginarium in *La fuerza de la sangre*. Plädoyer für die theopoetische Lektüre einer cervantinischen Novelle», in: Hanno Ehrlicher/Gerhard Poppenberg (Hrsg.), *Cervantes' «Novelas ejemplares» im Streitfeld der Interpretationen*, Berlin: Edition tranvía, 2006, S. 68–106, hier S. 76 ff.
17 Eine dahingehende Ausdeutung des vierfachen Schriftsinns findet sich bei Frederic Jameson, *The Political Unconscious. Narrative as a Socially Symbolical Act* (1981), London/New York: Routledge, 1983, S. 16.
18 Ernst Robert Curtius, *Europäische Literatur und lateinisches Mittelalter* (1948), Tübingen/Basel: Francke, 1993, S. 232.
19 Das Verhältnis von verlorenem Imperium und einer an Petrarca und Boccaccio orientierten Kultur präzisiert Bembos Schüler Sperone Speroni in seinem *Dialogo delle lingue* (1542) Dort lässt er seinen Meister ausrufen: «Oh egli sarebbe meglio che si ragionasse latino: non lo nego. ma meglio sarebbe ancora che i barbari mai non avessero presa nè distrutta l'Italia; e che l'imperio di Roma fosse durato in eterno. Dunque sendo altramente, che si dee fare? vogliam morir di dolore? restar mutoli? e non parlar mai, fin che torni a rinacere Cicerone e Virgilio? [...] [V]edete le cose Latine del Petrarca e del Boccaccio, ed agguagliatele alle loro volgari: di quelle niuna peggiore, di queste niuna migliore giudicarete». Vgl. *Opere di M. Sperone Speroni degli Alvarotti tratte da' Mss. originali* (1740), hrsg. v. H. Harth, München: Fink, 1975, Bd. 1, S. 176 f.

auch die Annerkennung als Petrarkist und damit die Eingliederung in die Kulturgemeinschaft der italienischen *rinascita* mit sich bringt[20]. Zum anderen kann man in ihm eine Entfremdung sehen, die das starke *corpus politicum* von seinem kulturellen *corpus naturale* dissoziiert und so dem frühneuzeitlichen Spanien die Signatur unüberwindlicher Supplementarität gegenüber Italien einprägt[21]. Schließlich stellt der Petrarkismus aber auch eine Ermöglichungsstruktur dar, die es den spanischen Dichtern gestattet, die eigene voraufgegangene Tradition abzulehnen und so einen neuen kulturellen Raum zu eröffnen, in dem sie selbst zu Gründungsvätern werden können[22].

Der Dichtungsauftrag von Granada erweist sich damit als ein ambivalentes Hochzeitsgeschenk. Selbstgewinn ist nicht ohne Selbstverlust zu haben, und die Anerkennung durch die italienische Kulturgemeinde immer an das Eingeständnis nationaler Supplementarität gebunden. Der Petrarkismus ist damit wohl nicht zuletzt eine *écriture conquérante* im Sinne Michel de Certeaus — eine Schrift also, «[qui] transforme l'espace de l'autre en un champ d'expansion pour un système de production [semiotique]»[23]. Dass es aus diesem Dilemma dennoch einen Ausweg gibt, möchte ich nun an Garcilaso de la Vega beleuchten, der nicht nur als einer der ersten der petrarkistischen Interpellation Folge leistet, sondern als Angehöriger der Militärelite Spaniens zugleich eng an das imperiale Projekt Karls angebunden ist. In der Person Garcilasos treffen also die beiden gegenläufigen Aspekte der Granadiner Hochzeit aufeinander, und so verwundert es nicht, dass sein Sonettschaffen von Anfang an den Agon mit dem italienischen Modell austrägt. Paradigmatisch erscheint mir hier das 27. Sonett, in dem von einem Liebesgewand die Rede ist, das den Dichter einschnürt und das in solchem Widerspruch zu seiner «natura»$_{10}$ steht,

---

20 Louis Althusser, «Idéologie et appareils idéologiques d'état (notes pour une recherche)», in: L. A., *Sur la réproduction*, Paris: PUF, 1995, S. 269–314, hier S. 310. Althusser veranschaulicht das Wesen der Interpellation zunächst an der Anrufung durch die Polizei («hé, vous, là-bas»), die das Individuum dazu zwingt, sich um 180 Grad zu drehen und über sich selbst im Sinne des Gesetzes Auskunft zu geben (S. 305). Eine komplexere Form besteht in der Interpellation durch die christliche Religion, die eine freiwillige Unterwerfung unter das ideale christliche Sujet («le Sujet Absolu») voraussetzt, zugleich aber auch die Anerkennung («reconnaissance») als Christ und die Eingliederung in die Gemeinschaft mit sich bringt (S. 307 ff.). Letzteres ist Althusser zufolge auch die wesentliche Funktion jedweder Ideologie: «1) L'interpellation des ‹individus› comme sujets, 2) leur assujettissement au Sujet, 3) la reconnaissance mutuelle entre les sujets et le Sujet, et entre les sujets eux-mêmes, et finalement la reconnaissance du sujet par lui-même, et 4) la garantie [...] qu'à condition que les sujets reconnaissent ce qu'ils sont et se conduisent en conséquence, tout ira bien» (S. 310).
21 Vgl. hierzu einlässlich Ignacio Navarrete, *Orphans of Petrarch. Poetry and Theory in the Spanish Renaissance*, Berkeley/Los Angeles/London: University of California Press, 1994.
22 Michel de Certeau sieht in der Abtrennung der Vergangenheit ein wesentliches Charakteristikum der frühneuzeitlichen Diskurspraxis; denn sie ermöglicht eine «production du lieu» die den je eigenen Redeort dialektisch aus einem zurückgewiesenen Anderen — hier die heimische Tradition — hervorbringt. Vgl. Michel de Certeau, *L'écriture de l'histoire* (1975), Paris: Gallimard, 2002, S. 10, 15–20, 94.
23 Vgl. ebd., S. 10.

dass er sich in unauflöslicher «contradición»₁₄ [*sic*] befindet[24]. In dem Sonett ist aber nicht nur der Zwang des petrarkistischen «hábito»₁ thematisch, sondern auch das Begehren, das Liebesgewand zu zerreißen. Dieser Aspekt eines gleichsam ‹naturhaften› Widerstandes durchzieht das garcilasianische Œuvre auf mannigfaltige Weise und äußerst sich nicht selten in paradoxalen Gewalt- und Vergewaltigungsphantasien[25]. Aus diesem Blickwinkel heraus will ich mich nun auch dem berühmten Daphne-Sonett nähern, das den für den petrarkischen *Canzoniere* zentralen Ovidischen Verwandlungsmythos als grausame Zerstörung weiblicher Schönheit inszeniert. Von Bedeutung erscheint mir hier nicht zuletzt die Tatsache, dass Garcilaso in der ersten Ekloge sein Sonett wieder aufnimmt, diesmal jedoch das Wortmaterial auf Elisa, die bei der Niederkunft verblutete Gefährtin des Nemoroso, bezieht. Der petrarkische Dichtungsmythos erweist sich damit bei Garcilaso insofern als ein «Third Space of enunciation», als er zum einen zwei unterschiedliche lyrische Gattungen miteinander verkoppelt und hybridisiert[26], zum andern aber auch die Möglichkeit bietet, einen nationalen Kunstmythos über das kolonisierende Dichtungsmodell des *Canzoniere* zu blenden und damit ein nachgerade postkoloniales *writing back* zu leisten, das die vom kulturellen Zentrum Italien nach Spanien getragene Matrix durchkreuzt[27]. In welchem Maß Garcilaso darüber hinaus der bei Bembo beobachtbaren Sakralisierungstendenz folgt, zeigt sich schließlich an der dritten Ekloge: Dort wird der bereits mythische *fabula* gewordene Tod der Elisa mit einer wieder aufgeblühten spanischen Natur in eins gesetzt und die berühmt-berüchtigte *ninfa degollada* somit lesbar als ein poetisches Gründungsopfer, auf dem sich die heimatliche Kulturgemeinschaft konstituieren kann.

---

24 «Amor, amor, un hábito vestí, / el cual de vuestro paño fue cortado; / al vestir ancho fue, mas apretado / y estrecho cuando estuvo sobre mí. / Después acá de lo que consentí, / tal arrepentimiento m'ha tomado, / que pruebo alguna vez, de congojado, / a romper esto en que yo me metí; / mas ¿quién podrá deste hábito librarse, / teniendo tan contraria su natura, / que con él ha venido a conformarse? / Si alguna parte queda, por ventura, / de mi razón, por mí no osa mostrarse, / que en tal contradición no está segura». Das Werk Garcilasos wird — sofern nicht anders angegeben — nach der Ausgabe von Bienvenido Morros, *Obra poética y textos en prosa*, Barcelona: Crítica, 1995, zitiert.

25 Vgl. Stephan Leopold, «‹Con ansia estrema› — Petrarkismus im Zeichen von Sexualität und Gewalt bei Garcilaso de la Vega», in: Marc Föcking/Bernhard Huss (Hrsg.), *Varietas und Ordo. Zur Dialektik von Vielfalt und Einheit in Renaissance und Barock*, Stuttgart: Steiner, 2003 (Text und Kontext, 18), S. 179–194.

26 Homi K. Bhabha hat den Begriff des «Third Space of enunciation» für die Kolonialsituation und die Übertragung dominanter auf subalterne Kulturen entwickelt. Bhabha geht jedoch davon aus, dass nicht nur kulturelle Übertragungsprozesse, sondern bereits die vermeintlich originären Äußerungen einer Kultur immer schon kontradiktorisch und ambivalent sind, der «Third Space of enunciation» also ein grundlegendes diskursives Phänomen ist. Siehe Homi K. Bhabha, *The Location of Culture*, London/New York: Routledge, 1994, S. 37 ff.

27 Der Begriff des *writing back* («[…] the Empire writes back to the Center […]») wurde ursprünglich von dem indischen Romancier Salman Rushdie geprägt. In das theoretische Arsenal der *postcolonial studies* eingegangen ist er durch die von Bill Ashcroft u. a. verfasste Studie, *The Empire Writes Back. Theory and Practice in post-colonial literatures*, London/New York: Routledge, 1989.

2. Die Heimholung der Daphne

Der Daphne-Mythos ist grundlegend für das Verständnis des *Canzoniere* — und das in dreierlei Hinsicht: Zunächst bietet er Petrarca die Möglichkeit, sich als zweiter Apoll und damit als Träger einer wieder auferstandenen antiken Kultur im Zeichen der Renovatio zu stilisieren[28]. Ferner verweist die Verwandlung Daphnes in Lorbeer auf die kapitolinische Dichterkrönung des Jahres 1341, die Petrarca als erstem nachantiken Autor zuteil wurde und die seinen Anspruch auf *intellectual leadership* performativ bekräftigte[29]. Schließlich ist der Mythos aber auch Sinnbild für den Umschlag von ungestilltem physischem Begehren in ein Corpus aus Papier; denn aus dem aufgeschobenen Körper Lauras erwächst dem Dichter jener Blätterwald – «tutte le carte»$_{12}$ (Nr. 61) —, aus dem sich die «amorosa selva»$_{26}$ (Nr. 22) des *Canzoniere* zusammensetzt[30]. Letzterer Aspekt ist nun auch die Grundlage für Garcilasos 13. Sonett, das die Verwandlung der Daphne in der affektsteigernden Figur der Ekphrasis zum Ausdruck bringt:

1	A Dafne ya los brazos le crecían
2	y en luengos ramos vueltos se mostraban;
3	en verdes hojas vi que se tornavan
4	los cabellos qu'el oro escurecían:
5	de áspera corteza se cubrían
6	los tiernos miembros, que aun bullendo 'staban;
7	los blancos pies en tierra se hincaban
8	y en torcidas raíces se volvían.
9	Aquel que fue la causa de tal daño,
10	a fuerza de llorar, crecer hacía
11	este árbol, que con lágrimas regaba.
12	¡Oh miserable estado, oh mal tamaño,
13	que con llorarla crezca cada día
14	la causa y la razón por que lloraba!

Hierzu merkt Garcilasos erster Kommentarist, Francisco Sánchez de las Brozas, etwas lapidar an: «En el Soneto XIII imita a Petrarca, Canc. I stanza 3.

---

28 Programmatisch ist hierfür das Apoll-Sonett Nr. 34 (V. 1–8), das in der *prima raccolta* von 1342 das Proöm darstellte: «Apollo, s'anchor vive il bel desio / che t'infiammava a le thesaliche onde, / et se non ài l'amate chiome bionde, / volgendo gli anni, già poste in oblio: / dal pigro gielo et dal tempo aspro et rio, / che dura quanto 'l tuo viso s'asconde, / difendi or l'onorata et sacra fronde / ove tu prima, et poi fu' invescato io […]».

29 Zur Dichterkrönung siehe Ernest Hatch Wilkins, *Life of Petrarch*, Chicago/London: Chicago UP, 1969, S. 24–29.

30 In diesem Sinne versteht sich auch die berühmte Alba-Sestine Nr. 22 (V. 31–36), die in Wunschform die (unmögliche) Umkehrung dieser bedeutsamen Verschiebung thematisiert: «Con lei foss'io da che si parte il sole, / et non ci vedess'altri che le stelle, / sol una nocte, et mai non fosse l'alba; / et non se transformasse in verde selva / per uscirmi di braccia, come il giorno / ch'Apollo la seguia qua giù per terra».

Es la fabula de Ovidio, en el primero de Metamorphos [*sic*].»³¹ Damit sind zwar die beiden maßgeblichen Intertexte benannt, doch das wesentliche bleibt ausgespart; denn die hier gemeinte ‹Metamorphosenkanzone› lässt eben gerade jenes Moment männlicher Gewalt aus, das den Mythos konstituiert und das Garcilaso wieder hineinholt. Bei Petrarca liest sich das folgendermaßen:

```
41    Qual mi fec'io quando primer m'accorsi
42    de la trasfigurata mia persona,
43    e i capei vidi far di quella fronde
44    di che sperato avea già lor corona,
45    e i piedi in ch'io mi stetti, et mossi, et corsi,
46    com'ogni membro a l'anima risponde,
47    diventar due radici sovra l'onde
48    non di Peneo, ma d'un più altero fiume,
49    e 'n duo rami mutarsi ambe le braccia!
```

Petrarca deutet den Mythos in der ihm spezifischen Weise um, und so verwandelt sich auch nicht die evasive Laura, sondern der Sprecher. Der Gestaltwandel basiert auf dem platonistischen Motiv der *transformación de los amantes*³², doch anstelle des Seelentauschs kommt es zu einer onomastischen Metamorphose: Der *amante* Lauras wird zu einem «lauro verde»$_{39}$, und wenn es von diesem näherhin heißt, «che per fredda stagion foglia non perde»$_{40}$ so ist auch jener Umschlag von ungestilltem körperlichem Begehren in das Corpus der Dichtung benannt, in dem der *Canzoniere* seine tiefste Falte hat³³.

In Bezug auf Petrarca vollzieht Garcilaso nun einen Subjektwechsel und setzt neuerlich Daphne als Patiens ein. Dabei wiederholt er aber nicht einfach Ovid. Dieser schildert die Episode bekanntlich in Schwankmanier im Sinne des *burlador burlado*³⁴: Apoll rühmt sich dort zunächst gegenüber Amor, dass ihm sein Bogen zu Heldentum gereiche, während der «lascivus puer»$_{456}$ den seinen bloß zu trivialen Kindereien benütze. Das will dieser nicht auf sich sitzen lassen und nimmt zwei Pfeile aus seinem Köcher: einen goldenen, der Liebe bewirkt, und einen bleiernen, der gegen sie unempfänglich macht. Den goldenen schießt er auf Apoll, den bleiernen auf die Flussnymphe Daphne. Sogleich verfolgt Phœbus, nunmehr gleichsam ein «canis [...] Gallicus»$_{533}$, das arme Mädchen, das bald ihren Vater anruft, auf dass er ihre Gestalt wandele. Der geile Musengott wird auf diese Weise zur komischen Figur. Auf

---

31 *Obras del Excelente Poeta Garci Lasso de la Vega. Con anotaciones y enmiendas del Licenciado Francisco Sánchez, Cathedrático de Rhetórica en Salamanca* (1574), in: Antonio Gallego Morell (Hrsg.), *Garcilaso de la Vega y sus comentaristas*, Madrid: Gredos, ²1972, S. 265–303, hier S. 268.

32 Vgl. hierzu die grundlegende Studie von Guillermo Serés, *La transformación de los amantes. Imagenes del amor de la antiguedad al Siglo de Oro*, Barcelona: Crítica, 1996.

33 Im dritten Gesang des *Triumphus Cupidinis* reflektiert Petrarca diese (onomastische) Verwandlung, wenn er sagt: «e so in qual guisa / l'amante nel amato si trasforma» (V. 161/ 162). Zitiert nach *Trionfi, Rime estravaganti, Codice degli Abbozzi*, hrsg. v. Vinicio Pacca/Laura Paolino, Mailand: Montadori, 1996.

34 Ovid, *Metamorphosen* I, 425 ff.

ihn, nicht auf Daphne, ist das Augenmerk gerichtet, und so ermangelt es der Verwandlung auch deutlich an emphatischer Intensität:

> 547 Vix prece finita, torpor gravis occupat artus:
> 548 mollia cinguntur tenui praecordia libro,
> 549 in frondem crines, in ramos bracchia crescunt,
> 550 pes, modo tam velox, pigris radicibus haeret,
> 551 ora cacume obit; remanet nitor unus in illa.

Die Antithesen sind die gleichen wie in 13. Sonett, doch Ovid erzählt zügig in sachlichen Aufzählungen und verzichtet auf jedes affektsteigernde Epitheton. Bei Garcilaso wird die gewaltsame Zerstörung unübertrefflicher Schönheit inszeniert[35]. Grotesk schießen die schönen Arme zu «luengos ramos»$_2$ auf, und grünes Blattwerk befällt jenes topisch blonde Haar, das Gold in Schatten stellt. Rinde überzieht zarte Glieder, die noch voller Leben sind, und die weißen Füße stoßen als verwundene Wurzeln in die Erde. Bei Ovid verläuft die Schilderung konsekutiv, bei Garcilaso simultan. Über die *imperfecto*-Formen kommt es zu einer Parallelisierung und damit zu einer oxymoralen Stillstellung der Antithesen, die in «aun bullendo»$_6$ gipfelt: Daphne ist gleichermaßen Frau und Baum. Eben diese emergente Struktur, die *enargeia* oder *evidentia*, ist das affektsteigernde Wirkziel der Ekphrastik[36].

Aber Garcilaso tut dies nicht allein des ästhetischen Effekts halber. Nach dem der Daphne gewidmeten Oktett behandelt das Sextett nun «Aquel que fue la causa de tal daño»$_9$. Der Begriff des *daño* ist hier mit Sorgfalt gewählt, bezeichnet er doch sowohl eine Schädigung im rechtlichen Sinne als auch die Folge einer Beschädigung, den Schaden[37]. Dieser doppelte *daño* ist nicht nur Gegenstand des Gedichts selbst, sondern gereicht dem Subjekt des Schadens auch zu unerschöpflicher dichterischer Produktion. Aufgrund des tränenreichen Liebesdichtens gedeiht nämlich der Lorbeerbaum und mit ihm der Ruhm des Dichters. So erklärt sich auch das Paradox des Schlussterzetts; denn indem der Dichtungsbaum immer neue Blätter treibt, wachsen sowohl «causa»$_{14}$ als auch «razón»$_{14}$ der Tränen. Ihre ursächliche «causa»$_{14}$ sind Vergewaltigungsversuch und Verwandlung, ihr eigentlicher Grund — die «razón»$_{14}$ — liegt jedoch in der Dichtung selbst und zielt damit auf die *gloria* des Dichters.

---

35 Vgl. hierzu auch Mary E. Bernard, «The Grotesque and the Courtly in Garcilaso's *Apollo and Daphne*», in: *Romanic Review* 3 (1981), S. 253–273, hier S. 258 ff.
36 Garcilasos zweiter Kommentarist, Fernando de Herrera, nimmt das Gedicht zum Anlass einer ausführlichen Darlegung der *evidentia*. Vgl. *Obras de Garcilaso de la Vega con anotaciones de Fernando de Herrera* (1580), in: Gallego Morell, *Garcilaso de la Vega y sus comentaristas* (Anm. 31), S. 307–594, hier S. 349. Siehe auch Heinrich Lausberg, *Handbuch der literarischen Rhetorik. Eine Grundlegung der Literaturwissenschaft* (1960), Stuttgart: Steiner, 1990, § 810. Zur Bedeutung der Ekphrasis in Poetik und Lyrik des Siglo de Oro vgl. Paul Julian Smith, *Writing in the Margin. Spanish Literature of the Golden Age*, Oxford: Oxford UP, 1988, S. 10 ff. u. 43 ff.
37 Vgl. hierzu den Eintrag bei Sebastián de Covarrubias Orozco, *Tesoro de la lengua castellana o española* (1611), hrsg. v. F. C. R. Maldonado, Madrid: Castalia, 1995, S. 397.

Eingedenk der obigen Überlegungen wird man das Subjekt des Schadens wohl in dem ‹zweiten Apoll› Petrarca[38] zu suchen haben, der als gleichsam kolonisierender Vergewaltiger den spanischen Kulturkörper in einen unablässig wachsenden Lorbeer verwandelt. Hierfür spräche nicht zuletzt die ostentative Dissoziierung des Subjekts der Wahrnehmung von den wahrgenommenen Figuren. Gleich zu Beginn gibt sich der Sprecher — «vi»$_3$ — als Zuschauer der Szene und damit als ein an der Vergewaltigung Unbeteiligter zu erkennen[39]. Auch ließe sich so die Konkomitanz von Körper und Dichtungsbaum im Moment höchster Emphase als affektsteigernder Ausdruck des vergewaltigten *corpus naturale* begreifen. In diese Richtung weist schließlich auch eine zentrale Stelle der 4. Canción, die keineswegs zufällig über das Metrum der petrarkischen ‹Metamorphosenkanzone› modelliert ist[40]:

```
72      [...] Corromperse
73      sentí el sosiego y libertad pasada,
74      y el mal de que muriendo estó engendrarse,
75      y en tierra sus raíces ahondarse,
76      tanto cuanto su cima levantada
77      sobre cualquier altura hace verse;
78      el fruto que d'aquí suele cogerse
79      mil es amargo, alguna vez sabroso,
80      mas mortífero siempre y ponzoñoso.
```

Unschwer erkennt man hier das berühmte 6. Sonett des *Canzoniere*, wo es im Schlussterzett heißt: «Sol per venir al lauro onde si coglie / acerbo frutto, che le piaghe altrui / gustando, affligge più che non conforta». Doch während bei Petrarca der bittere Lorbeer immer auf den Dichterruhm verweist, bedeutet bei Garcilaso das gigantische Gewächs tödliches Gift. Der Hinweis auf den Verlust der Freiheit ist ferner eine deutliche Anspielung auf die verlorene «libertade»$_5$ der ‹Metamorphosenkanzone›[41]; er weist jedoch insofern über sie hinaus, als hier nicht mehr nur die Liebesgefangenschaft, sondern auch die im heimatlichen Boden Wurzeln schlagende petrarkistische Liebesdichtung gemeint ist[42]. Die immense Höhe des alles überragenden Lorbeerbaums lässt vor

---

38 Siehe oben Anm. 28.
39 Vgl. hierzu Anne J. Cruz, «La mitología como retórica poética: el mito implícito como metáfora en Garcilaso», in: *Romanic Review* 77 (1986), S. 404–414, hier S. 405.
40 D. h. 8 Strophen à 20 Verse. Davon sind alle bis auf den siebensilbigen zehnten Vers Elfsilbler. Das Reimschema ist: ABCBACCDEEDFGHHGFFII.
41 Wie man weiß, beginnt die ‹Metamorphosenkanzone› mit einer retrospektiven Evokation der Jugend, in der der Sprecher noch in Freiheit war, da er Laura noch nicht kannte. Vgl. V. 1–6: «Nel dolce tempo de la prima etade, / che nascer vide et anchor quasi in herba / la fera voglia che per mio mal crebbe, / perché cantando il duol sí disacerba, / canterò com'io vissi in libertade, / mentre Amor nel mio albergo a sdegno s'ebbe».
42 Der botanische Vergleich findet sich in dem bereits zitierten *Dialogo delle lingue* von Sperone Speroni. Dort begreift Bembo das italienische Vernakular als ein aus dem Heimatboden gesprosstes, noch zu hegendes Bäumchen: «[I]o vi dico questa lingua moderna [...] essere ancora assai picciola e sottil verga; la quale non ha a pieno fiorito, non che i frutti prodotti, che ella può fare [...]». Vgl. *Opere di M. Sperone Speroni* (Anm. 19), S. 183.

dem Hintergrund des frühneuzeitlichen Stadtbilds darüber hinaus an einen Kirchturm denken, womit auch der sakrale Aspekt des *corpus Petrarchae* angedeutet wäre: Die Lorbeerspeise implizierte dann ein korrumpiertes Abendmahl, durch das der Dichter am Leib des Gründungsvaters teilzuhaben gezwungen ist.

Das 13. Sonett nimmt unmissverständlich auf die 4. Canción bezug, wenn hier wie dort von einem Schaden die Rede ist und beide Male das affektsteigernde Bild der sich in die Erde bohrenden Wurzeln aufgerufen wird. Trotz aller Analogie sollte man aber dennoch nicht übersehen, dass «Aquel que fue la causa de tal daño»$_9$ eine bewusst elliptische Fügung ist, die in letzter Instanz mit dem Schöpfer des 13. Sonetts — also dem Dichter Garcilaso — besetzt werden kann. So betrachtet, lässt sich die Dissoziierung des Sprechers vom Geschehen auf die Aufspaltung der petrarkistischen Personaldeixis in liebendes und dichtendes Ich übertragen. Die damit verbundene gegenläufige Semantik tritt umso deutlicher zutage, wenn man hinzunimmt, dass Daphne immer auch *figura* Lauras ist. Auf der Deixis des beobachtenden Ich ergäbe sich damit die traumatische Beschädigung des *corpus naturale* durch den Gründungsvater Petrarca, auf der Deixis des Dichters die ostentative Beschädigung der petrarkischen Dichtungsikone. Letzteres gilt umso mehr, als die Ekphrasis im Zeichen der *coincidentia oppositorum* steht und mithin eine Auflösung zugunsten des Lorbeerbaums verweigert. Vor diesem Hintergrund erfährt dann auch das enge Verhältnis von Beschädigung und Dichterruhm eine andere Stoßrichtung — und das insofern, als Garcilaso, indem er den gewaltsam zerstörten Körper der Daphne in der *contradición* zweier Aggregatzustände einfriert, jenen fortdauernden Schaden bewirkt, der ihm zu Dichterruhm gereichen soll. Das Daphne-Sonett zielt damit nicht zuletzt auf den Namen des Gründungsvaters. Anders als in Bembos 79. Sonett geht es hier allerdings nicht mehr um eine onomastische Verschiebung im Sinne des Stiftungsauftrags (*petra > pietro*), sondern um eine Hybridisierung von Agens und Patiens, die gerade durch die elliptische Fügung des «Aquel que fue la causa de tal daño»$_9$ ermöglicht wird.

Das Daphne-Sonett versinnbildlicht aber nicht nur die für Garcilaso wesentliche Figur der *contradición*, sondern bildet zugleich die Gelenkstelle zu den Eklogen. Auf diese Übertragung weist bereits der Garcilaso-Kommentarist Tamayo de Vargas hin, wenn er in seiner einzigen Anmerkung zum 13. Sonett bekundet: «En la égloga I confirmó [sc. Garcilaso] las lecciones mejores de este soneto»[43]. Gemeint ist der Anfang der zwanzigsten Strophe:

267 ¿Dó están agora aquellos claros ojos
268 que llevaban tras sí, como colgada,
269 mi alma, doquier que ellos se volvían?
270 ¿Dó está la blanca mano delicada,

---

[43] «Comentarios de Tomás Tamayo de Vargas» (1622), in: Gallego Morell, *Garcilaso de la Vega y sus comentaristas* (Anm. 31), S. 595–664, hier S. 602.

271	llena de vencimientos y despojos,
272	que de mí mis sentidos l'ofrecían?
273	Los cabellos que vían
274	con gran desprecio al oro
275	como a menor tesoro
276	¿adónde están, adónde el blanco pecho?
277	¿Dó la columna que'l dorado techo
278	con proporción graciosa sostenía?
279	Aquesto todo agora ya s'encierra,
280	por desventura mía,
281	en la escura, desierta y dura tierra.

Alle Lexeme des 13. Sonetts finden sich in dieser Strophe wieder: Während dort jedoch die Vergewaltigung eine paradoxale Simultaneität erzeugt, in der die weißen Füße der Daphne als Wurzeln in die Erde schlagen und doch noch Füße sind, so ist hier Elisa, die bei der Geburt gestorbene Gefährtin des Nemoroso, bereits von der spanischen Erde umschlossen. Dass Elisa darüber hinaus als die topische petrarkistische Dame ausgewiesen wird, darf ebenfalls zu denken geben. Der Hinweis von Tamayo de Vargas ist daher höchst signifikant; denn die «lecciones mejores» der Ekloge scheinen darin zu bestehen, Daphne mit Elisa kurzzuschließen. Wie eng die Anbindung ist, zeigt sich, wenn Garcilaso in der Ekloge das ekphrastische vi_3 des 13. Sonetts und die affektsteigernde Figur der *enargeia* wieder aufgreift. So entsteht ein paradoxales Miteinander von Präsenz — «Verte presente agora»$_{370}$ — und Absenz — «que agora es muda»$_{376}$ —, vermittels dessen der hinterbliebene Nemoroso die tote Elisa evoziert. Damit schließt aber die Ekloge nicht nur an die zwischen zwei Aggregatzuständen stillgestellte Daphne an, sondern verbindet auch den Betrachter und den Agens des Schadens in der Figur des unglücklichen Vaters:

370	Verte presente agora me parece
371	en aquel duro trance de Lucina;
373	y aquella voz divina
374	con cuyo son y acentos
375	a los airados vientos
376	pudieran amansar, que agora es muda,
377	me parece que oigo, que a la cruda,
378	inexorable diosa demandabas
379	en aquel paso ayuda;
380	y tú, rústica diosa, ¿dónde estabas?

Indem Garcilaso den für Petrarca zentralen Daphne-Mythos so unverhohlen mit der tödlichen Niederkunft zusammenspannt, lässt er die normative Grenze des Petrarkismus hinter sich. Er kann dies tun, weil die Ekloge als antike Gattung eine Ausgrenzung von Sexualität nicht kennt. Über den starken Intertextualitätsbezug wirkt die erste Ekloge jedoch zurück auf das 13. Sonett, und die Drastik der Ekphrasis erschließt sich nachträglich als Todesbild. Wohlgemerkt: als ein Todesbild, das bei Ovid nicht vorkommt; denn dort nickt die verwandelte Daphne am Ende[44]. So in Anschlag gebracht, wird nun der doppelte «daño»[9] des 13. Sonetts zur Engführung von Vergewaltigung und Tod und damit zum Vexierspiegel zwischen Petrarkismus und Eklogen-Werk. Hierin liegen meines Erachtens die thematische Kühnheit Garcilasos und in der Tat seine «mejores lecciones»: Er sexualisiert seine Liebenden bis hin zur Gewaltbereitschaft und lässt die Herrin an ihrer Leibesfrucht erbärmlich zugrunde gehen. Anstelle der keuschen Pesttoten des Jahres 1348 tritt die von einer chthonischen Natur zermahlene Mutter[45]. Oder anders gesagt: Die Geburt aus dem spanischen *corpus naturale* tötet die petrarkistische Daphne.

3. Poetische Gründungsgewalt

Diese Verschiebung ist nun auch der Gegenstand der dritten Ekloge, wo vier Tajo-Nymphen nach Art der Arachne miteinander in Wettstreit treten. Jede hat eine *tela* vorzuweisen, auf der je ein Mythos dargestellt ist. Bei den ersten drei handelt es sich um antike Verlust- und Todesmythen: Orpheus und Euridike (V. 119–144), Daphne und Apoll (V. 145–168) sowie Venus und Adonis (V. 169–192). Der letzte ist eine einheimische Textur, ein Kunstmythos, und dieser ist wiederum jener Elisa der ersten Ekloge gewidmet. Er umfasst neun Strophen (V. 193–264), genau so viele also wie die anderen drei Mythen zusammen. Die steigernde Absicht ist klar, ebenso der Substitutionsgestus der *superatio*, denn die weiße Nise

   196   no quiso entretejer antigua historia;
   197   antes, mostrando de su claro Tajo
   198   en su labor la celebrada gloria,
   199   la figuró en la parte donde'l baña
   200   la más felice tierra de la España.

Spanien statt der antiken Welt, Garcilaso statt Theokrit und Vergil. Elisa statt Laura. Man kann hier auf der Gattungsdifferenz beharren, doch das dürfte wenig gewinnbringend sein. Die Bezüge zwischen dem 13. Sonett und den Eklogen I und III sind flagrant. Sich auf die formale Sprecher/Figuren-Dissoziierung im 13. Sonett zu berufen, wird schon deshalb wenig tragfähig sein, weil es in der ersten Ekloge ja Nemoroso ist, der als Verursacher der Niederkunft seine tote Gefährtin beweint. Noch um einiges intrikater wird es, wenn man das berühmte Liebespfandsonett hinzunimmt, das seine Entsprechung wiederum in der erste Ekloge hat. Im 10. Sonett ist der Sprecher der

---

44   Vgl. *Metamorphosen* I, 557 ff.: «Cui deus ‹at quoniam coniunx mea non potes esse, / arbor eris certe […].› / Finierat Paen: factis modo laurea ramis / adnuit utque caput visa est agitasse cacumen».
45   Vgl. hierzu auch Wolfgang Matzat, «Liebe und Natur in Garcilasos Eklogen», in: José Morales Saravia (Hrsg.), *Garcilaso de la Vega. Werk und Nachwirkung*, Frankfurt a. M.: Vervuert, 2004, S. 91–108.

gattungsgemäße Petrarkist und damit ein zumindest auf der Denotationsebene unerfüllter Liebender:

```
1    ¡Oh dulces prendas por mi mal halladas,
2    dulces y alegres cuando Dios quería,
3    juntas estáis en la memoria mía
4    y con ella en mi muerte conjuradas!
5    ¿Quién me dijera, cuando las pasadas
6    horas que'en tanto bien por vos me vía,
7    que me habíades de ser en algún día
8    con tan grave dolor representadas?
```

In der ersten Ekloge äußerst sich der hinterbliebene Nemoroso mit nahezu den gleichen Worten:

```
352   Tengo una parte aquí de tus cabellos,
353   Elisa, envueltos en un blanco paño,
354   que nunca de mi seno se m'apartan;
355   descójolos, y de un dolor tamaño
356   enternecer me siento que sobre'llos
357   nunca mis ojos de dolor se hartan.
```

Man könnte diese intertextuellen Bezüge noch um einiges weiter ausreizen und somit den Beweis erbringen, dass dem Fragment gebliebenen Werk Garcilasos durchaus eine Verweisstruktur im petrarkischen Sinne unterliegt. Deutlich sollte jedoch schon jetzt geworden sein, dass es Garcilaso ganz offensichtlich darum zu tun gewesen ist, sein petrarkistisches Sonettschaffen aufs engste mit dem antikisierenden Eklogen-Werk zu verbinden. Damit ergibt sich auf Inhaltsebene freilich eine deutlich antinomische Semantik; denn Elisa kann nicht gleichzeitig keusche Herrin sein und bei der Geburt sterben. Eben dies legt aber die enge Verkoppelung von der ersten Ekloge mit dem 10. Sonett nahe — ganz zu schweigen davon, dass das «tanto bien»₅ des Petrarkisten damit ursächlich für die tödliche Niederkunft wird [46]. Hier beginnen deshalb die biographischen Lektüren, denen zufolge der Dichter Garcilaso eine Isabel Freire liebt, die ihrerseits einen Alfonso de Fonseca ehelicht und im Kindbett stirbt: Fonseca muss also Nemoroso, Garcilaso der verlassene Salicio sein [47]. Was man damit gewinnt, weiß man: Textuelle Vielschichtigkeit wird nach Maßgabe einer romantisierenden Authentizität zurechtgestutzt, Widerständiges bleibt ausgeblendet.

---

46 In diesem Sinne scheint auch Rafael Lapesa die erste Ekloge zu deuten, wenn er davon ausgeht, dass der abgewiesene Salicio und der verwitwete Nemoroso beide gleichermaßen für den Dichter Garcilaso stehen. Vgl. Rafael Lapesa, *La trayectoria poética de Garcilaso* (1948), Madrid: Istmo, ²1985, S. 102.

47 Zu den diversen Deutungen siehe überblicksweise Garcilaso, *Obra poética y textos en prosa* (Anm. 24), S. 457. Eine kritische Befragung biographisierender Bezugsetzungen findet sich bei David H. Darst, «Garcilaso's Love for Isabel Freire: The Creation of a Myth», in: *Journal of Hispanic Philology* 3 (1979), S. 261–286.

Wesentlicher scheint mir indes die Art und Weise, wie sich Garcilaso langsam des engen petrarkistischen «hábito»$_1$ (Nr. 27) befreit und statt Laura Elisa, statt Italien das heimische Spanien setzt. Damit vollzieht er einerseits die Translatio zu einem, wie es in der zweiten Ekloge heißt, immer schon römischen Spanien, anderseits findet so aber auch die sein Werk durchweg bestimmende gewaltsame Sexualität zu einem adäquaten Abschluss. Signatur dieser gewaltsamen Kulturübertragung ist jenes elliptische «Aquel que fue la causa de tal daño»$_9$ des XIII. Sonetts. Ihr Objekt ist Daphne/Elisa, die in der dritten Ekloge unter dem Klagegesang der Weberinnen als *ninfa degollada* zur nationalen Dichtungsikone aufrückt:

```
225   Todas, con el cabello desparcido,
226   lloraban una ninfa delicada,
227   cuya vida mostraba que había sido
228   antes de tiempo y casi en flor cortada;
229   cerca del agua, en un lugar florido,
230   estaba entre las hierbas degollada [...]⁴⁸.
```

Gleich zweimal verweist Garcilaso hier auf die tödliche Schnittwunde, die zudem über das Reimparadigma — «cortada»$_{226}$/«degollada»$_{228}$ — noch deutlich akzentuiert wird. Diesen grausamen Aspekt hätte man bei Garcilaso von jeher gern geglättet, und so wurde die *ninfa degollada* der *editio princeps* von 1543 schon von Sánchez de las Brozas durch das schwache Epitheton «ygualada» entschärft[49]. Dass die spanische Elisa aber den anderen Mythen der dritten Ekloge nicht einfach gleichgestellt (*igualar*) wird, sondern diese im Sinne der *superatio* ersetzen soll, davon zeugt bereits das Verhältnis der Strophenanzahl zueinander. Auch hat Alberto Porqueras Mayo vor längerem darauf hingewiesen, dass sich die Ikonographie der *ninfa degollada* bereits in Piero di Cosimos mythologischem Gemälde *Der Tod der Procris* findet, das Garcilaso bei einem seiner Florenz-Aufenthalte gesehen haben könnte[50].

Das Gemälde entspricht auf augenfällige Weise der garcilasianischen Lokaldeixis «cerca del agua, en un lugar florido»$_{229}$. Es ist aber auch insofern aufschlussreich, als die in der bukolischen Landschaft hingestreckte Nymphe dort nicht enthauptet ist, sondern nur eine tödliche Schnittwunde am Hals aufweist. Eben dies ist Covarrubias zufolge eine der zeitgenössischen

---

48   Ich folge hier der *editio princeps*: *Las obras de Boscán con algunas de Garcilaso de la Vega repartidas en cuatro libros*, Barcelona: Carles Amoros, 1543 (Bayerische Staatsbibliothek, Signatur 4 P.o. hisp. 7).
49   Sánchez de las Brozas in: Gallego Morell, *Garcilaso de la Vega y sus comentaristas* (Anm. 31), S. 301: «No puede decir degollada, porque habla de Elisa, que fue Doña Isabel de Freire, que murió de parto, como se cuenta en la Égloga primera, y era portuguesa». Dieser Korrektur folgt bedauerlicherweise auch die zitierte Ausgabe von Morros. Zur Manuskriptlage vgl. Alberto Blecua, *En el texto de Garcilaso*, Madrid: Istmo, 1970, S. 173 f.
50   Alberto Porqueras Mayo, «La ninfa degollada de Garcilaso (*Égloga* III, versos 225–232)», in: *Actas del Tercer Congreso Internacional de Hispanistas*, hrsg. v. C. H. Magis, México, D. F., 1970, S. 715–724. Den Hinweis auf diesen Aufsatz verdanke ich Hanno Ehrlicher. Eine Abbildung des Gemäldes ist meinem Beitrag vorangestellt.

Bedeutungen des Verbs *degollar*[51]. Nicht ganz ohne Interesse scheint mir ferner die Tatsache, dass der stark gewölbte Unterleib der Toten auf eine Schwangerschaft schließen lässt, die ihrerseits zu Elisa und der paradoxalen Verschränkung von Leben und Tod zurückführen würde. Für eine mögliche piktographische Intertextualität ließe sich schließlich auch die Pragmatik der Ekloge stark machen, handelt es sich dabei doch um die Versprachlichung des von Nises Webkunst bildhaft gemachten Kunstmythos — und mithin um das bereits im Text selbst ausgestellte Verfahren des *ut pictura poesis*.

Darüber hinaus sollte man nicht vergessen, dass Garcilaso in der zitierten Textstelle mit der «flor cortada»$_{228}$ unmissverständlich auf sein *carpe-diem*-Sonett «En tanto que de rosa y d'azucena» (Nr. 23) anspielt, in dem nicht nur der Blumenvergleich auf die Kürze der Jugend bezogen wird, sondern auch von jenem «hermoso cuello blanco, enhiesto»$_7$ die Rede ist, den die stolze und uneinnehmbare petrarkistische Dame schwanengleich emporreckt:

```
5    y en tanto que'l cabello, que'n la vena
6    del oro s'escogió, con vuelo presto
7    por el hermoso cuello blanco, enhiesto,
8    el viento mueve, esparce y desordena:
9    coged de vuestra alegre primavera
10   el dulce fruto, antes que'l tiempo airado
11   cubra de nieve la hermosa cumbre.
```

Der (apollinische) Schwan — das sei hinzugefügt — ist eine der dichtungsallegorischen Gestalten, die Petrarca in der ‹Metamorphosenkanzone› (V. 50–60) annimmt, und so ist es durchaus sinnstiftend, wenn es von der *ninfa degollada* schließlich heißt: «cual queda el blanco cisne cuando pierde / la dulce vida entre la hierba verde»$_{231/232}$.[52]

Vor diesem Hintergrund wird man die *ninfa degollada* wohl kaum noch als Editionsfehler ansehen können. Sie stellt vielmehr einen semantisch dichten Knoten dar, in dem sich die bei der Geburt verblutete Mutter mit der enthaupteten bzw. tödlich am Hals verwundeten petrarkistischen Dame verbindet und damit in letzter Instanz auf den apollinischen Schwan Petrarca beziehbar wird. Das ist zweifellos drastisch, nichtsdestoweniger die konsequente Fortsetzung des «Aquel que fue la causa de tal daño»$_9$, mit dem Garcilaso im Daphne-Sonett die Kulturübertragung eingeleitet hat. Die Bukolik, der ja die Eklogen zuzurechnen sind, ist hierfür insofern der geeignete Austragungsort, als sie immer schon im Zeichen metapoetischer Reflexion steht[53] und, wie

---

51 «Algunas veces degollar es herir de punta por la garganta al hombre o al animal, sin apartarle la cabeza del cuerpo, desangrándole por la herida mortal que le dan.»; Sebastián de Covarrubias Orozco, *Tesoro de la lengua castellana o española* (Anm. 37), S. 401.

52 Zu den Schwänen des Apoll vgl. *Der kleine Pauly. Lexikon der Antike* (1975), hrsg. v. K. Ziegler/W. Sontheimer, München: dtv, 1979, Bd. 2, S. 1274.

53 Vgl. Winfried Wehle, «Arcadia. Eine Kunstwelt», in: Wolf-Dieter Stempel/Karlheinz Stierle (Hrsg.), *Die Pluralität der Welten. Aspekte der Renaissance in der Romania*, München: Fink, 1987, S. 137–165.

Wolfgang Iser gezeigt hat, zwischen zwei Welten — der fiktiven Schäferwelt und der politischen «Bezugsrealität» — vermittelt[54]. Ist die *ninfa degollada* also von poetologischem Gehalt, so wird man darin nicht zuletzt ein im Medium der Schrift gewaltsam vernichtetes Objekt der Kulturübertragung zu sehen haben, das als ein Drittes zwischen Petrarca und Garcilaso vermittelnd wirken kann. Sie ist Ausdruck und Ausweg poetischer Aggression, und eben dies rückt sie schließlich auch in beträchtliche Nähe zu jenem sozialen Phänomen, das der französische Kulturanthropologe René Girard als *violence fondatrice* bezeichnet hat. Ich würde daher auch vorschlagen, die *ninfa degollada* als Indiz für ein literarisches Sündenbockopfer zu lesen.

Vorderhand stirbt die bukolische Elisa an ihrer Sexualität, an jener weiblichen Andersheit also, die die patriarchalische Gemeinschaft bedroht. Der offene weibliche Körper ist von jeher der Ort männlicher Phobie: Er ist unkontrollierbar, undurchschaubar — seine Frucht immer potentielle Folge eines Adulteriums: *pater semper incertus*. Auf der Ebene der *histoire* wäre Elisas Tod damit deutbar als die (göttliche) Sanktion für das mögliche Entdifferenzierungsverbrechen des Ehebruchs, das ja den Männerbund der Eklogenwelt in zureichend verhüllter Form in der Tat gefährdet. Hierfür spräche nicht zuletzt, dass die Geburtsgöttin Lucina/Diana der Gebärenden bei ihrer schwierigen Entbindung nicht beisteht. Girard hat nun aber gezeigt, dass die offene Kausalität niemals die eigentliche ist und der Sündenbock immer die Zeichen einer Entdifferenzierung trägt, die auf ein Verhältnis von mimetischer Rivalität verweisen, das gerade nicht öffentlich ausgetragen werden kann. Das Opfer muss deshalb dieser mimetischen Krise ähnlich, darf ihr indes nicht direkt zugehörig sein — sonst ergäbe sich nämlich wiederum eine offene Kausalität, die seine rückbindende Funktion außer Kraft setzen würde. Ebenso wichtig ist Girard zufolge aber auch die Verkennung des Opfermechanismus durch die Kulturgemeinschaft; denn nur eine *violence fondatrice*, die als solche nicht direkt erkennbar ist, kann eine neue Ordnung begründen[55]. Bedenkt man den poetischen Agon um die Gründungsvaterschaft, in den das garcilasianische Werk eingelassen ist, so erweist sich die bukolische Elisa hier insofern als das geeignete Objekt, als sie alle Zeichen der petrarkistischen Herrin trägt und doch jenseits des Petrarkismus angesiedelt ist. Diese Kontiguität bei gleichzeitiger Differenz macht sie zu jenem Dritten, das zwischen der mimetischen Rivalität der spanischen Dichter gegenüber Italien vermitteln kann, ohne dass dabei der Opfergang offenkundig würde. Ihr Tod in den Geburtswehen wird demnach gerade deswegen so tränenreich beweint, weil er die darin verborgene Enthauptung der petrarkistischen Dame verschleiert. In diesem Sinne wird man auch die Emendation von Brozas — *igualar* statt *degollar* — deuten

---

54 Wolfgang Iser, *Das Fiktive und das Imaginäre. Perspektiven literarischer Anthropologie*, Frankfurt a. M.: Suhrkamp, 1993, S. 91 ff.
55 Vgl. René Girard, *La violence et le sacré* (1972), Paris: Grasset, 1985, S. 81 ff., 117 ff., 126, 213 ff. u. 372 ff.

können[56]. Sie ist jener Verkennung des Opfermechanismus zuzuschlagen, ohne die das *tanto bien* der Gründungsgewalt nicht zum Tragen käme: Dieser besteht in der Geburt einer genuin iberischen Dichtungsikone, die als Verkörperung der *translatio studii* zur *translatio imperii* aufschließt und inmitten der frühlingshaft sprießenden Heimatlandschaft eine neue (poetische) Ordnung stiftet, die das Phantasma kultureller Entdifferenzierung tilgt[57]. Damit schließt Garcilaso nun auch an die bei Bembo zu beobachtende Sakralisierung des Petrarkismus an, und der entzogene Leib der geopferten Elisa wird Urgrund einer Schrift, die *inter fanum et profanum* die nationale Kulturgemeinde begründet.

---

56 Ähnliches ließe sich für die Deutung von Augustín de la Granja sagen, der den Beweis zu erbringen versucht, dass mit der *ninfa degollada* der *editio princeps* in Wahrheit eine anderweitig zu Tode gekommene *ninfa degolada* — also eine Nymphe mit tiefem Ausschnitt und ohne Halskrause — gemeint sei. Davon einmal abgesehen, dass Nymphen — wie an Piero de Cosimos Gemälde ersichtlich ist — gemeinhin nicht dem höfischen *dress-code* unterworfen sind, bedarf es für diese Interpretation auch einiger gravierender Umdeutungen, die nicht zuletzt den *Tesoro de la lengua castellana* von Covarrubias betreffen. Dort findet sich nämlich unter dem Eintrag *gola* der Verweis auf *degollar* (S. 593), und unter *degollar* ist ein in den Flussauen von Toledo — dem Schauplatz der dritten Ekloge — gelegener Val de la Degollada aufgelistet, «[que] debió tomar el nombre de alguna mujer, a la cual su marido la sacó allí y la degolló» (S. 401). Es ist also nicht ganz unbeträchtlich, wenn de la Granja diesen einschlägigen Ort kurzerhand in einen harmlosen *locus amoenus* verwandelt. Ebensowenig die Motivation für seine Ehrenrettung Garcilasos: «Hay que reconocer que la ninfa aparece ‹degollada› en la versión más fiable [...] que es la impresa [sc. la *editio princeps*], y que cualquier interpretación debe partir de esta voz, la cual por mucho que dañe hoy a los oídos es la que hay que considerar como la más pertinente; esto no quita que la solución ‹degollada› sea también la más repulsiva para un lector actual de Garcilaso [...]». Vgl. Agustín de la Granja, «Garcilaso y la ninfa ‹degollada›», in: *Criticón* Nr. 69 (1997), S. 57–65, hier S. 57 f.

57 Hinsichtlich des Frauenopfers auf dem spanischen Theater des Siglo de oro siehe Jing Xuan, *Der König im Kontext* (Anm. 8), S. 87–90. Zum literarischen Frauenopfer als normstiftendem Ritual vgl. Elisabeth Bronfens grundlegende Studie *Over Her Dead Body. Death, Femininity, and the Aesthetic*, London/New York: Routledge, 1992, S. 181 ff.

Hanno Ehrlicher

Literatura peregrina.
Kuriose Pilgertexte zwischen Weltlichkeit und Spiritualität

1. *Peregrinatio*, Neugier und die Weltlichkeit der frühneuzeitlichen Literatur

Als eine an die Körperbewegung gebundene soziale Ritualpraxis, die sich im Laufe von Spätantike und Mittelalter immer stärker etablierte und ausdifferenzierte, situiert sich die christliche Pilgerschaft ganz natürlich im Spannungsfeld, das sich zwischen dem Heiligen und dem Profanen eröffnet[1]. Einerseits soll der Körper und damit die menschliche Natur im Durchlauf durch die *loca sancta* die Konstitution einer Pluralität von heiligen Zentren[2] performativ nachvollziehen und der Flüchtigkeit der Hierophanie durch wiederholende Erfahrung Dauer verleihen. Andererseits muss die körperliche Natur des Menschen als ein Medium zur Sakralisierung bestimmter Orte nach dem christlichen Sündenverständnis immer anfällig und gefährdet sein. Zwischen den heiligen Zentren liegt das Profane praktisch gesehen eben nicht nur als bedeutungslos amorpher Nicht-Ort und «formlose Weite», wie Mircea Eliade formuliert[3], sondern als verführerische und reizvolle Extension, die der Neugier Nahrung gibt und den Pilger stets dazu verleitet, vom Pilgernden zum

---

1   Die Forschung zur Ritualpraxis des Pilgerns ist zu umfangreich, um hier einen Überblick liefern zu können. Ich verweise lediglich auf die sehr kurzweilige und kulturübergreifend angelegte Studie von Norman Foster, *Die Pilger. Reiselust in Gottes Namen*, Frankfurt a. M.: Fischer, 1982, sowie die grundlegende Arbeit von Norbert Ohler, *Pilgerstab und Jakobsmuschel. Wallfahren in Mittelalter und Neuzeit*, Zürich: Artemis & Winkler, 2000, und den anthropologischen Ansatz von Edith und Victor Turner, *Image and Pilgrimage in Christian Culture*, Oxford: Columbia UP, 1978. Zur für den spanischen Kontext besonders relevanten Pilgerschaft nach Santiago de Compostela vgl. außerdem Friederike Hassauer, *Santiago: Schrift, Körper, Raum, Reise*, München: Fink, 1993, die die performative Ritualpraxis des Pilgerns in ihrer Einbettung in einen den Ritualvollzug «programmierenden» diskursiven Medienverbund rekonstruiert.
2   Die zwar nicht konfliktfreie, aber prinzipiell nicht gefährdete Koexistenz multipler Pilgerschaftszentren im Christentum (mit den drei Hauptzentren Jerusalem, Rom und Santiago de Compostela als Zielen der *peregrinationes maiores*) spricht für die Richtigkeit der These Mircea Eliades, wonach der Raum des Heiligen durch multiple Zentren gekennzeichnet ist, da jeder Ort des Heiligen sich symbolisch als Zentrum konstituiert. Vgl. Mircea Eliade, *Le sacré et le profane*, Paris: Gallimard, 1965, S. 43.
3   «Il y a donc un espace sacré, et par conséquent ‹fort›, significatif, et il y a d'autres espaces, non-consacrés et partant sans structure ni consistance, pour tout dire: amorphes. Plus encore: pour l'homme religieux, cette non-homogénéité spatiale se traduit par l'expérience d'une opposition entre l'espace sacré, le seul qui soit *réel*, qui *existe réellement*, et tout le reste, l'étendu informe qui l'entoure»; Mircea Eliade, *Le sacré et le profane* (Anm. 2), S. 25, Hervorhebungen dort.

Irrenden zu werden und sich in der profanen Welt zu verlieren. Die Ausbildung des mittelalterlichen Pilgerwesens war daher von Anfang an begleitet von den mahnenden Warnungen vor den Gefahren seiner Profanierung durch die *curiositas*[4]. Dem Vollzug der Pilgerschaft als Ritualpraxis und begleitenden apologetischen Diskursen stand daher schon rasch und spätestens mit Augustin bereits voll ausgebildet eine Gegenkonzeption spiritueller Pilgerschaft gegenüber, die nicht auf Körperperformanz, sondern auf asketische Selbstpraxis und vor allem auf die hermeneutische Auslegung der heiligen Schrift abzielt. Sie hat weniger Vertrauen in das schwache Medium des Körpers und versucht daher, dessen Einfluss und Spielraum im Nachvollzug des Heiligen so weit wie möglich zu minimalisieren. Ritualpraxis und der Gedanke einer Pilgerschaft im Geiste hielten sich dabei das ganze Mittelalter hindurch in einer instabilen, aber funktionierenden Balance[5]. Die populäre Pilgerschaftspraxis, in der das Sakrale und das Profane durch ihre metonymische Nähe in der Welt stets mischungsanfällig sind und enorme Affektenergien zur Aufrechterhaltung und ständigen dynamischen Neuerrichtung entsprechender trennender Schwellen erfordern, benötigte das Korrektiv eines strengen Ideals spiritueller Pilgerschaft im Geiste, hin zum Wort, das Christus ist.

Mit Beginn der Frühen Neuzeit geriet diese Ausgleichsdynamik aber an ihre Grenze, aus vor allem zwei systemischen Gründen: Zum einen führte die empirische Expansion der Welterkenntnis im Zuge der Kolonialisierung zu einer Anreicherung von weltlichen Reizen, die das Profane nicht einfach nur quantitativ verstärkte, sondern ihm eine neue Qualität, die des Wunderbaren und Fremden, verlieh, bevor das Neue dann allmählich rationalisiert werden und mit Hilfe entsprechender Vermessungstechniken (Kartographie, Geographie etc.) in eine neue, globalisierte Raumkonzeption integriert werden konnte[6]. Die tradierten Zentren der christlichen *peregrinatio* waren nicht mehr

---

4 Beispielhaft dafür ist die Kritik der Kirchenväter Hieronymus und Gregor von Nyssa. So warnte Hieronymus in seiner *Epistula ad Paulinum presbyterum* vor dem Versuch, Gott, dessen Geist weht, wo er will, irdisch verorten zu wollen: «non Hierosolymis fuisse, sed Hierosolymis bene uixisse laudandum est [...] et ueri adoratores neque Hierosolymis neque in monte Garizin adorant patrem, quia deus spiritus est et adoratores eius in spiritu et ueritate adorare eum oportet. Spiritus autem spirat, ubi uult. Domii et terra et plenitudo eius [...] et de Hierosolymis et de Britannia aequaliter patet aula caelestis; regnum enim dei intra nos est» (*Sancti Eusebii Hieronymi Epistulae*, Wien: Verlag der Österreichischen Akademie der Wissenschaften, ²1996, Bd. 1, Epistula LVIII, S. 527–541, hier S. 529 ff.). Zur Pilgerschaftskritik bei Gregor von Nyssa vgl. außerdem Bernhard Kötting, «Gregor von Nyssas Wallfahrtskritik», in: B. K., *Ecclesia peregrinans. Das Gottesvolk unterwegs*, Münster: Aschendorf, 1988, Bd. 2, S. 245–251.

5 Zur Balance zwischen Lob und Tadel der Pilgerschaft und der Ausbildung eines monastischen Konzeptes einer *peregrinatio in stabilitate* im Spätmittelalter vgl. insbesondere Klaus Schreiner, «*Peregrinatio laudabilis* und *peregrinatio vituperabilis*. Zur religiösen Ambivalenz des Wallens und Laufens in der Frömmigkeitstheologie des späten Mittelalters», in: *Wallfahrt und Alltag in Mittelalter und Früher Neuzeit*, Wien: Verlag der Österreichischen Akademie der Wissenschaften, 1992, S. 133–163.

6 Paradigmatisch zeigt sich die allmähliche Rationalisierung des Wunderbaren im Funktionswandel des Reiseberichtes. Vgl. dazu José Manuel Herrero Massari, «La percepción de la

nur von der Gefahr des Abschweifens im zu überbrückenden Zwischenraum bedroht, sondern von den *mirabilia* einer «neuen» Welt, die dank des Buchdrucks vor allem in Form von exotistischen Illustrationen in die alte kam und nicht bruchlos in die tradierten Wissenssysteme zu integrieren war[7]. Die geographische Welt hatte sich so plötzlich erweitert, dass sie im christlichen Weltbild einfach nicht mehr zu fassen war. Der zweite einschneidende Grund für die Destabilisierung der mittelalterlichen *peregrinatio*-Konzeption in der Frühen Neuzeit ist das kirchliche Schisma innerhalb der christlichen Religion. Mit der im Zuge des Konzils von Trient vollzogenen dogmatischen Scheidung zwischen Katholizismus und Reformation musste jede allzu scharfe spirituelle Kritik an der Ritualpraxis des Pilgerns im Lager des Katholizismus automatisch in den Verdacht des Heterodoxen geraten. Dort stellte sich damit das Problem, ob und wie ein neues Korrektiv zur lebensweltlichen Pilgerpraxis zu schaffen wäre, das die Funktion der evangelisch inspirierten Kritik an einer Veräußerlichung der Religion übernehmen könnte, wie sie vor dem Schisma vor allem der erasmistisch beeinflusste Humanismus geleistet hatte, die durch Luther aber zu einem Element des Protestantismus geworden war und damit keine legitime Möglichkeit mehr im Rahmen der Orthodoxie darstellte.

Vor dem Hintergrund dieser kulturgeschichtlichen Problematik stellt sich die Frage, wie die bemerkenswerte Prominenz der *peregrinatio*-Konzeption in der spanischen Erzählliteratur des Siglo de Oro einzuschätzen ist. Eine vor allem im Blick auf Lope de Vegas *Peregrino en su patria* und Cervantes' *Trabajos de Persiles y Sigismunda* häufig vertretene These geht davon aus, dass die Literarisierung der Pilgerschaft eine dogmatisch-orthodoxe Funktionalisierung der Literatur im kontroverstheologischen Geiste des Tridentinums bedeutet[8], also eine theologische Überformung der Profanliteratur. Eine

---

maravilla en los relatos de viajes portugueses y españoles de los siglos XVI y XVII», in: Rafael Beltrán (Hrsg.), *Maravillas, peregrinaciones y utopías*, Valencia: Universitat de València, 2002, S. 291–305.

7 Symptomatisch für diesen Bruch zwischen alter christlicher Kosmologie und den ‹neuen› Mirabilia ist Mandevilles Reisebericht, der sich gar nicht erst darum bemüht, eine glaubwürdige Vermittlung zwischen religiösem Pilgerschaftsritual und profaner Neugier zu leisten. In Otto von Diemeringens deutscher Übersetzung von 1484 heißt es zum Auftakt des *anderen Buchs*: «Nun, da ich euch von dem Heiligen Land und den Wegen, die dahin führen, erzählt habe, will ich von den Landen, Tieren und Menschen jenseits der Heiligen Stätten berichten» (John Mandeville, *Land, Indien und China*, hrsg. v. Theo Stemmler, Stuttgart: Steingrüben, 1966, S. 95). Stephen Greenblatt spricht angesichts dieses plötzlichen Wechsels von «an abandonement of the dream of a sacred center upon which all routes converge and a turning instead toward diversity, difference, the bewildering variety of ‹marvelled things›» (Stephen Greenblatt, *Marvellous Possessions. The Wonder of the New World*, Oxford: Clarendon, 1991, S. 29).

8 «[...] es un hombre de la Contrarreforma» stellte etwa Antonio Vilanova rundheraus fest, wobei er das Liebespaar des cervantinischen Romans zur Singulargestalt eines idealtypischen Pilgers abstrahiert; vgl. «El peregrino andante en el *Persiles* de Cervantes», in: *Boletín de la Real Academia de buenas letras de Barcelona* 22 (1949), S. 97–159, hier S. 101. Zum Einfluss der tridentinischen Dogmatik auf Lope de Vegas Roman vgl. besonders

These, die selbstverständlich heterodoxe Gegenlektüren herausfordert, wie sie für den *Persiles* erst kürzlich Michael Nerlich in einer monumentalen Studie geleistet hat[9]. Es kann aber bezweifelt werden, ob das Verhältnis der Literatur zum Heiligen — und nicht weniger steht mit dem Einsatz des Pilgerschaftsgedankens auf dem Spiel — überhaupt sinnvoll im Rahmen einer einfachen binären Opposition zwischen Orthodoxie und Heterodoxie geklärt werden kann. Sowohl die gegenreformatorische Lesart als auch die sie bestreitende Gegenposition setzen im Grunde voraus, dass die Doxa des Konzils von Trient im frühneuzeitlichen Spanien als entscheidende Normierungsinstanz des Sakralen angesetzt werden können und dass die Weltlichkeit der Literatur aus dem Grad ihrer Affirmation oder Negation dieser Instanz resultiert. Gegen ein solches binäres, zur Entscheidung nötigendes Modell, gehen meine eigenen Überlegungen davon aus, dass die Grenze zwischen Heiligem und Profanen historisch dynamisch und kulturpragmatisch flexibel verläuft und dass das Konzil von Trient diese grundlegende Flexibilität nicht prinzipiell still stellen konnte. Auch und gerade in der gegenreformatorischen Kultur Spaniens stand das Sakrale nicht einfach fest, sondern musste immer wieder neu normativ ausgehandelt werden, wobei sich zwischen den weltlichen machtpolitischen Interessen des Staates und der Dogmenbildung der Kirche als den beiden Hauptakteuren des Normbildungsprozesses trotz ihres ideologischen Zusammenwirkens auch immer wieder Interessenkonflikte und Reibungspunkte ergaben. Philipp II., der nicht zögerte, in seinem Herrschaftsbereich die Beschlüsse des Konzils als Gesetze verbindlich in Kraft zu setzen, war genauso entschlossen, die Möglichkeiten zur Kontrolle der Literatur nicht der Kirche zu überlassen, sondern für sich zu reklamieren. In einem Dekret von 1558 wurde die Macht zur Vergabe von Druckerlaubnissen als Vorrecht der Krone festgelegt[10], ein Gesetz, auf dessen Grundlage ein eigenes staatliches Zensursystem errichtet wurde, das — anders als in Portugal und Italien — die Zensurkriterien der päpstlichen Inquisition nicht einfach übernahm, sondern eigene Indices erarbeitete, auch wenn dabei selbstverständlich die Normen der Kirche nicht unbeachtet blieben. Die Zensurforschung hat gezeigt, dass diese relative Autonomie der staatlichen Zensur dafür sorgte, dass die spanische Profanliteratur im ausgehenden 16. Jahrhundert einen vergleichsweise großen

---

Paul Descouzis, «Filiación tridentina de Lope de Vega: *El Peregrino en su patria* (1604)», in: *Revista de estudios hispánicos* 10 (1976), S. 125–138.

9   Michael Nerlich, *Le «Persiles» décodé ou la «Divine Comédie» de Cervantes*, Clermont-Ferrand: PU Blaise Pascal, 2005. Die teilweise polemisch geführte Auseinandersetzung mit der gegenreformatorischen Lesart des Textes, die Nerlich als herrschende katholische Doxa darstellt (insbes. S. 51–55), durchzieht die ganze Studie, die sich selbst daher als eine heterodoxe Gegenlektüre versteht.

10 Vgl. dazu Antonio Sierra Corella, der die entscheidenden Passagen transkribiert: *La censura de libros y papeles en España y los índices y catálogos españoles de los prohibidos y expurgados*, Madrid: Góngora, 1947, S. 96–99.

Spielraum behielt[11]. Literarische Fiktion wurde nicht zu einem bloßen Instrument der Dogmatik konvertiert, sondern schärfte unter dem Druck der Dogmatik ihren Status als eines zwar nicht normfreien, aber durch funktionale Unterbestimmtheit nicht eindeutig normierten *in between*, eines Reiches des Zwischen, in dem die kulturpragmatische und historisch dynamische Grenze zwischen dem Heiligen und dem Profanen nicht entschieden, sondern beobachtbar gemacht und dabei zugleich problematisierbar wird. Zum Beleg dieser Behauptung sollen paradigmatisch drei unterschiedliche Stränge der literarischen Ausgestaltung der Pilgerschaftskonzeption an Texten diskutiert werden, die alle im ausgehenden 16. Jahrhundert entstanden sind und aus unterschiedlichen Gründen nicht zum heutigen hispanistischen Kanon gerechnet werden können: Bartolomé de Villalba y Estañas *Peregrino curioso y grandezas de España*, Jerónimo de Contreras' *Selva de aventuras* und schließlich Fernão Mendes Pintos *Peregrinação*. Ich werde an diesen Beispielen keine epochale geschichtsphilosophische These erarbeiten, sondern vielmehr zu zeigen versuchen, dass die funktionale Offenheit des Mediums Literatur sich solcher Thesenbildung entgegenstellt und zu pragmatischer Differenzierung je nach Einzelfall nötigt. Gerade in der ersten Phase der Gegenreformation, in dem das Verhältnis von Profanliteratur und kontroverstheologisch abgesichertem dogmatischem Wissen um das Heilige mit Hilfe der Indizierungen geregelt werden sollte, konnte der profanen Literatur keineswegs ein eindeutiges Verhältnis zum Heiligem vorgeschrieben werden, sondern blieb die Grenze zwischen *fanum* und *profanum* in der Literatur flexibel und durchlässig. Festzustellen ist dabei bereits auf der Ebene der Steuerung der Literatur durch die Zensur ganz grundsätzlich eine Gleichzeitigkeit von Auf- und Abbau der Schwelle zum Sakralen, was deshalb nicht paradox ist, weil beide Bewegungen unterschiedlichen, aber koexistierenden und gemeinsam agierenden Konstitutionslogiken folgten: Aus der Sicht der katholischen Dogmatik sollte die Profanliteratur einerseits klar als profane erkennbar bleiben und sich nicht in das von ihr gehütete *sacrum* einmischen. Man wollte auf jeden Fall eine ungesteuerte volkssprachliche Verbreitung der heiligen Schrift

---

11 Das relativ moderate Vorgehen der spanischen Zensurbehörden (das allerdings nicht für den Theaterbereich gilt) zeigt sich exemplarisch an den Unterschieden zwischen dem Index von Quiroga (1583/84) zum wesentlich strengeren portugiesischen Index von 1581, der eine ganze Reihe von Titeln enthält, die von Quiroga unbeanstandet blieben (Fernando de Rojas *Celestina*, Ovids *Metamorphosen*, Apuleius' *Asinus Aureus*, etc.). Symptomatisch ist auch die Tatsache, dass die moralische Verbotsbegründung in der siebten *regula* des Tridentiner Index (1664) nicht übernommen wurde. Vgl. dazu Peter E. Russell, «El concilio de Trento y la literatura profana: reconsideración de una teoría», in: P. E. R., *Temas de «La Celestina» y otros estudios. Del «Cid» al «Quijote»*, Barcelona: Ariel, 1978, S. 441–478, sowie Gwyn E. Campbell, «The Tridentine Index, Quiroga's Index, and Gómez de Castro's *parecer*: A Commentary on the Censorship of secular literature in Spain», in: *Hispanófila* Nr. 106 (1992), S. 11–21. Einen Überblick über die Forschung zur spanischen Inquisition bieten außerdem Antonio Márquez, *Literatura e inquisición en España (1478–1834)*, Madrid: Taurus, 1980, sowie Ángel Alcalá, *Literatura y ciencia ante la inquisición española*, Madrid: Laberinto, 2001.

und nicht-konsakrierter Auslegungen verhindern, wie man sie der evangelischen Seite als Profanierung anlastete[12]. Deshalb gerieten ja auch konsequente und gut gemeinte Versuche zur Ausbildung einer sakralisierenden *literatura a lo divino* in das Visier der Zensur, wie der Fall von Jerónimo de San Pedros *Caballería celestial* zeigt[13]. Andererseits durfte, ja sollte die Profanliteratur aber durchaus katholische Gesinnung zeigen, um den Bestrebungen der spanischen Monarchie, sich im Verbund mit der *ecclesia militans* als Wahrerin einer tradierten Sakralordnung zu stilisieren, nützlich sein zu können. Nötig wurde daher eine Art katholischer Profanliteratur, ein Terminus, der nicht gerade durch konzeptuelle Stringenz besticht, aber gerade in dieser Schwäche ganz gut den hybriden Charakter der Werke beschreibt, die *de facto* im posttridentinischen *in between* zwischen Heiligem und Profanem, zwischen theologisch-orthodoxer Dogmatik und machtpolitischer Pragmatik entstanden.

---

12 Die systematischen inquisitorischen Maßnahmen gegen die evangelische ‹Gefahr› volkssprachlicher Bibelversionen dokumentiert Alcalá, *Literatura y ciencia ante la inquisición Española* (Anm. 11), S. 60–70. Er vermutet dabei den «tradicional recelo antijudaico» als einen Hauptgrund, der im Zuge der dogmatischen Abwehr gegen die protestantische Häresie noch verstärkt worden sei (S. 62).

13 Jerónimo de San Pedros Buch wurde als eines der wenigen volkssprachlichen Prosawerke schon in den Index von Valdés 1559 aufgenommen und blieb seither verboten. Menéndez y Pelayo sah dieses Verbot im unfreiwillig sakrilegischen Charakter des Werkes begründet, das Christus und seine Jünger als Ritter auftreten lässt (vgl. *Orígenes de la novela,* hrsg. v. Enrique Sánchez Reyes, Santander: CSIC, 1943, Bd. 1, S. 448). Dass der Autor mit seiner Travestierung der Heiligen Schrift dabei keine blasphemischen, sondern eine evangelisierende Absicht verfolgte, wird aus seinem Einleitungsschreiben «al beneuolo lector» ganz zweifellos deutlich: «Tan estragados estan los gustos de nuestros tiempos, letor piadoso, por el acidente de frialdad, que el estomago dela charidad padece, y tan acostumbrados alos terrenos manjares, para saberles bien la comida espiritual, que siendo dulce y prouechosa vianda la leccion dela diuina escriptura, la dan de mano, y la dexan por desabrida. Admiten el pasto de las letras profanas por sabroso, y alabanlo por delicado» (*Libro de Cauallería Celestial del pie de la Rosa Fragante, dedicado al ilustrißismo y reuerendißismo señor don Pedro Luy Galceran de Borja Maestre del Orden y Cauallería de nuestra Señora de Montesa y de San George,* Antwerpen: Martin Nucio, 1554, fol. 3 r°). Man braucht diesen frommen Versuch zur schmackhaften Darreichung des Lebens Christi als Ritterroman aber wegen seines Scheiterns nicht unbedingt als Naivität (Menéndez y Pelayo spricht von «cándida irreverencia») verunglimpfen. Dass die Wertungskriterien der Inquisition zur Bewahrung des Heiligen nicht eben leicht durchschaubar waren, muss der Kritiker, der als Autor einer *Historia de los héterodoxos españoles* als Spezialist in Fragen der Orthodoxie gelten darf, an anderer Stelle selbst einräumen. Der Kommentar Cesárea Banderas zum Verbot der *Caballería celestial* dürfte die Sachlage deshalb zutreffender bezeichnen: «Obviously, the Inquisitors were not amused by such a clumsy intent to play with the sacred, even with the best intentions. It was one thing to use poetry strictly as a servant of the sacred, and quite another to dress the sacred in the servant's clothes to make it attractive and, thus, in some way, to bring it down to the servant's level. Two very different things indeed, both from the point of view of doctrine and of poetry, but the line between the two was, nevertheless, rather thin, the danger of a *faux pas* great. It took an excellent poetic intuition (such as Calderón's) to walk on such dangerous high wire without falling» («Seperating the human from the divine», in: *Contagion: Journal of Violence, Mimesis and Culture* 1 (1994), S. 73–90, hier S. 80).

2. Die neugierige Verweltlichung des Pilgerrituals: Bartolomé de Villalba y Estañas *Peregrino curioso y grandezas de España*

Schon der Titel dieses Textes, der 1577 *licencia* und *approbatio* erhielt, aber nie veröffentlicht wurde[14] und heute nur in Fragmenten in einer sehr raren Neuedition aus dem späten 19. Jahrhundert zugänglich ist[15], ist *peregrino* im erweiterten, spezifisch neuzeitlichen Sinne des Terminus, wie ihn Covarrubias nach Erwähnung der Grundbedeutung als *romería* festhält, nämlich eine seltsame und befremdliche Angelegenheit, «una cosa rara»[16]. Die Zusammenführung von Pilgerschaft und *curiositas*, die bei Augustinus geradezu den Rang einer Todsünde einnimmt[17], hätte nicht nur in den Ohren von Erasmus

---

14 Von den angekündigten zwanzig Büchern des *peregrino curioso,* zu denen der Autor auch schon eine Inhaltsübersicht abliefert, sind nur die ersten acht erhalten. Victoria Campo spekuliert, dass Villalba y Estaña eine Art Vorab-Druckerlaubnis erwirken konnte, dann aber sein Werk nicht vollendet habe; vgl. «De lectores y lecturas: la *Respuesta* de Fr. Tomás Quixada en *El peregrino curioso* de Bartolomé de Villalba», in: Ignacio Arellano u. a. (Hrsg.), *Studia aurea,* Pamplona: GRISO, 1996, Bd. 1, S. 247–256, hier S. 248, Anm. 8. Angesichts des üblichen Lizenzierungsverfahrens, das die Vorlage des kompletten Manuskripts verlangte, scheint diese Hypothese allerdings nicht sehr wahrscheinlich. Vgl. zur Textgeschichte José María Pérez y Martín, *Cartas del «Doncel de Xérica» al Rey Felipe III, con un estudio bio-bibliográfico,* Castellón: Sociedad Castellonense de Cultura, 1922, S. 69–75.

15 Es handelt sich um die Ausgabe von Pascal de Gayangos, die leider nicht den Kriterien einer kritischen Edition entspricht, aber heute praktisch die einzige Zugriffsmöglichkeit auf den Text darstellt. Nach ihr wird im Folgenden zitiert. Das einzige erhaltene Manuskript, von dessen Fund erstmals Ticknor in seiner spanischen Literaturgeschichte berichtete, ist in der Bibliothek von Santa Cruz de Valladolid aufbewahrt.

16 «PEREGRINO. El que sale de su tierra en romería a visitar alguna casa santa o lugar santo. Díjose en latín PEREGRINUS, *a peregre, hoc est longe,* por andar largo camino. 2. Peregrinar, andar en romería o fuera de su tierra. 3. Peregrinación, la romería. 4. Cosa peregrina, cosa rara»; vgl. Sebastián de Covarrubias Orozco, *Tesoro de la lengua castellana o española* (1611), Madrid: Castalia, ²1995, S. 814). Michael Nerlich, der Covarrubias sonst als Hauptquelle zur Rekonstruktion des Wissenshorizontes des spanischen Lesers zur Zeit Cervantes einsetzt, versucht jedoch genau diesen Eintrag zu entautorisieren und bezweifelt mit Hilfe des entsprechenden Lemmas aus dem *Vocabularium ecclesiasticum* von Rodrigo Santa Ella (1596), dass die theologisch-religiöse Bedeutung des Terminus um 1600 tatsächlich noch vorrangig gewesen sei; vgl. *Le «Persiles» décodé* (Anm. 9), S. 256. Ein an dieser Stelle etwas forcierter und methodisch überflüssiger Versuch, sich der katholisch-gegenreformatorischen Interpretationslinie entgegenzustellen, denn den Grad der Orthodoxie einer literarischen Funktionalisierung des Pilgerschaftskonzeptes wird man nicht ernsthaft an der Lexikalisierung der Wortbedeutung ablesen wollen (und Nerlich versammelt eigentlich auch ausreichend inhaltliche und strukturelle Argumente für seine Lektüre, um auf derartige Forcierung verzichten zu können). Unabhängig von den möglichen lexikographischen Hierarchisierungen zwischen religiöser und profaner Semantik der Pilgerschaft ist für die neuzeitliche Situation einzig die Polyvalenz, die zwischen beiden Feldern entsteht, entscheidend. Sie wurde in der spanischen Literatur reichlich genutzt und besaß zur Zeit des *Persiles* schon fast topischen Charakter. Zum Einsatz der unterschiedlichen Semantiken von «peregrino» im *Persiles* vgl. Nadine Ly, «Le miroitement de la vraisemblance», in: *Les langues néo-latines* Nr. 327 (2003), S. 39–72, bes. S. 63–71.

17 Insbesondere in den *Confessiones* V, 3 und X, 35. Zur Geschichte der *curiositas* als ästhetischer Kategorie vgl. Barbara Vinken, «Curiositas/Neugierde», in: *Ästhetische Grund-*

oder Luther wie eine offene Profanierung geklungen, sondern wäre bei Veröffentlichung wohl auch von den Ordnungskräften missbilligt worden, die sich im gegenreformatorischen Spanien nicht zuletzt auch in Reaktion auf die reformatorische Kritik um eine striktere Kontrolle des Pilgerwesens und seinen Schutz vor Missbrauch bemühten. Es ist deshalb kaum überraschend, dass dem Text eine Tendenz zur Selbstlegitimation eingeschrieben ist. Von Anfang an stellt der Autor sein Schreiben als ein gefährdetes und keineswegs selbstverständliches Unternehmen aus: Im Haupttext zeigt sich das in den mehrfachen Warnungen vor der kontrollierenden *justicia* an die Adresse des neugierigen Pilgers[18], paratextuell am Gutachten des Prämonstratenserpaters Fray Tomás Quixada, das sich der Autor als vorbeugende Maßnahme gegen mögliche Kritik einholt. Die *consulta* gerät zu einem fast 300 Werke und 60 Seiten umfassenden gereimten Katalog kritisierter, schlecht beleumundeter oder gar zensierter Werke des 16. Jahrhunderts, der beweisen soll, dass übelwollender Kritik bei bestem Willen nicht zu entgehen ist und Einwände von Seiten der *murmuradores*, die jede Form der Literatur zu treffen scheinen, egal ob sie profanen oder sakralen Charakter hat, daher nicht als Makel sondern eher als Auszeichnung verstanden werden müssen:

> Y si mi voto vale para en algo
> sacalde á luz, que no os digo lisonjas,
> que en fé de religioso y buen hidalgo
> que os le agoten los frailes y las monjas,
> y cualquier hombre que presuma algo
> le mercará y áun digo que en las lonjas
> adonde la virtud no tiene asiento,
> á platicos dará sumo contento (S. 70).

Als Cervantes-Kenner wird man im Familiennamen des belesenen Geistlichen, der im *Don Quijote* als ein Element im burlesken Verwirrspiel um die Identität des Protagonisten eingesetzt ist[19], vielleicht ein raffiniertes Ironiesignal vermuten; gegen eine ironische Lektüre des Textes spricht aber das ganze übrige Werk, soweit es uns erhalten ist. Villalba y Estaña gestaltet seine Erzählung über weite Strecken als Kolportageliteratur voller mittelalterlicher Mirakel-, Schwank- und Schauerelemente und setzt insgesamt auf möglichst direkte Effekte, was zwar Komik einschließt, aber nicht die indirekte Form des

---

begriffe, hrsg. v. Karlheinz Barck, Stuttgart/Weimar: Metzler 2000–2005, Bd. 1, S. 794–813.

18 Bartolomé de Villalba y Estaña, *El peregrino curioso y Grandezas de España*, hrsg. v. Pascual de Gayangos, Madrid: Sociedad de Bibliofilos Españoles, 2 Bde., 1886 u. 1889. Ein erster Hinweis auf die Justiz S. 93, dann S. 142; die Schwierigkeit einer Unterscheidung von «authentischen» und falschen Pilgern wird außerdem auf S. 390 f. thematisiert.

19 *Quijada* ist neben *Quijano* und *Quesada* eine der möglichen Namensformen des Protagonisten vor seiner Ritterwerdung und Verwandlung zu Don Quijote. Zu Cervantes' ironischem Spiel mit der Namensidentität seines ‹Helden› vgl. Horst Weich, *Don Quijote im Dialog. Zur Erprobung von Wirklichkeitsmodellen im spanischen und französischen Roman (von «Amadis de Gaula» bis «Jacques le fataliste»)*, Passau: Rothe, 1989, S. 57–62.

Ironischen. Und auch ideologisch ist das im Text artikulierte Verhältnis zur kirchlichen und weltlichen Obrigkeit und den sozialen Wertenormen seiner Zeit ungebrochen affirmativ und wird als solches immer wieder ausgestellt[20]. Ironisch ist der Text also nicht auf der Ebene der *intentio auctoris*[21], sondern allenfalls in seiner Wirkung im Wertehorizont eines durch aufgeklärte Vernunft geprägten Rezipienten. In der auktorialen Perspektive bilden Devotion und eine bisweilen zu offenem Voyeurismus und aggressiven Sadismus regredierende Neugier jedenfalls keinen Widerspruch, sie laufen vielmehr von Anfang an konsequent und störungsfrei nebeneinander. «Pareciole tomar trage y habito de Pelegrino, para por una parte saciar su animo de ver, y por otra su devocion de andar las muchas casas que en España hay tan principales» (S. 84) heißt es so zur Begründung der Pilgerschaft. An anderer Stelle verteidigt der Protagonist explizit sein Interesse an profanen höfischen Liebesgeschichten mit dem Hinweis auf seine eigene Position, die als eine Äquidistanz zwischen *sanctum* und *profanum* dargestellt wird:

> [...] no quiero que me tengais por tan santo que eso me ofenda los oidos, ni por tan profano que me huelgue de tratar cosas ilicitas; mas en materia de amor y de las damas, sin dar en el un estremo ni en el otro, como buenos cortesanos, podreis decir cosas apacibles para discretos, ejemplares para virtuosos, de admiración para los prudentes, de espanto para los poco cursados (S. 160).

Beide Antriebe, Devotion und Neugier, bleiben als parallellaufende Motive den gesamten Text hindurch erzählerisch wirksam, wobei die Devotionslogik vor allem strukturgebenden Charakter hat und das Reiseitinerar und die Auswahl der beschriebenen Örtlichkeiten bestimmt[22], die Neugier dagegen die vielen Geschichten motiviert, die an den Orten des Heiligen erzählt werden, rein quantitativ dominiert und den Leseprozess affektiv, durch Rätsellust und

---

20 Der Gestus der Unterwerfung unter die kirchlichen und weltlichen Autoritäten wird nicht nur im paratextuellen Vorraum zum Erzählen wirksam, sondern auch im Haupttext immer wieder bekräftigt. Als ein Beispiel sei hier nur das panegyrische Sonett auf den Infanten Fernando genannt, dem der Text zunächst auch gewidmet werden sollte, was durch dessen frühen Tod im Oktober 1578 im Alter von sieben Jahren dann jedoch hinfällig wurde: «Hernando, Príncipe de España honrosa, / rebiznieto de Hernando, Rey preclaro, / la obligacion que tienes no declaro, / que dificil será tan alta cosa. / Una cosa me escucha provechosa, / que si imitar querrás al abuelo raro, / que sujetó á Granada sin reparo, / será tu fama eterna y muy gloriosa. / No hay Marte, no hay Vulcano, no hay Apolo, / tan raro como Carlos V ha sido, / tu abuelo, que el *plus ultra* te ha dejado. / Si quieres ser tenido y ser hoy solo, / imita á tus abuelos, que han tenido/ la vida igual al nombre que han dejado» (S. 151).
21 Zur Unterscheidung von *intentio auctoris, intentio lectoris* und *intentio operis* als unterschiedlichen Interpretationstypen vgl. Umberto Eco, *I limiti dell'interpretazione*, Milano: Bompiani, 1990, S. 22–25.
22 Zum Reiseitinerar des *Peregrino curioso* vgl. Victoria Campo, «Acerca del itinerario de *El peregrino curioso* (1577) de Bartolomé de Villalba», in: *Caminería Hispánica,* Guadalajara: Aache, 1996, Bd. 3, S. 197–204. Wertvolle Anregungen bot mir außerdem ein Vortrag von Françoise Crémoux über «L'imaginaire sacré de l'Espagne dans *Pelegrino curioso y grandezas de España*», der auf einem Symposium in der Casa de Velázquez zum Thema *L'imaginaire du territoire* (20.–22. Februar 2006) in Madrid gehalten wurde.

Spannung, vorantreibt[23]. Das Devotionsinteresse, das in der begründenden Produktionslogik des Textes die *curiositas* formal und strukturell an Orte des Heiligen bindet und in dieser Bindung legitimiert, ist für die angemessene Rezeption des Textes, wie sie Villalba y Estaña im Vorwort entwirft, allerdings keine notwendige Voraussetzung mehr, sondern lediglich eine von vielen Optionen, die dem individuellen *gusto* des Lesers überlassen bleiben. Notwendig ist allein die Neugier, ohne die der Text seinen Unterhaltungszweck verfehlen müsste:

> Pidote le leas como curioso. A nuestra Santa Madre Iglesia en todo y por todo le sujeto, á los sábios le rindo y al lector encargo que sea abeja, y no arañe: que en estos veinte libros para viejos hay que escuchar, y para curiosos que notar, y para devotos que oir, y para mozos que leer; y si en diversidad de gustos de alguno fuere repudiado el *Pelegrino*, me consolaré con la sentencia del sabio que dice que nadie se escapó de detractores en sus obras (S. 78).

Devotion meint hier keine verinnerlichte Form der Religiösität im Sinne der *devotio moderna*, sondern das Ritual einer bedingungslosen Subjektion unter die Autorität der kirchlichen Institution, ein Ritualglaube, der zur Bedingung wird, um dann erzählerisch ganz offen weltliche Schaulust ausleben zu können. Völlig unmetaphorisch zeigt sich diese Schaulust in einer ganzen Reihe von voyeuristischen Dispositiven, die hier nur durch einen ihrer ‹Höhepunkte› belegt werden soll: Auf dem Wege des Pilgers von Riego del Camino nach Moreruela erzählt ein Kleriker die Geschichte der falschen ‹Heiligen› Magdalena vom Kreuze, die auf einem im 16. Jahrhundert berühmt gewordenen historischen Fall beruht[24]. Kulminations- und Wendepunkt dieser Geschichte ist der neugierige Blick («con curiosidad»), den eine Mitschwester durch ein selbstangebrachtes Loch aus der Nebenzelle wirft, um das fromme Verhalten der Heiligen beobachten zu können, wodurch sie — selbstverständlich voller Entsetzen — zur Zeugin eines unzüchtigen Treibens wird:

> ¡quien diria señores, lo que allí vido! ¿cómo era posible pensar tan gran maldad? ¿cómo era creible una cosa tan monstruosa y extraordinaria, que á la misma que lo estaba viendo se le erizó el cabello y no lo queria creer, puesto que vió ¡oh asombro! patente y claramente que la Madalena de la Cruz, que no comia jamás carne, tenia en su celda una messa bien bastecida de gallinas, capones, perdices,

---

[23] Die doppelte Motiviertheit der Erzählung zeigt sich formal daher in den zwei «tipos de discurso» des Erzählers, die Victoria Campo unterscheidet: «la descripción de los lugares» und «el relato de las historias de los personajes que se encuentra»; vgl. Victoria Campo, «Acerca del itinerario» (Anm. 22), S. 200. Die Beschreibung der «heiligen Orte» verläuft dabei nicht realistisch-empiriebezogen, sondern topisch-wissensorientiert, als Auflistung dessen, was jeder halbwegs gebildete Zeitgenosse über diese Orte selbst wissen oder lesen konnte. Dem topischen Charakter der beschriebenen Orte entspricht die abstrakte Leere des geographischen Raumes, der «vide déscriptif», auf den Françoise Crémoux bei der Suche nach möglichen realistischen Landschaftsdarstellungen oder Beschreibungen eines ortsverbindenden und damit raumkonstituierenden Weges trifft.

[24] Vgl. die Dokumentation des Falles bei Jesús Imirizaldu, *Monjas y beatas embaucadoras*, Madrid: Nacional, 1978, S. 31–62.

francolines, pavos, faisanes, y muchas piernas de carnero, y cazuelas, y pechugas y tortas de manjar blanco [...] y lo que más la espantaba era que la gran castidad y recogimiento de la Madalena de la Cruz estaba profanada allí, holgandose y abrazandose con un hombre negro, feo, espantable, y que tenia acceso carnal y torpe el sucubo dañado con Madalena de la Cruz [...] (S. 340).

Wie zu erwarten, endet die Geschichte in der reuigen Bekehrung der Sünderin, ihrem öffentlichen Abschwören vor dem Inquisitionstribunal und späterem devoten Leben «con grande ejemplo y penitencia» (S. 347), ein minimalistischer didaktischer Schluss, der die zuvor lang und intensiv genossenen Schaulust im letzten Moment einer topischen exemplarischen Funktion unterordnet [25].

Der *Peregrino curioso* zeugt in seiner bemerkenswert offensiven Insistenz auf dem Recht, neugierig und schaulustig sein zu dürfen, insgesamt von der Verweltlichung des religiösen Pilgerrituals, eine Verweltlichung, die aus der Sicht der spirituell-evangelischen *peregrinatio*-Konzeption zwar einer Profanierung gleichkommen muss, die aber zugleich mit einer ‹Sakralisierung› der iberischen Halbinsel zum Raum einer geheiligten Tradition einhergeht und daher durchaus kein Problem für die spanischen Zensoren darstellte, die nichts Häretisches im Text entdecken konnten. Die Orthodoxie, die der Protagonist mit ständiger Respektsbezeugung vor den kirchlichen und weltlichen Autoritäten und Elementen der Volksfrömmigkeit an den Tag legt, entspricht dem Status seines Standes und dem Selbstverständnis eines Autors, der sich als Teil der konservativen katholischen Führungselite begriff, wie seine politischen Ratschläge zur Krönung Philipps III. und seine Intervention gegen das von Pérez de Herrera eingeleitete Projekt zur Reformierung des Bettlerwesens zeigen [26]. Diese Orthodoxie ist frei von spirituellen Intentionen und erklärt sich in erster Linie sozialpragmatisch. Dass der *Peregrino curioso* nie gedruckt wurde, liegt daher auch sicher nicht an der möglichen Anstößigkeit seiner kuriosen Weltlichkeit, sondern wahrscheinlich nur an der fehlenden Lust des Autors, die angekündigten zwanzig Bücher auch wirklich zu vollenden.

---

25 Ein weiteres voyeuristisches Dispositiv stellt z. B. das vermeintliche *agujero* dar, durch das der Körper des Heiligen Santiago nach Ansicht einiger Pilger erblickt werden könne (vgl. S. 383).

26 Vgl. Pérez y Martín, *Cartas del «Doncel de Xérica»* (Anm. 14). Es handelt sich um die *Carta al rey Don Felipe de Austria, Tercero de este nombre*, S. 243–252, sowie um die *Apuntamientos contra la Premática de los pobres*, S. 253–361. Zur zeitgenössischen Debatte um Pérez de Herreras *Amparo de Pobres* (1598) vgl. die Ausführungen von Michel Cavillac in der Einleitung zu der von ihm besorgten Textausgabe: Cristóbal Pérez de Herrera, *Amparo de Pobres*, hrsg. v. Michel Cavillac, Madrid: Espasa-Calpe, 1975, insbes. S. CXXIX–CLXXIX.

3. Liebespilgerschaften *inter fanum et profanum*: Jerónimo de Contreras' *Selva de aventuras*

Villalba y Estañas Text basierte auf einem Verständnis von *peregrinatio* im engen, rituellen Sinne, als Reise *ad loca sancta*[27]. Typisch für die literarischen Funktionalisierungen der *peregrinatio* im späten 16. Jahrhundert ist aber auch und gerade in Spanien die metaphorische Ausweitung und eine allegorische Figurierung des Pilgerschaftskonzeptes über die Gattungsgrenzen hinweg. Die literarische Pilgerschaft muss damit auch formell nicht mehr durch Orte des Heiligen führen oder von ihnen strukturiert sein. Unabhängig von der jeweiligen konkreten Funktionalisierung im Einzelfall ist dieser Metaphorisierungsprozess, den vor allem Jürgen Hahn in einer materialreichen Studie ausführlich dokumentiert hat[28], an sich selbst wohl der klarste Beweis für die frühneuzeitliche Verweltlichung des Pilgergedankens. Einen bedeutenden Strang bildet dabei die *peregrinatio amoris*, die zunächst in der italienischen Renaissance sowohl in der petrarkistischen Lyrik als auch in novellistisch-romanesken Prosaformen kultiviert und ausdifferenziert wurde[29]. Unter den Bedingungen der spanischen Gegenreformation konnte dieses literarische «Erbe» nicht problemfrei angetreten werden, wie sich exemplarisch an Jerónimo de Contreras' *Selva de aventuras* zeigen lässt[30]. Dieser Text, der im ausgehenden 16. Jahrhundert bemerkenswerten Erfolg hatte[31], bildet in der gattungsgeschichtlichen Entwicklungslinie die entscheidende Scharnierstelle

---

27 Dem Text ging eine reale Pilgerschaftsreise voraus, die Villalba zwischen 1573 und 1576 unternahm und die auch durch textexterne Dokumente belegt ist. Vgl. Pérez y Martín, *Cartas del «Doncel de Xérica»* (Anm. 14), S. 51–67.
28 Jürgen Hahn, *The Origins of the Baroque Concept of Peregrinatio*, Chapel Hill: University of North Carolina Press, 1973.
29 Zur Traditionslinie der Liebespilgerschaft vgl. ebd., Kap. 2, S. 63–113, sowie die Studien von Antonio Vilanova: «El peregrino andante en el *Persiles* de Cervantes», in: *Boletín de la Real Academia de buenas letras de Barcelona* 22 (1949), S. 97–159; «El peregrino de amor en las *Soledades* de Góngora», in: *Estudios dedicados a Ramón Menéndez Pidal*, Madrid: CSIC, 1952, Bd. 3, S. 421–460; «Nuevas notas sobre el tema del peregrino de amor», in: *Studia Hispanica in honorem R. Lapesa*, Madrid: Gredos, 1972, Bd. 3, S. 563–570.
30 Zitiert wird im Folgenden nach der mit einer sehr informativen Einleitung versehen Edition von Miguel Á. Teijeiro Fuentes, die die beiden Fassungen von 1565 und 1583 enthält: Jerónimo de Contreras, *Selva de aventuras* (1565–1583), hrsg. v. Miguel Á. Teijeiro Fuentes, Zaragoza: Institución Fernando el Católico, 1991.
31 Von den beiden verschiedenen Fassungen der *Selva de aventuras*, von denen noch zu sprechen sein wird, sind zwischen 1565 und 1625 insgesamt 16 verschiedene Editionen nachweisbar, zu denen noch die Ausgaben der französischen Übersetzung (Lyon 1580, Paris 1587) hinzugerechnet werden können. Eine bibliographische Übersicht der existierenden und vermuteten Ausgaben inklusive der Übersetzungen leistet Maria Letizia Tubini, «Per una bibliografia della *Selva de aventuras* di Jerónimo de Contreras», in: *La Bibliofilia* 77 (1975), S. 127–154. Von der Beliebtheit des Buches zeugt auch die Tatsache, dass es nach Amerika exportiert wurde. Belegt ist der Export von sechs Exemplaren der *Selva* im Rahmen einer Lieferung von 350 Büchern nach Mexiko im Jahre 1576 sowie ein Export nach Manila im Jahr 1583, zusammen mit Heliodors *Teágenes y Cariclea* (vgl. *Selva de aventuras,* Einleitung, S. XIII), was nicht zwangsläufig Indiz für eine generische Relation sein muss, aber zumindest für ein gemeinsames Lesepublikum spricht.

zwischen der italienischen Renaissance einerseits, konkret Boccaccios *Filocolo* bzw. den darin enthaltenen *Questioni d'amore*[32] und Jacopo Caviceos *Il libro del Peregrino*[33], und den großen spanischen Liebespilgerromanen von Lope de Vega und Cervantes auf der anderen Seite[34]. Die Einschätzung der Rolle dieses Textes im Transformationsprozess zwischen renacentistischer und barocker Liebespilgerschaft ist durch eine entscheidendes Faktum erschwert: die merkwürdige Verdoppelung des Textes in zwei Fassungen, durch die zwei unterschiedliche Liebeskonzeptionen in Konkurrenz zueinander treten. Im ganz materiellen Sinne ist die *Selva de aventuras* gedoppelt, denn neben der Version in sieben Büchern, die erstmals 1565 erschien, lag seit 1583 auch eine Version in neun Büchern vor. Beide Versionen wurden parallel veröffentlicht und erlebten mehrere Auflagen im 16. und Anfang des 17. Jahrhunderts, bis das Werk schließlich auch in den spanischen Index aufgenommen wurde, nachdem es bereits 1581 in Portugal indiziert worden war[35]. Die zweite Version unterscheidet sich bis kurz vor Schluss nur in minimalen Kleinigkeiten von der ersten, bietet dann aber einen ganz anderen Ausgang der Geschichte. In der ersten Fassung wird erzählt wie sich der sevillanische Caballero Luzmán in Arbolea verliebt, die er schon seit früher Jugend kennt und verehrt, und ihr die Heirat anträgt, von dieser aber abgewiesen wird, weil sie «común deseo y apetito sensual» ablehnt (S. 11) und ausschließlich Gott als dem «verdadero amor, que jamás cansa ni tiene fin», angehören will.

---

32 Diego López de Ayalas Übersetzung der «Quistioni d'amore» erschien erstmals 1541 (Sevilla: Andrés de Burgos) unter dem Titel *Laberinto de amor* und dann in zweiter Auflage 1546. Mit der dritten Auflage wurde der Titel zu *Trece cuestiones muy graciosas sacadas del Philoculo*, der auch in der vierten und fünften Auflage beibehalten wurde (Toledo: Juan de Ayala, 1546 u. 1549). Die Editionsgeschichte lässt sich über die Daten in der Datenbank der *Biblioteca Telemática de Traducciones Españolas de la literatura italiana (Biteli)* im Rahmen des «Proyecto Boscán» leicht erschließen (URL: http://www.ub.es/boscan/).

33 Caviceos Werk erschien unter dem Titel *Historia nuevamente hecha de los honestos amores que vn cauallero llamado Peregrino tuuo con vna dama llamada Ginebra* wohl erstmals gegen 1520 (Sevilla: Jacobo Cromberger), wobei sich der Übersetzer Hernando Díaz als Autor des Werkes ausgab. Zur spanischen Übersetzung des Werkes vgl. Clive Griffin, «Giacomo Caviceo's *Libro del Peregrino*: the Fate of an Italian Wanderer in Spain», in: Anna Laura Lepschy/John Took/Dennis E. Rhodes (Hrsg.), *Book Production and Letters in the Western European Renaissance. Essays in Honour of Conor Fahy*, London: The Modern Humanities Research Association, 1986, S. 132–146, sowie Javier González Rovira, «El *Libro del Peregrino* de Giacomo Caviceo y la traducción de Hernando Díaz», in: *Studi ispanici*, Pisa, 1997, S. 51–60. Als Textgrundlage wird im folgenden die Edition aus dem Jahr 1548 herangezogen, die vermutlich die dritte Auflage darstellt.

34 Antonio Vilanova, «El peregrino andante» (Anm. 29), S. 105–107, nennt diese Filiationslinie, geht aber nicht weiter auf die dabei stattfinden Transformationsprozesse ein. Die gattungsgeschichtlich orientierten Studien von González Rovira, *La novela bizantina de la Edad de Oro*, Madrid: Gredos, 1996, S. 182–201, und Christine Marguet, *Le roman d'aventures et d'amour en Espagne XVIe- XVIIe siècles. L'utile et l'agréable*, Paris: Harmattan, 2004, gehen zwar auf die *Selva de aventuras* näher ein, bewegen sich jedoch im engen nationalphilologischen Rahmen und berücksichtigen die italienischen Texte bzw. deren Übersetzungen ins Spanische als mögliche Hypotexte gar nicht.

35 Vgl. Márquez, *Literatura e inquisición en España* (Anm. 11), S. 183 f., sowie Alcalá, *Literatura y ciencia ante la inquisición española* (Anm. 11), S. 110.

Worauf Luzmán sich, als Pilger verkleidet, auf eine Rundreise nach Italien begibt, wo er unterschiedliche Begegnungen mit meist unglücklichen Liebenden hat, die ihm ihre jeweilige Geschichte erzählen. Obwohl er dadurch immer wieder an sein eigenes Liebesleid erinnert wird, bleibt er in seinem Verhalten vernünftig und gelassen und kann unterwegs auch häufiger touristischen Interessen nachgehen. Bei seiner Rückkehr nach Sevilla muss er dann erfahren, dass Arbolea inzwischen in ein Kloster eingetreten ist, ein Beispiel, dem er selbst folgt, indem er zum Einsiedler wird und sich ebenfalls jener asketisch-frommen Liebe zu Gott hingibt, die ihm als das absolute Gesetz seiner *señora* selbst zum Gesetz wird.

Contreras' erste Schlusslösung wurde unter anderem als der Versuch zur Schaffung einer *novela sentimental* «a lo divino» interpretiert [36] und lässt sich in der Tat als eine Christianisierung der Liebespilgerschaft verstehen, wenn man sie vor der Folie von Caviceos bzw. Hernando Díaz' *Peregrino y Ginebra* liest, einem Text, der stark von mythologisch-paganen Elementen durchsetzt ist und eine deutliche Tendenz zur Profanierung aufweist — am deutlichsten in der Szene, in der sich Peregrino im Inneren einer Statue der jungfräulichen Heiligen Katharina versteckt in die Kammer seiner Liebsten einschmuggelt [37]. Peregrinos Liebespilgerschaft hat am Ende Erfolg, und er ehelicht und begattet Ginebra, ein Triumph, der ihn zu Dank an Jupiter bewegt und der hyperbolisch als eine Leistung gefeiert wird, welche die Heldentaten der Römer in den Schatten zu stellen vermag [38]. Angesichts solcher schwankhaft-profanierenden Züge ist es kaum verwunderlich, dass *Peregrino y Ginebra* von Anfang an von der spanischen Zensur erfasst wurde [39]. Wenn vor diesem Hintergrund

---

36 «Nos hallamos, pues, ante una novela sentimental, pero vuelta a lo divino, en la que la mediación — superioridad del amor divino sobre el humano — impide la unión de los enamorados en la tierra para realizarla en un plano superior» (Armando Durán, *Estructura y técnicas de la novela sentimental y caballeresca*, Madrid: Gredos, 1973, S. 170).

37 *Libro de los honestos amores de Peregrino y Ginebra*, Sevilla: Jacome Cromberger, 1548, Kap. 46: «Peregrino fabrico vna ymagen de Sancta Catalina: de dentro dela qual se hizo lleuar a casa de Ginebra». Peregrino lässt sich dabei beim Bau seiner «artificiosa machina» vom antiken Vorbild des trojanischen Pferdes inspirieren: «la qual con aquel engaño feneciesse mis ansias como el simulachro de los griegos dedicado ala Palas. Fengi por la passada dolencia auer seruido con vna ymagen ala virgen sancta Catalina: la qual era de tanto altor i profundidad que facilmente enel concauo vientre podia assentado reposar: enel centro estaua vna puerta con tanto artificio fabricada: que los ojos del cieruo no la deuisavan: puesta sobre vna adornada carreta. Con aquella muestra de tormentos que para eternal bienauenturança ygualmente conel cuerpo la anima sostiene» (fol. liii v°).

38 Vgl. Kap. 152: «Peregrino da gracias a Jupiter y ofrece las armas al templo», wo sich der Protagonist zu folgendem Dankgebet veranlasst sieht: «O Gran Jupiter: cuya virtud al vniverso rige: a tu sancto templo las vencedoras armas ofrezco: pues de tanta pelea ya tengo el triumpho. Aquesta es aquella combatida prouincia que a su vencedor glorioso i immortal le buelue» (fol. cxiiii v°). Peregrinos Liebestriumph wird allerdings nicht von langer Dauer sein, da seine Gattin schon bald nach der Ehelichung verstirbt.

39 Als eines der wenigen Werke der Profanliteratur wurde *Peregrino y Ginebra* bereits in den Index von Valdés (1559) aufgenommen. Vgl. Fr. Heinrich Reusch (Hrsg.), *Die Indices librorum prohibitorum des sechzehnten Jahrhunderts*, Tübingen: Literarischer Verein in Stuttgart, 1886, S. 238.

Contreras' Fassung von 1565 als eine asketische Resakralisierung der Liebespilgerschaft erscheint, ist es umso rätselhafter, warum diese Option in der zwei Jahrzehnte später in Alcalá de Henares erscheinenden neunbändigen *Selva* verworfen und der Schluss verändert wurde[40]: Die in der ersten Fassung völlig passive Arbolea wird zur Erreichung dieser neuen Schlusswendung aktiviert. Durch ihre eigene Reise, die sie nach dem Tode ihres Vaters unternimmt, löst sie eine zweite Liebespilgerschaft Luzmáns nach dessen Rückkehr nach Sevilla aus, was schließlich zum Zusammentreffen in Portugal und zum neuen *happy end* führt. Die platonisch-freundschaftliche Verbindung, die Luzmán und Arbolea im Namen Gottes eingegangen waren, ist damit entsublimiert, und beide werden zu profanen Eheleuten, die sich auch sexuell vereinen, was im Text direkt angesprochen wird[41], wobei die Darstellung den Vollzug eines zuvor durch das Heiratsversprechen geschlossenen und anschließend vor der christlichen Gemeinde bestätigten Sakramentes betont und nicht die fleischliche Lust, die bei Caviceo triumphierte. Die Reichhaltigkeit der Nachkommenschaft und der soziale Status der neuen Familie unterstreichen noch einmal die moralische Legitimität dieser weltlichen Verbindung:

> Era Luzmán a esta sazón de treinta y un años, y Arbolea de veintiocho, y vivieron después de casados cincuenta años, tuvieron tres hijos y dos hijas, que el menor de los hijos se llamó como su padre, y fue de los nobles y generosos caballeros de su tiempo. Y aquí da fin el noveno libro y último desta Selva de aventuras a honra y gloria de Dios (S. 175).

Beide Schlüsse lassen sich im Vergleich zu Caviceos Pilgerschaftsroman als Versuche einer Resakralisierung verstehen, wobei sie auf jeweils zwei unterschiedliche Formen der im Verständnis der katholischen Morallehre einzig

---

40 Zur Problematik des doppelten Schlusses vgl. insbesondere Ruth H. Kossof, die den Wechsel aus der Attraktion des byzantinischen Romans als «neuem» Gattungsmodell zu erklären versucht: «Las dos versiones de la *Selva de aventuras* de Jerónimo de Conteras», in : *Actas del Sexto Congreso Internacional de Hispanistas*, Toronto: Department of Spanish and Portuguese, University of Toronto, 1980, S. 435–439. Barbara N. Davis sieht im Wechsel zum byzantinischen Modell einen kuturhistorisch symptomatischen «move away from the medieval conceits of courtly love towards the modern idealization of conjugal love»; vgl. «Love and/or marriage: the surprising revision of Jerónimo de Conteras's *Selva de aventuras*», in: *Hispanic Review* 50 (1982), S. 173–199, hier S. 194. Ähnlich schließlich González Rovira, der glaubt «que las modificaciones de Contreras obedecen a un factor literario: la lectura de Heliodoro»; vgl. *La novela bizantina* (Anm. 34), S. 186. In diesen Erklärungsversuchen wird jedoch von einem Modellwechsel ausgegangen, wo *de facto* die Koexistenz zweier zumindest rezeptionsgeschichtlich gleichwertiger und vom Publikum offenbar ebenso geschätzter Fassungen vorliegt. Das eigentliche Problem, die Verdoppelung des Textes, bleibt damit ungelöst.

41 «Quedaron Luzmán con su señora Arbolea acostados en una rica cama, que, cuando allí se vieron, no se podría contar lo que los dos sintieron y las palabras amorosas que pasaron, contando [sic] el uno al otro sus trabajos. Y gozándose en lo demás que sus corazones y voluntades deseaban, ataron el verdadero nudo del santo matrimonio en una voluntad unidos, porque verdaderamente se amaron mucho» (S. 175). González Rovira, «El *Libro del Peregrino* de Gioacomo Caviceo» (Anm. 33), übergeht die profanierend-schwankhaften Seiten des Werkes komplett. Nur so kann er in diesem Text einen «claro precedente de la visión desengañada de algunas de las novelas bizantinas españolas» ausmachen.

legitimen Liebesformen abzielen: asketische Enthaltsamkeit und ausschließliche Konzentration auf die Liebe zu Gott einerseits, sakramental geheiligte und durch den Reproduktionszweck legitimierte weltliche Liebe andererseits. Beide Varianten schließen sich dabei nicht logisch oder systematisch aus, denn sie werden vielmehr bereits im Rahmen der ersten *Selva* als legitime Möglichkeiten der Liebe diskutiert und lassen sich daher als im Prinzip ergänzende Positionen in einem ‹Spiel› mit der christlichen Liebe verstehen, das sich in einem Transformationsprozess aus den höfischen kasuistischen Liebesspielen[42] über die Zwischenstufe der renascentistischen Liebesdialoge[43] entwickelt und dabei mit neoplatonischem Gedankengut verbunden hat[44]. Das oft als Streit beginnende, aber meist friedlich endende und sich immer im Rahmen gepflegter Gesellschaftsformen haltende diskursive und allegorisch-theatralische Durchspielen konkurrierender Liebeskonzeptionen stellt in der ersten Version der *Selva* jedenfalls das zentrale Strukturprinzip dar[45]. Die Italienreise Luzmáns hat dabei nichts von einem Abenteuer im aktionistischen Sinne[46], sondern ist *aventure* vielmehr im Sinne einer auf die

---

42 Zur Tradition der höfischen Liebeskasuistik ausgehend vom provenzalischen *joc partit* über Andreas Cappelanus *De Amore* (um 1186) bis zu Martials *Arrêts d'Amour* (um 1460) vgl. die Zusammenfassung bei Karin Becker, *Amors Urteilssprüche. Recht und Liebe in der französischen Literatur*, Bonn: Romanistischer Verlag, 1991, S. 214–318.

43 Als besonders paradigmatischer Text können dabei Leone Ebreos *Dialoghi d'amore* gelten, die erstmals 1535 in Rom erschienen. Die Erstauflage der spanischen Übersetzung durch Guedella Yahia wurde 1568 in Venedig verlegt.

44 Boccaccios *Filocolo*, der in der Forschung lange Zeit lediglich als ein schwaches Jugendwerk galt und nur als Vorläufer des *Decamerone* von Interesse schien, dürfte in diesem Transformationsprozess, der erst ansatzweise aufgearbeitet ist, eine entscheidende Stellung innehaben. Der Reigen der Liebesdialoge, der dabei unter Regentschaft Fiammettas in einer Art Auszeit der Haupthandlung veranstaltet wird, ist jedenfalls noch deutlich nach dem Modell der höfischen Liebeskasuistik modelliert, wobei die dilemmatischen Streitfragen jedoch formal zu einer Entscheidung kommen und im Rahmen der Haupthandlung eine neue Funktion gewinnen. Paolo Cherchi hat auf die Rolle der kasuistischen Liebesdebatten als «suasoria por Florio» hingewiesen, «un modo di confortarlo a proseguire la sua vocazione amorosa sulle linee della discretio, della liberalitas, della magnanimitas, cioè secondo gli insegnamenti delle virtù cortesi» («Sulle *quistioni d'amore* nel *Filocolo*», in: P. C., *Andrea Cappellano, i trovatori e altri temi romanzi*, Roma: Bulzoni, 1979, S. 210–217, hier S. 217). Victoria Kirkham, «Reckoning with Boccaccio's *Questioni d'amore*», in: *Modern Language Notes* 89 (1974), S. 47–59, geht von einer ähnlich entscheidenden Umfunktionierung der höfischen Liebeskasuistik aus, die in den Rahmen einer allegorischen weltlichen Liebespilgerschaft eingelassen und damit einem neuen Ideal christlicher Liebe unterstellt werde.

45 González Rovira spricht zu Recht von einer «casuística amorosa con distintas modulaciones desde una perspectiva cristiana que las engloba a todas»; vgl. *La novela bizantina* (Anm. 34) S. 192. Die allegorisch-theatralische Darstellungsform, die Contreras dabei wählt (vgl. z. B. bereits im ersten Buch den Auftritt der Republik Venedig als Dame, der die Heirat angetragen worden ist und die sich nun für *Libertad* oder *Sujeción* zu entscheiden hat, S. 16–21), wird dann Lope de Vega aufgreifen, indem er *autos sacramentales* in die Struktur seiner Prosaerzählung integriert.

46 Dies wurde in der Forschung schon häufig konstatiert, so etwa von Armado Durán, der vom versprochenen Abenteuer gar nichts entdecken kann: «se limita a estar físicamente presente en el título de la novela y nada más — en ninguno de los siete libros de la *Selva* puede

Zukunft gerichteten Erwartungsspannung, als Frage nach dem Ende eines Spieles, das nicht zufällig im Ambiente der italienischen Fürstenhöfe ausgetragen wird und damit noch als renascentistisches Erbe erkennbar bleibt, auch wenn es nun unzweideutig dem Gesetz Gottes unterstellt und so christlich gewendet worden ist[47]. Anders als im Falle des Spiels mit der höfischen Liebe, das Sebastian Neumeister seinerzeit als ein in sich geschlossenes artifizielles System interpretieren konnte[48], findet Contreras' Spiel mit der christlichen

---

vislumbrarse el más leve indicio de una aventura, bien sea caballeresca, bien sea bizantina»; vgl. *Estructura y técnicas de la novela* (Anm. 36) S. 168. Ruth H. Kossoff, «Las dos versiones de la *Selva*» (Anm. 40), sieht den Protagonisten, der selbst sicher kein Abenteurer ist, dagegen in seiner Rolle als Beobachter und Berichterstatter durchaus als den Vermittler von Abenteuern: «las ‹aventuras› de este libro son las de los conocidos y amigos de Luzmán» (S. 134).

47 Dass das «Gesetz der geregelten Offenheit», das nach Sebastian Neumeister die Struktur des altprovenzalischen Partimen und der daraus abgeleiteten Formen der Liebeskasuistik bestimmt (vgl. *Das Spiel mit der höfischen Liebe*, München: Fink, 1969, S. 35, 115, 164), nunmehr christlich bestimmt ist, wird vor allem durch das allegorische Schauspiel deutlich, das in der Residenz des Kardinals Juliano in Rom veranstaltet wird und zeigt, wie AMOR DIVINO, der von den sieben Kardinalstugenden umgeben ist, über den AMOR HUMANO, dem die sieben Todsünden beigesellt sind, triumphiert (S. 107–115). Eine derartige Christianisierung der Liebeskasuistik auf dem Wege der Allegorisierung ließe sich zwar schon für Boccaccio behaupten, wenn man der These von Victoria Kirkham folgt, kann aber keineswegs als typischer und dominanter Zug der italienischen Renaissance gelten, die insgesamt in ihrem Versuch einer Vermittlung von heidnischer Antike und christlichem Denken sehr ambivalent blieb. Caviceos *Peregrino* ist das beste Beispiel dafür, dass im italienischen Humanismus der pagane Mythos nicht einfach in den Dienst des christlichen Gottes gestellt wurde, sondern durchaus lustvoll als Mythos genossen werden konnte — auch und gerade durch einen Kleriker. Zur Biographie Caviceos vgl. Lorena Simona, *Giacomo Caviceo. Uomo di chiesa, d'armi e di lettere*, Frankfurt a. M. Lang, 1974.

48 Die Beziehung von höfischer und christlicher Liebeskonzeption, die im Aufeinandertreffen der «ars honeste amandi» in den ersten beiden Büchern von Capellanus' *De amore* mit der «reprobatio amoris» im dritten Buch zu einem Werk zusammengespannt sind, erklärt Neumeister als einen systemischen Gegensatz: Die Zusammenstellung von Lob und Tadel der höfischen Liebe bedeute keine «Koexistenz zweier sich ergänzender Ordnungen, auch nicht die Konzession an eine erst hundert Jahre später wach werdende Zensur. Sie ist vielmehr das Ergebnis jenes Ganzheitsanspruches, den beide Systeme, das christliche und das höfische, an den Menschen stellen, und der eine Versöhnung, eine Halbierung der Ansprüche ausschließt» (S. 106). Was hier als systemischer Gegensatz formuliert ist, versuchte Hans Ulrich Gumbrecht Anfang der 80er Jahre auf der Basis der Luhmannschen Systemtheorie als eine «asymmetrische Negation» genauer zu bestimmen: «Literarische Gegenwelten, Karnevalskultur und die Epochenschwelle vom Spätmittelalter zur Renaissance», in: H. U. G. (Hrsg.), *Literatur in der Gesellschaft des Spätmittelalters*, Heidelberg: Winter, 1980 (Begleitreihe zum *Grundriss der romanischen Literaturen des Mittelalters*, 1), S. 95–144, besonders S. 107–111. Auch diesem Versuch wurde, wie zuvor schon der These Neumeisters, zum Teil heftig widersprochen. Der Disput zwischen Gumbrecht und Rüdiger Schnell, der auf der Höhe der Forschung vor inzwischen gut 20 Jahren ausgetragen wurde, scheint mir die auch heute noch grundsätzlich gültigen Fragen aufgeworfen zu haben. Vgl. dazu Rüdiger Schnell, «Kirche, Hof und Liebe. Zum Freiraum mittelalterlicher Dichtung», in: Ernstpeter Ruhe/Rudolf Behrens (Hrsg.), *Mittelalterbilder aus neuer Perspektive. Diskussionsanstöße zu «amour courtois», Subjektivität in der Dichtung und Strategien des Erzählens*, München: Fink, 1985, S. 75–108, sowie die Replik Gumbrechts, ebd., S. 112–118.

Liebe aber im Rahmen einer Zensur statt, die den Spielraum der Möglichkeiten aktiv zu lenken versuchte und direkt darauf einwirkte. Die in der Forschung geäußerte Vermutung, dass die zweite Fassung sich aus dem Eingreifen der Zensur erkläre[49], ist angesichts des Lizenzdatums der Edition von Alcalá, 1578, zwar sicher ausgeschlossen. Allerdings könnte die Erweiterung der ersten Fassung trotzdem eine Art vorbeugende Maßnahme im Vorfeld der Bildung des Index von Quiroga dargestellt haben[50]. Auffällig ist ja immerhin, dass Luzmáns christliche Gesinnung nunmehr konfessionell präzisiert wird: aus dem allgemeinen «caballero cristiano» der ersten Fassung (145) ist ein «católico caballero» (165) geworden, und der Eremit Valerín gibt seinen Segen zur neuen Verbindung aus «cristianas y católicas razones» (173). Diese Spezifizierung sowie die Relativierung der höfischen Kultur Italiens durch die zweite Ausfahrt, die geographisch ganz im Rahmen der iberischen Halbinsel bleibt und sich dabei verstärkt Elementen der zu dieser Zeit im Aufstieg begriffenen und als moralisch unbedenkliche Unterhaltungsliteratur geltende *novela bizantina* bedient, weist bereits auf den «patriotischen» Pilger Lope de Vegas voraus[51]. Den im Vergleich zur römisch-päpstlichen Zensur gegenüber der weltlichen Literatur zunächst recht liberalen spanischen Zensurbehörden scheinen solche Oberflächensignale katholischer Gesinnung fürs erste ausgereicht zu haben.

Die Gründe für die spätere Zensur der beiden *Selvas*, die zunächst von Zapata in den *Index librorum expurgatorum* und später auch in den der *librorum prohibitorum* aufgenommen wurden, wird man wohl nicht an inhaltlichen Einzelheiten festmachen können, die als blasphemisch oder unorthodox bewertet werden könnten. Immerhin bescheinigte Menendez y Pelayo als ausgewiesener Kenner der spanischen Orthodoxie dem Buch «gravedad y decoro» und gestand ein, das Vorgehen der Zensoren nicht zu verstehen: «a la verdad, no se explica que el Santo Oficio, tan indulgente o indiferente con este género de literatura, hiciese la rara excepción de llevar *Luzmán y Arbolea* al Indice expurgatorio»[52]. Am wahrscheinlichsten scheint mir als Motiv der Zensoren der strukturelle Zusammenhang des Textes mit der Tradition der höfischen Liebeskasuistik bzw. den Liebesdialogen der Renaissance, die im

---

49 Juan Bautista Avalle-Arce etwa glaubte, dass gerade die spiritualisierende Absicht der ersten Fassung, «los transportes espirituales», ein Problem dargestellt haben könnte (vgl. die Einleitung zu seiner Ausgabe von Lope de Vegas *Peregrino en su patria*, Madrid: Castalia 1973, S. 28), geht dabei jedoch von falschen Daten aus. Die Diskussion einer Änderung aus Zensurgründen fasst González Rovira, *La novela bizantina* (Anm. 34) S. 184–187, zusammen.

50 Das Zirkulieren von *pareceres* im Vorfeld des Index zeigt, dass die Aufstellung der Liste einen längerfristigen Prozess der Normenbildung darstellte, und es ist anzunehmen, dass die meisten zeitgenössischen Autoren, aus deren Reihen ja auch entsprechende Gutachter stammten, davon wenigstens gerüchteweise Kenntnis hatten.

51 González Rovira bezeichnet den neue geographische Raum der zweiten Fassung der *Selva* als «un paso para la nacionalización del género propiciada por Lope de Vega»; vgl. *La novela bizantina* (Anm. 34), S. 200.

52 Menéndez y Pelayo, *Orígenes de la novela* (Anm. 13) Bd. 2, S. 87.

ersten Drittel des 17. Jahrhunderts (seit dem Index von Sandoval 1612, vor allem aber seit Zapata 1632) systematisch unterdrückt wurde. Mit der Liebe sollte offensichtlich gar kein Spiel mehr getrieben werden, auch dann nicht, wenn es sich im Rahmen christlich-katholischer Werte hielt[53]. Für die literarische Funktionalisierung der Liebespilgerschaft bedeutete diese Auflösung der Renaissancetradition freilich kein Ende. Sie hatte mit dem «griechischen» Roman schon längst eine neue Prosaform gefunden, in der Affekte weiter in Fiktionen verwandelt und dabei in Bewegung gehalten werden konnten.

4. Die ambivalente Erfahrung der Fremde: Fernão Mendes Pintos *Peregrinação* (1614) als Satire und Hagiographie

Mit Fernão Mendes Pintos *Peregrinação* soll nun ein drittes Paradigma der literarischen Funktionalisierung des Pilgerschaftskonzeptes untersucht werden. Anders als im Falle des *Peregrino curioso*, der sich auf die empirische Ritualpraxis des Pilgerns bezog, und anders als der Pilger der *Selva*, der als eine auf vorausliegenden Hypotexte verweisende metaphorische Figuration der Affektbewegung Liebe fungierte, umspielt diese Pilgerschaft in der Form einer Reisechronik die Grenze zwischen Fiktion und Empirie selbst[54]. Dass ich diesen Text entgegen den Gepflogenheiten nationalphilologischer Arbeitsteilung in ein auf das frühneuzeitliche Spanien zentriertes Corpus integriere, versteht sich nicht von selbst, ist aber historisch völlig gerechtfertigt, denn sowohl aus produktions- wie aus rezeptionsgeschichtlicher Sicht schrieb sich der Text zunächst in den literarischen Raum des transnational agierenden Habsburgerreiches ein[55].

---

53 Die mit dem 17. Jahrhundert einsetzende Verschärfung der Zensur zeigt sich sowohl an Boccaccios *Laberinto de Amor*, der von Zapata auch in der Originalsprache indiziert wird. Leone Ebreos *Dialoghi d'amore*, die von Quiroga und Sandoval nur zur Expurgierung vorgeschlagen worden waren, werden mit Zapata gänzlich verboten. Ein ähnlicher Prozess ist auch im Falle von Diego de San Pedros *Cárcel de amor* zu beobachten, der auch erst seit Zapata verboten wird. Offenbar waren die Zensoren des neuen Jahrhunderts nicht mehr bereit, die feinen Unterschiede vorzunehmen, auf denen der Gutachter für den Index von Quiroga noch insistierte, wenn er innerhalb der «cosas de amores» «tratados [...] escritos con honestidad» (wobei ausdrücklich die *Carcel de amor* und die *Celestina* erwähnt werden) von «obras con menos recato y honestidad» unterschied. Vgl. den Abdruck des Textes bei Alcalá, *Literatura y ciencia* (Anm. 11), S. 76–79, hier S. 78.
54 Pintos Reisebericht steht mit seiner Funktionalisierung des Pilgerschaftskonzeptes dabei in einer umfassenden spanisch-portugiesischen Traditionslinie, die José M. Herrero Massari, *Libros de Viajes de los siglos XVI y XVII en España y Portugal*, Madrid: Fundación Universitaria Española, 1999, untersucht hat. Auch für andere Reiseberichte ist das *peregrinatio*-Konzept dabei titelgebend, so im Falle von José de Acostas *Peregrinación de Bartolomé Lorenzo* (1586) oder Gobeo de Victorias *Naufragio y peregrinación* (1610).
55 Der portugiesischen Erstausgabe von 1614, die Philipp III. gewidmet war, folgte die spanische Übersetzung durch Francisco Herrera Maldonado 1620, die in den folgenden Jahrzehnten mehrere Neuauflagen erfuhr (1627, 1645, 1664 u. 1666). Zu einer portugiesischen Neuauflage kam es erst wieder 1678, zu einem Zeitpunkt, als bereits Übersetzungen

Die Aufzeichnungen, die der Autor nach seiner Rückkehr in die Heimat über seine Erlebnisse im fernen Osten zwischen 1537 und 1558, in denen er durch die ganze Weite des damaligen portugiesischen Kolonialgebietes gereist war[56], angefertigt hatte, blieben zunächst längere Zeit eine Privatangelegenheit, obwohl Pinto selbst offensichtlich starkes Interesse an einer Publikation hatte[57]. Als die Dynastie des Hauses von Aviz nach dem Tod von König Sebastião 1578 ohne Erbfolge blieb und Philipp II. im April 1581 durch die Cortes in Tomar auch die portugiesische Krone überreicht bekam, änderte sich mit der machtpolitischen Konstellation auch die publizistische Ausgangslage. In dieser veränderten Situation kam es Anfang der 1580er Jahre zu Gesprächen zwischen Pinto und den Mitarbeitern des offiziellen Indienchronisten des Jesuitenordens, Pater Giovanni Pietro Maffei, den der neue Herrscher zur Fortführung seiner Dokumentation über das Kolonialreich ermuntert hatte. Offenbar wurden Pintos Aufzeichnungen als ein wissensvermittelndes Dokument im strengen Sinne als zweifelhaft und von geringem Wert eingeschätzt und so kam es trotz dieser Kontakte weder zu einer Veröffentlichung noch zur Verwendung des Textes in den 1588 veröffentlichten offiziellen *Historiarum Indicarum Libri XVI*. Man muss dahinter keine jesuitische Verschweigungspolitik vermuten, da es ausreichend Gründe gibt, Pintos Lebensbericht als Historiograph mit Skepsis zu behandeln. Schon die autobiographische Erzählform macht ihn zu einer höchst subjektiven, vom Drang zur Selbststilisierung geprägten Informationsquelle, die ihre Fakten ihrerseits oft auch nur aus zweiter Hand bezog, wie vor allem Georg Schurhammer nachgewiesen hat[58].

---

ins Französische, Englische, Holländische und Deutsche vorlagen. Die umfangreiche Editionsgeschichte des Textes und seiner Übersetzungen dokumentiert Francisco Leite de Faria, *As muitas edições da «Peregrinação» de Fernão Mendes Pinto*, Lisboa: Academia Portuguesa da Historia, 1992.

56 Die Reiseroute Pintos lässt sich über die chronologische Inhaltsübersicht erschließen, die Georg Schurhammer bietet: «Fernão Mendes Pinto und seine *Peregrinaçām*», in: *Gesammelte Studien*, Bd. 2: *Orientalia*, hrsg. v. László Szilas, Lisboa: Centro de Estudios Históricos Ultramarinos, 1963, S. 23–104, hier S. 28–35. Es wurden auch Versuche zu einer geographischen Rekonstruktion unternommen. Vgl. dazu etwa die Karte vom Visconde de Lagoa, die 1947 angefertigt wurde und der modernisierenden *Edição Comemorativa dos Descobrimentos Portugueses* vorangestellt ist (*Peregrinação & Cartas*, 2 Bde., Lisboa: Fernando Riberiro de Mello/Edições Afrodite, 1989).

57 Ich halte mich hier an die Daten zur Genese des Textes, die José Manuel Garcia in der Präsentation der Faksimileausgabe der Erstedition der *Peregrinação* bietet, nach der im Folgenden auch zitiert wird. 1571 sei der Autor danach «numa fase avançada da sua obra» gewesen, «alimentando a esperança de em breve a poder concluir, admitindo mesmo a hipótese de a dedicar a Cosme de Médicis, de quem contaria receber apoio para a edição.» (*Peregrinaçam de Fernam Mendez Pinto*, Maia: Castoliva, 1995, S. 10).

58 Vgl. Schurhammer, «Fernão Mendes Pinto und seine *Peregrinaçam*» (Anm. 56). Schurhammers Studie, die erstmals 1926 in der Zeitschrift *Asia Major* (Nr. 3, S. 71–103 u. S. 194–267) veröffentlicht wurde, bezieht ihr Movens aus der durchaus gläubigen Verehrung des Heiligen Franz Xaver, an dessen Biographie der Gelehrte praktisch lebenslang arbeitete. Als Initialerlebnis soll dabei eine Pilgerreise nach Goa zur Anrufung des Heiligen

Das Verhältnis der Jesuiten zum Abenteurer Pinto, der 1554 angeblich unter dem Eindruck der Rückführung des Leichnams des Jesuitenmissionars, den er in Japan kennengelernt hatte, in die Gesellschaft eintrat, dann mit Nunes Barreto als Gesandter des Vizekönigs über Malakka und China nach Bungo reiste und dort aber wieder aus der Gesellschaft austrat[59], war aber nicht immer von solch szientistischer Objektivität geprägt, und Schurhammer schreibt mit seiner positivistischen Dokumentation auch nicht in erster Linie gegen die im Portugiesischen inzwischen sprichwörtlichen ‹Lügen› des Mendes Pinto[60] an, sondern gegen deren Verwendung zur hagiographischen Legendenbildung, an der die Societas Jesu selbst entscheidend beteiligt gewesen war. Schurhammer bemüht sich um eine wissenschaftliche Trennung von Fakten und Fiktionen, deren Vermischung zu Beginn des 17. Jahrhunderts durchaus erwünscht war, als es im Zuge der Selig- und anschließenden Heiligsprechung Francisco de Jassu y Javiers darum ging, die Wundertätigkeit des Missionars durch möglichst viele Dokumente zu belegen und dabei nicht unbedingt die Glaubwürdigkeit, sondern die publizistische Wirksamkeit der Belege ausschlaggebend war. Es ist jedenfalls kein Zufall, dass der Text genau zu der Zeit publikationswürdig wurde, als die Legendenbildung im vollen Gange war: ein Jahr nach dem Erscheinen der portugiesischen Erstausgabe (1614) wurde der rechte Unterarm des Jesuitenpaters als Reliquie nach Rom überführt, wo er am 25. Oktober 1619 selig- und am 12. März 1622 heilig-

---

gestanden haben. Schurhammers Glaube mag insofern subkutan als persönlicher Studienantrieb entscheidend gewesen sein, seine Studie ist aber insgesamt vom professionellen Ethos des Wissenschaftlers bestimmt und in ihrer positivistischen Genauigkeit immer noch nicht überholt.

59 Einen knappen Abriss der aus historischen Quellen bezeugten Autobiographie Pintos bietet Schurhammer, ebd., S. 98 f. Eine Sammlung der historischen Quellen liefert Rebecca Catz, *Cartas de Fernão Mendes Pinto e outros documentos*, Lisboa: Editiorial Presença/ Biblioteca Nacional, 1983, die in ihrer Einleitung auch sehr knapp den Stand der biographischen Forschung zu Pinto resümiert (S. 13–15). Die Tatsache, dass Pinto sein ambivalentes Verhältnis zum Jesuitenorden in der Erzählung unerwähnt lässt, gab immer wieder Anlass zu Spekulationen über mögliche Eingriffe in den Text durch den Herausgeber. «The decision to omit any reference to it [i. e. the decision to become a Jesuit] may not have been made by Mendes Pinto himself but by whoever prepared his manuscript for publication», formuliert etwa Thomas R. Hart, «‹Pleasant Harmless Lies›. Fernão Mendes Pinto's *Peregrination*», in: *Boletim de Filologia* 29 (1984), S. 221–230, hier S. 225.

60 Dabei wurde der Autorname schon von den zeitgenössischen Lesern des Textes in die Nähe von *Mentes* bzw. *Mendax* gerückt und zur Bildung eines wortspielhaften Echodialogs genutzt: «— Fernão, mentes? — Minto!». Ein Wortspiel, dessen Erwähnung inzwischen zum festen Topos der Kommentatoren der *Peregrinação* geworden ist. Das Verhältnis von Fakten und Fiktionen in Pintos Text bildete entsprechend von Anfang an ein Hauptthema der Forschung. Schurhammers Insistieren auf dem unzuverlässigen Charakter des Textes als historischer Quelle stehen Einschätzungen wie die von Herbert A. van Scoy gegenüber, der meint: «From the historical standpoint, then, the *Peregrinaçam* must be accepted on the whole as the truthful relation of a man of great imagination and enthusiasm. To the average reader, an occasional error in date or distortion of a proper name is irrelevant.»; «Fact and Fiction in Mendez Pinto's *Peregrinaçam*», in: *Hispania* 32 (1949), H. 2, S. 158–167, hier S. 166.

gesprochen wurde. In diesen Zeitraum fällt auch die spanische Übertragung durch Francisco Herrera Maldonado, der in seiner einleitenden, auf den 30. Mai 1618 datierten «Apologia en favor de Fernand Mendez Pinto, y desta Historia Oriental» kein Mittel ungenutzt lässt, den Text zur seriösen Quelle aufzuwerten. Gleich zu Beginn wird Philipp II., «verdaderamente Principe Catolico, Prudente y dignissimo» (fol. I r°)[61] als Akkreditierungsinstanz eingesetzt, da er selbst dem Bericht des Autors in mündlicher Anhörung Glauben geschenkt habe:

> passava muchos ratos con oyrle, dando tanto credito a sus verdades, como era buen testigo el tiempo que gastaua en saberlas: porque a no serlo, no le perdiera en cosas valdias, y dudosas, patrañas sin sustancia ni orden, quien tan grandemente detestaua la mentira, y tan bien conocia la verdad (ebd.).

Der Nobilitierung des Autors mit Hilfe der königlichen Autorität folgt die Entautorisierung des Herausgebers des ersten Textes, Francisco de Andrade, der das Original nicht verbessert, sondern nur verschlimmbessert habe. Als dritte und ergänzende Strategie zum Zwecke, dem Text ein Höchstmaß von Glaubwürdigkeit zu verleihen, folgt nach der Nobilitierung des Autors und der Delegitimierung des ersten Herausgebers ein Apparat an gelehrsamen Quellenverweisen, der in einem eindrucksvollen, 72 Titel umfassenden *Catalogo de los Avtores qve han escrito de las Indias Orientales, Iapon, y China, y de sus situaciones, nauegacion, y conquistas* kulminiert. Die Auflistung dieser Werke ist zwar schon deshalb kein wirklicher Beleg für die historische Richtigkeit der Erzählung Pintos, weil sie teilweise erst nach dessen Aufzeichnungen erschienen und deshalb nicht als Quellen gelten können; als Mittel zur apologetischen Autorisierung des Textes war sie jedoch zweifellos nicht wirkungslos. Dass die Verteidigung des Autors Pinto nicht um dessen selbst willen geschieht, sondern als Instrument im Dienste der Propaganda der spanischen Krone, bleibt dabei nicht verborgen. Das hagiographische Interesse an der Verbreitung der Wundertaten Franz Xavers wird zum Bestandteil einer Stilisierung der Habsburgermonarchie zur paniberischen und zugleich globalen Macht[62], die als *defensor fidei* den katholischen Glauben sichert und dank der jesuistischen Missionierungen über die neue Welt verbreitet. Die

---

61 Zitiert wird im folgenden nach dem Druck der Erstausgabe: *Historia oriental de las peregrinaciones de Fernan Mendez Pinto Portvgves, adonde se escriven muchas, y muy estrañas cosas que vio [...] Tradvzido de Portvgves en castellano por el Licenciado Francisco de Herrera Maldonado*, Madrid: Tomas de Iunta, 1620. Zu Herreras Übersetzung des Textes vgl. auch Hans Joachim Simon, «Francisco de Herrera Maldonado — Apologet und Übersetzer von Mendes Pintos *Peregrinação*», in: Karl-Hermann Körner/Klaus Rühl (Hrsg.), *Studia Iberica. Festschrift für Hans Flasche*, Bern/München: Francke, 1973, S. 625–641; außerdem Teresa Cirillo, «Francisco de Herrera Maldonado Apologeta di Fernão Mendes Pinto», in: *Quaderni Portoghesi* 4 (1978), S. 183–198.

62 Dass die Globalisierung des Herrschaftsbereiches der Habsburgermonarchie dabei auch kulturelle Globalisierungseffekte zeitigte, die nicht als bloße kolonialistische Aneignung des Fremden zu beschreiben sind, hat Serge Gruzinski, *Les quatre parties du monde: Histoire d'une mondialisation*, Paris: Martinière, 2004, eindrucksvoll gezeigt.

Überbietung der portugiesischen Originalausgabe an Rhetorik und Gelehrsamkeit durch Herrera Maldonado, der die «lengua Castellana» als «Reyna de todos los idiomas» (fol. 2 v°) inthronisiert, stützt sich auf eine *translatio imperii colonialis*, die Fortführung der *trabajos* der «nacion Portuguesa gloriosa en dilatar la Fè Catolica en partes tan remotas» (fol. 2 r°) durch die spanische Krone in ihrem «dilatado Imperio» (fol. 2 v°), das sich dank der ehemals portugiesischen Besitztümer noch einmal dramatisch erweitert hat[63].

Folgt man der Rhetorik Herrera Maldonados, wird Mendes Pintos Pilgerreise zu einem weiteren Dokument einer spezifisch katholischen Profanliteratur, wie sie für die spanische Gegenreformation kennzeichnend scheint. Anders als Villalba y Estaña im *Peregrino curioso* insistiert der Autor aber durchaus noch auf einer spirituellen Dimension des Pilgerschaftsgedankens, den er seinem Reisebericht mit der Semantik des Titels ja nicht grundlos voranstellt[64]. Die frühneuzeitliche empirische Erfahrung der Fremde und die kuriose Lust auf Exotisches und Neues[65] treffen sich mit dem Bewusstsein des eigenen Fremdseins auf Erden als *homo viator* im tradierten christlichen Sinne[66] und bilden gemeinsam den Rahmen, in dem sich die kritisch-satirische Stoßrichtung des Textes entfaltet. Über die Thematisierung der Religion gelingt es dem Erzähler immer wieder, das heroische Selbstverständnis, das

---

63 Teresa Cirillo, «Francisco de Herrera Maldonado» (Anm. 61), sieht die ideologische Funktion der *Apologia* Herreras ähnlich: «L'esaltazione in chiave confessionale dell'azione di Mendes Pinto costituisce, in un certo senso, il marchio di garanzia in una società in cui il *topos* dell'evangelizzazione è lo schermo ideologico che sorregge e giustifica gli eccessi perpetrati durante la conquista delle terre americane» (S. 190).

64 Dietrich Briesemeister bringt die komplexe Bedeutung der Titelsemantik auf den Punkt, wenn er formuliert: «Mit dem lakonischen Titel *Peregrinaçam* ruft Mendes Pinto einen großen Traditionszusammenhang auf und kann so mit mehrdeutigen Assoziationen spielen. [...] Prolog und Schlusswort deuten zwar die *peregrinatio* nach traditionellem Verständnis als Bußübung und Zeugnis göttlicher Führung, göttlicher Gnadenerweise, aber in diesem Rahmen entfaltet sich vor dem Auge des Leser verselbständigt ein recht unheiliges, heilloses Panorama menschlicher Verfehlungen, Schurkereien, Unvernunft, die der Überlebenskünstler zu überstehen hatte: eine Pervertierung der wundersamen Erscheinungen, die gemeinhin in erbaulichen Pilgerberichten zu finden sind»; vgl. «Die wunderlichen und merkwürdigen Reisen des Fernão Mendes Pinto (1537–1558) im fernen Osten», in: Xenja von Ertzdorff (Hrsg.), *Beschreibung der Welt. Zur Poetik der Reise- und Länderberichte.*, Amsterdam u. a.: Rodopi, 2000, S. 299–313, hier S. 307.

65 Im Vorwort «ao Leitor» wird das Interesse des Lesers an «cousas myto nouas & peregrinas» dabei ausdrücklich als Bewunderung des Reichtums der Schöpfung Gottes gerechtfertigt, eine Legitimation, die für die rein innerpeninsuläre Reise von Villalba y Estañas *peregrino curioso* nicht angeführt werden konnte.

66 Dieses Bewusstsein stellt der Erzähler gleich zu Beginn seiner Erzählung aus: «Qvando às vezes ponho dianto dos olhos os muitos & grandes trabalhos & infortunios que por mim passarão, começados no principio da minha primeira idade, & continuados pella meiyor parte, & milhor tempo da minha vida, acho que com muita razão me posso queixar da ventura que parece que tomou por particular tenção e empresa sua perseguir-me e maltratar-me [...]. Mas por outra parte quando vejo que do meyo de todos estes perigos & trabalhos me quis Deos tirar sempre em saluo, & porme em seguro, acho que não tenho tanta razão de me queixar por todos os males passados, quanta de lhe dar graças por este so bem presente, pois me quis conseruar a vida [...]» (fol. I).

den offiziellen Kolonialdiskurs seiner Zeit bestimmt[67], ironisch zu brechen, wie vor allem Rebecca Catz in ihrer Studie betont hat[68]. Während der gottgegebene missionarische «Auftrag» als frommer Grund der Reisen in den fernen Osten vor allem in den Episoden um den Freibeuter António Farias (Kap. 38–78) in krassen Kontrast zu einer kolonialistischen Praxis gewaltsamer Ausbeutung tritt, die von skrupellosem materialistischem Gewinnstreben getragen ist[69], und die ‹Religion› der Christen dabei als bloße Ideologie und zynisch-legitimatorische Rhetorik bloßgestellt wird, ist Religion auf der ‹anderen› Seite insgesamt eher als eine Form der Lebenspraxis dargestellt, der der Erzähler zwiespältig gegenübersteht: Ob in den Rahmen einer eindrucksvoll geordneten Zivilisation integriert (China und dessen Kapitale Peking[70]) oder als volkstümlicher Fanatismus (in der Darstellung von religiösen Opferritualen in Calaminham, Kap. 161)[71], immer wird sie als ethische, das Handeln der Menschen bestimmende Größe anschaulich gemacht, wobei die Form der Darstellung von einer «Ambivalenz zwischen Verdammung des

---

67 Dieser Diskurs klingt auch im Vorwort des Textes an, wenn von der «myta gloria & honra do nome & nação Portuguesa a custa do sangue que muytas vezes derramou pelejando pela Fè com os inimigos della» die Rede ist.
68 Vgl. Rebecca Catz, *Fernão Mendes Pinto. Sátira e anti-cruzada na «Peregrinação»*, Lisboa: Instituto de Cultura e Lingua Portuguesa, 1981. Die Autorin vertieft damit die Richtung, die bereits António José Saraiva vorgegeben hatte, als er Pintos Text als protopikarische Satire interpretierte (*Fernão Mendes Pinto ou a Sátira Picaresca da Ideologia Senhorial,* Lisboa: Jornal do Foro, 1958) und die sie selbst in ihrer vorangehenden Studie, *A sátira social de Fernão Mendes Pinto,* Lisboa: Prelo, 1978, eingeschlagen hatte. Die von Saraiva und Catz vertretene These einer satirischen Funktion des Textes ist nicht unwidersprochen geblieben. Die teilweise polemisch geführte Forschungsdiskussion fasst Jens Reck, «Eine ambivalente Repräsentation des Fremden», in: Doris Bachmann–Medick (Hrsg.), *Übersetzung als Repräsentation fremder Kulturen,* Berlin: Schmidt, 1997, S. 21–41, hier: S. 33–35, zusammen. Reck selbst schließt sich dabei dem Ansatz von Catz an.
69 Vgl. Catz, *Fernão Mendes Pinto* (Anm. 68), S. 34–64, die die Episoden als eine Struktureinheit interpretiert, die als «paródia da espansão ultramarina portuguesa e da ideologia da cruzada» funktioniere (S. 34).
70 In der Darstellung Pekings als musterhaft geordneter Stadt wird ausdrücklich auch die wichtige Rolle der Religion betont, die dabei jedoch als «falsche» Vielgötterei markiert wird: «mil & oitocentas casas dos seus pagodes, em que continuamente se sacrifica huma muyto grande quantidade de aues, & de animais siluestres dando por razão que aqueles sao mais aceitos a Deos que os outros domesticos que a gente cria em casa, & para isto dão os sacerdotes muytas razões ao pouo, com que o persaudem a terem esta abusão por artigo de fe. Destes pagodes que digo ha muytos edificios muyto sumptuosos, principalmente os das religiões em que vieuem os menigrepos & conquiais & talagrepos, que são os sacerdotes das quatro feitas de Xaca, & Anuda, & Gizom, & Canom, as quais precedem por antiguidades as outras trinta & duas deste diabolico laberinto em que o demonio se lhes mostra algumas vezes em diuersas figuras, para os fazer dar mais credito a estes seus enganos & falsidades» (fol. 125 v°).
71 Schurhammer stufte die Reise nach Calimanham als «sicher erdichtet» ein; vgl. «Fernão Mendes Pinto und seine *Peregrinaçam*» (Anm. 58), S. 98. Pinto könnte dabei die Schilderung des Juggernaut-Festes mit seinen Opferriten aus dem Reisebericht des Odoricus de Pordenone übernommen haben.

Fremden und versteckter Bewunderung für die Intensität einer fremden Religiosität» zeugt[72].

Die Passagen, die gegen Schluss des Buches das Wirken des Jesuitenmissionars Pater Franz Xaver darstellen, stehen einer solchen satirisch-religionskritischen Lektüre der *Peregrinação* nur scheinbar entgegen. Bei genauem Hinsehen zeigt sich gerade an ihnen eine bemerkenswerte Ambivalenztaktik des Ich-Erzählers, die ihn zu einem Vorläufer und Verwandten der unglaubwürdigen pikarischen Erzähler werden lässt[73]. Erzählerische Ambivalenz sorgt dafür, dass die im Text gelieferten Informationen zum frommen Wirken und den «Wundern» des Jesuitenmissionars zwar für hagiographische Zwecke eingesetzt werden konnten, zugleich aber auch die Möglichkeit zur Infragestellung des Hagiographischen bieten und sich ironisch wenden lassen, wie es die Interpretation von Rebecca Catz vorgeführt hat[74]. Über Ernst oder Ironie der Darstellung des christlichen Heiligen lässt sich deshalb kaum eindeutig mit textinternen Kriterien entscheiden, weil der Erzähler sich gerade hier auf die Position eines naiven und weitgehend unbeteiligten Berichterstatters zurückzieht. Ohne formal die Exemplarität des Missionars zu bestreiten, liefert der Erzähler wie absichtslos Informationen, die zu einer Destruktion der hagiographischen Absicht genutzt werden können, etwa wenn er von den Misslichkeiten berichtet, die dem Pater daraus erwachsen, dass tragende Elemente aus dem lateinisch-portugiesischen Vokabular des Heiligen, «Deos» und «sancte», leicht mit ganz unheiligen japanischen Wörtern zu verwechseln sind und seine Predigten deshalb von seinen Gegnern als Profanierungen ausgelegt werden können[75]. Wer Böses von solchen Berichten

---

72 Hermann Krapoth, «Das Fremde im Spinnennetz der eigenen Kultur», in: Beata Hammerschmidt (Hrsg.), *Übersetzung als kultureller Prozess. Rezeption, Projektion und Konstruktion des Fremden*, Berlin: Schmidt, 1998, S.177–212, S. 187 f. Die Formulierung, die Krapoth mit Blick auf die Darstellung des Opferfestes in Calimanham verwendet, scheint mir für die Darstellung fremder Religiosität in der *Peregrinação* insgesamt gültig. Diese Ambivalenz dem Fremden gegenüber verwischt auch die mögliche satirische Intention des Textes, denn die fremde Kultur wird nicht einfach nur als ein Kontrastmittel zur Negativierung des Eigenen eingesetzt, wie es Rebecca Catz in ihrer Lektüre betont, sondern hat an vielen Stellen auch einen durchaus eigenständigen, nicht satirisch funktionalisierten Status, als Objekt einer von Angstlust geprägten Faszination.

73 Die Nähe des Erzählers zu den Strategien pikarischen Erzählens betonte schon Saraiva (Anm. 68), ohne dabei eine direkte Filiationslinie zwischen Pintos Text und dem *Lazarillo* zu behaupten. Die These wurde dann vor allem von Ulla M. Trullemans aufgegriffen und modifiziert: «*Peregrinação* de Fernão Mendes Pinto, obra ‹pícara de la literatura portuguesa›?», in: *Huellas de la picaresca en Portugal*, Madrid: Insula, 1969, S. 77–101. Rebecca Catz sieht den Pícaro als eine der vier narrativen *personae*, die der Erzähler im Text ausspielt: «Vir Bonus», «Ingénu», «Defesor da fé» und eben «Pícaro»; vgl. *A sátira social* (Anm. 68), S. 115–155.

74 Catz, *Fernão Mendes Pinto* (Anm. 68), S. 91–115.

75 Vgl. Kap. 213, «De tudo o mais que o padre passou com estes bonzos atê se embarcar para a China». Zunächst wird darauf hingewiesen, dass der Name Gottes, den der Jesuitenpater in seiner Predigt natürlich anführt, im Munde der Japaner einen ganz anderen Sinn bekommt, nämlich den der Lüge, was die Bonzen zur Diffamierung des Paters nutzen: «se ha de saber

über Pannen in der Missionierungsarbeit denkt, muss dem Erzähler allerdings eine böse, das Heilige desakkreditierende Absicht erst unterstellen. Er produziert mögliche Zweifel an der Wirksamkeit des Heiligen ja nicht offensivkritisch, sondern durch naives Ignorieren der Schlussfolgerungen, die sich aus seinen Informationen ziehen lassen[76]. Er stellt die eigene Ignoranz dabei mehrfach als gläubiges Unwissen aus und macht seine erzählerische Macht über das Faktische klein, indem er auf das unendlich überlegene Wissen Gottes und dessen Providenz verweist. So begnügt er sich beispielsweise nicht damit, die positiven Effekte aufzuführen, die Franz Xaver auf den «rey de Bungo» ausübt, sondern wundert sich, dass dessen guter Einfluss nicht von einer abschließenden erfolgreichen Konversion des Königs gekrönt wurde, was er nur unter Verweis auf die unerforschliche und menschlichem Wissen überlegene Weisheit Gottes erklären kann:

> E assi defendeo mais outras cousas da mesma maneyra destas, dizendo aos seus mytas vezes em publico, que no rosto do padre, como em hum espelho claro se estaua enuergonhando & confundindo do que até então tinha seguido por conselho dos bonzos, pelos que nos pareceo sempre, segundo o muyto disto que nelle viamos, que aueria pouco que fazer em se elle conuerter á Fé, se este bemauenturado o conuersara mais tempo, mas como a tenção del Rey estaua posta em fito muyto differente desta facilidade em que o nosso juizo muytas vezes se embaraça, não ouue effeito este negocio de sua conuersão até o dia de oje, mas o segredo disto so Deos o entende, que os homens nem restejallo podem. (fol. 277 v.)

Die scheinbar leicht zu bewerkstelligende, aber nicht erreichte Konversion steht plötzlich im Kontrast zur zuvor erwähnten erfolgreichen Konversion des Bonzen von Canafama, die in der spanischen Übersetzung noch zur «famosa [...] conuersion» gesteigert wird und als ein Beispiel für die *eficacia* des jesuitischen Missionars herhält, «siervo de Dios al aumento de nuestra Fè Catolica, conuirtiendo inumerables de aquellas gentes» (444). Sicher unwillentlich

---

que na lingoa do Iapão se chama a mentira diusa, & porque o padre quando pregaua dezia que aquella ley que elle vinha denunciar era a verdadeyra ley de Deos, o qual nome elles pela grossaria da sua lingoa não podião pronunciar tão claro como nos & por dizeren aos seus que o padre era demonio em carne que vinha infamar a Deos pondolhe nome de mentiroso.» (fol. 283 r°). In eine ähnliche metonymische Verbindung zum Heillosen gerät *sancte*: «E porque tambem este vocablo santi na lingoa Iapoa he torpe & infame, daquy veyo arguyr este ao padre que punha maos nomes aos Sãtos», was Franz Xaver dazu veranlasst, *sancte* als Attribut der Heiligen in seinen Predigten durch *beate* zu ersetzen (fol. 283 v°). Rebecca Catz treibt die hier aus der Not geborene Degradierung des Heiligen noch weiter, wenn sie maliziös die Frage stellt, welchen Ersatzterminus der Prediger denn wohl für *Deos* gefunden haben könnte; vgl. *Fernão Mendes Pinto* (Anm. 68), S. 110.

76 Die Strategie, «Signale des Naiven» als «Verhüllungen einer ‹eigentlichen› Aussageabsicht, die wesentlicher Ausdruck der Kritik ist», beschreibt auch Reck, «Eine ambivalente Repräsentation des Fremden» (Anm. 68), S. 37 f., am Beispiel der Rede eines einheimischen Jungen auf der «Ilha dos Ladrões». Was dort noch strategischer Einsatz einer Fremdperspektive war, würde nun zu einer Strategie der Selbstpräsentation des Erzählers im Stile von Erasmus' *Moria*, die Kritik nur deshalb zu formulieren vermag, weil sie keinen Anspruch auf die Wahrheit erhebt.

macht Herrera Maldonado mit seinen hyperbolischen Zusätzen nur die Frage nach den Gründen für das Abreißen der missionarischen Erfolgsgeschichte ausgerechnet an der obersten und entscheidenden Stelle der Macht und bei einem König, der doch offensichtlich zu besserer Einsicht und humanem Verhalten fähig ist, noch drängender. Der Versuch zu einer Steigerung des Hagiographischen in der übersetzerischen Vereinnahmung des portugiesischen Originals verstärkt zugleich den Widerstand dagegen, den Pinto mit seinem (gespielt oder echt) naiven Staunen über die nicht erfolgte Bekehrung eingebaut hat.

Ähnlich, ebenfalls durch den Verweis auf Gottes übermächtiges Wissen, das an einer entscheidenden Informationslücke des Erzählers aufgerufen wird, wird auch später Zweifel an dessen ‹ehrlicher› hagiographischer Absicht genährt, wenn es im Kap. 216 vom Begräbnis Franz Xavers zunächst hieß, es habe «grande sentimento de todos» ausgelöst, «principalmente dos mais virtuosos & tementes a Deos», um dann sofort einzuschränken, dass vielleicht doch keine allgemeine Trauer geherrscht habe, was aber letztlich nur der Allmächtige wissen könne:

> porem não faltarão alguns em que este sentimento se não enxergou de foro, se de dentro o tinhão ou não, Deos o sabe, elle os julgue que sabe a verdade das cousas, & as razões dellas, mas o que se soube publicamente foy que daly a quinze dias escreuendo hum homen, que por sua honra não nomeyo, huma carta a dom Aluaro [...] num dos capitolos della lhe disse secamente, câ morreo mestre Francisco, mas na sua morte não fez milagre (fol. 289 r°)

Eine hagiographische Lesart wird darauf insistieren, dass der Zweifel an der Wundertätigkeit von «mestre Francisco» hier nur deshalb erwähnt wird, damit dann mit der Ausgrabung seines unverwesten Leichnams die öffentliche Bekehrung der vormals Ungläubigen «com muytas bofetadas» und «muytas lagrimas» (fol. 298 r°) umso wirkungsvoller inszeniert werden könne. Dieses funktionale Ziel einer Kontrastbildung zwischen Unglauben und Glauben zur Profilierung des Wunders wäre aber allein durch die Erwähnung des Briefinhaltes erreichbar. Die andere vom Erzähler aufgeworfene Frage, die nach der Korrespondenz von innerem Fühlen und den äußeren Zeichen des Gefühlten, nach der Ehrlichkeit von Tränen, bleibt damit aber bestehen und taucht die beschriebenen emphatischen Gefühlsausbrüche der angesichts des inkorrupten Leichnams ‹Bekehrten› in einen Zweifel, über den sich nicht wirklich entscheiden lässt[77], sondern der dem Leser als potentielle Möglich-

---

[77] Rebecca Catz, die eine möglichst eindeutige satirische Funktion des Textes nachweisen und insofern ebenfalls die Ambivalenz des Textes entscheiden will, übergeht bei der Besprechung dieses Kapitels die von mir hervorgehobene Stelle, bringt dafür aber das Wunder des unkorrupten Leichnams mit Kap. 127 in Verbindung, wo von Balsamierungstechniken die Rede war, um so das Wunder entzaubern zu können.

keit gelassen wird, eben weil der Erzähler ausdrücklich die Entscheidung im Namen Gottes suspendiert hat[78].

Die ‹Modernität› dieses frühneuzeitlichen Textes liegt wahrscheinlich genau in dieser uneindeutigen Haltung zum Glauben, die sich durch die erzählerische Form einer sich in unterschiedliche Masken kleidenden uneindeutigen Erzählinstanz artikuliert. Die eigentlichen Absichten dieser wechelhaften Person, die in vielen *personae* auftritt, können nur vermutet werden, weil sie mehreren Zwecken zugleich zuzuarbeiten scheint, allen voran dem der Satire (die in der ersten Hälfte dominant wirksam ist) und dem der Hagiographie (mit der Einführung Franz Xavers gegen Ende des Textes). Dem erzählenden Ich kann man in keiner seiner Rollen ganz, aber auch nicht einfach gar nicht glauben[79]. Das zwischen totaler Akkreditierung und totaler Desakkreditierung liegende Möglichkeitsfeld erweitert sich nur noch, wenn man die wechselhafte Biographie seines Autors kennt, der vom reichen Händler zum armen Jesuiten wurde und dann wieder zum Privatmann, der mit und gegen die Interessen der Societas wohl zuallererst den eigenen Nachruhm zu befördern suchte und dabei taktisch agieren musste[80].

---

78 In diesem Falle erreicht die spanische Übersetzung nun allerdings eine weitgehende Aufhebung des Zweifels über die «wahren» Gefühle der Beteiligten durch entsprechenden Ausbau der Stelle und Ausblendung der aktiven Rolle des Erzählers als Informationsvermittler, der bestimmte Informationen bewusst vorenthält (z. B. den Namen des Zweiflers, den er «dessen Ehre zuliebe» nicht nennen will, was ja an sich schon eine ziemlich merkwürdige Formulierung ist): «aunque es ansi que huuo algunos, que encubrian muy bien el sentimiento que publicauan, Dios solo juzga de los secretos del coraçon, y su Magestad solo mira descubiertas las intenciones de los hombres, si bien algunos se les echaua de ver la mala suya, publicamente pues de alli à quinze dias escriuiendo á Don Aluaro de Atayde con vn varcon que partia de la China à Malaca, vn hombre que por su autoridad calló quien era, en vno de los capitulos de su carta dezi ansi secamente: Aqui murio el maestro Francisco, y en su muerte no hizo milagro» (S. 426). Die Übersetzung arbeitet insgesamt also an einer Ambivalenzreduktion des Originals, die jedoch nicht in allen Fällen erfolgreich ist.

79 Paul Teyssier formuliert diesen Charakter einer relativen Glaubwürdigkeit ähnlich: «Il est impossible de croire tout à fait à tout ce qu'il raconte, mais en même temps il est impossible de ne pas y croire un peu, en raison de la précision et de l'exactitude de certaines des informations qu'il nous donne sur la lointaine Asie»; «L'envers de l'épopée», in: *Critique* 44 (1988), S. 495–496 u. 676–683, hier S. 682.

80 Noch komplizierter wird die Einschätzung möglicher biographischer Motivationen, wenn man die These der Herkunft Pintos aus einer *converso*-Familie miteinbezieht. Sie ist schon von Armando Cortesão Cortesão («Fernão Mendes Pinto Não Era de Origem Judaica», in: *Seara Nova* Nr. 842, 2 Okt. 1943, S. 89–91) entschieden bestritten worden, mit Blick auf die theatralische Bearbeitung des Stoffes der *Peregrinaçao* durch Antonio Eniquez Gómez hat Constance Hubbard Rose sie aber noch einmal aufgegriffen, zusammen mit den damit verbundenen Spekulationen über einen unfreiwilligen Austritt Pintos aus dem Jesuitenorden: «Perhaps the threat of statues concerning ‹limpieza de sangre› necessitated his separation form the ‹Compañia›. Since Portuguese Jesuits were prominent in pressing Loyola to impose such restrictions, it would have been an act of folly for Fernão Mendes Pinto to return home as a Portuguese cleric of New Christian ancestry; yet the establishment of the Inquisiton in Goa was inminent and indeed became fact in 1560. Mendes Pinto returned to

Mit den beiden vorangehend analysierten literarischen Funktionalisierungen des *peregrinatio*-Konzeptes teilt Pintos Text den Charakter einer Literatur *inter fanum et profanum*, in der die Schwelle zwischen Heiligem und Profanem zum Problem erhoben und der komplexe Prozess der Schwellenbildung sichtbar gemacht wird. Weit davon entfernt, bloß als Verlängerungen der theologischen Doxa des nachtridentinischen Katholizismus zu dienen, zeugen die drei untersuchten Texte von ideologisch-narrativer Kompromissbildung, wie sie für den Versuch zur Ausbildung einer katholischen Profanliteratur in Spanien typisch scheint. Ob der Fragment gebliebene protoliterarische *Peregrino curioso*, die verdoppelte und mit zwei konkurrierenden Enden versehene *Selva de aventuras* oder die lange Zeit vor der Schwelle zur Publikation verharrende und erst dank einer entsprechenden Interessenlage und vielleicht sogar nach Eingriffen fremder Hand publizierte *Peregrinação:* alle drei Beispiele, die für die Forschung heute eher marginalen Wert zu haben scheinen, sind gerade in ihrer uneinheitlichen Gestalt symptomatische kulturhistorische Zeugnisse. Ihre Verfassung ist nicht nur von einer gattungs- oder sujetimmanenten Innenpragmatik bestimmt, sondern auch von der Außenpragmatik gesellschaftlicher Wert- und Normenbildung. Auf je eigene Weise tragen sie eine fremde, heteronome Logik in sich, die sie offen und unabgeschlossen hält und nicht zum ‹organischen› Werk gerinnen lässt. In diesem Sinne handeln sie nicht nur von der Idee der *peregrinatio*, sondern sind zugleich kuriose Texte, die man im frühneuzeitlichen Spanien mit Recht und in vollem Wortsinne *peregrinos* genannt hätte.

Portugal as a private citizen in 1558»; vgl. «Antonio Eniquez Gómez and the literature of exile», in: *Romanische Forschungen* 85 (1973), S. 63–77, hier S. 68 f.

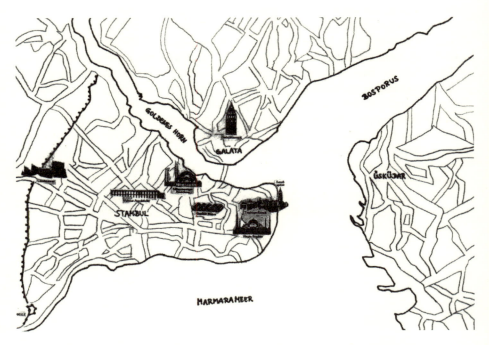

Planta de la ciudad de Constantinopla. Dibujo realizado por Aygül Çakir

Javier Gómez-Montero

«Mi romería va por otros nortes…». De la *peregrinatio* al *itinerarium urbis* en el *Viaje de Turquía*

1. *Peregrinatio* e *itinerarium inter fanum et profanum*

Los dos conceptos esgrimidos en el título de este ensayo remiten a los dos modos de ubicarse en el mundo o a las dos posiciones más elementales que el hombre ha conquistado en el Cosmos, según el historiador de las religiones Mircea Eliade, que son lo Sagrado y lo Profano[1]. En esas dos dimensiones avanzan por acción humana y retroceden sacralización y secularización de la sociedad, que en el mundo occidental muchas veces — pero no siempre, como documentan la Contrarreforma en nuestro marco histórico o el mismo comienzo del siglo XXI — ha coincidido con el paso del mito a la historia, de la tradición a la modernidad. Así, la peregrinación puede definirse como una *pratique d'espace* en el sentido de Michel de Certeau[2], y más en concreto como una práctica discursiva atenta a sacralizar o por menos subjetivar el espacio; a su vez, y sustituyendo la carga simbólica de la *peregrinatio* por una significación ante todo pragmática, mi concepto de *itinerarium* sería una vertiente profana de esa estrategia de apropiación espacial (por ejemplo mediante prácticas culturales como el viaje) y, en su variante específica del *itinerarium urbis*, podrá entenderse como una aproximación del individuo al espacio profano de la ciudad moderna.

Con estos presupuestos cabe considerar al protagonista de *Viaje de Turquía*, Pedro de Urdemalas, como prototipo del hombre renacentista cuyas *pratiques d'espace* recaban en ambas dimensiones de la existencia, sea lo sagrado (*peregrinatio*) o sea lo profano (*itinerarium urbis et urbium*), y en cuya persona se conjuntan las dos clases de Tiempo que — de nuevo según Eliade (p. 93) — conoce el *homme religieux*, es decir lo profano y lo sagrado. Así Pedro se erigiría en un personaje situado *inter fanum et profanum* y ambas prácticas de espacio supondrían un rito iniciático, un *rite de passage* hacia el conocimiento que, en su conciencia, integra las dos vertientes de su condición humana orientadas respectivamente hacia lo espiritual y lo histórico, hacia la religión o la sociedad. Así, Pedro y su trayectoria descrita en el *Viaje de Turquía* encarnan plenamente esa doble faz del individuo a la búsqueda de la

---

1 Mircea Eliade, *Le sacré et le profane*, Paris: Gallimard, 1965 (Idées, 76), pp. 19–20.
2 Michel de Certeau, « Pratiques d'espace », en: M. de C., *L'invention du quotidien I. Arts de faire*, Paris: Gallimard, 1990 (Folio essais, 146), pp. 139–191.

verdad sagrada y profana, lo que para él constituye sin duda alguna el eje estructurante de la existencia humana.

La *peregrinatio*[3] es el punto de partida del relato, tanto en cuanto que arquetipo de la narración y su argumento, como en cuanto que figura de un conocimiento atento a la verdad (refiérase ésta a su sentido transcendental o a los discursos estrictamente humanos). No sólo el ajustamiento formal del arranque del diálogo o «coloquio familiar» de Erasmo *Peregrinatio religionis ergo*, con la consiguiente crítica al culto contemporáneo de las reliquias y las peregrinaciones[4], sino también el esquema argumental, la constelación de personajes y la composición de la obra[5] capitalizan la figura de la *peregrinatio*;

---

3   A propósito del concepto remito al primer apartado del artículo de Hanno Ehrlicher en este mismo volumen y del que tuve conocimiento tras la redacción de las presentes páginas.
4   Ya estudié los modelos de composición y aspectos narratológicos desde el contexto de la literatura erasmista (ver ahora la reedición de mis trabajos en «Diálogo, autobiografía y paremia en la técnica narrativa del *Viaje de Turquía*. Aspectos de la influencia de Erasmo en la literatura española de ficción durante el siglo XVI», en: Asunción Rallo Gruss/Rafael Malpartida Tirado (eds.), *Estudios sobre el diálogo renacentista. Antología de la crítica*, Málaga: Servicio de Publicaciones de la Universidad de Málaga, 2006 (Thema, 47), pp. 227–267) e indiqué algunos elementos compositivos que conforman los *Colloquia familiaria* y que reaparecerán en modo peculiar y muy significativo en el *Viaje de Turquía*. Una comparación exhaustiva del coloquio *Peregrinatio religionis ergo*, cuyo tema central, las peregrinaciones y el culto de reliquias justo en la antesala de la crítica de Martín Lutero, tiene ya de por sí cabida en el *Viaje de Turquía* (especialmente al arrancar la conversación entre los amigos), ayudará a mostrar la perspectiva narrativa de su autor anónimo, dadas las numerosas coincidencias de método con éste y algún que otro coloquio de Erasmo, quien al comienzo escenifica narrativamente el encuentro de dos amigos en Amberes; Menedemus apenas acierta a reconocer a Ogygius a causa de su extraña vestimenta como peregrino de Santiago. Ante tal aparición Menedemus inquiere por su suerte. La pregunta da pie a que Ogygius narre extensamente sus andanzas: «MEN.: [...] Sed quid isthuc ornatus est? Obsitus est conchis imbricatis, stanneis ac plumbeis imaginibus oppletus undique, culmeis ornatus torquibus, brachium habet ova serpentum. OGYG.: Visi divum Iacobum Compostellanum, et hinc reversus Virginem Parathalassiam apud Anglos percelebrem, quin potius hanc revisi. Nam ante annos tres inviseram» (*Peregrinatio religionis ergo*). Me sirvo de la edición *Opera omnia Desiderii Erasmi Roterodami*, t.1/3, Amsterdam, 1972, p. 470.Y, así, a continuación, Ogygius relata en primera persona cómo acaba de regresar de una peregrinación a Santiago de Compostela, a la Virgen de Walsingham y a la tumba del obispo Tomás Becket en Canterbury. *Cf.* Marcel Bataillon, especialmente el apartado «El *Viaje de Turquía* y su verdadero autor» en su obra monumental *Erasmo y España. Estudios sobre la historia espiritual del siglo XVI*, México: Fondo de Cultura Económica, 1966 (Sección de Obras de Historia), pp. 669–692, así como Marcel Bataillon, *Le docteur Laguna auteur du «Voyage en Turquie»*, París: Librairie des Éditions Espagnoles, 1958.
5   El diálogo entre los tres antiguos compañeros en el *Viaje de Turquía* se cifra en tres momentos fundamentales: (a) Juan Devoto a Dios y Mátalas Callando se topan con Pedro cuando regresa de Italia y no le reconocen a causa del extraño atuendo de fraile griego. Por fin se les da a conocer y, tras haber intercambiado las novedades pertinentes, sus compañeros de estudio le piden que les cuente sus peripecias durante el largo período de ausencia (pp. 99–128). (b) Pedro de Urdemalas narra en primera persona sus correrías en tierras lejanas tras el asalto de las galeras turcas de Zinán Bajá el 3 de agosto de 1552 a la flota genovesa en Ponza, su cautiverio y libertad en Constantinopla, su huída por Grecia y su ascenso profesional como médico hasta hasta llegar a prestar servicios decisivos a su amo Zinán y a la familia misma del sultán Solimán. (c) Su extenso relato le da pie a

asímismo la base simbólica articulada en la trayectoria del protagonista Pedro (que en algún manuscrito recibe el *epitheton ornans* de Ulises, *Politropos* — es decir, en buen castellano, *asendereado*, que ha visto y recorrido muchas tierras y lugares —) está sujeta a un rito iniciático donde su cautiverio será un *descensus ad inferos* y, tras infinitas pruebas superadas con *fortuna e ingenio*, un espacio de purificación y revelación, mientras que su fuga de Constantinopla y regreso a Castilla sellaría la transformación de su persona y su acceso a la verdad espiritual y al conocimiento humano, así como la adquisición de una nueva identidad social: Pedro regresa como hombre experimentado, en lo divino y en lo humano (no reniega de su fe pese a las presiones sociales ni de los grupos de poder en Constantinopla), *asendereado* en lo sacro y en lo profano que sabe imponerse a las dificultades. Es un *homo novus, felix homo*.

En ese largo viaje que comienza tras su cautiverio el 3. 8. 1552 (la Víspera de la Fiesta de la Vírgen de las Nieves) y gana cuerpo — como un *descensus ad inferos* — durante su huída y peregrinación por el Camino de Santiago (interrumpida los dos días y noches que dura el diálogo a las puertas de una ciudad castellana que seguramente sea Burgos) recorriendo territorios cuyos

---

contrastar las costumbres de los turcos, peculiaridades de su religión, a confrontar la organización política y aspectos del sistema educativo de Turquía y otras naciones que llega a conocer con la realidad española contemporánea, lo cual le permite criticarla a cada paso, ya mediante breves comentarios, ya valiéndose de digresiones más extensas, hechas tanto objetivamente, como irónica y, a veces, polémicamente. Los puntos de crítica más sobresalientes concuerdan con los pareceres de Erasmo, como resulta del siguiente catálogo de temas: Por todo el libro se reparte la crítica a las costumbres del clero y a aspectos de la liturgia en general, se pone de relieve el rigorismo teológico de las autoridades eclesiásticas españolas y el carácter poco científico de la teología peninsular; en concreto, cabe notar además la crítica del autor a los predicadores hueros y superficiales y a los ambiciosos confesores de la corte (pp. 167–168), su defensa de la oración mental y de un cristianismo interior (pp. 263–266), su crítica a los clérigos mendicantes y malversadores de donaciones (caps. 1–2), a la filosofía y metodología escolásticas, su alabanza de la Biblia y de los Padres de la Iglesia (pp. 321–326) y sus protestas contra el lujo de las iglesias romanas y la suntuosidad de la vida del Papa (pp. 342–50); finalmente habría que añadir el tratamiento crítico de una serie de problemas que atañen a la vida española de modo particular, como el carácter soberbio de los españoles (pp. 139–143), la enseñanza defectuosa del latín en España basada en la insatisfactoria gramática latina de Nebrija (pp. 360–364) y, sobre todo, la decepcionante preparación profesional de los médicos españoles (pp. 192–252). Ya desde el momento del asalto de los turcos en la isla de Ponza el relato gravita en torno a su destino personal, convirtiendo su adversa en próspera fortuna, para lo cual (caps. 4–5) Pedro finge ser médico («[…] le rogué que me dixese qué ofiçios estimaban en más, y díxome que médicos y barberos y otros artesanos. Como yo vi que ninguno sabía, ni nunca acá le deprendí, ni mis padres lo procuraron, de lo qual tienen gran culpa ellos y todos los que no lo hazen, imaginé quál de aquellos podía yo fingir para ser bien tratado y que no me pudiesen tomar en mentira, y acordé que, pues no sabía ninguno, lo mejor era dezir que era médico, pues todos los errores había de cubrir la tierra», pp. 133–34) y triunfa sobre los malavenidos médicos judíos, en particular el protomédico principal Amon Ugli, y contra el «judío boticario que se hazía médico» (p. 236) hasta que su fama va creciendo (p. 168) y consigue ganar prestigio profesional como médico y mejorar su estado de cautivo gracias al éxito profesional, para lo cual ha de poner a prueba su *ingenio*. En una palabra, para Pedro aprendizaje profesional significa ascenso social y beneficio personal.

espacios urbanos no serán alegóricos, sino los contemporáneos de la Europa meridional de entonces, Pedro ganará experiencia de sí y experiencia del mundo, autoconocimiento y conocimientos sobre las naciones y el individuo. Por eso el viaje será mucho más que una mera alegoría de la forma de adquisición de conocimiento, y se podrá entender también como una figura que parte de la concepción tradicional de la *peregrinatio* espiritual hasta subvertirla en el sentido de un proceso empírico de conocimiento, en un vehículo del saber sobre el yo y el mundo, sobre el individuo y la sociedad:

> Aquel insaçiable y desenfrenado deseo de saber y conosçer que natura puso en todos los hombres [...] no puede mejor executarse que con la peregrinaçión y ver de tierras estrañas, considerando en quánta angustia se enzierra el ánimo y entendimiento que está siempre en un lugar sin poder extenderse a especular la infinita grandeza deste mundo (p. 87; *Dedicatoria*) [6].

Es un aprendizaje acerca de sí mismo y de la realidad social propia y ajena, en la Europa cristiana y Turquía. De esa instrucción deriva un conocimiento del desorden del mundo y sus instituciones que son criticadas a veces visceralmente como la Roma papal, el culto a las reliquias, las costumbres del clero, etc., y que son fuente y expresión del desorden universal. En los términos de la *peregrinatio*, la restitución del orden perdido en el mundo se plantea tanto como una *renovatio* espiritual, pero el alcance del conocimiento afecta igualmente — sobre todo gracias a los trayectos recorridos en Constantinopla y por las otras ciudades cristianas — a la institución de un orden humano, a la instauración de un orden social basado en la conciencia de los aspectos positivos que encierra en sí lo otro, que es Turquía, y en una actitud crítica ante lo propio.

2. *Peregrinatio* y *veritas*

El motivo de la peregrinación juega un papel fundamental en la composición y estructura del *Viaje de Turquía*, lo que afecta tanto al nivel actancial (Pedro

---

[6] *Viaje de Turquía* (1980), ed. Fernando García Salinero, Madrid: Cátedra, [4]1995 (Letras hispánicas, 116). Conviene tener en cuenta la reseña de António Carreira, «*Viaje de Turquía*: la odisea de Pedro de Urdemalas», en: *Revista de filología española* 63 (1983), pp. 154–162, quien lamenta la falta de rigor científico y ciertos errores en el establecimiento del texto de la edición, faltas de interpretación en las notas a pie de página y abundantes gazapos en la impresión. Ver ahora la edición *Viaje de Turquía. Diálogo entre Pedro de Hurdimalas y Juan Voto* [...], ed. Marie-Sol Ortolá, Madrid: Castalia, 2000 (Nueva Biblioteca de Erudición y Crítica). Cito según la edición de García Salinero quien, como ha puesto de relieve Ana Vian Herrero («Los manuscritos del *Viaje de Turquía:* Notas para una edición crítica del texto», en: *Boletín de la Real Academia Española* 68 (1998), pp. 455–496) no transcribe la totalidad del texto incluido en los manuscritos conservados dado que la «Tabla» y la «Turcarum Origo» (que, a su vez, han sido editadas por Ana Vian y Florencio Sevilla: «Para la lectura completa del *Viaje de Turquía*: Edición de la *Tabla de materias* y de la *Turcarum Origo*», en: *Criticón* n° 45 (1989), pp. 5–70).

regresa a España por el Camino Francés disfrazado de fraile griego y bajo promesa explícita o *voto* de peregrinar a Compostela en agradecimiento por su liberación), como a la constelación de personajes — concebida a partir de un banal antagonismo entre el falso peregrino de Roma y Jerusalén que es Juan de Voto a Dios y el puríficado peregrino jacobeo — y, por último, afecta también al nivel discursivo donde frente al rancio catolicismo institucional representado por Juan se impone un concepto de *homo novus* encarnado por Pedro, y con él un Cristianismo humanista, crítico, sincero y comprometido con la verdad. Hasta cierto punto, el peregrino de Compostela (históricamente ya en decadencia) se erige aquí en alternativa moral y espiritual al *romero* y al *palmero*, ya que su encarnación en Juan pervierten la prestancia simbólica de sus propias rutas de peregrinación (Roma y Jerusalén). Tales matizaciones aconsejan prescindir de la acepción generalizante de Pedro como materialización narrativa del judío errante según Bataillon (seguida por Ortolá[7], quien con tiento y buen criterio ya subrayaba la diferente calidad de ambos peregrinos) y ceñirse estrictamente a su aparición y su *melior peregrinatio*). No es casual que el diálogo tenga lugar justo durante dos dias a modo de paréntesis y a a fuerza de pasar de incógnito en la ciudad a donde regresará tras cumplir su promesa:

> El caso es, en dos palabras, que yo fui cautivo y estube allá tres o cuatro años. Después salvéme en este ábito que aquí veis, y agora voy a cumplir el voto que prometí y dexar los ábitos y tomar los míos propios, en los quales procuraré servir a Dios el tiempo que me diere de vida (p. 121).

Además, otra diferencia específica entre el peregrino de Santiago y su falso doble es el modo opuesto que emplean ambos para adquirir sus conocimientos del mundo, según sea la propia experiencia de Pedro o el mero saber libresco de Juan, que por cierto muchas veces es erróneo: «Un libro que hizo un fraire del camino de Hierusalén y las cosas que vio, me han engañado, que con su peregrinaje ganaba como con cabeza de lobo» (p. 125).

El diálogo adquiere así una dimensión agonal que afecta al conocimiento que representan los dos personajes y que trasciende el hecho de la discusión dialéctica de ideas y creencias (también por supuesto a propósito del sentido o sinsentido de las peregrinaciones). Quizá la cita que retenga con más claridad esa estructuración agonal del diálogo se manifiesta a las claras en la serie de oposiciones Santiago/Jerusalén, Pedro/Juan, España/Turquía (o, en definitiva, personas/instituciones), sea el pasaje donde el protagonista expresa su propio posicionamiento al respecto: «No dexaré de dezir lo que siento: porque mi romería va por otros nortes. La romería de Hierusalem, salvo el mejor juicio, tengo más por incredulidad que por santidad» (pp. 119–120). Poco después será genera-lizada la validez del aserto: «Lo mismo siento de Santiago y las demás romerías» (p. 120).

---

7 Ver Marie-Sol Ortolá, *Un estudio del «Viaje de Turquía». Autobiografia o ficción*, Londres: Tamesis, 1983 (Colección Támesis, A 87).

Desde el principio se plantea la cuestión de la verdad en los términos de un enfrentamiento entre Pedro y Juan, cuya falta de conocimiento sobre Roma y Jerusalén (lengua y costumbres, situación geográfica, particularidades topográficas, etc.) le delata como mentiroso ya desde la escena inicial (p. 106) y explícitamente poco después:

> Y es que como yo he vibido en honra, como sabéis, teniendo tan familiar entrada en todas las casas de illustres y ricos, ¿con qué vergüenza podré agora yo dezir públicamente que es todo burla quanto he dicho, pues aun al confesor tiene hombre empacho descubrirse? pues si me huyo ¿a dónde me cale parar? y ¿qué dirán de mí? ¿quién no querrá antes mill infiernos? (p. 124)

En cambio, la peregrinación de Pedro es una forma de adquirir conocimiento empírico y por la propia experiencia, y con ello una figura específica del *nuevo* motivo del viaje (incluyendo en la hoja de ruta tierras peregrinas, p. 116). El valor añadido de la *peregrinatio* como alegoría de una fórmula específica de adquisición del conocimiento lo acota Matalascallando refiriéndose a Pedro:

> Agora digo que no es mucho que sepa tanto Pedro de Urdimalas, pues tanto ha peregrinado. En verdad que venís tan trocado, que dubdo si sois vos. Dos horas y más ha que estamos parlando y no se os ha soltado una palabra de las que solíais, sino todo sentencias llenas de philosofía y religión y temor de Dios (p. 123).

Se trata de la transformación integral del indivíduo que se convierte en otra persona al renovar su conciencia. En este punto se resuelve finalmente la oposición entre Juan y Pedro pues ambos convergen por caminos opuestos en un idéntico acto o propósito de enmienda. En este sentido, la funcionalidad instructiva del relato en su totalidad se decanta primeramente en el proceso de purificación personal del protagonista, Pedro de Urdemalas. Su evolución constituye el tema central del *Viaje de Turquía,* como Juan de Voto a Dios lo explicita oportunamente tras comparar su destino con el de María Magdalena y el del *ladrón bueno* colgado en la Santa Cruz:

> Tengo para mí que él viene muy docto en su facultad, porque no es posible menos un hombre que tenía la abilidad que acá vistes, aunque la empleaba mal, y que entiende tan bien las lenguas latina y griega, sin las demás que sabe, y buen filósopho, y el juicio asentado, y lo que más le haze al caso haver visto tantas diversidades de regiones, reinos, lenguajes, complexiones; conversando con quantos grandes letrados grandes hay de aquí a Hierusalem, que uno le daría este abiso, el otro el otro (pp. 378–379).

El que sea justo Juan quien reconozca la transformación de Pedro implica así mismo la insinuación de reconducir su comportamiento de acuerdo con la verdad y con ello el poder de convicción del relato de Pedro que provoca la transformación de Juan («apartarme de mi mala vida pasada», p. 502).

El cautiverio resulta ser así el momento de purificación personal para quién será luego el peregrino ejemplar (de Santiago) que enmienda la plana al falso peregrino (de Roma y Jerusalén). Y así también Juan — *romero* y *palmero*, de acuerdo con la terminología dantesca en la *Vita Nuova*[8] — esboza al final del texto el perfil de una *conditio humana* deudora del conocimiento adquirido por Pedro y que es manifestación de la verdad en que éste ha instruido a Juan con el relato de su *peregrinatio*. Ese saber acerca de la condición humana sería la quintaesencia de los tres apotegmas que expone Juan como colofón al diálogo; que se concitan en lo que expresaba el poeta Simónides ante el rey lacedemonio Pausanias: «aconsejóle que no se olvidase de que era hombre» (pp. 502–503). La auténtica cascada de máximas y proverbios que se acumulan en esas líneas (escuchándose al rey Filipo de Macedonia, a Terámenes, Platón, Eurípides y San Pablo) tiene por objeto «la vida del hombre» (p. 503) en su sentido más pleno.

Recuérdese cómo, al concluir su relato, Pedro engarzaba tres anécdotas tomadas de los libros de apotegmas de Erasmo para refrendar la voluntad de Juan de Voto a Dios de renunciar a sus estafas (éste recolectaba entre los fieles limosnas y, a cambio, ofrecía reliquias falsas traídas de los Santos Lugares y prometía oficios religiosos en Jerusalén a donde nunca llegaba):

> JUAN: Por tema del sermón tomo el refrán del vulgo: que del predicador se ha de tomar lo que dize, y no lo que haze; y en recompensa de la buena obra que al prinçipio me hizistes de apartarme de mi mala vida pasada, quiero, representando la venidera, que hagáis tal fin quales prinçipios abéis llebado, y todo se hará fáçilmente menospreçiando los regalos de acá que son muy benenosos y inficionan más el alma toda la pasada vida la obligaçion en que estáis de servir a Dios y que ningún pecado venial hay que no sea en bos mortal, pues para conosçerlos sólo vos bastáis por juez. Simónides, poeta, oyendo un día a Pausanias, rey de Laçedemonia, loarse quán prósperamente le habían susçedido todas las cosas, y como burlándose preguntó alguna cosa dicha sabiamente, aconsejóle que no se olvidase de que era hombre. Esta respuesta doy yo sin demandármela. Philippo, rey de Maçedonia, teniendo nueba de tres cosas que prósperamente le havían susçedido en un día, puestas las manos y mirando al çielo dixo: ¡Oh fortuna, págame tantas feliçidades con alguna pequeña desventura! no ignorando la grande invidia que la fortuna tiene de los buenos sucesos. Therámenes, uno de los treinta tiranos, habiendo sólo escapado quando se le hundió la casa con mucha gente, y teniéndoles todos por beato, con gran clamor: ¡Oh fortuna! dize, ¿para quándo me guardas? No pasó mucho tiempo que no le matasen los otros tiranos[9].

También Juan se transforma y, como Pedro, quiere convertirse en un *homo novus*. La anécdota recuerda la conveniencia de tener presente la *humaine condition*, en el sentido de Montaigne, pero *avant la lettre*: «aconsejóle que no se olvidase de que era hombre». Tambien para Juan la experiencia biográfica supone una via regia para la *renovatio* personal y, en este sentido, son congruentes el final de las dos jornadas del diálogo.

---

8   «E dissi ‹peregrini› […] in quanto […] in modo stretto non s'intende peregrino se non chi va verso la casa di sa' Iacopo o riede»; Dante Alighieri, *Vita Nuova*, ed. Tommaso Casini, 1885, p. 51.

9   *Cf.* pp. 502–503 y al respecto la nota a pie de página de García Salinero en su edición del *Viaje* (n. 6).

Así la peregrinación se erige en práctica cognoscitiva y por el concepto de ella que Pedro hace valer la *peregrinatio* es un vehículo de conocimiento e instrumento de adquisición de verdad. Pero queda por desarrollar aún su objeto. Lo más llamativo del *Viaje de Turquía* es que los temas de debate y de reflexión conciernan tanto a lo divino como a lo humano y se adentren indistintamente en la esfera de lo sacro y de lo profano. No sólo la salvación eterna está en el punto de mira de Pedro sino igualmente la condición terrenal. Si la transformación interior de Pedro y Juan apuntan a su salud eterna («criatura ninguna nos podrá apartar del amor y afijión que tengo a Dios», p. 504), la experiencia de países y ciudades lejanas aporta un conocimiento altamente pragmático del mundo y de la sociedad, su organización institucional, los discursos del poder, etc. Así se decantan como objeto del relato una indagación del yo y de la sociedad contemporánea, la conciencia y la historia [10].

3. *Itinerarium urbium*: práctica cultural y estrategia cognoscitiva en el *Viaje de Turquía*

Y a este respecto es curioso comprobar que el objetivo de la *peregrinatio* también sea doble, ya que abarca una dimensión espiritual y otra explícitamente cultural o profana. Si en la primera se inscribe todo el proceso de transformación interna de Pedro (y por su narración también la de su antagonista Juan), la segunda se articula mediante la descripción de las ciudades que desde Constantinopla a Bayona irá recorriendo Pedro, quien analizará muchas de sus estructuras sociales, económicas y culturales. Por contrapartida es llamativo su desinterés por los aspectos arqueológicos del Camino, ya que recorre sus rutas tradicionales sin aportar mayores reflexiones: De Roma a Santiago el camino natural sería primero la vía norte-sur desde Roma hasta Alemania para seguir luego desde Génova la ruta francígena por Arles y Toulouse hasta Somport. El itinerario de Milán a Génova y desde allí (porque «no hallé pasaje», p. 373) por el Piamonte a Turín y luego — siguiendo la ruta eminentemente comercial — hasta Lyon, para luego seguir a Toulouse,

---

10 El proceso educacional de Pedro se articula según las leyes de un relato aventuresco con abundante suspense y dramatismo. Al contar cómo cae prisionero de los turcos, cómo, durante sus años de cautiverio en Constantinopla, logra mejorar su posición social hasta ser médico de cabecera del mismísimo sultán Sinán Bajá compitiendo con los envidiosos médicos de la corte y cómo corona con éxito su peligrosa huida por el Egeo y por Italia hasta llegar a España. Esta trama novelesca marca la pauta de un viaje interior que emprende Pedro de Urdemalas a medida que va ganando conocimiento sobre el mundo y sobre sí mismo. (Sobre el tema de la interpretación de la trama del diálogo como un viaje interior véase: Ángel Delgado Gómez, «El viaje como medio de conocimiento: el *Viaje de Turquía*» en: *Actas del VIII Congreso de la Asociación Internacional de Hispanistas*, 1986, t. 1, pp. 483–490). En el personaje literario se puede atisbar la realización de un ideal educativo humanista que se plasma en una actitud ética, un comportamiento práctico, una formación científico-cultural y un conocimiento de la realidad basado en la reflexión crítica.

Bordeaux y Bayona. En este itinerario de ciudad en ciudad se transparenta un interés por lo profano más allá de lo sagrado vinculado a la ruta espiritual del peregrinaje, que es sometido así a un proceso de secularización en clave urbana.

El alcance de esta doble estrategia cognoscitiva que se manifiesta en el desdoblamiento de la *peregrinatio* en un *itinerarium urbium* — ya latente en el recorrido apuntado — podrá ser intuido tomando el pulso a los recorridos urbanos de Pedro que aportan la clave de ello. Tanto de sus *parcours* en Constantinopla como del trayecto de su viaje por las ciudades italianas surge todo un mosaico de percepciones y experiencias urbanas que son la cifra exacta del conocimiento del mundo adquirido durante esos tres o cuatro años que Pedro se ausentó de Castilla.

El esquema simbólico será muy sencillo: Si durante el cautiverio tuvo lugar su transformación y la huida había sido una *peregrinatio* en cuyo transcurso se consumaba todo un proceso de purificación espiritual, las ciudades serán para Pedro la piedra de toque de su conocimiento de la sociedad humana. El esquema simbólico apuntado — especialmente válido para las páginas 129–273 — permitirá que el discurso narrativo se mueva entre la dimensión transcendente de la religión y la historia secular de la sociedad, manejando indistintamente códigos simbólicos y la perspectiva contemporánea, de modo que el relato de Pedro consigue abarcar el más allá y el acá sintetizándolos en sus *pratiques d'espace* cuyo estatuto de experiencia espiritual y cultural al mismo tiempo queda bien fijado cuando Mata inculpa a su socio y cómplice de negocios fraudulentos Juan por escuchar a Pedro con el único interés de «no ser cojido en mentira, pues el propósito a que se ha contado el viaje es para ese efecto, [...] gentil cosa sería que dixese haber estado en Turquía y Judea» (p. 338). Pero tras esa aclaración, el mismo Mata incita a Pedro a centrar su narración en los ciudades que constituyen así una cifra de la sociedad humana entendida como un territorio profano: «a lo menos contiene que de todas esas çibdades prinçipales que hay en el camino hasta acá digáis algunas particularidades comunes» (p. 338). A partir de aquí podrá sorprender el derrotero que toma el relato que con la llegada a Messina — y por tanto a tierra de la corona de Aragón — se abre un nuevo ciclo que sigue a la incertidumbre de la huida (pp. 252–329). La causa de esa eventual sorpresa es la repentina concentración del ángulo de visión que ahora, más que cuestiones topográficas de las corografías al uso o particularidades de valor para los viajeros — referencias digamos turísticas, obviadas decididamente —, enfoca los multiples discursos de las urbes italianas, casi las más desarrolladas entonces en Europa sea en el mediterráneo (Nápoles y Génova) o sea en el norte (Florencia y Milán). Prevalecerá el tratamiento de los discursos sociales y económicos (y en su órbita entran cuestiones urbanísticas, logísticas o geográficas, en general), no obstante sin descuidar aspectos de los discursos culturales sobre todo a partir de las instituciones del poder o de pormenores de cariz etnográfico (como por ejemplo los relativos a la superstición, a costumbres domésticas, a la higiene o a la moda).

Junto a este enfoque que desde un punto de vista pragmático analiza la organización y el funcionamiento de la sociedad y sus instituciones, tenemos a veces también incursiones en territorios simbólicos que sirven a Pedro para tomar conciencia del desorden del mundo, y así descubre en las ciudades de su periplo italiano las huellas inscritas del desorden institucional contemporáneo: la Roma papal y prostibularia, la Bologna universitaria, la Viterbo supersticiosa, la Génova de los lujosos hospitales de caridad. Estas ciudades del desorden — mayormente provocado por efecto de las instituciones eclesiásticas — contrastan vivamente con la imagen de ciudad del hombre que ofrece Constantinopla como *urbs nova*, capaz de suministrar referentes para la *renovatio* de las ciudades europeas [11]. El modelo de esa nueva sociedad a construir viene dado por la organización urbana de Constantinopla que es lugar de trabajo y de comunicación multicultural, como veremos en detalle estudiando los itinerarios de Pedro por el espacio urbano de Constantinopla. De ahí viene la prestancia del concepto de *itinerarium urbis* como complemento dialéctico de su peregrinación jacobea y el *itinerarium urbis*.

El relato que Pedro ofrece de su travesía por Italia (pp. 329–374) presenta una estructura narrativa que no sólo por su técnica, sino también en razón de su objeto temático, cae en el ámbito de la mejor literatura ensayística. El relato de su viaje de Messina a Nápoles le da pie a describir el espléndido servicio de correos italiano (pp. 336 ss.), prosigue aludiendo a su paso por Nápoles (pp. 338–341) y Roma (pp. 342–347), lo cual le permite tratar cuestiones político-administrativas, aspectos de la vida en ambas ciudades o, simplemente, centrarse en detalles arquitectónicos; a propósito de su paso por Viterbo, cuenta la burlona anécdota de las monjas que poseen un cinturón milagrero, capaz de dejar embarazadas a las mujeres que se lo aplican (pp. 349–351), y refiere algunas particularidades geofísicas de la zona y de Sicilia (pp. 351 s.); a continuación llega a Siena (pág. 355 s.) y Florencia (pp. 356–359). Pedro recoge el hilo de su relato aludiendo brevemente a Bologna (pp. 365–69, con curiosa referencia al título de doctor *honoris causa* que le impusieron allí), Modena (p. 369), Milán (pp. 370–372) y Génova (p. 375), ciudades todas que en realidad no describe, sino de las que resaltan algunas costumbres y ciertos usos sociales. Genéricamente, la multitud y diversidad de informaciones prácticas y de datos técnicos que facilita Pedro en este relato, aproxima el capítulo a las misceláneas y a las compilaciones de hechos variadísimos que tanto éxito gozaron en el marco de la producción literaria de este tiempo[12].

---

11 Estamos estudiando esta idea en el marco del programa *Europäische Städte — Villes Européennes — Ciudades Europeas*. Véase la revista online *SymCity* 1 (2007): www.uni-kiel.de/symcity.

12 Véanse los trabajos de Encarnación Sánchez García, «Lode di Napoli nel ‹Viaje de Turquía›», en: *Omaggio al Prof. R. Sirri*, eds. Matteo Palumbo/Vincenzo Placella, Napoli: I. U. O. – Edizioni Federico & Ardia, 1995, pp. 375–384; «Viaje de Turquía: las etapas de un viaje de ida y vuelta», en: Manuel Criado del Val (ed.), *Actas del II Congreso de Caminería*

Lo más significativo de la reconstrucción de su *itinerarium urbium* es el punto de vista de Pedro, que apunta sobre todo a aspectos económico-sociales y a los discursos culturales de las ciudades. Así, de Messina lo más significativo le parece su puerto comercial y trata también cuestiones sanitarias y de administración urbana. Igualmente la fisonomía de Nápoles, donde pasa siete meses, en parte por haber caído enfermo (pp. 332-333), es la de un emporio de negocios, y en vez de referencias turísticas prevalecen sus observaciones sobre el abastecimiento de la ciudad (llegando a apuntar detalles muy concretos a propósito de la alimentación: preferencia del ternero en lugar de carneros, abundancia de pescado, etc.) y de comunicación (por ejemplo Pedro da detalles acerca del servicio de correos con Messina). En contraste con Nápoles, en Roma pasa Pedro sólo 15 días (quizá por desinterés, p. 342) y, por una parte, es significativa su renuncia explicíta a dar una visión acerca de los magníficos monumentos, palacios, vías u otras obras en construcción (en su lugar se refiere a los altos costes de las iglesias) y, por otra, critica severa y burlonamente al Papa. Será Siena (p. 350) la ciudad en la que Pedro abrirá los ojos para captar con entusiasmo detalles arquitectonicos, la construcción de las casas y calles o el embellecimiento de los espacios públicos. De Florencia serán resaltadas, junto a la pujante vida económica, las fiestas, la riqueza, los mosaicos sorprendentes (y por ahí se menciona algún monumento espectacular), pero sobre todo dará cuenta de la organización gremial de los barrios por estamentos profesionales, con sus insignias, etc. y le llama la atención el extraño modo de contar las horas y el reloj (pp. 358-359). Tras este periplo por las ciudades de Italia, Pedro continúa luego camino hacia Lyon — donde se resalta su poder comercial — por Toulouse y Burdeos hasta pasar por Vitoria y llegar seguramente Burgos. Su itinerario confirma el saber por experiencia de Pedro y su deseo de saber es un saber sobre el mundo y sus ciudades: su objetivo será entender los idiomas y conocer sociedades muy diversas para hallar la verdad y expresarla. Esa voluntad de saber provocará reacciones paradójicas, pues las consecuencias para él son garrafales, ya que se pondrá en entredicho su condición de cristiano, como subraya oportunamente:

> Por eso me quieren todos mal, porque digo las verdades; estamos en una era que en diçiendo uno una cosa bien dicha o una verdad, luego le diçen que es satírico, que es maldiçiente, que es mal christiano; si que es satírico, que es maldiçiente, que es mal christiano; si diçe que quiere más oír una misa reçada que cantada, por no parlar en la iglesia, todo el mundo a una voz le tiene por ereje, que dexa de ir el domingo, sobre sus finados, a oír la misa mayor y tomar la paz y el pan bendito; y quien le preguntase agora al papa Julio por quánto no quisiera haber malgastado aquel millón, cómo respondería que por mill millones (p. 347).

---

hispánica, Madrid/Guadalajara: AACHE, 1996, t. 3, pp. 187-196. Remitimos, además, al clásico estudio de Franco Meregalli: «L'Italia nel Viaje de Turquía» en: *Annali di Ca' Foscari* 13 (1974), pp. 351-362.

La perspectiva de Pedro deja entrever su convencimiento de que sólo la institución de un orden humano, profano (y urbano) hará posible la restitución del orden sacro, que es la meta a la que debe apuntar el orden terrenal después de haber sido desbaratado por los hombres y sus instituciones. Así queda justificada la íntima vinculación entre el conocimiento del mundo a través de su experiencia empírica y la trayectoria espiritual de Pedro.

4. *Itineraria urbis*: Constantinopla en el *Viaje de Turquía*

Pasemos, por último, al espacio de Constantinopla y a su significación, ya que la transformación de Pedro — consecuentemente apuntada — tiene mucho que ver con el paso de una *peregrinatio* (adscrita a una experiencia sacra) a los *itineraria urbis* por una ciudad secularizada, como le parece Constantinopla, que se inserta en un contexto narrativo de lo profano. En general, en la literatura española del siglo XVI la imagen de los turcos es la de un bárbaro enemigo, sin cultura ni principios morales. Nunca aparece con voz propia, los territorios del imperio otomano tampoco son descritos, así por ejemplo en una breve obra de carácter divulgativo, debida al polígrafo e impresor Vasco Díaz Tanco, la *Palinodia de los Turcos* (1547), aunque el autor diga haber sido prisionero de los turcos y haber estado algún tiempo en Turquía, no relata nada de lo que vio Pedro (que tampoco estuvo allí), sino que se centra en la formación histórica del imperio turco y en algunos aspectos de su organización política y militar. Insisto en estos últimos detalles porque algunos de los puntos aludidos reaparecen en el *Viaje de Turquía*: por ejemplo la condición de cautivo del protagonista, el llamamiento a Felipe II de destruir al Gran Turco, Solimán, y de liberar a los cristianos cautivos en Constantinopla. Pero en el *Viaje de Turquía* — además de dedicar un número considerable de páginas a los *Orígenes de los Turcos* (es decir, a la historia del imperio otomano) — sí que, al contrario que en la *Palinodia* o *reprobatio* de Díaz Tanco, se dedica amplio espacio a la descripción de las instituciones religiosas, sociales, educativas y políticas de Turquía, a la organización del Estado y del ejército, a las costumbres cotidianas y a las fiestas, a las casas, los baños y las comidas, a la lengua, a la mujer y a la familia. Lo más llamativo es entonces que el conocimiento del otro lleve consigo una crítica de lo propio, un cuestionamiento del *sí mismo*, aunque no por ello — como en el caso de la homosexualidad masculina — no dejen de fustigarse severamente ciertas prácticas sociales y culturales del otro. No obstante, este Otro ya ha dejado de ser el bárbaro enemigo para convertírse en un espejo crítico de lo propio [13].

---

13 Javier Gómez-Montero, «L'Europe entre le Même et l'Autre: la connaissance des Nouveaux Mondes au XVIe siècle dans la littérature espagnole», en: *Cahiers du GADGES* 5 (2007), pp. 55–74.

Buen ejemplo de ello es el tratamiento del motivo de los baños turcos, descritos sobre todo desde un punto de vista pragmático y funcional. Los baños son un lugar de encuentro social, y más allá de su papel para la sanidad pública, dan pie a una comparación explícita entre Turquía y España, de la que ésta sale malparada.

> MATA. – ¿Como se vañan? ¿Métense dentro algunas pilas?
> PEDRO. – Danle a cada uno una toalla azul, que se pone por la çintura y llega a la rodilla; y metido dentro la estufa hallará dos o tres pilicas en cada una, en las quales caen dos canillas de agua, una muy caliente y otra fría. Está en vuestra mano templar como quiséredes, y allí están muchas tazas d'estaño con las quales cojéis el agua y os la echáis a questas, sin tener a qué entrar en pila. El suelo, como es todo de mármol, está tan limpio como una taza de plata, que no habría pila tan limpia. Los mesmos que sirben el baño os labarán muy a vuestro plazer, y esto no solamente los turcos lo usan, sino judíos y christianos, y quantos hay en Levante. Yo mesmo lo hazía cada quinze días, y hallábame muy bien de salud y limpieza, que acá hay gran falta. Una de las cosas que más nos motejan los turcos, y con raçón, es de suçios, que no hay hombre ni muger en España que se labe dos vezes de como nasçe hasta que muere (p. 489).

Baste estudiar la transformación del concepto del espacio en la experiencia del lugar, tal y como se opera en la visión que tiene el protagonista de la capital otomana. El texto va a ofrecer entonces toda una cartografía social de Constantinopla, además de analizar su topografía teniendo en cuenta los discursos económicos, políticos y culturales que conforman a la ciudad.

> PEDRO. – En la ribera del Hellesponto (que es una canal de mar la qual corre desde el mar Grande, que es el Euxino, hasta el mar Egeo) está la çibdad de Constantinopla, y podríase aislar, porque la mesma canal haze un seno, que es el puerto de la çibdad, y dura de largo dos grandes leguas. Podéis estar seguros que en todo el mar Mediterráneo no hay tal puerto, que podrán caber dentro todas las naos y galeras y barcas que hoy hay en el mundo, y se puede cargar y descargar en la escala qualquier nabe sin barca ni nada, sino allegándose a tierra. La exçellentia mayor que este puerto tiene es que a la una parte tiene a Constantinopla y a la otra a Gálata. De ancho terná un tiro de arcabuz grande. No se puede ir por tierra de la una çibdad a la otra si no es rodeando quatro leguas; mas hay gran multitud de barquillas para pasar por una blanca o maravedí cada y quando que tubierdes a qué. Quasi toda la gente de mar, como son los arraezes y marineros, viben en Gálata, por respecto del tarazanal, que está allí […] (pp. 485–486).

Partiendo de unos pocos datos acerca de su localización geográfica — que mayormente coincide con las referencias de la *Cosmographia* de Sebastian Münster —, en seguida el texto incide en el puerto como lugar funcional, centro de la vida pública, y en los taranzales como lugar de trabajo, es decir como un elemento de organización de la vida urbana.

Así lo ajeno se transforma en algo conocido y es sometido a análisis, llegando incluso a convertirse en utopía donde se proyecta una imagen crítica de lo propio. Además, lo propio significa en el diálogo anónimo no sólo la

Europa y la España cristianas como sujetos colectivos; más aun, la experiencia del lugar y el conocimiento de lo otro llevará consigo un profundo cambio en la personalidad del protagonista y la conversión del personaje en *homo novus*, su radical transformación en un auténtico cristiano que toma consciencia de su individualidad y se emancipa del poder performativo y control de otras instancias sociales e instituciones para acceder a la verdad y regir la propia conducta a partir de ese patrón [14]. El saber del otro lleva consigo una reformulación crítica del autoconocimiento, y ese descentramiento individual implica un gran salto cualitativo hacia la experiencia del mundo centrada en la alteridad, a lo que sin duda también contribuyen cuestiones que afectan al género textual y sobre la base de una hibridación entre relato autobiográfico y diálogo, lo que abre las puertas a una expresión polifónica de la realidad [15].

Para terminar repasaremos la topografía urbana de la Constantinopla descrita en el *Viaje de Turquía* de acuerdo con el criterio de legibilidad mental que propone Kevin Lynch [16] a partir de unos referentes urbanísticos y arquitectónicos que permiten hacerse una imagen de la ciudad gracias a los itinerarios de Pedro por todo su largo y ancho. Ello permititá bosquejar en el texto la cartografía social de la ciudad con los elementos culturales que la definen hasta conformar una sociedad utópica que, no obstante posee un estatuto histórico reconocible. Y así quedará perfilada una experiencia dinámica del lugar como manifestación de la transformación en la conciencia y conocimiento del protagonista.

La topografía urbana de Constantinopla descrita en el *Viaje a Turquía* deja translucir que el autor ha tenido presente una imagen mental de la ciudad y estas imágenes permiten leerla a partir de los itinerarios Pedro de Urdemalas, el cautivo cristiano que allí se hace pasar por médico. Los elementos constitutivos de la topografía urbana son los barrios (por ejemplo el de los cautivos cristianos en Gálata), los nudos o encrucijadas (como por ejemplo el Gran Bazar), los hitos de refencia como las mezquitas (la de Süleiman o mismo la Hagia Sophia), los límites (las murallas o el castillo Yediküle) y los caminos o las calles que Pedro recorre [17]. Estos elementos hacen visible mentalmente la ciudad y el lector puede así identificar el espacio de ficción con la ciudad real e histórica: las descripciones de Pedro son objetivas, sus acciones cotidianas

---

14 Véase mis planteamientos en «El *Quijote* y Montaigne en los albores de la subjetividad moderna», en: *Actas del Congreso Internacional celebrado los días 15.–18.6.2004 en el Forum de Barcelona*, eds. José Luis González Quirós/José María Paz Gago, Madrid: Sociedad Estatal de Conmemoraciones Culturales, 2007, t. 1, pp. 405–429.

15 Traté de ilustrar ese contexto en «Celestina, Lozana, Lázaro, Urdemalas y la subjetividad. A propósito del lenguaje y los géneros de la ‹escritura realista› del Renacimiento» en: *El personaje literario y su lengua en el siglo XVI*, ed. Ana Vian Herrero/Consolación Baranda Leturio, Madrid: Instituto Universitario Seminario Menéndez Pidal/Universidad Complutense, 2006, pp. 285–340.

16 Kevin Lynch, *The Image of the City* (1960), Boston: The MIT Press, ^{28}2002.

17 Véase al comienzo de este trabajo la planta de la ciudad que dibujó mi estudiante Aygül Çakir.

son verosímiles y suceden en lugares verificables. Constantinopla se plasma como lugar de una sociedad polifónica: Mientras que el barrio de Gálata con los astilleros habitan los cautivos cristianos y tienen sus negocios la población judía («Ningún judío tiene casa en Gálata, [...] y [...] vanse a dormir a Constantinopla.», p. 487), los griegos son panaderos y pescadores («Griegos y armenos hay muchos, y los forasteros marineros todos posan allí. Hay de los griegos muchos panaderos [...]», p. 487); lo fundamental es que las diferentes etnias conviven eficazmente, tienen intensos lazos entre ellas, están organizadas socialmente y son determinantes para la estructura económica de la ciudad. Constantinopla es el lugar donde convergen lo propio y lo ajeno en el mutuo respeto, y a esa coexistencia pacífica apunta la visión de Constantinopla que ofrece el relato de Pedro. Igualmente la organización de los barrios según los grupos o estamentos profesionales indican el alto grado de espacio funcional que ha adquirido la ciudad en la representación literaria.

Es significativo que el protagonista esconda el bagage de lecturas que activa en sus descripciones: para construir una narración de la ciudad Pedro rechaza los estereotipos y opone al Saber libresco su experiencia empírica de la ciudad (sin que ello contradiga el estatuto ficcional de la *narratio*). Ciertamente sus conocimientos eruditos son la fuente de su imagen de la ciudad en el texto, garantizada por la superchería autobiográfica y las leyes de un género literario — la narración autobiográfica dialogada — que simula la veracidad de la ficción; pero Pedro va a ser siempre protagonista destacado o por lo menos testigo ocular de lo que relata, describe y juzga. Así, la ciudad adquiere un estatuto histórico. En ella la diversidad étnica y religiosa avala la polifonía de los discursos sociales; de este modo, el relato afronta un análisis de los procesos económicos, urbanistas y políticos que la definen. Constantinopla se erige así en la ciudad-modelo de toda Europa:

> En resolución, mirando todas las qualidades que una buena çibdad tiene de tener, digo que, hecha comparaçión a Roma, Veneçia, Milán y Nápoles, París y León, no solamente es mala comparación compararla a éstas, pero parésçeme, vistas por mí todas las que nombradas tengo, que juntas en valor y grandeza, sitio y hermosura, tratos y probisión, no son tanto juntas, hechas una pella, como sola Constantinopla; y no hablo con pasión ni informado de sola una parte, sino oídas todas dos, digo lo que dicho tengo, y si las más particularidades os hubiese de dezir, había neçesidad de la vida de un hombre que sólo en eso se gastase (p. 498).

Este párrafo supone un excepcional *laus urbis* ya que Constantinopla excede a las ciudades cristianas, pero no menos hay que subrayar que el texto rebasa los términos tradicionales de los elogios al uso (belleza, grandeza, edificios, maravillas de la ciudad) añadiendo la actividad humana y su abastecimiento: «Tratos y Provisión»: Constantinopla adquiere un estatuto privilegiado de ciudad del hombre.

Para valorar la importancia de las técnicas de espacialización del relato (que van más allà de una mera *descriptio urbis* y estucturalmente dinamitan los parámetros convencionales de un *laus urbis*) es significativo considerar que los elementos icónicos que permiten delinear una imagen de la ciudad real cumplen una función narrativa determinante en el periplo personal y en la evolución interna del protagonista. Ello permite trazar algunas correspondencias entre el espacio y la personalidad:

(a) Al ingreso en la ciudad donde Pedro va a pasar tres ó cuatro años precede el viaje en las galeras desde Ponza hasta el Bósforo; en esa antesala a la experiencia de la ciudad Pedro va a efectuar un cambio de rol pues para aliviar su cautiverio se hará pasar por médico, no siendo en realidad más que un joven licenciado en teología por la universidad de Alcalá de Henares.

(b) Un primer *point de repère* o hito arquitectónico sirve para marcar la identificación con su nuevo rol (la confirmación de la nueva identidad adquirida como médico): me refiero a la Torre de Gálata, el lugar del cautiverio, del que consigue salir esporádicamente para tratar el asma de su amo Zinán Bajá.

(c) El éxito de la terapia ordenada por Pedro motiva los primeros itinerarios de Pedro por Constantinopla hasta la casa de su amo Zinán. Ahí inicia su ascenso social acompañado de una progresiva libertad de movimientos que le permitirá recorrer los barrios y calles de la ciudad y, en particular, sus centros económicos (el bazar, el puerto, etc.).

(d) Esa trayectoria culmina con el acceso de Pedro al Palacio Topkapi de Solimán en el Cuerno de Oro que, por sus dimensiones, sería un barrio y, por su visualidad, al mismo tiempo también un hito de referencia. Allí va a tratar de sanar a la hija del mismísimo Sultán, pero sobre todo allí va a adquirir Pedro sus conocimientos más íntimos de la organización política del Imperio turco al tener acceso a los lugares donde vive la élite de la Administración del estado y de sus órganos de gobierno.

(e) Por último, tras esa apoteosis, y su renuncia a renegar de la fe cristiana, seguirá la huida de Constantinopla traspasando bajo un disfraz los límites de sus murallas. La salida de la ciudad, la huida y el regreso implican el hallazgo de su nueva condición, su autoanagnórisis como *homo novus* tras su radical purificación.

Resumamos: El relato espacializa la trayectoria personal de Pedro y la ciudad es el ámbito donde se opera la transformación de su personalidad. Ese proceso no está exento de ambigüedades aunque culmina, sin duda, en el perfeccionamiento tanto moral como intelectual de su persona: No obstante, los primeros pasos en la andadura de Pedro vienen dados bajo el signo de la astucia y del ingenio gracias a los que el provecho e interés personales se superponen a las normas morales (la mentira y la superchería — hacerse pasar por médico — son sus primeras armas para sobreponerse a la adversa fortuna del cautiverio). Acto seguido, la adquisición de saber va a ser fundamental en su trayectoria: La cultura y la erudición será complementada por la experiencia y el conocimiento de los hombres: «Ser buen criado y liberal, y no hacer mal a nadie» (p. 312), es su máxima de comportamiento, las *letras* y la *experiencia* son la fuente de su conocimiento: Pedro se aprestará enseguida a arreglárselas y desenvolverse en el laberinto de una ciudad extranjera, diferente y extraña buscando sus aliados entre boticarios y cautivos, además adquirirá el saber científico necesario para el ejercício de su profesión como médico, aprenderá las lenguas que se hablan en Constantinopla... En definitiva, Pedro convierte lo ajeno en propio, acepta lo otro consciente de la necesidad de su conocimiento para sobrevivir. Ahí radíca su verdadera iniciación hasta convertirse en el nuevo hombre que consigue convencer de su mala condición a los antiguos compañeros de facultad, destinatarios de su relato al regresar a España. En este sentido, Pedro es la encarnación de un destino ejemplar tras el peregrinaje y la errancia.

En la ficción literaria, la construcción de una ciudad utópica a partir de un modelo empírico se corresponde con el esbozo de un hombre ideal encarnado por el protagonista tras culminar su proceso de aprendizaje, que incluso a veces comprende significativamente cuestiones de método. En cualquiera de los casos, el conocimiento de lo Otro, la experiencia de sus lugares, ha conducido al conocimiento de sí mismo y a la toma de conciencia y experiencia de que la alteridad es fundamental para entender la sociedad y la persona humanas. Pedro representa la íntima ligazón entre lo sacro y lo profano de la condición humana, lo divino y lo terrenal en la ciudad del hombre, que se erige así en el emblema del irrefrenable proceso de secularización e individualización que definen la cultura occidental desde los albores de la Edad Moderna.

Almadraba de Zahara

Agustín de la Granja

Ermitañear y *tabernáculo*.
Dos términos equívocos en un dudoso soneto gongorino

En 1594 el celebrado autor de comedias Alonso de Cisneros recibió en su compañía a varios actores, entre ellos a «Pedro de Valdés, por él y por su mujer Jerónima de Burgos»[1]. Al año siguiente Valdés prueba fortuna en tierras portuguesas dirigiendo una compañía propia, pero en 1596 se le localiza en Toledo, formando parte de la compañía de Jerónimo Velázquez[2]. Ya en el reinado de Felipe III el matrimonio continúa trabajando, aunque sometido a autores «de título»; por ejemplo, en el año 1603, cuando Valdés cumple los treinta y cinco, no tiene más remedio que asociarse con la compañía de Antonio Granados. En el contrato — extendido en Toledo hasta «el día de carnestolendas del año de mil y seis cientos e cinco» — se declara expresamente «que en la dicha compañía ha de andar Jerónima de Burgos, su mujer del dicho Pedro de Valdés, representando en todas las cosas e partes que se le ordenare». El detalle era importante, porque en otra cláusula se insiste en que «el dicho Pedro de Valdés se obliga a que la dicha Jerónima de Burgos, su mujer, con su licencia, dentro de veinte días primeros siguientes, ratificará e aprobará esta escritura e se obligará a el cumplimiento de todo lo en ella contenido»[3]. No sabemos si lo hizo; lo cierto es que, poco después, Pedro y Jerónima debieron de entrar en crisis, llegando a la separación física (no canónica) y emprendiendo cada uno el trabajo por su cuenta. Mientras que en 1604 la actriz era imprescindible en la compañía de Pinedo, al año siguiente Pedro de Valdés «defendía los intereses de Nicolás de los Ríos en Valladolid»[4]. Los mejores biógrafos de esta singular pareja de actores hablan de «un testimonio que atestigua la presencia de Jerónima de Burgos representando en Valladolid por agosto» de 1605, quizá aún con su marido; se trata de «un lance provocado por los celos entre el conde de Villamediana y la marquesa del Valle, en el que aparece involucrada Jerónima de Burgos, que a la sazón representaba en la

---

1 Luis Fernández Martín, *Comediantes, esclavos y moriscos en Valladolid. Siglos XVI y XVII*, Valladolid: Universidad, 1988, p. 34. En el mismo documento se compromete «Diego Díaz, por sí y por Micaela de Luján», otra conocida amante de Lope de Vega.
2 Francisco de B. San Román, *Lope de Vega, los cómicos toledanos y el poeta sastre. Serie de documentos inéditos de los años de 1590 a 1615*, Madrid: Góngora, 1935, pp. 24–25.
3 *Ibid.* pp. 71–76.
4 Bernardo J. García García, «Las fiestas de corte en los espacios del valido: la privanza del duque de Lerma», en: María Luisa Lobato/B. J. G. G. (eds.): *La fiesta cortesana en la época de los Austrias*, Valladolid: Junta de Castilla y León, 2003, pp. 35–77, p. 49.

Casa de Comedias de la ciudad»[5]. Tras el escándalo, la comedianta es apartada de la corte. No sé si estos sucesos fueron un primer aviso para el marido o colmaron el vaso de su paciencia; en todo caso, un par de años más tarde Pedro de Valdés se compromete con el autor de comedias Alonso de Heredia, y en el contrato «una de las cláusulas excluye implícitamente a Jerónima de Burgos de las tareas interpretativas»[6]. Es posible también que ya desde 1607 la actriz hubiera decidido campar a sus anchas. En 1610 se localiza a Jerónima en Madrid, en la compañía de Alonso de Riquelme, donde no figura Valdés, que trabajaba en Sevilla al lado de Baltasar de Pinedo[7], pero la separación física es más patente en 1613, cuando Lope regala a la actriz una comedia, La dama boba, que — como escribe Amezúa — «debió de representarla hallándose fuera de la compañía de su marido, en la del autor Cristóbal Ortiz». Son tiempos en que la actriz vive lejos del esposo y pretendida de galanes. El más favorecido es Lope, quien mantiene cerca a su amiga sin hacer asco a regalos, según comenta al duque de Sessa, el 23 de setiembre, desde Segovia: «Yo, señor, lo he pasado bien con mi huéspeda Jerónima; aquí he visto los señores rondar mi casa: galanes vienen, pero con menos dinero del que habíamos menester, sacando al [conde] de Cantillana»[8]. En la temporada 1614–1615 vuelve a estar documentada la actividad conjunta del matrimonio, que efectúa diversas giras por la provincia de Toledo[9]. Todo apunta hacia una reconciliación de conveniencia, al cabo de los años, que no debió de sentar muy bien al que poco antes había actuado con Jerónima como un auténtico rufián. Es por esas fechas, las mismas en que Lope aspira al sacerdocio, cuando se dispara el soneto supuestamente gongorino. En él, los once primeros versos se ponen en boca de Jerónima de Burgos; tras uno de enlace, los dos últimos corresponden al marido:

A Valdés, autor de farsa, y a su mujer

«Sabe el cielo, Valdés, si me ha pesado
que ese Gante te exceda en la paciencia,
pues siendo conocida tu inocencia
haya tan presto el mueble acrecentado.

---

5 Alejandro Gadea/Mimma De Salvo, «Jerónima de Burgos y Pedro de Valdés: biografía de un matrimonio de representantes en la España del Seiscientos», en: *Diablotexto* 4–5 (1997–1998), pp. 143–175, p. 151. El episodio es ampliamente comentado por Agustín González de Amezúa, *Lope de Vega en sus cartas. Introducción al epistolario de Lope de Vega Carpio*, Madrid: Escelicer, 1940, t. 2, pp. 305–306.
6 Gadea/De Salvo, «Jerónima de Burgos» (n. 5), p. 152.
7 Véase Agustín de la Granja, «Lope de Vega, Alonso de Riquelme y las fiestas del Corpus: 1606–1616», en: *El mundo del teatro español en su Siglo de Oro: Ensayos dedicados a John E. Varey*, Ottawa: Dovehouse, 1989, pp. 57–79; en concreto pp. 66, 77 (n. 43).
8 González de Amezúa, *Lope de Vega en sus cartas* (n. 5), t. 2, p. 314 y n. 4
9 San Román, *Lope de Vega, los cómicos toledanos* (n. 2), pp. 183–192.

Valdés, Valdés, nuestro supremo estado
descaecer le veo con violencia:
danos gatazo Lope con su ciencia,
Alicante nos chupa, yo he engordado.

Yo soy de parecer, Anteón mío,
que, pues la vuelta ignoro y Baltasara
se fue a ermitañear, ¿qué es lo que aguardo?»,

dijo Jeroma; él respondió con brío:
«Pues no tenéis para teatro cara,
hagamos tabernáculo en el Pardo» [10].

A mi juicio los catorce versos son del Fénix de los ingenios, quien procede no sólo despechado sino con conocimiento de causa. En el primer cuarteto el autor de comedias es tachado de cornudo por su mujer sin miramientos. Nadie como Lope, que fue su amante, conoce la vida borrascosa de «Jeroma» desde que en 1605 fuera desterrada de la corte vallisoletana «por ser muger escandalosa» [11]. También la de los otros comediantes que se citan, como veremos en seguida.

Proverbial era en la época llamar «paciente» al marido cornudo. En el soneto Pedro de Valdés lo es, pero Gante mucho más, lo que lamenta Jerónima de Burgos. También Quevedo opina que el «mueble» de Valdés (o sea, su cornamenta) anda acrecentado, pero no tanto como la de otros galanes, y es que «cuernos hay para todos, seor Corbera, / no piense que ha de ser solo el cornudo; / Valdés lo pretendió, mas nunca pudo / restañarle los cuernos a Cabrera» [12]. Dejaremos a los mentados Corbera y Cabrera en el anonimato. De Gante se sabe que era actor, pues el 28 de agosto de 1610 el autor de comedias Jerónimo Sánchez contrata a «Francisco de Gante y María de los Ángeles, su mujer, vecinos desta ciudad de Toledo» [13]. Algunos años más tarde la mujer de Gante acabará casada con su antiguo director de compañía, pues en un documento fechado en Valladolid el 2 de febrero de 1621 aparecen juntos «Jerónimo Sánchez, autor de comedias, y María de los Ángeles, *su mujer*» [14]. Desde luego, no era muy fiel esta actriz, que se dejaba regalar por los nobles de la corte cuando se escribe el soneto. Así habla de ella Lope, en una carta fechada en Toledo, en 1614: «Se crió aquí, en el rastro desta ciudad entre las mondongueras y ahora es buena para las sábanas y pecho de tan grandes señores en un

---

10 Es el soneto nº LXVII atribuido a Góngora en la edición de sus *Obras completas* (Madrid: Aguilar, 1972, p. 544), hipotéticamente fechado entre 1614 y 1615. hay un buen análisis de Donald McGrady, «Explicación de un soneto de Góngora («Sabe el cielo, Valdés [...]»). Más datos sobre Lope de Vega y Jerónima de Burgos», en: Josep Roca-Pons (ed.), *Homenaje a Don Agapito Rey*, Bloomington: Indiana UP, 1980, pp. 277–288.
11 García García, «Las fiestas de corte» (n. 4), p. 50.
12 Ignacio Arellano, *Poesía satírico–burlesca de Quevedo*, Pamplona: EUNSA, 1984, pp. 483–484.
13 San Román, *Lope de Vega, los cómicos toledanos* (n. 2), p. 162.
14 Fernández Martín, *Comediantes, esclavos y moriscos* (n. 1), p. 78.

lugar como Madrid, donde creo que no faltan mujeres»; por su parte, Francisco de Gante tomaba el dinero y ponía pies en polvorosa: «toda la historia es notable — añade Lope — pero mucho más el tal marido, que enseñó aquí [en Toledo] dos mil y quinientos escudos de oro y otros tantos en joyas; huyóse [de Madrid] en viendo a los alguaciles»[15]. Lope está impresionado con el botín que exhibe sin pudor el cretino Gante. El soneto satírico que nos ocupa lo escribiría de un tirón en la primavera de 1614, a raíz de los hechos que comenta en su carta, y bien se entiende ya que Gante exceda a Valdés en la «paciencia», de lo cual por cierto se queja «Jeroma» con envidia; y es que en ese momento no están las cosas como para despreciar regalos: ni colabora Lope como antes, ni favorece Alicante, ni ella se encuentra ágil para moverse en un tablado. Todo apunta hacia una situación crítica donde la actriz no ve claro su futuro profesional («la vuelta [al trabajo] ignoro»).

Los maliciosos versos forjan una decadencia laboral en realidad ficticia, pues la pareja recompuesta trabajó más que nunca en la temporada 1614–1615. Es la hora, por ejemplo, del estreno de *Don Gil de las calzas verdes*, que les vende Tirso y que Lope considera «desatinada». En su repertorio no se advierten comedias del Fénix salvo las «viejas», guardadas por Valdés como oro en paño. La declaración de la actriz («danos gatazo Lope con su ciencia») no puede ser más clara. Quiere decir: ‹nos cobra sus comedias (su *ciencia*) a precios excesivos›; ‹abusa de nosotros›; ‹nos tima›. Compárese el uso de la expresión «dar gatazo» (o «pegar gatada», que viene a ser lo mismo) en un entremés calderoniano: «Fingiendo estar preñada / le pegué a don Pegote una gatada: / cien reales le pedí, y agora espero / con la respuesta traigan el dinero»[16] ¿Quién, sino el propio Fénix, podría conocer la circunstancia del arañazo dinerario? Dicho de otro modo: en esas horas bajas, en que el matrimonio se rehace y pretende reemprender el vuelo, ¿cómo podría saber Góngora, retirado en Córdoba, que la ciencia de Lope no estaba a la altura de sus bolsillos? También el autor del soneto conocía de cerca la triste vida de Jerónima y su consorte: ella atesorando con su oficio y Valdés dilapidando, «pues cuanto ella adquiría con los príncipes perdía él con los tahúres»[17]; esto enlaza muy bien con el comentario: «Valdés, Valdés, nuestro supremo estado / descaecer le veo con violencia». Al vicio del juego se añade ahora el golpe de los años y el hecho de que Lope está enfadado — o resentido — y no les facilita los textos que necesitan. Para colmo, Alicante se queda con buena parte de sus legítimos ingresos.

Como ilustra el *Reglamento de teatros* de 1615, se trata de «Iuan de Alicante, Alguazil de la Casa y Corte de su Magestad», que hasta ese año se había ocupado en exclusiva de vigilar los dos corrales madrileños. Pero el

---

15   Lope de Vega, *Cartas*, ed. Nicolás Marín, Madrid: Castalia, 1985, p. 126.
16   Pedro Calderón de la Barca, *Entremés de don Pegote*. en: *Teatro cómico breve*, ed. María Luisa Lobato, Kassel: Reichenberger, 1989, p. 84.
17   González de Amezúa, *Lope de Vega en sus cartas* (n. 5), t. 2, p. 349.

trabajo era mucho, y así ese año se decide «que en cada teatro aquí en la corte asista un alguacil della, cual fuere nombrado (demás de Juan Alicante, alguacil de la casa y corte de S. M., de manera que pueda acudir a cualquiera de los corrales, donde más necesidad hobiere), y los otros dos alguaciles, por el tiempo que fuesen nombrados, cada uno asista en el teatro que le fuere señalado, y no pueda ir de uno a otro [...] y que estos alguaciles sirvan no más que dos meses, y cumplidos, se muden [por] otros dos»[18]. Con estos nombramientos tan breves se intentaban evitar los casos de soborno, porque estos alguaciles controlaban también «la cobranza, para que en ella no se cometa fraude, ni entren las personas a ver la comedia sin pagar»[19]. El mayor beneficiado de esa vigilancia era precisamente el autor de comedias, pues obtenía una parte proporcional de lo recaudado en las puertas del corral. Por lo demás, hay documentos que autorizan a pensar que eran los propios directores de las compañías teatrales quienes estaban obligados a compensar económicamente a porteros o alguaciles por su cometido; de ahí que la expresión «Alicante nos *chupa*» pueda entenderse como que el mencionado alguacil nos pide mucho dinero por vigilar en la puerta y mantener el orden cuando representamos[20].

El comentario «Baltasara / se fue a ermitañear» centra otra vez el soneto en el mundo histriónico y en la temporada teatral correspondiente a los años 1614–1615; por otra parte, de la pregunta retórica «¿qué es lo que aguardo?» se desprende la intención de «Jeroma» de irse a una ermita, imitando a su colega. Esta fue, en efecto, la decisión de Baltasara de los Reyes, al parecer hastiada de la vida. Francisco Flores García dedica unas páginas a esta famosa actriz, señalando que «con motivo de la retirada y muerte ejemplar de esta mujer, se habló de una Menguilla que, criándose para cantar, sentó plaza de histrionista, exclamando:

> Pero amigos, amemos y vivamos
> mientras la edad por mozas nos declara;
> que después querrá el cielo que seamos
> lo mismo que ayer fue la Baltasara[21].

El mismo crítico sospecha que la reclusión voluntaria de la actriz en una ermita podría estar relacionada con los deseos de purgar sus abundantes pecados

---

18 J. E. Varey/N. D. Shergold, *Teatros y Comedias en Madrid: 1600–1650. Estudios y documentos*, London: Tamesis, 1971, pp. 56–57.
19 Luis Estepa, «El título de Alguacil de Comedias: un enfoque interdisciplinar», en: Luciano García Lorenzo/J. E. Varey (eds.), *Teatros y vida teatral en el Siglo de Oro a través de las fuentes documentales*, London: Tamesis, 1991, pp. 259–271, p. 261.
20 Como ejemplo de esta práctica, valga lo sucedido en el año 1612, cuando el autor de comedias Alonso de Riquelme se niega, en la casa de comedias de Córdoba, a pagar al «portero de maça». El funcionario se queja entonces de que Riquelme «no le paga los 2 reales que es vso y costumbre que todos los autores le an pagado»; véase Ángel M. García Gómez, «Casa de las Comedias de Córdoba: primer sistema de arrendamientos (1602–1624)», en: García Lorenzo, *Teatros y vida teatral en el Siglo de Oro* (n. 19), pp. 99–109, p. 107.
21 Francisco Flores García, *La corte del rey-poeta (recuerdos del Siglo de Oro)*, Madrid: Ruiz Hermanos, 1916, pp. 203–208.

carnales; de todos modos, la decisión la convirtió en una heroína y le dio más fama — quizá — de la que cobró en las tablas. Esto es lo que escribe Flores, tirando la piedra y escondiendo la mano: «El motivo que tuviera Miguel Ruiz [gracioso de la compañía de Alonso de Heredia] para consentir que su hermosa mujer se retirase a una ermita [...] permanece en el misterio; pero es lógico suponer que no debió ser por cosa insignificante»[22]. Así sería, en efecto, si hiciéramos caso de un áspero soneto que la vincula con ciertas prácticas sodomitas aprendidas en Italia:

> ¿Si doña Baltasara es catedrática
> de todo bujarresco receptáculo,
> ejercitando siempre en su habitáculo
> lo más nefando de su vil gramática?
> Nápoles la introdujo en esta prática
> y habiendo visto allí tanto espectáculo
> volvió a España para ser oráculo
> de gente que profesa la culática.
> Es una [gran] lunática diabólica
> y siendo otra con muy grande estrépito
> trayendo siempre al lado la canícula;
> mas renegad si falta la bucólica:
> que el que es en este oficio más decrépito
> el primero se pone en la matrícula[23].

Alberto Castilla dedica unas breves observaciones a esta célebre actriz-ermitaña, cuando analiza la comedia que, sobre su vida, compusieron tres ingenios («la primera jornada de Luis Vélez de Guevara; la segunda de Antonio Coello; la tercera, de Francisco de Rojas Zorrilla») por los años treinta, quizá a raíz de su muerte[24]. Al hilo de su exposición recuerda Castilla «la vida licenciosa de los comediantes», poniendo énfasis en «la corrupción e inmoralidad de las actrices, que atraían todo género de escándalos» y dando por seguro que «en la época de Baltasara muchos nobles [...] tomaron como amantes a las cómicas». Por si fuera poco, el mismo crítico señala que «la zona de Valencia donde se hallaba situado el teatro de la Olivera — lugar de la acción de la comedia *La Baltasara* — se había convertido en un lugar de prostitución»[25].

Contamos también con un espléndido estudio de García de Enterría, donde tampoco pasa por alto la picante coplilla que empieza: «Todo lo tiene bueno /

---

22 *Ibid.*, p. 207.
23 Antonio Carreira, *Nuevos poemas atribuidos a Góngora*, Barcelona: Quaderns Crema, 1994, pp. 311–312; modernizo y puntúo por mi cuenta.
24 Véase Shirley B. Whitaker, «La Baltasara in Performance, 1634–1635: Reports from the Tuscan Embassy», en: C. George Peale (ed.), *Antigüedad y actualidad de Luis Vélez de Guevara*, Amsterdam/Philadelphia: Benjamins, 1983, pp. 203–206.
25 Alberto Castilla, «Seis autores en busca de una actriz: La Baltasara», en: *Actas del VIII Congreso de la Asociación Internacional de Hispanistas*, Madrid: Istmo, 1986, t. 1, pp. 367–380, pp. 368–369.

la Baltasara, / todo lo tiene bueno, / también la cara»[26]. Empieza recogiendo las referencias que sobre esta actriz proporciona la *Genealogía, origen y noticias de los comediantes de España*: «Esta fue muy zélebre en las tablas y mucho más zelebrada por su virtud, pues retirada en una ermita junto a Cartaxena, acaezieron algunos prodixios en su muerte [...] Escribióse comedia de su vida, conuersión y muerte»[27]. Lo principal de este trabajo consiste en la recuperación de un pliego de cordel, que corría en 1615, con el siguiente título: *Relación verdadera en que se da cuenta cómo vna muger llamada la Baltasara, después de auer andado muchos años en diuersas compañías de representantes, viuiendo libre y desembuelta, con escándalo de todos los que la conocían, se boluió a Dios y arrepintiéndose de todo coraçón de sus pecados se recogió a vna ermita*[28]. Ciertamente tanto la actriz como su esposo «son personajes con existencia documentada»; por ejemplo, «el 30 de octubre de 1606, ella y Miguel Ruiz de los Reyes, su marido, se hallaban en Badajoz, asistiendo al autor Melchor de León, con cuya compañía pasaron a Salamanca para representar durante las Navidades de dicho año»[29]. Poco después el matrimonio cambia de aires, pues como documenta García de Enterría, «la estancia en Valencia de la compañía de Alonso de Heredia, en la que trabajaban Miguel Ruiz y su esposa, puede situarse en la segunda mitad de 1611»[30]. Malos tiempos para los actores, a quienes se prohíbe representar ese año tras la muerte, en octubre, de la reina doña Margarita de Austria. Quizá esta circunstancia influyó en el ánimo de la actriz y favoreció su retirada de las tablas; de cualquier modo, como asegura el soneto y confirma el pliego volandero, la temporada 1614–1615 marca el fin de su trayectoria profesional, pues a partir de entonces está claro que «Baltasara / se fue a ermitañear». Su vida retirada y — sobre todo — el supuesto suceso tras su muerte (una campana que voltea por sí misma) extienden su fama de santa[31] y generan la comedia, que a su vez produce maravillas en la conciencia de algunos espectadores. Esto es lo que comenta un portugués en 1639:

> Habrá cuatro años (por dejar ejemplos remotos) que en Madrid se representó una comedia intitulada *La Baltasara*, por ser el caso de la vida virtuosa de mujer deste nombre; y una moza, estándola oyendo se convirtió; lo que no había hecho a vista

---

26 María Cruz García de Enterría, «La Baltasara: pliego, comedia y canción», en: Blanca Periñán/Francesco Guazzelli (eds.), *«Symbolae Pisanae». Studi in onore di Guido Mancini*, Pisa: Giardini, 1989, t. 1, pp. 219–238, p. 219.
27 Véase la edición de N. D. Shergold/J. E. Varey, London: Tamesis, 1985, p. 459.
28 García de Enterría, «La Baltasara» (n. 26), p. 221.
29 Fernando Marcos Álvarez, *Teatros y vida teatral en Badajoz: 1601–1700. Estudio y documentos*, Madrid: Támesis, 1997, p. 333.
30 García de Enterría, «La Baltasara» (n. 26), p. 237.
31 En 1621 Quevedo «conjetura la causa de tocarse [sin ayuda externa] la campana de Velilla, en Aragón, después de la muerte del piadoso rey don Felipe III»; véanse más casos de esta superstición popular, extendida por toda España, en: Elena E. Marcello, «El segundo ‹enredomado› de Álvaro Cubillo de Aragón y la campana de Velilla», en: *Lectura y Signo* 1 (2006), pp. 61–72.

de tantas imágenes y hostias consagradas en los altares; lo que no había hecho a instancias de muchos predicadores en los púlpitos [32].

Diez años más tarde, en un romance escrito contra el moralista Luis Crespí de Borja, leemos:

> ¡Qué de cosas de ellas dices,
> oh, pobres de comediantas!:
> que son mujeres rameras,
> que son estas viles bajas,
> cuando sabemos de alguna
> (dígalo la Baltasara)
> que por su mucha virtud
> está tenida por santa;
> que, a su muerte, en Cartagena,
> se tocaron las campanas [33].

La difusión literaria de la historia desbordó los límites de la Península Ibérica, resonando a lo divino todavía en el año 1667. Si por estas fechas la Baltasara era conocida entre los italianos con el sobrenombre de «la cómica del Cielo» [34], medio siglo antes los españoles llenarían el corral de comedias tras el anuncio de *La mesonera del Cielo*, una obra del doctor Mira de Amescua cuyo título evocaba otro caso de arrepentimiento de una ramera, pues hacia esto apunta con precisión la palabra «mesonera» en el Siglo de Oro. Una vez comenzado el espectáculo, los madrileños escucharían sin torcer el gesto diálogos como el que sigue:

> ABRAHÁN ¿En efecto mi sobrina,
> con tanta disolución,
> hace vida en un mesón?
>
> PANTOJA Ella corrió la cortina
> a la vergüenza, y allí
> a quien la paga mejor
> ofrece gusto mayor,
> aunque sea el gran Sofí.

---

32 Información en favor de Manuel de Faria i Sousa, manuscrito 6.415 de la Biblioteca Nacional de Lisboa, sin paginación; el pasaje se localiza en la Luz IX, rayo 4.
33 Jean Mouyen, «Un témoignage valencien de la controverse éthique sur la licéité du théâtre: La ‹Sátira en defensa de las comedias› de Mosén Pedro Jacinto Morlá», en: *Bulletin hispanique* 96 (1994), pp. 301–334, pp. 319–320. El mismo texto ha merecido la atención de Abraham Madroñal, en su trabajo «La Sátira en defensa de las comedias de Pedro Jacinto Morlá (1649), una apología de Lope y su teatro», en: *Anuario Lope de Vega* 9 (2003), pp. 275–328.
34 Véase Maria Grazia Profeti, «Dalla Baltasara alla Comica del Cielo: I meccanismi della scena nella scena», en: M. P., *Percorsi europei*, Firenze: Alinea, 1997, pp. 39–62.

ABRAHÁN   Búscame, Pantoja amigo,
   un vestido de soldado,
   que quiero ser, disfrazado,
   de su liviandad testigo[35].

Antes de extenderme sobre la mala fama de las ventas, posadas, mesones, tabernas y bodegones me referiré brevemente al Pardo, ese lugar donde el nuevo Acteón propone a su mujer hacer un tabernáculo. Tanto del Pardo — en las proximidades de la villa madrileña — como de Jarama o de Buitrago sólo cabe pensar que eran lugares especialmente apropiados para la ganadería. Me baso en ingeniosas alusiones quevedescas del tipo «¿no cubre aqueste sombrero / todas las reses del Pardo?», que sólo cabe interpretar como que tal sombrero tapa centenares de cuernos; o «quedaron espantados los vecinos / de ver [...] al Pardo y a Buitrago en un sombrero», donde la hipérbole es mayor y la alusión al consentidor queda evidentemente reforzada[36]. En conclusión, el Pardo remite a multitud de cuernos, pero nos queda el tabernáculo, del latín *tabernaculum*, que en sentido estricto significa «tienda de campaña»[37] y «en sentido de la Escritura se toma por habitación, vivienda o tienda; y así — prosigue el diccionario de *Autoridades* — en el Tabor pidió san Pedro a Cristo nuestro Señor hiciese tres tabernáculos». El mismo tomo V de este diccionario, publicado en 1737, añade otras definiciones (siempre en el terreno de lo sagrado): «el lugar donde estaba colocada el Arca del Testamento entre los judíos, tanto cuando habitaban en las tiendas como después que fue puesta y trasladada al templo». La última entrada es casi una declaración de fe católica: *tabernáculo* «se entiende hoy por el Sagrario o lugar en que está guardado y colocado el Cuerpo de nuestro Señor Jesucristo en los altares» de las iglesias. Estoy seguro de que así se concebía también en la España de Felipe III, cuando el autor del soneto, en un giro inesperado, decide revestir el término de graves connotaciones profanas.

José Deleito, en un libro titulado *La mala vida en la España de Felipe IV*, comenta que tanto las tabernas como los bodegones eran colaboradores asiduos de los burdeles; por su parte Miguel Herrero llega al convencimiento de que los taberneros empleaban como medidoras de vino a mujeres jóvenes que

---

35 Antonio Mira de Amescua, «La mesonera del cielo», vv. 2984–2995; en: *Teatro completo*, t. 2, ed. Agustín de la Granja, Granada: Universidad/Diputación de Granada, 2002, p. 539; pasajes análogos de «desenvoltura» y «lascivas libertades», en las pp. 544–547.
36 Véase Francisco de Quevedo, *Poesía original completa*, ed. José Manuel Blecua, Barcelona: Planeta, 1981, pp. 1010 y 602 respectivamente. En el primer caso, el encabezamiento del romance («Alega un marido sufrido sus títulos en competencia de otro») es por sí mismo elocuente.
37 Joan Corominas, *Diccionario crítico etimológico de la lengua castellana*, Madrid: Gredos, 1976, t. 4, p. 326. Recuérdese la cita bíblica: «¡Qué bellas son tus tiendas, oh Jacob! ¡Qué bellos tus tabernáculos, Israel!» (*Números* 24, 5).

se prostituían[38]. Ninguno de los dos escribe sin conocimiento de causa. En efecto, cualquier mujer que atendiese una taberna despertaba recelos entre los vecinos; así, por ejemplo, «en la noble ciudad de Guadix, a 23 días de marzo de 1571, comparece Juan Francés (arcabucero), vecino desta dicha ciudad, y dice que el susodicho conoce a Juan Ortiz (barbero) y a una mujer que vive enfrente de su casa, la cual tiene un bodegoncillo donde vende vino; y el declarante ha visto que en casa de la susodicha entra y sale el dicho Ortiz; [...] y el declarante no sabe a qué va, pero no le parece bien esto, por lo que lo denuncia, por si hobiere lugar»[39]. En 1585 un holandés que acompañó en un largo viaje a Felipe II se refiere a «la putería pública, tan común en España que muchos primero irán a ella que a la iglesia», y añade: «no sé cuantas tabernas o bodegones y casas públicas de mujeres» se podrían contar[40]. Las primeras ordenanzas de la villa de Madrid, que son del mismo año, intentan salvar la situación disponiendo «que ninguna mujer pueda ser tauernera en esta corte y villa sin licencia de los señores alcaldes» o «que ninguno de los dichos tauerneros ni bodegoneros sean osados de consentir ni dar lugar, a las personas que vinieren a sus casas e tabernas, que jueguen a ningunos juegos de los prohibidos; ni tengan, en los dichos bodegones ni tauernas, naypes ni dados, *ni acojan en ellos para dormir a persona alguna* so pena de dos mill marauedis [...] por la primera vez, y por la segunda cien açotes»[41]. A pesar de estas ordenanzas, entre los años 1592 y 1598 todavía se habla de «la multitud de vagabundas que andan perdidas por tabernas y bodegones»[42]. «En los bodegones y mesones públicos — escribe, por su parte, Juan de Mariana — no se deben tener rameras para efecto de atraer más gente con aquel cebo a la posada»[43]. Mateo Luján de Sayavedra, en la segunda parte (apócrifa) del *Guzmán de Alfarache* (Valencia, 1602) hace un retrato perfecto de esta realidad imparable:

> A los mesoneros y bodegoneros bien puedo argüir de poca fe; pues que sólo se ponen a dar naipes y dados con que se blasfeme el nombre de Dios, para que así se venda su vino y despensa; mas aun tienen por granjería tener en sus casas añagaza de munición de mujeres deshonestas para señuelos de huéspedes; y, con tal que

---

38 José Deleito y Piñuela, *La mala vida en la España de Felipe IV*, Madrid: Alianza, 1987, p. 56; Miguel Herrero, *Oficios populares en la sociedad de Lope de Vega*, Madrid: Castalia, 1977; véanse, sobre los taberneros, las pp. 93–118.
39 Carlos Asenjo Sedano, *Sociedad y esclavitud en el Reino de Granada, siglo XVI. Las tierras de Guadix y Baza según los archivos de protocolos notariales*, Granada: Ilustre Colegio Notarial de Granada, 1997, p. 353.
40 Véase Ricardo del Arco y Garay, *La sociedad española en las obras dramáticas de Lope de Vega*, Madrid: Escelicer, 1941, p. 844.
41 Agustín González de Amezúa, *Opúsculos histórico-literarios*, Madrid: CSIC/Instituto Miguel de Cervantes, 1951, t. 3, pp. 78–115; las citas en pp. 108 y 96, respectivamente.
42 Cristóbal Pérez de Herrera, *Amparo de pobres*, ed. Michel Cavillac, Madrid: Clásicos Castellanos, 1975, p. CLV.
43 *Tratado contra los juegos públicos*, ed. José Luis Suárez García, Granada: Editorial Universidad de Granada, 2004, p. 232.

vengan y traigan consigo otros a comer y posar, posponen el mandamiento de Dios, dando ocasión de tropiezos en sus posadas [44].

Se equivoca Herrero al suponer que la «campaña saneadora del ambiente de las tabernas comenzó estando la corte en Valladolid, año de 1604, cuando los taberneros fueron advertidos de que las mujeres que tuvieren y recibieren hayan de ser de edad de cuarenta años y de ahí arriba [...] y las otras mujeres no lo puedan vender, so pena de cien azotes y cuatro años de destierro de la corte» [45]. Se trataba de impedir que las más jóvenes frecuentasen estos lugares, lo que no se logró, pues la misma orden se repitió en Madrid el año 1613, en que se notificó a los taberneros «que de aquí adelante en sus tabernas midan el vino que vendieren por sus personas o sus mujeres; y si lo midieren y vendieren por criadas asalariadas que vivan en su casa, hayan de tener y tengan de cuarenta años arriba» [46]. Esta ley se respeta poco, pues a menudo se otorgaban licencias a diferentes propuestas de sustitución temporal; por ejemplo, un tabernero madrileño aduce: «yo tengo mi mujer mala y no puede acudir a medir en la dicha taberna, y tengo a Ana García, mi sobrina, de edad de trece años, de lo que ofrezco información»; otro comunica lo siguiente: «yo tengo en mi casa y servicio a María de Guillén, mi sobrina, huérfana de padre y madre, de edad de trece años», y pide servirse de ella «en lugar de una medidora» desconocida que le hurte su hacienda; otro habla de María, sobrina de su mujer, «que es de trece a catorce años, la cual mide algunas veces en la dicha taberna por causa de enfermedad de su tía, que tiene quebrada una pierna», etcétera. Como señala Herrero, «muchos taberneros procederían de buena fe [...] pero algo debía de haber no del todo honesto cuando así velaban las autoridades por quitar del mostrador las mocitas sobrinas del tabernero» [47]. Así era, en efecto. Se me permitirá recordar el caso histórico de «Isabel, moza de un mesón del lugar de Lapeza, término de Guadix», denunciada en 1614 ante la Inquisición porque, habiendo sido reprehendida por tratar *a mala parte* con ciertos mozos, respondió: «no ande yo con los casados, que con los mozos no es pecado» [48].

La literatura satírico-burlesca se ceba muchas veces no sólo con las mujeres recogidas en las mancebías oficiales sino con las que ofrecen su cuerpo en casas particulares (valiéndose de alcahuetas) o en una lista interminable de «tabernas», «bodegas», «tiendas», «mesones», «ventas» y «posadas». Es obvio que en la pobreza y en la necesidad, en la orfandad, en la imposibilidad

---

44 Cito por *La novela picaresca española*, ed. Ángel Valbuena Prat, Madrid: Aguilar, 1962, pp. 575–697, p. 654.
45 Herrero, *Oficios populares* (n. 38), p. 107.
46 *Ibid.*, pp. 107–108.
47 *Ibid.*, pp. 108–109.
48 José María García Fuentes, «Las visitas inquisitoriales a la diócesis de Guadix», en: Antonio Luis Cortés Peña (ed.), *Iglesia y sociedad en el Reino de Granada (siglos XVI–XVIII)*, Granada: Editorial Universidad de Granada, 2003, pp. 45–92, p. 79.

de formación y carencia de estudios, estriban las causas de un comercio carnal demasiado extendido, por desgracia, en la España de los Austrias[49].

Si lo anterior no fuera suficiente castigo, todavía tendremos que asistir a la flagelación que las mujeres públicas reciben por la vía del desprecio y de la burla literaria. Las hembras de mala vida desfilan aquí (sin que el escritor exagere su fantasía) con sus apodos correspondientes: «a fundar enfermedad / vino de Ocaña la Miza, / y puso tienda del mal», escribe Quevedo, por ejemplo, en la descarnada jácara que empieza: «Estábase el padre Ezquerra»[50]. Aunque las prostitutas no escapan de la mofa, tampoco se puede decir que el patán que las visita salga mejor parado en esta afilada sátira de Quevedo. El valioso libro de Gallardo recoge unas coplas a Diego Moreno, modelo folclórico de marido paciente, que «ha venido a alcanzar / buenas ropas y calzado / con oír, ver y callar»; la primera estrofa lo supone sastre y concluye: «remendón solía ser; / mas, como tiene hacienda, / no ha querido más coser / y mandó cerrar su tienda / y abrir la de su mujer»[51]. En palabras de Quevedo, un hombre que mira a otro «dando su mujer a logro, / le llama, por hacer burla, / tendero del matrimonio»[52]. Otro texto avisa que es inútil desterrar a las alcahuetas y hechiceras; porque «en yéndose a otras partes donde no eran conocidas [...] ponían sus tiendas y escuelas [de prostitución], con gran daño de toda la República»[53]. Pero no sólo hay multitud de celestinas que entregan una «mujer descosida / a hombre que sabe coser» en maliciosas palabras de Salas Barbadillo; el negocio es igualmente lucrativo para numerosos rufianes, como el valentón Malas Manos, ese «gran hombre de un antuvión / en cuyas espaldas hizo / el verdugo su labor», según la jácara que bosqueja su figura. De Malas Manos se nos cuenta, en fin, que «todas las siete partidas / de la tierra visitó / con su hembra», aludiendo a otros tantos destierros,

> pero ya, viendo que el mundo
> paga con mal galardón,
> se recogió a «buena vida»
> y una taberna fundó,
> en cuya ermita de-bota
> le ayuda tanto el Señor
> que con la espuma del vino
> más que la espuma creció.

---

49 Además del trabajo de Profeti que cito más abajo (n. 60), véase Andrés Moreno Mengíbar/ Francisco Vázquez García, «Poderes y prostitución en España (siglos XVI–XVII). El caso de Sevilla», en: *Criticón* n° 69 (1997), pp. 33–49.
50 Quevedo, *Poesía original completa* (n. 36), pp. 1254–1258, p. 1255.
51 Bartolomé José Gallardo, *Ensayo de una biblioteca española de libros raros y curiosos*, t. 3, Madrid: Tello, 1888, p. 1141; véase la expresión «abrir tienda» en: José Luis Alonso Hernández, *Léxico del marginalismo del Siglo de Oro*, Salamanca: Universidad, 1977, p. 735. Sobre la primera cuestión, Eugenio Asensio, «Hallazgo de Diego Moreno, entremés de Quevedo, y vida de un tipo literario», en: *Hispanic Review* 27 (1959), pp. 397–412.
52 Quevedo, *Poesía original completa* (n. 36), p. 903.
53 Véase Isabel Barbeito, *Cárceles y mujeres en el siglo XVII*, Madrid: Castalia, 1991, p. 91.

La reacción del rufián no es tan grande cuando, nada más fundar esa taberna, «el guardián de las doncellas / en su hembra ejecutó»[54]. Fuera de este sórdido suceso, en el pasaje se constata la pícara costumbre de añadir agua al vino vendido en las tabernas («no hay quien pruebe / moza o vino puro», escribirá Lope)[55]. También el pasaje ofrece juegos verbales entre lo sagrado y lo profano; porque si la ermita es *devota* también lo es *de bota*, o sea, de «cuero pequeño [...] cortado y cosido muy fuertemente para que mantenga el licor que se echa en él» (*Aut.*), lo que remite a la taberna. «Salirme un rato es justo / a rezar a una ermita» comenta el gracioso de *La dama duende*, y la editora de esta entretenida obra de Calderón explica que *ermita* «es eufemismo popular para indicar la taberna, por lo que se puede argüir en qué consistirán los rezos de Cosme»[56]. Por último, evocando el lenguaje de la soldadesca, Lope de Vega define la taberna como una «santa ermita» en una escena entre rufianes:

CELIO   ¡Ah, caballero!
Antes que se entre en esa santa ermita
el marqués, mi señor, hablarle quiere.

TRISTÁN Camaradas, allí me llama un príncipe;
no puedo rehusar el ver qué manda.
Entren y tomen siete u ocho azumbres
y aperciban dos dedos de formache
en tanto que me informo de su gusto[57].

De los textos presentados y alguno más se desprende que tienda, taberna y ermita son lugares donde se bebe a destajo, pero donde tampoco falta una mozuela dispuesta a todo; así pues, el neologismo «ermitañear» de nuestro soneto tiene el sentido de ejercer la prostitución, además del otro — literal — de retirarse a una ermita. Esto es lo que pretende hacer Jeroma; lo anterior, lo que interpreta y propone su marido.

La lámina que ilustra este trabajo reproduce, en parte, la almadraba de Zahara, propiedad de los duques de Medina-Sidonia. En ese trozo de costa andaluza se aprecian varias «tiendas, tabernas y bodegones que acogían a los pescadores», los cuales — más de dos mil — vivían, con sus «mujercillas», haciendo no pocas «torpezas y desvergüenzas»[58]. En primer plano se ve una tabernera, con una mesa en la puerta que sirve de mostrador. Hasta ella se ha acercado un hombre que en ese momento bebe de una larga copa, la cual

---

54 Alonso J. de Salas Barbadillo, *La ingeniosa Elena*, ed. José Fradejas Lebrero, Madrid: Instituto de Estudios Madrileños, 1983, p. 108.
55 «El anticristo», en: *Obras de Lope de Vega*, ed. Marcelino Menéndez y Pelayo, Madrid: Atlas, 1963, t. 8, p. 450.
56 Pedro Calderón de la Barca, *La dama duende*, ed. Fausta Antonucci, Barcelona: Crítica, 1999, p. 94.
57 Lope de Vega, *El perro del hortelano*, ed. A. David Kossoff, Madrid: Castalia, 1970, p. 181.
58 Véase Richard L. Kagan, *Ciudades del Siglo de Oro. Las vistas españolas de Anton Van den Wyngaerde*, Madrid: El Viso, 1986, pp. 295–296.

sostiene por su base con la mano derecha. Tal vez con la copa se midiera media azumbre de vino (casi un litro empinado de una sola vez). Así presenta Cervantes a Monipodio, el célebre «encubridor de ladrones» sevillano: «tenía un gran jarro de vino en la una mano y en la otra *una copa grande de taberna*, la cual (colmándola de vino generoso y espumante) brindaba a toda la compañía»[59]. Las tiendas son semejantes a las que cada año plantaban los hebreos en su particular «fiesta de los tabernáculos»; sin embargo, el aspecto de estas viviendas, que también son comercios, difiere de esos otros, de cal y canto, que tanto inquietaban a fray Alonso de Cabrera: «¡Oh crueldad terrible! ¡Oh maldad nunca viva! ¡Oh embuste de Satanás! ¡Que haya madres que críen hijas para poner tienda con ellas y sustentarse en la vejez!»[60]. Quevedo apunta hacia el mismo blanco cuando, en la *Pragmática que han de guardar las hermanas comunes*, escribe: «mandamos que nadie llame a vuestras posadas «casas», sino *tiendas*, pues todas sois mercadería»[61].

Mujeres «comunes» avezadas en el menester público serían la valenciana, la malagueña, la Otáñez o la Salmerona, citadas todas en el *Entremés de Mazalquiví*[62]. Cuando la última pide a sus «hermanas» una plaza de rufián para su amante, las demás consienten en virtud de que la fama de la Salmerona en el arte de la prostitución ha llegado a los cuatro rincones del reino, pues siempre «ha sido una singular cavalgadura, mujer de brava carona, no se le ha conocido en todo el discurso de su tiempo tan sola una desolladura, y después de haber tenido una noche más gente sobre sí que tuvo su Magestad en la toma de San Quintín, estaba para cansar otra tanta, bailando»[63]. En el mismo entremés se recoge a «el padre de Andújar», o sea, al encargado de la mancebía de dicha localidad andaluza, un hombre «antiguo en el oficio», como lo era en Alcalá de Henares el flemático «padre» Ezquerra, quien se mantenía «criando, como buen padre, / las hijas de Satanás»[64]. Hasta las legítimas entregaba el de Andújar, pues cuando no tiene «carne en su tajo [...] pone a ganar dos hijas suyas como dos pimpollos de oro»[65]. En semejante ambiente prostibulario se desenvuelve la sin par Perala, quien, tras la ejecución de su bravo rufián, co-

---

59 Miguel de Cervantes, «El coloquio de los perros», en: *Obra completa*, eds. Florencio Sevilla Arroyo/Antonio Rey Hazas, Madrid: Centro de Estudios Cervantinos, 1994, t. 2, p. 929. Léase también *La ilustre fregona*, con importantes alusiones a esta almadraba de Zahara, que probablemente visitó Cervantes.

60 Citado por Maria Grazia Profeti, «Mujer libre — mujer perdida: una nueva imagen de la prostituta a fines del siglo XVI y principios del XVII», en: Augustin Redondo (ed.), *Images de la femme aux XVI et XVIIe siècles: Des traditions aux renouvellements et à l'émergence nouvelles*, Paris: Publications de la Sorbonne, 1994, pp. 195–205, p. 201.

61 *Ibid.*, p. 204.

62 Emilio Cotarelo y Mori, *Colección de entremeses, loas, bailes, jácaras y mojigangas desde fines del siglo XVI a mediados del XVIII*, Madrid: Bailly-Baillière, 1911, t. 1, pp. 65–68.

63 Cotarelo y Mori, *Colección de entremeses* (n. 62), t. 1, p. 66.

64 Quevedo, *Poesía original completa* (n. 36), p. 1254.

65 Cotarelo y Mori, *Colección de entremeses* (n. 62), I, p. 67. Se comprende, pues, que un cliente desairado le espete con lo siguiente: «A ti, padrecillo infame, / a quien todo el mundo suele / llamarte padre de putas, / pues que putas hijas tienes: / yo te desafío y reto»

menta: «como tórtola viuda / quedé, pero no sin ramo, / pues en el de una taberna / estuve arrullando tragos». La asociación que establece Quevedo entre *ramo* y *taberna* es significativa, pues un ramo sobre la puerta anunciaba a las rameras; además, poco antes, la misma Perala se declara mujer pública (nada bien pagada, por cierto): «A lo menos que se puede / pasan aquí los pecados: / tierra barata de culpas, / mucho amor y pocos cuartos»[66]. Igual de transparente se nos muestra el *Cancionero* de Sebastián de Horozco, donde hallamos el más cruel de los epitafios:

> Poned luto, taberneros,
> por el mal de aqueste día,
> pues murió Mari García,
> la que os daba sus dineros[67].

En la «Sátira de Espinel a las damas de Sevilla»[68] se habla de la Bernardina y de «que, estando dos amigos en la cama, / usó con ambos la carnal torpeza» (vv. 106–107); también de «la reverenda Merdellona» (v. 119); se alude igualmente a «la taimada Maimona», quien se entregaba por más de dos reales: «el que su puerco pendejón desea / ha de dar cada noche tres y medio» (vv. 127–129); se menciona a la Violante, «la cual supo jugar también de cola» (v. 136). No sigo describiendo este extenso retablo satírico, que su fino editor considera de subida «procacidad prostibularia»[69]. Sin embargo, de las dos «damas» citadas en último lugar se cuenta algo que me importa mucho destacar; y es que, tras sentar plaza en mancebía,

> recógense las dos a un *tabernáculo*
> a ejercitar el juego de ventaja,
> que nunca en esta edad les pone obstáculo.

Estos versos (142–144) me vienen como anillo al dedo, porque igualan el concepto de *taberna* y de *tabernáculo*. Relegado el sentido bíblico-religioso («tienda de campaña»), en la sátira de Espinel la palabreja se emplea a lo profano, como sustitutivo de taberna y connotando los vicios carnales que ya sabemos. Así se registra también en *El gallardo escarramán*, cuya composición se calcula «entre los años 1616–1619», donde un criado expone de este modo su vida licenciosa:

> Una fregona es mi oráculo
> y garfios de mi deseo,
> y en una carpeta veo
> mi taberna y tabernáculo;

---

66 Quevedo, *Poesía original completa* (n. 36), p. 1208.
67 Citado por José Lara Garrido, *Alonso Álvarez de Soria, ruiseñor del hampa (Vida en literatura de un barroco marginal)*, Málaga: Litoral, 1987, p. 99.
68 Vicente Espinel, *Poesías sueltas*, ed. José Lara Garrido, Málaga: Diputación Provincial, 1985, pp. 47–61.
69 José Lara Garrido, *Del Siglo de Oro (métodos y relecciones)*, Madrid: Universidad Europea de Madrid, 1997, p. 182.

y así, en esta desventura
en que navego y camino,
seguir al ramo del vino
es ramo de mi locura [70].

El mismo término se documenta, tres o cuatro años antes, en *El perro del hortelano*:

ANTONELO	Dejemos favores y fortunas, y bebamos.
FURIO	En este tabernáculo sospecho que hay lágrima famosa y malvasía.
TRISTÁN	Probemos vino greco, que deseo hablar en griego y, con beberlo, basta [71].

¡Qué casualidad! De nuevo asoma Lope usando el vocablo, y en unas fechas que coinciden exactamente con las de nuestro soneto [72]. Volvamos a Toledo y al momento de su abierta inquina con la pareja de comediantes; cuando Valdés observa que su mujer ha engordado y le han salido arrugas en la frente; cuando ya no tiene «para el teatro cara» y le propone, con «brío» de toro bravo, montar un modesto prostíbulo en un sitio donde todo el mundo sabe que huele a cuerno. Si no en la autoría propuesta, se estará de acuerdo conmigo en que los dos versos finales del soneto (los que se ponen en boca del marido) son de una crueldad demoledora.

---

70 Véase Elena Di Pinto, *La tradición escarramanesca en el teatro del Siglo de Oro*, Madrid: Iberoamericana, 2005, pp. 41 y 63. «Hacia 1618 — escribe Herrero — se introdujo en Madrid un artefacto en las puertas de las tabernas que se llamó carpeta. Era una especie de repostero pendiente de una palometa que ocultaba el interior del establecimiento»; véase Herrero, *Oficios populares* (n. 38), pp. 113–114. Si el «artefacto» colgaba de una palometa, a la fuerza sería giratorio; el repostero vendría a ser, pues, como el torno de los conventos, que impide el paso pero permite la venta de productos al exterior. Razones morales aconsejarían la instalación obligatoria de carpetas a los taberneros.

71 Lope de Vega, *El perro del hortelano* (n. 57), p. 180.

72 Véase Donald McGrady, «Fecha, fuentes y sentido de *El perro del hortelano*», en: *Anuario Lope de Vega* 5 (1999), pp. 151–166; en especial la p. 160, con alusión a «cierta barriga» llena de «legajos de pliegos» de comedias que, como apunta el crítico, no puede ser más que la de Jerónima de Burgos.

Mariano Delgado

«...que bien sé lo que son tentaciones del demonio». Aspekte der Dämonologie im *Quijote*

Obwohl Begriffe wie *diablo(s), demonio(s)* und *satanás(es)* im *Quijote*[1] häufig vorkommen[2], gibt es bisher wenige Studien über die cervantinische Dämonologie. Die Klage von Michael D. Hasbrouck aus dem Jahre 1992 ist im Großen und Ganzen heute noch gültig:

> [...] no se ha estudiado la importancia de la posesión y el exorcismo en el *Quijote*. Tampoco se ha analizado el papel del diablo y de Dios en la locura y aventuras del héroe, aunque es bien sabido que la melancolía se relaciona con el diablo[3].

Hasbroucks Beitrag, so interessant und pionierhaft er auch ist, lässt sich genauso wie andere Beiträge verschiedener Autoren über dieses Thema[4] oder die Melancholie im *Quijote*[5] als vorläufige Annäherung an die Dämonologie

---

1 Der *Quijote* wird nach folgender Ausgabe zitiert: Miguel de Cervantes, *Don Quijote de la Mancha*, Barcelona: Crítica, 1998 (Biblioteca Clásica, 50). Bei den Zitaten im Haupttext wird in Klammern auf Teil, Kapitel und Seite nach dieser Ausgabe hingewiesen.
2 Außer der CD-ROM mit der in der Anm. 1 zitierten Ausgabe und der Möglichkeit, gezielt nach Stichworten zu suchen, vgl. dazu z. B. die sehr informative Studie von Salvador Muñoz Iglesias, *Lo religioso en el Quijote*, Toledo: Estudio Teológico de San Ildefonso, Seminario Conciliar, 1989, S. 146–154.
3 Michael D. Hasbrouck, «Posesión demoníaca, locura y exorcismo en el *Quijote*», in: *Cervantes. Bulletin of the Cervantes Society of America* 12 (1992), H. 2, S. 117–126, hier S. 117.
4 Vgl. vor allem Hilaire Kallendorf, *Exorcism and Its Texts. Subjectivity in Early modern Literature of England and Spain*, Toronto: University of Toronto Press, 2003, darin vor allem Kap. 5, S. 157–183: «Self-Exorcism and the Rise of the Novel». Vgl. auch Steven Nadler, «Descartes's Demon and the Madness of Don Quixote», in: *Journal of the History of Ideas* 58(1997), H. 1, S. 41–55; Stephen Harrison, «Magic in the Spanish Golden Age. Cervantes's Second Thoughts», in: *Renaissance and reformation / Renaissance et Réforme* 1 (1980), S. 47–64; Carmelo Lisón Tolosano, *Demonios y exorcismos en los Siglos de Oro*, Madrid: Akal, 2004 (La España mental, 1).
5 Vgl. dazu u. a. Hans-Jörg Neuschäfer, *Der Sinn der Parodie im «Don Quijote»*, Heidelberg: Winter, 1963 (Studia Romanica, 5); Javier García Gibert, *Cervantes y la melancolía. Ensayo sobre el tono y la actitud cervantinos*, Valencia: Edición Alfons el Magnanim u. a., 1997 (Novatores, 7); Deborah A. Kong, *A study of the medical theory of the humours and its application in selected Spanish literature of the Golden Age*, University of Edinburgh (Dissertation), 1980; Roger Bartra, *Cultura y melancolía. Las enfermedades del alma en la España del Siglo de Oro*, Barcelona: Anagrama, 2001 (Colección Argumentos, 271); Otis H. Green, «Melancholy and death in Cervantes», in: John Esten Keller/Karl Ludwig Selig (Hrsg.): *Hispanic studies in honor of Nicholson B. Adams*, Chapel Hill: University of North Carolina Press, 1966, S. 49–55; Aurora Egido, «La memoria y el *Quijote*», in: *Bulletin of the Cervantes Society of America* 11 (1991), H. 1, S. 3–44; *Folie et déraison à la Renaissance*, hrsg. v. der International Federation of Societies and Institutes for the Study of

im cervantinischen Werk verstehen, nicht als exhaustive Antwort. Als eine solche Annäherung wollen auch diese Überlegungen verstanden werden.

1. Der Teufel in den dämonologischen Traktaten des 16. Jahrhunderts

Unter den vielen dämonologischen Traktaten des 16. Jahrhunderts ragt das Werk des Maestro Pedro Ciruelo, *Reprobación de las supersticiones y hechicerías* (1538–1541), hervor[6], mit dessen möglichem Einfluss auf die Behandlung des Aberglaubens im *Quijote* ich mich andernorts beschäftigt habe[7]. Mir scheint, dass Ciruelos Werk uns helfen könnte, auch die cervantinische Dämonologie besser zu verstehen. Hiermit soll nicht ein «direkter» Einfluss Ciruelos auf Cervantes suggeriert werden, denn ein solcher ist nicht nachweisbar. Vielmehr ist davon auszugehen, dass sich im Traktat Ciruelos, der zu Cervantes' Zeit große Verbreitung fand, das theologische und volkstümliche Wissen über den Teufel im Wesentlichen findet, das wir zum Verständnis der Dämonologie im *Quijote* brauchen. Ob Cervantes sich dieses Wissen aus der direkten Lektüre Ciruelos, aus anderen theologischen Werken über den Aberglauben seiner Zeit oder aus den Volkspredigten angeeignet hat, ist hier von sekundärer

---

the Renaissance, Brüssel: Éditions de l'Université de Bruxelles, 1976 (Travaux de l'Institut pour l'Étude de la Renaissance et de l'Humanisme, 5); Winfried Schleiner, *Melancholy, Genius and Utopia in the Renaissance*, Wiesbaden: Harrassowitz, 1991 (Wolfenbütteler Abhandlungen zur Renaissanceforschung, 10).

6   Hier zitiert nach Maestro Pedro Ciruelo, *Reprobación de las Supersticiones y Hechicerías*, Madrid: Joyas Bibliográficas; 1952 (Colección Joyas Bibliográficas, 7). Es gibt modernere Ausgaben (Pedro Ciruelo, *Reprouación de las supersticiones y hechizerías*, hrsg. v. Alva V. Ebersole, Valencia: Albatros hispanófila, 1978; *Reprovación de las supersticiones y hechizerías* [1538], hrsg. v. José Luis Herrero Ingelmo, Salamanca: Diputación Provincial de Salamanca, 2003), die aber nicht so vollständig sind, da sie der Ausgabe von 1538 statt der von 1541 folgen; ebenso liegt eine gute englische Ausgabe vor, die der erweiterten Ausgabe von 1628 folgt: *Pedro Ciruelo's a Treatise Reproving All Superstitions and Forms of Witchcraft*, hrsg. v. D'Orsay W. Pearson, Rutherford: Fairleigh Dickinson UP 1977; unterdessen gibt es auch eine deutsche Ausgabe: *Verwerfung des Aberglaubens und der Zauberei. Ein Inventar des Volksglaubens in der spanischen Renaissance* hrsg. v. Mariano Delgado, Fribourg/Stuttgart: Academic Press Fribourg/Kohlhammer, 2008. Zu Maestro Ciruelo vgl. Francisco Tolsada, «Introducción», in: Ciruelo, *Reprobación*, S. XI–XLIII; J. Goñi, «Sánchez Ciruelo, Pedro», in: *Diccionario de Historia Eclesiástica de España*, hrsg. v. Quintín Aldea Vaquero u. a., Bd. 4, Madrid: Instituto Enrique Flórez, 1975, S. 2170–2171 (dort Literatur sowie eine Auflistung der Werke Ciruelos); Cirilo Flórez Miguel u. a. (Hrsg.), *Pedro S. Ciruelo, una enciclopedia humanista del saber*, Salamanca: Caja de Ahorros y Monte de Piedad de Salamanca, 1990 (Salamanca en el descubrimiento de América, 8); Alva V. Ebersole, «Pedro Ciruelo y su ‹Reprobación de hechicerías›», in: *Nueva Revista de Filología Hispánica* 16 (1962), S. 430–437; Mariano Delgado, «Einleitung», in: Ciruelo, *Verwerfung*, S. 9–21.

7   Vgl. Mariano Delgado, «Maestro Ciruelos *Reprobación de las supersticiones y hechicerías* (1538) und sein möglicher Einfluß auf den *Don Quijote*», in: Gerhard Penzkofer/Wolfgang Matzat (Hrsg.): *Der Prozeß der Imagination. Magie und Empirie in der spanischen Literatur der frühen Neuzeit*, Tübingen: Niemeyer, 2005 (Beihefte zur Iberoromania, 21), S. 37–49.

Bedeutung. Wichtig ist, dass Cervantes bei aller literarischen Freiheit im Umgang mit dem Teufel im Rahmen des von den theologischen Traktaten Gesagten und des von der Inquisition Erlaubten verbleibt — wie zu zeigen sein wird.

Im zweiten Kapitel des ersten Teils seines Werkes fasst Ciruelo sehr klar die Prinzipien oder allgemeinen Regeln der katholischen Dämonologie seiner Zeit zusammen:

> La primera regla o principio general es: que no solamente, según la fe católica revelada en las Sanctas Escrituras de los profetas y apóstoles, mas aun según la buena filosofía y razón natural que escribieron los sabios gentiles, es cosa muy cierta y verdadera que en el mundo, allende de las cosas corporales y vesibles, hay otras criaturas de Dios espirituales e invesibles, que son los ángeles; y dellos, unos son buenos y otros malos, que se llaman diablos o demonios. Es luego el primero fundamento de nuestra doctrina, que todos los cristianos tengan por cierto arículo de la fe que en el mundo hay diablos enemigos invisibles de los hombres [...] Y Cristo del diablo dice que es mentiroso y padre de mentiras, y que desde el principio del mundo es homicida, porque mata las ánimas de los hombres, que es mayor mal que matar los cuerpos[8].

Unter Berufung auf die natürliche Vernunft und Aristoteles untermauert Ciruelo diese Glaubenswahrheit. Aristoteles lehrt nämlich im ersten Buch seiner *Metaphysik*, dass man von den Wirkungen auf die Wirkursachen schließen kann. Wenn wir also von manchen Wirkungen keine natürlichen Wirkursachen herausfinden können, müssen wir annehmen, dass es sich dabei um übernatürliche spirituelle Ursachen handeln wird. Unter den Wirkungen oder Phänomenen, die auf solche Ursachen zurückgeführt werden müssen, nennt Ciruelo folgende:

> mudar en un súbito un grande monte todo entero de un lugar a otro, o ver algún animal bruto hablar como hombre en la lengua de los hombres que le entiendan; o si algún hombre ya días ha muerto y enterrado se apereciese vesiblemente y hablase con los vivos; o si algún hombre rústico labrador o pastor, que nunca aprendió letras, hablase una hora entera en latín muy perfecto, o en griego o en otra lengua muy extraña de la suya, y en pasando aquella hora no poder tornar a decir lo que habló ni aun acordarse de cosa dello. Item ver que una mujer flaca y doliente en cierta hora, pueda luchar con un varón de muchas fuerças o con un toro o león y vencerle y echarle en tierra muy ligeramente, y pasada aquella hora no poder hacer la menor cosa dellos[9].

Ciruelo führt auch manche Handlungen der Hexen «tan maravillosas, que no se puede dar razón dellas por causas naturales», auf die Wirkung des Teufels zurück:

> que algunas dellas se untan con unos ungüentos y dicen ciertas palabras y saltan por la chimenea del hogar o por una ventana y van por el aire, y en breve tiempo van a tierras muy lexos y tornan presto diciendo las cosas que allá pasan. Otras déstas, en cabándose de untar y decir aquellas palabras, se caen en tierra como

---

8 Ciruelo, *Reprobación* (Anm. 6), S. 20 f.
9 Ebd., S. 21 f.

> muertas, frías y sin sentido alguno; aunque las quemen o asierren, no lo sienten, y dende a dos o tres horas se levantan muy ligeramente y dicen muchas cosas de otras tierras y lugares adonde dicen que han ido. Otras déstas que caen, aunque pierdan todos los otros sentidos, quédales la lengua suelta y hablan maravillosos secretos de las ciencias, que nunca aprendieron, y de las Santas Escripturas dan declaraciones maravillosas, de que se espantan aun los muy grandes sabios filósofos y teólogos [10].

Die zweite Regel Ciruelos lautet:

> que los diablos luego desde el principo del mundo tomaron malicia muy grande y entrañable de coraçón contra los hombres, y siempre perseveran en ella hasta la fin del mundo. De manera que por ningunos servicios ni halagos que los hombres les hagan, los podrán aplacar que pierdan aquella mala voluntad y tengan verdadera amistad y paz con los hombres; antes cuando alguna amistad les muestran, entonces andan con mayor malicia para los echar a perder; porque son falsos y traidores y por eso los hombes no se deben confiar en ellos [11].

Der Teufel, der ein Feind des Menschengeschlechts ist, will vor allem den ewigen Tod des Menschen: «que es hacerlos caer en pecados con sus muchas y diversas tentaciones, para que sean condenados a la muerte eterna del infierno». Daher hat Gott von Anbeginn der Welt die Menschen vor der Feindschaft des Teufels gewarnt:

> que nunca jamás tengan amistad con los diablos, ni pública ni secreta, ni osen con ellos hacer pacto o concierto alguno para hacer cualquiera cosa ni para algún fin bueno ni malo, aunque parezca bueno [12].

Daran erinnert uns der Apostel Paulus im ersten Brief an die *Korinther* (10, 20–21) der von Ciruelo ausdrücklich zitiert wird: «No quiero ni consiento que en alguna manera os hagáis socios o amigos de los demonios». Ciruelo macht auch darauf aufmerksam, dass der Priester bei dem Exorzismus im Rahmen der Taufzeremonie, der bei der Osterliturgie erneuert wird, im Namen der gesamten Kirche die Gemeinde dreimal feierlich auffordert, stets Gott treu zu sein und auf die Freundschaft mit dem Teufel, seinem Todfeind, zu verzichten: «y así lo juramos y prometemos respondiendo tres veces, ‹abrenuncio›»[13]. Als dritte Regel hält Ciruelo fest:

> que todas las supersticiones y hechicerías vanas las halló y enseñó el diablo a los hombres; y, por ende, todos los que las aprenden y exercitan son discípulos del diablo, apartados de la doctrina y ley de Dios, que se enseña en la Sancta Iglesia Católica [14].

Die vierte Regel lautet:

---

10   Ebd., S. 22.
11   Ebd., S. 22 f.
12   Ebd., S. 23.
13   Ebd., S. 24.
14   Ebd., S. 25.

> que toda obra que el hombre hace para haber algún bien o para excusar algún mal, si las cosas que allí pone y las palabras que allí dice no tienen virtud natural ni sobrenatural para hacer aquel efecto, aquella operación es vana, supersticiosa y diabólica; y si viene a efecto es por secreta operación del diablo. Y el hombre que la tal obra hace, se separa de la doctrina de Dios y de la Iglesia y del voto de la religión que hizo en el baptismo, y se subjeta al servicio del diablo, según su falsa doctrina [15].

Wer solche Handlungen vollzieht, «secretamente consiente que el diablo venga allí y le ayude o alumbre para hacer lo que él desea.» Dies bedeutet also, die Freundschaft mit dem Teufel zu suchen, «o clara o secretamente» [16].

Im achten Kapitel des dritten Teils macht Ciruelo schließlich auf den Unterschied zwischen den falschen «Teufelsaustreibern» («sacadores de los espíritus malos») und den echten, von der Kirche bestellten Exorzisten mit Nachdruck aufmerksam. Diese haben immer das Sakrament der Weihe erhalten und die damit verbundene kirchliche Macht über den Teufel. Den Exorzismus dürfen sie nur nach dem von der Kirche vorgeschriebenen Ritual durchführen sowie ausgestattet mit Chorhemd oder Albe, Stola, Kreuz und Weihwasser:

> Esta es la verdadera doctrina de la Santa Iglesia Católica en este caso, y quien de ella saliere poniendo otras algunas ceremonias vanas en sus conjuros, sepa de cierto que peca gravemente contra Dios, por el pacto secreto de amistad que hace con el diablo su enemigo; y no solamente peca el conjurador malo, mas también el que lo llama y consiente que haga sus conjuros en su casa [17].

Diese katholische Dämonologie, nach der das Leben hier auf Erden als «harter Kampf» gegen die Macht des Teufels zu verstehen ist, wurde vom Trienter Konzil bestätigt, das die geistigen Koordinaten für die katholische Welt gezogen hat, zu der Cervantes und das spanische Siglo de Oro gehören. Im Dekret über die Erbsünde heißt es unter anderem, diese führe zur «Knechtschaft unter der Gewalt dessen, der danach ‹die Herrschaft des Todes innehatte, das heißt des Teufels› (*Hebräer* 2, 14)» [18]. Der heutige *Katechismus der Katholischen Kirche* bemerkt an dieser Stelle etwas, das die Anhänger des «anthropologischen Optimismus» nicht außer acht lassen sollten: «Zu übersehen, dass der Mensch eine verwundete, zum Bösen geneigte Natur hat, führt zu schlimmen Irrtümern im Bereich der Erziehung, der Politik, des gesellschaftlichen Handelns und der Sittlichkeit» [19]. Aber es würde wohl zu weit führen, diesen Gedanken hier zu vertiefen. Für unseren Zweck genügt die Feststellung, dass Ciruelo in seinem Traktat und die Kirche beim Konzil von Trient die Grundprinzipien katholischer Dämonologie sehr deutlich formuliert haben. Wir

---

15 Ebd., S. 27 f.
16 Ebd., S. 31.
17 Ebd., S. 114.
18 Heinrich Denzinger, *Kompendium der Glaubensbekenntnisse und kirchlichen Lehrentscheidungen*. hrsg. v. Peter Hünermann, Freiburg i. Br. u. a.: Herder, [37]1991, Nr. 1511.
19 *Katechismus der Katholischen Kirche*, München u. a.: Oldenbourg, 1993, Nr. 407.

müssen davon ausgehen, dass Cervantes dies sehr präsent hatte, als er seine Werke verfasste — genauso wie er die neunte Regel aus dem Index des Großinquisitors Gaspar de Quiroga (1583), in der allerlei Literatur, die den Teufel anruft, verboten wird [20], oder die Bulle «*Coeli et terrae*» Papst Sixtus' V. vom 5. Januar 1586, mit der dieser nicht nur die Ausübung der Atrologie und sonstige Formen der Zauberei verbietet, sondern auch das Besitzen oder Lesen von einschlägigen Büchern [21], vor Augen hatte. Beide Verbote sind zugleich ein Zeichen für die starke Verbreitung von Aberglaube und Zauberei in der Renaissance — sowohl in Spanien wie in der übrigen katholischen Welt.

2. Der *Quijote* als Exorzismus?

Hasbroucks These lautet, dass wir den *Quijote* als einen einzigen und ganzen Exorzismus des Autors gegen die Macht sehen sollten, die der Teufel durch die Ritterromane und die Melancholie ausübt. Dabei ändert sich die Beziehung zwischen dem Teufel, Gott und Don Quijote im Verlauf der Handlung:

> En la primera parte del Quijote las fuerzas demoníacas ejercen un control casi completo sobre el héroe. La segunda parte, sin embargo, se caracteriza por la lucha entre el diablo y Dios por la posesión de su alma; lucha que gana Dios, ya que don Quijote experimenta un lento proceso de exorcismo que termina con su liberación y su renacimiento como ‹Alonso Quijano, el Bueno› [22].

Hasbrouck stellt also einen signifikanten Unterschied zwischen dem ersten und dem zweiten Teil fest:

> En la primera parte se delinea, pues, una asociación entre don Quijote y las fuerzas diabólicas, ya que muestra muchas señales de estar poseído por el demonio. El caballero andante carece de control sobre sus propias facultades y hasta ataca a figuras religiosas. Además, muchos personajes, incluso él mismo, lo equiparan con el diablo. El demonio es quien, física y simbólicamente, le ha ‹encarcelado›

---

20 Darin heißt es u. a.: «otrosí se prohiben todos los libros, tratados, cedulas, memoriales, receptas, y nominas, para inuocar demonios, por cualquier via, y manera, ora sea por nigromancia, hydromancia, pyromancia, acromancia, onomancia, chiromancia, y geomancia, ora por escriptos, y papeles de arte magica, hechizerias, bruxerias, agueros, encantamentos, conjuros, cercos, characteres, sellos, sortijas y figuras [...] En los conjuros y exorcismos contra los demonios, y tempestades, de mas de los que el rezado Romano ordena, se permite solamente lo q en los manuales Ecclesiasticos esta recebido por vso de las yglesias, visto y aprobado por los Ordinarios». Vgl. Jesús Martínez de Bujanda (Hrsg.), *Index des livres interdits VI: Index de l'Inquisition Espagnole 1583/1584*, Sherbrooke: Université de Sherbrooke/Genève: Droz, 1993, S. 884 f.
21 Vgl. den lateinischen Originaltext und eine spanische Übersetzung dieser Bulle in: Pedro Ciruelo, *Tratado en el qual se reprueuan todas las supersticiones y hechizerias: muy vtil y necessario a todos los buenos christianos zelosos de su saluacion*, Barcelona: Sebastian de Cormellas, 1628, S. 265–273 (lat.); spanische Version zu Beginn des Buches ohne Paginierung. Es gibt auch eine englische Übersetzung in: *Pedro Ciruelo's a Treatise* (Anm. 6), S. 350–359.
22 Hasbrouck, *Posesión* (Anm. 3), S. 120.

en el estado que padece. Sin embargo, la segunda parte presenta ciertas diferencias. Don Quijote aparece mucho más reflexivo y no pierde tanto el control. También, mientras que la primera parte contiene muy pocas discusiones teológicas, la segunda está repleta de ellas. En ésta aparecen físicamente varias figuras diabólicas que pretenden provocar a don Quijote, en un intento de mantener el control sobre él. Se entabla así una lucha entre Dios y el diablo que se manifiesta de muchas formas [...] Se nota también un cambio en las encomendaciones de don Quijote: mientras que en la primera parte se encomienda a Dulcinea antes que a Dios, en la segunda parte es al revés [23].

Als Belege für seine These führt Hasbrouck unter anderem an, dass Sancho im zweiten Teil sagt: «¡El diablo, el diablo me ha metido en esto; que otro no» (II, 10, S. 703) — nicht zuletzt weil Don Quijote Sanchos Warnung im Ersten Teil «Mire que digo que mire bien lo que hace, no sea el diablo que le engañe» (I, 8, S. 100) ausgeschlagen hat. Oder dass Don Quijote, als Sancho von ihm das Schwert haben will, um «media docena de aquellos señores y descomedidos puercos» oder «animales inmundos» zu töten, die mitten durch ihr Nachtlager gelaufen waren, kryptisch antwortet: «Déjalos estar, amigo, que esta afrenta es pena de mi pecado» (II, 68, S. 1181). Hasbrouck [24] sieht darin eine Anspielung auf jene Szene im Evangelium (z. B. *Mk* 5, 12–13), als Jesus den Dämonen, die von einem Menschen Besitz ergriffen haben, erlaubte, «in die Schweine» zu fahren. Danach «saß der Mann ordentlich gekleidet da und war wieder bei Verstand» (*Mk* 5, 15). Ähnliches geschehe nun mit Don Quijote, der am Ende des Exorzismusprozesses in seinem Bett als Alonso Quijano aufwacht, und sich für geheilt erklärt, weil er sich nun der Gefahr der Lektüre der Ritterromane bewusst ist:

Bendito sea el poderoso Dios que tanto bien me ha hecho! [...] Ya soy enemigo de Amadís de Gaula y de toda la infinita caterva de su linaje; ya me son odiosas todas las historias profanas del andante caballería, ya conozco mi necedad y el peligro en que me pusieron haberlas leído; ya, por misericordia de Dios escarmentando en cabeza propia, las abomino (II, 74, S. 1216–1217).

Für Hasbroucks These spricht nicht zuletzt, dass dieses «las abomino» wie eine Anspielung auf die feierliche Verwerfung des Teufels in der Taufzeremonie klingt.

Hilaire Kallendorf teilt die Einschätzung Hasbroucks über die unterschiedliche Rolle des Teufels im ersten und zweiten Teil des *Quijote*, betont aber, dass die Dämonologie nicht «der» Schlüssel ist, um das sehr komplexe Phänomen des Wahnsinns Don Quijotes zu entziffern [25]. Kallendorf zeigt ein Dreifaches auf: wie das linguistische Register der Teufelsbesessenheit im *Quijote*

---

23 Ebd., S. 122 f.
24 Vgl. ebd., S. 126.
25 Kallendorf, *Exorcism* (Anm. 4), S. 158: «Again, it should come as no surprise to cervantistas that the more playful moments usually occur early in Part I, while the darker side of demonic agency assumes greater power toward the end of Part I and continues in the more somber Part II of the Quijote, published ten years later, near the time of Cervantes' death».

zur Anwendung kommt; die literarische wie rituelle Singularität des «Autoexorzismus», den Don Quijote an sich vollzieht; und schließlich die paradigmatische Rolle des «Autoexorzismus» für die Autonomie des Handelns des Protagonisten eines Romans [26] — was zu interessanten Exkursen über die Romantheorie sowie über die Interaktion zwischen dem Autor und seinen Figuren führt. Konsequenter als Hasbrouck verweist Kallendorf immer wieder auf dämonologische Traktate des 16. und 17. Jahrhunderts [27].

Andere Autoren sprechen grundsätzlich von einer Wandlung Don Quijotes von der durch den Teufel und die von ihm hervorgerufene Melancholie gelenkten Imitatio des Amadis von Gallien zur Imitatio Christi [28].

Da literarische Kunstwerke — und das ist der *Quijote* allemal — als offene Kunstwerke zu verstehen sind, die nie zu Ende interpretiert werden können, sondern uns immer wieder von Neuem «zu denken» geben, sind alle Perspektiven legitim und willkommen. Es wäre zu leicht, auf die genannten Thesen zu erwidern, dass Cervantes nicht von einer Teufelsbesessenheit Don Quijotes spricht, sondern eher von «encantamiento» oder von «locura». Sancho hält Don Quijote für einen «loco de atar» (II, 10, S. 703), «loco de todo punto» (II, 23, S. 826) oder «loco rematado» (II, 33, S. 905). Don Diego de Miranda und sein Sohn halten ihn für «un entreverado loco, lleno de lúcidos intervalos» (II, 18, S. 776). Und Don Quijote selbst sagt uns im letzten Kapitel: «Yo fui loco, y ya soy cuerdo» (II, 74, S. 1220). Ebenso leicht wäre es zu sagen, dass selbst der verzauberte oder verrückte Don Quijote sich nicht nur als Nachahmer des Amadis von Gallien versteht, sondern auch — und in beiden Teilen des Werkes — als Nachfolger Christi, wie zahlreiche Studien über die «Narrheit» und die «Religion» Don Quijotes gezeigt haben [29].

---

26 Ebd., S. 157.
27 Kallendorf verweist u. a. auf das Werk Ciruelos, wenn auch sehr vage, vor allem aber auf folgende zwei Werke: Benito Remigio Noydens, *Practica de exorcistas y ministros de la Iglesia. En que con mucha erudición i singular claridad, se trata de la instruccion de los Exorcismos para lançar y auyentar los demonios* …, Madrid, 1661; Diego Gómez Lodosa, *Iugum ferreum Luciferi, seu exorcismi terribiles, contra malignos spiritus possidentes corpora humana, & ad quaevis maleficia depellenda, & ad quascumque infestationes Daemonum deprimendas*, Valencia, 1676. Beide Werke erschienen zwei Generationen nach Cervantes' Tod, enthalten aber genaue Beschreibungen des Exorzismusrituals sowie im Falle Gómez Lodosas auch Anweisungen für den «Autoexorzismus» in Abwesenheit eines Priesters.
28 Vgl. Muñoz Iglesias, *Religioso* (Anm. 2).
29 Was die Religion betrifft, erlaube ich mir auf meine jüngsten Beiträge zu verweisen, in denen die neue Literatur rezipiert wird: «Dem ‹christlichen Beruf› treu geblieben? Zu den expliziten und impliziten religiösen Diskursen im *Quijote*», in: Christoph Strosetzki (Hrsg.), *Miguel de Cervantes' «Don Quijote». Explizite und implizite Diskurse im «Don Quijote»*, Berlin: Schmidt, 2005 (Studienreihe Romania, 22), S. 59–81; «¿Fiel a su ‹cristiana profesión›? Sobre los discursos religiosos explícitos e implícitos en el *Quijote*», in: Christoph Strosetzki (Hrsg.), *Discursos explícitos e implícitos en el «Quijote»*, Pamplona: Eunsa, 2006 (Publicaciones de la Facultad de Filosofía y Letras de la Universidad de Navarra / Literatura hispánica y teoría de la literatura, 21), S. 99–128; «Fidèle à son ‹devoir de chrétien›? La religion de Cervantès», in: *Pierre d'angle* 11 (2005), S. 5–32.

Stattdessen werde ich zu zeigen versuchen, a) dass Exorzismen im cervantinischen Werk im Allgemeinen und im *Quijote* im Besonderen eher als sinnreiche Parodien vorkommen; b) dass die Beschreibung des Teufels im *Quijote* oder die Verwendung von Redeweisen mit Bezug auf diesen – der theologischen «Dämonologie» entspricht, die in den einschlägigen Traktaten der Zeit enthalten ist und Alltagssprache und Volkskultur geprägt hat; und c) schließlich, dass Don Quijote und Sancho sich des Charakters des Teufels als geschickten und einfallsreichen Versuchers, Lügners und Mörders stets bewusst und dabei immer bemüht sind, im Rahmen der theologischen Koordinaten zu bleiben und auf dessen Fallstricke nicht hereinzufallen, was von wirklich Besessenen nicht gesagt werden kann — dass Cervantes also stets im Rahmen der von der Inquisition für die Trivialliteratur gezogenen Grenzen verbleibt.

3. Exorzismusparodien bei Cervantes

Sinnreiche Exorzismusparodien gibt es auch in anderen Werken Cervantes', so zum Beispiel in den Kapiteln 20 und 21 im dritten Buch des *Persiles* im Zusammenhang mit dem Wunsch von Isabela Castrucha und Andrea Marulo nach einer «Liebesheirat». Isabela täuscht zunächst vor, vom Teufel besessen zu sein, kennt aber ganz genau den Grund ihres Zustands:

> una legión de demonios tengo en el cuerpo, que lo mismo es tener una onza de amor en el alma, cuando la esperanza desde lejos la anda haciendo cocos [...] Ésta es mi locura. Ésta, mi enfermedad. Mis amorosos pensamientos son los demonios que me atormentan (III, 20, S. 767)[30].

Die Ankunft des Geliebten Andrea Marulo wird vom Onkel Isabelas als Exorzismus beschrieben:

> ¡Albricias, sobrina mía; albricias, hija de mi alma; que ya ha llegado el señor Andrea Marulo [...] ¡Ea, dulce esperanza mía, cúmplenos la que nos has dado de que has de quedar libre en viéndole! ¡Ea, demonio maldito, vade retro, exi foras, sin que lleves pensamiento de volver a esta estancia, por más barrida y escombrada que la veas! (III, 21, S. 770).

Die echten Dämonen sind aber für die zwei Geliebten diejenigen, die der Liebesheirat — einem sehr cervantinischen Thema, das auch im *Quijote* vorkommt — im Wege stehen, weshalb Andrea Marulo sagt: «vayan de aquí fuera los demonios que quisieren estorbar tan sabroso nudo, y no procuren los hombres apartar lo que Dios junta» (III, 21, S. 771). Die zwei anwesenden Priester bestätigen zum Erstaunen des Onkels die Gültigkeit der so voll-

---

30 Das Werk wird nach folgender Ausgabe zitiert: Miguel de Cervantes Saavedra, *Galatea. Novelas ejemplares. Persiles y Sigismunda*, hrsg. v. Florencio Sevilla Arroyo/Antonio Rey Hazas, Alcalá de Henares: Centro de Estudios Cervantinos, 1994 (Obra completa de Miguel de Cervantes, Bd. 2).

zogenen Ehe: «presupuesto que si con parecer de locos le habían comenzado, con parecer de verdaderamente cuerdos le habían confirmado.» (III, 21, S. 772) Wie man sieht, kommt den Kirchenleuten hier eine aufklärerische Rolle zu: anders als die Laien sprechen sie bei einem außergewöhnlichen Verhalten nicht von «Teufelsbesessenheit», sondern sie deuten es — wie auch im *Quijote* — mit dem Gegensatz *loco/cuerdo*.

Auch im *Quijote* begegnen uns wörtliche Ausdrücke aus dem Exorzismusritual. So etwa als Don Quijote anlässlich eines Festes in Barcelona von zwei *damiselas* beim Tanzen bedrängt wird, und unser Ritter die Exorzismusformel beschwört, um sich die Avancen der beiden vom Leibe zu halten:

> ¡Fugite, partes adversae! Dejadme en mi sosiego, pensamientos mal venidos. Allá os avenid, señoras, con vuestros deseos, que la que es reina de los míos, la sin par Dulcinea del Toboso, no consiente que ningunos otros que los suyos me avasallen y rindan. Y diciendo esto se sentó en mitad de la sala en el suelo, molido y quebrantado de tan bailador ejercicio (II, 62, S. 1138).

Ein zweites, nicht weniger unterhaltsames Beispiel ist das «Abernuncio» Sanchos, als der Magier Merlín zu Don Quijote sagt, dass man Sancho «dreitausend und dreihundert Hiebe» verpassen müsse, damit Dulcinea entzaubert werden kann:

> que para recobrar su estado primo
> la sin par Dulcinea del Toboso
> es menester que Sancho tu escudero
> se dé tres mil azotes y trecientos
> en ambas sus valientes posaderas,
> al aire descubiertas, y de modo,
> que le escuezan, le amarguen y le enfaden (II, 35, S. 923).

Sancho ist freilich dazu nicht bereit und erwidert bestimmt:

> a mí no me ha de tocar alguna mano. ¿Parí yo por ventura a la señora Dulcinea del Toboso, para que paguen mis posas lo que pecaron sus ojos? El señor mi amo sí que es parte suya, pues la llama a cada paso «mi vida», «mi alma», sustento y arrimo suyo, se puede y debe azotar por ella y hacer todas las diligencias necesarias para su desencanto; pero ¿azotarme yo […] ? ¡Abernuncio! (II, 35, S. 924)

Interessanterweise wird im Verlauf des Kapitels dieses «Abernuncio» durch einen lustigen Dialog zwischen dem Herzogspaar und Sancho noch zweimal bestätigt, womit wir die dreifache Widersagung des Teufels hätten, die im Exorzismus des Taufritus vorgesehen ist, und an die Ciruelo in seinem Buch ausdrücklich erinnerte:

> Qué decís vos a esto, Sancho? —preguntó la duquesa.
> Digo, señora —respondió Sancho—, lo que tengo dicho: que de los azotes, abernuncio.
> Abrenuncio habéis de decir, Sancho, y no como decís —dijo el duque
> (II, 35, S. 925).

ASPEKTE DER DÄMONOLOGIE 215

Viel wichtiger als die vorgestellten Parodien von Elementen des Exorzismusrituals scheinen mir die wie ein Exorzismus organisierten Büchersichtungen und -verbrennungen, die wir im *Quijote* finden, zunächst bekanntlich im 6. Kapitel des ersten Teils, wo es um die Ritterromane geht. Im 5. Kapitel hatte der Pfarrer bereits sein Urteil gesprochen:

> Encomendados sean a Satanás y a Barrabás tales libros, que así han echado a perder el más delicado entendimiento que había en toda la Mancha [...] y a fee que no se pase el día de mañana sin que dellos no se haga acto público, y sean condenados al fuego, porque no den ocasión a quien los leyere de hacer lo que mi buen amigo debe de haber hecho. (I, 5, S. 74–75)

Als aber im 6. Kapitel der Pfarrer in Begleitung des Barbiers Don Quijotes Haus betritt, um nach den Büchern zu schauen, und die Haushälterin mit einer Weihwasserschale und einem Ysop eilt, damit der Pfarrer mit dem Bücherexorzismus anfangen kann — «Tome vuestra merced, señor licenciado; rocíe este aposento, no esté aquí algún encantador de los muchos que tienen estos libros, y nos encanten, en pena de las que les queremos dar echándolos del mundo» (I, 6, S. 77) —, erntet sie nur ein wohlwollendes Lächeln des Pfarrers, der als gebildeter Kleriker auch hier eher eine «aufgeklärte» Haltung einnimmt:

> Causó risa al licenciado la simplicidad del ama y mandó al barbero que le fuese dando de aquellos libros uno a uno, para ver de qué trataban, pues podía ser hallar algunos que no mereciesen castigo de fuego (I, 6, S. 77).

Die Nichte Don Quijotes setzt nach und sagt:

> no hay para qué perdonar a ninguno, porque todos han sido los dañadores: mejor será arrojallos por las ventanas al patio y hacer un rimero dellos y pegarles fuego; y, si no, llevarlos al corral, y allí se hará la hoguera, y no ofenderá el humo (I, 6, S. 77).

Der Pfarrer und der Barbier lassen sich wiederum nicht beeinflussen: selbst in der Form der Parodie soll es nicht um einen undifferenzierten «Bücherexorzismus» gehen, denn in den Büchern als solchen steckt kein Zauberer, wie die Haushälterin als einfache Volksseele vermutet; vielmehr geht es um eine Prüfung der einzelnen Bücher Don Quijotes, die auch als Parodie der inquisitorischen Buchzensur jener Zeit gesehen werden kann. Erstaunlich sind aber die Akzente, die Cervantes dabei setzt. Denn das erste Buch, das dem Pfarrer gereicht wird, wird aufgrund des sachlichen Einwands des Barbiers verschont:

> Y el primero que maese Nicolás le dio en las manos fue Los cuatro de Amadís de Gaula, y dijo el cura:
> —Parece cosa de misterio esta, porque, según he oído decir, este libro fue el primero de caballerías que se imprimió en España, y todos los demás han tomado principio y origen deste; y, así, me parece que, como a dogmatizador de una secta tan mala, le debemos sin escusa alguna condenar al fuego.

> —No, señor —dijo el barbero—, que también he oído decir que es el mejor de todos los libros que de este género se han compuesto; y así, como a único en su arte, se debe perdonar.
> —Así es verdad —dijo el cura—, y por esa razón se le otorga la vida por ahora (I, 6, S. 77 f.)

Die Verschonung des *Amadís de Gaula* ist nicht ohne Brisanz, wurden doch 1555 die zu Valladolid tagenden Cortes (Ständeparlament) ersucht, dieses und sämtliche Bücher dieser Qualität und Machart zu verbieten:

> Otrosí, dezimos que está muy notorio el daño que en estos reynos ha hecho y haze a hombres moços y donzellas, y a otros géneros de gentes leer libros de mentiras y vanidades como son Amadís y todos los libros que después dél se han fingido de su calidad y letura, copla y farsas de amores, y otras vanidades [...] Y para el remedio de los susodicho suplicamos a V. M. mande que ningún libro destos ni otros semejantes se lea ni imprima so graues penas: y los que agora ay les mande recoger y quemar[31].

Auch der Jesuit Juan de Mariana, Qualifikator oder Konsultor der Indexbehörde unter Großinquisitor Gaspar de Quiroga, hatte dies 1579 wärmstens empfohlen: «[...] se deberían vedar semejantes libros así en latín como en romance, v. gr., *Celestina*, *Diana* de Montemayor, Libros de Caballería [...]»[32]. Der Qualifikator Jerónimo de Zurita, dem Quiroga schließlich folgte, war hingegen nicht dieser pauschalen Meinung und lobt ausdrücklich den *Amadís*:

> Otros son de caballerías y cosas fingidas, los cuales porque están sin artificio y sin erudición y se pierde el tiempo en ellos serán bien que no los haya, ecepto los quatro libros primeros de Amadís, que por ser muy bien compuestos y tratarse en ellos unos amores muy castos y la fatiga en que vido un Rey (aunque cuerdo) por la ingratitud que usó con un excellente caballero, y los demás avisos que en ellos hay, los han trasladado en todas las lenguas[33].

Der Dialog zwischen dem Pfarrer und dem Barbier ist also ein deutliches Echo der realen Zensurgeschichte des *Amadís* im Spanien des 16. Jahrhunderts. Ich bin mir sicher, dass dies auch für andere Stellen im *Quijote* gilt, von denen die Forschung noch nicht die historischen Spuren ausfindig machen konnte.

Die meisten anderen Bücher wandern zwar in den Hof, wo sie verbrannt werden sollen, aber einzelne finden auch Gnade in verschiedenen Graden, die

---

31 Wortlaut der Petición in: Fermín de los Reyes Gómez, *El libro en España y América. Legislación y censura (siglos XV–XVII)*, Madrid: Arco Libros, 2000, Bd. 2, S. 795 f.

32 «[...] se deberían vedar semejantes libros así en latín como en romance, v. gr., Celestina, Diana de Montemayor, Libros de Caballería [...]». Jesús Martínez de Bujanda, «Literatura e inquisición en España en el siglo XVI», in: Joaquín Pérez Villanueva (Hrsg.), *La Inquisición Española. Nueva visión, nuevos horizontes*, Madrid : Siglo Veintiuno, 1980, S. 579–592, hier S. 581; vgl. auch Reyes Gómez, *El libro* (Anm. 31), Bd. 1, S. 167.

33 Ángel Alcalá, «El control inquisitorial de intelectuales en el siglo de oro. De Nebrija al ‹Índice› de Sotomayor de 1640», in: Joaquín Pérez Villanueva/Bartolomé Escandell Bonet (Hrsg.), *Historia de la Inquisición en España y América*, Madrid: Centro de Estudios Inquisitoriales, 1984–2000, Bd. 3, S. 829–956, hier S. 862 (vgl. den Wortlaut des Gutachtens Zuritas, ebd., S. 860–863).

ASPEKTE DER DÄMONOLOGIE   217

der Typologie der inquisitorischen Buchzensur entsprechen: So wird *Palmerín de Inglaterra* gänzlich begnadigt, während *Don Belianís* eine Galgenfrist bekommt: Der Barbier darf ihn bis auf weiteres nach Hause mitnehmen, aber mit der Auflage, ihn niemanden lesen zu lassen, er muss also unter Verschluss gehalten werden. Auch *Tirant lo Blanc* darf der Barbier nach Hause mitnehmen, diesmal ohne Auflagen. Der Schäferroman *Diana* des Jorge de Montemayor, der von Dingen handelt, die nicht so viel Schaden wie die Ritterbücher anrichten können, und der, wie wir sahen, laut Juan de Mariana ganz verboten werden sollte, kommt mit einer geringen Strafe davon: Die Stellen, die von der weisen Felicia und dem verzauberten Wasser handeln, sowie fast all die langen Verse sollen herausgeschnitten, also expurgiert werden — dies entspricht den Maßnahmen, die der Index von Valdés 1559 für diesen Band traf, als er zu den Werken gezählt wurde, die für die Frömmigkeit und das christliche Denken einzelne anstößige Stellen enthielten[34].

Die zweite Büchersichtung, diesmal ohne Verbrennung, ereignet sich in der Druckerwerkstatt von Barcelona. Hier ist nur von zwei Büchern die Rede, von denen das eine, das für die ganze Gattung der geistlichen Bücher in der Volkssprache steht, die der Inquisition sonst suspekt waren, in hohem Maße gelobt, während dem anderen, nämlich dem *Quijote* Avellanedas, die Verbrennung im höchsten Grade gewünscht wird.

> Y pasó adelante a otro cajón, donde vio que estaban corrigiendo un pliego de un libro que se intitulaba *Luz del alma*, y en viéndole dijo:
> —Estos tales libros, aunque hay muchos deste género, son los que se deben imprimir, porque son muchos los pecadores que se usan y son menester infinitas luces para tantos desalumbrados.
> Pasó adelante y vio que asimesmo estaban corrigiendo otro libro, y, preguntando su título, le respondieron que se llamaba la *Segunda parte del ingenioso hidalgo don Quijote de la Mancha*, compuesta por un tal, vecino de Tordesillas.
> —Ya yo tengo noticia deste libro —dijo don Quijote—, y en verdad y en mi conciencia que pensé que ya estaba quemado y hecho polvos por impertinente; pero su San Martín se le llegará como a cada puerco, que las historias fingidas tanto tienen de buenas y de deleitables cuanto se llegan a la verdad o la semejanza della, y las verdaderas tanto son mejores cuanto son más verdaderas (II, 62, S. 1145 f.).

Bei seinen Bemerkungen über *Luz del alma* und die geistliche Literatur in der Volkssprache zeigt sich Cervantes wie so oft «zeitkonform und kritisch» zugleich. Kritisch, weil er diese Literatur im Allgemeinen und das gleichnamige Werk *Luz del alma* des Felipe Meneses im Besonderen, das Américo

---

34 Vgl. Kallendorf, *Exorcism* (Anm. 4), S. 163 f. Die reale Geschichte der Buchzensur im spanischen Goldenen Zeitalter ist zwar weniger lustig als die von Cervantes geschilderte, aber auch nicht so literaturfeindlich, wie gemeinhin vermutet wird. Vgl. dazu Antonio Márquez, *Literatura e Inquisición en España (1478–1834)*, Madrid: Taurus, 1980; «La censura inquisitorial del teatro renacentista», in: Pérez Villanueva (Hrsg.), *Inquisición* (Anm. 32), S. 593–603.

Castro als eindeutig erasmianisch einstuft[35], als spirituelle ‹Aufklärungsliteratur› lobt, obwohl einige Werke dieser Herkunft im Index von 1559 aufscheinen und danach konfisziert wurden. Zeitkonform, weil Cervantes hier eine Gelegenheit versäumt hat, darauf aufmerksam zu machen, dass die Lektüre von Werken dieser Art die Geister nicht weniger verwirren könnte als die Ritterromane selbst. Doch von Cervantes, der ja ein religiös gebildeter Laie war, aber kein Theologe, eine solche kritische Schärfe in Sachen geistlicher Literatur zu erwarten, wäre gewiss ein Anachronismus[36].

Besonders interessant ist, dass dem *Quijote* Avellanedas, mit dem sich Cervantes bereits im Prolog des zweiten Teils auseinandersetzt und auf das er an verschiedenen Stellen des Werkes anspielt, nun sein «San Martín» gewünscht wird. Diesen wird Cervantes im 70. Kapitel mit der Pointe inszenieren, dass die Teufel selbst das Verbrennungsurteil über das Werk Avellanedas sprechen und es in die Hölle werfen, denn es ist so schlecht, dass selbst Dämonen oder Teufel kein schlechteres Buch schreiben könnten:

> La verdad que os diga —respondió Altisidora—, yo no debí de morir del todo, pues no entré en el infierno, que si allá entrara, una por una no pudiera salir dél aunque quisiera. La verdad es que llegué a la puerta, adonde estaban jugando hasta una docena de diablos a la pelota, todos en calzas y en jubón, con valonas guarnecidas con puntas de randas flamencas, y con unas vueltas de lo mismo que les servían de puños, con cuatro dedos de brazo de fuera, porque pareciesen las manos más largas, en las cuales tenían unas palas de fuego; y lo que más me admiró fue que les servían, en lugar de pelotas, libros, al parecer llenos de viento y de borra, cosa maravillosa y nueva; pero esto no me admiró tanto como el ver que, siendo natural de los jugadores el alegrarse los gananciosos y entristecerse los que pierden, allí en aquel juego todos gruñían, todos regañaban y todos se maldecían.
> —Eso no es maravilla —respondió Sancho—, porque los diablos, jueguen o no jueguen, nunca pueden estar contentos, ganen o no ganen.
> —Así debe de ser —respondió Altisidora—, mas hay otra cosa que también me admira, quiero decir, me admiró entonces, y fue que al primer voleo no quedaba pelota en pie ni de provecho para servir otra vez, y así menudeaban libros nuevos y viejos, que era una maravilla. A uno dellos, nuevo, flamante y bien encuadernado, le dieron un papirotazo, que le sacaron las tripas y le esparcieron las hojas. Dijo un diablo a otro: «Mirad qué libro es ese». Y el diablo le respondió: «Esta es la *Segunda parte de la historia de don Quijote de la Mancha*, no compuesta por Cide Hamete, su primer autor, sino por un aragonés, que él dice ser natural de Tordesillas». «Quitádmele de ahí —respondió el otro diablo— y metedle en los abismos del infierno, no le vean más mis ojos.» ¡¿Tan malo es? —respondió el otro» «Tan malo —replicó el primero—, que si de propósito yo mismo me pusiera a hacerle peor, no acertara.» Prosiguieron su juego, peloteando otros libros, y yo, por haber oído nombrar a don Quijote, a quien tanto adamo y quiero, procuré que se me quedase en la memoria esta visión (II, 70, S. 1194 f.).

---

35 Vgl. vor allem Américo Castro, *El pensamiento de Cervantes*, Barcelona: Noguer, 1980, hier S. 245 ff.; *Hacia Cervantes*, Madrid: Taurus, 1957.
36 Vgl. dazu meine Beiträge in der Anm. 29 sowie Muñoz Iglesias, *Religioso* (Anm. 2).

Die Strafe für Avellanedas Werk stellt also eine Steigerung gegenüber der inquisitorischen Bücherverbrennung aus dem 6. Kapitel des ersten Teils dar. Cervantes versäumt nicht die Gelegenheit, nicht nur das Werk Avellanedas zu verurteilen, sondern auch ein kritisches Urteil über die modischen Bücher seiner Zeit zu sprechen, die kaum geistige Substanz enthalten: «al parecer llenos de viento y de borra, cosa maravillosa y nueva».

4. Der Teufel und dessen Boten im *Quijote*

Während Literaturwissenschaftler sich für lexikalische Konnotationen, stilistische Konstruktionen und die polyvalente Rolle des Teufels im *Quijote* interessieren, ist für den Kirchenhistoriker und Theologen vor allem die Frage wichtig, ob die darin enthaltene Dämonologie mit der Volksmentalität und den theologischen Traktaten aus der Zeit Cervantes' sowie mit den von der Inquisition gezogenen Grenzen übereinstimmt. Aus theologischer Sicht verläuft der *Quijote* zwischen zwei Polen, die durch das entfremdete Bewusstsein des «verzauberten» Don Quijote am Anfang («Yo sé quien soy — respondió Don Quijote —, y sé que puedo ser no solo los que he dicho, sino todos los Doce Pares de francia, y aun todos los nueve de la Fama»: I, 5, S. 73) und das nüchterne Selbstverständnis des Alonso Quijano am Ende («Dadme albricias, buenos señores, de que ya no soy don Quijote de la Mancha, sino Alonso Quijano, a quien mis costumbres me dieron renombe de ‹bueno›. Ya soy enemigo de Amadís de Gaula y de toda la infinita caterva de su linaje; ya me son odiosas tods las historias profanas de la andante caballería, ya conozco mi necedad y el peligro en que me pusieron haberlas leído; ya, por misericordia de Dios escramentando en cabeza propia, las abomino»: II, 74, S. 1217) markiert sind. Für den theologischen Blick — so auch für den inquisitorischen Blick der damaligen Zensoren — ist dabei zweierlei wichtig: dass die dazwischen liegende Handlung unterhaltsam ist und dass sie alles in allem der kirchlichen Lehre entspricht, das heißt, dass die Moral von der Geschichte schließlich stimmt. Dies ist im Zusammenhang mit der Dämonologie im *Quijote* deutlich der Fall[37].

Viele Beschreibungen des Teufels als *lucifer*, *satanás*, *diablo* und *demonio*, wobei *diablo/diablos* am häufigsten vorkommt, entsprechen der Alltagssprache, so zum Beispiel in den vielen Sprichwörtern und Redewendungen, die vom Teufel handeln und die zumeist mit *qué*, *quién*, *cómo* oder *dónde* anfangen: *Qué diablos...*, *a qué diablos...*, *quién diablos...*, *cómo diablos...*, *dónde diablos...* usw. Dazu gehört die wiederholte Rede von der *legión* (I, 31, S. 361) oder *región* (I, 45, S. 526; II, 41, S. 961; II, 46, S. 1002) von *demonios* oder *diablos* sowie die Verwendung von Ausdrücken dieser Art: «haciéndose más cruces que si llevaran el diablo a sus espaldas» (I, 8, S. 101), «dar al

---

37 So die These von Muñoz Iglesias, *Religioso* (Anm. 2), S. 145 f.

diablo» (I, 12, S. 134; I, 18, S. 197), «saber un punto más que el diablo» (II, 23, S. 820; II, 28, S. 864), «irse el diablo o irse alguien al diablo» (II, 35, S. 927), «que le lleve o no le lleve el diablo a uno» (I, 25, S. 284; I, 27, S. 300; I, 30, S. 352; II, 5, S. 665; II, 11, S. 716; II, 23, S. 820; II, 27, S. 860; II, 28, S. 864; II, 43, S. 979; II, 44, S. 981; II, 51, S. 1051; II, 52, S. 1059; II, 69, S. 1188), «que Dios nos libre del diablo» (II, 10, S. 706) etc. Des Weiteren gilt dies für die Beschreibung des Teufels als schreckliche, hässliche, schmutzige und angsteinflößende Gestalt, der zum Beispiel nach Schwefel statt nach Amber riecht (I, 47, S. 540). Andere Aussagen über den Teufel sind eher von der theologischen Dämonologie geprägt, wie sie durch die Volkspredigt in die Volksweisheit eingegangen war: so wenn betont wird, dass der Teufel nicht schläft und Zwietracht aussät («y el diablo, que no duerme, como es amigo de sembrar y derramar rencillas y discordia por doquiera»: II, 25, S. 839; ähnlich I, 44, S. 518; I, 20, S. 213); oder wenn der Teufel als Versucher, Lügner und Mörder bezeichnet wird, aber auch als «sutil y mañoso» (II, 48, S. 1016). Theologische Prägung verrät auch die Rückführung der Wahrsagereikünste auf einen stillschweigenden oder ausdrücklichen Pakt mit dem Teufel (II, 25, S. 843), wie Ciruelo nachdrücklich festhielt.

Gewiss, Cervantes erlaubt sich auch bei der Behandlung des Teufels hier und da eine kritische Anspielung auf die Kirche, die aber immer im Rahmen des Möglichen verbleibt — nicht zuletzt weil sie vom Leser als Ausdruck von Don Quijotes Narrheit oder der Alltagssprache verstanden wird: dies gilt für die Warnung Sanchos an Don Quijote, als dieser zwei Benediktinermönche angreifen möchte, weil er sie für Zauberer hält: «que digo que mire bien lo que hace, no sea el diablo que le engañe». (I, 8, S. 100) Und dies gilt genauso für Redewendungen wie «tras la cruz está el diablo», die zweimal im *Quijote* vorkommen: als Grund für die Verbrennung des Buches *El caballero de la Cruz* (I, 6, S. 79) und als Warnung an Sancho vor dem Genuss der von Nonnen zubereiteten Speisen (II, 47, S. 1008 f.).

Besonders im zweiten Teil, in dem die Religion eine stärkere Rolle spielt, ist Cervantes bemüht, im Rahmen der theologischen Koordinaten zu bleiben. Dass in einigen Kapiteln theologisch ungenaue Aussagen über den Teufel gemacht werden, die später eine stillschweigende Präzisierung erfahren, ist wohl ein Zeichen dafür, dass wir den *Quijote* als *work in progress* verstehen sollten. Vermutlich ließ Cervantes die geschriebenen Kapitel von Vertrauenspersonen mit theologischem Sachverstand lesen; und diese haben ihn hier und da auf Stellen hingewiesen, die für den inquisitorischen Blick heikel sein konnten. Es sei nun ein Beispiel im Zusammenhang mit dem «Wissen» des Teufels genannt: In der lustigen Geschichte von der Begegnung mit den «Cortes de la muerte» sagt der als Teufel verkleidete Komiker zu Don Quijote:

Si otra cosa vuestra merced desea saber de nosotros, pregúntemelo, que yo le sabré responder con toda puntualidad, que, como soy demonio, todo se me alcanza (II, 11, S. 714).

Das hier genannte «Allwissen» des Teufels — im ersten Teil heißt es lediglich, «que los diablos saben mucho» (I, 47, S. 540) — ist theologisch nicht korrekt. Nicht zuletzt deshalb wird Cervantes einige Kapitel später die nicht minder lustige Geschichte von Maese Pedro mit dem wahrsagenden Affen zum Anlass nehmen, das Wissen des Teufels theologisch — nicht zuletzt im Einklang mit Ciruelos Traktat — zu präzisieren:

> Mira, Sancho, yo he considerado bien la estraña habilidad deste mono, y hallo por mi cuenta que sin duda este maese Pedro su amo debe de tener hecho pacto tácito o espreso con el demonio [...] Y háceme creer esto el ver que el mono no responde sino a las cosas pasadas o presentes, y la sabiduría del diablo no se puede estender a más, que las por venir no las sabe si no es por conjeturas, y no todas veces, que a solo Dios está reservado conocer los tiempos y los momentos, y para Él no hay pasado ni porvenir, que todo es presente (II, 25, S. 843).

Ansonsten ist für den *Quijote* ein ludischer Umgang mit dem Teufel prägend, der im Dienste der Unterhaltung des Lesers steht und zugleich die theologischen Grenzen zu wahren versteht. Besonders wichtig sind hierfür einige Episoden aus dem zweiten Teil, in denen der Teufel oder als Teufel verkleidete Menschen eine zentrale Rolle spielen — wie etwa die bereits erwähnte Begegnung mit den «Cortes de la muerte» (II, 11, S. 711–718) oder die Geschichte von der Entzauberung Dulcineas (II, 34/35, S. 912–929) — oder die von Phantastereien und Visionen handeln — wie etwa bei Don Quijote in der «Cueva de Montesinos» (II, 23, S. 817–828) oder bei Sancho reitend auf Clavileño (II, 41, S. 956–966). Letztere Geschichten, bei denen Don Quijote und Sancho die Hölle bzw. die Himmelregionen gesehen zu haben meinen, können zu jenen Phänomenen jenseits der Naturgesetze gezählt werden, die Ciruelo auf den Teufel ausdrücklich zurückführt: «[...] y van por el aire, y en breve tiempo van a tierras muy lexos y tornan presto diciendo las cosas que allá pasan [...]»[38]. Aber Cervantes ist klug genug, sich elegant aus der Affäre zu ziehen: einerseits indem er warnend auf die Geschichte des wegen Hexerei 1528 von der Inquisition verurteilten licenciado Torralba —

> a quien llevaron los diablos en volandas por el aire caballero en una caña, cerrados los ojos, y en doce horas llegó a Roma [...] y por la mañana ya estaba de vuelta en madrid, donde dio cuenta de lo que había visto (II, 41, S. 962) —

verweist; andererseits indem er Don Quijote sagen lässt, dass es sich dabei letztlich um Phantastereien ohne jeden Wahrheitsanspruch handelte:

> Sancho, pues vos queréis que se os crea lo que habéis visto en el cielo, yo quiero que vos me creáis a mí lo que vi en la cueva de Montesinos; y no os digo más (II, 41, S. 966).

---

38 Ciruelo, *Reprobación* (Anm. 6), S. 22.

5. «...que bien sé lo que son tentaciones del demonio» oder der *Quijote* als Anti-*Faust*

Während der Literaturwissenschaftler bei diesem Satz aus dem Prolog zum zweiten Teil (S. 618), den ich zum Titel dieses Beitrags gewählt habe, vielleicht zunächst an eine — bewusste oder unbewusste — cervantinische Konnotation zum berühmten «¡Qué bien sé yo la fonte que mana y corre, aunque es de noche!»[39] des Johannes vom Kreuz denkt, ist er für den Theologen Ausdruck des anti-faustischen Charakters des *Quijote* im Allgemeinen und des zweiten Teils im Besonderen. Gerade weil Cervantes die Versuchungen des Teufels gut kennt und um den «harten Kampf» weiß, den der Mensch nach der kirchlichen Lehre dagegen zu führen hat, ist er bemüht, dass seine Romanfiguren der — etwa von Ciruelo deutlich genannten — Hauptversuchung, nämlich dem Abschluss eines offenen oder stillschweigenden Paktes mit dem Teufel und dem damit zusammenhängenden Verkauf ihrer Seele an denselben, deutlich widerstehen. Cervantes lässt zum Beispiel Don Quijote sagen, dass der Teufel als «universal enemigo» des Menschen vor allem dessen Seele haben möchte (II, 25, S. 843).

Sehr oft wird, wie wir sahen, die Redewendung bemüht, «que el diablo se lleve o no se lleve a alguien» — zumeist in dem Sinne, dass Don Quijote und Sancho standhaft bleiben und nicht bereit sind, bestimmte moralische Grenzen zu überschreiten: «pero que me toquen dueñas no lo consentiré, si me llevase el diablo» (II, 69, S. 1188), sagt etwa Sancho. Es gibt auch andere Stellen, in denen das Wissen um die Hauptversuchung des Teufels und der Wille, seine Seele nicht zu verkaufen, deutlicher ausgedrückt werden, vor allem bei Sancho, der ja den gesunden Menschenverstand im Roman verkörpert.

Im 4. Kapitel des zweiten Teils fürchtet er schon, dass die in Aussicht gestellte Regierung einer Insel eine List des Teufels sein könnte, auf die er nicht um jeden Preis einzugehen gedenkt:

> Yo, señor Sansón, no pienso granjear fama de valiente, sino del mejor y más leal escudero que jamás sirvió a caballero andante; y si mi señor don Quijote, obligado de mis muchos y buenos servicios, quisiere darme alguna ínsula de las muchas que su merced dice que se ha de topar por ahí, recibiré mucha merced en ello; y cuando no me la diere, nacido soy, y no ha de vivir el hombre en hoto de otro, sino de Dios; y más, que tan bien y aun quizá mejor me sabrá el pan desgobernado que siendo gobernador; ¿y sé yo por ventura si en esos gobiernos me tiene aparejada el diablo alguna zancadilla donde tropiece y caiga y me haga las muelas? Sancho nací y Sancho pienso morir (II, 4, S. 660 f.).

Als Gouverneur seiner Insel wird Sancho dann standhaft bleiben und diesen kategorischen Satz sprechen:

---

39 San Juan de la Cruz, *Obras completas*, hrsg. v. José Vicente Rodríguez/Federico Ruiz Salvador, Madrid: Espiritualidad, [5]1993, S. 76.

Señor —replicó Sancho—, si a vuestra merced le parece que no soy de pro para este gobierno, desde aquí le suelto, que más quiero un solo negro de la uña de mi alma que a todo mi cuerpo, y así me sustentaré Sancho a secas con pan y cebolla como gobernador con perdices y capones, y más, que mientras se duerme todos son iguales, los grandes y los menores, los pobres y los ricos; y si vuestra merced mira en ello, verá que solo vuestra merced me ha puesto en esto de gobernar, que yo no sé más de gobiernos de ínsulas que un buitre, y si se imagina que por ser gobernador me ha de llevar el diablo, más me quiero ir Sancho al cielo que gobernador al infierno (II, 43, S. 978 f.).

Cervantes, der sich im Prolog zum zweiten Teil rühmt, nicht nur die Gunst des Grafen von Lemos zu genießen, sondern auch die des Großinquisitors Bernardo de Sandoval y Rojas, womit er sich ganz sicher fühlt[40], hat den von Krone und Kirche gezogenen Rahmen akzeptiert und seinen Werken, vor allem dem *Quijote*, einen anti-faustischen Charakter bewusst verliehen, wie es der «cristiana profesión» (II, 74: S. 1223) entspricht, die er selbst seiner Feder zugeschrieben hat. Mit dieser Option für Romanfiguren, welche die List des Teufels schließlich durchschauen, zum Verkauf ihrer Seele nicht bereit sind

---

40 «Viva el gran conde de Lemos, cuya cristiandad y liberalidad, bien conocida, contra todos los golpes de mi corta fortuna me tiene en pie, y vívame la suma caridad del ilustrísimo de Toledo, don Bernardo de Sandoval y Rojas, y siquiera no haya emprentas en el mundo, y siquiera se impriman contra mí más libros que tienen letras las coplas de Mingo Revulgo. Estos dos príncipes, sin que los solicite adulación mía ni otro género de aplauso, por sola su bondad, han tomado a su cargo el hacerme merced y favorecerme, en lo que me tengo por más dichoso y más rico que si la fortuna por camino ordinario me hubiera puesto en su cumbre. La honra puédela tener el pobre, pero no el vicioso; la pobreza puede anublar a la nobleza, pero no escurecerla del todo; pero como la virtud dé alguna luz de sí, aunque sea por los inconvenientes y resquicios de la estrecheza, viene a ser estimada de los altos y nobles espíritus, y, por el consiguiente, favorecida» (S. 620 f.). Obwohl Cervantes die Gunst des Großinquisitors Sandoval y Rojas genoss, verzichtete er in der zweiten Auflage des zweiten Teils des *Quijote*, die kurz vor seinem Tod 1616 in Valencia erschien und zur Grundlage der meisten Übersetzungen wurde, auf einen Satz aus dem Kapitel 36: «las obras de caridad que se hacen tibia y flojamente no tienen mérito ni valen nada» (II, 36, S. 930). Cervantes betrieb die «Auto-Expurgation» vermutlich, weil ihm zu Ohren gekommen war, dass gerade dieser Satz beim Heiligen Offizium von einem Leser (vielleicht von Lope de Vega, seinem Rivalen um die Gunst der Lesergemeinde, der *familiar* der Inquisition war und sich in der Gesellschaft damit brüstete, man werde bei Cervantes schon etwas finden?) als «skandalös und häretisch» denunziert worden war. Die freiwillige Zensur ab der zweiten Auflage half aber nichts, denn die erste Auflage von 1615 mit besagtem Satz war weiterhin im Umlauf, und in der Regel XIII des Quiroga-Index von 1583 wird ausdrücklich festgehalten: «Y se manda y prohibe que ninguno por su autoridad quite los tales errores, ni rasgue, ni borre, ni queme los libros, papeles, ni hojas, donde se hallaren, sin que primero sean manifestados a los Inquisidores: para que les conste de ello, y se haga por su orden lo que convenga». Vgl. Bujanda (Hrsg.), *Index des livres interdits* VI (Anm. 20), S. 886. So wird die angezeigte Stelle beim Expurgatorium des Großinquisitors Zapata 1632 nicht fehlen. Auch der *Quijote* ist somit in die Inquisitionsgeschichte eingegangen, obwohl die drei klugen Qualifikatoren des zweiten Teils, die das Werk vor dem Druck begutachteten und um den Unterschied zwischen Literatur und Theologie Bescheid wussten, darin nichts fanden, was der katholischen Glaubens- und Sittenlehre widerspräche, und es daher wärmstens empfohlen hatten; vgl. die drei Gutachten in der zitierten Ausgabe des *Quijote* (Anm. 1), S. 609–612.

und «messianische Werte» wie Freiheit, Gerechtigkeit und Barmherzigkeit verkörpern, zeigt uns Cervantes im *Quijote* einen anderen Weg zur Moderne als den von Dr. Faust verkörperten, der bekanntlich bereit war, seine Seele zu verkaufen, wenn er damit nur seine ehrgeizigen Ziele auf Erden erreichen konnte[41].

---

41 Vgl. Mariano Delgado, «El cristianismo místico y mesiánico del *Quijote*», in: *Anuario de Historia de la Iglesia* 15 (2006), S. 221–235; «Don Quijote — für Theologen», in: *Stimmen der Zeit* Nr. 223 (2005), S. 219–232; «Una profesión en clave mesiánica. Defender la verdad, la libertad y la misericordia», in: *Imágenes de la fe* Nr. 394 (2005), S. 30–34.

POETISCHE MYTHENREPRISEN

Wolfgang Matzat

Barocke Mythenparodie in Lope de Vegas *Arcadia*

I.

Lope de Vegas 1598 publizierte *Arcadia* erfreute sich im Siglo de Oro, wie zahlreiche Ausgaben bezeugen, großer Beliebtheit[1]. Dass sie heute nahezu in Vergessenheit geraten ist, mag nicht überraschen, wohl aber, dass sie auch in der literaturwissenschaftlichen Forschung vergleichsweise wenig Beachtung gefunden hat. Denn der Text stellt ein höchst interessantes Dokument für die barocke Transformation der literarischen Gattungen der Renaissance dar, und das gerade am Beispiel des Schäferromans, der — wie auch die Eklogen und das dramatische Schäferspiel — als besonders repräsentativ für die Renaissance angesehen werden kann. Darüber hinaus bietet der Roman im Zusammenhang unseres Kolloquiums ein aufschlussreiches Beispiel für die sich wandelnde Rolle der antiken Mythen im literarischen Imaginären der Frühen Neuzeit. Bekanntlich ist die bukolische Inszenierung eines idealisierten menschlichen Naturverhältnisses eng mit der Bezugnahme auf entsprechende mythische Vorstellungen, insbesondere auf die Vorstellung vom Goldenen Zeitalter, verbunden[2]. Lope de Vegas barocke Version des Schäferromans ist somit auch paradigmatisch für die barocke, sich als solche deutlich von der Renaissance abhebende Mythenrezeption.

Lope erzählt in seinem Roman die Geschichte des Schäfers Anfriso und der Entenhirtin Belisarda. Zu Beginn sind sie in gegenseitiger Liebe miteinander verbunden, werden dann jedoch durch eine Serie von Hindernissen voneinander getrennt. Zunächst gelingt es eifersüchtigen Rivalen, zweimal eine Trennung der Liebenden herbeizuführen. Dann wird Anfriso während einer Phase der Trennung selbst von Eifersucht befallen. Aufgrund einer ihm von einem Zauberer ermöglichten Luftreise kann er Belisarda heimlich im Gespräch mit einem anderen Hirten beobachten und interpretiert — irrtümlicherweise — einen ihr von diesem Rivalen abgerungenen Gunstbeweis, das Geschenk eines Bandes, als ein tatsächliches Liebeszeichen. Da Anfriso sich

---

1 Edwin S. Morby, der Herausgeber der hier zugrunde gelegten Ausgabe (Madrid: Castalia, 1975), nennt in seiner Einleitung (S. 14) zwanzig Ausgaben zwischen 1598 und 1675.
2 Siehe hierzu die grundlegenden Arbeiten von Bruno Snell, «Arkadien. Die Entdeckung einer geistigen Landschaft», in: B. S., *Die Entdeckung des Geistes. Studien zur Entstehung des europäischen Denkens bei den Griechen*, Göttingen: Vanderhoeck & Ruprecht, ⁴1975, S. 257–274; Hellmuth Petriconi, «Das neue Arkadien», in: *Antike und Abendland* 3 (1948), S. 187–200; und Ernst A. Schmidt., «Arkadien: Abendland und Antike», in: *Antike und Abendland* 21 (1975), S. 36–57.

nun einer anderen zuwendet, ohne sie wirklich zu lieben, entbrennt Belisarda ihrerseits in Eifersucht und stimmt daher der von ihren Eltern vorgeschlagenen Ehe mit einem von ihr verabscheuten Mann zu. Erst nach der Hochzeit, also zu spät, erkennen die Liebenden ihren Irrtum, worauf Anfriso sich von der Magierin Polinesta von der Liebe heilen lässt. Allerdings geschieht dies nicht durch einen Zaubertrank wie in Montemayors *Diana*, sondern dadurch, dass er von ihr zum Studium der Künste und Wissenschaften angeleitet wird.

Lope nimmt also auf ein beliebtes bukolisches Handlungsschema Bezug: das Schema einer aufgrund der Ehe der Dame mit einem von den Eltern bevorzugten Rivalen scheiternden Liebe, das auch schon in Montemayors *Diana* eine wichtige Rolle spielt[3]. Allerdings weicht Lope in wichtigen Punkten von dem durch Montemayor kanonisierten Strukturmuster des frühneuzeitlichen Schäferromans ab. Zunächst betrifft das die Figurenkonstellation und die sich daraus ergebende Handlungsstruktur. Bei Montemayor ist eine ganze Serie von Liebesgeschichten miteinander verknüpft und mehr oder minder simultan zur Darstellung gebracht, da Sireno und sein Freund Silvano, die beide unglücklich in Diana verliebt sind, innerhalb des bukolischen Raums mit einer Reihe von weiteren Figuren — bei Montemayor sind sie allesamt weiblichen Geschlechts — zusammentreffen, die ebenfalls in unglückliche Liebesgeschichten verstrickt sind. Demgegenüber stellt Lope de Vega sehr viel deutlicher ein zentrales Paar in den Mittelpunkt. Zwar ist auch dieses Paar entsprechend der von Paul Alpers besonders hervorgehobenen pastoralen Grundkonvention von einer ganzen Gruppe von Hirten umgeben[4], doch besteht hier im Gegensatz zu Montemayor eine eindeutige Hierarchisierung im Hinblick auf Haupt- und Nebenfiguren. Auch die Erzählebene ist von Lope ganz anders gestaltet. Montemayor wählte den Eingang *medias in res,* und zwar so, dass alle Figuren sich zu Beginn des *récit premier*[5] gerade im Zustand des Liebesunglücks befinden. Die in dieses Unglück führenden Geschichten werden dann durch eine Serie von Analepsen nachgeholt, die überwiegend in der Form von eingelegten Ich-Erzählungen präsentiert werden, bevor dann auf der Ebene der Haupthandlung mit Hilfe der Diana-Priesterin Felicia das Glück oder — im Falle von Sireno, der ohne Partnerin bleibt — zumindest wieder ein erträglicher Zustand hergestellt wird[6]. Demgegenüber

---

[3] In Montemayors *Diana* findet die Liebe des Protagonisten Sireno zu Diana keine Erfüllung, da Diana während seiner Abwesenheit auf Geheiß ihres Vaters einen anderen heiratet. Das Schema wird dann auch in Cervantes' *Galatea* aufgenommen, wo die Liebe des zentralen Paares Elicio und Galatea durch die anderweitigen Pläne von Galateas Vater bedroht wird. Aufgrund des unvollendeten Charakters des Romans bleibt der Ausgang allerdings ungewiss.

[4] Siehe Paul Alpers, *What is Pastoral?*, Chicago: University of Chicago Press, 1996, S. 79 ff.

[5] Begriff nach Gérard Genette, «Discours du récit», in: G. G., *Figures III*, Paris: Seuil, 1972, S. 65–267, hier: S. 90.

[6] Diese Kombination einer nur einen kurzen Zeitraum umfassenden primären Handlungsebene mit weiter in die Vergangenheit reichenden eingelegten Geschichten wird auch von Gaspar Gil Polo in *La Diana enamorada* sowie in Cervantes' *Galatea* wieder aufgenom-

ist bei Lope eine überwiegend lineare narrative Struktur gegeben, da er die Geschichte von Anfriso und Belisarda sukzessiv entfaltet und darauf verzichtet, sie in den Kontext von eingelegten Geschichten einzurücken, in denen andere Figuren ihre Liebesschicksale rekapitulieren. Zugleich ergibt sich so eine Akzentuierung der natürlich schon in der Struktur der Geschichte implizierten Inversion des Handlungsschemas: Während Montemayor zeigt, wie seine Figuren vom Zustand des Unglücks in den des Glücks geraten, rückt Lope de Vega den Umschlag vom Glück ins Unglück ins Zentrum. Lope macht so aus Montemayors pastoraler Renaissanceutopie einen barocken Desillusionsroman, der daher auch damit endet, dass Anfriso in den Tempel des *desengaño* eingeführt wird.

Ein wichtiger Unterschied besteht schließlich auch im Hinblick auf die Situierung der pastoralen Welt. Montemayor hatte seine Intention einer Modernisierung des Schäferromans unter anderem dadurch verwirklicht, dass er, anders als sein Vorbild Sannazaro, den pastoralen *locus amoenus* nach Spanien in die Umgebung von León verlegte. Gil Polo war ihm darin in seiner Fortsetzung gefolgt, Cervantes in der *Galatea* und Gálvez de Montalvo in seinem *Pastor de Fílida* wählten die schon von Garcilaso für die spanische Bukolik entdeckten Ufer des Tajo zum Schauplatz. Mit Lope de Vega kehrt der spanische Schäferroman wieder ins ursprüngliche Arkadien auf dem Peloponnes zurück. Zugleich wird der bukolische Chronotopos auch in zeitlicher Hinsicht zurückversetzt, nämlich in die antike Welt. So heißt es an einer Stelle, die Handlung spiele während der Zeit der ersten römischen Cäsaren (S. 221) — wahrscheinlich ist die frühe Phase der römischen Monarchie gemeint —, eine noch weitere Annäherung an eine mythische Ursprungswelt wird allerdings dadurch suggeriert, dass der männliche Protagonist Anfriso im Ruf steht, ein Enkel Jupiters zu sein. Lope nimmt also eine Re-Antikisierung der bukolischen Welt vor, die, wie die Spekulationen über die Herkunft Anfrisos zeigen, auch eine Re-Mythisierung impliziert. Schon die Eingangsbeschreibung des bukolischen Raums rückt die idyllische Natur des *locus amoenus* in einen mythologischen Kontext ein, da die geschilderten Naturphänomene — etwa die dort wachsenden Pflanzen — mit den durch sie ermöglichten Mythenzitaten verknüpft werden: unter anderen die Narzisse mit der Erinnerung an «aquel mancebo que engañó la fuente» und die Rose mit einem Verweis auf das Schicksal des Adonis (S. 65). Diese Antikisierung geht paradoxerweise mit der Akzentuierung einer zeitgenössischen spanischen Perspektive einher. Denn das Publikum, an das sich der Erzähler wendet, besteht aus den «pastores del Tajo», denen er vom «suceso de un pastor extranjero» (S. 68) berichten will. Doch begnügt sich Lope nicht damit, in dieser Weise auf den höfischen Kontext, den Hof des Herzogs von Alba, zu verweisen, in dem

---

men. Auch Honoré d'Urfé hat sich in seiner *Astrée*, dem bedeutendsten französischen Schäferroman, an diesem Erzählschema orientiert.

der Roman entstand und auf den er verschlüsselt Bezug nimmt[7]; darüber hinaus gibt er auch angesichts der bisweilen sehr gelehrten Unterhaltungen seiner Hirten deutlicher als seine Vorgänger zu verstehen, dass sich Höflinge unter ihrem Hirtenkleid verbergen. Schließlich zeichnen sich auch die Dialoge zwischen den Liebenden durch ein hohes Maß an höfisch geprägter Ingeniosität und Spitzfindigkeit aus. Gleichwohl ist die den spanischen Schäferroman prägende Kontiguität von bukolischer Welt und historischer Welt, die vor allem in den eingelegten Geschichten zutage tritt, deren Protagonisten zumindest teilweise aus der städtischen und höfischen Welt stammen, bei Lope de Vega aufgehoben.

Trotz der Tendenzen zur Aktualisierung ist der von Lope geschaffenen bukolischen Welt also insgesamt eine besondere Form der Distanz eingeschrieben, die den Inszenierungscharakter, der bereits der Renaissancebukolik innewohnte, noch deutlich überbietet. Diese Distanz betrifft auch im besonderen Maße die Thematisierung der mythischen Dimension der bukolischen Welt. Dabei möchte ich im Folgenden drei Aspekte unterscheiden: erstens die Steigerung der Alterität der mythischen Welt, zweitens ihre parodistische Herabsetzung und drittens eine neue Form der Betonung ihres fiktionalen Status.

II.

Seit der Antike ist es ein rekurrentes Merkmal bukolischer Texte, dass sie sich ihren eigenen Gründungsmythos einschreiben[8]. Auch Lope de Vega nimmt dieses in der Frühen Neuzeit bei Sannazaro[9] aktualisierte Verfahren auf. Dabei zeigt die Art und Weise, wie er das tut, deutlich an, dass es ihm darum geht, das Anderssein der mythischen Welt hervorzuheben. Wie oben schon erwähnt, steht Lopes Protagonist Anfriso im Ruf, göttlicher Herkunft zu sein. Anfriso nämlich gilt als Sohn des Arkas, der seinerseits aus der Verbindung zwischen Jupiter und der Diana-Nymphe Callisto hervorging. Dabei verweist Lope de Vega in Übereinstimmung mit Ovids *Metamorphosen* mit aller Deutlichkeit darauf, dass sich Callisto dem Jupiter nicht freiwillig ergab, sondern von ihm vergewaltigt wurde, nachdem er sich ihr in der Gestalt der Diana genähert hatte: «De aquella fuerza que a la ninfa Calisto hizo [Júpiter]

---

7   Siehe hierzu Rafael Osuna, *La «Arcadia» de Lope de Vega: Génesis, estructura y originalidad*, Madrid: Aguirre, 1972, S. 43–77; sowie Marsha S. Collins, «Lope's *Arcadia*: A Self-Portrait of the Artist as a Young Man», in: *Renaissance Quarterly* 57 (2004), S. 882–907.
8   Besonders nachdrücklich geschieht dies in Vergils Sechster Ekloge, in der die Hirtendichtung von Hesiod hergeleitet und dann in ihrer zu Vergil führenden Tradition dargestellt wird.
9   Siehe den zweiten Absatz in diesem Kapitel.

con los vestidos de Diana nació Arcas [...]» (S. 70)[10]. Nach Arcas sei Arkadien benannt, so stellt Lope im Anschluss fest — nun im Gegensatz zu Ovid, wo das so nicht gesagt wird und der Namen der Landschaft schon vorher zu existieren scheint. Lope will also offensichtlich die bukolische Welt auf einen gewaltsamen Ursprung zurückführen. Das Thema einer in mythischen Zeiten herrschenden sexuellen Gewalt wird durch zahlreiche weitere Verweise auf die Liebschaften Jupiters ständig präsent gehalten. Unter anderem geschieht dies durch die in Versform vorgetragene Erzählung über Arachne (S. 152 ff.), die mit ihren Webkünsten in einen Wettstreit mit Minerva trat und dabei im Gegensatz zu der Jupiter-Tochter nicht die ruhmreichen Taten der olympischen Götter, sondern ihre lasterhaften Seiten zur Darstellung brachte, bevor sie zur Strafe in eine Spinne verwandelt wurde. In diesem Zusammenhang wird ein ganzer Katalog von Jupiters Liebschaften aufgezählt. Nicht nur Europa, Leda und Danae finden Erwähnung, sondern eine Reihe weiterer Opfer seiner Verwandlungskünste wie zum Beispiel Antiope, der sich Jupiter als Satyr näherte, oder Deolida, mit der er sich als Schlange paarte. Schließlich fehlt auch nicht ein recht unverblümter Verweis auf Jupiters Beziehung zu Ganimed[11]. Wie wir später sehen werden, kehrt das Thema der Vergewaltigung durch Jupiter auch in einer weiteren eingelegten mythologischen Erzählung, der Geschichte von Alasto und Crisalda, wieder.

Die nicht nur von den Satyrn und von Pan, sondern auch von den olympischen Göttern wie etwa Apollo verfolgten Nymphen sind schon immer ein beliebtes Thema der Bukolik gewesen. Auch bei Sannazaro gewinnen die Erzählungen von göttlichen Lüsten die Bedeutung eines Gründungsmythos. Sannazaro leitet im zehnten Kapitel seiner *Arcadia* die bukolische Dichtung von Pan her, der die Nymphe Syrinx verfolgte, die dann aber noch rechtzeitig in ein Schilfrohr und damit in das Material der Panflöte verwandelt wurde[12]. Allerdings zeigt dieser Vergleich auch, dass Sannazaro die bukolische Dichtung in der Sublimierung des Triebs gründet, während Lope sein Arkadien auf den Vollzug sexueller Gewalt zurückführt. Noch deutlicher wird der Unterschied, wenn man berücksichtigt, dass die Pangeschichte bei Sannazaro nur eine Komponente des bukolischen Gründungsmythos bildet. Die andere ist die Vorstellung vom Goldenen Zeitalter, die im Lied des Opico im sechsten Kapitel der *Arcadia* entfaltet wird. Eine zentrale Rolle spielt in dieser Vorstellung das Ideal einer Liebesfreiheit, die nicht in Gewalt mündet, sondern auf dem Einverständnis der Geschlechter beruht. Hier suchen sich die «lieti amanti» und die «fanciulle tenere» gegenseitig, es gibt keine Eifersucht und letztlich herrscht dann auch «pura fede», wenn sich die richtigen gefunden haben[13].

---

10 Vgl. Ovid, *Metamorphosen*, II, 401–495.
11 «[...] que a Júpiter satisfizo» (S. 154).
12 Vgl. die entsprechende Erzählung in Ovids *Metamorphosen* (I, 689–712).
13 Vgl. Iacopo Sannazaro, *Arcadia*, hrsg. v. Francesco Erspamer, Mailand: Mursia, 1990, S. 114 (V. 103–109): «I lieti amanti e le fanciulle tenere / givan di prato in prato ramentandosi / il foco e l'arco del figliuol di Venere. / Non era gelosia, ma sollacciandosi / movean i dolci

Liebesfreiheit ist hier also gleichbedeutend mit Liebesharmonie und bildet somit eine Idealvorstellung, die, wie Hellmuth Petriconi nachdrücklich betont hat, zur Beliebtheit der Bukolik in der frühen Neuzeit maßgeblich beigetragen hat[14]. Lopes besondere Thematisierung der die Ursprünge Arkadiens prägenden sexuellen Gewalt bedeutet somit eine auffällige Akzentveränderung. Sie führt dazu, dass die der Bukolik zugrunde liegende Opposition von Natur und Gesellschaft eine zumindest partielle Umwertung erfährt. Mit der die Gattung prägenden Natursehnsucht verbindet sich nun die Tendenz zu einer Naturphobie, die sicherlich zu den barocken Merkmalen des Romans gerechnet werden kann[15]. Die freie Natur wird so zur barbarischen und bedrohlichen Natur, deren ungezügeltes Streben nach Lust im gesellschaftlichen Zustand überwunden worden ist. Am Beispiel der Alasto-Crisalda-Erzählung wird sogleich darauf zurückzukommen sein. Im Augenblick bleibt festzuhalten, dass sich schon zu Beginn des Texts bei der Einführung von Anfriso das Selbstdementi des pastoralen Ideals abzeichnet, das am Textende mit Anfrisos Eintreten in den Tempel des *desengaño* dann explizit artikuliert wird.

III.

Einschlägig für den Nexus des Alteritätsaspekts mit dem der Parodie ist die gerade genannte Geschichte von Alasto und Crisalda, die einzige *historia intercalada* von größerem Umfang, die von dem Hirten im Menalca im Kreis seiner Kameraden zum besten gegeben wird und die somit an die Stelle der in Ich-Form dargebotenen Erzählungen bei Montemayor und seinen Nachfolgern tritt. Es handelt sich um eine Variante der Geschichte von Polyphem und Galatea, die ja seit Theokrit einen festen Platz im bukolischen Mythenrepertoire einnimmt und dann im Kontext des spanischen Siglo de Oro von Góngora ihre bekannteste Gestaltung erfahren hat. Wie dann auch Góngora hat sich Lope de Vega vor allem auf Ovid als Quelle gestützt[16]. In diesem Fall

---

balli a suon di cetera, / e'n guisa di colombi ognor basciandosi. / Oh pura fede, oh dolce usanza vetera!»
14 Vgl. Petriconi, «Das neue Arkadien» (Anm. 2), S. 191 ff.
15 Im Zusammenhang mit der Akzentuierung der gefallenen, sündigen Natur des Menschen, wie sie dem barocken Pessimismus entspricht, tritt nun auch bei den Darstellungen der äußeren Natur neben den *locus amoenus* vermehrt der *locus horribilis*, etwa in den Dramen Calderóns. Bekannte Beispiele sind die Schilderungen der wilden Naturumgebung, in der Segismundo in *La vida es sueño* und Semiramis in *La hija del aire* aufwachsen. Im letztgenannten Fall verbindet sich damit auch das Motiv der Vergewaltigung. Semiramis ist die Tochter einer Diana-Nymphe, an der sich ein zurückgewiesener Verehrer mit Hilfe von Venus verging (zum *locus horribilis* in der deutschen Barockdichtung vgl. Klaus Garber, *Der «locus amoenus» und der «locus terribilis». Bild und Funktion der Natur in der deutschen Schäfer- und Landlebendichtung des 17. Jahrhunderts*, Köln: Böhlau, 1974, S. 226–298).
16 Zur Frage der Quellen siehe Rafael Osuna, «Una mitación de Lope de la ‹Fábula de Polifemo› ovidiana», in: *Bulletin hispanique* 70 (1968), S. 5–19.

heißt der mythische Riese allerdings Alasto, und er wirbt nicht um Galatea, sondern um eine Crisalda, die aus einem kleinen sizilianischen Städtchen stammt, das von spanischen Siedlern gegründet wurde. Sie ist also keine Nymphe wie die Nereide Galatea, sondern ein normales Mädchen, das sich mit einem jungen Mann aus der Stadt vermählen will. Alasto erscheint demgegenüber als Ausgeburt der die Ansiedlung umgebenden wilden Landschaft, die als «tierra [...] rebelde y áspera» (S. 94) in deutlichem Kontrast zur bukolischen Tradition des *locus amoenus* steht und die Tendenz zur Darstellung einer potentiell feindlichen Natur besonders deutlich belegt. Wie Polyphem versucht Alasto vergeblich, die Gunst der von ihm Angebeteten durch die Aufzählung seiner Reichtümer zu gewinnen. Als sie sich nicht mehr, wie versprochen, zum Stelldichein einfindet, sucht er zweimal das kleine Städtchen heim, in dem sie bei ihren Eltern wohnt, das zweite Mal am Abend ihres Hochzeitstages. Im Gegensatz zu der von Ovid kanonisierten Version der Polyphem-Geschichte wird bei Lope nicht der Rivale des Riesen, der im Gegensatz zu Acis auch nur eine Randfigur ist, sondern dieser selbst das Opfer. Es gelingt den Hochzeitsgästen, Alasto zu übermäßigem Weingenuss zu verleiten — hier also eine Reminiszenz an den Auftritt des Polyphem in der *Odyssee* — und ihn dann zur Strecke zu bringen.

Wie schon das Resümee erkennen lässt, ergeben sich die parodistischen Effekte in dieser Erzählung vor allem daraus, dass die unglückliche Liebesgeschichte des mythologischen Riesen nicht in einem genuin bukolischen Kontext entfaltet wird, sondern in Kontrast zu einer kleinstädtischen oder dörflichen Alltagswelt — im Text ist sowohl von «ciudad» (S. 93 f.) als auch von «aldea» (S. 167) die Rede — gesetzt wird. Damit liegt also das von Linda Hutcheon als Transkontextualisierung bezeichnete Basisverfahren der Parodie vor[17]. Vor allem als Alasto in das Städtchen vordringt, wird dieser Kontrast ausgespielt. So malt Lope genüsslich den Schrecken aus, den der Riese unter den Einwohnern verbreitet. Als er mit Hilfe eines verängstigten Bürgers Crisalda im Haus ihrer Eltern antrifft, ist sie gerade dabei, ein Hemd für ihren Verlobten zu nähen, das sie Alasto in völliger Verwirrung als Liebesgabe mitgibt. Kleinmütiger Bürger- oder Bauerngeist prägt auch den weiteren Verlauf der Geschichte. So wird Crisalda auf Beschluss der Stadtältesten zu Alasto geschickt, um ihn hinzuhalten, obwohl man befürchten muss, er werde ihr Gewalt antun. Als er ihr in seiner Höhle einen Schatz von Edelsteinen zeigt, ist sie trotz der sie quälenden Furcht sehr wohl in der Lage, sich die schönsten herauszusuchen: «que para esto sólo le faltó el miedo» (S. 171). Auch als Alasto an Crisaldas Hochzeitsabend ein zweites Mal im Städtchen erscheint und die Hochzeitsgesellschaft stört, bietet das Anlass zu grotesken Szenen. Ein Teil der Hochzeitsgäste versteckt sich unter den Tischen, ein anderer springt über die Gartenmauer, die Eltern und Verwandten schließlich suchen

---

17 Vgl. Linda Hutcheon, *A Theory of Parody. The Teachings of Twentieth-Century Art Forms*, New York: Methuen, 1985, S. 41.

hinter dem Rücken von Crisalda Zuflucht, in der Hoffnung, dass der Riese ihr nichts tun werde. Aus Todesangst ist man bereit, ihm jeden Wunsch zu erfüllen und jedes Mädchen zu opfern: «que [...] con el ansia de morir no dejaran doncella en la aldea que no le dieran» (S. 176). Auch Alastos Tod erscheint völlig stillos. Der betrunkene Riese wird gefesselt und dann besteigen ihn die Bauern wie einen Berg, um ihn mit ihren «villanas armas» (S. 177) zu erschlagen. Der mythische Schrecken angesichts übernatürlicher Mächte wird hier also zum Klamauk herabgestuft. Offensichtlich soll diese Geschichte, die schon im Falle der textinternen Zuhörer zu einigen scherzhaften Einwürfen Anlass gibt, im textexternen Rezeptionskontext zur Belustigung eines aristokratischen Publikums dienen, das sich sowohl über die Figur des zum einfältigen Popanz stilisierten Riesen als auch über die Furcht der *villanos* erheitern kann.

Das Beispiel zeigt, dass Lopes Mythenparodie auch nicht vor der — in seinem Text besonders akzentuierten — bedrohlichen Alterität der mythischen Welt Halt macht. Dies tritt am deutlichsten in einer Passage zutage, die bisher noch ausgespart wurde. Im Kontext der ersten Begegnung zwischen Alasto und Crisalda erzählt der Riese die Geschichte seiner Herkunft, die eine deutliche Parallele zu Anfrisos Herkunftsgeschichte bildet. Sein Vater, so berichtet Alasto, sei Jupiter, seine Mutter eine Nymphe der Diana namens Alania, in die sich Jupiter aufgrund einer Racheintrige der auf Diana eifersüchtigen Venus verliebt habe und der er sich, da er keine Gegenliebe fand, gewaltsam genähert habe. Zur Strafe für den Verlust ihrer Unschuld sei Alania dann von ihrer Herrin Diana in einen Berg verwandelt worden, der sich im siebten Monat der Schwangerschaft öffnete, um ihm — Alasto — das Leben zu schenken. Alasto ist also wie Anfriso Frucht einer von Jupiter begangenen Vergewaltigung und damit ein Repräsentant der barbarischen Vorzeit. Allerdings verweisen die Verwandlung der mit dem Riesen schwangeren Nymphe in einen Berg und die daraus resultierende «admirable pesadumbre» wiederum auf die parodistische Absicht. Und auch das Crisalda drohende Verhängnis, wie die von Jupiter geschändeten Diana-Nymphen Opfer barbarischer Gewalt zu werden, wird in eine die konkrete Leiblichkeit der in Frage stehenden Vorgänge betonende und daher latent karnevaleske Perspektive eingerückt. So verbindet der Text die Thematisierung der ihrer Unschuld drohenden Gefahr mit Verweisen auf den körperlichen Größenunterschied zwischen Alasto und Crisalda. Schon während der ersten Begegnung der beiden wird scherzhaft die Frage aufgeworfen, ob sie seinen oder er ihren Körper begraben werde (S. 95). Auch als Crisalda am Ende ihres Besuchs in Alastos Höhle angesichts seiner Großzügigkeit etwas Sympathie für ihn zu empfinden beginnt, fehlt nicht ein entsprechender Hinweis: «cobróle alguna voluntad, aunque para tan gran cuerpo era pequeña» (171). Der Text evoziert also die Gewalt der mythischen Mäche nur, um mit diesen Vorstellungen ein frivoles Spiel zu treiben. Die Alterität der mythischen gegenüber der zivilisierten Welt — und dabei natürlich vor allem gegenüber der Welt der höfischen Sitte, die den primären

Rezeptionskontext des Romans bildet — wird als komische Diskrepanz ausgespielt. Dabei mag die komische Perspektive zumindest beim männlichen Teil des Publikums durchaus ein gewisses Einverständnis mit der für die Götter geltenden sexuellen Lizenz implizieren.

Folgt man Hans Blumenbergs Argumentation in *Arbeit am Mythos*, so ist der Umschlag in die Parodie den mythischen Erzählungen immer schon eingeschrieben. Dies ergibt sich aus der von Blumenberg dem Mythos zugewiesenen Grundfunktion: der Ermöglichung eines Distanzgewinns gegenüber dem «Absolutismus der Wirklichkeit»[18], womit Blumenberg die bedrängenden Gefährdungen und Infragestellungen des menschlichen Daseins meint, die den Existenzbedingungen des Menschen — zumal, aber keinesfalls ausschließlich in den primitiven Stadien des menschlichen Lebens — inhärent sind[19]. Vor diesem Hintergrund leuchtet unmittelbar ein, dass Parodie «eines der Kunstmittel der Arbeit am Mythos» ist[20]. Zwar stellt sie offensichtlich eine besonders fortgeschrittene Entlastungsform vom mythischen Terror dar, doch ist sie — so Blumenberg — keinesfalls auf die Spätphasen der ‹Arbeit am Mythos› beschränkt. Vielmehr setzt die Mythenparodie nur eine «Frivolität» und «Leichtfertigkeit» im Umgang mit dem mythischen Material fort, die den mythischen Erzählungen immer schon eigen war[21]. Gleichwohl kann vor diesem Hintergrund für Lope de Vega behauptet werden, dass er in seiner *Arcadia* die Pole von «Terror und Spiel»[22], von «Poesie und Schrecken»[23] in besonders enger Weise miteinander verbindet, indem er einerseits die bukolische Welt in einen von gewaltsamen Göttern geprägten mythischen Kontext zurückversetzt, andererseits aber sehr deutliche parodistische Elemente einbringt. Die Tendenz zur Parodie kann sicherlich als eine im Barock besonders beliebte Form des Umgangs mit dem Mythos begriffen werden, für die sich nicht nur bei Lope de Vega, sondern auch bei Góngora und Quevedo zahlreiche Beispiele

---

18 Vgl. Hans Blumenberg, *Arbeit am Mythos*, Frankfurt a. M.: Suhrkamp, 1979, S. 13. Hier setzt Blumenberg bei der Einführung seiner These die «Arbeit am Mythos» gleich mit der «Arbeit am Abbau des Absolutismus der Wirklichkeit».
19 Dem entsprechen fundamentale Merkmale des Mythos: seine den Absolutismus der den Menschen beherrschenden Zwänge brechende Vielgestaltigkeit und «Gewaltenteilung» (ebd., S. 25), seine Tendenz zu einer die Allmacht der Götter begrenzenden «Umständlichkeit» (S. 159), seine Vorliebe für das Motiv der Metamorphose. Im Zusammenhang mit dem letztgenannten Merkmal zeigt Blumenberg am Beispiel der Proteus-Geschichten, wie dieses thematische Merkmal die Steigerung zur Parodie provoziert (S. 149 ff.).
20 Ebd., S. 149.
21 Ebd., S. 23 ff.
22 Ich zitiere hiermit den Titel des von Manfred Fuhrmann herausgegebenen Sammelbandes *Terror und Spiel. Probleme der Mythenrezeption*, München: Fink, 1971 (Poetik und Hermeneutik, 4), der wohl überwiegend von Blumenbergs schon wesentlichen Thesen von *Arbeit am Mythos* enthaltenden Beitrag («Wirklichkeitsbegriff und Wirkungspotential des Mythos», S. 11–66), inspiriert ist. So spricht Blumenberg dort einerseits von den Polen «Terror» und «Poesie» (S. 13), andererseits aber auch vom «spielerisch-täuschenden» Charakter der Metamorphose sowie vom «Spielraum» des Mythos (S. 44).
23 Vgl. Blumenberg, *Arbeit am Mythos* (Anm. 18), S. 68.

finden lassen [24]. Dabei ist wohl gerade auch die Engführung von «Terror» und «Spiel» charakteristisch, wie es etwa der Vergleich von Lopes Gestaltung der Polyphem-Geschichte mit Góngoras Bearbeitung in der *Fábula de Polifemo y Galatea* nahe legt. Auch bei Góngora dient der Rekurs auf diesen Stoff einer in Polyphems Gewalttat kulminierenden Entkultivierung des pastoralen Sujets im Vergleich zu den durch höfische Sitte geprägten bukolischen Welten der Renaissance. Doch verbinden sich damit wiederum parodistische Effekte, etwa wenn der grauenhafte Lärm beschrieben wird, den Polyphem mit seiner riesigen Panflöte produziert (V. 89–96), oder wenn der von Galatea unter der sizilischen Bevölkerung entfachte Liebesbrand dafür verantwortlich gemacht wird, dass auch die Hirtenhunde nicht mehr ihren Dienst tun (V. 169–170). Schließlich verweist neben den parodistischen Elementen auch die extreme sprachliche Stilisierung, wiederum ähnlich wie die barocke Prosa von Lopes *Arcadia*, darauf hin, dass sich im souveränen Verfügen über den mythischen Stoff das moderne Selbstverständnis der barocken Autoren darstellt. Dass diese Souveränität besonders eng mit dem Wissen um die Labilität der menschlichen Existenz verknüpft ist, könnte als spezifisch barocke Form der ‹Arbeit am Mythos› angesehen werden.

IV.

Lopes freie Bearbeitung der Polyphem-Geschichte lässt keinen Zweifel daran, welchen Status die mythologischen Erzählungen für ihn haben. Es sind erfundene Fabeln, die als solche zu neuen Erfindungen anregen, die dann in Konkurrenz zu den tradierten Mythen treten können. So wird Ovid, dessen *Metamorphosen* ja Lopes wichtigste Quelle bilden, als «gran inventor de fábulas» bezeichnet (S. 350)[25]. Und in entsprechender Weise wird das Vorgehen des Hirten Menalca charakterisiert, der die Geschichte von Alasto und Crisalda

---

24 Siehe hierzu Rosa Romojaro, *Funciones del mito clásico en el Siglo de Oro. Garcilaso, Góngora, Lope de Vega, Quevedo*, Barcelona: Anthropos, 1998, S. 159–195.
25 Dies entspricht natürlich der christlichen Sichtweise, wie sie vor allem nach dem Tridentinum wieder stärker in den Vordergrund trat. So erklärt auch Juan Pérez de Moya zu Beginn seiner mit dem Titel *Filosofía secreta* überschriebenen Mythenkompilation, die 1585, also 13 Jahre vor Lopes *Arcadia* erschienen war, ohne Umschweife: «lo que de los dioses de la gentilidad se dice fue todo ficción fabulosa de los antiguos» (*Philosofía secreta*, hrsg. v. Carlos Clavería, Madrid: Cátedra, 1995, S. 65). Zur spanischen Mythenrezeption im Siglo de Oro siehe Sebastian Neumeister, *Mythos und Repräsentation. Die mythologischen Festspiele Calderóns*, München: Fink, 1978, S. 89–102; Suzanne Guillou-Varga, *Mythes, mythographies et poésie lyrique au siècle d'or espagnol*, Paris: Didier, 1986; Aurora Egido, «Mitografía y canon literario en el *Teatro de los dioses*», in: *Sileno* 17 (2004), S. 17–23. In der umfangreichen Arbeit von Guillou-Varga wird allerdings der gerade bei Pérez de Moya sehr deutliche Aspekt der Mythenkritik kaum berücksichtigt. — Calderóns kritische Auseinandersetzung mit dem Mythenverständnis der Renaissance hat Joachim Küpper am Beispiel des *Divino Orfeo* dargestellt (*Diskurs-Renovatio bei Lope de Vega und Calderón*, Tübingen: Narr, 1990, S. 131–171).

erzählt. Seine Erzählung wird spontan begonnen, da man einem zu der Gruppe stoßenden Hirten verbergen will, dass man über ihn geredet hat; und der von «la prontitud y artificio de tan peregrino ingenio» (S. 93) geprägte Vortrag erregt gerade aus diesem Grund die besondere Bewunderung der Zuhörer, «que sabían que de improviso iba formando el cuento» (S. 107). Dieser Umgang mit dem mythischen Material impliziert eine Absage an die in der Renaissance beliebten Versuche, in den antiken Mythen verschlüsselte Formen eines höheren, womöglich theologischen Sinns zu entdecken[26]. Dabei begnügt sich Lope de Vega nicht damit, die Mythen durch die im Mittelalter dominierende allegorische Interpretation oder die in der Renaissance geschätzte historisierende euhemeristische Deutung zu entschärfen, wie das etwa in Pérez de Moyas *Filosofía secreta* geschieht[27]. Vielmehr entwickelt er eine dezidiert mythenkritische Perspektive. So bezeichnet er etwa den die Allmacht des Eros legitimierende Hermaphroditenmythos an einer Stelle als lächerliche Vorstellung, um sich dann nur unter dieser Voraussetzung zu einer moralisierenden Ausdeutung herabzulassen[28]. Lope schließt sich somit der posttridentinischen Skepsis gegenüber der heidnischen Mythologie besonders nachdrücklich an, gewinnt daraus aber zugleich eine neue Freiheit der sowohl ästhetischen als auch — folgt man Blumenberg — anthropologischen Aktualisierung.

Allerdings ist es gerade im Falle der Bukolik kaum möglich, die gerade skizzierte Opposition zwischen rinascimentaler und barocker Mythenrezeption strikt aufrecht zu erhalten. Denn die bukolische Dichtung hat sich ja immer schon — auch schon in der Antike, aber in besonders ausgeprägter Weise in der Renaissance — als fiktionale Inszenierung gezeigt. So hat Wolfgang Iser die Schäferliteratur der Renaissance geradezu zum Paradigma frühneuzeitlicher Fiktion erhoben. Durch die Transposition der höfischen Kultur in das fiktive Schäferleben habe die Bukolik «das Fingieren thematisiert und dadurch literarischer Fiktionalität zur Anschauung verholfen»[29]. Im Falle der bukolischen Mythenzitate lässt sich eine Differenz zwischen Renaissance und Barock also weniger aufgrund unterschiedlicher Auffassungen im Hinblick auf den Wahrheitsanspruch der mythologischen Erzählungen herstellen als ausgehend von ihrem bereits vorausgesetzten fiktionalen Status. Zur Charakterisierung dieses Status ist sowohl der Begriff der Allegorie als auch der der Metonymie herangezogen worden, da die bukolische Dichtung Reales und Imaginäres sowohl als ein Nebeneinander als auch in Formen der Spiegelung anordnet[30]. Geht man von dieser Begriffsopposition aus, so ist für den

---

26 Für die spanische Renaissance siehe hierzu Guillou-Varga, *Mythes, mythographies et poésie lyrique* (Anm. 25), Bd. 1, S. 154 ff.
27 Pérez de Moya hält trotz seiner Betonung des Fiktionscharakters der Mythen an diesen Deutungsmöglichkeiten fest; vgl. *Philosofía secreta* (Anm. 25), S. 65 ff., 78 ff.
28 Vgl. S. 353: «Y en este propósito quiero que sea moralidad aquella opinion ridícula [...]».
29 Wolfgang Iser, *Das Fiktive und das Imaginäre*, Frankfurt a. M.: Suhrkamp, 1993, S. 60.
30 Während Iser die Kontiguität von Schäferwelt und historischer Welt als Grundzug der neuzeitlichen Bukolik und damit eine Ablösung vom allegorischen Charakter der antiken und

spanischen Schäferroman der Renaissance eine deutliche Dominanz des metonymischen Modus zu konstatieren. Hier wird ja durch die Verlegung der pastoralen Welt ins zeitgenössische Spanien eine Kontiguität der gesellschaftlichen und der arkadischen Welt hergestellt, die ermöglicht, dass der Eintritt in die fiktive arkadische Welt als räumliche Grenzüberschreitung zur Darstellung gebracht wird, wie es etwa im Falle der aus Sevilla stammenden Felismena in Montemayors *Diana* geschieht. Demgegenüber scheint mir in Lopes *Arcadia* eine stärkere Ausprägung des allegorischen Modus vorzuliegen, jedenfalls im Sinne von Verena und Eckhard Lobsien, die damit — in einer relativ weiten Begriffsverwendung — ein nicht-räumliches Verhältnis der Analogie und der Spiegelung sowie der indirekten Bezugnahme meinen[31]. So ist bei Lope sowohl die räumliche als auch die zeitliche Relation zwischen den das Publikum bildenden spanischen Schäfern am Tajo und dem pastoralen Ort auf der griechischen Peloponnes so weit gespannt, dass es — jedenfalls im Falle der Hauptfiguren[32] — zu keiner räumlichen Grenzüberschreitung zwischen der gesellschaftlichen und der bukolischen Welt mehr kommt. Anfriso gelangt zwar wie Sannazaros Sincero von Griechenland nach Italien — dabei jedoch in ein Italien der Römerzeit —, und damit keinesfalls ins zeitgenössische Spanien. Um so deutlicher sind hier die natürlich auch bei Montemayor gegebenen Spiegelungsrelationen akzentuiert. Schon im Prolog verweist Lope auf die Bezüge, die seine Schäfergeschichte sowohl zum Liebesschicksal seines adligen Gönners, des Herzogs von Alba Don Antonio Álvarez de Toledo, als auch zu seiner eigenen Biographie aufweist, und auch später unterstreicht er, wie schon erwähnt, die höfischen Züge der von ihm dargestellten Schäfergesellschaft. Eine deutliche Spiegelungsrelation verbindet auch die Haupt-

---

mittelalterlichen Bukolik konstatiert (ebd., S. 83 ff.), betonen Verena und Eckhard Lobsien den metonymischen Charakter der antiken Bukolik, den sie unter anderem in dem die antike bukolische Welt charakterisierenden Nebeneinander von Hirten und Göttern begründet sehen wollen, um dann einen dominant allegorischen Modus der bukolischen Dichtung in Mittelalter und Früher Neuzeit zu behaupten (Verena Olejniczak Lobsien/Eckhard Lobsien, *Die unsichtbare Imagination. Literarisches Denken im 16. Jahrhundert*, München: Fink, 2003, insbes. S. 98 ff., 128 ff.). Dabei wird aber gerade der Schäferroman – mit Ausnahme von Sidneys *Arcadia* – ausgespart. Demgegenüber nimmt Reinhold Grimm wie Iser schwerpunktmäßig auf die Entwicklung des Schäferromans Bezug, um der bukolischen Welt den Status einer «Nebenwelt» zuzuschreiben, der nur noch einen «latenten Allegorismus» erlaube (vgl. «Arcadia und Utopia. Interferenzen im neuzeitlichen Hirtenroman», in: Wilhelm Vosskamp [Hrsg.], *Utopieforschung. Interdisziplinäre Studien zur neuzeitlichen Utopie*, Stuttgart: Metzler, 1982, Bd. 2, S. 82–100, hier S. 90 ff.).

31 Lobsien, *Die unsichtbare Imagination* (Anm. 30), S. 130, 189 ff.
32 Einmal ist jedoch die Rede (S. 143) von einem spanischen Schäfer mit Namen Belardo, der auf der Peloponnes geweilt habe. Als Belardo bezeichnet sich dann der Erzähler selbst, als er, ähnlich wie Sannazaros Sincero, am Schluss des Textes Abschied von seiner Hirtenflöte nimmt; und auch in den dem Prolog angefügten Gedichten wird der Erzähler mit Belardo identifiziert. Hier wird also eine Verbindung der spanischen und der antiken bukolischen Welt angedeutet, wobei nicht klar zu erkennen ist, inwieweit die spanische Welt der «pastores del dorado Tajo» (S. 67) als der antiken Welt zeitgleich zu denken ist oder ob die räumliche Grenzüberschreitung auch eine Zeitreise impliziert.

handlung und die eingelegte Geschichte von Alasto und Crisalda, nicht nur im Hinblick auf die Herkunft von Alasto und Anfriso, sondern auch bezüglich der Figurenkonstellation. In beiden Fällen wird die bereits einem Mann versprochene Dame von zwei weiteren Rivalen umworben. Allerdings ist der Spiegel der bukolischen Welt — und hierin besteht der entscheidende barocke Akzent — ein trügerischer Spiegel, der daher im Zerrspiegel der Parodie als solcher entlarvt werden soll. Das bukolische Ideal ist ein falsches Ideal, da es ein Glücksversprechen transportiert, das sich als nicht realisierbar erweist. Dabei liegt das nicht nur an der unaufhebbaren Distanz, welche die gesellschaftliche Welt vom Idealzustand des Goldenen Zeitalters trennt und auch nicht durch die bukolische Zwischenwelt überbrückt werden kann, sondern auch daran, dass die Vorstellung von diesem Idealzustand und der in ihm herrschenden schönen Liebesfreiheit auf falschen Voraussetzungen beruht. Ignoriert wird dabei nämlich die triebhafte Grundlage der Liebe, die Lope de Vega in seiner Darstellung der Genese der bukolischen Welt in den Mittelpunkt rückt[33].

Die Reduktion der metonymischen Relation zwischen realer und fiktiver Welt zugunsten einer hierarchischen Beziehung zwischen verschiedenen Wirklichkeitsebenen bedeutet in jedem Fall eine stärkere Akzentuierung der Fiktionsschwelle. Zugleich aber bietet die Betonung der kategorialen Differenz zwischen realer und fiktiver Welt die Möglichkeit der Fiktionskritik und damit, wie gerade schon ausgeführt, der Kritik an der bukolischen Welt als trügerischer Illusion. Damit verändert sich aber der Inszenierungscharakter der bukolischen Welt. Bei Montemayor steht die ästhetische Funktion der pastoralen Inszenierung ganz im Vordergrund, wie auch im Kontext der fiktiven Welt immer wieder thematisch wird. So kann beispielsweise Sireno als heimlicher Zeuge beobachten, wie eine Nymphe im Kreise ihrer Gefährtinnen eine Ekloge rezitiert, in der geschildert wird, wie er vor einer längeren Reise an den Hof von Diana Abschied nahm (S. 171–185). Hier wird also vorgeführt, wie die bukolische Dichtung reales Liebeserleben — real natürlich nur innerhalb der fiktiven Welt — zum Gegenstand ästhetischer Praxis macht. Aufgrund des unmittelbaren Kontakts zwischen der durch Sireno repräsentierten Ebene des Erlebens und der durch die Nymphen repräsentierten Ebene der bukolischen Kunst liegt auch hier eine metonymische Relation vor. Betrachten wir nun eine zentrale Belauschungsszene in Lope de Vegas Roman. Anfriso belauscht

---

33 Dem entspricht die dezidierte Absage an den Neoplatonismus am Ende des Romans, wo die Vorstellung, dass die Liebe in der Seele beheimatet sei, nachdrücklich widerlegt wird (S. 391). — Allerdings ist festzustellen, dass die liebeskritische Tendenz im spanischen Schäferroman schon seit Montemayor — und in der Eklogendichtung seit Garcilaso — angelegt ist. Neben die Vorstellungen einer erfüllten Liebe im bukolischen Raum tritt nämlich immer auch die stoisch inspirierte Idealvorstellung einer von die Seelenruhe störenden Affekten und damit auch von der Liebe freien Existenz. Siehe hierzu Wolfgang Matzat, «Subjektivität im spanischen Schäferroman», in: Roger Friedlein/Gerhard Poppenberg/Annett Volmer (Hrsg.), *Arkadien in den romanischen Literaturen. Zu Ehren von Sebastian Neumeister zum 70. Geburtstag*, Heidelberg: Winter, 2008, S. 21–39.

Anarda, die Schäferin, die er nach seiner Enttäuschung durch Belisarda umwirbt, beim Singen eines Liedes, in dem sie ihrer Liebe zu ihm Ausdruck gibt. Zugleich werden beide von Belisarda belauscht und beobachtet. Zuvor haben sich Anfriso und Belisarda allerdings gegenseitig entdeckt, wobei Belisarda glaubt, von Anfriso nicht bemerkt worden zu sein, während Anfriso sich dessen bewusst ist, von Belisarda beobachtet zu werden. Nun gibt sich Anfriso der tatsächlich unwissenden Anarda zu erkennen und spielt Belisarda mit ihr eine Liebesszene vor, um sie eifersüchtig zu machen. Die Relation zwischen Akteuren und Zuschauern ist hier also durch eine Serie von Täuschungen geprägt. Anfriso spielt den Verliebten, weil er weiß, dass ihn Belisarda beobachtet. Belisarda fällt auf diesen Betrug herein, weil sie nicht weiß, dass Anfriso von ihrer Anwesenheit Kenntnis hat[34]. Vergleichbar sind diese Szenen der Belauschung und Beobachtung bei Montemayor und Lope de Vega insofern, als es sich jeweils um eine Form des Spiels im Spiels bzw. um eine fiktionsinterne Inszenierung handelt: Sireno wird Zeuge der von der Nymphe vorgeführten Abschiedsszene zwischen ihm und Diana; Belisarda ist Zuschauerin einer Liebesszene zwischen Anfriso und Anarda, die sie eifersüchtig machen soll. In beiden Fällen kommt es auf diese Weise zu einer Verdoppelung und Selbstinszenierung der bukolischen Fiktion, die zugleich als ihre *mise en abyme* gelesen werden kann. Bei Montemayor hat die Beobachtungs- und Belauschungsszene die Funktion, die der Imagination innewohnenden Möglichkeiten der idealisierenden ästhetischen Transformation in den Vordergrund zu rücken, bei Lope de Vega hingegen wird die Relation zwischen Fiktion, Imagination und *engaño* thematisiert. Das auch hier vorliegende metonymische Nebeneinander von Akteuren und Zuschauern verbindet sich so mit der vertikalen Oppositionsrelation von Schein und Sein. Die besondere Bedeutung, die diese Situationsstruktur in Lopes Roman hat, wird dadurch belegt, dass die beschriebene Szene eine Parallele zu der Szene bildet, die das Scheitern von Anfrisos und Belisardas Liebe begründet, als er nämlich das von ihm beobachtete Treffen zwischen Belisarda und dem Rivalen Olimpio falsch deutet. Weitere Beispiele für die Lopes Roman charakterisierende Imaginationskritik[35] ergeben sich aus den wiederholten Verweisen auf die durch Träume geschaffene Illusion der Wirklichkeit[36]. Lope de Vegas *Arcadia* ist somit wie

---

34 Die Situation verkehrt sich, als Olimpio hinzustößt. Nun spielt Belisarda mit ihm dem eifersüchtigen Anfriso eine Liebesszene vor, von der er sich täuschen lässt, obwohl er selbst dafür das Beispiel gegeben hat.

35 Diese Imaginationskritik wird von Barbara Mujica in den Mittelpunkt ihrer Interpretation des Romans gerückt (*Iberian Pastoral Characters*, Potomac: Scripta Humanistica, 1986, S. 211–248).

36 Eine besondere Rolle spielt in diesem Zusammenhang auch die vom Zauberer Dardanio veranstaltete Luftreise, mit der Anfriso von Italien nach Griechenland befördert wird, um dort dann Zeuge von Belisardas vermeintlicher Untreue zu werden. Schon im Hinblick auf den Realitätsstatus dieser Luftreise setzt Lope ein Fragezeichen, indem er Anfrisos Freund Frondoso die Vermutung äußern lässt, diese «imaginaciones» seien nur die Produkte eines Traums. Er verbindet dies mit der gelehrten Erklärung, dass im Schlaf der «sentido común»

Cervantes' *Don Quijote* eine Fiktion, die den täuschenden Charakter von Fiktionen zugleich feiert und denunziert[37]. Sie demonstriert den Verführungscharakter der Imagination und wird, indem sie das tut, zum Medium des *desengaño*. Allerdings ist der Akzent bei Lope im Vergleich zu Cervantes sehr viel stärker zum zweiten Pol, dem Pol des *desengaño* verschoben.

Damit geht der zuletzt behandelte Aspekt natürlich weit über die Frage der Mythenrezeption hinaus. Dennoch bilden die Betonung der Fiktionsschwelle zwischen gesellschaftlicher und bukolischer Welt, die Mythenparodie und die Thematisierung des Alteritätspotentials des Mythos insofern einen Zusammenhang, als alle drei Aspekte eine Distanz markieren, die in deutlichem Gegensatz zu den die Renaissance charakterisierenden Versuchen der Annäherung an die pagane mythische Welt steht. Allerdings ist die Differenz zwischen rinascimentaler und barocker Mythenrezeption nicht einsinnig zu interpretieren. Einerseits beruht sie sicher auf einer mit der Gegenreformation einsetzenden Erneuerung der christlichen Mythenkritik; andererseits aber verweist die barocke Mythenkritik auch auf die Kontinuität des neuzeitlichen Rationalisierungs- und Säkularisierungsprozesses, der im Barockzeitalter auch in Spanien trotz der dort besonders offensiv betriebenen Rechristianisierung der Kultur unterschwellig weiterläuft. Man könnte sogar so weit gehen, im souveränen Verfügen barocker Autoren über die mythischen Diskurse einen gewissen Ausgleich dafür zu sehen, dass sie sich den religiösen Dogmen bedingungslos unterordnen mussten. Der oben schon genannte Góngora ist dafür sicher ein besonders suggestives Beispiel. Christliche Autoritätshörigkeit hat so ihr Gegenstück in einer sich gegen die antiken Diskurse richtenden Autoritätskritik, wie sie ja auch die barocke Poetik — besonders deutlich gerade im Falle von Lopes *Arte nuevo de hacer comedias* — charakterisiert. Auch das spannungsreiche Verhältnis zwischen der Mythenkritik und dem Ausspielen der in den Mythen enthaltenen Alteritätsdimension kann als Symptom dieses kulturellen Modernisierungsprozesses gewertet werden. Denn die Alterität der mythischen Ursprungswelt kann nun zum Bild für eine Alterität der eigenen menschlichen Natur werden, die mit der zunehmenden Naturferne der Gesellschaft immer deutlicher ins Bewusstsein tritt.

---

seine Funktion nicht ausüben könne, nämlich: «desengañar a un hombre de que no son verdaderas aquellas imaginaciones» (S. 321). Zwar versichert Anfriso glaubhaft, das sei nicht der Fall, doch wird er ohne jeden Zweifel dann dadurch ein Opfer seiner Imagination, dass er das aus der Ferne beobachtete Gespräch Belisardas mit seinem Rivalen nicht versteht und daher Belisarda falsche Motive unterstellt, als sie dessen Drängen nach einem Gunstbeweis nur nachgibt, um sich seiner zu entledigen.

37 Zu Cervantes' Auseinandersetzung mit dem Schäferroman im *Don Quijote* siehe Wolfgang Matzat, «Frühneuzeitliche Subjektivität und das literarische Imaginäre. Vom Schäferroman zum *Don Quijote*», in: W. M./Bernhard Teuber (Hrsg.), *Welterfahrung — Selbsterfahrung. Konstitution und Verhandlung von Subjektivität in der spanischen Literatur der frühen Neuzeit*, Tübingen: Niemeyer, 2000, S. 345–361.

Christian Wehr

Zwischen Profanierung und Transzendenz. Modellierungen des Ikarus-Mythos in der Lyrik des Siglo de Oro

Der Mythos ist kein Widerpart, sondern ein Instrument des Logos. Philosophische, strukturalistische und kulturhistorische Annäherungen sind sich hierin weitgehend einig[1]. Mythen lassen sich nicht auf unreflektierte oder vorrationale Kulturleistungen reduzieren, sondern stellen, wie vor allem die Studien von Claude Lévi-Strauss gezeigt haben, intellektuelle Medien der Weltdeutung und -aneignung dar. Dieses explikative und explorative Potential erklärt auch ihre erstaunliche historische Wandlungsfähigkeit. Zugleich aber besitzt jeder Mythos so etwas wie einen invarianten Kern, der seine überzeitliche Identität verbürgt. Hans Blumenberg nennt dieses unveränderliche Substrat das mythische Radikal, welches auch in den unterschiedlichsten Aktualisierungen eines Stoffes unverkennbar erhalten bleibt[2]. Dies bedeutet, dass jeder Mythos in einer spezifischen Spannung von ahistorischer Konstanz und zeitgebundener Variation steht. Im Folgenden soll diese besondere Dialektik an drei poetischen Modellierungen der antiken Ikarusfabel

---

1   Claude Lévi-Strauss deutete den Mythos in umfassenden Einzelanalysen als kognitives Instrument, das strukturell den syntaktischen Strukturen der Sprache verpflichtet ist und funktional der Plausibilisierung kosmologischer Widersprüche dient. Vgl. vor allem die programmatische Studie «La structure des mythes», in: Claude Lévi-Strauss, *Anthropologie structurale*, Paris: Plon, 1958, S. 235–266, besonders die Schlussfolgerungen aus der exemplarischen Analyse des Ödipus-Mythos, S. 248. Siehe darüber hinaus zur «projektiven» und «tendenziellen» Einheit des Mythos *Le cru et le cuit (Mythologiques 1)*, Paris: Plon, 1972, S. 13, bzw. zur überindividuellen «pensée anonyme», die dem Mythos inhärent ist, *L'homme nu (Mythologiques 4)*, Paris: Plon, 1971, S. 559. Auch Hans Blumenberg argumentiert gegen eine vorgebliche Naivität mythischer Weltbilder, die in Wahrheit immer schon Setzungen des Logos seien und einen reflektierten Wirklichkeitsbezug dokumentieren. Ähnlich wie Lévi-Strauss definiert er den mythischen Bezug zur Erfahrungswelt als kompensatorischen und kohärenzstiftenden (vgl. Hans Blumenberg, *Arbeit am Mythos*, Frankfurt a. M.: Suhrkamp, 1979). Auch Ernst Cassirer korrelierte mythische Kausalitäten mit sprachlichen Strukturen. Demnach vermag der Mythos — ähnlich wie die symbolischen Codes — sinnlichen Eindruck in überindividuellen Ausdruck zu verwandeln. Damit kann er zum Baustein kollektiver Anschauungs- und Lebensformen im Rahmen einer Philosophie der symbolischen Formen werden. Vgl. Ernst Cassirer, *Philosophie der symbolischen Formen*, Bd. 2: *Das mythische Denken* (1924), Darmstadt: WBG, [10]1994.
2   Vgl. zur «hochgradigen Beständigkeit [dieses] narrativen Kerns» Blumenberg, *Arbeit am Mythos* (Anm. 1), S. 40, bzw. zum Begriff des «Radikals», ebd., S. 165. Vor dem skizzierten Hintergrund wird die Rezeptionsgeschichte des Mythos begreifbar als «Thema mit Variationen» (ebd., S. 40). Vgl. diesbezüglich auch Blumenbergs explizite Bezugnahmen auf Lévi-Strauss (ebd., S. 299 ff.).

nachvollzogen werden, die von Garcilaso de la Vega, Fernando de Herrera und Luis de Góngora stammen. Der historische Rahmen wird sich also von den Anfängen bis in die Endphase des Siglo de Oro erstrecken, und damit vom Beginn der spanischen Renaissance bis zu den manieristischen Höhepunkten der spätbarocken Epoche[3]. Besonderes Interesse soll dabei der besonderen Überlagerung von profanen und spirituellen Besetzungen gelten, die gerade für die humanistischen Rezeptionen des Ikarusstoffes charakteristisch ist. In der spannungsvollen Simultaneität säkularer, theologischer und poetologischer Besetzungen des Mythos werden sich im Verlauf der Lektüren tieferliegende, vor allem epistemische Paradoxien und Widersprüche zu erkennen geben. Sie bieten sich, wie der Bezug auf die Studien von Claude Lévi-Strauss zeigen wird, den Möglichkeiten einer mythischen Formulierung in besonderer Weise an.

1. Affektischer Agon: Garcilaso de la Vega

Garcilaso de la Vegas lyrisches Werk führt zu Beginn des 16. Jahrhunderts die modellbildenden Dichtungstraditionen des italienischen Humanismus in spanischer Sprache fort. Auch sein zwölftes Sonett, das im Mittelpunkt der folgenden Überlegungen stehen wird, präsentiert sich als orthodoxe Petrarca-Imitation. Es greift auf den antiken Ikarus-Stoff zurück, um dem stereotypen Widerstreit gegensätzlicher Affekte Ausdruck zu verleihen[4]. Wie sich bei genauerer Betrachtung zeigen wird, treibt das mythologische Sujet jedoch eine vielschichtige poetische Reflexion hervor, deren Brechungen und Ambivalenzen über die topischen Paradoxien der *dolendi voluptas* weit hinausreichen. Entscheidend ist dabei, dass Garcilaso die Ikarusfigur nicht namentlich, sondern indirekt, über rhetorische Antonomasien einführt:

```
1   Si para refrenar este deseo
2   loco, imposible, vano, temeroso,
3   y guarecer de un mal tan peligroso,
4   que es darme a entender yo lo que no creo,

5   no me aprovecha verme cual me veo,
6   o muy aventurado o muy medroso,
7   en tanta confusión que nunca oso
8   fiar el mal de mí que lo poseo,
```

---

3   Vgl. zum Verhältnis von Manierismus und Barock Gustav René Hocke, *Manierismus in der Literatur. Sprach-Alchemie und esoterische Kombinationskunst*, Reinbek: Rowohlt, 1959.

4   Vgl. zu den petrarkistischen *affetti contrari* die grundlegenden Ausführungen bei Gerhard Regn, *Torquato Tassos zyklische Liebeslyrik und die petrarkistische Tradition*, Tübingen: Narr, 1987, S. 29, bzw. Leonard Foster, *The Icy Fire. Five Studies in European Petrarchism*, Cambridge: Cambridge UP, 1969, oder Gerhart Hoffmeister, *Petrarkistische Lyrik*, Stuttgart: Metzler, 1973.

9   ¿qué me ha de aprovechar ver la pintura
10 de aquel que con las alas derretidas
11 cayendo, fama y nombre al mar ha dado,

12 y la del que su fuego y su locura
13 llora entre aquellas plantas conocidas,
14 apenas en el agua resfriado?

Der erste Vers stellt einen petrarkistischen *deseo* vor, dessen Natur enigmatisch bis paradox ist. Das Verhältnis des Sprechers zu seinem Begehren scheint fremd und vertraut, innerlich und äußerlich zugleich: Einerseits handelt es sich zweifellos um einen seelischen Impuls, andererseits bezieht ihn das lyrische Ich gerade nicht durch possessive Formeln auf sich selbst, sondern rückt ihn über das Demonstrativpronomen in eine unpersönliche, objektivierende Distanz. Obgleich der *deseo* seinen Ursprung im Affekthaushalt des Sprechers findet, scheint er sich jeglicher rationalen Lenkung und Kontrolle zu entziehen. Diese Dissoziation kommt in der asyndetischen, hochgradig verdichteten Steigerung des zweiten Verses zum Ausdruck. Dort finden sich in der Mitte durch die Klammerfigur der *redditio* die nahezu synonymen Begriffe «vano» und «imposible» eingeführt. Sie werden außen von den gegensätzlichen Attributen «loco» und «temeroso» gerahmt. Suggeriert die erste Eigenschaft eine aktive, unkontrollierte Dynamik des Begehrens, so steht die zweite für seine ängstlich-passive Natur. In diesen widersprüchlichen Eigenschaften liegt auch die selbstzerstörerische Gefahr begründet, die vom paradoxen Verlangen für die eigene Person des Sprechers ausgeht. Sie besteht, wie der vierte Vers konstatiert, in einer tiefreichenden Inkongruenz: Das lyrische Ich vermag nicht zu glauben, was es gleichwohl wahrnimmt und versteht. Die unzweifelhafte sinnliche Evidenz der Erfahrung steht also ihrer rationalen Unfassbarkeit entgegen. Das zweite Quartett greift wiederholend und präzisierend auf, wohin diese Dissoziation führt. Hier erscheint ein weiteres Mal der Gegensatz von tollkühnem Tatendrang und melancholischer Verzagtheit. Er wird als Grund einer inneren Verwirrung angeführt, die mit der «confusión» des 7. Verses benannt ist. Sie äußert sich darin, dass der Sprecher das Übel, welches von ihm Besitz ergriffen hat, nicht fassen kann.

Die Paradoxie, welche hier ausgesprochen abstrakt und voraussetzungsreich verhandelt wird, verweist vorderhand auf den Kontext der petrarkistischen Liebesdichtung. Garcilasos 18. Sonett liefert den exakten explikativen Hintergrund für diese allusive Rhetorik. Auch dort wird, in nahezu analoger Begrifflichkeit, ein Phänomen beschrieben, das Verstand und Erfahrung spaltet. Die Augen der namenlosen Geliebten glühen wie Sonnen und versetzen den Unglücklichen von ferne in Flammen, während ihm die Nähe der «ardiente vista» das Blut in den Adern gefrieren lässt:

1	Si a vuestra voluntad yo soy de cera
2	y por sol tengo solo vuestra vista,
3	la cual a quien no inflama o no conquista
4	con su mirar es de sentido fuera,

5	¿de dó viene una cosa que, si fuera
6	menos veces de mí probada y vista,
7	según parece que a razón resista,
8	a mi sentido mismo no creyera?

9	Y es que yo soy de lejos inflamado
10	de vuestra ardiente vista y encendido
11	tanto que en vida me sostengo apenas;

12	mas si de cerca soy acometido
13	de vuestros ojos, luego siento helado
14	cuajárseme la sangre por las venas.

Wenngleich beiden Texten die Liebeskonzeption der *dolendi voluptas* zugrunde liegt, so weist ihre Modellierung im 12. Sonett jedoch einige Besonderheiten auf. Sie geben sich vor allem in einer spezifischen Konturierung der petrarkistischen Liebe durch die patristische Seelenlehre zu erkennen, die maßgeblich durch den Mythos profiliert wird. Zentral ist in diesem Zusammenhang die beobachtete Dissoziation von Sinnlichkeit und Verstand. Sie generiert wiederum eine Verwirrung auf der Ebene der Affekte. So entsteht die «confusión» vor allem dadurch, dass sich aktiver Impuls und passiver Pol, also Euphorie und Dysphorie, neutralisieren und auf diese Weise eine Gemütslage der melancholischen Untätigkeit herstellen[5]. Die poetische Konstruktion dieser inneren Verfassung folgt den Vorgaben der augustinischen Seelenlehre, die im patristisch geprägten Siglo de Oro noch unhinterfragte Gültigkeit besitzt. Sie begreift die menschliche Seele als unvollkommenes Abbild der göttlichen Dreifaltigkeit, bestehend aus den Vermögen der Erinnerung, des Verstandes und des Willens. Ihnen sind, in hierarchischer Ordnung, jeweils die Ebenen der sinnlichen Anschauung, des intellektuellen Durchdringens und der affektischen Befindlichkeit zugeordnet[6]. Man sieht, wie Garcilaso aus der Opposition der beiden unteren Vermögen folgerichtig eine Neutralisierung der höchsten Potenz entwickelt: Die Lähmung des freien Willens verdammt zur Untätigkeit. Ihr entspricht wiederum der Affekt der Melancholie oder — histo-

---

[5] Vgl. zur Melancholie in der nachmittelalterlichen Dichtung, die zwischen theologischer Negativität und «gesteigerter Selbsterfahrung» grundlegend ambivalent ist, Raymond Klibansky/Erwin Panofsky/Fritz Saxl, *Saturn und Melancholie. Studien zur Geschichte der Naturphilosophie und Medizin, der Religion und der Kunst*, Frankfurt a. M.: Suhrkamp, 1988, S. 319–367.

[6] Vgl. Augustinus, *De trinitate* XII, 7, 11 f., bzw. die für das Siglo de Oro maßgebliche Formulierung bei Thomas von Aquin, *Summa theologica* I, 93.

risch korrekter — der *acedia*, die seit dem 14. Jahrhundert zu den Todsünden zählt und schon in Petrarcas *Secretum* ein kontrovers verhandeltes Thema ist[7].

Garcilaso formuliert also ein theologisch klar konturiertes inneres Dilemma, eine seelische Pattsituation, die das lyrische Ich einer ausweglosen Selbstbetrachtung und -reflexion ausliefert. Infolge dieser Unlösbarkeit wird der Konflikt auf einen neuen Bezugshorizont bezogen. Garcilaso beschwört über den imaginären Erfahrungsraum der antiken Mythologie eine alternative Kasuistik des Problems. Er wählt hierzu eine doppelte mythische Figuration des Sprecher-Ichs — Ikarus und Phaethon —, deren Modell auf die eigene Situation zurückbezogen wird. Die innerseelischen Paradoxien der *dolendi voluptas* werden damit an das explikative Potential des mythologischen Stoffes delegiert.

Die Konsequenzen dieser Projektion sind — so kann schon dieser Stelle vorausgeschickt werden — so vielfältig und widersprüchlich, dass die Ausgangsproblematik eher potenziert als vereinfacht wird. Dies kommt schon in der umspannenden Fragestruktur des Sextettes zum Ausdruck, die den *aprovechamiento* der antiken Leitbilder ganz ausdrücklich offen lässt.

Im Zentrum der folgenden Überlegungen stehen nun vor allem die widersprüchlichen Aspekte des suggerierten mythischen Ausweges. Sie werden zwischen profanen und spirituellen Lösungsansätzen grundlegend ambivalent. Ihre primäre Motivation finden sie in der doppelt reflexiven Formel «verme cual me veo» (V. 5). Sie besagt, dass die Selbstbeobachtung fruchtlos ist («no me aprovecha») und nicht aus der seelischen Verstrickung führen kann. Aus diesem Grund evoziert der Sprecher die mögliche Leitbildfunktion der mythischen Helden. Beide werden im Sinne einer größeren identifikatorischen Nähe nicht namentlich, sondern über rhetorische Antonomasien eingeführt: Ikarus' Flügel schmolzen, weil er der Sonne zu nahe kam; Phaethon verlor die Kontrolle über den Sonnenwagen seines Vaters Helios, stürzte in den Fluss Eridanos und entfachte einen gewaltigen Brand. Er wurde schließlich vom Blitz des Zeus erschlagen, seine Schwestern, die Heliaden, aus Trauer in Pappeln verwandelt. Auch bei Garcilaso säumen sie, wiederum antonomastisch als «plantas conocidas» eingeführt, das Grab des Bruders.

Von hier aus konstituiert sich zur Situation des Sprechers in Garcilasos Text ein ganzes Netz von Korrespondenzen, Analogien und Allusionen. Die naheliegendste besteht darin, dass Ikarus und Phaethon der Sonne zu nahe kamen und dieses Wagnis mit dem Leben bezahlen mussten. Setzt man implizit die hochgradig stereotype Topik des petrarkistischen Diskurses voraus, dann steht die Sonne schon bei den Dichtern des provenzalischen Mittelalters, vor allem aber seit dem *Canzoniere* metonymisch für die *donna* selbst. Petrarca stellt solche Bezüge in der Regel über paronomastische

---

7   Francesco Petrarca, *Prose*, Milano/Napoli 1955, S. 52 f., bzw. Erich Loos, «Die Hauptsünde der *acedia* in Dantes *Commedia* und in Petrarcas *Secretum*», in: Fritz Schalk (Hrsg.), *Petrarca 1304–1374*, Frankfurt 1975, S. 171–183.

Verschiebungen her[8]. Dort stehen die Strahlen der Sonnen oftmals für das Gold der Haare, aber auch für die Blicke aus den glühenden Augen. Figuralisiert man die Elemente des Mythos also vom petrarkistischen Code her, dann wird der angesprochene Nutzen für den Sprecher unmittelbar deutlich: Phaethon und Ikarus sind dem Objekt des Begehrens zu nahe gekommen und werden dafür bestraft. In einer solchen Perspektive hat die Vergegenwärtigung der mythischen Modelle didaktische Funktion. Als Negativexempel warnen sie davor, die Zügel des Begehrens zu lockern und dem *deseo* freien Lauf zu lassen. Auf dieser Ebene wird der Mythos als mögliches Remedium gegen die Liebeskrankheit eingesetzt. Er bekäme damit apotropäische, mithin affektsteuernde und -bannende Funktion. Ein Blick in die Emblembücher der Zeit bestätigt diese Festlegung. Hier erscheinen Ikarus und Phaethon als mahnende Exempel, die dazu anleiten sollen, die Extreme zu meiden, den rechten Mittelweg zu wahren und sich in den Tugenden der Mäßigung und affektischen Mortifikation zu üben[9].

Hinter dieser psychagogischen Emblematik zeichnet sich ein spezifisch theologischer Hintergrund ab: die attrionistische Heilslehre. Sie steht für eine Kasuistik der unvollständigen Reue, die auch Eingang in zeitgenössische Kanzelrhetorik gefunden hat und besagt, dass bereits die bloße Furcht vor der göttlichen Strafe absolutionswürdig ist[10]. Es liegt auf der Hand, dass die mythologischen Flammentode auch im Dienste einer solchen Mortifikation stehen können, die von der Todsünde der Melancholie befreien soll. Sie sind unmittelbare Folgen göttlicher Beschlüsse und stehen in typologischer Beziehung zum strafenden Feuer der christlichen Hölle[11]. Garcilaso führt seinem Sprecher diese mortifikatorischen *picturae* unmittelbar vor Augen. Mit der Frage des neunten Verses «¿qué me ha de aprovechar ver la pintura?» wird nach der Mittelachse des Sonettes eine regelrechte Betrachtungssituation installiert.

---

8   Etwa über die Signifikantenkette *Laura/lauro/aurora/oro*. Vgl. hierzu die immer noch grundlegenden Ausführungen bei Hugo Friedrich, *Epochen der italienischen Lyrik*, Frankfurt a. M.: Klostermann, 1964, S. 192–208.
9   Vgl. Arthur Henkel/Albrecht Schöne (Hrsg.), *Emblemata. Handbuch zur Sinnbildkunst des XVI. und XVII. Jahrhunderts*, Stuttgart: Metzler, ²1996, Sp. 1617.
10 Vgl. hierzu (mit weiteren Verweisen) René Fülöp-Miller, *Macht und Geheimnis der Jesuiten. Eine Kultur- und Geistesgeschichte*, München/Zürich: Artemis, 1960, S. 234–244, bzw. (in Bezug auf die zeitgenössische Lyrik) Marc Föcking, *«Rime sacre» und die Genese des barocken Stils. Untersuchungen zur Stilgeschichte geistlicher Lyrik in Italien 1536–1614*, Stuttgart: Steiner, 1994, S. 85 f.
11 In diesem Zusammenhang sei auch eine weitere naheliegende Tradition erwähnt: In den verschiedenen Formen der geistlichen Meditation war die Betrachtung realer oder vorgestellter Bilder und Motive seit jeher ein effizientes Medium der Selbstaffektion. Vgl. hierzu Vf., *Geistliche Meditation und poetische Imagination. Studien zu Ignacio de Loyola und Francisco de Quevedo*, München: Fink, 2008 (im Druck), v. a. Kap. 3.1. In Francisco de Quevedos Sonett «Los que ciego me ven de haber llorado» wird die Ambivalenz von petrarkistischem Liebesfeuer und mortifikatorischem Höllenfeuer konzeptistisch weiter entfaltet und vertieft (vgl. ebd., Kap. 4.1).

Gerade im Zusammenhang mit der affektlenkenden Macht des Mythos stellt sich von hier aus ein enger Bezug zur Urszene der Selbstwahrnehmung schlechthin her: dem Spiegelstadium, das der französische Psychoanalytiker Jacques Lacan als grundlegende Matrix jeglicher Ich-Funktion definierte. Demnach erkennt das sprachlose *infans* erstmals sein Spiegelbild und begrüßt es mit einer jubilierenden Geste[12]. Es projiziert damit vorausgreifend eine imaginäre Ganzheit und Autonomie in sein spekulares Selbst, die in unüberwindbarem Gegensatz zur realen Situation des Mangels und der Abhängigkeit steht[13]. Lacan zufolge legt dieser primäre Narzissmus die illusionistische Natur jeder weiteren Selbstwahrnehmung fest, die an den Ort des eigenen Spiegelbildes nunmehr sekundäre Identifikationsfiguren setzt[14]. Auch diese stehen im Dienste der Idealisierung sowie der Konstruktion eines imaginären Größenselbst, ohne dabei der primären Dezentrierung jemals zu entkommen. Als Ort aller weiteren Identifikationen bleibt das spekulare Ideal-Ich eine antizipierende Setzung, und damit uneinholbarer Köder des eigenen Begehrens.

Garcilasos mythisch-poetische Betrachtungssituation stellt diese Mechanismen der Selbstwahrnehmung mit einer Prägnanz aus, die nahezu programmatisch wirkt. Auffallend ist hier vorderhand die symmetrische Positionierung des Betrachters zu seinen spiegelbildlichen Alter Egos. Sie geht einher mit einem hintergründigen Ebenenwechsel, der sich vom Oktett zum Sextett vollzieht. So ist die erste Selbstbeobachtung noch in der auffälligen, doppelt reflexiven Formel des «verme cual me veo» formuliert. In dieser mehrfach selbstbezüglichen Visualisierung des Ich scheint unverkennbar die erste Spiegelszene durch. Gleichwohl «sieht sich hier das Ich eben, wie es sich sieht», mithin als heillos melancholisches, sich selbst undurchsichtiges Mangelwesen. Die Tautologie drückt also eine misslingende Selbstidealisierung aus. Das Defizitäre dieser Erfahrung treibt nun eine Suche und Sichtung neuer Identifikationsmodelle an, die in den imaginären Raum des Mythos führt. Darum schwenkt der Fluchtpunkt der Betrachtung ab der Zäsur zwischen Oktett und Sextett vom Sprecher-Ich weg und auf die antiken Helden hin. Garcilasos virtuose Handhabung der Sonettform gestaltet dieses spekulare Spiel exakt nach. Dabei fungiert die Mittelachse als virtueller Standort eines Spiegels. Dessen identitätsstiftende Funktion ist abbildend und verändernd zugleich: Durch ihn blickt das betrachtende Subjekt der ersten beiden Strophen gewissermaßen

---

12 Jacques Lacan, «Le stade du miroir comme formateur de la fonction du Je», in: J. L., *Écrits*, Paris: Seuil, 1966, S. 93–100.
13 Vgl. ausführlicher zum Verhältnis des «je» als Subjekt der Wahrnehmung zum «moi» als Objekt der spiegelbildlichen Verkennung Jacques Lacan, *Le moi dans la théorie de Freud et dans la technique de la psychanalyse (Le Séminaire II)*, Paris: Seuil, 1978, S. 59 ff. Lacan demonstriert die imaginäre Selbsttäuschung gerne an der paronomastischen Substituierbarkeit von «me connaître» und «méconnaître»; vgl. J. L., «Subversion du sujet et dialectique du désir», in: *Écrits* (Anm. 12), S. 793–827, hier S. 808.
14 Vgl. Sigmund Freud, «Zur Einführung des Narzißmus», in: *Studienausgabe*, Frankfurt a. M.: Fischer, 1982, Bd. 3, S. 39–68, hier v. a. S. 60 f. bzw. 65 ff.

hindurch, also auf seine mythologischen Alter Egos, und damit wieder auf sich selbst zurück.

Ein psychagogischer Effekt dieser Projektion stellt sich dabei, wie zu sehen war, im warnenden Exempel her. Das tödliche Schicksal von Ikarus und Phaethon führt von den affektischen Extremen der *dolendi voluptas* mahnend auf den rechten Mittelweg zurück. Eine solche Lesart muss jedoch die unübersehbar heroisierenden Züge der mythischen Evasion ausblenden. Sie zeigen an, dass sich der Text nicht ausschließlich auf eine christlich-didaktische Instrumentalisierung des Mythos festlegen lässt. Mindestens ebenso plausibel erscheint nämlich eine gegensätzliche Lesart. Sie bietet sich im Kontext der petrarkistischen Liebesdichtung an und suggeriert eine identifikatorische Aneignung des Mythos, die nunmehr gänzlich profan ist. Sowohl Ikarus als auch Phaethon sind nicht nur Negativexempel menschlicher Hybris. Sie stehen auch für provokante Selbstermächtigung, für risikobewusste Normüberschreitung, sogar für eine prometheische, innovative Missachtung des göttlichen Gesetzes. Hier wäre der psychagogische Effekt der mythologischen *picturae* diametral entgegengesetzt. Sie scheinen ebenso geeignet, beim Betrachter eine bedingungslose Auslieferung an das eigene Begehren, sogar seine tödliche Steigerung zu entfachen: angefangen von den sündhaft-lustvollen Verstrickungen der *delectatio morosa* hin zur dramatischen Klimax der bewussten, sogar intendierten Selbstverbrennung im Feuer des *loco deseo*. An die Stelle einer spirituellen Bändigung träte hier also die Stimulation profaner, partikularer und sündhafter Affekte. Man sieht, warum das Sextett den vieldeutigen «Nutzen» des Mythos in eine großangelegte, strophenübergreifende Frage bettet. So bringt der interrogatorische Bogen, welcher die gesamte zweite Gedichthälfte umspannt, letztlich die semantische Mehrdeutigkeit der mythologischen Sujets zum Ausdruck. Dabei perpetuieren sich in den widersprüchlichen Besetzungen des Mythos die immanenten Paradoxien der *dolendi voluptas* selbst: also ihr Oszillieren zwischen resignativer Ergebenheit und trotzigem Aufbegehren, zwischen Melancholie und Hybris.

Gerade in letzterem Aspekt offenbart sich nun eine dritte, vielleicht die entscheidende Bedeutungsschicht des Mythos. Gemeint sind die hintergründigen Strategien einer poetologischen Profilierung. Sie bleibt bei Garcilaso, in der spanischen Frührenaissance, noch weitgehend implizit, wird aber in der Dichtung des 17. Jahrhunderts mit zunehmender Deutlichkeit zu Tage treten. In dieser Hinsicht liegt die Leitbildfunktion der antiken Helden vor allem in ihrer Unsterblichkeit begründet: also im ewig währenden Nachruhm durch einen mythisch-heroischen Tod, in dem sich das lyrische Ich zu spiegeln versucht. Die Sonne, der Ikarus und Phaethon zu nahe kamen, stünde dann nicht mehr für das Feuer, welches aus den Augen der *donna* lodert und die Begierde ebenso wie die Furcht vor der göttlichen Strafe zu entfachen vermag. Sie würde dann vielmehr zum Emblem, das seit jeher für Phoebus Apollon steht, also den Gott des Lichtes und der Dichtkunst, der zugleich Führer der Musen ist. Sich ihm zu nähern, hieße dann, dem Göttlichen der Dichtung selbst nahezukommen und wie Ikarus und Phaethon das Privileg der Götter zu gewinnen: die Unsterblichkeit. Der Weg zu ihr, so suggeriert Garcilasos mythische Selbstspiegelung in letzter Konsequenz, führt paradoxerweise durch den Tod, durch die Selbstverbrennung in den Flammen des *deseo*.

An dieser Stelle kommt ein ganzes System von latenten Projektionen und Übertragungen zur Geltung. Es gewinnt seinen suggestiven Sog aus einem subtilen Zusammenspiel verschiedener Verfahren. So rückt die antonomastische Umschreibung des Ikarus in den Versen 10 und 11 vor allem eines in den Vordergrund: Sein Sturz gibt dem Meer, in welchem er endet, «fama y nombre». Beide Schlüsselbegriffe, «Ruhm und Name», sind auch antizipierende Epitheta eines Dichter-Ichs, das postum im Werk fortleben möchte. Derartige Bezüge verdichten sich, wenn man eine typologische Deutung des ikarischen Meeres in Anschlag bringt, wie sie der Humanist Juan Pérez de Moya in seiner *Philosophía secreta* formuliert: Es erscheint dort als allegorisches «mar de este vano mundo», in das jene stürzen, die sich von einem «desreglado deseo» leiten lassen[15]. Damit ist das eitel-nichtige Begehren mit demselben Attribut bedacht wie der uneigentliche Ort des dichterischen Nachlebens. Dies macht Garcilasos Ikarus nicht zuletzt als idealisierende Figuration des Dichter-Ichs lesbar. Dessen poetischer Höhenflug führt ihn so nahe an die Sonne des Musengottes, dass er schließlich im Sturz auf eine Welt endet, die zugleich der Raum seines ewigen Nachruhms ist. Zur Gestaltung des Phaethon-Mythos im zweiten Terzett ließe sich Ähnliches sagen. Hier wird der Fluss Eridanos zu einer beinahe barocken Hyperbel für die Tränen des Unglücklichen: Als synekdochischer Teil des «vano mundo» wandelt sich die Natur zum zeitlosen Bewahrungsort der unglücklichen Liebe.

Der Zusammenhang lässt auch die tieferliegende Strategie erkennen, die hinter der zweifachen Antonomasie steht. Zwar blendet die rhetorische Umschreibung den Eigennamen aus. Wenn sie aber an deren Stelle die Eigenschaften der mythologischen Helden setzt, dann stellt sie damit gerade deren überhistorische Dignität und Größe aus. So werden strategische Leerstellen geschaffen: onomasiologische Lücken und Platzhalter, die sich jener reserviert, der es wagt, die Höhenflüge des Ikarus und Phaethon nachzuahmen. An der abschließenden Frage ist abzulesen, dass der Erfolg dieses projektiven Unternehmens offen bleibt. Der Nachruhm ist reine Möglichkeit, besteht nur in der allegorischen Vorwegnahme. Gerade darin zeigt sich wiederum das antizipatorische Wesen jeder spiegelbildlichen Identifizierung[16]. Und so bleibt auch der immanente Agon, den die widersprüchlichen Besetzungen des Mythos untereinander austragen, unentschieden. Schließlich würde eine erfolgreiche Mortifikation der Affekte ihre poetische Verewigung unmöglich machen.

---

15 Juan Pérez de Moya, *Philosofía secreta*, hrsg. v. Carlos Clavería, Madrid: Cátedra, 1995, S. 488.
16 Im Sinne von Lacans angeführter Deutung der Spiegelszene in «Le stade du miroir comme formateur de la fonction du Je» (Anm. 12).

Damit stünde sie auch einer grandiosen Mythisierung des Selbst im Wege, die gleichsam als vorausgreifende und virtuelle Klimax der antiken Fabeln fixiert wird.

2. Tridentinische Kasuistik: Juan Pérez de Moya/Fernando de Herrera

An dieser Stelle kann die Lektüre auf den übergreifenden Kontext der Epoche bezogen werden. Diese Öffnung legt vor allem eine Hypothese nahe: man könnte die konträren bis antagonistischen Sinneffekte des Ikarusmythos, die Garcilasos Sonett erkennen ließ, als Symptom deuten; als prägnantes Beispiel einer Proliferation und Pluralität der Diskurse, wie sie für die Epoche der Renaissance insgesamt geltend gemacht wird[17]. Wie zu sehen war, gleiten — nach einem Wort Lacans — unter einen mythischen Signifikanten immer wieder neue Signifikate[18]. Sie sind spiritueller, profaner und poetologischer Natur. Es scheint kaum möglich, sie in ein hierarchisches Verhältnis, geschweige denn eine umfassende Ordnung zu bringen. Nun besagt eine altbekannte, aber immer wieder neu formulierte These, dass der tridentinische Barock diesen Prozess der Pluralisierung wenige Jahrzehnte später erfolgreich bändigt und in eine neue, orthodoxe Ordnung überführt[19]. Für die Überlieferungen der paganen Mythologie bedeutet dies vor allem, dass sie gegenreformatorisch vereinnahmt, also religiös-didaktisch funktionalisiert werden. Im Folgenden soll nun an Texten von Fernando de Herrera und Góngora gezeigt werden, dass diese Normierung und tridentinische Mythenallegorese zwar einerseits greift, aber zugleich auch radikal entgegengesetzte, individualisierende Tendenzen und Positionen hervortreibt, in denen sich die Dissoziationen des Garcilaso-Sonettes fortsetzen und steigern. Begonnen werden soll mit der Frage nach dem spezifischen Stellenwert der antiken Überlieferungen — darunter insbesondere der Ikarus-Fabel — im Projekt der gegenreformatorischen

---

17 Entsprechende Beiträge versammelt der Band von Wolf-Dieter Stempel/Karlheinz Stierle (Hrsg.), *Die Pluralität der Welten. Aspekte der Renaissance in der Romania*, München: Fink, 1987.

18 Vgl. zu diesem «glissement» der Signifikate Jacques Lacan, «L'instance de la lettre ou la raison depuis Freud», in: *Écrits* (Anm. 12), S. 493–528. Der Befund lässt sich auch mit Michail Bachtins Konzept der Dialogizität in Einklang bringen, das eine «Hybridisierung» und «Zweistimmigkeit» des Wortes meint, in dem ideologisch unterschiedliche bis gegensätzliche Positionen und Stimmen erklingen. Vgl. hierzu Michail Bachtin, *Die Ästhetik des Wortes*, hrsg. v. Rainer Grübel, Frankfurt a. M.: Suhrkamp, 1979, etwa S. 172, 195, 244, 246. Siehe zur Dialogizität der petrarkistischen Lyrik auch Rainer Warning, «Petrarkistische Dialogizität am Beispiel Ronsards», in: Stempel/Stierle (Hrsg.), *Die Pluralität der Welten* (Anm. 17), S. 327–358.

19 Für diese Deutungstradition sei stellvertretend Joachim Küpper genannt, der die These vom gegenreformatorisch-restaurativen Barock aus diskurstheoretischer Perspektive neu formulierte. Vgl. *Diskurs-Renovatio bei Lope de Vega und Calderón. Untersuchungen zum spanischen Barockdrama. Mit einer Skizze zur Evolution der Diskurse in Mittelalter, Barock und Manierismus*, Tübingen: Narr, 1990.

Neuordnung. Hier ist vor allem ein Text von programmatischem Rang, wenngleich er bei den Theoretikern des restaurativen Barock erstaunlich wenig Erwähnung findet. Es handelt sich um Juan Pérez de Moyas bereits erwähnte *Philosofía secreta* aus dem Jahre 1586, die eine umfassende Allegorese der antiken Mythologie unternimmt. Dabei werden die einzelnen Stoffe und Figuren strikt nach den Maßgaben der patristischen Bibelexegese ausgedeutet. De Moya unterzieht sie einer hermeneutischen Lektüre, die nach dem Muster des vierfachen Schriftsinnes verfährt. Die *Philosofía secreta* ist also ein strategisches Unternehmen. Sie soll die widerstreitenden und zentrifugalen Sinneffekte des Mythos, wie sie die Renaissance hervortrieb, wieder den Maßgaben der gegenreformatorischen Glaubenslehre unterwerfen. Dabei gilt dem *sensus tropologicus*, also der individuell-moralischen Dimension, besonderes Augenmerk. In ihm gewinnt jeder einzelne Mythos einen spezifisch christlich-emblematischen Wert. De Moyas Projekt fügt sich somit unmittelbar in die allgegenwärtige Proliferation des allegorischen Schrifttums ein, wie sie für die barocke Epoche so kennzeichnend ist. Walter Benjamin hat in ihr die rhetorische, also sekundäre und uneigentliche Neuordnung eines barocken Kosmos gesehen, dem die heilsgeschichtliche Ordnung abhanden gekommen ist. Zutiefst geprägt von der Erfahrung des allgegenwärtigen Scheins, wird er von der Flut zeitgenössischer Emblematiken neu beschriftet[20]. In diesem Sinne stellt de Moyas Ikarus-Überschreibung die tödlichen Folgen mangelnder Affektkontrolle, und damit die Strafe für eine Verfehlung des rechten Mittelweges heraus. Die entsprechende *Declaración* formuliert dies folgendermaßen:

> Por esta fábula nos quisieron los poetas dar muy excelente doctrina, de que en todas las cosas amemos el medio, porque en esto consiste la virtud, y que guardemos el consejo de los padres y huyamos de la soberbia, si no queremos despeñarnos como Ýcaro y anegarnos en el mar de este vano mundo, lo cual haremos amando la humildad, que no tiene caída.
> Otrosí, nos da a entender que cuando la ambición y el deseo de las cosas altas es enfrenada por la razón y prudencia, no pasa los términos, levantándose más de lo que sus méritos valen; y así, después del curso desta vida, llega el hombre al fin deseado, como hizo Dédalo. Mas los que como Ýcaro quieren alzarse más que debrían, transportados de un desreglado deseo, vienen a caer en las miserias del mundo, figuradas por las ondas del mar, con afrenta y daño irreparable[21].

Jenseits dieser pauschalen Zuschreibung einer mortifikatorischen Funktion gewinnt die Fabel im tridentinischen Kontext jedoch ein besonderes Gewicht, das sie bei Garcilaso, in der spanischen Frührenaissance, noch nicht besaß. Der Grund liegt darin, dass dem Ikarus-Exempel im späteren 16. Jahrhundert plausibilisierende Macht für das theologische Hauptproblem der Zeit

---
20 Walter Benjamin, *Ursprung des deutschen Trauerspiels*, Frankfurt a. M.: Suhrkamp, 1983, S. 138 ff.
21 Pérez de Moya, *Philosofía secreta* (Anm. 15), S. 488.

zuwächst. Gemeint ist der Streit um das paradoxe Verhältnis von menschlicher Willensfreiheit und göttlicher Vorsehung. Es kann im Folgenden nicht um die theologische Sophistik gehen, mit der diese zutiefst widersprüchliche Diskussion geführt wurde[22]. Wesentlich für die weitere Argumentation ist vielmehr die *double-bind*-Struktur des Problems: Prädestination und Freiheit des Handelns schließen sich zwar logisch aus, erheben jedoch beide den Geltungsanspruch dogmatischer Kategorien. Gerade vor dem hochkomplexen Hintergrund der theologischen Abstraktionen und Paradoxien vermag nun die Ikarusfabel unmittelbare Orientierung zu stiften[23]. Sie verfügt über die Anschaulichkeit eines Exempels, das beide Seiten des Widerspruchs abzudecken vermag. Dadurch gewinnt der mythologische Stoff synthetisierende Macht. So wird Ikarus zwar einerseits dem vorausblickenden Gesetz der väterlichen Autorität unterstellt. Dennoch muss er von der Gabe des Vaters eigenverantwortlich und nach den Maßgaben seiner freien Willensentscheidung Gebrauch machen. Theologisch gewendet verweist dies auf Luis de Molinas entscheidende Kategorie der *scientia media*, also der mittleren Vorsehung. Sie besagt, dass die Bedingungen freier Entscheidungen vorherbestimmt sind, und behauptet damit einen impliziten Nexus von Prädestination und selbstbestimmtem Handeln. Die Ikarusfabel vermag diesen Zusammenhang allegorisch vor Augen zu führen. So steht der pagane Mythos qua Analogie für die Wahrheit einer theologischen Paradoxie ein, in der freier Wille und Vorhersehung zusammengedacht werden müssen. Auf besonders intrikate Weise reicht diese Problematik in die komplizierte Gnadendiskussion und ihre anthropologischen Implikationen hinein. Hier besagt die tridentinische Position, dass die Rechtfertigung durch die Mitwirkung des Menschen, also seinen freien Willensentscheid, erreicht, aber auch verwirkt werden kann. In dieser Perspektive avanciert die Ikarusfigur zum Typus eines unbeirrbaren Sünders, der sich — wie Tirso de Molinas Don Juan — wider besseres Wissen, gegen guten Rat sowie mit voller Verantwortung auflehnt und dadurch sehenden Auges in sein Verderben stürzt[24].

---

22 Grundlegend hierzu ist Luis de Molinas epochale Untersuchung *Liberi arbitrii cum gratiae donis, divina praescientia, providentia, praedestinatione et reprobatione concordia* (1588). Vgl. zu dieser Problematik etwa Johannes Rabeneck, S. J., «Grundzüge der Prädestinationslehre Molinas», in: *Scholastik. Vierteljahresschrift für Theologie und Philosophie* 31 (1956), S. 351–369, bzw. «Die Heilslehre Ludwig Molinas», in: *Scholastik. Vierteljahresschrift für Theologie und Philosophie* 33 (1958), S. 31–63. Die wissensgeschichtlichen und anthropologischen Konsequenzen der Kontroverse leuchtet Ansgar Hillach aus: «Barocker Unversalismus und die Rücknahme der Willensfreiheit. Aspekte der ‹kopernikanischen Wende› bei Kepler und im Spanien des 17. Jahrhunderts», in: *Germanisch-Romanische Monatsschrift* 64 (1983), S. 53–80.
23 Manfred Tietz hat dieses Verfahren am Beispiel der *autos sacramentales* aufgezeigt. Vgl. «Zur Vermittlung religiöser Inhalte an Laien im Theater Calderóns. Die *autos sacramentales* und der *vulgo ignorante*», in: *Romanische Forschungen* 93 (1981), 319–334.
24 Vgl. zur Gnadenproblematik — speziell bei Tirso de Molina — die konzise Darstellung bei Henry W. Sullivan, *Tirso de Molina and the drama of the Counter Reformation*, Amsterdam 1981.

Der Befund lässt sich unmittelbar mit den grundlegenden Erkenntnissen aus Claude Lévi-Strauss' ausgedehnten Mythenanalysen korrelieren[25]. Demnach besteht die Funktion des Mythos ganz allgemein darin, die konstitutiven Widersprüche einer Kultur zu plausibilisieren und damit erträglicher zu machen. Wenn die tridentinische Überschreibung des Ikarusmythos zum Argument einer paradoxen Rechtfertigungslehre avanciert, scheint sie eine solche Funktion genau zu erfüllen. Diese theologisch-epistemische Tiefenstruktur liegt auch den ersten Strophen einer Romanze von Fernando de Herrera aus dem Jahre 1576 zugrunde:

1   Desesperado desseo
2   leuanta mi flaco buelo,
3   y aunque su pérdida veo,
4   pretendo llegar al cielo.

5   Las alas el fuego quema
6   quando no vale el remedio,
7   porque con mi muerte tema
8   extremos lexos del medio.

9   ¿Por qué amor procuró
10 tanto bien, tanta grandeza,
11 si en vn punto derriuó
12 mi vida desde su alteza?

13 Mas yo, ¿por qué confiado,
14 no huí mi perdición?
15 Vénganos de vn lastimado
16 que no espera redempción.

17 Rebuelue la confiança
18 cosas que temo y espero;
19 mas, ¡ô dudosa esperança,
20 cosas pides con que muero!

Was Garcilaso noch in die Form eines offenen Identifikationsangebotes kleidete, hat sich Herreras Sprecher-Ich bereits von Beginn an zu eigen gemacht: die mythische Rolle des Ikarus. Auch hier steht der tödliche Flug für das tollkühne Begehren, und auch hier ist dessen Ziel, die Sonne, ein Bild für die Geliebte. Dies bleibt im vorliegenden Text zwar implizit. Es wird aber durch zahlreiche Bezüge auf weitere Werke Herreras gestützt, in denen die Angebetete metonymisch meist als «luz» erscheint. In der vorliegenden Romanze werden nun sowohl der petrarkistische *deseo* als auch die Selbstmythisierung strategisch der tridentinischen Affekt- und Gnadenpolitik anverwandelt. Daran

---

25 Vgl. Lévi-Strauss, «La structure des mythes» (Anm. 1), S. 248., sowie *Le cru et le cuit* (Anm. 1), S. 13, oder *L'homme nu* (Anm. 1), S. 559.

lässt schon die Programmatik der ersten Strophe keinen Zweifel. Den Sturz vor Augen, der *allegorice* natürlich ein moralischer ist, beabsichtigt das Ich dennoch, den Flug seines Begehrens fortzusetzen. Damit ist die Situation eines Sünders formuliert, der sich zugunsten seines *deseo*, also willentlich und wider besseres Wissen, der Erlösung verweigert. Letztere bezeichnet Herrera mit dem theologischen Terminus der «redempción». Sie steht oppositiv zur «perdición» des 14. Verses; also dem spirituellen Verderben, das der Sprecher zugunsten der Steigerung seines Begehrens in Kauf nimmt.

Der 6. Vers spricht ergänzend die Wirkungslosigkeit eines nicht näher spezifizierten «remedio» an. Mit diesem Gegenmittel der Verdammung kann im Zusammenhang nur die mortifikatorische Macht des Ikarus-Emblems gemeint sein. Seine Ineffizienz begünstigt also die willentliche Auslieferung an den *deseo*, und damit die bewusste Entscheidung für die providentielle Strafe. Eine solche Position ist einzig im theologischen System des zeitgenössischen Molinismus möglich, also jener Lehre, die das aktive Mitwirken des Menschen am Erhalt oder Entzug der Rechtfertigung statuiert. Damit ist ein dogmatischer Zusammenhang formuliert, der über die einschlägigen Begriffe der «esperança» (V. 19) — der Hoffnung auf die göttliche Gnade — und der «confiança» (V. 17) — fortgeführt wird.

Herrera korreliert diese Entscheidung mit den widerstreitenden Besetzungen der Ikarusrolle, die zwischen Bändigung und Stimulation des Begehrens oszillieren. Diesseits der moraltheologischen Tiefenstruktur steht der Text jedoch beispielhaft für die petrarkistische Liebesdichtung. Er entfaltet seine Kasuistik alleine aus dem semantischen Material der Schmerzliebe, und das heißt: aus den bekannten Paradoxa zwischen Ablehnung und Anziehung, Furcht und Hoffnung, Wagen und Verzagen. Nun erscheint trotz dieser tridentinischen Überformung die Entscheidung für die Verdammung unmittelbar plausibel. Sie gründet in einer Liebeserfahrung, die dem Sprecher zu «tanto bien y tanta grandeza» (V. 10) verhalf, dass sie die Furcht vor der Strafe fraglos überwindet. Damit sind es paradoxerweise gerade die Macht und Autorität des providentiellen Arguments, die den *deseo* zur größten Leuchtkraft bringen. Dies kann in der Metaphorik des Textes ganz wörtlich verstanden werden, denn die Kasuistik fordert eine Opferbereitschaft ein, die in den mythologischen Feuertod führt. Erst in diesem Punkt wird Herreras Text grundlegend ambivalent: Er setzt die Ikarusfabel als Mahnmal und als mythologische Feier des verwerflichen *deseo* ein. Mit der Entscheidung, für die «perdición» zu sterben, gewinnt er die paradoxen Züge eines nicht nur profanen, sondern blasphemischen Liebesmartyriums, welches der negativen Providenz trotzt. So wird die mythische Folie ein weiteres Mal zwischen profanen und spirituellen Besetzungen fundamental ambivalent.

3. Allegorischer Schreibakt: Luis de Góngora

Das poetologische Potential des Ikarusmythos bleibt in Herreras präbarocker Version ausgeblendet. Umso nachdrücklicher kommt es in Luis de Góngoras hochmanieristischer Fassung zum Tragen. Hier wird das mythische Begehren weiter nobilitiert und zugleich von jeglicher moralischen Konnotation befreit[26]. Der Textauszug, welcher hierzu näher vorgestellt werden soll, befindet sich am Beginn der zweiten *Soledad* aus dem Jahr 1617. Die Hauptfigur, ein junger, schiffbrüchiger *peregrino*, war am Ende des ersten Teils in eine Hochzeitsgesellschaft geraten. Die *Soledad segunda* setzt nun am Morgen nach dem Fest ein. Der *peregrino* fährt mit zwei Fischern in das Meer hinaus. Während ihn die Begleiter nach getaner Arbeit verlassen, bleibt der junge Fremde alleine zurück und stimmt dabei folgende Klage an:

> Audaz mi pensamiento
> el Cenit escaló, plumas vestido
> cuyo vuelo atrevido,
> si no ha dado su nombre a tus espumas,
> de sus vestidas plumas
> conservarán el desvanecimiento
> los anales diáfanos del viento (V. 137–143).

Wiederum wird die mythische Identifikationsfigur hier nicht namentlich, sondern antonomastisch eingeführt. Gleichwohl fällt schon im ersten Vers der Strophe ein grundlegender Unterschied zu den Versionen Garcilasos und Herreras auf. Dort stand das Begehren metonymisch für die Sprechersubjekte und erhob sich frevlerisch gegen die Sonne. Bei Góngora wird der *deseo* nun durch einen allegorischen «pensamiento» ersetzt, der in einer hochmanieristischen Vision kühn den Zenit erklettert. Danach wird sogleich die entscheidende Modifikation zur mythologischen Vorlage markiert: Der Konditionalsatz des 140. Verses räumt ein, dass der ikarusgleiche «pensamiento» dem Grab des Meeres, das hier metonymisch über die «espumas» evoziert wird, möglicherweise keinen Namen gibt. Damit ist bereits *a priori* in Zweifel gezogen, was Garcilaso noch als mythische Möglichkeitsbedingung der eigenen Unsterblichkeit beschwor.

An die Stelle dieses profanen Ruhmes, der an die Tradierung des Eigennamens gebunden bleibt, setzt Góngora jedoch eine ungleich subtilere Vision der poetischen Verewigung. Die durchsichtigen Annalen des Windes sollen das Verschwinden der «vestidas plumas», die metonymisch für den *peregrino* und seinen «pensamiento» stehen, bewahren. Um diese kühne Abstraktion des Ikarusmythos zeichnet sich nun ein vielschichtiges Spiel von Allusionen ab. So singt der *peregrino* die vorliegenden Verse alleine auf dem Meer. Zuvor

---

26 Dies zeigt sich schon daran, dass Góngora die Dädalusfigur ausspart, also die normative, väterlich mahnende Instanz, der in allegorischer Perspektive die Funktion der didaktischen Unterweisung zukommt.

wurden Boot und Ruder kühn zu Laute und Saiten metaphorisiert. Durch diese pragmatische Einbettung wird die Vision einer poetischen Sprache, die sich im Wind verliert, unmittelbar plausibel. Die Sprechsituation ist, indem sie die mythische Einheit von Musik und Poesie beschwört, von geradezu archaischer Simplizität. Ungemein vielschichtig und anspielungsreich wird sie erst durch die besondere Vermittlung mit dem Ikarusmythos. Dass sich hier nicht mehr das Begehren, sondern der Gedanke als *pars pro toto* des lyrischen Ichs erhebt, verweist natürlich vorderhand auf den intellektuellen, kulteranistischen Charakter von Góngoras Lyrik. Als Synekdoche sind dann auch die Flügel des Ikarus eingeführt: Sie werden auf die «plumas» reduziert, die jeweils in den Versen 138 und 141 erscheinen. Zweimal in auffälliger Weise mit demselben Attribut versehen, sind sie über das knappe Polyptoton «vestido»/«vestidas» verschränkt. Neben anderen Indizien legt die insistierende Hervorhebung natürlich nahe, dass die Federn auf das Schreibwerkzeug des Dichters verweisen. Eingeführt durch die Ikarusthematik, erschienen sie somit in mehrfacher Hinsicht als Bedingungen des intellektuell-poetischen Höhenfluges: einmal auf gegenständlicher Ebene, also in Gestalt des konkreten Schreibinstrumentes, und zum anderen in der allegorischen Form der emporstrebenden Gedanken. Von hier aus leiten sich auch die impliziten Lesarten des Attributes «vestido» ab. Es zeigt vorderhand die Ausstattung des Dichters mit seinem Werkzeug an, kann aber auch figural auf den ornamentalen Reichtum der poetischen Rede bezogen werden. So zeichnet sich hier eine zutiefst originelle Anverwandlung des Ikarusmythos ab, der sich als rhetorisches Medium einer medialen Transformation erweist: Inmitten der wörtlichen Rede überführen seine bildlichen Elemente die mündliche Sprechsituation in eine allegorische Schreibszene. Am Ende der Strophe kulminiert diese Medienmetamorphose in einem großartigen Paradox. Die Annalen des Windes sollen das Verschwinden der «vestidas plumas» bewahren, die wiederum dem kühnen Flug zugeordnet sind. Unternimmt man vor diesem Hintergrund eine poetologische Allegorese der Stelle, so verweisen die Annalen des Windes, ergänzend zur Schreibfeder, natürlich auf das Speichermedium der Schrift: Buch und Papier. So konstituiert sich insgesamt eine hintergründige Spiegelung des Schreibaktes selbst. Sie hebt an mit dem kühnen Himmelflug der Gedanken, an dessen Höhepunkt die Federn rhetorisch von Utensilien des Fliegens zu Werkzeugen der Schrift mutieren. In dieser Gestalt können sie den anfänglichen «pensamiento» schließlich den durchsichtigen Schreibflächen des Windes überlassen, der damit auf impliziter Ebene in ein synekdochisches Verhältnis zum topischen Buch der Natur gesetzt wird[27]. So erscheint der Medienwechsel vom bloßen Gedanken oder gesprochenem Wort zur Schrift auch ganz folgerichtig als Überführung des Ephemeren in ein Dauerhaftes. Paradoxerweise ist dieses Speichermedium jedoch, ebenso wie die zu bewahrenden Worte, selbst wieder

---

27 Vgl. zu den zahlreichen Referenzen auf diesen Topos Andrés Sánchez Robayna, «Góngora y el texto del mundo», in: A. S. R., *Tres estudios sobre Góngora*, Barcelona, 1983, S. 35–57.

flüchtig. Das implizite Oxymoron verweist auf die Pragmatik der Binnenfiktion zurück. Denn man darf nicht vergessen, dass sich der Prozess dieser Figuration unterhalb einer Sprechsituation entfaltet, die durchgehend präsent bleibt. Góngoras *peregrino* singt sein Morgenlied in den Meereswind, der die Töne und Worte davonträgt — auch wenn diese über die mythische Selbstreferenz vorher suggestiv zum geschriebenen Text mutieren. Insofern verweist das Verschwinden der Federn auf die schriftliche Verfasstheit der mündlichen Szene selbst zurück. Sie scheint im Mythos allegorisch auf, um ebenso schnell wieder eskamotiert zu werden: ein selten radikaler Fall poetischer Selbstreferenz[28].

Blickt man von dieser hochmanieristischen Allegorie auf die früheren Varianten des Ikarusstoffes zurück, so zeichnet sich ein Wechselspiel von Konstanz und Variation ab, das für Mythenrezeptionen insgesamt charakteristisch ist. Garcilasos vielschichtige Renaissanceversion birgt bereits das semantische Potential für spätere Bearbeitungen. Dort sind all jene Besetzungen der Ikarusfabel, wie sie von den tridentinischen und barocken Fassungen entwickelt werden, bereits angelegt: die simultane Mortifikation und Stimulation des Begehrens, aber auch die poetologische *amplificatio* des mythologischen Stoffes.

Gerade an den tridentinischen Modellierungen des petrarkistischen *deseo* scheint dabei vor allem eines bemerkenswert: Je stärker der Mythos dogmatisch vereinnahmt und nivelliert wird, desto hartnäckiger sperrt sich dagegen ein nicht Verrechenbares. Offenbar treiben gerade die didaktische Funktionalisierung und der wiederholte Zugriff auf die Stereotypie tradierter Modelle das Besondere und Individuelle hervor. Dies lässt an jenes Zusammenspiel von «différence et répétition» denken, dessen paradoxe Dynamik vor allem Gilles Deleuze erschloss[29]. Demnach reproduziert die Wiederholung niemals ein Identisches, sondern markiert immer schon pragmatische und signifikative Verschiebungen. Zwar konnte von der variantenreichen Geschichte des Ikarusstoffes nur ein Ausschnitt aus der Epoche des Humanismus vorgestellt werden. Er legt jedoch nahe, dass die unscharfe Dialektik des Wiederholens auch für weitere Rezeptionen gilt. Denn offenbar treibt die antike Mythologie — jenseits ihrer invarianten Radikale[30] und trotz dogmatischer Festlegungen — in einem unabschließbaren Prozess der «dissémination»[31] immer wieder neue Signifikate hervor.

---

28 Vgl. zu den selbstbezüglichen Strukturen der *Soldedades* auch Crystal Chemris, «Self-reference in Góngora's *Soledades*», in: *Hispanic Journal* 12 (1991), H. 1, S. 7–15.
29 Vgl. Gilles Deleuze, *Différence et répétition*, Paris: PUF, 1968.
30 Vgl. zum Begriff des Radikals als unveränderlichem Kern mythischer Stoffe Hans Blumenberg, *Arbeit am Mythos* (Anm. 1), S. 165.
31 Jacques Derrida, *La dissémination*, Paris: Minuit, 1972.

Abb. 1: Diego Ufano, *Tratado de artillería y uso de ella*, Brüssel 1613, S. 402

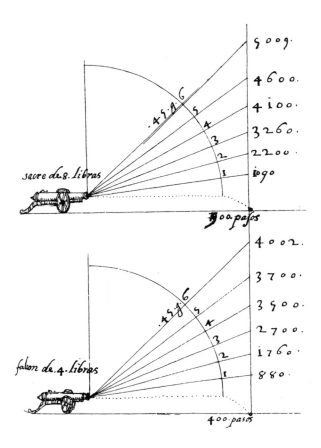

Abb. 2: Cristóbal de Rojas, *Sumario de la milicia antigua y moderna*, Madrid 1607, S. 339

Wolfram Nitsch

Der Blitz und das Netz.
Mythen der Technik bei Góngora

Wie bereits einer ihrer gelehrtesten zeitgenössischen Leser eindrucksvoll belegt hat, gleicht die spanische Literatur des Siglo de Oro vielfach einer Bühne für mythische Gestalten der klassischen Antike, einem «teatro de los dioses de la gentilidad»[1]. Eine derart eingehende Auseinandersetzung mit den alten Mythen zeigt sich gerade auch dort, wo von so neuen Dingen die Rede ist wie von den letzten Errungenschaften der Technik. Diese eigenartige Konstellation will ich im Folgenden am Beispiel Góngoras beleuchten, dessen oftmals dunkle Gedichte mir dafür durchaus erhellend scheinen. Dazu werde ich eingangs in allgemeiner Weise skizzieren, inwieweit grundlegende narrative Techniken des antiken Mythos in seiner nachantiken Rezeption erhalten bleiben und inwieweit klassische Mythen der Technik im Zeichen neuzeitlicher Erfindungen erneuert werden. An seinen beiden bekanntesten Werken, dem *Polifemo* und den *Soledades*, werde ich sodann Góngoras Arbeit an zwei prominenten und gewissermaßen komplementären Technikmythen der Antike verfolgen, dem der grobschlächtigen Zyklopen und dem des erfinderischen Dädalus. In ihrer gongorinischen Reprise, so meine zentrale These, gehen brachiale Gewalt und ingeniöse List jeweils eine beunruhigende Verbindung ein, die auf den historischen Kontext kriegs- und medientechnischer Umbrüche verweist — aber auch auf den für diese Umbrüche erstaunlich empfänglichen poetischen Text.

1. Techniken des Mythos: Namengebung und Gewaltenteilung

Nach Hans Blumenberg lässt sich die neuzeitliche Rezeption antiker Mythen nicht ohne Rücksicht auf deren ureigene Leistung beschreiben. Als «Arbeit am Mythos» weist sie unweigerlich zurück auf die «lange Arbeit des Mythos am Urstoff der Lebenswelt»[2]. Dieser immer schon vorausgesetzte Prozess mythischer Weltmodellierung, der sich noch vor dem Einsetzen schriftlicher Überlieferung vollzieht, zielt auf die erzählerische Bewältigung einer als

---

[1] So der Titel des mythographischen Kompendiums von Báltasar de Vitoria, *Teatro de los dioses de la gentilidad* (1620/1623), 2 Bde., Madrid: Imprenta Real, 1676, das neben den antiken auch viele neuzeitliche Quellen auswertet.
[2] Hans Blumenberg, *Arbeit am Mythos*, Frankfurt a. M.: Suhrkamp, 1979, S. 175.

übermächtig erfahrenen Wirklichkeit. Im antiken Mythos, so Blumenberg, überlagern sich Terror und Spiel; er geht aus von schreckenerregenden Mächten, um auf Distanz zu ihnen zu gehen. Dazu verwendet er ein Repertoire narrativer Verfahren, unter denen zwei besondere Beachtung verdienen: die konsequente Benennung und die nicht minder konsequente Vervielfältigung übermenschlicher Gewalten. Die mythische Namengebung verwandelt anonyme Mächte in appellationsfähige Gestalten, so dass, mit Nietzsche gesprochen, «Geschehen als Tun ausgelegt» wird[3]. Vor allem Namen, die anthropomorphe Figuren bezeichnen, begünstigen eine derartige Depotenzierung: Donner und Blitz verlieren etwas von ihrem Schrecken, wenn sie von Zeus geschleudert werden. Die mythische Gewaltenteilung wiederum ordnet die solchermaßen benannten Mächte vielen verschiedenen Gestalten zu, die miteinander rivalisieren und einander auszuspielen versuchen. Daraus ergibt sich die eigentümliche «Umständlichkeit» des Handelns im Mythos, die grundsätzliche Unentbehrlichkeit der List für alle Akteure, seien es Helden oder Götter; sogar Zeus muss immer wieder zu Verkleidungen oder Verwandlungen greifen, auch wenn er selbst niemals listigem Verhalten zum Opfer fällt[4]. Beide Techniken des Mythos lassen sich noch präziser fassen, wenn man Blumenbergs phänomenologische Kategorien strukturalistisch wendet, indem man sie auf entsprechende Überlegungen des französischen Altphilologen Jean-Pierre Vernant bezieht. Mit der mythischen Namengebung verbindet sich nach Vernant die Zuschreibung zweideutiger Qualitäten, die einer spezifisch mythischen «Logik des Äquivoken», der Koinzidenz von Polaritäten gehorcht[5]. Der Feuerräuber Prometheus erscheint gleichermaßen als Retter der Menschen und als Betrüger der Götter; die zur Strafe für den Feuerraub herabgesandte Pandora bietet einen göttlichen Anblick und verbirgt zugleich einen hündischen Kern[6]. Aus der mythischen Gewaltenteilung wiederum ergeben sich für Vernant zweideutige Relationen zwischen den miteinander wetteifernden Gestalten. Der hinkende Hephaistos lähmt den weitaus schnelleren Ares, indem er ihn beim Ehebruch mit Aphrodite in einem Drahtnetz fängt; das Kräfteverhältnis zwischen den ungleichen Rivalen verkehrt sich, weil der physisch Unterlegene durch seinen Listenreichtum zum Überlegenen wird[7]. Gerade die Schlüssel-

---

3 Blumenberg, *Arbeit am Mythos* (Anm. 2), S. 19, vermutlich mit Bezug auf Nietzsches nachgelassene Bemerkung über die «alte Mythologie» der «Trennung des ‹Tuns› vom ‹Tuenden›, des Geschehens von einem, der geschehen macht», in: *Werke*, hrsg. v. Karl Schlechta, München: Hanser, ⁶1969, Bd. 3, S. 490.
4 Vgl. ebd., S. 159 f. u. 335.
5 Vgl. Jean-Pierre Vernant, *Mythe et société en Grèce ancienne*, Paris: Maspero, 1974 (Textes à l'appui), S. 244–250, hier S. 250: «une logique de l'ambigu, de l'équivoque, de la polarité».
6 Vgl. Vernants exemplarische Analyse des Prometheus-Mythos bei Hesiod, ebd., S. 177–194.
7 Vgl. Jean-Pierre Vernant, «Le problème mythologique», in: *Dictionnaire des mythologies*, hrsg. v. Yves Bonnefoy, Paris: Flammarion, 1981, S. 473 f.; zur List als Verstellungs- oder Verwandlungskunst des Schwächeren siehe außerdem seine zusammen mit Marcel Détienne

stellung der *metis,* der potentiell ordnungswidrigen List, verleiht dem Mythos ein spielerisches Moment und rückt ihn schon für die antiken Philosophen in die Nähe der literarischen Fiktion, auch wenn sie ihn noch weithin als verbindlichen religiösen Referenzrahmen anerkennen[8].

In dem Maße aber, wie der antike Mythos in die schriftliche Überlieferung eintritt und seine religiöse Verbindlichkeit verliert, verändert sich auch der Stellenwert der ihm eigenen narrativen Ambiguität. Schon in der antiken, vor allem aber in der nachantiken «Arbeit am Mythos» zeichnen sich angesichts der grundlegenden Unbestimmtheit der nunmehr so genannten «Fabeln» zwei konträre, wenn auch manchmal eng benachbarte Rezeptionshaltungen ab[9]. Auf der einen Seite bemüht sich die Mythenallegorese um eine dogmatische Auflösung mythischer Zweideutigkeit, indem sie einzelne Figuren oder Geschichten als zeichenhafte Einkleidungen abstrakter Lehren deutet. Dieses hauptsächlich im Mittelalter entwickelte, am Modell der Bibelexegese geschulte Interpretationsverfahren beherrscht auch noch die humanistische Mythographie der frühen Neuzeit, wo allerdings die moralische gegenüber der heilsgeschichtlichen Auslegung in den Vordergrund tritt und sich in der Regel mit einer historischen und einer naturphilosophischen Erklärung der Mythen verbindet[10]. So wird in Juan Pérez de Moyas 1585 gedruckter *Philosofía secreta* der Schmiedegott Hephaistos oder Vulkan als historische Erfinderfigur sowie als Personifikation des Feuers, aber auch und insbesondere als Allegorie tugendhafter Klugheit gedeutet, da er durch die listige Gefangennahme von Venus und Mars im eisernen Netz die «virtuosa correción» ihrer ehebrecherischen Begierde bewirkt[11]. Durch die «declaración» des Mythos als verborgene Philosophie wird die an sich amoralische *metis* des verwachsenen und verschlagenen Schmiedes mithin zum Werkzeug christlicher Ehemoral erklärt.

Demgegenüber, so vermutet Blumenberg ebenso wie Vernant, geht es der mythologischen Fiktion in erster Linie um eine poetische Umdeutung mythischer Ambiguität. Was sich im antiken Mythos noch einfügt in einen sinnstiftenden Rahmen, wandelt sich in der literarischen Arbeit am Mythos zum

---

verfasste Abhandlung *Les ruses de l'intelligence. La mètis des Grecs,* Paris: Flammarion, [2]1978 (Champs, 36), bes. S. 17–31.

8   Vgl. Vernant, *Mythe et société en Grèce ancienne* (Anm. 5), S. 196–217; zur philosophischen Kritik der List siehe auch Sarah Kofman, *Comment s'en sortir?*, Paris: Galilée, 1983 (Débats), S. 11–100.

9   Vgl. hierzu den konzisen Abriss von Jan u. Aleida Assmann, Art. «Mythos», in: *Handbuch religionswissenschaftlicher Grundbegriffe,* hrsg. v. Hubert Cancik u. a., Stuttgart u. a.: Kohlhammer, 1998, Bd. 4, S. 179–200, bes. S. 189 f.

10 Zur Mythographie des Siglo de Oro, die den Mythos nicht durchweg der Allegorese unterwirft, sondern ihn wie im Falle von Vitorias *Teatro de los dioses de la gentilidad* (Anm. 1) durchaus auch als Erzählung würdigt, siehe Sebastian Neumeister, *Mythos und Repräsentation. Die mythologischen Festspiele Calderóns,* München: Fink, 1978 (Theorie und Geschichte der Literatur und der schönen Künste, 41), S. 76–107.

11 Juan Pérez de Moya, *Philosofía secreta* (1585), hrsg. v. Carlos Clavería, Madrid: Cátedra, 1995 (Letras hispánicas, 404), S. 220–231, mit Bezug auf die Erzählung des Hephaistos-Mythos in Homers *Odyssee* (VIII, 266–366) und in Ovids *Metamorphosen* (IV, 171–189).

tragischen Kasus, zum abgründigen Rätsel, zur paradoxen Konstellation[12]. Gerade in der Literatur der Frühen Neuzeit lässt sich diese Tendenz auch als Antwort auf die allegorische Reduktion mythischer Erzählungen lesen, die keineswegs nur in den gelehrten Handbüchern der Mythographen, sondern etwa auch in den populären Emblembüchern vollzogen wird. Wenn sich Garcilaso de la Vega in seinem zwölften Sonett ausdrücklich gegen mythische Modelle wie Ikarus oder Phaethon wendet, dann meint er damit weniger die alten Gestalten selbst als vielmehr ihre emblematische «pintura» sowie die daraus gezogene moralische Lehre, die sie ihrer faszinierenden und daher gleich im dreizehnten Sonett poetisch restituierten Zweideutigkeit beraubt[13]. Bei keinem Dichter des Siglo de Oro tritt eine solche Wiedergewinnung mythischer Ambiguität klarer zutage als bei Garcilasos barockem Nacheiferer Luis de Góngora, dem Borges nicht ohne Grund eine entschieden mythische Weltsicht im Zeichen poetischer Uneigentlichkeit bescheinigt hat[14]. Dies belegt etwa seine Beschreibung eines ländlichen Feuerwerks in der ersten der *Soledades*, als dessen Urheber er über die kühne Metapher des «sacro Volcán de errante fuego» (I, 646) den heidnischen Gott Vulkan namhaft macht[15]. Das Wirken des solchermaßen ins Spiel gebrachten mythischen Erfinders und Schmiedes wird ausgesprochen zwiespältig bewertet. Aus der Sicht des jungen Schiffbrüchigen, der den Hochzeitsfeierlichkeiten auf dem Lande zufällig beiwohnt, bietet sich das Feuerwerk dar als berauschendes Schauspiel, das die tiefe Nacht «artificiosamente» (I, 649) in einen strahlenden Tag verwandelt. Aus der Perspektive des alten Seefahrers, der ihn begleitet, erscheint das Abfeuern unzähliger Raketen hingegen als überaus riskante Aktion, die das

---

12 Vgl. Blumenberg, *Arbeit am Mythos* (Anm. 2), S. 291–326; Vernant, *Mythe et société en Grèce ancienne* (Anm. 5), S. 205–207.

13 Dies kritisch gegen Joachim Küpper: «Mythologie und Philosophie bei Garcilaso de la Vega», in: *Romanistisches Jahrbuch* 55 (2004), S. 338–356. Seine Lektüre des zwölften Sonetts zieht allenfalls am Rande (vgl. S. 348, Anm. 16) in Betracht, dass Garcilasos Absage an die Autorität der alten Mythen von Ikarus und Phaethon eigentlich auf deren moralische Auslegung durch *pictura* und *subscriptio* der einschlägigen Sinnbilder in Alciatis *Emblematum liber* zielt; siehe hierzu die detaillierten Hinweise bei Daniel Heiple, *Garcilaso de la Vega and the Italian Renaissance*, University Park: Pennsylvania State UP, 1994, S. 203–206. Zur abgründigen Reprise des Mythos von Apollo und Daphne im dreizehnten Sonett vgl. etwa Brigitte Mager, *Imitatio im Wandel. Experiment und Innovation im Werk von Garcilaso de la Vega*, Tübingen: Narr, 2002, S. 127–131.

14 Jorge Luis Borges/Osvaldo Ferrari, *Diálogos* (1985), Barcelona: Seix Barral, ²1992, S. 338: «veía mitológicamente a través de una mitología muerta para él».

15 Text und Verszählung nach Luis de Góngora: *Soledades*, hrsg. v. Robert Jammes, Madrid: Castalia, 1994 (Clásicos Castalia, 202); allerdings übernehme ich die signifikante Großschreibung von «Volcán» aus dem zu Góngoras Lebzeiten entstandenen Manuscrito Chacón, die das Wort als Variante des an anderer Stelle genannten Götternamens «Vulcano» (I, 93) erscheinen lässt. Zu Góngoras Rezeption des Mythos von Hephaistos, der in seiner Kanzone «¡Qué de invidiosos montes levantados» sogar als Modell für das lyrische Ich erscheint, vgl. Steven Wagschal: «Writing on the fractured ‹I›. Góngora's iconographic evocations of Vulcan, Venus and Mars», in: Frederick A. de Armas (Hrsg.): *Writing for the eyes in the Spanish Golden Age*, Lewisburg: Bucknell UP, 2004, S. 130–150.

ganze Dorf in Brand zu stecken und in ein Aschenfeld zu verwandeln droht. Während der unbedarfte Betrachter den neuen Vulkan als raffinierten Illusionstechniker feiert, vergleicht sein erfahrener Begleiter dessen künstliche Sonnen mit dem vom Absturz bedrohten Sonnenwagen eines «nocturno Faetón» (I, 655) und verweist dadurch auf ihre ganz realen Gefahren. Im schlimmsten Falle setzt das im Namen Vulkans beschriebene Feuerwerk das abgeschiedene Dorf plötzlich Verheerungen aus, wie sie andernorts die Salven moderner Feuerwaffen bewirken (I, 117). So kommt die in der Mythographie tendenziell verdeckte Zweideutigkeit der metaphorisch aufgerufenen Göttergestalt wieder deutlich zur Geltung. Wird Vulkan von Pérez de Moya einseitig zum Kulturstifter und Tugendwahrer erklärt, so zeigt er bei Góngora abermals ein irritierendes Doppelgesicht, das zugleich schöpferische und zerstörerische Züge trägt. Dieses Doppelgesicht aber scheint nunmehr bezogen auf den beunruhigenden Hintergrund neuzeitlicher Technik.

2. Mythen der Technik: Zwischen List und Gewalt

Wie der Feuerräuber Prometheus verkörpert der Schmied Hephaistos die technische Tätigkeit[16]. Die im antiken Mythos angelegte Zweideutigkeit seiner Gestalt gibt somit auch Auskunft über das darin entworfene Bild der Technik. Einerseits hat er erheblichen Anteil an der von den Hauptgottheiten ausgeübten übermenschlichen Gewalt. Er schmiedet den Kriegswagen des Ares, den Brustpanzer der Athene sowie die von Donner und Hagel begleiteten Blitze des Zeus. Dabei kommen auch Zauberkünste zum Einsatz, so dass technische und magische Manipulation nahtlos ineinander übergehen. Andererseits bedient sich Hephaistos, wie bereits erwähnt, durchaus gerne der List, was ihn in die Nähe der Menschen, wenn nicht sogar der Tiere rückt. Das feinmaschige Drahtnetz über seinem Ehebett, in dem er die Ehebrecher Ares und Aphrodite festsetzt und dem Hohn der übrigen Götter aussetzt, ähnelt nicht von ungefähr einem Spinnennetz, einer unscheinbaren und gerade dadurch furchtbaren Falle. Mit seiner Hilfe unterwandert er die Gewalt des Kriegsgottes, die er durch Herstellung seiner Ausrüstung selbst gesteigert hat. Diese zweite Seite des mythischen Schmiedes entspricht der in der antiken Philosophie vorherrschenden Auffassung der Technik. Dort nämlich, so wiederum Blumenberg und Vernant, sind dem technischen Denken noch enge Grenzen gesetzt[17].

---

16 Vgl. Jean-Pierre Vernant, «Prométhée et la fonction technique» (1952), in: J.-P. V.: *Mythe et pensée chez les Grecs*, Paris: La Découverte, ³1985, S. 263–273, hier S. 264.
17 Vgl. Hans Blumenberg, «Das Verhältnis von Natur und Technik als philosophisches Problem» (1951), in: H. B., *Ästhetische und metaphorologische Schriften*, hrsg. v. Anselm Haverkamp, Frankfurt a. M.: Suhrkamp, 2001, S. 253–265; Jean-Pierre Vernant, «Remarques sur les formes et les limites de la pensée technique chez les Grecs» (1957), in: *Mythe et pensée chez les Grecs* (Anm. 16), S. 302–322. Für eine kritische Diskussion der von beiden vertretenen These einer theoretischen Blockade der technischen Entwicklung in der Antike

Bei Aristoteles erscheint die Technik als rein empirische Domäne diesseits naturwissenschaftlicher Theorie, als grundsätzlich unberechenbare Praxis; die Maschinen des Archimedes rufen in erster Linie Staunen hervor, weil er ihnen keine theoretische Beschreibung beigeben kann oder will. Vor allem aber besteht eine klare Hierarchie zwischen Natur und Technik. Der Begriff der *techne* bezeichnet keinen Gegensatz zur Natur, sondern vielmehr die Herstellung dessen, was die Natur selbst noch nicht bewerkstelligt hat, durch den ihr schöpferisches Wirken imitierenden Menschen[18]. Der Techniker agiert mithin als bloßer Handlanger und Nachahmer der Natur, vollendet ihre Ordnung, ohne sie jemals zu sprengen. Entsprechend wird technisches Handeln vornehmlich als Überlistung oder Überredung, nicht als Überwältigung der Natur begriffen.

Diese sozusagen auxiliare und mimetische Deutung der Technik macht spätestens in der Frühen Neuzeit einer anderen Platz. Die Technik wird nun in den Rang einer angewandten Naturwissenschaft erhoben und mit Rücksicht auf theoretische Modelle entwickelt. In dem Maße aber, wie sie weniger der Imitation konkreter Naturphänomene als vielmehr der Applikation abstrakter Naturgesetze entspringt, entzieht sie sich der unmittelbaren Einsicht ihrer Benutzer, entfaltet sie eine Eigendynamik, in die sich nicht mehr direkt eingreifen lässt[19]. Daher erscheint sie nunmehr als zweite oder künstliche Natur, die gegenüber der ersten Natur Gewalt ausübt. Galten die Maschinen der Antike noch als Ausdruck listiger Machinationen innerhalb eines geschlossenen Kosmos, so gelten ihre neuzeitlichen Gegenstücke als Mittel einer fortschreitenden Unterwerfung und Veränderung der nicht vom Menschen geschaffenen Welt. Die neue theoretische Einstellung zur Technik hängt eng mit einigen gerade auch im frühneuzeitlichen Spanien spürbaren Umbrüchen technikgeschichtlicher Art zusammen[20]. Unter ihnen ragt die seit dem 15. Jahrhundert um sich greifende Verwendung von Feuerwaffen heraus, die dem neuzeitlichen Maschinenparadigma in besonderem Maße entsprechen. Zum einen verbergen sie vollständig ihre Wirkungsweise, da ihr Effekt auf einer unsichtbaren und künstlichen Triebkraft beruht. Anders als ältere Kriegsmaschinen benötigen sie keinen menschlichen Antrieb, ahmen sie auch keine menschlichen Wurfbewegungen nach, sondern erzeugen ihr Feuer dadurch, dass in einer geschlossenen Kammer ein eigens dafür hergestelltes Pulver gezündet

---

siehe Bertrand Gille, *Les mécaniciens grecs. La naissance de la technologie*, Paris: Seuil, 1980 (Science ouverte), S. 170–195.

18 Vgl. hierzu Wolfgang Schadewaldt, «Die Begriffe ‹Natur› und ‹Technik› bei den Griechen», in: W. S., *Hellas und Hesperien*, Zürich/Stuttgart: Artemis, 1960, S. 907–919.

19 Vgl. hierzu auch Hans Blumenberg, «Lebenswelt und Technisierung unter Aspekten der Phänomenologie» (1963), in: H. B., *Wirklichkeiten, in denen wir leben*, Stuttgart: Reclam, 1981, S. 7–54.

20 Zur Konjunktur ziviler wie militärischer Ingenieurtechnik im Siglo de Oro vgl. José María López Piñero, *Ciencia y técnica en la sociedad española de los siglos XVI y XVII*, Barcelona: Labor, 1979, S. 240–259; Nicolás García Tapia, *Ingeniería y arquitectura en el renacimiento español*, Valladolid: Universidad de Valladolid, 1989 (Historia y sociedad, 11).

wird²¹. Aus dieser Entkoppelung von natürlichen Energiequellen und Funktionsmodellen geht zum anderen eine unerhörte Zerstörungsgewalt hervor, welche diejenige naturähnlicherer Waffen weit übertrifft. Die gesteigerte Durchschlagskraft der Feuerwaffen steht bekanntlich am Anfang der sogenannten ‹militärischen Revolution› der frühen Neuzeit, die von den Kern- und Nachbarlanden der Habsburger ihren Ausgang nimmt. So wie der Einsatz von Artillerie eine konsequente Geometrisierung des Festungsbaus sowie eine präzise Berechnung von Geschoßflugbahnen erfordert, so erzwingt der Gebrauch von Handfeuerwaffen eine tiefgreifende Disziplinierung der rasch angewachsenen Armeen²². In den neuen Kanonen und Arkebusen gewinnt die neuzeitliche Auffassung der Technik als einer gewaltsamen Gegennatur somit besonders sinnfällige Gestalt. Ihre antike Interpretation als listiges Wirken hingegen bleibt allenfalls im Hinblick auf neue Formen der Illusionstechnik erhalten, zu denen neben dem frühneuzeitlichen Theater auch das Feuerwerk zählt. Fast hat es den Anschein, als ob die im Siglo de Oro überaus beliebte Veranstaltung von «fuegos artificiales de juego» auch der ästhetischen Bewältigung der «fuegos artificiales de guerra» dient: Ein Artillerietraktat der Epoche schlägt für festliche Gelegenheiten ein Schaugefecht zwischen Infanteristen vor, die mit Schilden und Knüppeln voller Feuerwerkskörper einen im Kriegsfall so gar nicht mehr möglichen Zweikampf austragen (Abb. 1)²³.

Was auf den Schlachtfeldern und Festplätzen des Siglo de Oro nurmehr getrennt voneinander erscheint, bringt die Arbeit am Mythos in zeitgenössischer Literatur wieder zusammen. Schon an Góngoras Anspielung auf Vulkan ist deutlich geworden, dass er im Umgang mit einem antiken Mythos der Technik deren listige und gewaltsame Seite unter neuen Vorzeichen aufeinander bezieht. Der Schmiedegott der ersten *Soledad* verkörpert die Illusionstechnik des Feuerwerks, verweist aber zugleich indirekt auf die Kriegstechnik der Feuerwaffen, deren Zerstörungskraft auch in fehlgeleiteten Raketen lauert. Noch deutlicher tritt das Gewaltpotential der Technik freilich dort hervor, wo das Waffenarsenal der Neuzeit im Zeichen mythischen Terrors direkt zur Sprache kommt. So greift bereits Góngoras Vorgänger Garcilaso auf die sagenhaften Fähigkeiten Vulkans zurück, um das verheerende Wirken moderner Kanoniere ins Bild zu setzen. In seinem sechzehnten Sonett rühmt er den heldenhaften Widerstand eines spanischen Edelmanns gegen die bei der Belagerung Neapels eingesetzte französische Artillerie, indem er den Kanonendonner mit Jupiters von Vulkan geschmiedeten Donnerkeilen vergleicht:

---

21 Vgl. Gérard Simon, «Les machines au XVIIe siècle: usage, typologie, résonances symboliques», in: *Revue des sciences humaines* Nr. 186/187 (1982), S. 9–31.
22 Vgl. Geoffrey Parker, *The military revolution. Military innovation and the rise of the West, 1500–1800*, Cambridge: Cambridge UP, 1988, S. 6–44.
23 Diego Ufano, *Tratado de la artillería y uso de ella*, Brüssel, 1613, S. 402 f.; zur Unterscheidung zwischen militärischen und zivilen «fuegos artificiales» vgl. ebd., Kap. 3, S. 26–31.

> [...] aquel fiero rüido contrahecho
> d'aquel que para Júpiter fue hecho
> por manos de Vulcano artificiosas [24].

Garcilaso nutzt also das mythische Verfahren der Namengebung zur Benennung einer neuen übermenschlichen, wenngleich vom Menschen selbst geschaffenen Macht, die das Wirken des göttlichen Blitzeschleuderers nachahmt und dadurch ihrerseits gleichsam heiligen Schrecken verbreitet. Allerdings deutet das Attribut «contrahecho» nicht nur auf die gewaltsame Gegennatur der Kanonen, sondern gleichzeitig auf ein Moment von Trug und List, das auch im Hinweis auf Vulkans «manos artificiosas» mitschwingt. Dies kann sich auf das tendenziell Hinterhältige des neuzeitlichen Krieges beziehen, der ritterliche Zweikämpfe entbehrlich macht, aber auch auf das Gedicht selbst, das im Umfeld des Mythenzitats das Donnern der Artillerie durch eine fast penetrante Häufung von labialen Plosiven seinerseits imitiert[25]. Schon dadurch, dass es poetisch partizipiert an der mythologisch beleuchteten Übermacht der Kanonen, schließt Garcilasos Sonett Waffengewalt und Illusionskunst zusammen. Ähnlich verfährt Góngora in seiner Kanzone auf die Einnahme von Larache, die den Vulkan-Mythos gleichfalls im Kontext neuzeitlicher Kriegstechnik zitiert. Der von Spanien 1610 eroberte nordafrikanische Hafen wird darin als nahezu uneinnehmbare, mit modernen Feuerwaffen bestückte Bastion einer barbarischen Macht geschildert:

> bárbara majestad, reconocida
> por las fuerzas que le ha entregado: llaves
> de las mazmorras de África más graves,
>   forjadas, no ya donde
> de las fraguas que ardiente el Etna esconde
> llamas vomita, y sobre el yunque duro
> gime Bronte y Stérope no huelga,
> sino en las oficinas donde el belga
> rebelde anhela, el berberisco suda,
> el brazo aquél, la espalda éste desnuda,
> forjando las que un muro y otro muro

---

24 Garcilaso de la Vega, *Obra poética y textos en prosa*, hrsg. v. Bienvenido Morros, Barcelona: Crítica, 1995 (Biblioteca clásica, 27), S. 33, V. 6–8.
25 Vgl. den insistenten /p/-Anlaut der vier aufeinander folgenden Reimwörter «pecho» (V. 2), «pertrecho» (V. 3), «ponzoñosas» (V. 4) und «peligrosas» (V. 5). Die Möglichkeit einer sprachlichen Nachahmung des Kanonendonners deutet auch Garcilasos Kommentator Fernando de Herrera an, wenn er in seinen ausführlichen Anmerkungen zu dessen «hermosa perífrasis de l'artillería» auf den im Wort bombarda vernehmlichen «estruendo i ardor» hinweist; vgl. seine *Anotaciones a la poesía de Garcilaso* (1580), hrsg. v. Inoria Pepe/José María Reyes, Madrid: Cátedra, 2001 (Letras hispánicas, 516), S. 383–385. Zur Korrelation von epischer Kritik der unritterlichen Feuerwaffen und gleichzeitiger poetischer Suggestion von Schlachtengetöse in Ariosts *Orlando furioso*, einem wichtigen Prä-Text von Garcilasos Sonett, vgl. Volker Klotz, *Erzählen*, München/Wien: Hanser, 2006, S. 341–349.

> por guardas tiene, llaves ya maestras
> de nuestros mares, de las flotas nuestras [26].

Die an die Spanier übergebenen Geschütze von Larache entstammen nicht mehr der unter dem Ätna verborgenen Werkstatt des Hephaistos, wo die Zyklopen Brontes und Steropes Zeus' Blitze herstellen, sondern den Waffenschmieden der mit den Berbern verbündeten Belgier, die künstliche Surrogate von Blitz und Donner erzeugen. Doch scheinen sie den Waffen des Donnergottes sogar noch überlegen, da sie gleich zweimal, vor wie nach dem Mythenzitat, als Schlüssel («llaves») zur Vorherrschaft im Mittelmeerraum beschrieben werden: In der Hand der Eroberer öffnen sie die Verliese («mazmorras») der in Larache bislang verschanzten Piraten und machen die von ihnen kontrollierten Seewege passierbar. Die strategische Schlüsselrolle der beschlagnahmten Kanonen und Arkebusen, deren Spannhähne («llaves») in der Schlüsselmetapher jeweils mitgemeint sind, begründet ihre unparierbare, das mythische Modell noch überragende Gewalt. Damit aber, so die hintergründige Pointe von Góngoras Preislied, erhält ihr neuer christlicher Herr seinerseits die Züge einer «bárbara majestad». Wie der ständig wiederholte Signallaut /a/ hervorhebt, wechselt mit L*a*r*a*che und mit den dort postierten Geschützen («ll*a*ves», «gu*a*rd*a*s») ein Gewaltpotential den Besitzer, dem das Schreckliche nicht nur der unterirdischen Schmiede Vulkans («fr*a*gu*a*s», «ll*a*m*a*s»), sondern noch schlimmerer Abgründe («m*a*zmorr*a*s de *Á*fric*a* m*á*s gr*a*ves») eingezeichnet bleibt. Insofern kommt die listige Seite des göttlichen Technikers Vulkan auch hier zur Geltung: Aufgerufen als mythischer Ahnherr zeitgenössischer Waffenschmiede, zeigt er zugleich an, wie im Zuge des Transfers von Heeresgerät die besiegte Kultur die siegreiche Seite insgeheim unterwandert [27]. Wie Garcilaso erneuert Góngora den Hephaistos-Mythos demnach in seiner ganzen Zweideutigkeit, um die verstörenden Effekte zeitgenössischer Kriegstechnik anschaulich zu machen. Dies gilt erst recht für seine Arbeit an zwei anderen Mythen der Technik, die in seinen beiden Langgedichten im Vordergrund stehen: dem der monströsen Gehilfen des Schmiedegottes und dem seines klügsten menschlichen Gegenübers.

---

26 Luis de Góngora, «De la toma de Larache», in: *Canciones y otros poemas en arte mayor*, hrsg. v. José María Micó, Madrid: Espasa-Calpe, 1990 (Clásicos castellanos, NS 20), S. 130–140, V. 39–51.

27 Ähnlich läuft in den burlesken Dezimen «Larache, aquel africano» die feierliche Übergabe von hundert Geschützen feindlicher Herstellung («cien piezas de holanda») darauf hinaus, dass sie auch im spanischen Lager ihren Gestank verbreiten; vgl. Luis de Góngora, *Cuaderno de varias poesías*, hrsg. v. Lorenzo Rubio González, Palencia: Diputación provincial, 1985, S. 145, V. 11–20.

3. Zyklopische Gewalt: Der Donner des *Polifemo*

Die Figur des Zyklopen, des ein- oder kreisäugigen Riesen, taucht in zwei verschiedenen Mythen der Antike auf[28]. In Homers *Odyssee* erscheint sie in Gestalt des Hirten Polyphem und seiner Gefährten, die ausgesprochen barbarische Züge tragen. Sie hausen einsam in Höhlen, essen rohes Menschenfleisch und stehen noch diesseits der technischen Zivilisation. Polyphem verwendet einen Felsblock als Türe, um Odysseus und seine Mannen in seine Höhle zu sperren; und er greift zu groben Steinbrocken statt zu Speer oder Schleuder, als er das Schiff der Entflohenen versenken will. Dieses Fehlen jeglicher Technik tritt dadurch besonders hervor, dass ihn der listenreiche Odysseus mit technischem Geschick überwältigt: Er fertigt einen sorgsam geglätteten und gespitzten Pfahl, den er wie ein frisch geschmiedetes «Beil» im Auge des Riesen versenkt[29]. Dem homerischen Zyklopenmythos steht allerdings ein anderer gegenüber, der umgekehrt gerade die handwerklichen Fertigkeiten der grobschlächtigen Riesen betont. Er klingt an in der Legende vom Bau der mykenischen Stadtmauer durch die Zyklopen und findet seinen maßgeblichen Niederschlag in Hesiods *Theogonie*. Dort bezeichnet der Name *kyklopes* die Giganten Brontes, Steropes und Arges, die in den Tartaros verstoßenen Söhne des Uranos und der Gaia, die nach ihrer Befreiung durch Zeus unter Einsatz von «Stärke, Gewalt und List» dessen Blitze und Donnerkeile wie auch die Ausrüstung anderer Götter schmieden[30]. Erst in späteren Versionen des Mythos, namentlich bei Vergil, werden sie dem Hephaistos unterstellt und in dessen Werkstatt unter dem Ätna versetzt[31]. Doch von Anfang an verkörpern sie wie der Schmiedegott selbst das ihrem Artgenossen Polyphem gänzlich fremde Element der Technik.

Wo Góngora auf die Gestalt des Zyklopen zurückkommt, dort verbindet er gezielt diese beiden gegenstrebigen Mythen, die in der Mythographie des Siglo de Oro mehr oder weniger unvermittelt nebeneinander stehen[32]. In seiner Kanzone auf die Einnahme von Larache hebt er das Barbarische an Vulkans kunstfertigen Gehilfen hervor. Brontes und Steropes erscheinen dort, wie oben gezeigt, als mythisches Modell für die Waffenschmiede der Neuzeit, die

---

28   Vgl. Christine Walde, Art. «Kyklopen», in: *Der Neue Pauly. Enzyklopädie der Antike*, hrsg. v. Hubert Cancik u. a., 15 Bde., Stuttgart: Metzler, 1996–2005, Bd. 6, Sp. 961–962.
29   Homer, *Odyssee* IX, 106–539, bes. 390 ff. Zur Zuspitzung des Konflikts zwischen zyklopischer Gewalt und ingeniöser List in der Polyphem-Episode, die auf eine weit verbreitete Legende zurückgeht, vgl. Luca Giuliani, *Bild und Mythos. Geschichte der Bilderzählung in der griechischen Kunst*, München: Beck, 2003, S. 105–112.
30   Hesiod, *Theogonie*, V. 139 ff. u. 501 ff., übers. u. hrsg. v. Otto Schöneberger, Stuttgart: Reclam, 1999, S. 15 u. 41.
31   Vergil, *Aeneis* VIII, 407–453; vgl. *Georgica* IV, 170–175.
32   Vgl. Pérez de Moya, *Philosofía secreta* (Anm. 11), S. 228 u. 591, wo die Gehilfen Vulkans als Allegorien des technischen Sachverstandes gedeutet werden, Polyphem wiederum als Inkarnation barbarischer Grausamkeit. Eine gewisse Affinität zwischen Polyphem und dem listenreichen Odysseus bemerkt hingegen Vitoria, *Teatro de los dioses de la gentilidad* (Anm. 1), Bd. 1, S. 273–280.

schier unermüdlich die Arsenale einer barbarischen Macht vergrößern[33]. Auf der anderen Seite wiederum, so scheint mir, schildert er den wilden Gegenspieler des Odysseus als technisch versierte Figur, wenn er in seiner 1612 entstandenen *Fábula de Polifemo y Galatea* das bukolische Vorspiel des epischen Abenteuers erzählt. Sein Rückgriff auf die Geschichte von Polyphems unglücklicher Liebe zur Nereide Galatea zielt nicht allein darauf, deren poetische Bearbeitung bei den antiken Musterautoren Theokrit und Ovid oder auch bei seinem Zeitgenossen Carrillo de Sotomayor mit selbstbewusster Gebärde zu überbieten[34]. Er dient auch dazu, den in älteren Fassungen denkbar barbarischen Riesen mit aktuellen Auswirkungen der militärischen Revolution in Verbindung zu bringen. Gerade wenn man die bislang vorherrschende intertextuelle Lektüreperspektive um eine kontextuelle ergänzt, zeigt sich Góngoras Polyphem jenen Zyklopen verwandt, die an anderer Stelle das neuzeitliche Handwerk des Krieges verkörpern[35].

Diese Affinität zeichnet sich bereits ab in der merkwürdig unentschiedenen Beschreibung von Polyphems Höhle, mit der nach drei Widmungsstrophen die Erzählung der mythischen Fabel beginnt:

> Donde espumoso el mar siciliano
> el pie argenta de plata al Lilibeo
> (bóveda o de las fraguas de Vulcano,
> o tumba de los huesos de Tifeo),
> pálidas señas cenizoso un llano
> — cuando no del sacrílego deseo —
> del duro oficio da. Allí una alta roca
> mordaza es a una gruta de su boca[36].

Die Grotte des Zyklopen wird angesiedelt im westsizilianischen Vorgebirge Lilybaeum, unter dem sich nach Góngoras eigenwilliger Geographie die Schmiede des Hephaistos, aber auch das Grab des von Zeus erschlagenen

---

33 Mit ähnlicher Pointe wird Steropes in Góngoras Sonett *A Júpiter* als Hersteller eines tödlichen Blitzes genannt, den Zeus mit grausamer Willkür auf den Sohn eines spanischen Granden schleudert; vgl. Luis de Góngora, *Sonetos completos*, hrsg. v. Biruté Ciplijauskaité, Madrid: Castalia, ⁵1982 (Clásicos Castalia, 1), S. 243, V. 9–11.

34 Zu Góngoras Auseinandersetzung mit der klassischen Fassung Ovids (*Metamorphosen* XIII, 740–884) siehe etwa Melinda Eve Lehrer, *Classical myth and the «Polifemo» of Góngora*, Potomac: Scripta Humanistica, 1989; zu seinem intertextuellen Wettstreit mit Carrillo y Sotomayors *Fábula de Acis y Galatea* (1611) vgl. Edward H. Friedman, «Creative space. Ideologies of discourse in Góngora's *Polifemo*», in: Marina S. Brownlee/Hans Ulrich Gumbrecht (Hrsg.), *Cultural authority in Golden Age Spain*, Baltimore: Johns Hopkins UP, 1995, S. 51–78.

35 Vereinzelte Hinweise auf diese sonst kaum beachtete Verwandtschaft gibt Kathleen Hunt Dolan, *Cyclopean song. Melancholy and aestheticism in Góngora's «Fábula de Polifemo y Galatea»*, Chapel Hill, 1990 (North Carolina studies in the Romance languages and literatures), S. 43–45 u. 112.

36 Text und Verszählung nach der elegant kommentierten Ausgabe von José María Micó, *El «Polifemo» de Luis de Góngora. Ensayo de crítica e historia literaria*, Barcelona: Península, 2001, hier V. 25–32.

Ungeheuers Typhoeus befindet. Die herumliegende Asche verweist demnach entweder auf die Arbeit der tüchtigen Handlanger Vulkans oder auf die Agonie einer hochgradig destruktiven Ausgeburt der Natur, die sogar nach ihrer Überwältigung noch Feuer speit. Ähnlich zweideutig wird am Ende der Strophe der Höhleneingang charakterisiert. Die Stelle der Tür nimmt wie in der *Odyssee* ein unbehauener Felsblock ein, der jedoch den Schlund der Grotte wie ein Knebel («mordaza») verschließt. Mit dieser nach Einschätzung zeitgenössischer Leser äußerst kühnen Metapher wird nahe gelegt, dass Polyphem die aus seiner Höhle erschallende Stimme der Natur gewaltsam zum Schweigen bringt[37]. Wirkt der dunkle Abgrund seiner Behausung im Weiteren wie ein furchterregendes Gähnen der Erde, ein «formidable de la tierra bostezo» (V. 41 f.), dann wirkt seine Knebelung durch einen Gesteinsbrocken wie ein zivilisatorischer Gründungsakt, der an die Bautätigkeit der mythischen Zyklopen erinnert. In entsprechender Weise wird schließlich am Anfang der folgenden Strophe das dichte Wäldchen am Grotteneingang als «guarnición» beschrieben (V. 33). Damit ist, wie schon ein früher Kommentar vermerkt, sowohl eine Garnitur oder Verzierung als auch eine Garnison oder Besatzung gemeint[38]. So nimmt sich die schlichte Höhle des Zyklopen, seine «bárbara choza» (V. 44), von Anfang an wie eine gut ausgestattete Festung aus. Kraft eines willkürlich versetzten Felsens gebietet er einigen Metaphern zufolge nicht nur über eine dort eingepferchte Ziegenherde (V. 47 f.), sondern über eine ganze der Natur abgetrotzte Bastion.

Liegt die von Polyphem hergerichtete Grotte an der Schwelle zwischen finsterster Wildnis und technischer Zivilisation, so schwankt die von ihm erzeugte Musik zwischen elementarem Getöse und künstlich erzeugtem Donner. Dies deutet sich schon an, als am Ende der einleitenden Beschreibung des Riesen in der zwölften Strophe seine Hirtenflöte beschrieben wird (V. 89–96):

> Cera y cáñamo unió (que no debiera)
> cien cañas, cuyo bárbaro ruído,
> de más ecos que unió cáñamo y cera
> albogues, duramente es repetido.
> La selva se confunde, el mar se altera,
> rompe Tritón su caracol torcido,
> sordo huye el bajel a vela y remo;
> ¡tal la música es de Polifemo!

Das von ihm selbst gebastelte Rieseninstrument weist wiederum zwei gegensätzliche Seiten auf. Einerseits bringt es ein barbarisches Geräusch hervor, das

---

37 Von einer «metáfora atrevida» spricht Góngoras Gegner Cascales, zitiert bei Micó, *El «Polifemo» de Luis de Góngora* (Anm. 36), S. 16. Zur kühnen Ausarbeitung der Metapher in Absetzung von der entsprechenden Beschreibung in Carrillos *Fábula de Acis y Galatea* (V. 67–69) vgl. Antonio Vilanova, *Las fuentes y los temas del «Polifemo» de Góngora*, Madrid: CSIC, 1957, Bd. 1, S. 367.

38 Vgl. den 1636 gedruckten Kommentar von Salcedo Coronel, zitiert bei Vilanova, *Las fuentes y los temas del «Polifemo»* (Anm. 36), Bd. 1, S. 370.

durch hundertfachen Nachhall eine zerstörerische Wirkung zeitigt. Daher wird der Zyklop zum Antipoden des mythischen Sängers Orpheus, sobald er seine Flöte zu blasen beginnt; während jener die Natur mit seinen Klängen zu besänftigen wusste, wühlt er selbst sie umgekehrt so heftig auf, dass selbst das Muschelhorn des göttlichen Wellenbändigers Triton nicht mehr mithalten kann. Allem Anschein nach hat Polyphem auf diese Weise sogar einmal ein genuesisches Handelsschiff vor der sizilianischen Küste versenkt; wie er später berichtet, scheiterte es genau in dem Moment an den Klippen der Insel, als er — angeblich zwecks Glättung zur Wogen — auf seinem enormen «instrumento» spielte[39]. Andererseits zeichnet sich die aus hundert Rohren zusammengefügte Riesenflöte durch eine einigermaßen komplexe Bauart aus. Die jeweils schalmeiengroßen Einzelteile wurden nicht einfach mit Wachs verklebt, sondern zudem mit Hanf verknüpft, also mit einer elaborierten Technik verbunden, die keineswegs auf Pan zurückgeht, den mythischen Erfinder der Hirtenflöte, sondern vielmehr auf Dädalus, den Erfinder der aus Vogelfedern gebildeten und in Panflötenform angeordneten Flugschwingen[40]. Die zweifache Nennung der Arbeitsschritte bei gleichzeitiger Umkehrung ihrer Reihenfolge («cera y cáñamo unió»/«unió cáñamo y cera») vollzieht diesen mehrstufigen Arbeitsvorgang anschaulich nach. Außerdem zwingt die Flöte im Orgelformat ihren Spieler dazu, sich wie ein Blasebalg zu verhalten: Polyphems Mund wird zum «prodigioso fuelle», als er vor seiner Liebeserklärung an Galatea dem Rohraggregat monströse Töne entlockt (V. 348). Da mit der Metapher des Gebläses ein weiteres Mal auf die Zyklopenschmiede unter seiner Höhle angespielt wird, verwundert es nicht mehr, wenn anschließend sein kräftiges Organ mit der Wucht eines Kanonenschusses erschallt. Zwar heißt es nur, auf die per Flötensignal gewarnte Landschaft ginge alsbald der Donner seiner Stimme nieder: «el trueno de la voz fulminó luego» (V. 359). Doch fällt an diesem Bild die eigentümliche Konizidenz von Donnergrollen und Blitzschlag auf, die von einem natürlichen Gewitter abweicht und daher genauen Lesern seit jeher Kopfzerbrechen bereitet[41]. Hier lohnt ein Blick in die militärische Fachliteratur der Epoche, wo die Schüsse aus schweren

---

39 V. 433–440. Zum Widerspruch zwischen Polyphems orphischer Selbsteinschätzung und der faktischen Wirkung seiner Musik vgl. Micó, *El «Polifemo» de Luis de Góngora* (Anm. 36), S. 92.
40 Zur Flöte des Pan vgl. Vergil, *Bucolica* II, 32 f.; zu den Schwingen des Dädalus siehe Ovid, *Metamorphosen* VIII, 194–200. Die Bauart der gleichfalls aus hundert Rohren zusammengesetzten Flöte von Ovids Polyphem (*Metamorphosen* XIII, 782) wird hingegen verschwiegen.
41 So schlägt der 1630 erschienene Kommentar von Pellicer noch vor, den Donner dem Flötenspiel und nicht der Stimme des Riesen zuzuordnen: «Avía sido trueno el estruendo de los albogues, el rayo que fulmina es la voz». Erst Salcedo Coronel erkennt die Doppelschlächtigkeit der Metapher an. Beide Kommentare kompiliert Vilanova, *Las fuentes y los temas del «Polifemo»* (Anm. 36), Bd. 2, S. 432–435.

Geschützen gelegentlich als «truenos de fuego» bezeichnet werden[42]. Von dort aus besehen, lässt sich die doppelte Metapher des fulminanten Donners als diskrete Anspielung auf den Lärm neuzeitlicher Schlachten lesen, der dank einem typisch gongorinischen Echo-Effekt («trueno»/«luego») auch in der poetischen Rede selbst vernehmlich wird[43]. Genau in dem Augenblick, als Polyphem zu seiner unerwiderten Liebeserklärung ansetzt, tritt mithin ein zeitgemäßer epischer Subtext des bukolischen Gedichts zutage. In diesem Licht gewinnt auch der später erzählte Schiffbruch eine neue Bedeutung. Da er offenkundig ausgelöst wurde vom «instrumento» eines zumindest auf bildlicher Ebene hochgerüsteten Riesen, erscheint dieser als moderner Pirat, der wie die feindlichen Freibeuter in der Kanzone auf Larache von der Küste aus Handelsschiffe beschießt. Von den versenkten Genuesern hat er auf diese Weise eine Waffe ostasiatischer Herstellung erbeutet, eben jenen kunstvoll gefertigten Bogen mit Köcher, den er am Ende seiner Liebeserklärung der verehrten Galatea als Brautgeschenk anbietet (V. 457 ff.). Der Techniktransfer aus Fernost wirkt in zweierlei Hinsicht anachronistisch. Er kommt zu früh in einer mythischen, noch nicht vom Überseehandel erfassten Landschaft; aber er kommt zu spät für eine Welt im Zeichen neuzeitlicher Technik, die in deren Beschreibung immer wieder zum Vorschein kommt.

Entsprechend zweideutig bietet sich am Ende des Gedichts der Racheakt des verschmähten Zyklopen dar. Auf den ersten Blick handelt es sich nur um einen Ausbruch roher Gewalt, als Polyphem nach der Entdeckung von Galateas Geliebten Akis mit bloßen Händen eine Felsspitze abbricht und sie mit mörderischer Kraft auf den fliehenden Rivalen schleudert. Die «violencia infinita» der Geste (V. 489) kündigt gewissermaßen schon die gewaltigen Felswürfe an, mit denen er nach seiner Blendung das Schiff des Odysseus verfolgen wird, ohne dem listigen Gegenspieler etwas anhaben zu können. Allerdings trifft der Riese hier noch sein bewegliches Ziel, obwohl wildes Gebrüll seine maßlose Erregung verrät (V. 481–488):

> Viendo el fiero jayán, con paso mudo
> correr al mar la fugitiva nieve
> (que a tanta vista el líbico desnudo
> registra el campo de su adarga breve)
> y al garzón viendo, cuantas mover pudo
> celoso trueno, antiguas hayas mueve:
> tal, antes que la opaca nube rompa,
> previene rayo fulminante trompa.

---

42 Vgl. Cristóbal de Rojas, «Sumario de la milicia antigua y moderna» (1607), in: *Tres tratados sobre fortificación y milicia*, Madrid: CEDEX/CEHOPU, 1984, S. 282–351, hier S. 337.
43 Zur beispiellos überdeterminierten Klangstruktur des Gedichts vgl. immer noch Colin C. Smith, «La musicalidad del *Polifemo*», in: *Revista de filología española* 44 (1961), S. 139–166.

Die erstaunliche Treffsicherheit des wilden Gesellen («fiero jayan») verwundert weniger, wenn man auch diese drittletzte Oktave des *Polifemo* im Kontext neuzeitlicher Militärtechnik betrachtet. Dies empfiehlt sich schon im Hinblick auf die ihm zugeschriebene Scharfsicht beim Anvisieren des davonlaufenden Liebespaars. Wie der in Klammern gesetzte Vergleich angibt, reicht die Sehkraft des Zyklopenauges so weit, dass es sogar noch die Muster auf den kleinen Schilden libyscher Krieger am anderen Ende des Mittelmeeres erkennen könnte. Der dadurch unterstrichene Zusammenhang zwischen Einäugigkeit und Genauigkeit der Wahrnehmung wird in zeitgenössischen Texten aber auch dort betont, wo es um spezifisch neuzeitliche Sehtechniken geht. Er kennzeichnet nicht nur den Peilvorgang beim Malen zentralperspektivischer Bilder, wo das Auge des Malers den Scheitelpunkt der Sehpyramide bildet und daher nach einem Wort Leonardos einem Zyklopenauge gleicht[44]. Er charakterisiert ebenso den Zielvorgang des Artilleristen, der seine Ziele nur monokular präzise ins Visier nehmen kann, dadurch jedoch — etwa nach Auffassung Quevedos — zum eigentlichen Herrn der modernen Schlachtfelder wird[45]. Góngora zeigt seine Kenntnisse auf diesem Gebiet, als er den ersten Blick von Polyphems Rivalen Akis auf die von beiden begehrte Galatea beschreibt. Im vorgetäuschten Schlaf betrachtet der Jüngling seine Geliebte durch den schmalen Spalt seiner fast geschlossenen Lider wie durch Kimme und Korn einer Feuerwaffe, zielt also auf sie mittels «la brújula del sueño vigilante» (V. 290) und bereitet dadurch den entscheidenden Angriff im Liebeskrieg vor[46]. Der Zyklop erwidert schließlich diese siegreiche Attacke, indem er mit der geballten Sehkraft seines einzigen Auges Maß für seinen tödlichen Steinwurf nimmt. Vorher aber erhebt er ein letztes Mal seine Stimme, die hier wiederum wie Kanonendonner erschallt. Als «celoso trueno» kündigt sie den Einschlag des Felsblocks an, so wie das Donnergrollen den Blitzschlag ankündigt: «tal, antes que la opaca nube rompa, / previene rayo fulminante trompa». Der abermalige Tadel älterer wie neuerer Kommentatoren, hier hätte Góngora die natürliche Abfolge von Unwettererscheinungen ins schiere Gegenteil verkehrt, scheint mir auch hier zu kurz zu greifen[47]. Zieht man in Betracht, dass bei den künstlichen «truenos de fuego» der Artillerie der Donner der Detonation gleichzeitig mit dem Blitz des Mündungsfeuers und vor dem Aufprall des blitzschnellen Geschoßes ertönt, dann scheint in der künstlichen Unordnung am Ende der Strophe die perverse Ordnung technisch erzeugter Gewitter auf.

---

44 Vgl. Hubert Damisch, *L'origine de la perspective* (1987), Paris: Flammarion, 1993 (Champs), S. 58; zu Góngoras Auseinandersetzung mit den Seh- und Bildtechniken der Frühen Neuzeit siehe den Beitrag von Kirsten Kramer in diesem Band.
45 Francisco de Quevedo, «Al inventor de la pieza de artillería», in: *Poesía original completa*, hrsg. v. José Manuel Blecua, Barcelona: Planeta, 1971, S. 118–120, V. 72: «ya matan más los ojos que las manos».
46 Vgl. Enrica Cancelliere, *Góngora. Percorsi della visione*, Palermo: Flaccovio, 1990 (Saggi, 3), S. 156, allerdings mit anachronistischen Hinweisen auf Zielfernrohr und Teleobjektiv.
47 Das kritische Urteil Salcedo Coronels unterschreibt etwa noch Dámaso Alonso, *Góngora y el «Polifemo»*, Madrid: Gredos, [5]1967, Bd. 3, S. 297.

Bis zum blutigen Ende seiner Liebesgeschichte tritt der wilde Gigant demnach als Träger elaborierter Technik in Szene, die zumindest in verblüffend fachkundigen, einer ‹wissenschaftlichen Imagination› entsprungenen Metaphern zur Sprache kommt[48]. Góngoras Widersacher Quevedo trägt dem Rechnung, wenn er in seinem Spottsonett auf den *Polifemo* eine mathematische Metapher an die andere reiht[49]. Die konstanten Referenzen auf die gewaltsame Gegennatur der Technik werfen aber zugleich ein beunruhigendes Licht auf die Künstlichkeit der gongorinischen Dichtung. Sie steht den Erfindungen ihrer Epoche ambivalent gegenüber, stellt das Barbarische ihres Gebrauchs heraus und nimmt sie doch zugleich zum Modell ihrer eigenen, gegen jeden *ordo naturalis* gerichteten Artifizialität[50]. Auch dies lässt sich der letzten Evokation des zyklopischen Grollens entnehmen. Denn die markierte Umkehrung der Reihenfolge von «rayo» und «trueno» in der «fulminante trompa» von Polyphems Stimme macht deren poetische Beschreibung den gefeierten Gemälden des antiken Malers Apelles gleich, der nach dem vielzitierten Zeugnis des älteren Plinius «sogar das malte, was sich nicht malen lässt, nämlich Donner, Wetterleuchten und Blitz»[51]. Der Dichter des *Polifemo* verwandelt das zitierte Lob in ein Selbstlob, wenn er wider die Natur, aber gemäß der auf den antiken Zyklopenmythos zurückbezogenen Technik der Frühen Neuzeit Blitz und Donner nach Belieben durcheinander wirbelt.

4. Dädalische List: Das Netz der *Soledades*

Der Mythos von Dädalus, sicherlich der einschlägigste unter den antiken Mythen der Technik, verhält sich in gewisser Weise komplementär zu dem der Zyklopen. Teilen jene in erster Linie die übermenschliche Gewalt des Schmiedegottes Vulkan, so kommt ihm der zum Menschengeschlecht gehörige Dädalus umgekehrt vor allem an Einfalls- und Listenreichtum gleich. Sein Name bezeichnet hauptsächlich den ingeniösen Schöpfer vielfältiger technischer

---

48 Vgl. hierzu die anregende, doch leider nur selten auf konkrete Prä- oder Kontexte bezogene Lektüre von Enrica Cancelliere, «La imaginación científica y el *Polifemo* de Góngora», in: Joaquin Roses (Hrsg.), *Góngora Hoy VII: El «Polifemo»*, Córdoba: Diputación de Córdoba, 2005 (Estudios gongorinos, 5), S. 19–51.

49 Quevedo, «Contra D. Luis de Góngora y su poesía», in: *Poesía original completa* (Anm. 45), S. 1096, V. 1–8.

50 Zum gewollt Gewaltsamen von Góngoras poetischer Sprache vgl. meine Studie «Textgefängnisse. Künstlichkeit und Gewaltsamkeit in der spanischen Liebeslyrik des Barock», in: Marc Föcking/Bernhard Huss (Hrsg.), *Varietas und Ordo. Zur Dialektik von Vielfalt und Einheit in Renaissance und Barock*, Stuttgart: Steiner, 2003 (Text und Kontext, 18), S. 213–226.

51 Plinius der Ältere, *Historia naturalis* XXXV, 96: «Pinxit et quae pingi non possunt, tonitrua, fulgetra, fulgura». Zur frühneuzeitlichen Rezeptionsgeschichte dieses Urteils vgl. Victor I. Stoichita, «Peindre le feu? La représentation en excès dans l'art de la Renaissance», in: *Journal de la Renaissance* 2 (2004), S. 235–246.

Artefakte oder *daidalia*, die er an verschiedenen Orten für verschiedene Auftraggeber ersinnt[52]. In Athen stellt er scheinbar lebende Statuen her, die in ihrer bildhauerisch vorgetäuschten oder gar mechanisch erzeugten Beweglichkeit den mobilen Automaten des Hephaistos Paroli bieten. Auf Kreta baut er zunächst eine rollende Kuh nach Art des Trojanischen Pferdes, damit die Königin sich mit einem Stier vereinigen kann; sodann ein Labyrinth für den König Minos, um den dabei gezeugten Minotaurus vor der Welt zu verbergen; schließlich einen aus Wachs, Faden und Federn gebildeten Flugapparat zur Flucht aus dem verwirrenden Bau, in den ihn der Bauherr eingesperrt hat. Bei all diesen Erfindungen fällt der List eine entscheidende Rolle zu. Dädalus überlistet Menschen und Tiere, indem er ihnen vermeintliche Artgenossen vor Augen stellt, aber auch die Natur überhaupt, indem er tote Materie in selbsttätige Bewegung versetzt oder sich zuletzt selber in die Lüfte erhebt. Mit seinen illusionistischen Attrappen wie mit seinen mechanischen Apparaten schlägt er trickreiche Umwege ein, um mächtigere Kontrahenten auszuspielen; insofern bildet das kretische Labyrinth ein anschauliches Modell für seine technische Intelligenz[53]. Spielerischer Übermut liegt ihm dabei allerdings fern, anders als seinem Sohn Ikarus, der von technischen Risiken nichts wissen will; bekanntlich stürzt er auf seinem unbesonnenen Flug mit dem Apparat des Vaters ins Meer, während dieser selbst die Effekte seiner Artefakte stets präzise berechnet und bei ihrer Verwendung niemals die Kontrolle verliert[54]. Wegen seiner Umsicht wird Dädalus in der Mythographie der Frühen Neuzeit zur exemplarischen Allegorie der *prudentia* erhoben. Seine technische Anweisung, mit den künstlichen Schwingen weder zu hoch noch zu tief zu fliegen, erscheint nun als moralische Anleitung zu maßvollem Handeln, wohingegen der tödliche Höhenflug des Ikarus die Folgen unkluger Exzesse vor Augen führt[55]. So gesehen, taugt der mythische Erfinder auch zum Sinnbild für eine Dichtung mit moralischem Anspruch, die in kunstvoll gewirkten Labyrinthen

---

52 Siehe hierzu ausführlich Françoise Frontisi-Ducroux, *Dédale. Mythologie de l'artisan en Grèce ancienne*, Paris: Maspero, 1975 (Textes à l'appui).
53 Vgl. Bruno Latour, *Die Hoffnung der Pandora. Untersuchungen zur Wirklichkeit der Wissenschaft*, Frankfurt a. M.: Suhrkamp, 2000, S. 212 f.; zur Rückbesinnung gegenwärtiger Technikanthropologie auf den Dädalus-Mythos siehe auch meine Arbeit «Dädalus und Aramis. Latours symmetrische Anthropologie der Technik», in: Georg Kneer/Markus Schroer/Erhard Schüttpelz (Hrsg.), *Bruno Latours Kollektive. Kontroversen zur Entgrenzung des Sozialen*, Frankfurt a. M.: Suhrkamp, 2008, S. 219–233.
54 Vgl. Ovid, *Metamorphosen* VIII, 155–240, besonders die Hinweise auf Ikarus' Neigung zum lustvollen Spiel mit den Federn (VIII, 200–205 u. 228) sowie darauf, dass Dädalus sogar dem schier unentrinnbaren Verwirrungseffekt des von ihm selbst angelegten Labyrinthes entgeht (VIII, 172 f.).
55 Vgl. Pérez de Moya, *Philosofía secreta* (Anm. 11), S. 486–488, sowie vor allem das Sonett «¡O, como buela en alto mi desseo» von Fernando de Herrera, in: *Poesías*, hrsg. v. Victoriano Roncero López, Madrid: Castalia, 1992 (Clásicos Castalia, 195), S. 436 f.; zur entsprechenden Rezeptionsgeschichte des Ikarus-Mythos siehe den Beitrag von Christian Wehr in diesem Band.

grausame Ungeheuer gefangensetzt[56]. Freilich beruhen solche Allegoresen des Dädalus-Mythos darauf, dass sie eine andere, weniger vorbildliche Seite des Helden unterschlagen. Denn nach antiker Überlieferung tritt der ingeniöse Baumeister auch als brutaler Mörder hervor. Wie noch Ovid im Hinblick auf sein Wirken abschließend berichtet, reißt er in seiner athenischen Zeit eine fremde Erfindung an sich, indem er seinen Neffen Perdix, den Erfinder von Säge und Zirkel, aus Missgunst kurzerhand von der Akropolis stürzt[57]. Insbesondere diese Gewalttat, eigentlicher Anlass zu seinem Umzug nach Kreta, macht Dädalus zu einer irritierend ambivalenten Figur, die nicht nur die Mythographen des Siglo de Oro in Verlegenheit brachte[58]. Gerade als solche aber empfiehlt sich der Schöpfer und Sammler von *daidalia* für Góngoras poetische Arbeit an den Mythen der Technik.

Die Reprise des Dädalus-Mythos in der zweiten der *Soledades* ähnelt der des Vulkan-Mythos in der ersten, da sie ein schrittweise verdüstertes Bild des listenreichen Handwerkers zeichnet. Sie setzt ein, als der schiffbrüchige Protagonist am vierten Tag seiner Wanderschaft, nach seiner Einladung zu der mit Feuerwerk gefeierten Hochzeit, aus dem Gebirge an die Küste zurückkehrt und an einer Flussmündung in ein Fischerboot steigt. Dort betrachtet er das mit reichem Fang eingezogene Netz, welches als das Werk eines neuen Dädalus beschrieben wird:

> recurren no a las redes que, mayores,
> mucho Ocëano y pocas aguas prenden,
> sino a las que ambiciosas menos penden,
> laberinto nudoso, de marino
> Dédalo, si de leño no, de lino
> fábrica escrupulosa, y aunque incierta,
> siempre murada, pero siempre abierta (II, 73–80).

Anders als im *Polifemo* steht der mythische Techniker hier nicht selbst im Zentrum der Handlung, sondern wird vom Erzähler als abwesender Urheber

---

56 Vgl. das Widmungsgedicht von Fernando Bermúdez y Carvajal zu Miguel de Cervantes, *Novelas ejemplares* (1613), hrsg. v. Jorge García López, Barcelona: Crítica, 2001 (Biblioteca clásica, 49), S. 24, die dort als «doce laberintos» eines neuen «Dédalo ingenioso» bezeichnet werden. Eine poetologische Deutung des kretischen Labyrinthes klingt bereits an in seiner Beschreibung als «textum» aus Wänden und Gängen bei Vergil, *Aeneis* V, 588–591.

57 Ovid, *Metamorphosen* VIII, 241–265; vgl. hierzu Frontisi-Ducroux, *Dédale* (Anm. 52), S. 121–134.

58 Vgl. etwa die moralisierende Deutung von Ikarus' Todessturz als ikonische Strafe für den Mord an Perdix bei Karl Philipp Moritz, *Götterlehre oder mythologische Dichtungen der Alten* (1791), hrsg. v. Horst Günther, Frankfurt a. M./Leipzig: Insel, 1999, S. 209–211. Zur Doppelgesichtigkeit des Dädalus siehe auch Frontisi-Ducroux, *Dédale* (Anm. 52), S. 24 f. u. 191, die sie im Anschluss an Vernant (vgl. Anm. 17) auf die ambivalente Bewertung der Technik in der Antike bezieht.

des vom Protagonisten passiv registrierten Geschehens imaginiert[59]. Das Fischernetz scheint von einem «marino Dédalo» geschaffen, weil es im Unterschied zum größeren, aber schlichteren Schleppnetz aus mehreren ineinander verschachtelten Netzen besteht und insofern ein regelrechtes «laberinto nudoso», einen aus Leinen geknüpften statt aus Holz gezimmerten Irrgarten bildet. Obwohl von filigraner Machart und stets nach einer Seite hin offen, umschließt es die Fische wie ein Gemäuer, setzt es sie fest zwischen zwei grobmaschigen Außennetzen, die ihnen den Rückweg versperren, und einem feinmaschigen Innennetz, in dem sich ihre Kiemen verfangen[60]. Dank dieser «fábrica escrupulosa [...] siempre murada, pero siempre abierta» triumphiert die technische über die tierische List, wie das Beispiel des eigentlich unfassbar glatten und dennoch im Knotenlabyrinth gefangenen Aales zeigt:

> mientras, en su piel lúbrica fiado
> el congrio, que viscosamente liso
>   las telas burlar quiso,
> tejido en ellas se quedó burlado (II, 92–95).

Die der *burla* im Tierreich abgeschaute, doch weitaus raffiniertere Falle wird freilich im weiteren Verlauf der Beschreibung als Mittel gewaltsamer Naturunterwerfung kenntlich gemacht. Je länger das mehrfache Netz ausgelegt wird, um so mehr wird es zu einem mobilen Massengefängnis für die Meeresfauna schlechthin. Dies geht aus dem langen Katalog der gefangenen Arten hervor, der neben dem Aal auch den Lachs, die Seezunge und den Wolfsbarsch sowie die Auster und die Venusmuschel verzeichnet. Entsprechend wird das «laberinto nudoso» (II, 70) am Ende der Aufzählung in deutlicher Steigerung als «piélago de nudos», als künstliches Meer im Meer bezeichnet (II, 105). Was auch immer im Ozean schwimmt, so die Pointe der hyperbolischen Metapher, landet schließlich in dem wogenden Labyrinth aus Knoten, das ihm von Menschenhand als täuschend ähnlicher Konterozean eingesenkt wurde. Dadurch aber wirkt der vom Schiffbrüchigen beobachtete Fischzug wie eine submarine Fortsetzung jener Eroberung neuer Welten, von der ihm sein weitgereister Begleiter zwei Tage vorher ausführlich berichtet hat. In dessen kritischer, wenngleich sichtlich faszinierter Bilanz der neuzeitlichen Entdeckungsreisen erschien das erste Schiff der Antike rückblickend fataler als das Trojanische Pferd, «el otro leño Griego», da es Waffen

---

59 Zur unkonventionellen Passivität des Helden der *Soledades* vgl. Paul Julian Smith, «Góngora and Barthes», in: P. J. S., *The body Hispanic. Gender and sexuality in Spanish and Spanish American literature*, Oxford: Clarendon, 1989, S. 44–68, bes. S. 51–60.
60 Zu Aufbau und Wirkungsweise dieses «con una precisión casi técnica» beschriebenen und im Fachvokabular der Fischer als *trasmallo* bezeichneten Netzes siehe den ausführlichen Kommentar von Jammes (Anm. 15), S. 430; zu seiner Funktion in den Soledades vgl. Marsha S. Collins, *The «Soledades». Góngora's masque of the imagination*, Columbia/London: University of Missouri Press, 2002, S. 132–134, die es allerdings ganz im Sinne der moralischen Allegorese des Dädalus-Mythos als Emblem für den Triumph der *prudentia* deutet.

und Krieger nicht nur hinter feindliche Mauern, sondern an ferne Ufer brachte und damit bereits die technischen Grundlagen für die späteren Raubzüge der Konquistadoren schuf[61]. Noch die gastfreundlichen Fischer stehen in dieser dunklen, von der Erfindung des Epeios sowie der Kriegslist des Odysseus ausgehenden Linie, wenn sie von ihrem Boot das labyrinthische Netz auswerfen und mit dem Fang die Tafel des Königs beliefern (II, 98). Auch in dieser Hinsicht öffnet sich die bukolische Welt der *Soledades* auf den historischen Hintergrund imperialer Gewalt[62].

Die in der Beschreibung des dädalischen Netzes erkennbare Akzentverschiebung von der Überlistung zur Unterwerfung tritt abermals zutage, als seine Herstellung in den Blick gerät. Auf dem Boot gelangt der Wanderer zu einer Insel, wo sich neben einer schlichten Fischerhütte auch eine Seilerwerkstatt befindet. Dort wird er buchstäblich überwältigt vom Anblick der vom alten Fischer herbeigerufenen Töchter, in denen er nunmehr die Urheberinnen des Knotenlabyrinthes erkennt:

> Acogió al huésped con urbano estilo,
> y a su voz, que los juncos obedecen,
> tres hijas suyas cándidas le ofrecen,
> que engaños construyendo están de hilo.
> El huerto le da esotras, a quien debe,
> si púrpura la rosa, el lilio nieve.
> De jardín culto así en fingida gruta
> salteó al labrador pluvia improvisa,
> de cristales inciertos, a la seña,
> o a la que torció llave el fontanero:
> urna de Acuario la imitada peña
> lo embiste incauto, y si con pie grosero,
> para la fuga apela, nubes pisa,
> burlándolo aun la parte más enjuta.
> La vista saltearon poco menos
>   del huésped admirado
> las no líquidas perlas, que al momento
> a los corteses juncos (porque el viento
> nudos les halle un día, bien que ajenos)
> el cáñamo remiten anudado,
> y de Vertumno al término labrado

---

61 Vgl. I, 374–378. Zum historischen Kontext der Seefahrtsrede siehe Robert Jammes, «Historia y creación poética. Góngora y el descubrimiento de América», in: Jacqueline Covo (Hrsg.), *Histoire et création*, Lille: PU, 1990, S. 53–65; zu ihrem latent panegyrischen Effekt vgl. Lorna Close, «The play of difference. A reading of Góngora's *Soledades*», in: Peter W. Evans (Hrsg.), *Conflicts of discourse. Spanish literature in the Golden Age*, Manchester/New York: Manchester UP, 1990, S. 184–198.

62 Zur Präsenz frühneuzeitlicher Herrschaftstechniken auch im ländlichen Raum der Soledades siehe am Beispiel von Schrift und Verstellung John Beverley, «Barroco de estado: Góngora y el gongorismo», in: J. B., *Del «Lazarillo» al sandinismo. Estudios sobre la función ideológica de la literatura española e hispanoamericana*, Minneapolis: The Prisma Institute, 1987, S. 77–97.

el breve hierro, cuyo corvo diente
las plantas le mordía cultamente (II, 216–238).

Der beim Einstieg ins Fischerboot beschworene mythische Erfinder erlangt hier überraschenderweise Frauengestalt, weil das «laberinto nudoso» auf einem Schilfgestell als von Frauenhand geknüpfter «engaño de hilo» ausgestellt wird. Über die Gestalt des Baumeisters Dädalus legt sich somit die der Weberin Arachne, der Heldin eines anderen Mythos der illusionistischen Technik[63]. Diese Rückführung der technischen auf die weibliche List ist jedoch nur der Auftakt zu einer Beschreibung, die ingeniöse Täuschung und brutale Überwältigung eng aneinander koppelt. Denn laut einer vorangestellten Umschreibung kommt das plötzliche Auftreten der der drei Seilerinnen und ihrer drei gärtnerisch tätigen Schwestern dem plötzlichen Aufdrehen einer Fontäne in der künstlichen Grotte eines kunstreichen Gartens gleich; so wie der ahnungslose Parkbesucher getroffen wird von der Wucht des wohlverborgenen Strahls, so erliegt der Wanderer in der Werkstatt der Wucht der strahlenden Schönheit, die er dort keineswegs vermutet hat. Die martialischen Metaphern des Überfalls (*saltear*, V. 223/230) und des Angriffs (*embestir*, V. 226) scheinen dabei nicht willkürlich gewählt, gelten doch unter den Ingenieuren des Barock höfische Wasserspiele mit ihren verschieden starken Fontänen als ideales Modell für ballistische Kalkulationen[64]. Insofern evoziert der Schlüssel («llave», V. 225) des Installateurs auch die Spannhähne («llaves») der Artilleristen, die Góngoras Kanzone auf die Eroberung von Larache so präzise benennt. Die gewalttätige Wirkung des kunstvoll geknüpften Netzes zeigt sich demnach schon vor seinem Einsatz in den Tiefen des Meeres, allein dadurch, dass es von seinen betörenden Schöpferinnen ausgestellt wird.

Wie sehr der Fischfang im Zeichen des Dädalus an eine Schlacht gemahnt, geht schließlich aus einer epischen Erzählung des greisen Hausherrn hervor, die gewissermaßen das Gegenstück zur kritischen Abrechnung des alten Seefahrers bildet. Wie er dem Protagonisten stolz berichtet, haben seine Kinder auf hoher See oft stattliche Beute gemacht, und zwar jeweils unter Einsatz eines «instrumento más o menos nudoso» (II, 410 f.). Seine Söhne fingen ganze Schwärme mit siebartigen Schleppnetzen ein, «el mar cribando en redes no comunes» (II, 413); seine Töchter wiederum gingen mit Netzen und Harpunen auf Robbenjagd oder Großfischfang, wobei sie sich sämtlichen Meeresgöttern, sowohl dem listenreichen Proteus (II, 425) als auch dem gewalttätigen Triton (II, 461 f.), überlegen erwiesen. In der Schilderung dieser Fischzüge wird zum einen betont, dass sie einer ozeanischen Jagdpartie oder einem

---

63 Zur Rezeption des Arachne-Mythos im Siglo de Oro siehe den Beitrag von Gerhard Poppenberg in diesem Band, dort insbesondere die Anmerkung 51.
64 Vgl. Andrés García de Céspedes, *Libro de instrumentos nuevos de geometría*, Madrid: Juan de la Cuesta, 1606, Bl. 52 *verso*: «se puede considerar, que los arcos que hazen las balas al caer, son semejantes a los que haze la agua que sale por los agugeros de la bola, porque la razon es vna misma, en lo vno y en lo otro».

ozeanischen Stierkampf gleichen: Die Fischerinnen rivalisieren mit der Meeresgöttin Thetis wie mit der Jagdgöttin Artemis (II, 419 f.), und die plumpe Seekuh wird wie ein wilder Stier erlegt (II, 427 f.). Ihr schlichtes Handwerk steht somit auf einer Stufe mit einem adligen Zeitvertreib, der wiederum Züge einer militärischen Übung trägt. Zum anderen aber wird unterstrichen, dass es sich bei den Schleppnetzen der Fischer ebenso wie schon beim kleineren Mehrfachnetz um «redes no comunes» handelt. Die flächendeckende Unterwerfung der Meereswelt beruht auf einer unerhörten Erfindung, der die Natur und ihre mythischen Beschützer offenbar machtlos gegenüberstehen. Vielleicht lässt sich darin eine Anspielung auf die abstrakten Netze neuzeitlicher Seekarten erkennen, mit denen der hochgradig unbestimmte Raum des Ozeans effektiv gerastert und verwaltet wird[65]. In jedem Fall aber verwandelt sich die Fischeridylle endgültig in ein großes Experimentierfeld, in das zur Neuen Welt hin offene «teatro» (II, 401) einer alles beherrschenden Technik.

So scheint es nur konsequent, wenn am Ende der zweiten *Soledad* die Fischerszenerie durch eine Jagdszene ersetzt und im gleichen Zug an die dunkle Seite des Dädalus erinnert wird[66]. Als der Schiffbrüchige am letzten Tag seiner Wanderschaft zu einem Schloss am Meer gelangt und dessen Bewohner bei der Falkenjagd beobachtet, fällt ihm als letzter Raubvogel des Jägerzuges ein Habicht ins Auge, in dem der an Ovids *Metamorphosen* geschulte Erzähler einen tierischen Wiedergänger des mythischen Erfinders erkennt. Denn ebenso unerbittlich wie der graubraune Habicht das rotfüßige Rebhuhn (*perdiz*) tötet, mordete Dädalus seinen nachher in ein Rebhuhn verwandelten Neffen Perdix, weswegen er in einer mythologischen Apostrophe als «terror de tu sobrino ingeñioso» bezeichnet wird (II, 788–790). Diese Vergegenwärtigung des Mörders im Schöpfer technischer Artefakte ist auch deshalb bemerkenswert, weil sie im Kontext eines waffentechnischen Vergleiches erfolgt. Ein ebenfalls an der Jagd beteiligter Würgfalke (*sacre*), der eine Schar flüchtiger Krähen durch listige Manöver abzufangen vermag, wird ausdrücklich mit einem Geschütz gleichen Namens in Verbindung gebracht:

> Auxiliar taladra el aire luego
> un duro sacre, en globos no de fuego,
>   en oblicuos sí engaños

---

[65] Siehe hierzu etwa Wolfgang Schäffner, «Telemathische Repräsentation im 16. und 17. Jahrhundert», in: Erika Fischer-Lichte (Hrsg.), *Theatralität und die Krisen der Repräsentation*, Stuttgar/Weimar: Metzler, 2001 (Germanistische Symposien/Berichtsbände, 22), S. 411–428; zum zugleich ‹glatten› und ‹gekerbten› Raum des Meeres in den Soledades vgl. die Magisterarbeit von David Segura, *«Claro honor del líquido elemento». Góngoras Ethik des Fluiden*, Köln 2008.

[66] Zur Vorbereitung der unbukolischen Schlussszene durch eine textübergreifende Aufwertung technischer Artefakte vgl. Michael J. Woods, *The poet and the natural world in the age of Góngora*, Oxford: Oxford UP, 1978, S. 156–175, sowie auch María Robertson-Justiniano, «Reading from the margins in Góngora's *Soledades*», in: *MLN* 119 (2004), H. 2, S. 252–269.

mintiendo remisión a las que huyen,
si la distancia es mucha
(griego al fin) [...] (II, 910–915).

Der Würgfalke evoziert nicht allein per Homonymie die Viertelfeldschlange (Abb. 2), «aquel tiro de artillería que se llama *sacre*», wie Góngoras Kommentator Pellicer vermerkt[67]. Wie diese leichte Kanone mit ihren «globos de fuego» schlägt auch er noch auf große Entfernung zu, indem er den scheinbar schon entkommenen Feinden durch «oblicuos engaños» den Weg abschneidet. Der über ihm fliegende Jagdfalke (*gerifalte*), der seinen Namen seinerseits mit einer noch leichteren Feldschlange teilt, schießt eine Krähe sogar regelrecht ab: Sein Opfer stürzt ab wie getroffen von einem rauchenden Blitz, «fulminada en poco humo» (I, 916). All diese kriegstechnischen Konnotationen schwingen im abschließenden Hinweis auf die griechische Herkunft des «duro sacre» mit. Wie Odysseus oder Dädalus baut er auf listige Täuschung, erzielt damit jedoch eine durchaus harte, ja im Wortsinne durchschlagende Wirkung.

Auch in den *Soledades* bleibt die mythologisch reflektierte Gewalt neuzeitlicher Technik freilich nicht auf das Wirken der Ingenieure, der legitimen Nachfahren des mythischen Erfinders, beschränkt[68]. Wie schon im *Polifemo* scheinen Kriegs- und Dichterhandwerk vielmehr eng ineinander verflochten. Denn betrachtet man das Werk des «marino Dédalo» im Lichte traditioneller Dichtungsallegorien oder zeitgenössischer Dichtungsdebatten, dann kann man es auch lesen als Metapher für den gongorinischen Text[69]. Góngoras lyrisches Ich spiegelt sich nicht nur in der rebellischen Figur des Ikarus, der mit seinen künstlichen Federn alles riskiert (II, 137–143). Mit fast noch größerer Konsequenz nimmt es die irritierende Doppelgestalt des Dädalus an, der wie der poetisch zivilisierte Zyklop Polyphem Erfindungskunst und Zerstörungswut gleichermaßen verkörpert. Es überwältigt den Leser mit einem labyrinthisch geknüpften Netz, dem die technischen Umwälzungen auf den Schlachtfeldern, Seewegen und Festplätzen des Siglo de Oro diskret eingeschrieben sind.

---

67 Zitiert nach dem Kommentar von Jammes (Anm. 15), S. 568 u. 604, der die gerne überlesenen militärischen Konnotationen der Passage überzeugend herausarbeitet.
68 Vgl. hierzu auch Góngoras ausdrückliche Würdigung des unter Karl V. und Philipp II. tätigen Ingenieurs Juanelo Turriano als «Dédalo cremonés» in *Las firmezas de Isabela*, hrsg. v. Robert Jammes, Madrid: Castalia, 1984 (Clásicos Castalia, 137), V. 2214–2217.
69 Zu Góngoras Umgang mit der alten Metapher vom Text als Gewebe siehe Andrés Sánchez Robayna, «Góngora y el texto del mundo» (1983), in: A. S. R.: *Silva gongorina*, Madrid: Cátedra, 1993 (Crítica y estudios literarios), S. 43–56; zu seiner kritischen Reprise der poetologischen Seefahrtsallegorie vgl. Dana C. Bultman, «Shipwreck as heresy. Placing Góngora's poetry in the wake of Renaissance epic, Fray Luis, and the christian Kabbala», in: *Hispanic review* 70 (2002), S. 439–458, hier S. 441–448.

Kirsten Kramer

Mythos und Bildmagie. Zum Verhältnis von Portrait, Spiegel und Schrift in Góngoras Lyrik

1. Mythos und Magie zwischen Dogma und kultureller Bedeutsamkeit

Die spanische Literatur des Siglo de Oro bildet den Schauplatz einer weitreichenden Auseinandersetzung mit Bildern, Erzählungen und Figurationen, die den Beständen der antiken Mythologie entstammen. Der poetische Umgang mit der klassischen Mythologie geht dabei zum einen auf die Bewegung des Humanismus zurück, der die Erneuerung und Wiederaneignung antiker Traditionen fordert und frühneuzeitliche Auslegungspraktiken initiiert, welche maßgeblich auf die ästhetische Umkodierung und Neufunktionalisierung überlieferter Mythen abzielen[1]. Zum anderen knüpft die barocke Literatur jedoch an jene Praxis der allegorischen Exegese an, die bereits in der Antike die Einzelmythen den abstrakten Normsystemen der Physik, Ethik oder Metaphysik unterstellt und die mythischen Konfigurationen seit dem Mittelalter verstärkt in den Bezugshorizont der theologisch fundierten Wahrheitsrede der christlichen Dogmatik einfügt[2]. Auch die spanische Literatur des Barock trägt demnach partiell zu einer Mythenrezeption bei, die die Spezifizität und Eigenständigkeit des Mythos verfehlt, indem sie ihn primär als mittelbare oder uneigentliche Ausdrucksform eines ‹Anderen› auffasst, das ihm wesensgemäß fremd und äußerlich bleibt.

---

[1] Zur frühneuzeitlichen Nachahmungspraxis und zur humanistischen Mythenrezeption vgl. paradigmatisch August Buck, «Einleitung: Renaissance und Barock», in: A. B. (Hrsg.), *Renaissance und Barock* (*Neues Handbuch der Literaturwissenschaft*, Bd. 9), Frankfurt: Athenaion, 1972, S. 1–27, hier S. 20 ff.; eine Übersicht über literarische Formen der ästhetischen Rekodierung antiker Mythen in der Renaissance bieten Bodo Guthmüller/Wilhelm Kühlmann (Hrsg.), *Renaissancekultur und antike Mythologie*, Tübingen: Niemeyer, 1999.

[2] Zur antiken Tradition allegorischer Mythenexegese vgl. Jean-Pierre Vernant, *Mythe et société en Grèce ancienne*, Paris: Maspero, 1974 (Textes à l'appui), S. 210–214; zur Mythenrezeption im Zeichen von Kanonisierung und Dogmatisierung vgl. allgemein Jan u. Aleida Assmann, Art. «Mythos», in: *Handbuch religionswissenschaftlicher Grundbegriffe*, hrsg. v. Hubert Cancik u. a., Stuttgart u. a.: Kohlhammer, 1998, Bd. 4, S. 179–200, bes. S. 179 f. u. 189 f. — Innerhalb der spanischen Barockliteratur tritt das Verfahren allegorisch-hermeneutischer Mythendeutung insbesondere im Kontext der Emblematik zutage; vgl. zur Behandlung klassischer Mythen in den zeitgenössischen Emblembüchern *Emblemata. Handbuch zur Sinnbildkunst des XVI. und XVII. Jahrhunderts*, hrsg. v. Arthur Henkel/Albrecht Schöne, Stuttgart/Weimar: Metzler, ²1996; zur Bedeutung, die der Emblematik in der spanischen Literatur zukommt, vgl. paradigmatisch Aurora Egido, *De la mano de Artemia. Estudios sobre literatura, emblemática, mnemotecnia y arte en el siglo de oro*, Barcelona: Crítica, 2004, S. 13–49.

Es ist gerade diese Rezeptionstradition, der sich die moderne kulturpragmatisch orientierte Mythenforschung und –theorie entgegenstellt. Deren Vertreter betonen insbesondere die anthropologische Dimension des Mythos und begreifen die Mythologie als eine Anschauungs- oder Denkform eigenen Rechts, die sich der totalisierenden Vereinnahmung durch fremde Sinnsysteme entzieht, deren originäre Leistung jedoch nicht ohne den Rückbezug auf andere Diskursformen und kulturelle Praktiken innerhalb gegebener historischer Gesellschaftsformationen zu beschreiben ist. Eine derartige kulturanthropologisch fundierte Sichtweise dokumentiert sich namentlich in Hans Blumenbergs funktionaler Bestimmung des Mythos, die ihren Ausgang von den Entstehungsbedingungen mythischer Konfigurationen nimmt[3]. Nach Blumenberg verdankt sich die Genese der Mythen, die zentrale «Leitfiguren elementarer Selbst- und Weltbestimmungen»[4] darstellen, der unvordenklichen Erfahrung eines Übermächtigen, auf die der Mythos in zweifacher Weise antwortet: Zum einen zielt er auf die Benennung des Unbenennbaren und schafft damit eine Vertrautheit, welche die Bannung und Bewältigung des Schrecklichen ermöglicht. Zum anderen steht er im Zeichen einer Pluralisierung transzendenter Mächte, die nachhaltige Einschränkungen ihres Wirkungs- und Einflussbereichs zur Folge hat. Prominentestes Beispiel hierfür ist nach Blumenberg der Mythos des Prometheus, der aufgrund der Überlistung des Zeus eine Ordnungskonstellation schafft, welche die Trennung der Rechtssphären des Gottes und des Menschen aufhebt und damit zum Abbau des Machtgefälles zwischen den rivalisierenden Instanzen beiträgt[5]. Gerade in dieser Relativierung der Machtverhältnisse verbirgt sich zugleich die spezifische Eigenleistung der Mythen, in denen Blumenberg — ähnlich wie Ernst Cassirer — grundlegende Formen der «Objektivierung sozialer Erfahrung»[6] erblickt, deren kulturelle ‹Bedeutsamkeit› sich nicht primär aus der von Cassirer hervorgehobenen Kontinuität von mythischem Denken und magischem Handeln herleitet[7], sondern sich nach Blumenberg vor allem der dezidierten Frontstellung verdankt, die das ‹System› des Mythos gegen den Dogmatismus der christlichen Theologie bezieht. Das mythische Prinzip der Pluralisierung und wechselseitigen Depotenzierung übernatürlicher Mächte stellt sich demnach wesentlich der abstrakten Vorstellung der Einzigkeit und Allmacht des christlichen Gottes entgegen und widersetzt sich darin jeder allegorisch-exegetischen Deutungs-

---

3 Vgl. zum folgenden Hans Blumenberg, *Arbeit am Mythos*, Frankfurt a. M.: Suhrkamp, [6]1996, bes. S. 9–39 und 68–162; zur Rekonstruktion von Blumenbergs und Vernants Mythenbegriff sowie zu einer darauf aufbauenden Perspektivierung der Technikmythen bei Góngora siehe auch den Beitrag von Wolfram Nitsch in diesem Band.
4 Hans Blumenberg, «Wirklichkeitsbegriff und Wirkungspotential des Mythos», in: Manfred Fuhrmann (Hrsg.), *Terror und Spiel. Probleme der Mythenrezeption*, München: Fink, 1971 (Poetik und Hermeneutik, 5), S. 11–66, hier S. 12.
5 Zur Deutung des Prometheus-Mythos vgl. Blumenberg, *Arbeit am Mythos* (Anm. 3), S. 37 f.
6 Blumenberg, «Wirklichkeitsbegriff und Wirkungspotential des Mythos» (Anm. 4), S. 14.
7 Vgl. Ernst Cassirer, *Philosophie der symbolischen Formen. Zweiter Teil: Das mythische Denken*, Darmstadt: Wissenschaftliche Buchgesellschaft, [8]1987, S. 39–77.

praxis, welche den paganen Mythos und die von ihm vertretene Konzeption eines regelhaft geordneten Kosmos auf das fremde Normsystem der Theologie zu beziehen sucht. Die bereits bei Blumenberg fokussierte funktionale Eigenständigkeit und kulturelle Bedeutsamkeit oder Verbindlichkeit des Mythos wird in deutlicherer Form noch von dem französischen Altphilologen Jean-Pierre Vernant herausgestellt, der mythische Konfigurationen im Anschluss an Lévi-Strauss als komplexe Symbol- und Kommunikationssysteme beschreibt[8], die aufgrund des Zusammenspiels narrativer Bedeutungsebenen als zentrale Träger und Übermittler kulturellen Wissens fungieren, welche in engen Zusammenhang mit religiösen Kulthandlungen und je spezifischen sozialen oder politischen Praktiken treten. Dies bezeugt paradigmatisch erneut der Prometheus-Mythos, der nach Vernant bei Platon und Aischylos wesensgemäß im Zeichen der Erhöhung des Menschen über den Stand bloßer Animalität steht, in den von Hesiod vorgelegten Mythenversionen hingegen den unaufhebbaren Bruch und unüberwindlichen Abstand zwischen Göttern und Menschen symbolisiert[9]. Definiert der Mythos damit in beiden Fällen die kulturelle Grenze, die zwischen Himmel und Erde, Sterblichkeit und Unsterblichkeit besteht, so fungiert er innerhalb der antiken Tradition zugleich als Verkörperung der technischen Fertigkeit des Menschen, die in den divergierenden Mythenversionen abwechselnd als Paradigma menschlicher Arbeit und Selbsterhaltung, als Gegenpol zur politischen Regierungskunst oder aber als Inbegriff wissenschaftlicher und zivilisatorischer Errungenschaften figuriert[10]. Der Prometheus-Mythos versinnbildlicht folglich widerstreitende kulturelle Funktionen, die dem technischen Wissen und den daraus abgeleiteten Formen praktischen Handelns innerhalb der griechischen Polis zukommen und veranschaulicht gerade in dieser Heterogenität der Deutungen in grundsätzlicher Weise die soziale Verbindlichkeit, die den Mythen aus ihrer funktionalen Bezogenheit auf historische Wissens- und Handlungsmodi innerhalb konkreter kultureller Bezugsfelder zuwächst.

Der enge Zusammenhang, der zwischen Genese und Ausprägungsformen mythischer Konfigurationen einerseits und je spezifischen kulturhistorischen Diskursformen und sozialen Praktiken andererseits besteht, kennzeichnet nun jedoch nicht allein die skizzierte moderne Theorie des Mythos, sondern tritt in deutlicher Form bereits in der literarischen Mythenrezeption des Siglo de Oro

---

8   Zur Auseinandersetzung mit der strukturalen Anthropologie Lévi-Strauss' vgl. Vernant, *Mythe et société en Grèce ancienne* (Anm. 2), S. 237–243; zu Vernants Mythenverständnis vgl. ebd., S. 244–250.
9   Zu Vernants Analyse des semantischen Aufbaus und der narrativen Organisation des Prometheus-Mythos bei Hesiod wie auch zur Abgrenzung der unterschiedlichen sozio-kulturellen Implikationen des Mythos in seinen antiken Gestaltungen vgl. ebd., S. 177–194.
10 Die konkurrierenden Bestimmungen der Technik, die sich aus den unterschiedlichen antiken Versionen des Prometheus-Mythos bei Hesiod, Platon und Aischylos ableiten lassen, werden eingehend analysiert in Jean-Pierre Vernant, «Prométhée et la fonction technique» (1952), in: J.-P. V.: *Mythe et pensée chez les Grecs. Études de psychologie historique*, Paris: La Découverte, [4]1996, S. 263–273.

zutage. So kommt dem Mythos insbesondere eine zentrale Rolle innerhalb der poetischen Verarbeitung unterschiedlicher Konzepte und Praktiken der Visualisierung zu, die sich bei zahlreichen Autoren der spanischen Literatur der Epoche in den Kontext einer weitreichenden ästhetischen Auseinandersetzung mit zeitgenössischen Bildmodellen und optischen Medien einfügt. Im Rahmen dieser Auseinandersetzung zeichnet sich die Herausbildung einer spezifisch barocken ‹visuellen Kultur› ab, die ein komplexes Feld konstituiert, das durch die wechselseitige Überlagerung wissenschaftlicher, philosophischer, theologischer und ästhetischer Diskurse sowie durch die Interaktion konkurrierender visueller Wahrnehmungsmodelle, bildtechnischer Verfahren und Schriftpraktiken gekennzeichnet ist, in deren Zusammenspiel sich — nach Jonathan Crary — grundlegend neue Typen oder Ordnungen des Betrachters und des Sichtbaren abzeichnen [11]. Der Rekurs auf mythische Deutungsmodelle wird dabei nicht allein innerhalb der kunstästhetischen Debatte greifbar, im Rahmen derer gerade im gegenreformatorischen Spanien eine an traditionelle ‹dogmatische› Denkfiguren angelehnte barocke ‹Metaphysik des Bildes› artikuliert wird [12], sondern bekundet sich auch im Kontext des frühneuzeitlichen *paragone*, in dessen Verlauf sich anders geartete, am Paradigma der mathematischen Wissenschaften und der experimentellen Erforschung der empirischen Wirklichkeit orientierte Bildmodelle durchsetzen [13], deren grundlegende Prä-

---

11 Im hier skizzierten Sinne hat sich der Begriff der ‹visuellen Kultur› in den vergangenen Jahren insbesondere in jenen Forschungsarbeiten durchgesetzt, die im Zuge des *pictorial* oder *iconic turn* ästhetische Bildpraktiken, Visualisierungsmodelle und optische Medientechniken als konstitutiven Bestandteil historischer Wissens- und Kulturformationen beschreiben; vgl. exemplarisch Martin Jay, *Downcast Eyes. The Denigration of Vision in Twentieth-Century French Thought*, Berkeley/Los Angeles/London: University of California Press, 1993; Christa Maar/Hubert Burda (Hrsg.), *Iconic Turn. Die neue Macht der Bilder*, Köln: DuMont, ³2005; Hans Belting (Hrsg.), *Bilderfragen. Die Bildwissenschaften im Aufbruch*, München: Fink, 2007; zu den methodischen Voraussetzungen und Implikationen, die der Annahme der Emergenz historisch variabler Betrachtertypen und Systeme des Sichtbaren zugrunde liegen, vgl. paradigmatisch Jonathan Crary, *Techniques of the Observer. On Vision and Modernity in the Nineteenth Century*, Cambridge (Mass.)/London: MIT Press, 1990, S. 1–24.

12 Zur Adaptation mythischer Modelle im Kontext einer gegenreformatorischen ‹Metaphysik des Bildes›, die innerhalb der kunstästhetischen Debatte des spanischen Barock entsteht, vgl. paradigmatisch Emilie L. Bergmann, *Art Inscribed. Essays on Ekphrasis in Spanish Golden Age Poetry*, Cambridge (Mass.): Harvard UP, 1979, bes. S. 17–34; zu den systematischen Implikationen des Begriffs der ‹Metaphysik des Bildes› vgl. Hans Belting, «Medium — Bild — Körper. Einführung in das Thema», in: H. B., *Bild-Anthropologie. Entwürfe für eine Bildwissenschaft*, München: Fink, 2001, S. 11–55, hier S. 12.

13 Zu Entwicklung, Zielen und zentralen Argumenten des frühneuzeitlichen *paragone* vgl. exemplarisch Christiane Kruse, «Ein Angriff auf die Herrschaft des Logos. Zum Paragone von Leonardo da Vinci», in: Renate Lachmann/Stefan Rieger (Hrsg.), *Text und Wissen. Technologische und anthropologische Aspekte*, Tübingen: Narr, 2003, S. 75–90; vgl. auch *Die Kunstliteratur der italienischen Renaissance. Eine Geschichte in Quellen*, hrsg. v. Ulrich Pfisterer, Stuttgart: Reclam, 2002, S. 259–314; zu Rezeption und Verbreitung der italienischen Theorien innerhalb der spanischen Traktatliteratur des 16. und 17. Jahrhunderts vgl. Aurora Egido, «La página y el lienzo. Sobre las relaciones entre poesía y

missen und Implikationen bei Leon Battista Alberti am Beispiel der Wahrnehmungssituation des Narcissus und damit ebenfalls in expliziter Bezugnahme auf ein antikes mythisches Vorbild offengelegt werden[14]. Der Inanspruchnahme und Adaptation mythischer Modelle kommt jedoch insbesondere im Kontext der Entstehung der optischen Dispositive der barocken Bildmagie ein zentraler Stellenwert zu. Dies gilt vornehmlich für das Fortwirken älterer bildmagischer Traditionen, in denen die Vorstellung der ‹Lebendigkeit› oder ‹Beseelung› von Bildern vielfach mit den mythischen Demiurgen- und Künstlerfiguren Prometheus und Pygmalion in Verbindung gebracht wird[15]. Derartige magische Bildmodelle gehen jedoch in der Frühen Neuzeit graduell ihrer ontologischen Fundierung verlustig und dienen schon in der Renaissance vor allem der Definition der je spezifischen Erfahrungsbedingungen und Beobachtungsrelationen, denen sich der frühneuzeitliche Betrachter im Akt der Bildwahrnehmung ausgesetzt sieht[16]. Bekundet sich bereits in dieser Fokussierung des Betrachters und seiner Wahrnehmungsbedingungen eine grundlegende Deontologisierung und Relativierung magisch-mythischer Deutungen optischer Bildphänomene, so tritt diese in deutlicherer Form noch innerhalb des kulturhistorischen Prozesses der Herausbildung der frühneuzeitlichen technischen Bildmagie, der *magia artificiosa* oder *artificialis* hervor, die sich in zahlreichen zeitgenössischen Traktaten als Gegenstück der *magia naturalis* präsentiert[17]. Letztere setzt ein kosmologisches Naturverständnis

---

    pintura», in: A. E., *Fronteras de la poesía en el barroco*, Barcelona: Crítica, 1990, S. 164–197, bes. S. 172 ff.

14 Zur Bedeutung, die dem Mythos des Narcissus bezüglich der Bildkonzeption Albertis zukommt, vgl. Erwin Panofsky, *Idea. Ein Beitrag zur Geschichte der älteren Kunsttheorie*, Berlin: Hessling, ³1975, S. 29, Anm. 125.

15 Vgl. zur Tradition magischer Bildmodelle und zu deren Rückbindung an die genannten mythischen Konfigurationen exemplarisch Frank Fehrenbach, «Calor nativus — Color vitale. Prolegomena zu einer Ästhetik des ‹Lebendigen Bildes› in der frühen Neuzeit», in: Ulrich Pfisterer (Hrsg.), *Visuelle Topoi. Erfindung und tradiertes Wissen in den Künsten der italienischen Renaissance*, München/Berlin: Deutscher Kunstverlag, 2003, S. 151–170, bes. S. 151 ff.; vgl. ebenfalls Gerhard Wolf, «Bildmagie», in: Ulrich Pfisterer (Hrsg.), *Metzler Lexikon Kunstwissenschaft. Ideen, Methoden, Begriffe*, Stuttgart/Weimar: Metzler, 2003, S. 48–56, hier bes. S. 52.

16 Vgl. hierzu ausführlich Moshe Barasch, «The Magic of Images in Renaissance Thought», in: Enno Rudolph (Hrsg.), *Die erste Renaissance und die Entdeckung des Individuums in der Kunst. Die Renaissance als Aufklärung*, Tübingen: Mohr Siebeck, 1998, S. 79–101; die Bedeutung, die dem Betrachter und seinen Erfahrungsstrukturen in der Bildmagie der Renaissance zukommt, wird auch unterstrichen von Wolf, «Bildmagie» (Anm. 15), S. 52.

17 Innerhalb der spanischen Kultur der Frühen Neuzeit wird die Gegenüberstellung und Abgrenzung der *magia artificiosa* von den Spielarten der *magia naturalis* und der *magia diabolica* in systematischer Form im Traktat *Disquisitiones magicae* (1599/1600) des Jesuiten Martín Del Río vorgenommen; vgl. Martín del Río, *Investigations into Magic*, hrsg. v. P. G. Maxwell-Stuart, Manchester/New York: Manchester UP, 2000, bes. S. 31 ff.; vgl. zu der dort vorgenommenen Einteilung und näheren Bestimmung der unterschiedlichen Erscheinungsformen der Magie auch Wolfram Nitsch, «Theater der Magie — Magie des Theaters. Spuk und Zauberei im Drama Calderóns», in: Wolfgang Matzat/Gerhard

voraus, das auf die Erkenntnis der verborgenen Ursachen sinnlich wahrnehmbarer Erscheinungen zielt und das die Natur selbst als Agentin magischer Operationen auffasst, die ihre Geheimnisse dem Betrachter offenbart[18]. Die nicht immer eindeutig abzugrenzende *magia artificialis* initiiert hingegen ineins mit einem zunehmend mechanistisch fundierten Wirklichkeitsverständnis Formen der Naturerforschung, die auf dem kontrollierten Experiment, dem Verfahren exakter Beobachtung und dem gezielten Einsatz technischer optischer Artefakte wie Camera obscura, Spiegel oder komplexer Linsensysteme beruht, bei deren Gebrauch der Mensch die zuvor der Natur zugeschriebene Funktion des Operators magischer Effekte übernimmt. Wenn im Kontext der barocken *magia artificialis* mythische Modelle zur Beschreibung und Erklärung optischer Phänomene herangezogen werden[19], so fügt sich diese Bezugnahme auf den Mythos daher wesensgemäß in den kulturhistorischen Horizont der Emergenz komplexer künstlerischer, technischer und wissenschaftlicher Bilddispositive ein, welche einerseits auf naturphilosophisch und kosmologisch fundierte Bild- und Deutungsmodelle der *magia naturalis* zurückgreifen, deren Ursprünge in die Kultur der Antike und des Mittelalters zurückreichen, andererseits aber im Rekurs auf Verfahren und Methoden der zeitgenössischen Natur- und Experimentalwissenschaften neuartige technisch-apparative Ordnungen des Betrachters und des Sichtbaren hervorbringen, die in deutliche Differenz zu den tradierten Bild- und Wissensmodellen treten.

Innerhalb der spanischen Barockliteratur ist es insbesondere die Lyrik Luis de Góngoras, in der sich der Rekurs auf Figurationen der antiken Mythologie mit einer eingehenden Reflexion auf die skizzierten kultur- und mediengeschichtlichen Transformationsprozesse verbindet, die auch die Schriftpraktiken und lyrischen Darstellungsverfahren des Autors selbst mit einbeziehen. Im Folgenden soll daher im Rahmen einer exemplarischen Lektüre des Widmungsgedichts «Hurtas mi vulto» der Frage nachgegangen werden, inwiefern sich in dem Sonett eine spezifische Form der literarischen Mythenrezeption abzeichnet, mittels derer sich der Text in den skizzierten Horizont der Herausbildung der ‹visuellen Kultur› und der optischen Magie der Frühen Neuzeit

---

Penzkofer (Hrsg.), *Der Prozeß der Imagination. Magie und Empirie in der spanischen Literatur der frühen Neuzeit*, Tübingen: Niemeyer, 2005, S. 307–321, hier S. 309 f.

18 Vgl. hierzu Del Río, *Investigations into Magic* (Anm. 17), S. 32; zu den weiteren historischen Bestimmungsmerkmalen, die der *magia naturalis* und der *magia artificialis* innerhalb der europäischen Tradition zugeschrieben werden, vgl. auch ausführlich Nicole Gronemeyer, *Optische Magie. Zur Geschichte der visuellen Medien in der Frühen Neuzeit*, Bielefeld: transcript, 2004, bes. S. 37–72, sowie Siegfried Zielinski, *Archäologie der Medien. Zur Tiefenzeit des technischen Hörens und Sehens*, Reinbek: Rowohlt, 2002, S. 76–124.

19 Dies ist etwa bei Athanasius Kircher der Fall, der die Gestaltveränderungen der mythischen Figur des Proteus auf die Operationsweise der technischen Bildmaschinen und die Manipulation der Wahrnehmungsformen des Betrachters bezieht; vgl. hierzu wie auch zu den Funktionsprinzipien ‹metamorpher› Bilderzeugungstechniken bei Kircher Jurgis Baltrusaitis, *Der Spiegel. Entdeckungen, Täuschungen, Phantasien*, Giessen: Anabas, ²1996, S. 23 ff.

einschreibt, deren zentrale Verfahrenstechniken und bildtheoretische Prämissen paradigmatisch in Giambattista della Portas *Magia naturalis* aus den Jahren 1558 und 1589 sowie Athanasius Kirchers erstmals im Jahr 1646 erschienener *Ars magna lucis et umbrae* greifbar werden[20]. Dabei ist zunächst aufzuweisen, dass die im Text geleistete Beschreibung eines Portraits auf unterschiedliche Versionen des Prometheus-Mythos rekurriert, die in eine ‹dogmatische› Deutung eingehen, welche sich augenscheinlich im Bezugsrahmen der traditionellen christlich-neuplatonisch fundierten Bildontologie situiert. Sodann ist zu zeigen, dass sich die mythologische Interpretation auf eine immanente kulturhistorische Medienreflexion öffnet, welche die spezifischen Visualisierungsleistungen des Portraits auf jene technisch-apparativen Bilddispositive bezieht, die im Kontext der Herausbildung der frühneuzeitlichen optischen Magie entstehen. In einem letzten Schritt gilt es die Konsequenzen zu benennen, welche sich aus der Auseinandersetzung mit den zeitgenössischen technischen Dispositiven der Bilderzeugung hinsichtlich der Schriftpraxis des Dichters ergeben, die sich gerade vor dem Hintergrund dieser Auseinandersetzung als eine fortgesetzte literarische ‹Arbeit am Mythos› begreifen lässt.

2. Portrait, Mythos und Bildmetaphysik

Das Widmungsgedicht «Hurtas mi vulto», das 1620 entstanden ist und der Spätphase der lyrischen Produktion Góngoras entstammt, beschreibt die Herstellung eines Portraits, das ein flämischer Maler vom Sprecher des Sonetts anfertigt. Wie die einführende Inhaltsangabe des zeitgenössischen Herausgebers suggeriert, handelt es sich bei dem im Text beschriebenen Bildnis um die von Hand gefertigte Vorlage für einen Kupferstich, der sich auf dem Frontispiz des zu Lebzeiten Góngoras erstellten Manuscrito Chacón befindet und der Textsammlung als ganzer vorangestellt ist (Abb. 1):

A UN PINTOR FLAMENCO, HACIENDO EL RETRATO DE
DONDE SE COPIÓ EL QUE VA AL PRINCIPIO DESTE LIBRO

1 Hurtas mi vulto y cuanto más le debe
2 A tu pincel, dos veces peregrino,
3 De espíritu vivaz el breve lino
4 En los colores que sediento bebe;

---

20 Beide Traktate wurden in den Jahren nach ihrem ersten Erscheinen erweitert und erschienen in der Folgezeit in zahlreichen Neuauflagen. Zu den inhaltlichen Neuerungen, die sich insbesondere bei Della Porta im Übergang von der ersten zur zweiten Auflage der *Magia naturalis* ergeben, vgl. Zielinski, *Archäologie der Medien* (Anm. 18), S. 109–121.

5   Vanas cenizas temo al lino breve,
6   Que émulo del barro le imagino,
7   A quien (ya etéreo fuese, ya divino)
8   Vida le fió muda esplendor leve.

9   Belga gentil, prosigue al hurto noble;
10 Que a su materia perdonará el fuego,
11 Y el tiempo ignorará su contextura.

12 Los siglos que en sus hojas cuenta un roble,
13 Árbol los cuenta sordo, tronco ciego;
14 Quien más ve, quien más oye, menos dura[21].

Es ist zunächst signifikant, dass die Herstellung des Portraits im ersten Vers des Sonetts mit dem Akt eines Diebstahls assoziiert («Hurtas mi vulto») und das Bildnis selbst im zweiten Quartett als «émulo del barro» (V. 6) beschrieben wird. Beide Beschreibungen lassen erkennen, dass der künstlerische Prozess der Bildproduktion einer mythologischen Deutung unterzogen wird, die auf den Mythos des Prometheus zurückgreift und den Portraitmaler mit dem Akteur der antiken Erzählung identifiziert. So nimmt die im Eingangsvers verwendete und zu Beginn des ersten Terzetts in der Wendung des «hurto noble» (V. 9) erneut aufgegriffene Metapher des Diebstahls unmittelbar auf den von Prometheus begangenen Raub des Feuers Bezug, der im Zentrum der antiken Versionen des Mythos steht. Aus der buchstäblichen Nobilitierung, die der Akt des Feuerraubes in Góngoras Sonett erfährt, geht dabei hervor, dass der Text keineswegs die eingangs erwähnte, kulturgeschichtlich folgenreiche Trennung von Göttern und Menschen fokussiert, die sich insbesondere in Hesiods *Theogonie* mit dem von Prometheus verübten Frevel des Feuerraubs verbindet[22]. Das Sonett knüpft indes ebenso wenig an die gegenläufige Mythenversion des Aischylos an, in der das den Menschen als Gabe dargereichte Feuer den zivilisatorischen Akt der Überbringung der Künste und Wissenschaften symbolisiert und damit den eigentlichen Ursprung der Menschheitskultur markiert[23], sondern spielt zunächst auf die in Ovids *Metamorphosen* beschriebene Konstellation an, die Prometheus als Demiurgen oder Schöpfergott ausweist, der den Menschen nach dem Bild der Götter aus jener Erde oder jenem Ton («barro») erschafft, der auch im biblischen Schöpfungsbericht der *Genesis* benannt wird[24].

---

21 Luís de Góngora, *Sonetos completos*, hrsg. v. Biruté Ciplijauskaité, Madrid: Castalia, [6]1985 (Clásicos Castalia 1), S. 106.
22 Vgl. Hesiod, *Theogonie*, V. 535 ff., übers. u. hrsg. v. Otto Schöneberger, Stuttgart: Reclam, 1999, S. 45 u. 47.
23 Vgl. Aischylos, *Der gefesselte Prometheus*, V. 442 ff., übers. u. hrsg. v. Walther Kraus, Stuttgart: Reclam, 1965, S. 23 f.
24 Vgl. Ovid, *Metamorphosen*, I, 82 ff., übers. u. hrsg. v. Erich Rösch, München: Artemis & Winkler, 1992, S. 11.

Mit dieser Identifikation des Künstlers mit Prometheus, der seinerseits als Figuration des christlichen Schöpfergottes erscheint, schreibt sich der Text in eine spezifisch frühneuzeitliche Tradition der Rezeption des Mythos ein, der in ähnlicher Weise in lyrischen Texten Fray Hortensio Félix Paravicinos, Francisco Riojas und anderer spanischer Autoren der Epoche aufgerufen wird und dort insbesondere eine Kunstauffassung repräsentiert, deren Legitimationstopik die zeitgenössische ästhetische Debatte maßgeblich kennzeichnet[25]. Die theoretischen Prämissen dieser Kunstauffassung werden insbesondere in Francisco Pachecos einflussreichem Traktat *Arte de la pintura* aus dem Jahr 1649 deutlich, in der sich die Anspielung auf den prometheischen Feuerraub als direktes Zitat und Überschreibung jener Referenz auf die mythische Erzählung des Narcissus zu erkennen gibt, die in Albertis 1435/36 entstandenem Traktat *Della pittura* den Status eines ‹Gründungsmythos› erlangt, der nicht nur zentrale Verfahrenstechniken, sondern auch den Ursprung der Bildkunst offen legt[26]. Wenn Góngoras Sonett den Portraitmaler mit Prometheus assoziiert, so greift der Text mithin implizit das nicht erst bei Pacheco formulierte, sondern bereits zuvor bei zahlreichen zeitgenössischen spanischen Dichtern verbreitete Postulat der göttlichen Herkunft der Bildkunst auf[27], wie insbesondere die im zweiten Quartett auftretenden Epitheta «etéreo» und «divino» (V. 7) erkennen lassen, die der näheren Kennzeichnung der Leinwand dienen. Mit dem Rekurs auf den Mythos situiert sich der Text folglich im historischen Bezugsfeld zeitgenössischer Bildkonzepte neuplatonischer, stoischer oder christlicher Provenienz, die an den mittelalterlichen Topos des *deus artifex* oder *deus pictor* anknüpfen und gleichermaßen eine Analogierelation zwischen dem Maler und Gott wie auch zwischen dessen Schaffensakt und dem künstlerischen Prozess der Bildproduktion postulieren. Im Unterschied zur mittelalterlichen Tradition dient der Topos in der kunsttheoretischen Diskussion des Barock indes nicht mehr der Veranschaulichung und theologischen Explikation des Schöpfungswerks Gottes, sondern bezeichnet nunmehr in Umkehrung der christlichen Ontologie den gleichsam göttlichen Status der menschlichen Kunst, der damit eine ästhetische Legitimation verliehen wird, welche

---

25 Zur Rezeption des Mythos bei den spanischen Zeitgenossen Góngoras vgl. paradigmatisch José Lara Garrido, «Los retratos de Prometeo. Crisis de la demiurgía pictórica en Paravicino y Góngora», in: *Edad de oro* 6 (1987), S. 133–148; Bergmann, *Art Inscribed* (Anm. 12), S. 93-109, sowie die knappen Hinweise in Egido, «La página y el lienzo» (Anm. 13), S. 192 f.
26 Vgl. Francisco Pacheco, *Arte de la pintura*, hrsg. v. Bonaventura Bassegoda i Hugas, Madrid: Cátedra, 1990, S. 85 f.; vgl. zu Pachecos Überschreibung und Umkodierung der Mythenreferenz bei Alberti auch Bergmann, *Art Inscribed* (Anm. 12), S. 84; zur Deutung der mythischen Figur des Narcissus als ‹Erfinder› der Malerei vgl. Leone Battista Alberti, *Della pittura libri tre / Drei Bücher über die Malerei*, in: L. B. A., *Kleine kunsttheoretische Schriften*, übers. u. hrsg. v. Hubert Janitschek, Wien: Braumüller, 1877, S. 50–163, hier S. 91 u. 93.
27 Vgl. zu dieser Deutung auch Bergmann, *Art Inscribed* (Anm. 12), S. 84 f.

wesentlich auf religiöse und metaphysische Argumentationsfiguren zurückgeht[28].

Die an die Rezeption des Prometheus–Mythos gebundene neuplatonische Bild- und Kunstauffassung dokumentiert sich im Sonett zudem in der Benennung jenes «espíritu vivaz» (V. 3), den die Leinwand gemäß der in der ersten Strophe geleisteten Beschreibung des Bildes der Tätigkeit des Pinsels verdankt. Diese Beschreibung spielt erstmals auf die spezifische Darstellungsleistung des Bildes, näherhin den Akt der Nachahmung der Natur an, der eine Ähnlichkeitsrelation zwischen Bild und abgebildetem Modell voraussetzt und in zweifacher Hinsicht auf die zeitgenössische kunsttheoretische Debatte bezogen ist: So verweist er zunächst auf ein zentrales Merkmal der Bildform des Portraits, das nicht das Ergebnis des *ritrarre*, der bloß abbildlichen Reproduktion der sichtbaren Physis des Modells sein darf, sondern auf die höhere Form der Mimesis des auswählenden *imitare* zurückgehen soll, dessen spezifische Leistung von jeher mit dem Anspruch verbunden ist, auf der äußeren Bildoberfläche das ideale Bild der inneren ‹spirituellen› Eigenschaften der portraitierten Person darzustellen[29]. Ineins damit stellt sich das Portrait als eine Bildform dar, die in der Überschreitung der empirisch sichtbaren Wirklichkeit das materielle Abbild einer ‹geistigen› Vorstellung produziert und so in idealtypischer Form eben jene in der neuplatonischen Bildontologie postulierte analogische Korrespondenz von physischem Abbild und urbildlicher ‹Idee› umsetzt, welche nun nicht mehr im platonischen Sinne eine substantielle Seinsform darstellt, die der sinnlichen Erscheinungswelt zugrunde liegt, sondern den Status eines im und vom ‹Geist› des Künstlers erzeugten mentalen Vorstellungsbildes erlangt[30].

Auf den ersten Blick hat es daher den Anschein, dass Góngoras Sonett gerade im Rekurs auf den prometheischen Schöpfungsmythos programmatisch eine Bildkonzeption propagiert, die zentrale philosophische und theologische Denkfiguren der zeitgenössischen Kunstreflexion aufgreift. Der Adaptation des antiken Mythos liegt zunächst eine allegorisierende Lesart zugrunde, welche die pagane mythische Erzählung fest in den Referenzhorizont der neuplatonischen und christlichen Kosmologie einfügt, die wesentlich auf der Grenzziehung und Hierarchisierung von Urbild und Abbild, Geist und Materie sowie der Analogierelation von menschlichem Künstler und göttlichem Schöpfer beruht. Die literarische Mythenrezeption scheint damit den ‹Dogmatismus› einer theozentrisch fundierten zeitgenössischen ‹Metaphysik des Bildes› zu stützen,

---

28 Zur mittelalterlichen Verwendung des Topos des *deus artifex* vgl. Panofsky, *Idea* (Anm. 14), S. 20 f.; zur Umdeutung, die der Topos im Kontext der frühneuzeitlichen Kunstdebatte in Spanien erfährt, vgl. Bergmann, *Art Inscribed* (Anm. 12), S. 17 ff.
29 Zur historischen Unterscheidung von *ritrarre* und *imitare* sowie zur damit verbundenen Differenz zwischen der Darstellung des Äußeren und des Inneren der portraitierten Person, vgl. prägnant Rudolf Preimesberger, «Einleitung», in: R. P./Hannah Baader/Nicola Suthor (Hrsg.), *Porträt*, Darmstadt: Wissenschaftliche Buchgesellschaft, ²2003, S. 18 f. und 50 ff.
30 Vgl. hierzu Panofsky, *Idea* (Anm. 14), S. 9 ff.

deren kulturhistorische Geltung und Tragfähigkeit freilich im weiteren Verlauf des Textes nachhaltig in Frage gestellt wird.

3. Portrait und barocke Bildmagie

Das Sonett lässt bereits in seiner ersten Strophe erkennen, dass die im Text fokussierte Visualisierungsleistung des Portraits keineswegs in jener neuplatonisch-christlichen Legitimationstopik aufgeht, die auch in anderen zeitgenössischen Adaptationen des Prometheus-Mythos und dessen Rückbindung an den Topos des *deus artifex* unterstrichen wird. Dies verdeutlicht insbesondere die Reflexion auf den materiellen Status und die ‹Lebendigkeit› des Bildes, die im Portraitgedicht Paravicinos ebenfalls die Pointe der Bildbeschreibung bildet[31], in Góngoras Text jedoch in einen neuartigen kunst- und kulturhistorischen Zusammenhang gerückt wird. So ist zum einen festzustellen, dass die Benennung des «espíritu vivaz» (V. 3) nicht nur auf die im Vorangehenden rekonstruierte gattungstheoretisch und bildmetaphysisch fundierte Darstellungsleistung des Portraits anspielt, sondern das Bildnis in Verbindung mit dem Hinweis auf dessen «ätherische» Qualität (V. 7) implizit zugleich als physische Verkörperung jener feinstofflichen *spiritus* ausweist, deren bereits bei Galen beschriebene Wirkung und Ausbreitung in unterschiedlichen optischen, psycho-physiologischen und pneumatologischen Theorien des Mittelalters und der Frühen Neuzeit mit materiellen Effekten der Vitalisierung oder Animierung von Bildern in Zusammenhang gebracht werden[32]. Wenn zum anderen die Leinwand in der ersten Strophe in anthropomorphisierender Weise als Lebewesen beschrieben wird, das die vom Maler verwendeten Farben «trinkt» (V. 4), das Portrait in der zweiten Strophe als «émulo del barro» (V. 6) figuriert, aus dem der Mensch geformt wird, und zudem zu «stummem Leben» («vida muda», V. 8) erwacht, dann wird dem Bild darin zugleich eine eigene, gleichsam organische Körperlichkeit und Lebendigkeit zugesprochen, die bereits innerhalb des frühneuzeitlichen *paragone* von Theoretikern wie Alberti oder Leonardo da Vinci postuliert wird[33]. Im Kontext der italienischen Kunstreflexion der Renaissance wird das Bildartefakt dabei vielfach in eine

---

31 Zur dort zutage tretenden Analogie von «cuerpo carnal» und «cuerpo figurado» vgl. Lara Garrido, «Los retratos de Prometeo» (Anm. 25), S. 137.
32 Vgl. zum Fortwirken der psycho-physiologischen und pneumatologischen Theorien in der Frühen Neuzeit die Hinweise bei Wolf, «Bildmagie» (Anm. 15), S. 52, und Fehrenbach, «Calor nativus — Color vitale » (Anm. 15), S. 152; zu den Prämissen und Implikationen der galenischen *spiritus*-Lehre vgl. paradigmatisch E. Ruth Harvey, *The Inward Wits. Psychological Theory in the Middle Ages and the Renaissance*, London, 1975, S. 4–30.
33 Zu den je unterschiedlichen Kontexten, in denen sich das Postulat der Körperlichkeit und Lebendigkeit des Bildartefakts bei Alberti und Leonardo situiert, vgl. paradigmatisch Kruse, «Ein Angriff auf die Herrschaft des Logos» (Anm. 13), S. 88 f.; Barasch, «The Magic of Images in Renaissance Thought» (Anm. 16), S. 90 ff., sowie Fehrenbach, «Calor nativus — Color vitale» (Anm. 15), S. 153 ff. u. 158 ff.

unmittelbare Analogiebeziehung zum menschlichen oder tierischen Organismus gerückt[34], der gemäß der einschlägigen aristotelischen Bestimmungen als kompositer Körper erscheint, dessen metabolische Lebensfunktionen eine Entsprechung in der koloristischen *compositio* des Bildartefakts finden. Obgleich insbesondere bei Alberti die materielle Kohäsion, die Mischung und Viskosität der vom Künstler verwendeten Farben, das Korrelat der internen Kohäsion des biologischen Körpers bilden kann, ist es innerhalb der ästhetischen Debatte Italiens vor allem die über die Auswahl und harmonische Zusammenstellung der Farbeffekte erzielte Repräsentationsqualität des Bildes, welche die Analogie von künstlerischem Artefakt und lebendigem Organismus maßgeblich begründet.

Góngoras Sonett hingegen blendet diese mimetische Repräsentationsleistung des Bildes, die Art der Nachahmung oder Darstellung des Gegenstandes gerade aus, indem es über die konkrete künstlerische Gestaltung des Portraits jede nähere Information verweigert. Der Text unterstreicht stattdessen die ‹Hervorbringung von Sichtbarkeit›[35] durch die graduelle Formung der Materie und fokussiert dabei insbesondere die Entstehung des physischen Bildkörpers, der aus dem Zusammenspiel von Auge, Hand, Leinwand und Pinsel hervorgeht. Dieser Bildkörper gleicht einerseits einem materiellen Abdruck des Gesichts, wie er beispielsweise von einer Maske genommen wird, einer Bildform, auf die der Eingangsvers mit der Wendung «Hurtas mi vulto» direkt anzuspielen scheint und die als kulturhistorischer Vorläufer des Portraits auf dessen genealogische Entstehungsbedingungen verweist[36]. Andererseits tritt er in engen Bezug zum verwandten Bildmedium des Wappens, das das reale Portrait des Autors auf dem Frontispiz des Manuscrito Chacón in der Tat begleitet und das nach dem Bildwissenschaftler Hans Belting mit seiner Trägermaterialität einen ‹Funktionskörper› oder einen physischen ‹Zweitkörper›

---

34 Vgl. zu dieser wissenschaftshistorischen Einordnung der ‹lebendigen Bilder› die anregenden Überlegungen in Fehrenbach, «Calor nativus — Color vitale» (Anm. 15), passim, sowie Frank Fehrenbach, «Kohäsion und Transgression. Zur Dialektik lebendiger Bilder», in: Ulrich Pfisterer/Anja Zimmermann (Hrsg.), *Animationen/Transgressionen. Das Kunstwerk als Lebewesen*, Berlin: Akademie, 2005, S. 1–40.

35 Die Implikationen der Begriffe der Sichtbarkeit und des Visuellen, die als Techniken des Beobachtens, Darstellens, Übertragens in konkrete historische Bildformen eingehen, dabei aber nicht mit dem Bild selbst gleichzusetzen sind, sondern die Voraussetzungen und Konsequenzen der Visualisierungsprozesse betreffen, werden differenziert bestimmt in Michael Wetzel, «Die Leonardo-Galaxis: Vom Tafel- zum Monitorbild», in: Matthias Bickenbach/Axel Fliethmann (Hrsg.), *Korrespondenzen. Visuelle Kulturen zwischen früher Neuzeit und Gegenwart*, Köln: DuMont, 2002, S. 75–88.

36 Zum genealogischen Zusammenhang von Maske und Portrait vgl. ausführlich Belting, «Medium — Bild — Körper» (Anm. 12), S. 34–38; die Bedeutung, die Wachsbildnissen bezüglich der historischen Herausbildung des neuzeitlichen Portraits zukommt, wird diskutiert in Wolf, «Bildmagie» (Anm. 15), S. 50 ff.

konstituiert[37], welcher den empirischen Körper der dargestellten Person verdoppelt und so das abbildliche Repräsentationsverhältnis durch ein Verhältnis physischer Stellvertreterschaft ersetzt.

Ineins mit dieser Fokussierung der Materialität des Portraits findet im Text eine signifikante Verschiebung der Beschreibungsperspektive statt, die innerhalb der syntagmatischen Abfolge der Strophen den Übergang von der Betrachtung traditioneller Kunstformen zu einer hintergründigen Bestimmung technischer Medien- und Bilddispositive erkennen lässt, die sich im Entstehungskontext der artifiziellen optischen Magie des Barock verorten. Diese Verlagerung der Perspektive manifestiert sich in sinnfälligster Form in der Beschreibung der Herstellung der «vida muda» (V. 8) des Bildes, dem physischen und lebendigen ‹Zweitkörper›, dessen Konstitution im Text den technischen Verfahren der Bilderzeugung des optischen Mediums des Spiegels angenähert wird. Die grundsätzliche mediale Homologie zwischen Spiegel und Bild wird bereits in der zeitgenössischen kunsttheoretischen Reflexion bezüglich des flämischen Portraits benannt[38], welches die Ablösung der Profil- durch die Frontalansicht vollzieht und daher den Anschein hervorruft, dass die Bildtafel — ähnlich wie der Spiegel — den Blick des externen Bildbetrachters auf diesen zurückwirft. Bei Góngora wird diese strukturelle Homologie der Visualisierungsformen von Portrait und Spiegel nicht nur explizit im frühen, bereits 1582 entstandenen Liebessonett «¡Oh claro honor del líquido elemento!» thematisch, in dem die Geliebte nach Auskunft des Sprechers ihr eigenes, von Amor angefertigtes Portrait auf der Wasseroberfläche eines Baches betrachtet[39], sondern bekundet sich zudem in expliziter Form in «Hurtas mi vulto» im Auftreten der Wendung der «esplendor» (V. 8), die gleichermaßen der näheren Kennzeichnung der Leinwandoberfläche wie auch des Bildkörpers dient und deren primäre lexikalische Bedeutung im *Diccionario de las autoridades* aus dem Jahr 1732 wie folgt angegeben wird: «La claridad de luz que despiden los rayos de un cuerpo resplandeciente [...]»[40].

In deutlichster Form tritt indes der Übergang, der sich im Text von der Beschreibung des traditionellen Bildgenres des Portraits zum technischen Instruments des Spiegels vollzieht, im Rahmen der Bezugnahme auf die Erscheinungsform des Bildgegenstandes zutage. Drückt sich in der zweiten Strophe die Lebendigkeit des Bildkörpers nicht zuletzt in der metaphorischen Beschreibung der Vergänglichkeit der Materie aus («Vanas cenizas temo al

---

37 Zu Erscheinungsformen und historischen Bedeutungen dieses durch das Trägermedium konstituierten ‹Funktionskörpers› oder ‹Zweitkörpers› vgl. Hans Belting, «Wappen und Portrait. Zwei Medien des Körpers», in: H. B., *Bild-Anthropologie* (Anm. 12), S. 115–142.
38 Zur medialen und historischen Wechselbeziehung von Spiegel und Portrait vgl. ebd., S. 127 ff.
39 Vgl. Góngora, *Sonetos completos* (Anm. 21), S. 121, V. 5–8: «[...] pues la por quien helar y arder me siento / (mientras en ti [el líquido elemento] se mira), Amor retrata / de su rostro la nieve y la escarlata / en tu tranquilo y blando movimiento [...].»
40 Das Zitat entstammt der digitalen Ausgabe des *Diccionario de autoridades* (1732); URL: http://buscon.rae.es/ntlle/.

lino breve», V. 5), so wird die Bilderscheinung im folgenden nicht nur als
«vida muda», sondern in der dritten Strophe zudem als physische «materia»
beschrieben, der gleichwohl die Eigenschaft innewohnt, sich gerade als materielle Substanz der zuvor evozierten zerstörerischen Einwirkung des Feuers
entziehen zu können («Que a su materia perdonará el fuego», V. 10). Es ist
diese offenkundig paradoxe Beschreibung des Bildgegenstandes, die in Verbindung mit dem erwähnten metaphorischen Hinweis auf die «esplendor leve»
der Leinwand auf den ontologischen Status von Spiegelbildern verweist, die
von jenen katoptrischen Apparaten produziert werden, die verstärkt im Übergang vom 16. zum 17. Jahrhundert konstruiert werden und deren wissenschaftliche Beschreibungen sich in den skizzierten technikgeschichtlichen Entstehungskontext der barocken Bildmagie einfügen. Die besonderen technischen Illusionseffekte der *magia artificialis* lassen sich dabei aus jenen Verfahren optischer Bilderzeugung ableiten, die den einfachen Planspiegel einerseits und konkave oder zylindrische Spiegel sowie komplexere katoptrische
Apparaturen andererseits kennzeichnen. So generiert der Planspiegel ‹virtuelle› optische Bilder, die vom Auge des Betrachters wahrgenommen werden,
als ob sie sich im Inneren des Spiegels bzw. in einem hinter der zweidimensionalen Oberfläche sich erstreckenden Raum befinden (vgl. Abb. 2)[41]. Dieser
Modus der Bilderzeugung weist signifikante Parallelen zum Verfahren der
zentralperspektivischen Bildkonstruktion auf, bei der ebenfalls der materielle
Bildträger negiert und zu einer gleichsam durchsichtigen Ebene umgedeutet
wird, durch die der Betrachter wie durch ein Fenster hindurchzublicken glaubt
— was zugleich erklärt, aus welchem Grund Alberti das zentralperspektivisch
konstruierte Bild sowohl mit einem Fenster als auch mit dem optischen Apparat des Spiegels vergleicht[42]. Ein völlig anders gearteter Typus der Bilderzeugung liegt der Funktionsweise einfacher konkaver oder zylindrischer Spiegel
zugrunde: Wie ausführlich in Giambattista Della Portas *Magia naturalis* und
Athanasius Kirchers *Ars magna lucis et umbrae* beschrieben, erzeugen diese
keine virtuellen, sondern ‹reale› Bilder, die im Unterschied zu ersteren nicht
im ‹Inneren› des Spiegels, sondern im Gegenteil vor dessen Oberfläche in
einem Zwischenraum zwischen dem Betrachter und dem Apparat entstehen
(vgl. Abb. 3)[43]. Ein ähnlicher optischer Effekt stellt sich auch bei jenen
komplexeren katoptrischen Apparaturen ein, die eine Veränderung oder Mul-

---

41 Vgl. zum Verfahren optischer Bilderzeugung im Planspiegel paradigmatisch Umberto Eco,
«Über Spiegel» (1985), in: U. E., *Über Spiegel und andere Phänomene*, München: dtv,
⁵1998, S. 26–61, bes. S. 29 f.
42 Vgl. zur skizzierten Bestimmung des Verfahrens zentralperspektivischer Bildkonstruktion
Erwin Panofsky, «Perspektive als symbolische Form» (1927), in: E. P., *Aufsätze zu
Grundfragen der Kunstwissenschaft*, Berlin: Hessling, 1964, S. 99–167; zum Vergleich des
Bildes mit einem Fenster vgl. Alberti, *Della pittura libri tre* (Anm. 26), S. 79; der Vergleich
mit dem Spiegel liegt bereits der kunsttheoretischen Adaptation des Mythos des Narcissus
zugrunde; vgl. hierzu Anm. 26.
43 Zu den optischen Bilderzeugungsverfahren konkaver Spiegel vgl. paradigmatisch Eco,
«Über Spiegel» (Anm. 41), S. 29 f.

tiplizierung optischer Bilder bewirken. Besteht die einfachste Konstruktion dabei aus zwei ebenen Spiegeln, die an einem Scharnier befestigt sind und ein zwischen den Flügeln befindliches Objekt in Abhängigkeit vom gewählten Neigungswinkel unterschiedlich oft vervielfältigen (vgl. Abb. 4), so leiten sich aus den Funktionsprinzipien dieser elementaren Apparatur komplexere Konstruktionen wie das von Kircher entworfene ‹polymontrale katoptrische Theater› ab (Abb. 5), das ein Kabinett darstellt, dessen Innenwände mit einer Vielzahl beweglicher Spiegel ausgestattet sind, welche optische Erscheinungen generieren, die zwar dem Typ der ‹virtuellen› Bilder zugehören, aufgrund der Anordnung der Spiegelflächen jedoch ähnlich wie ‹reale› optische Bilder in den empirischen Raum des Betrachters hineinzuragen scheinen[44]. Bei den genannten optischen Erscheinungen handelt es sich insgesamt um Bildphänomene, denen ein zutiefst hybrider Status zukommt: Einerseits sind sie als von Spiegeln erzeugte Bilder wesensgemäß nicht-substantieller und nicht-materieller Natur; andererseits sollen sie — wie sowohl Della Porta als auch Kircher in ihren Traktaten betonen[45] — beim Betrachter den Eindruck hervorrufen, dass es sich um physisch konsistente Gegenstände oder materielle Körper handelt, die sich als magische Objekte oder optische Wunder präsentieren. Es ist eben dieser technische Effekt, auf den auch Góngoras Beschreibung anspielt, wenn er dem auf der Leinwand entstehenden Bildgegenstand gleichermaßen eine ‹leichte› und gleichsam ‹schwerelose› Beschaffenheit («esplendor leve») wie auch die Eigenschaft physischer Materialität zuspricht, die jedoch eine körperliche Substanz konstituiert, welche sich ihrer Zerstörung durch das Feuer zu widersetzen vermag. Die im Sonett beschriebene Entstehung des Portraits nimmt mithin in deutlicher Form auf die spezifischen Verfahrensformen der artifiziellen Bildmagie des Barock Bezug, die sich dem Einsatz des technischen Mediums des Spiegels verdanken und vielfach optische Figuren produzieren, die aufgrund des visuellen Anscheins «anwesender Abwesenheit»[46] einen ambivalenten epistemischen Status erlangen.

Es bleibt daher vorläufig festzuhalten, dass der im Text aufgerufene katoptrische Modus der Bilderzeugung, der mit der «vida muda» eine optische Erscheinung generiert, die den empirischen Körper der abwesenden portraitierten Person verdoppelt, eine beunruhigende ontologische Verwechslung von materiellem Körper und substanzlosem Bild auf den Plan ruft, die bereits der im ovidischen Mythos des Narcissus beschriebenen Wahrnehmungssituation

---

44 Die historischen Erscheinungsformen und optischen Funktionsprinzipien der genannten katoptrischen Apparaturen werden ausführlich beschrieben in Baltrusaitis, *Der Spiegel* (Anm. 19), S. 19–44.
45 Zum hybriden Status der katoptrischen Spiegelbilder, die bei Della Porta und bei Kircher den Anschein erwecken sollen, im Raum zu ‹schweben› und taktil erfahrbar zu sein, und bei Kaspar Schott *expressis verbis* mit dem gespiegelten Gegenstand selbst gleichgesetzt werden, vgl. ausführlich Gronemeyer, *Optische Magie* (Anm. 18), S. 93, 98 f. u. 125 f.; vgl. hierzu ebenfalls Zielinski, *Archäologie der Medien* (Anm. 18), S. 167 ff., sowie Baltrusaitis, *Der Spiegel* (Anm. 19), bes. S. 20 ff.
46 Zielinski, *Archäologie der Medien* (Anm. 18), S. 167.

zugrunde liegt[47], zugleich jedoch den eindrucksvollsten optischen Effekt der zeitgenössischen technischen Bildmaschinen darstellt. Deren Einsatz steht bei Della Porta und Kircher insgesamt im Zeichen der experimentellen Erforschung visueller Wahrnehmungsformen, im Rahmen derer die Aufmerksamkeit des Betrachters weniger auf die vorgeführten Gegenstände und Bilder selbst als auf die Bedingungen und Verfahren, die ihrer Entstehung zugrunde liegen, gelenkt wird, so dass die Materialität der optischen Medien und die technische Manipulierbarkeit der Bilderzeugung in den Vordergrund der visuellen Erfahrung tritt. Bei Della Porta fügt sich die Entwicklung der skizzierten technischen Bildmodelle dabei in den übergreifenden Deutungszusammenhang der *magia artificialis* ein, die in weiten Teilen auf das tradierte naturphilosophisch geprägte Wirklichkeitsverständnis zurückgeht und daher einen geordneten kosmologischen Seinszusammenhang voraussetzt, dessen verborgene Gesetze es mithilfe der optischen Apparate zu ergründen gilt. Wie paradigmatisch das erwähnte ‹polymontrale katoptrische Theater›, aber auch die zahlreichen apparativen Vorführungen übernatürlicher Erscheinungen veranschaulichen, geht es Kircher hingegen in den optischen Bildinszenierungen, die zentrale Effekte der barocken Theaterszenographie übernehmen, in stärkerem Maße als Della Porta[48] um die technische Konstruktion einer artifiziellen Wirklichkeit oder zweiten künstlichen Natur, welche nicht primär auf die Bestätigung der Gesetze eines vorgängigen kosmologischen Seinszusammenhangs, sondern auf dessen fortschreitende Erweiterbarkeit abzielt und mit ihren operativen Bilderzeugungsverfahren neuartige Ordnungen der Wirklichkeit und Sichtbarkeit zu erschließen sucht[49]. Es ist diese graduelle Ablösung der *magia artificialis* von ihrem tradierten naturphilosophischen Begründungskontext, die den kulturhistorischen Referenzhorizont auch für Góngoras Umgang mit den skizzierten katoptrischen Bildmodellen abgibt. Denn in der syntagmatischen Strophenabfolge des lyrischen Textes zeichnet sich ebenfalls eine Betrachterordnung ab, welche gleichermaßen dem neuplatonischen Bild-

---

47 Vgl. Ovid, *Metamorphosen* (Anm. 24), III, V. 416–418
48 Im Übergang von der ersten zur zweiten Auflage der *Magia naturalis* ist gleichwohl auch bei dem Dramenautor Della Porta der zunehmende Einfluss inszenatorischer Bühneneffekte zu verzeichnen, der Rückschlüsse auf ein verändertes Verständnis der Natur und der Wirkungen katoptrischer Bildeffekte zulässt; vgl. hierzu Gronemeyer, *Optische Magie* (Anm. 18), bes. S. 94 ff., sowie Zielinski, *Archäologie der Medien* (Anm. 18), S. 112 ff..
49 Der aus den frühneuzeitlichen Illusionstechniken abzuleitende Effekt der Verdoppelung der Realität und der Schaffung einer zweiten künstlichen Natur wird besonders herausgestellt in Laurent Mannoni, «The Art of Deception», in: L. M./Werner Nekes/Marina Warner (Hrsg.), *Eyes, Lies and Illusions. Drawn from the Werner Nekes Collection*, London: Hayward Gallery, 2004, S. 41–52; auf die Kontinuität von bildmagischen und wissenschaftlichen Visualisierungsverfahren, die auf die Erschließung neuer Bereiche der Wirklichkeit abzielen, verweist Marina Warner, «The Art of Deception», ebd., S. 13–23. Diese Kontinuität wird mit Blick auf das wissenschaftlich-mathematische Verfahrens der Zentralperspektive im 17. Jahrhundert auch von einigen Vertretern der *magia artificialis* selbst hervorgehoben; vgl. hierzu Martin Kemp, *The Science of Art. Optical Themes in Western Art from Brunelleschi to Seurat*, New Haven/London: Yale UP, 1990, bes. S. 208–212.

begriff und dem allegorisch-christlichen Bezugsrahmen, der zu Beginn des Sonetts der ostentativen Berufung auf den Mythos des Prometheus zugrunde liegt, im weiteren Textverlauf eine Absage erteilt. Indem das Sonett offenlegt, wie die im Akt der Herstellung des Portraits erzeugte Bildgestalt den Status eines körperlichen Objekts gewinnt, beschreibt es die Genese eines materiellen Abbildes, das sich gegenüber seinem spirituellen Urbild verselbständigt und folglich eben jene epistemologisch und kosmologisch fundierte Seinsordnung außer Kraft setzt, die auch in Kirchers katoptrischen Bildinszenierungen brüchig zu werden beginnt.

Die skizzierte Annäherung des Portraits an die Funktionsprinzipien der zeitgenössischen katoptrischen Medien und der artifiziellen optischen Magie manifestiert sich indes nicht allein auf der Ebene der Beschreibung des Bildobjekts, sondern bezieht auch das Subjekt des Bilderzeugungsprozesses mit ein. So fokussiert die erste Strophe in der Betonung des Diebstahls und des diesem zugrundeliegenden Zusammenspiels von Pinsel, Leinwand und Farbe vor allem die Handgebärde des Malers und verweist damit auf jene manuelle Tätigkeit, *operazione manuale*, die nach Leonardo als konstitutive Voraussetzung der empirischen Evidenz der Malerei gilt und diese als Wissenschaft von jenen spekulativen Wissensdisziplinen abgrenzt, die sich nicht der sinnlichen Erfahrung verdanken[50]. Diese Sichtweise erfährt eine signifikante Modifikation in der zweiten Strophe, in der ein gleichsam eigentätiger Prozess der Selbsterzeugung der Bildmaterie beschrieben wird: Als grammatikalisches Subjekt des Satzes fungiert hier weder der Maler noch die Leinwand, sondern die physikalische Beschaffenheit der Oberfläche des Portraits, die «esplendor leve» (V. 8), die allererst dem Bildnis das «stumme Leben» einhaucht, so dass sich folgern lässt, dass es die Technik oder Dynamik der materiellen Bildproduktion selbst ist, die sich nunmehr an die Stelle des Schöpfersubjekts und seiner geistigen oder manuellen Tätigkeit setzt. Diese Betrachtungsweise setzt sich auch in der dritten Strophe fort, in der der technische Selbsterzeugungsprozess der Materie, wie gesehen, seinen Abschluss in der Herstellung eines physischen Körpers findet, welcher wesensgemäß nicht-substantieller Natur ist.

Es ist diese Bewegung der sukzessiven Ablösung der Handgebärde des Künstlers durch die technische Operationalität der Bildformierung, die in deutlichster Form auf jenen bei Della Porta und Kircher reflektierten Umgang mit den ‹magischen› optischen Apparaten verweist. Bei beiden zielt der Einsatz katoptrischer Bildmaschinen ganz bewusst darauf ab, den Operateur oder Agenten des technischen Effekts nicht sichtbar in Erscheinung treten zu lassen, sondern ihn dem Blick des externen Betrachters der Apparatur zu

---

50 Vgl. zu diesem Begründungszusammenhang prägnant Kruse, «Ein Angriff auf die Herrschaft des Logos» (Anm. 13), S. 79 f.

entziehen[51]. Besonders bei Kircher verbindet sich die gezielte Verbergung der operativen Agenten und Mechanismen der Bildmaschinen mit der von ihm artikulierten Absicht, mit den technischen Vorführungen das dem Betrachter verborgene Wirken Gottes und die spirituellen Kräfte der Ordnung der Natur zum Ausdruck zu bringen[52]. Gerade in den von den katoptrischen Apparaturen hervorgebrachten Illusionseffekten kündigt sich jedoch zugleich der kulturgeschichtliche Beginn der Entstehung moderner technischer Artefakte und Mediensysteme an, die sich — folgt man zahlreichen technikhistorischen und techniktheoretischen Ansätzen des 20. Jahrhunderts — als ‹Extensionen› oder ‹Exteriorisierungen› des menschlichen Körpers begreifen lassen, welche sich graduell gegenüber dem Subjekt verselbständigen und automatisierte Operationsmodi initiieren, die neue Wahrnehmungsmuster und Erfahrungsstrukturen ermöglichen, sich aufgrund der zunehmenden ‹Invisibilisierung› ihrer Funktionsmechanismen jedoch der Kontrolle und Verfügbarkeit durch ihre Benutzer zunehmend entziehen[53]. Auf eben diesen kultur- und medienhistorischen Transformationsprozess spielt auch Góngoras Gedicht unverkennbar an. Dies veranschaulicht nicht nur die skizzierte Bezugnahme des Sonetts auf die Bild- und Deutungsmodelle der frühneuzeitlichen *magia artificialis*, sondern wird im Text noch in anderer Hinsicht deutlich. Denn wenn in der dritten Strophe des Sonetts die Herstellung eines Bildartefakts beschrieben wird, das sich ungeachtet seiner Materialität der zerstörerischen Einwirkung des Feuers und der Zeit (V. 10 f.) widersetzt und sich zudem graduell gegenüber der händischen Tätigkeit des Künstlersubjekts verselbständigt, so liegt die weitergehende Annahme nahe, dass hier im Unterschied zu den beiden voraufgehenden Strophen nicht mehr vom gemalten Portrait, sondern von dem Kupferstich, der gedruckten Reproduktion des Bildes die Rede ist, die sich am Anfang des Textmanuskripts befindet und deren mechanische Herstellung maßgeblich auf

---

51 Vgl. zur Taktik der Verbergung des Operateurs wie auch des technischen Mechanismus, der der Erzielung optischer Illusionseffekten zugrunde liegt, Gronemeyer, *Optische Magie* (Anm. 18), S. 99 u. 103 f., sowie Zielinski, *Archäologie der Medien* (Anm. 18), S. 152 f. u. 163 f.

52 Zu Kirchers Absicht, in den technischen Vorführungen das verborgene Wirken Gottes zu demonstrieren, vgl. paradigmatisch Zielinski, *Archäologie der Medien* (Anm. 18), S. 152 f.; seine Faszination durch bildmagische Inszenierungen, die hinter der trügerischen Oberfläche auf die spirituelle Ordnung der göttlichen Schöpfung verweisen, wird von Kemp unterstrichen; vgl. Kemp, *The Science of Art* (Anm. 49), S. 211.

53 Zur Bestimmung technischer Mediensysteme als ‹Extensionen› oder ‹Exteriorisierungen› des menschlichen Körpers vgl. besonders Marshall McLuhan, *Understanding Media. The Extensions of Man*, Cambridge (Mass.)/London: MIT Press, 1994; zur Eigendynamik automatisierter Operationsmodi, die sich dem Eingriff durch das Subjekt entziehen, vgl. paradigmatisch Hans Blumenberg, «Lebenswelt und Technisierung unter Aspekten der Phänomenologie» (1963), in: H. B., *Wirklichkeiten, in denen wir leben*, Stuttgart: Reclam, 1981, S. 7–54, sowie Friedrich Kittler, *Optische Medien. Berliner Vorlesung 1999*, Berlin: Merve, 2002; zur Rede von der ‹Invisibilisierung› der Funktionsmechanismen technischer Artefakte vgl. etwa Bruno Latour, *Petites leçons de sociologie des sciences*, Paris: La Découverte, 1993.

der technischen Entkoppelung von Hand und Artefakt beruht. Bezieht man beide Begründungszusammenhänge, die in je eigener Weise die historischen Entstehungsbedingungen moderner technischer Bilder reflektieren, auf die vor allem zu Textbeginn aufgerufene christlich-neuplatonische Konzeption der Kunst zurück, so lässt sich vorläufig folgern, dass der Umschlag von der mythologischen Deutung des Kunstwerks zur Vergegenwärtigung seiner technisch-materiellen Dimension mit einer zweifachen Revision der tradierten, im Mythos des Prometheus implizierten Kunst- und Bildontologie einhergeht. In den Illusionstechniken der katoptrischen Bildmagie des Barock wird eine spezifisch frühneuzeitliche Ordnung des Betrachters und des Sichtbaren konturiert, welche nicht nur die neuplatonische Hierarchisierung von Urbild und Abbild, von Geist und Materie relativiert, sondern zugleich auch die christliche Vorstellung eines personalen Schöpfergottes überwindet und damit den gesamten theologisch-kosmologischen Referenzrahmen suspendiert, in der die poetische Bildreflexion ihre kunsttheoretische Verankerung zu finden schien.

4. Arbeit am Mythos: Bild und Schrift

Die skizzierte Auseinandersetzung mit den zeitgenössischen technischen Bilddispositiven, die den Text im Deutungshorizont der barocken *magia artificialis* situiert, hat zugleich signifikante Auswirkungen auf die Schriftpraxis und poetischen Darstellungsverfahren des Autors, welche auch die literarische Adaptation des Prometheus-Mythos in einem neuen Licht erscheinen lassen. Das Schriftmedium wird insbesondere in der vierten Strophe thematisch, in der auch erstmals auf die sinnlichen Modi der Wahrnehmung Bezug genommen wird. So verweist die Nennung des «roble» (V. 12), der in seinen Blättern die Jahre zählt, zwar zunächst auf die genealogische Bildfigur des Baums, der traditionell den kollektiven Körper des Familienverbandes versinnbildlicht und in dieser Funktion in der Regel auf dem Bildträger eines Wappens zu sehen ist[54]; der Vers bekräftigt somit erneut die mediale Verwandtschaft zwischen Wappen und Portrait und weist letzteres als einen physischen ‹Erinnerungskörper› aus, der der *memoria* der portraitierten Person dient[55]. Ebenso knüpft auch die Benennung der Taubheit (V. 13) an die Bezugnahmen auf die Bildkunst aus den vorangegangenen Strophen an, insofern sie das Komplement zur «vida muda» (V. 8) bildet, welche nicht nur auf die ‹Lebendigkeit›

---

54 Zur genealogischen Bedeutung der Bildfigur des Baums vgl. paradigmatisch das Widmungssonett «Arbol de cuyos ramos fortunados»; Góngora, *Sonetos completos* (Anm. 21), S. 59; vgl. hierzu auch Wolfram Nitsch, «Das Subjekt als *peregrino*. Selbstbehauptung und Heteronomie in Góngoras Lyrik», in: Wolfgang Matzat/Bernhard Teuber (Hrsg.), *Welterfahrung — Selbsterfahrung. Konstitution und Verhandlung von Subjektivität in der spanischen Literatur der frühen Neuzeit*, Tübingen: Niemeyer 2000, S. 363–378.
55 Vgl. zur Deutung von Wappen und Portrait als ‹Erinnerungskörper› Belting, «Wappen und Portrait» (Anm. 37), bes. S. 123 ff. u. 136 ff.

des Artefakts, sondern in Anlehnung an den frühneuzeitlichen *paragone* zudem auf die klassische Vorstellung der Malerei als einer ‹stummen Dichtung› verweist[56].

Zugleich handelt es sich jedoch um eine hintergründige Anspielung auf das Schriftmedium, da die Blätter des Baumes auf die materielle Präsenz von Papierseiten verweisen und das semantisch doppeldeutige Verb «contar» (V. 13) gleichermaßen den Vorgang des Zählens wie auch des Erzählens bezeichnet[57]. Die Schriftmedialität erscheint zudem eng an einen bestimmten Wahrnehmungsmodus gebunden, auf den die Metapher des «tronco ciego» (V. 13) anspielt. Das Bild des Baumstamms wird bereits von Alberti im Kontext seiner Erklärung des menschlichen Sehvorgangs verwendet, welche den visuellen Wahrnehmungsprozess als eine Emission von Strahlen auffasst, die wie feine Äste vom Auge als dem Stamm oder Knotenpunkt ausgehen und sich von dort bis zum gesehenen Objekt ausspannen[58]. Damit verweist es zugleich auf das frühneuzeitliche geometrische Erklärungsmodell des Sehvorgangs, bei dem das Auge als Scheitelpunkt der Sehpyramide fungiert und der wahrgenommene Gegenstand die Grundfläche bildet[59]. Wenn im Sonett freilich vom «tronco ciego» die Rede ist, dann ruft der Text ebenso wie ein frühes Liebessonett Góngoras zugleich eine gegenläufige mathematische Wortbedeutung auf, die bereits im 16. Jahrhundert in der italienischen Sprache anzutreffen ist, wo das Substantiv die geometrische Form einer Pyramide oder eines Kegels bezeichnet, dessen Scheitelpunkt abgetrennt ist[60], und somit einen Wahrnehmungsvorgang umschreibt, bei dem die perzeptorische Übertragung von Sinnesdaten nachhaltig gestört oder vollständig unterbrochen ist. Der Hinweis auf das Schriftmedium geht im Text folglich nicht nur mit der Negierung des äußeren Augensinns («ciego»), sondern ebenfalls mit einer Negierung der Prämissen des geometrischen Sehmodells einher, und bestätigt damit die von Leonardo im Kontext des *paragone* formulierte, an der traditionellen aristotelischen und galenischen Wahrnehmungspsychologie orientierte Bestimmung der Dichtung. Diese wird von Leonardo in polemischer Abwandlung des bekannten klassischen Diktums nicht als ‹sprechende›, sondern als ‹blinde Malerei› ausgewiesen, da sie aus seiner Sicht primär an den niederen Sinn des Gehörs gebunden ist und wesensgemäß auf der in der *immaginazione*

---

56 Zum Fortwirken dieser Simonides von Keos zugeschriebenen Bestimmung der Malerei im frühneuzeitlichen *paragone* vgl. paradigmatisch Egido, «La página y el lienzo» (Anm. 13), S. 164 f.; Bergmann, *Art Inscribed* (Anm. 12), S. 89 f.

57 Dies belegen die entsprechenden Einträge im *Diccionario de autoridades* (Anm. 40).

58 Vgl. hierzu Alberti, *Della pittura libri tre* (Anm. 26), S. 57.

59 Zu Prämissen und Implikationen des geometrischen Erklärungsmodell des Sehens vgl. David C. Lindberg, *Theories of Vision from Al-Kindi to Kepler*, Chicago/London: University of Chicago Press, 1976, S. 147 ff.

60 Vgl. hierzu Vf., «Mythische Visualität. Zum Verhältnis von optischen Medien und Schrift in der petrarkistischen Liebeslyrik Góngoras», in: Annette Simonis/Linda Simonis (Hrsg.), *Mythen in Kunst und Literatur. Tradition und kulturelle Repräsentation*, Köln: DuMont 2004, S. 419–453, hier S. 445 ff.

vollzogenen Umwandlung der gehörten Worte in mentale Vorstellungsbilder beruht, welche den unmittelbareren, von den Augen übermittelten Sinneseindrücken unterlegen sind[61]. Góngoras Sonett greift diese Bestimmung der Dichtung und Schrift implizit auf, verleiht ihr jedoch eine andere Wendung: Die Negation des äußeren Sehsinns geht hier mit einer Aufwertung des inneren Vorstellungsvermögens einher, auf das bereits in der zweiten Strophe der Verweis auf die Imagination des Sprechers Bezug nimmt («imagino», V. 6) und verbindet sich zudem mit einer Affirmation der Dauerhaftigkeit der Schrift. Der Text nimmt folglich eine exakte Umkehrung des von Leonardo formulierten Arguments vor und postuliert implizit eine hierarchische Stufenfolge der Medien, welche nunmehr der Schrift gegenüber der Malerei die ranghöhere Position zuweist.

Diese Privilegierung der Schrift impliziert jedoch keineswegs eine Preisgabe der Bezugnahme auf die medialen Eigenschaften des Bildes, denen im Gegenteil auch und gerade innerhalb der dem Text zugrundeliegenden Kommunikationssituation eine zentrale Bedeutung zukommt. Dies wird vor allem an der Rolle des lyrischen Sprechers deutlich, der einerseits als Kommentator oder Betrachter des Bildes, andererseits aber als Gegenstand des Portraits figuriert, welches von einem anonymen flämischen Künstler hergestellt wird, mit dem er in einen unmittelbaren Dialog tritt. Signifikant ist nun zunächst, dass der Sprecher, der sich in der ersten Strophe im Hinweis auf den ‹Diebstahl› seines Gesichts ausdrücklich als Modell des Malers zu erkennen gibt, ab der dritten Strophe als reale Person nicht mehr markiert ist, sondern seine Präsenz lediglich noch in der Adressierung des Künstlers bekundet («Belga gentil, prosigue al hurto noble», V. 9). Berücksichtigt man zudem, dass auch auf der Ebene der semantischen Beschreibung der empirische Körper («mi vulto», V. 1) in der syntagmatischen Abfolge der Strophen sukzessive durch den materiellen Bildkörper, den «émulo del barro» (V. 5), die «vida muda» (V. 8) und die «materia» (V. 10) ersetzt wird, lässt sich folgern, dass es in der zweiten Hälfte des Textes nicht mehr das portraitierte Individuum, das sich außerhalb des Bildes befindet, sondern der artifizielle, nur im und als Bild materialisierte Körper ist, der nunmehr aus dem Portrait heraus spricht. Dieser Schluss wird nicht nur durch die Gleichzeitigkeit der Sprechsituation mit der besprochenen Situation der Herstellung des Bildartefakts gestützt[62], sondern erfährt auch eine Bestätigung in dem realen Portrait auf dem Frontispiz des Manuscrito Chacón, das Góngora in Frontalansicht zeigt und das an gängige Portraitpraktiken des 15. und 16. Jahrhunderts anknüpft, bei denen das Bild vielfach von Spruchbändern, Devisen oder Inschriften begleitet wird[63]. Im vorliegenden Fall verweist der Sprecher im Rahmen der (nicht von Góngoras

---

61 Vgl. hierzu paradigmatisch Kruse, «Ein Angriff auf die Herrschaft des Logos» (Anm. 13), S. 84 f.
62 Diese Gleichzeitigkeit von Sprechsituation und besprochener Situation wird auch unterstrichen von Lara Garrido, «Los retratos de Prometeo» (Anm. 25), S. 142.
63 Vgl. Belting, «Wappen und Portrait» (Anm. 37), S. 136 ff.

Feder stammenden) Inschrift, die sich unterhalb des Portraits befindet, auf die eigene «pluma» und gibt sich damit gleichermaßen als portraitierte Person wie auch als Dichter zu erkennen, welcher unmittelbar den Leser der Textsammlung adressiert, die im Manuskript dem Bildnis folgt. Gibt sich auf dem Eingangsportrait der Sprecher und Autor der Textsammlung folglich in der medialen Doppelung und Kombination von Bild und Inschrift als Gegenstand des Portraits zu erkennen, so ist es im Sonett «Hurtas mi vulto» ausschließlich die Schrift, welche das lyrische Subjekt als eine gleichsam materialisierte und sprechende Bilderscheinung ausweist, deren Rede sich gleichermaßen an den flämischen Maler wie auch an den Leser des Textes richtet.

Es lässt sich daher abschließend folgern, dass in Góngoras Sonett die Schriftpraxis einen ‹magischen› Bilderzeugungsprozess beschreibt und in den eigenen Darstellungsverfahren operativ umsetzt, welcher zu eben jener mythischen Figuration des Prometheus zurückkehrt, die am Beginn des Textes in eindrucksvoller Form beschworen wird. Denn wenn der Sprecher seine Rede als ein materieller Bildkörper äußert, so erwacht er hier zu einem künstlichen Leben, einer «vida», die nicht länger «muda», sondern nunmehr sprechend ist. Mit dieser Konstellation, die den im Sonett beschriebenen Bildproduktions- und Visualisierungsvorgang auf die diesem zugrundeliegende Kommunikationssituation überträgt und einen redenden Körper präsentiert, der aus dem Inneren des Portraits heraus in Kommunikation mit dem Leser außerhalb des Bildes und Textes tritt, löst der Text nicht nur die seit der Antike gängige und im *paragone* aufgegriffene Bestimmung der Dichtung als einer «sprechenden Malerei» ein, sondern inszeniert zudem die Geburt des lyrischen Sprechers und Autors, der in einem wahrhaft prometheischen Schöpfungsakt zu künstlichem Leben erwacht und in dessen Erweckung zum Leben der antike Mythos seine Erfüllung findet. Der Text lässt sich damit als Dokument einer fortgesetzten literarischen ‹Arbeit am Mythos› deuten, welche die mythische Konfiguration der Erzählung des Prometheus konsequent zu ihrem Ende bringt, dabei aber zugleich einer signifikanten Transformation unterzieht. Denn auch der verlebendigte Bildkörper des lyrischen Sprechers stellt sich als eine optische Erscheinung dar, die jenen katoptrischen Illusionen gleicht, welche von Della Portas und Kirchers technischen Apparaturen produziert werden. Die magisch-mythische Geburt des Sprechers als eines zu Leben erwachten Bildkörpers fügt den prometheischen Schöpfungsmythos damit in den historischen Horizont der Emergenz der neuartigen technischen, wissenschaftlichen und ästhetischen Bilddispositive ein; sie bekräftigt einmal mehr die ontologische Ununterscheidbarkeit von substanzlosem Bild und physischem Körper, mit der der Text gleichermaßen die in der neuplatonischen Auslegung des antiken Prometheus-Mythos vorausgesetzte kosmologische Seinsordnung wie auch die in der christlichen Allegorese des Mythos angelegte Vorstellung der Allmacht eines personalen Schöpfergottes suspendiert. Gerade die Erfüllung des prometheischen Schöpfungsmythos richtet sich demnach gegen das christlich-theologische Dogma der Kreation und gibt in der Rückbindung an die Verfahrensformen der zeitgenössischen technischen Bildmagie zu erkennen, dass es erst die Differenz zwischen Mythologie und Dogmatismus ist, die den Mythen im Barock eine neuartige soziale und kulturelle Verbindlichkeit zu sichern vermag.

Abb. 1: Portrait Góngoras, Manuscrito Chacón, Madrid: Biblioteca Nacional

Abb. 2: Schema des Planspiegels

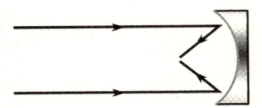

Abb. 3: Schema des Konkavspiegels

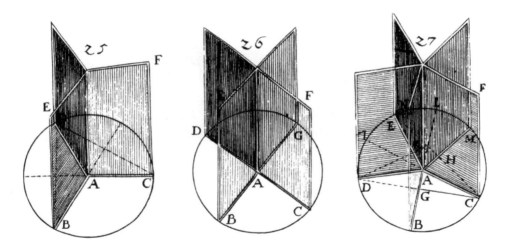

Abb. 4: Apparatur mit mehreren Spiegelflügeln

Abb. 5: Polymontrales katoptrisches Theater

Felix Duque

La hibridación de culturas en *El divino Narciso*[1]

En las postrimerías del llamado «Siglo de Oro» español resuena una voz extraña para nosotros... y aun para ella misma; extraña, en el sentido más fuerte del término: una voz novohispana que pretende, consciente y altivamente, *extrañarse*, desasirse de todo aquello que la habría condenado a una posición subalterna por haber nacido mujer y seguramente bastarda, haciéndose en cambio voluntariamente monja, enclaustrándose en el Convento de San Gerónimo de México para desde allí mejor guiar a los poderes del Nuevo Mundo, a fin de hacer de éste un real y verdadero *Nuevo Mundo*, una *Nueva España*. Se trata de un extrañamiento soberbio, velado tras una cauta capa de falsa modestia y de fingida humildad (a veces, la «Eco» de su auto *El divino Narciso* parece ser en efecto un eco de su propia posición «separada», como de *apartheid* espiritual). Un extrañamiento que pretenderá, nada menos, la *invención simbólica* de un nuevo Imperio, de una genuina *Nueva España*. En este sentido, la obra de Sor Juana Inés de la Cruz — pues que de ella, claro está, se trata aquí — supone a mi ver un campo privilegiado de pruebas de «construcción» mítica, entre lo sagrado y lo profano, de una Nación, apuntando al menos simbólicamente a la posibilidad de erigir un inédito Imperio multirracial sobre la base de una religión que, siendo confesadamente la católica, presenta un sorprendente sincretismo, y más: una inquietante inclinación a la aceptación de un «canibalismo divino» que podría hacer desembocar extremosamente el misterio de la Eucaristía en un extraño *neopaganismo teofágico*.

Y todo ello, en las postrimerías del siglo XVII, cuando un inane Carlos II, dizque hechizado (un «discapacitado mental», como diríamos piadosamente hoy), estaba a punto de morir sin descendencia, marcando así el paso — bien poco honroso — del Imperio en cuyos dominios no se ponía el Sol a un Estado centralizado al estilo francés, y bajo el «protectorado» de Francia.

Para poder entender tan prodigioso intento, velado por toda una hagiografía «sorjuanista» unas veces empalagosamente hipernacionalista y otras militantemente feminista (como si todo lo que Sor Juana hiciera o padeciera se debiera para bien o para mal a su estatuto de mujer en una sociedad machista), quizá proceda reconocer primero, sin embargo, que para Europa ha sido y quizá sigue siendo en general América un enigma. ¿Cómo entender en efecto algo absolutamente distinto, literalmente *desmesurado*: lo Otro en estado puro, ajeno a una milenaria línea hermenéutica *alejandrina*, que pasaba de los

---

1 El autor desea dejar constancia expresa de su agradecimiento al profesor Bernhard Teuber.

gimnosofistas de la India y los sabios egipcios a Grecia, a Jerusalén y Roma, y en fin a Europa (dejando por demás donosamente fuera de juego al Islam)?

América no fue sólo descubierta. Sobre todo, «fue inventada». Invención, sí, ya que los pueblos vencidos se quedaron sin un pasado documental seguro al que recurrir para entenderlos, y para que ellos mismos se reconocieran. Suprema paradoja: a los *aborígenes* no se les permitió tener documentos fundacionales *ab origine* (al contrario de lo que fueron la *Ilíada* para Grecia, el *Nibelungenlied* para Alemania o el *Cantar de Mio Cid* para España). Por un lado, tanto Anáhuac como el Tauantinsuyu habían sido destruidos, desapareciendo para siempre, metamorfoseados como estaban en la Nueva España y en el Perú.

Aquí no se podía proceder como en Grecia, Egipto o Irán a la hora respectiva de su «liberación» o de su *renacer* en los siglos XIX y XX, por más que todos seamos conscientes del carácter ideológicamente *postcolonial* de esa *nueva fundación*, de ese «retorno al origen». Y no se podía porque, en América, las «antiguallas» de su «gentilidad» (por utilizar los curiosos términos del Inca Garcilaso) fueron recogidas, y más: trasplantadas, traducidas en la lengua extranjera y dominadora. Y ello, a partir sobre todo de narraciones orales ya «semifabricadas» o «semibautizadas» por los misioneros. Además, al menos en un principio fueron utilizados esos manipulados documentos, llenos de mitos y de rituales hiperbólicamente prodigiosos, no desde luego para favorecer la emergencia de una *nueva conciencia americana*, sino para elaborar con ellos un *constructo* antitético, en correspondencia con las *dos almas* con las cuales el conquistador, munido de una mezcla — para nosotros, también ya ajena y extravagante — de mitología humanista y de cristianismo escolástico, interpretaba un mundo para él radicalmente *inédito*: por un lado, el indígena correspondería al buen salvaje (Vasco de Quiroga tomaría a los indios por los felices y despreocupados *homines naturales* de la edad saturnia, así como nuestra Sor Juana vería en ellos una nueva versión del *anima naturaliter christiana*: ese «salvoconducto para gentiles» con que un Clemente de Alejandría dejaba pasar como *praeparatio evangelii* a las mejores cabezas de la gentilidad). Por otro, en cambio, tendríamos al perverso salvaje, criatura del Demonio (como Tomás Ortiz, el cual — según Pedro Mártir de Anglería — pensaba que la pólvora empleada contra el indio era incienso a los ojos del Señor, o el aristotélico Juan Ginés de Sepúlveda, que en famosa controversia con Bartolomé de las Casas dudaba de que esos salvajes tuvieran siquiera alma racional). En una palabra, en América fue necesario «inventar» el pasado a partir de un presente que lo manipulaba desde una posición de radical extrañeza, oscilante entre la fascinación y la repugnancia, de modo que ese pasado no dejaba por ello de estar en buena parte constituido por los sueños, añoranzas y pesadillas de la Metrópolis al contacto con algo en definitiva ininteligible, y centrado además, por lo que hace al Anáhuac, en la ignominia de la «guerra florida»: la máxima abominación, consistente en «cazar» cautivos para sacrificarlos luego solemnemente y comer su carne.

No se trató pues, al menos en principio, de considerar a América como un *Nuevo* Mundo, sino más bien de verla como *otro mundo*, un *inframundo* que peligrosamente podía tender a convertirse en *inmundo*, en la sede de toda inmundicia, desde los monstruos horrendos adorados como dioses hasta la abominación de la antropofagia. De ahí que desde el principio se llevaran a cabo denodados intentos de lo que podríamos llamar *domesticación por asimilación*. Por la base racial, no parecía posible que, si Jesucristo había muerto por *todos* los hombres, esos seres no pertenecieran a la raza humana, o lo que *eurocéntricamente* era lo mismo, a una versión — por degenerada que fuese — de las razas conocidas. Y así se sostuvo que los pueblos indígenas provenían en definitiva del Viejo Mundo, aunque lo hubieran olvidado con el tiempo. Las similitudes, a veces sorprendentes, entre las pirámides mayas y aztecas, por un lado, y las pirámides de Egipto por otro, llevaron como se sabe al visionario jesuíta Athanasius Kircher (de gran influencia por demás en Sor Juana) a sostener en su *Oedipus Aegyptiacus* que la cultura mejicana provenía de Egipto. Diego Durán sostendría que se trataba en definitiva de una de las tribus perdidas de Israel, tras la diáspora. Y el gran erudito novohispano Carlos Sigüenza y Góngora, contemporáneo de Sor Juana, sostendría que su pueblo había sido originariamente evangelizado por uno de los apóstoles: Santo Tomás, llamado Dídimo, que la imaginación mexica habría transformado en el dios Quetzalcoatl. En cambio, por la superestructura ideológica, se quiso ver en América «otra» Gentilidad: otra manera, en definitiva, de ser *pagano*... también por el lado positivo.

¿Podría América aportar quizá otra forma de ser *clásico*? ¿O más bien se interpretó a América desde los clásicos? Lo último fue desde luego el camino escogido, en general, ya que precisamente la hazaña del Inca y de Sor Juana — cada uno en su sueño *neoimperial* — consistirá en fundir esas preguntas en una sola afirmación, o mejor: en una suerte de *bucle de retroalimentación*. Con ayuda de la gran herencia clásica, es decir de un impresionante *corpus mythologicum* tomado a veces como *prisca theologia*, como una sabiduría originaria velada a través de tantas transmisiones y traducciones: cantos rodados de un edificio antediluviano, se interpretaban las tradiciones y costumbres mexicas (convenientemente purificadas y adaptadas al gusto — bastante exquisito, por cierto — del poder novohispano), que a su vez engrosaban y metamorfoseaban mitos clásicos que estaban ya, a su vez, transidos de espiritualidad *humanista*, de neoplatonismo y de estoicismo «bautizados». Así, Europa trasvasaba a América el Humanismo grecolatino (y hay que ver cómo manejaba Sor Juana a Ovidio, Horacio, Virgilio, Marcial o Catulo, mientras que el Inca traducía primorosamente al castellano los *Dialoghi d'Amore* de León Hebreo), y América, a su vez, devolvía al Viejo Continente semifabricados mítico-ideológicos que, a las veces, contenían verdaderas propuestas *subversivas*, como veremos en el caso de Sor Juana.

¿Cuál es la *Grundoperation*, diríamos, de Sor Juana Inés de la Cruz? Por utilizar una expresión famosa, cabría decir que también ella, en cuanto interesada promotora de una viviente *autoconciencia del mestizo* (cultural y «étnico», más que racial), pretenderá *guiar al guía*, intentando sutilmente que el poder del arrogante español, dedicado a esquilmar y despojar de sus tesoros las venas de América para vaciarlos en España y dilapidarlos luego en una orgía neomedieval de *unitarismo* a ultranza, que ese poder opresor — digo — acabe por invaginarse, por *reflexionar* y combarse hasta devenir genuino poder novohispano, en beneficio de una todavía *non nata* Nación. En una palabra: Sor Juana intentará convertir en *criollo separatista* al noble de origen español. Empresa por demás difícil, ya que se trataba de realizar una verdadera *invención simbólica* de un México a la vez pre- y postcolombino (como antes había vanamente intentado hacer con el Tauantinsuyu el Inca Garcilaso de la Vega). Una invención que todavía hoy — aunque seguramente con menos grandeza y desde luego erudición que Sor Juana o el Inca — parece que sigue siendo efectiva: baste pensar en los cambios — entre otros muchos, y más sustanciosos — que Hugo Chávez, llevado de su «indigenismo» populista, acaba de introducir en la bandera de Venezuela.

Ahora bien, Sor Juana no fue desde luego indigenista. Si mi interpretación es de algún modo plausible, lo que esa «aristócrata del espíritu» intentó fue más bien seguir la vía abierta desde Mesopotamia por el famoso sueño de Daniel: al igual que estaba haciendo contemporáneamente Bossuet a favor de Francia, también Sor Juana Inés de la Cruz, sólo que con mayor calado popular, se afanaba por probar lo hacedero de una verdadera *translatio imperii* para ese lugar que, de manera profética, había sido denominado justamente como *Nueva España*; algo que para ella querría decir, seguramente: superación y asunción (*Aufhebung*, si se quiere, en sentido hegeliano) de la vieja y «estrecha» Europa, traslado de su inmensa herencia cultural a una *renacida* América: el verdadero y definitivo Occidente. Casi siglo y medio antes de que Hegel lanzara su conocido apotegma, ya habría soñado pues nuestra monja con *Amerika, das Land der Zukunft*. Sólo que su América mejicana era muy distinta a la del capitalismo industrial y rapaz fríamente contemplado por Hegel. De este modo, Sor Juana ampliaba muy coherentemente (por cierto, al contrario del filósofo) la vieja idea de la coincidencia entre el curso diurno del Sol (de Oriente a Occidente) y el de la Historia en su conjunto. Para ella, como veremos, «Occidente» es México, frente a una Europa vista más bien como el «Oriente»: el *pasado* de América.

En cuanto viviente, carnal hibridación armoniosa de culturas, no es extraño que Sor Juana, en su *Loa* a *El divino Narciso* y amparándose en la sagrada efigie de la «Religión», presente su programa de instrucción a la gentil Idolatría como una repetición de la estrategia seguida por el Apóstol de las Gentes: ese gran ancestro cultural con el que ella tiende a identificarse; ese mágico prodigioso que, escribiendo en griego, siendo de raza judía y teniendo a gala el proclamarse *cives romanus*, no tuvo empacho en poner al Dios cristiano sobre el vacío pedestal ateniense dedicado *Ignoto Deo* (cf. *Act.* 17, 22–28). Oigamos a Sor Juana, disfrazada de «Religión»: «De Pablo con la doctrina / tengo de argüir; pues cuando / a los de Atenas predica, [...] / como él tiene la noticia / de que a un *Dios desconocido* / ellos un altar dedican, [...] Así yo... »². A fe que no es parco el doble atrevimiento de Sor Juana: de un lado, se presenta ella misma (en la ficción, ante América; en la representación de la obra, ante el Gran Rey de las Españas, en Madrid) como una suerte de femenil *Pablo Ultramarino*; por otro, convierte a *sus* mejicanos en *otros atenienses*.

Pero en fin, decía que no es extraña la alusión, dados los paralelismos existentes entre ambos *híbridos*: pues Juana de Asvaje Ramírez (así llamada en el mundo, por más que algunas malas lenguas — que ella cortara con el afilado hierro de sus versos — intentaran emborronar su origen paterno) era hija seguramente ilegítima de un caballero noble de Vergara y de madre criolla, también ella de origen vasco, y que por lo demás tomó enseguida una segunda pareja, mientras Juana, con sólo tres años, encontró acomodo en casa del abuelo materno, en Panoayan, para ser enviada a los nueve a la capital virreinal; de modo que esta continua *desplazada*, este cruce de varios mundos, políticos y sociales, sin poder pertenecer en puridad a ninguno, eligió al cabo vivir antitéticamente, o sea, abriéndose al mundo (y sobre todo a los Poderes de su Mundo, el Nuevo) desde un voluntario encierro: primero, a los dieciséis años, en un convento carmelita, y poco después en el ya citado Convento jeronimiano, desde donde irá tejiendo pacientemente el gran plan: la construcción de un Imperio Mejicano como síntesis del vencido Anáhuac (vencido, pero mítica, vital y económicamente poderoso aún) y del Imperio español, vencedor, pero demasiado lejano y cada vez más impotente para propulsar los destinos de México.

Para empezar, Sor Juana pondrá su increíble conocimiento del mosaico de lenguas (peninsulares o nativas) que se entrecruzan en la Nueva España al servicio de la exaltación del español como lengua dominadora, apoyada por el latín como lengua sacra. Y así, por una parte, Sor Juana moja su pluma en una lengua castellana incríblemente elaborada, bien sea sutilmente acerada para recoger los más intrincados razonamientos escolásticos, o resulte culteranamente henchida hasta hacerla resoplar como percherón cebado. Por otra parte, Sor Juana empedra sus *villancicos* de voces procedentes tanto del euskara que aprendiera de su abuelo como del nahuatl hablado por los sirivientes de la heredad de Panoayan, recogiendo incluso la jerigonza de los esclavos negros. En esa potente exhibición de glosolalia podría verse — anacrónicamente, desde luego — un deseo «democrático» de prestar voz poética, y reivindicativa, a aquellas etnias o clases oprimidas — también lingüísticamente — dentro del centralismo castellano propio del Imperio; y más, desde luego, en

---

2   Sor Juana Inés de la Cruz, «Loa para *El divino narciso*», en: S. J., *Obras completas*. México: Fondo de Cultura Económica, ²1994 (Biblioteca Americana/Literatura colonial, 27), t. 3, pp. 13 s., vv. 280–283, 286–287 y 293. (La referencia de las demás citas de esta obra se dará directamente en el texto).

Ultramar. Sin embargo, el hecho de que esos «residuos» de idiomas y de grupos — ellos mismos residuales — se encuentren sólo en canciones populares y festivas, como los villancicos, y el acentuado carácter rústico y paródico prestado por Sor Juana a quienes emplean tan bastas jergas hace patente que incluso la supuesta reivindicación del euskera entra dentro del marco de dominación lingüística que brilla, sin ir más lejos, en el episodio del vizcaíno farfullante, en el *Quijote*. Atiéndase, por ejemplo, a estas cuartetas, tomadas del tercer nocturno de los *Villancicos de la Asunción* del año 1685. El carácter tosco del vizcaíno, con su campechanía, se muestra humorísticamente al exigir por un lado que nadie se burle de la lengua vernácula y al definir en cambio por otro al euskara como «lengua cortada», es decir: rota, entrecortada, incapaz de servir a los excelsos fines de la poesía culterana y de la teología: los pilares intelectuales del Imperio:

> Pues que todos han cantado,
> yo de campiña me cierro:
> que es decir, que de Vizcaya
> me revisto. ¡Dicho y hecho!
> Nadie el Vascuence murmure,
> que juras a Dios eterno
> que aquésta es la misma lengua
> cortada de mis Abuelos [3].

¿A qué viene este ambiguo homenaje, sino al deseo de construir, sobre un imperialismo lingüístico, una nueva Nación, y más: un Imperio? Para ello, es obvio que hay que habérselas primero con una base dispersa, multiétnica y hablante de lenguas diversas, casi inconmensurables entre sí. Así, en un doble movimiento de aceptación de los idiomas múltiples y de su subordinación al Lenguaje Uno, habrá que comenzar por rebajar esas lenguas — y por ende a quienes los usan — a satélites del lenguaje castellano, de modo que sólo en las grandes festividades populares se permitirá, en un rasgo de bienhumorada comprensión, que negros, mestizos y mulatas, pero también españoles no castellanos, a saber: vizcaínos y «galleguiños», dejen vicariamente — por la pluma de Sor Juana — constancia escrita, aquí y allá, de sus expresiones vernáculas, como simpáticas piedras incrustadas en la ancha explanada del castellano; un castellano sencillo, por demás, al alcance de las entendederas de tan abigarrada compañía [4]. A las veces, sin embargo, la tensión es tal que la in-

---

3 Villancico VIII («Ensalada») para la Fiesta de la Asunción de 1685, vv. 103–110, en: *Obras completas*, t. 2, pp. 97–98. Véase al respecto: K. Josu Bijuesca, «Reescritura y manipulación de la poesía vasca en los Siglos de Oro. El ejemplo de Sor Juana Inés de la Cruz», en: www.euskonews.com/0283zbk/gaia28304es.html. Sobre el carácter hiperbólico y algo fanfarrón (aunque de manera bonachona) del Vizcaíno baste señalar aquí los últimos versos a él asignados: «Guatzen, Galanta, contigo; / guatzen, nere Lastaná: / que al Cielo toda Vizcaya / has de entrar.» (vv. 127–130; t. 2, p. 98).
4 Villancico VIII («Ensalada») para la Fiesta de San José (1690), n° 299, vv. 1–4: «Los que música no entienden / oigan, oigan, que va allá/ una cosa, que la entiendan / todos, y otros muchos más» (t. 2, p. 138).

justicia de esa doble sumisión lingüística y étnica clama literalmente al cielo, desbaratando las intenciones humorísticas de la autora, como cuando el esclavo se queja amargamente en una jerigonza que con su carácter justamente «cortado» no hace — al menos para nosotros, hoy — sino acentuar aún más la indignidad de tal dominación:

> La otra noche con mi conga
> turo sin durmí pensaba,
> que no quiele gente plieta,
> come ella so gente branca.
> Sola saca la Pañola;
> ¡pues, Dioso, mila la trampa
> que aunque neglo, gente somo,
> aunque nos dici cabaya [5]!

Significativamente, no sucede en cambio lo mismo con el nahuatl, compaginado por Sor Juana con el castellano... y aun con el latín, la lengua sagrada. Pues ahora se trata del lenguaje de los otrora dominadores, de la lengua de la tierra mejicana, exaltada de una manera poéticamente harto emotiva, a la vez que es reivindicado el baile ceremonial de los mexicas, el Tocotín:

> Los Mejicanos alegres
> también a su usanza salen,
> que en quien campa la lealtad
> bien es que el aplauso campe;
> y con las cláusulas tiernas
> del Mejicano lenguaje,
> en un Tocotín sonoro
> dicen con voces süaves [6].

Ello no obstante, es evidente que sigue siendo el castellano el idioma reservado para la conjunción de lo político y lo sagrado, en cuanto base ideológica de construcción del Imperio. Por tanto, el nahuatl viene reservado en todo caso para los momentos festivos, esto es: para el rescate emocionado de la tierra. Y la reivindicación de la tierra y de sus habitantes constituirá el nuevo paso para la propuesta de una España Mejicana, verdaderamente nueva. En primer lugar, y de modo nada velado, Sor Juana protestará por el despojo que de las venas abiertas de su México hacen los españoles. En este caso, empero, la queja no está contenida en villancicos u otros cantos populares, sino en la forma poéti-

---

5   Villancico VIII («Ensaladilla») para la Fiesta de San Pedro Nolasco (1677), n° 241, vv. 21–29. Los versos siguientes (de arrepentimiento motivado por el temor al castigo) muestran a las claras la opresión: «Mas, ¿qué digo, Dioso mío? / ¡Los demoño, que me engaña, / pala que esté mulmulando / a esa Redentola Santa» (t. 2, p. 40).
6   Villancico VIII («Ensaladilla») para la Fiesta de la Asunción (1676), n° 224, vv. 74–81 (t. 2, pp. 16 s.). Sigue un largo Tocotín en nahuatl (vv. 82–117). Es de notar que tanto en el lenguaje de los negros como en el euskera o el latín se trata de «empedrados», de palabras sueltas mezcladas con el castellano, mientras que el lenguaje nahuatl es respetado en su integridad y carácter exclusivo.

camente más recia y añeja del castellano: el *romance*; un romance dirigido por demás al corazón del poder virreinal: la Grande Duquesa de Aveyro. Como buena astróloga y astrónoma, Sor Juana comienza por enaltecer, en una suerte de *geografía trascendental* de ribetes mitológicos, la verticalidad con que los rayos solares alcanzan a su tierra. Ella ha nacido — dice — allí «donde fulminante / a la Tórrida da el Sol / rayos perpendiculares» (vv. 50–52; t. 1, p. 102). Una declaración orgullosa, dirigida contra la superstición europea — una justificación más, por cierto, de la conquista —, según la cual los hombres «verdaderos» han de proceder de la Zona Templada. Por el contrario, Sor Juana hace decir nada menos que a Colón, en la escena V de la Loa a *El mártir del Sacramento* (vv. 277–278; t. 3, p. 107): «¡La Tórrida es habitable / a beneficios del Cielo!». Más significativo aún es que, en una nueva y audaz *translatio*, en *El divino Narciso* recoja Sor Juana igualmente la famosa reivindicación de la Reina de Saba, en el *Cantar de los Cantares*: «nigra sum, sed formosa». En el auto sacramental, es la Naturaleza Humana la que tal dice, identificando así la genuina humanidad con los habitantes de Anáhuac, con América: «Mas no estés atendiendo / si del Sol los ardores me coloran; / mira que, aunque soy negra, soy hermosa, / pues parezco a Tu imagen milagrosa» (vv. 1037–1040; t. 3, p. 51). Por cierto, repárese en que Narciso, el Hombre-Dios, andará perdidamente enamorado de esa Naturaleza Humana (al fin, el semblante de su propia imagen) y, por consiguiente, de México. Y ello hasta extremos de verdadera pasión sensual:

> Mirando lo que apetezco,
> estoy sin poder gozarlo,
> y en las ansias de lograrlo
> mortales ansias padezco (vv. 1544–1547; t. 3, pp. 69 s.).

Por otra parte, en el Romance dedicado al Capitán Don Pedro Velázquez de la Cadena con ocasión de su cumpleaños, Sor Juana se abandona ditirámbicamente a un casi extravagante concurso comparativo: los ríos americanos desafían — dice — a los de Europa, Asia y África; la Imperial Laguna aventaja a los lugares míticos; los montes americanos son mejores que el «Dodóneo» (Dodona, con su sagrado oráculo de Zeus) y sus bosques, mejores que el «Elíseo» (vv. 68–69; t. 1, p. 132). Esa justamente *barroca* celebración de la madre tierra va acompañada por lo demás de resonancias literalmente paradisíacas.

En efecto, si no fuera por la rapiña de Europa, tildada por Sor Juana de «insaciable», América estaría libre de la maldición del trabajo; pues que allí: «el pan / no cuesta al sudor afanes». Ahora bien, el tono se hace más agresivo cuando no se trata ya sólo de exaltar al país natal, sino de hacer que los «otros» arraiguen para siempre en ella. Y es que América logra, en efecto, que los a ella llegados olviden el pasado, obrando como un «dulce Lotos», en virtud del cual «olvidar los propios nidos, / despreciar los patrios Lares»[7]. La operación propulsora de la *translatio imperii* comienza a seducir así a los propios criollos (tal como lo era ella misma), en cuanto trasplantados detentadores del *imperium*.

Tras esa exaltación de la tierra común — *venidera*, prometida, más que heredada — y de sus gentes, y tras la sujeción de las lenguas, reconocidas en su variedad si aceptan *velis nolis* su subordinación al Lenguaje unificador, como es propio de todo Imperio, parece lógico pensar en una reivindicación del estamento *militar*, en cuanto garante *ad extra* de la supervivencia y el medro del nuevo Imperio y sostenedor *ad intra* de la convivencia pacífica entre pueblos tan disímiles, y hostiles entre sí (recuérdese sin más que los tlaxcalteños eran la vianda preferida — por no decir única — de los aztecas, y que en grado menor esas diferencias se daban — y se dan aún hoy — entre los distintos pueblos peninsulares emigrados a México). Y aquí, en su ensoñación de una férrea *mano militar* inevitablemente desleal para con el Imperio Español, se embarca Sor Juana en una empresa harto más peligrosa que la geoastrológica celebración de Anáhuac. En el ya mencionado Romance a Don Pedro Velázquez se tilda a éste de:

> [...] honor de Occidente,
> de la América el prodigio,
> la corona de la Patria,
> de la Nación el asilo (vv. 49–52; t. 1, p. 132).

Recuérdese en todo momento que Occidente, Patria y Nación se refieren exclusivamente a América, no desde luego a España. Ahora bien, el envite sube considerablemente cuando, alabando los hechos de guerra del bravo Capitán, pasa Sor Juana simbólicamente, gracias a aquél, el Poder beligerante al Imperio todavía *non nato*:

> por quien América, ufana,
> de Asia marchita los lirios,
> de África quita las palmas,
> de Europa el laurel invicto (vv. 69–72; t. 1, p. 132).

O sea: está animando a un militar criollo a que arrebate en nombre de América el «laurel invicto» a Europa. ¿Será descabellado pensar esa invitación como una incitación a lograr la independencia de México respecto de la Metrópoli?

Que ese pensamiento no resulta tan descabellado viene reforzado por demás en virtud de una jugada mucho más peligrosa. En efecto, Sor Juana recurrirá a los Virreyes mismos, y más exactamente, al primogénito de ambos

---

7   *Romance a la Grande Duquesa de Aveyro*, n° 37. Reproduzco el pasaje íntegro: «De la común maldición [alusión al pecado original, F. D.] / libres parece que nacen / tus hijos, según el pan / no cuesta al sudor afanes. / Europa mejor lo diga, / pues ha tanto que, insaciable, / de sus abundantes venas / desangra los minerales, / ¡Y a cuántos, el dulce Lotos / de sus riquezas, les hace olvidar los propios nidos, / despreciar los patrios lares!» (vv. 89–100; t. 1, p. 103).

para que en su día tome el poder en la Nueva España, fundando así una nueva dinastía ajena a los Austrias... Bien puede tratarse de una hipérbole barroca, pero las expresiones son tan fuertes e inequívocas que difícilmente pueden hacerse pasar por una mera loa desmesurada a las prendas de ese infante que en la pluma culta de Sor Juana alcanza resonancias míticas, como si ese Niño fuera el ya anunciado en la famosa cuarta Égloga virgiliana («magnus ab integro saeclorum nascitur ordo», v. 5). Aprovechando que el hijo de los Virreyes (el Marqués de la Laguna y Luisa, Condesa de Paredes: para Sor Juana, su querida «Lysi»), ha nacido en México, e insistiendo en su elevada estirpe, remontada a los Infantes de la Cerda, los cuales — atiéndase bien a esto — reivindicaban el trono de Castilla desde Alfonso X, Sor Juana canta en magnífico romance castellano la posibilidad de soltar amarras de Castilla:

> Crezca gloria de su Patria
> y envidia de las ajenas;
> y América, con sus partes,
> las partes del Orbe venza.
>
> En buena hora al Occidente
> traiga su prosapia excelsa,
> que es Europa estrecha Patria
> a tanta familia regia.
>
> Levante América ufana
> la coronada cabeza,
> y el Águila Mejicana
> el imperial vuelo tienda,
>
> pues ya en su Alcázar Real,
> donde yace la grandeza
> de gentiles Moctezumas,
> nacen católicas Cerdas [8].

No creo que sea necesario mucho esfuerzo para percatarse del carácter explosivo de esta incitación. Aquí vienen abruptamente contrapuestos lo nuevo (América) contra lo viejo («Europa estrecha Patria»), Occidente (México) contra «Oriente» (o sea, España). La síntesis formidable viene propuesta por la simbiosis del flamante «gentilismo» (comparable y aun superior al de la gentilidad clásica) y de la añeja nobleza de sangre europea. Y todo ello coronado por la unión del Altar: el Catolicismo (asumiendo míticamente la religión azteca) y el Trono: el Alcázar Real, que ya no es desde luego el de Toledo o Sevilla, sino el de Ciudad México. Todo ello se reúne a mi ver en esa «coronada cabeza» (la del primogénito: el futuro Emperador), gracias a la cual levantará su vuelo el Águila Mejicana (obviamente, frente al águila bicéfala de los Austrias). Por cierto, un detalle quizá no del todo insignificante: será preci-

---

8 *A los Marqueses de la Laguna* (julio 1683), n° 24, estr. 8–11; t. 1, p. 72.

samente «Lysi», la Condesa de Paredes, la que encargue a Sor Juana el auto *El divino Narciso*, junto con su muy esclarecedora «Loa».

¿Qué falta, aún? Falta lo fundamental: el salto de lo profano a lo sagrado. Pues todos los esfuerzos de edificación del nuevo Imperio serían vanos si faltara la cohesión simbólica de la religión. En primer lugar, y en correspondencia con lo que antes vimos (América, disfrazada de Naturaleza Humana, amada por Narciso), sería necesario trasplantar a la Gran Madre, a la Virgen, a tierras mejicanas. Una verdadera obsesión ésta, en Sor Juana, presente especialmente en los Villancicos, dedicados mayormente a loar a la Virgen María. Mayor relevancia presenta el Soneto Sagrado dedicado a glosar la «Aparición milagorsa de Nuestra Señora de Guadalupe de Méjico», cuyo primer cuarteto reza así:

> La compuesta de flores Maravilla,
> divina Protectora Americana,
> que a ser se pasa Rosa Mejicana,
> apareciendo Rosa de Castilla[9].

Adviértase la sutileza, nada casual en una consumada conocedora de la teología y la metafísica escolásticas: bien pudo tener esa Rosa su apariencia primera: *fenoménica*, diríamos, en Castilla; pero es sólo aquí donde *pasa a ser*, donde llega a su propio *ser*.

Pero en fin, aún resta la estrategia suprema, expuesta a las claras en las Loas a los autos sacramentales: así como las distintas lenguas (peninsulares, africanas o mejicanas) debían subordinarse al Lenguaje del Imperio (el único modo en que generosamente se admitiría su supervivencia), así también la religión idolátrica habría de supeditarse a la Religión Católica. Sólo que aquí tiene lugar una verdadera paradoja, comprensible sin embargo si atendemos al *sincretismo* que Sor Juana propone para su ensoñación del nuevo Imperio. Esa paradoja se muestra en el espectacular vuelco en las relaciones de poder. En efecto, el celo en «asimilar» las religiones autóctonas al catolicismo hace más bien que éste acabe por identificarse con una versión idealizada de aquéllas. Y ello en el punto capital del Cristianismo: la Eucaristía, que, en el afán de Sor Juana por hacerlo coincidir con el canibalismo sagrado de los aztecas, acaba por ser acercado a una *teofagia* material, carnal y sangrienta: una justificación del «canibalismo a lo divino», como ya había audazmente adelantado Calderón de la Barca, al hablar en *La Devoción de la Misa* del creyente cristiano como «caribe de Dios».

En la *Loa* para *El cetro de José* afirma en efecto Idolatría:

> ¡Vamos, que como yo vea
> que es una Víctima Humana,

---

9 N° 206 de la *Lírica personal*; t. 1, p. 310. El uso de la forma soneto, y el hecho de que el poema haya sido escrito en alabanza del Padre Francisco de Castro, S. J., muestra que la apuesta es aquí mucho más fuerte que las insinuaciones contenidas en los villancicos.

> que Dios se aplaca con Ella;
> que La como, y que me causa
> Vida eterna (como dices),
> la cuestión está acabada
> y yo quedo satisfecha! (vv. 441–447; t. 3, p. 199).

De esta manera, la «idolatría» se torna en *latría*, pero a costa de admitir (como Sor Juana hace) que las aras ensangrentadas: lo propio de «los mejores Sacrificios, / que son los de sangre humana», (vv. 287–288; t. 3, p. 193), constituye una premonición y prefiguración del verdadero Sacrificio divino. ¿El canibalismo, pues, como gentil *praeparatio Missae*? Parece preciso admitirlo, pues de lo contrario la fuerza unitiva de la religión impediría el gran proyecto del Imperio Nuevo. No hay más que oír al respecto las amenazadoras razones, el aviso de insurrección que Idolatría hace a la Fe y a la Ley de la Gracia (mas dirigido en realidad al poder fáctico, civil y militar):

> Pues mirad cómo ha de ser,
> porque, toda amotinada,
> en mí mi Nación os dice
> que mientras Víctima Humana
> no permitáis ofrecer,
> no viváis en confianza
> de que es fija su obediencia (vv. 337–343; t. 3, p. 195).

Y poco antes, la América Idólatra, con fingida ingenuidad y hasta mansedumbre, había pedido a esas Potencias:

> esta leve circunstancia
> de sacrificar siquiera
> los cautivos que Tlaxcala
> le da al Mejicano Imperio (vv. 324–27; t. 3, p. 195).

En una palabra: México no se levantará contra el Conquistador si éste le permite continuar con la «guerra florida» (Tezcatlipoca), o incluso si la fomenta, apoyando con las armas al azteca en su nutritiva caza. Como cabe suponer, claro está, la contestación de la Fe será en cambio rigurosamente ortodoxa. Ella ofrece a Idolatría, a cambio de que abandone el canibalismo:

> La Eucaristía Sagrada,
> en que nos da el mismo Cristo
> Su Cuerpo en que transubstancia
> el Pan y el Vino (vv. 410–413; t. 3, p. 198).

Naturalmente, ello es entendido por Idolatría como una sustitución a mejor: en lugar de comer hombres, más nutritivo y alto será *comerse a Dios*. Un tema escabroso donde los haya, que alcanza su *climax* en la loa a *El divino Narciso*. De nuevo se trata aquí de sustituir el canibalismo por la Eucaristía. Sólo que en este caso recurre Sor Juana a un ritual menos extendido que el de la «guerra florida»: el divino «Teocualo» (literalmente: «comer a Dios»), no conocido directamente por nuestra monja, sino tomado eruditamente de la *Monarquía*

Indiana, de Juan de Torquemada. Aquí es realmente un dios el ingerido, de modo que la confrontación se establece a un mismo nivel: ¿qué Dios será preferible para su ingesta por parte del mejicano? En el Teocualo, el sangriento dios Huitchilopotzli se presenta bajo la especie de galleta en forma de ídolo: una galleta compuesta de semillas molidas de bledo (un grano de la especie del amaranto), amasadas con sangre de niños inocentes. Sor Juana, pudorosa, calla ese terrible nombre y lo sustituye por el más poético y candoroso del *Dios de las semillas*.

Y aquí tenemos a las *dramatis personae* de la sin par loa: por un lado, América («India bizarra», que el «Celo» identifica con la «ciega Idolatría»: v. 131; t. 3, p. 8), junto con Occidente («Indio galán, con corona»: el Emperador azteca), más alegres Coros y Música. Por el otro lado, mucho más severo y aun sombrío, el Celo, representado como «Capitán General», la Religión, en escena vestida de «Dama Española», más soldados. Es interesante la confesada coyunda de las Armas y la Religión (al fin, ya Calderón había dicho que «la milicia no es más que una / religión de hombres honrados») aquí presentada: el Celo confiesa al respecto que la Religión, a la que por lo pronto desprecian y de la que se mofan América y Occidente, es «mi dulce Esposa querida» (v. 133; t. 3, p. 8). Por cierto, que los donosos mejicanos tenían sus razones para oscilar entre la perplejidad y la burla. Pues la Religión echa mano en su presentación de una clara caricatura del «requerimiento» (un proceder abyecto, abolido en México muy pronto, desde 1542). En efecto, no puede decirse que Religión se ande con rodeos cuando le espeta a América:

Soy la Religión Cristiana,
que intento que tus Provincias
se reduzcan a mi culto (vv. 120–122; t. 3, pp. 7–8).

Y como, razonablemente, América y Occidente se quedan pasmados al oir tal intento, el Celo militar se encoleriza al punto, asegurando que es el propio Dios el que «me envía a castigarte» (v. 138; t. 3, p. 8), pues nuestro bravo Capitán General no tiene empacho (debe de ser por derecho de consorte) en presentarse como «Ministro de Dios» (v. 146; t. 3, p. 9), enviado por Él para castigar a Occidente por sus errores, a lo que el indio, como era de esperar, responde:

¿Qué Dios, qué error, qué torpeza,
o qué castigos me intimas?
Que no entiendo tus razones
ni aun por remotas noticias (vv. 156–159; t. 3, p. 9).

Del lado de quién está Sor Juana no parece admitir muchas dudas. Mientras que los españoles irrumpen en la fiesta exigiendo y amenazando, los americanos, en abrupta contraposición, se presentan alegremente danzando y cantando, dentro de una fiesta que, si juzgada por el europeo como pagana, corresponde para ellos en cambio a los «debidos cultos» (v. 163; t. 3, p. 9), alcanzando pues un valor de ceremonial sagrado, animado por la personificación de la «Música», que incita al Coro a repetir una y otra vez el sonoro estribillo:

> ¡Y en pompa festiva,
> celebrad al gran Dios de las semillas! (vv. 182–183; t. 3, p. 10)

¿Cómo responden los españoles, azuzados por el Celo contra la Música? Sus gritos son ahora muy otros:

> ¡Toca al arma! ¡Guerra, guerra! (v. 188; t. 3, p. 10)

> ¡Arma, arma! ¡Guerra, guerra!
> ¡Viva España! ¡Su Rey viva! (vv. 200–201; t. 3, p. 10).

El resultado es obvio. En la escena III, los indios, espantados ante la exhibición de fuerza del español, se rinden. Y así Religión exige: «¡Ríndete, altivo Occidente!» He aquí la noble respuesta:

> Ya es preciso que me rinda
> tu valor, no tu razón (vv. 203–204; t. 3, p. 11).

Pero el Celo va más allá, exclamando: «¡Muere, América atrevida!». Afortunadamente Religión, en un gesto que recuerda la dialéctica hegeliana del amo y del esclavo, ruega a su esposo: «¡Espera, no le des muerte, / que la necesito viva!» (vv. 207–209; t. 3, p. 1).

Comienza entonces el proceso racional de aculturación. Sólo que, como dijimos, el deseo por parte de Religión de hacerse entender, de convencer a la América Idólatra es tal que acaba por reconocer, no que el canibalismo sea algo abominable, sino que hay una ingesta aún mejor. Pues desde luego, comerse al Dios verdadero ha de ser mejor que comerse a un Ídolo. Sólo la *intensificación del sacrificio*, pues, parece hacer entrar en razones a la Idolatría. El acercamiento progresivo de semejanzas entre el Tecualo y la Eucaristía no deja al respecto de asombrar: Religión concede a Idolatría todas sus exigencias: que la carne del sacrificio sea nutritiva, que la sangre de amasar sea inocente, que se pueda incluso ver a Dios (algo al parecer factible, según Religión, a través del bautismo), y lo más importante quizá: que sólo los Sacerdotes, no el pueblo, puedan tocar esa carne y esa sangre. Después de tantas concesiones, Religión concentra en pocos versos la doctrina ortodoxa, de manera harto retórica y aun difícilmente compatible con las exigencias de América: le habla en efecto de «semillas / del trigo, el cual se convierte / en Su Carne y Sangre mismas, / y su Sangre, que en el Cáliz / está, es Sangre [...] / inocente, pura y limpia» (vv. 360–367; t. 3, p. 16). Todo ello como si para un mejicano el trigo o el cáliz con vino fueran cosas bien sabidas. Lo único interesante — e inquietante — es que la sangre del sacrificio ha de ser, no sólo inocente, sino *pura y limpia*, con lo que las exigencias de «sangre noble» y «limpia» se extienden así a lo más sagrado. Al respecto, más bien parece que la confesada finalidad de la obra (conducir, o mejor *reducir* América al

Cristianismo mediante una rebuscada alegoría, «para que quede instruida / ella (es decir, América, F. D.), y todo el Occidente»: vv. 420 s.; t. 3, p. 18) deje entrever al terminar la loa otro objetivo distinto. La obra es un encargo de la esposa del Virrey, cuyo hijo estaba siendo poéticamente promovido a nuevo *Imperator* de la *Nueva* España. La propia Sor Juana confiesa «que su obra, [...] / de la obediencia es efecto, / no parto de la osadía» (vv. 453 y 455–456; t. 3, p. 19). Pero no es esto lo importante, sino que, en la representación, quien así habla es... ¡la Religión! ¡Así que, al final, se revela que eso de «Dama Española» no era sino un disfraz! La Religión *es* Sor Juana. Ella es la que impedía al Celo militar que matara a América, pues la necesitaba viva. Ella, y no España, la que va a iniciar a la Idolatría en los sacrosantos misterios de una religión con la que la monja, por demás sin demasiada modestia, se identifica. Y bien, ¿dónde ha de representarse el auto sacramental? ¿Acaso en México, en presencia de la corte virreinal? No: la Condesa de Paredes ha encargado *ex professo* la obra para que sea representada: «En la coronada Villa / de Madrid, que es de la Fe / el Centro, y la Regia Silla / de sus Católicos Reyes, / a quien debieron las Indias / las luces del Evangelio / que en el Occidente brillan» (vv. 436–442; t. 3, p. 19). Y así fue. Con cierta seguridad podemos decir que *El divino Narciso* se representó ante la Corte en la Pascua de 1689.

¿Cómo interpretar este total *desplazamiento*? ¿Qué sentido podría tener representar el auto de una poco conocida monja mejicana delante del hechizado Rey de las Españas? Desde luego, por parte de éste y de su corte, no creo que vieran en la obra otra cosa que una manifestación, algo rebuscada, de piedad. Aunque yo tenga mi tesis sobre la ensoñación sorjuaniana de construcción de un nuevo Imperio por plausible, preciso es reconocer que la obra misma (no así los romances dirigidos a los poderes novohispanos, de intención transparente) es tan alambicada que los planes se perdieron por los vericuetos de la mitología teologizante. Pero, en todo caso, bien extraña empresa fue ésa de escribir algo en México con el fin de convencer — según se confiesa en la obra — a los mejicanos de las bondades de una religión importada por los conquistadores, pero que sin embargo no se representó en el propio país, sino ante la Corte Española. Yo interpretaría así la intención oculta de la autora (no de la Condesa, que llevó consigo la obra a España, y que seguramente tuvo por extravagantes las intenciones *nacionalistas* de su valida): Sor Juana agradece a la Corona de España los servicios prestados; pero, ahora que en Occidente brillan las luces del Evangelio, la obra, junto con su Loa, exige que se lleve a efecto una verdadera *translatio imperii*, al igual que ya se ha producido una *translatio fidei*, por superación e integración de la antigua mexica en la nueva católica, como en una suerte de *Aufhebung* hegeliana. ¡Sólo que ahora la nueva está encarnada en una criolla dispuesta a todo trance, no sólo a ser mejicana, sino a hacer que Nueva España se torne en un inédito Imperio Mejicano, floreciente *bajo la mirada de Dios, el divino Narciso*!

Pero en fin, ¿por qué esa extraña identificación? Cuando, con razón, una perpleja América le pregunta a Religión — Sor Juana cómo va a hacerle comprender tan abstrusas razones sobre la Eucaristía, ésta responde que utilizará para ello:

> [...] una idea
> metafórica, vestida
> de retóricos colores,
> representable a tu vista (vv. 401–404; t. 3, p. 17).

Pero, ¿por qué escoger precisamente el mito de Narciso? ¿Basta acaso la vaga respuesta según la cual se trataría de hacer ver a la gentilidad mejicana que «también había / entre otros Gentiles, señas / de tan alta Maravilla» (vv. 432–434; t. 3, p. 19). Esas «señas» han sido tomadas por Sor Juana, en parte, de las *Metamorfosis* de Ovidio (III, 3), y de la mediocre comedia mitológica de Calderón de la Barca: *Eco y Narciso*, de la cual cita incluso algunos versos. Pero si nos quedásemos en esas fuentes, difícil nos sería intepretar el *atrevimiento*, diríamos, de convertir a ese *narcisista* Narciso nada menos que en la prefiguración mítica de Jesucristo. La fuente genuina de Sor Juana es más honda, y, para esa sin par estudiosa del hermetismo (como se aprecia ante todo en el muy hermético *Primero Sueño*), más verdadera. Como que constituye la *prisca theologia*, la conexión secreta entre la Gentilidad y el Cristianismo. Su «Narciso» es el *Anthropos*, el Hombre Universal del *Poimandrés* de Hermes Trismegisto (recogido luego igualmente por la Cábala como Adán Kadmón, y recordado aún por Schelling como *Urmensch* en su *Filosofía de la revelación*).

¿Por qué Narciso? Recuérdese que en el imaginario mítico del México precolombino brilla la Laguna (formada por el agua que brota de la boca de la Serpiente), y que esa Laguna viene personificada como una Virgen ancestral. A esa Laguna mexicana, interesadamente identificada con la Virgen María, se acerca en efecto Narciso, hambriento de amor (no sin resonancias sexuales que saben a incesto, como en otros contextos de la imaginería religiosa española ha hecho notar agudamente Bernhard Teuber[10]):

> ¡Abre el cristalino sello
> de ese centro claro y frío,
> para que éntre el Amor Mío! [...]
> ¡Vén, Esposa, a tu Querido;
> rompe esa cortina clara:
> muéstrame tu hermosa cara,
> suene tu voz a mi oído! (vv. 1380–1382 y 1386–1389; t. 3, p. 62).

En esa fuente, el divino Narciso ve reflejadas de consuno, como ya indicamos, a Gracia y a Naturaleza Humana (por cierto, identificada a su vez con la tierra mejicana). Y es esa doble imagen, semejante a la suya hasta el punto de con-

---

10 Véase «Cuerpos sagrados. En torno a las imágenes perversas de la carne en España», en: Bernhard Teuber/Horst Weich (eds.), *Iberische Körperbilder im Dialog der Medien und Kulturen,* Frankfurt a. M.: Vervuert, 2002, pp. 35–47.

fundirse con el original (alusión obvia a la doble naturaleza de Jesucristo), la que incita a Narciso a introducirse en las aguas puras, como en una fusión novalisiana *avant la lettre* de Madre y Amada.

Pues bien, todo ello procede del capítulo 14 del libro I del *Poimandres* de Hermes Trismegisto. Merece la pena citar el pasaje por entero:

> Entonces el Hombre [...] manifestó la hermosa forma de Dios a la Naturaleza de abajo. Cuando ésta hubo visto que el Hombre poseía la forma de Dios [...] sonrió de amor: pues había visto reflejarse en el Agua el semblante de esta forma maravillosamente bella del Hombre, y a su sombra sobre la Tierra. En tanto que él, habiendo visto reverberar en el agua la presencia de esta forma parecida suya, la amó y quiso morar en ella. Desde el mismo momento que lo quiso lo cumplió: La Naturaleza entonces, recibiendo en ella a su amado, lo abrazó entera, y ambos se unieron ardiendo de amor [11].

Así, el abrazo sexual prefigura la unión hipostática del Hombre Universal, el Hijo de Dios, y de la Naturaleza Humana. O en términos de Sor Juana, del Dios por ella predicado y de la Tierra Mejicana. Metamorfosis del misterio eucarístico y del mito hermético en promesa de un nuevo Imperio, basado en la limpieza de la sangre y en el culto divino.

Sí, pero culto, ¿de qué Dios? Porque, vengamos a cuento: tras tanta y tan ardiente confesión de ortodoxia por parte de Sor Juana (revestida en el auto sacramental, no lo olvidemos, del papel de la mismísima Religión), la loa de esta tan mistérica representación termina con la impaciencia de Occidente, el cual confiesa:

> que ya mi agonía
> quiere ver cómo es el Dios
> que me han de dar en comida (vv. 486–488; t. 3, p. 21).

Así que, convencidos de que han de celebrar un más alto y nutritivo Teocualo, no sería nada extraño que América, Occidente aceptaran por lo pronto al nuevo Dios, bajo el nombre del Ídolo por ellos adorado. Extraño e inquietante es en cambio que a la loa final:

> [...] que ya
> conocen las Indias
> al que es Verdadero
> Dios de las Semillas! (vv. 489–492; t. 3, p. 21),

se una nada menos que el Celo, es decir, el Capitán General. A menos que recordemos que, tras una conveniente metamorfosis, Capitán era también Don Pedro Velázquez de la Cadena, de cuyos hechos de armas se pedía que quitaran de España el laurel invicto.

---

11 Hermes Trismegisto, *Obras completas (Versión bilingüe)*, Barcelona: Muñoz Moya y Montraveta, 1985 (Biblioteca esotérica, 21, 32), t. 1, p. 7.

¿Podemos extrañarnos, entonces, de que a esa alabanza interétnica se le una incluso la última figura, a saber: la Religión misma, si tras ella se esconde la propia Sor Juana Inés de la Cruz? Y así:

> repitan alegres
> con voces festivas:
> TODOS
> Dichoso el Día
> que conocí al Gran Dios de las Semillas! (vv. 495-498; t. 3, p. 21).

Acota Sor Juana, puntual: «*Éntranse bailando y cantando*». Bailando pues, también, la Dama Española y el Capitán General. Todo ello, en honor del «Dios de las semillas», por otro nombre el «Divino Narciso». Gentilidad de gentilidades, y todo gentilidad, podríamos decir.

¿Todo ello les pasó desapercibido a las autoridades? ¿Tan rebuscada era Sor Juana que sus proyectos, tan manifiestos en cambio cuando se trataba de halagar a los poderes fácticos, quedaron ocultos? Bien, en 1690, Sor Phylotea de la Cruz (en realidad, el muy celoso Obispo de Puebla) responde a la *Carta Atenagórica* de la Madre Juana Inés de la Cruz con una dura admonición para que Sor Juana abandone las letras, por no ser conveniente que una mujer haga de bachillera y se eleve a vuelos a lo divino (¿o acaso, diría yo, a vuelos de alta *teología política*?). De poco valdrá la espléndida respuesta de Sor Juana, en marzo de 1691 («Confieso desde luego mi ruindad y vileza; pero no juzgo que se habrá visto una copla mía indecente»; t. 4, p. 470). En efecto, en sus últimos años, la gran pensadora, poetisa y erudita, que se considera en cambio: «Yo, la peor del mundo» (t. 4, p. 523), abandona todo estudio y se dedica a la oración, hasta morir de la peste en 1695.

Pero ya poco antes, en 1692, tiene lugar el primer amotinamiento de la población indígena contra los gobernantes españoles. A partir de 1704, el cambio de régimen en España hace que el Imperio Colonial basado en los Virreinatos vaya derivando en la Península hacia un Estado Nacional centralizado, bajo la protección de Francia. Siglo y medio después, Maximiliano (también bajo la protección de Francia) intentará llevar a cabo en México un burdo remedo de ese Imperio que Sor Juana había prometido al hijo de su Lysi. El sueño de una fundación mestiza en base a un sincretismo religioso revestido de mitología clásica no se cumplirá jamás. Pero la sombra del vuelo del águila imperial sigue aleteando orgullosa sobre México.

Sebastian Neumeister

Mimikry?
Sor Juana als *in-between* der kolonialen Mythenaneignung

I.

Der *Primero Sueño* von Sor Juana Inés de la Cruz ist wahrscheinlich 1685 entstanden, jedenfalls längere Zeit vor der berühmten *Repuesta a Sor Filotea* von 1691, in der Sor Juana den *Sueño* erwähnt. Américo Larralde datiert den Text noch genauer, indem er die darin vorkommenden mythologischen Gestalten auf die Sternbilder bezieht, die am 22. Dezember 1684 während einer Mondfinsternis in Mexiko-Stadt zu sehen waren[1]. Thema des *Sueño* ist bekanntlich eine kosmische Vision, die der Seele des Nachts zuteil wird, während der Körper schläft — folgt man den Worten des letzten Verses des Lobgedichtes, ist es die Seele der Sprecherin selbst, die bei Sonnenaufgang in den erwachenden Körper zurückkehrt: «yo despierta».

Octavio Paz unterteilt ebenso wie José Pascual Buxó den *Primero Sueño* in seinem Buch über die zehnte Muse von Mexiko in drei große Abschnitte, deren erster den Schlaf der Welt und des Körpers beschreibt, dem im dritten Abschnitt das Erwachen des Körpers und der Welt entspricht, während sich im mittleren Abschnitt die Vision und die damit verbundene Reflexion finden[2]. Sor Juana steht mit ihrem Gedicht in der langen Tradition von Jenseitsreisen, die sich von Parmenides und Platon über Ciceros *Somnium Scipionis* im sechsten Buch von *De republica*, Macrobius und das *Corpus hermeticum* bis hin zum *Iter exstaticum* von Athanasius Kircher reicht, ein Buch, das Sor Juana mit Sicherheit gekannt hat[3]. Ist die Anabasis als spiritueller Reisebericht ohnehin seit der Antike eine Gattung der Grenzüberschreitung, so häufen sich solche Transgressionen bei Sor Juana in auffälliger Intensität. Die kosmische Vision ist bei ihr allerdings kaum religiös konnotiert, sondern erweist sich in erster Linie als eine philosophisch-esoterische Reflexion auf der Grundlage der zeitgenössischen Naturwissenschaften, insbesondere der Medizin und der Astronomie. Die Nonne aus dem Orden der Hieronymitinnen überschreitet schon mit dem *Primero Sueño* entschieden den Rahmen dessen, was ihr

---
1 Américo Larralde, «El eclipse del Sueño de Sor Juana», in: *El Zaguán* 1, Nr. 8 (1991), vgl. Sor Juana Inés de la Cruz, *Der Traum*, hrsg. v. Alberto Pérez Amador Adam/Stephan Nowotnick, Frankfurt a. M.: Neue Kritik, 1992, S. 15 f.
2 Octavio Paz, *Sor Juana Inés de la Cruz o Las trampas de la fe*, Barcelona: Seix Barral, 1982, S. 483 f.
3 Zur antiken Tradition der Metapher vom Flug des Geistes durch das All vgl. R. M. Jones, «Poseidonius and the Flight of the Mind through the Universe», in: *Classical Philology* 21 (1926), S. 97–113.

erlaubt sein kann und setzt sich damit einer intellektuellen Einsamkeit aus, die Dario Puccini zum Leitthema eines Buches über sie gemacht hat und die sie selbst einige Jahre später in der *Respuesta a Sor Filotea* als Entschuldigung für ihre Forschungen anführt: «Lo que sí pudiera ser descargo mío es el sumo trabajo, no sólo en carecer de maestro, sino de condiscípulos con quienes conferir y ejercitar lo estudiado, teniendo sólo por maestro un libro mudo, por condiscípulo un tintero insensible»[4]. Sor Juana ist ein Hieronymus im Gehäuse, so wie ihn Albrecht Dürer dargestellt hat, und überdies ist sie eine Frau. Mehr noch: Was aus der Sicht der Zeitgenossen als gefährliche, von der Erlaubnis kontemplativer Zurückgezogenheit im Kloster nicht gedeckte Distanzierung eines Individuums von der Gemeinschaft angesehen wurde, ist aus der Sicht der Moderne, die gerade umgekehrt mit den Augen des Individuums auf die es umgebende Gesellschaft blickt[5], ein Akt der Autonomie, mit dem ein denkendes Ich der Welt die Stirn bietet. Sofern man das Zeitalter des Barock nicht als eine Epoche der Diskurs-Renovatio betrachtet[6], sondern als Beginn der Moderne, muß gerade diese zweite Perspektive von Interesse sein[7].

Sor Juana erweist sich mit ihrer Schilderung zwischen Tag und Traum, zwischen Blindheit und Vision in mehrfacher Hinsicht als eine Grenzgängerin, als ein *in-between* in unübersichtlichem, ja künstlich vernebeltem Gelände. Das beginnt schon bei der Form, einem Langgedicht in der Nachfolge der *Soledades* von Luis de Góngora. Ein halbes Jahrhundert nach Bacon und Descartes leuchtet es nicht mehr unmittelbar ein, daß die poetische Form des antiken Lehrgedichts noch einmal zur Darlegung kosmologischer, physiologischer oder philosophischer Kenntnisse herangezogen wird, ganz abgesehen von den Erschwernissen, die der *cultismo* mit seinen rhetorischen Wort- und Satzgefügen auch schon dem Leser des Spätbarock entgegenstellt. Wissenschaft und Literatur gehen hier am Ende des 17. Jahrhunderts noch einmal einen Pakt ein, den mit deutlicher Handschrift die Dichterin gegengezeichnet hat, nicht die aufmerksame Experimentatorin der *Respuesta a Sor Filotea*. Ein schönes Beispiel für diese Verschwisterung von moderner Naturwissenschaft und Poesie unter Federführung der letzteren findet sich im dritten Teil des *Sueño*, wo Sor Juana die fliehende Nacht mit den Effekten der von Athanasius Kircher beschriebenen *laterna magica* vergleicht, also ein Naturphänomen mit einem

---

[4] Dario Puccini, *Una mujer en soledad. Sor Juana Inés de la Cruz, una excepción en la cultura y la literatura barroca*, Madrid: Anaya & Muchnik, 1996, S. 85.

[5] Vgl. dazu Niklas Luhmann, «Individuum, Individualität, Individualismus», in: N. L., *Gesellschaftsstruktur und Semantik*, Frankfurt a. M.: Suhrkamp, 1989, Bd. 3, S. 149–258.

[6] Vgl. Joachim Küpper, *Diskurs-Renovatio bei Lope de Vega und Calderón. Untersuchungen zum spanischen Barockdrama. Mit einer Skizze zur Evolution der Diskurse in Mittelalter, Renaissance und Manierismus*, Tübingen: Narr, 1990 (Romanica Monacensia 32), und — kritisch dazu — Gerhard Poppenberg, «Neuzeit oder Renovatio? Überlegungen beim Lesen von Joachim Küpper: *Diskurs-Renovatio bei Lope de Vega und Calderón*», in: *Germanisch-Romanische Monatsschrift* NF 41 (1991), S. 443–456.

[7] Vgl. dazu schon Sebastian Neumeister, «Der Sturz des Phaethon. Sor Juanas Traum», in: S. N., *Europa in Amerika. Annäherungen und Perspektiven*, Berlin: Frey, 1998, S. 61–79.

technischen Instrument, eine poetische Innovation, die ebenso kühn wie selten ist und im Bereich der spanischen Sprache ihresgleichen eigentlich nur in den technischen Emblemen hat, die Diego Saavedra Fajardos 1640 in seine *Idea de un príncipe político christiano* aufnimmt [8].

Juana präsentiert in ihrem *Sueño* seriöses, wenn auch schon leicht angestaubtes naturwissenschaftliches Wissen der Zeit, so insbesondere in 150 Versen das aristotelisch-ptolemäische Weltbild und in sogar 200 Versen die Beschreibung des Schlafes wie des Erwachens entsprechend der galenischen Psycho-Physiologie. Die naturwissenschaftliche Präzision, mit der Sor Juana hier arbeitet, ist eindrucksvoll. Stärker noch als in der poetisch überhöhten Darstellung der kosmologischen Vorgänge, also etwa des Sonnenaufgangs und -untergangs, zeigt sich das in der genauen Beschreibung der organischen Vorgänge im menschlichen Köper nach Galenus, dessen Schriften zur Medizin nicht umsonst als Foliant auf dem bekannten Porträt von Sor Juana von 1750 zu sehen sind. So läßt insbesondere der Magen, der als Energielieferant unentbehrlich ist, «[...] aquella del calor más competente centrífica oficina» (V. 234 f.) [9] der Vorstellungskraft («imaginativa», V. 259) für eine gewisse Zeit freie Hand für ihren Traum, ehe er sich wieder bemerkbar macht und das Erwachen bewirkt. Mehr noch: Die Tätigkeit des Magens, die hier als «hervor bullicioso / de la unión entre el húmedo y ardiente, / en el maravilloso / natural vaso» durch ihre «vapores» den Schlaf beendet, wird zu Beginn des Gedichts als Auslöser der Vorstellungskraft, der Phantasie und damit des Geistes dargestellt:

> ésta [oficina] pues, si no fragua de Vulcano
> templada hoguera del calor humano,
> al cerebro embiaba
> húmedos, mas tan claros los vapores
> de los atemperados quatro humores,
> que con ellos, no solo no empañaba
> los Simulacros que la Estimativa
> dió a la Imaginativa
> y aquesta, por custodia mas segura,
> en forma ya mas pura
> entregò à la Memoria, que oficiosa,
> gravò tenaz, y guarda cuydadosa;
> sino que daban à la Fantasia
> lugar, de que formasse
> imágenes diversas (V. 252–266).

---

8   Vgl. Sebastian Neumeister, «Decadencia y modernidad de la emblemática: Diego de Saavedra Fajardo, *Idea de un Príncipe político christiano* (1640)», in: Sagrario López Poza (Hrsg.), *Literatura emblemática hispánica*, La Coruña: Universidade da Coruña, 1996 (Cursos, congresos e simposios, 1), S. 203–219.

9   Der Text des *Primero Sueño* wird im folgenden nach der kritischen Ausgabe von Alberto Pérez Amador Adam zitiert: *El precipicio de Faetón. Nueva edición, estudio filológico y comento de «Primero Sueño» de Sor Juana Inés de la Cruz*, Frankfurt a. M./Madrid: Vervuert/Iberoamericana, 1996 (Iberoamericana, A 9), S. 70–104.

Sor Juana bewegt sich hier wie ihr zeitgenössischer Hauptinformant, der im Porträt von 1750 ebenfalls mit einem Band vertretene Athanasius Kircher, noch in der Begriffswelt der bis zur Entdeckung des Blutkreislaufs durch William Harvey[10] weitgehend respektierten galenischen Medizin der Spätantike. Doch nicht dies ist entscheidend, sondern die Tatsache, daß Sor Juana im Ausgang von diesen ihr zugänglichen naturwissenschaftlichen Kenntnissen ein ganz anderes Thema entfaltet, eine Traumvision, die sich zu einer esoterischen Jenseitsreise entwickelt, die in der Kombination intuitiver und rationaler Elemente ihre platonische und ciceronianische Herkunft nicht verleugnet, aber weit überschreitet. Der Weg, den Sor Juanas Verstand — «mi entendimiento», wie es ausdrücklich in Vers 617 heißt — vom Einschlafen bis zum Versuch geht, die Welt als Ganzes zu erfassen, ist unabsehbar weit und muß, «excesivo juzgando atrevimiento el discurrirlo todo» (V. 706 f.), zwangsläufig in einer rhetorischen Frage enden:

> Cómo en tan espantosa
> machina immensa discurrir pudiera?
> Cuyo terrible incomportable peso,
> si ya en su centro mismo no estrivara,
> de Atlante à las espaldas agoviara,
> de Alcides à las fuerças excediera;
> y el que fué de la Esphera
> bastante contrapeso,
> pesada menos, menos ponderosa
> su machina juzgara, que la empressa
> de investigar à la Naturaleza? (V. 770–780)

Sor Juana durchbricht in ihrem Gedicht genau kalkuliert die Grenzen konträr gegeneinander abgesetzter Bereiche: vom Wachsein zum Traum, vom gefühlten Körper zur geistigen Vorstellung, von der Wissenschaft als Instrument der Erkenntnis zu dieser selbst und — weiter noch — zu ihrer Überbietung in der esoterischen Vision. Die Kette der dabei durchmessenen Stadien reicht in Übereinstimmung mit der Psychologie der Antike von der (*vis*) «estimativa» über die (*vis*) «imaginativa» und die «memoria» bis zur Phantasie, die die «imágenes diversas» entwirft und der Seele vorstellt. Auch hier greift Sor Juana, um die Fähigkeit der Vorstellungskraft zur Erfassung der Welt in ihrer Gesamtheit adäquat zu beschreiben, zu einem Vergleich aus der Welt der Technik, in diesem Fall dem Leuchtturm von Alexandria, einem der sieben Weltwunder. Denn so wie sich in seinem Spiegel nach antiker Überlieferung der gesamte Schiffsverkehr und nach mittelalterlicher Auffassung sogar alle Geschehnisse überhaupt, die sichtbaren wie die unsichtbaren verfolgen ließen wie im *Aleph* von Jorge Luis Borges, bildet auch die *vis imaginativa* die ganze Welt ab, die sublunare wie die geistige:

---

10 William Harvey, *Exercitatio anatomica de motu cordis et sanguinis in animalibus*, Francofurti, William Fitzer (Drucker), 1628.

> Assi ella sossegada, iba copiando
> las Imagines todas de las cosas,
> y el pincel invisible iba formando
> de mentales, sin luz, siempre vistosas
> colores, las figuras,
> no solo ya de todas las criaturas
> sublunares, mas aun tambien de aquellas,
> que intelectuales, claras son Estrellas,
> y en el modo possible
> que concebirse puede lo invisible,
> en si mañosa las representaba
> y al Alma las mostraba (V. 280–291).

Hier nun erreicht die Seele jenen Punkt, an dem die höchste Grenzüberschreitung möglich scheint, die Lösung vom Körper und der Blick auf das Ganze der Welt:

> La qual, en tanto, toda convertida
> A su immaterial ser, y essencia bella,
> aquella contemplaba
> participada de alto ser centella,
> que con similitud en si gozaba:
> y juzgandose casi dividida
> de aquella, que impedida
> siempre la tiene, corporal cadena,
> que grossera embaraza, y torpe impide
> el buelo intectual, con que ya mide
> la quantidad immensa de la Esphera;
> ya el curso considera
> regular, con que giran desiguales
> los cuerpos Celestiales (V. 292–305).

Der Gipfel menschlicher Erkenntnis scheint erreicht, zumindest im Traum:

> En cuya casi elevación immensa
> gozosa; mas suspensa;
> suspensa, pero vfana,
> y atonita, aunque vfana, la suprema
> de lo sublunar Reyna Soberana,
> la vista perspicaz, libre de antojos,
> de sus intelectuales bellos ojos
> sin que distancia tema,
> ni de obstaculo opaco se rezele,
> de que interpuesto algun objecto zele,
> libre tendiò por todo lo criado (V. 435–445).

Hier, am höchsten Punkt der Traumerzählung, zeigt sich die Dichterin aber auch insofern dem selbstgesetzten Anspruch gewachsen, als sie wie Dante in den letzten Gesängen des *Paradiso* den Gipfel nur negativ, im eigenen Scheitern beschreibt. Zugleich aber öffnet sich eine tiefe Kluft zwischen Dante und Sor Juana, zwischen Spätmittelalter und Früher Neuzeit: Dante wird angesichts der Unfähigkeit, das ewige Licht («o luce eterna», *Paradiso* XXXIII, 129) zu schauen, göttliche Hilfe zuteil:

> Qual è 'l geomètra che tutto s'affige
>   per misurar lo cerchio, e non ritrova,
>   pensando, quel principio ond'elli indige,
> tal era io a quella vista nova:
>   veder volea come si convenne
>   l'imago al cerchio e come vi s'indova;
> ma non eran da ciò le proprie penne:
>   se non che la mia mente fu percossa
>   da un fulgore in che sua voglia venne [11].

Sor Juana dagegen läßt die Seele am höchsten Punkt rettungslos abstürzen, wobei es weniger das Wahrnehmungsvermögen ist, das wie bei Dante versagt (von der Sprache ganz zu schweigen), als der Verstand, der das eigene Unvermögen eingestehen muß:

> Tanto no del osado presupuesto,
> revocò la intencion arrepentida,
> la vista, que intentò descomedida
> en vano hazer alarde
> contra objecto, que excede en excelencia
> las líneas visuales (V. 454–459).
>
> como el entendimiento, aqui vencido
> no menos de la immensa muchedumbre
> de tanta machinosa pesadumbre
> de diversas especies conglobado,
> espherico compuesto,
> que de las qualidades
> de cada qual cediò (V. 469–475).

Die «facultad intelectiva» (V. 482) scheitert einem Schiffe gleich, das in den Wogen kentert. Die Seele gibt jedoch nicht auf, ja sie unternimmt im folgenden noch einen sich über 120 Verse (V. 515–695) hinziehenden weiteren Versuch, diesmal mithilfe der zehn aristotelischen Kategorien — Substanz, Quantität, Qualität, Relation, Ort, Zeit, Lage, Zustand, Tun, Erleiden —, wieder Boden unter die Füße zu bekommen und so von der Kenntnis der unbeseelten Wesen (V. 620) wenigstens wieder bis hin zum Menschen aufzusteigen, dessen Wesen ergründbar erscheint und der überdies als Scharnier («bisagra», V. 659) Mikrokosmos und Makrokosmos verbindet:

> el hombre digo en fin, mayor portento,
> que discurre el humano entendimiento,
> compendio, que absoluto
> parece al Angel, à la planta, al bruto;

---

11 Dante, *Paradiso*, XXXIII, V. 133–141.

> cuya altiva baxeza
> toda participò Naturaleza (V. 690–695).

Doch der Verstand hat sich — die «altiva bajeza» deutet es an — zu viel vorgenommen, er vermag noch nicht einmal Einzelphänomene der Natur zu begreifen, wie also das Ganze? Bescheidenheit wäre angebracht, wo der totale Absturz droht.

So führt auch dieser Anlauf nicht zum gewünschten Ergebnis. Der Verstand unternimmt deshalb einen letzten Versuch, diesmal jedoch im Zeichen eines Mythos, dem das Scheitern von vornherein eingeschrieben ist: Phaethon, der unglückliche Lenker des Sonnenwagens, der Ovid zufolge fast einen Weltbrand ausgelöst hätte:

> [...] magnae pereunt cum moenibus urbes,
> cumque suis totas populis incendia terras
> in cinerem vertunt. silvae cum montibus ardent (*Metamorphosen* II, 214–216).

Sor Juana vollendet mit der Nennung Phaethons den Weg, auf dem der Verstand dreifach versucht hat, die absolute Wahrheit zu erfassen: Nach der sensorisch-intuitiven Ekstase und der wissenschaftlich-aristotelischen Methode muß auch der rein philosophische, vom trotzigen Willen zum Wissen geprägte Ansatz scheitern. Trotzig deshalb, weil ihm der Absturz Phaethons vor Augen steht und er dennoch nicht abläßt:

> [...] el animo halla
> mas que el temor, exemplos de escarmiento,
> abiertas sendas al atrevimiento,
> que vna ya vez trilladas, no ay castigo
> que intento baste à renovar segundo;
> segunda ambidición, digo.
>
> Nel Panteon profundo,
> cerulea tumba à su infeliz ceniza,
> ni el vengativo rayo fulminante
> mueve, por mas que avisa,
> al animo arrogante,
> que, el vivir despreciando, determina
> su nombre eternizar en su ruina (V. 790–802).

Erneut geht es um eine Grenzüberschreitung, erneut um ihr Scheitern. Doch während Sor Juana die drei mythologischen Gestalten am Beginn des Gedichts — Nictymene, die drei Töchter des Königs Minyas und Ascalaphus — mit ihren jeweiligen Vergehen nur dazu bestimmt, die Nacht einzuläuten, und die Phaethon typologisch nahestehenden Figuren von Ikarus und Aktäon nur als Metapher einsetzt, hat sie mit Phaethon, dem immerhin 45 Verse gewidmet sind, die ihn zum wichtigsten Mythos des Gedichtes machen, mehr im Sinn.

II.

Der Mythos von Phaethon, der in der klassischen Darstellung wie in der späteren, bis ins 17. Jahrhundert reichenden Rezeption als warnendes Beispiel für bestraften Hochmut geführt wird, ist hier Anlaß für ein todesmutiges, ja von vornherein dem Tod geweihtes «dennoch». Dem ersten Anschein nach schließt sich auch Sor Juana dem moralischen Verdikt der mythologischen Tradition an, wenn sie Phaethon und seine Tat mit negativen Epitheta belegt («ejemplar osado», «auriga altivo», «atrevimiento», «ánimo arrogante», «ejemplar pernicioso») und die dadurch ausgelöste Katastrophe deutlich benennt: «pantéon profundo», «cerúlea tumba a su infeliz ceniza», «vengativo rayo fulminante», «rüina», «terror», «estrago». In Wahrheit aber sprengt Sor Juana, indem sie Phaethon gleichwohl zum Vorbild macht, den Rahmen des bisherigen Mythenverständnisses. Was bisher bloße Sinnfigur war, wird zum Vorbild der Auflehnung:

> typo es, antes, modelo,
> exemplar pernicioso
> Que alas engendra à repetido buelo
> del animo ambicioso,
> que del mismo terror haziendo halago,
> que al valor lisongea,
> las glorias deletrea
> entre los caractères del estrago (V. 803–810).

Es ist eine ohnmächtige Auflehnung, deren Bild Sor Juana hier zeichnet, doch eine, die aus Strafe, Tod und Terror Lust («halago») zieht und sich Ruhm verspricht. Es liegt nahe, hier an die Person der Autorin selbst zu denken, die sich, wie sie später in ihrer Antwort an den Bischof von Puebla (*Respuesta a Sor Filotea*) darlegen wird, als Intellektuelle den Maßgaben und den Sanktionen einer durchweg männlich dominierten Wissensordnung ausgesetzt sieht:

> La figura de Faetón fue determinante para sor Juana de dos maneras. Primero como ejemplo intelectual que reúne el amor al saber y la osadía: la razón y el ánimo. En seguida, porque representa a la libertad en su forma más extrema: la transgresión (Octavio Paz)[12].

Sor Juana hat die Tat des Phaethon in einem Sonett der *Inundación castálida* (1689) ausdrücklich auf ihre eigene Entscheidung bezogen, die ewigen Gelübde abzulegen:

---

12 Paz, *Sor Juana* (Anm. 2), S. 504.

Encarece de animosidad la elección de estado durable hasta la muerte.

Si los riesgos del mar considerara,
ninguno se embarcara, si antes viera
bien su peligro, nadie se atreviera,
ni al bravo toro osado provocara;

si del fogoso bruto ponderara
la furia desbocada en la carrera
el jinete prudente, nunca hubiera
quien con discreta mano le enfrenara.

Pero si hubiera alguno tan osado
que, no obstante el peligro, al mismo Apolo
quisiere gobernar con atrevida

mano el rápido carro en luz bañado,
todo lo hiciera; y no tomara sólo
estado que ha de ser toda la vida [13].

Die Verurteilung durch den eigenen Orden und ihr Verstummen wird diese bittere Selbsteinschätzung eindrücklich bestätigen. Die Wahl das Phaethon-Mythos ebenso wie die bewußte Mißachtung seiner moralischen Botschaft kann aber — und hier kommt die koloniale Perspektive in den Blick — auch als Akt der Emanzipation von einer europäisch geprägten Denkordnung angesehen werden. Sor Juana variiert das in der mythologischen Erzählung von Phaethon formulierte Bewertungsmuster Ovids nicht mehr spielerisch und im Detail, sondern sie lehnt es pauschal als Terror ab und stellt es auf den Kopf. Sie verschiebt damit die Dichotomie von Terror und Spiel, die Hans Blumenberg für den Gegensatz von Dogma und Mythos formuliert hat [14], um eine Stufe und rechnet auch den letzteren noch zum (europäischen) Dogma, als Moralterror, der die Gedankenfreiheit unzumutbar einschränkt und negiert. Aus dem poetischen, d. h. spielerischen Umgang mit dem Mythos wird so eine Aussage von tödlichem Ernst.

Ein Akt der Rebellion, so könnte man resümieren, im vollen Bewußtsein der Vergeblichkeit dieser Rebellion. Doch die Niederlage trägt Züge des Triumphes: Von einem Vorbild (*modelo*) ist die Rede, von Flügeln, die dem ehrgeizigen Geist wachsen, von Ruhm gar, der sich dem Ruin verdankt. Nicht umsonst spricht Sor Juana von Botschaften, die zwischen den Zeichen, zwischen den Zeilen stehen: «las glorias deletrea entre los caractères del estrago» (V. 809 f.).

Der Sturz des Phaethon wird zum Palimpsest, zum heimlichen Sieg des Gestürzten. Die geheime Gegenmacht der Rebellion ist gegenwärtig, auch

---

13 Sor Juana Inés de la Cruz, *Inundación castálida*, hrsg. v. Georgina Sabat de Rivers, Madrid: Castalia, 1982 (Clásicos Castalia, 117), S. 247.
14 Vgl. Hans Blumenberg, *Arbeit am Mythos*, Frankfurt a. M.: Suhrkamp, 1979, Kap. II, 3.

wenn sie besiegt wird. Damit aber wird die im *Primero Sueño* so ausführlich geschilderte Suche nach der Wahrheit, nach der Erkenntnis des Weltganzen zu einer echten Gefahr für die bestehende Ordnung.

Doch was geschieht, ist etwas ganz anderes: Sor Juana schlägt sich völlig überraschend auf die Seite der Sieger, auf die Seite derer, die den Sturz des Phaethon zu verantworten haben. War es im griechischen Mythos Jupiter, der dem unheilvollen Treiben des Jünglings ein Ende setzte,

> intonat et dextra libratum fulmen ab aure
> misit in aurigam pariterque animaque rotisque
> expulit et saevis conpescuit ignibus ignes (*Metamorphosen* II, 311–313)

so ist es im Seelendrama des *Primero Sueño* eine Art Selbstzensur, derzufolge der Absturz offenbar als gerechtfertigt anzusehen ist und nur über die Art und Weise der Bestrafung befunden werden muß. In einer Passage, die die bisherige Forschung weitgehend mit Schweigen übergangen hat[15], wendet sich die Sprecherin der erstaunlichen Frage zu, wie mit der eigenen Übertretung des Denkverbots umzugehen sei:

> O el castigo jamàs se publicara,
> porque nunca el delito se intentara!
> Politico silencio antes rompiera
> los autos del processo
> circunspecto Estadista,
> o en fingida ignorancia simulara,
> o con secreta pena castigara
> el insolente excesso,
> sin que à popular vista
> el exemplar nocivo propusiera:
> que del mayor delito la malicia
> peligra en la noticia,
> contagio dilatado trascendiendo;
> que singular culpa solo siendo,
> dexara mas remota à lo ignorado
> su execucion, que no à lo escarmentado (V. 811–826).

Wie sollen wir diese Ratschläge aus der Feder Sor Juanas verstehen? Die Antwort kann nicht leichtfallen, denn nicht nur wird der «insolente excesso» (V. 818) eindeutig als «delito» eingestuft, sondern auch die Strafe («el castigo», V. 799, 811, 817) wird in keiner Weise in Frage gestellt. Das einzige

---

15 Vgl. z. B. Paz, *Sor Juana* (Anm. 2), S. 122 f. u. 503 f., und Antonio Alatorres gegen Paz und gegen feministische Deutungen des Textes gerichtete «Lectura del *Primero Sueño*», in: Sara Poot Herrera (Hrsg.), *«Y diversa de mí misma entre vuestras plumas ando»*. *Homenaje Internacional a Sor Juana Inés de la Cruz*, México: Colegio de México, 1993, S. 101–126. Auch Alberto Pérez Amador Adam sieht im Kommentar seiner kritischen Ausgabe (*El precipicio*, Anm. 9, S. 215) die Problematik dieser Passage nicht.

Problem, das Sor Juana noch zu beschäftigen scheint, ist offenbar die Frage, wie die Bestrafung geheimgehalten werden könne: das «político silencio»[16]. Sor Juana hält, so wie es aussieht, nichts von der abschreckenden Wirkung von Strafe, sondern warnt ganz im Gegenteil die Obrigkeit vor der Ansteckungsgefahr, die vom Bekanntwerden des Vergehens ausgehen könnte. Genau dies ist auch die Haltung der kirchlichen Autoritäten, die schon in der Reaktion auf die *Respuesta a Sor Filotea* auf öffentliche Strafmaßnahmen oder die Einschaltung der Inquisiton verzichteten und Sor Juana stattdessen einem seelischen Zermürbungsprozeß aussetzten, der diese am Ende vernichtete. Diese Vorgehensweise entspricht ganz dem, was Juan de Oviedo, der Biograph von Antonio Núñez de Miranda, dem Beichtvater Sor Juanas, berichtet:

[...] habiendo conocido la discreción y gracia en el hablar de Juana Inés, lo elevado de su entendimiento y lo singular de su erudición, junto con su no pequeña hermosura, atractivos todos a la curiosidad de muchos que desearían conocerla y tendrían por felicidad el cortejarla, solía decir que no podía Dios enviar azote mayor a aqueste reino que si permitiese que Juana Inés se quedara en la publicidad del siglo[17].

Diese Einschätzung der Lage entspricht aber durchaus auch der Haltung Sor Juanas selbst, die bekanntlich keinen «ruido» mit der Inquisition wollte[18]. Dennoch, muß man so weit gehen, sich, wie hier geschehen, bei der Obrigkeit mit einem ganzen Maßnahmenkatalog zur Unterdrückung der eigenen Meinung anzubiedern — im ‹wohlverstandenen› Interesse des «circunspecto estadista»[19]?

Mehrere Interpretationsmöglichkeiten bieten sich hier an. Am weitesten geht dabei Alejandro Soriano Vallès, dem das Verdienst zukommt, sich als

---

16 Das «político silencio», das Sor Juana der Obrigkeit empfiehlt, gehört zu den im 17. Jahrhundert u. a. von Guez de Balzac und Richelieu und in Spanien von Lorenzo Ramírez de Prado (*Consejo y consejeros de príncipes*, Madrid 1617) erwogenen Herrschaftstechniken; vgl. Niklas Luhmann, «Staat und Staatsräson im Übergang von traditionaler Herrschaft zu moderner Politik», in: N. L., *Gesellschaftsstruktur und Semantik* (Anm. 5), Bd. 3, S. 65–148, hier S. 89 u. Anm. 67).
17 Zitiert bei Mirta Aguirre: *Del encausto a la sangre: Sor Juana Inés de la Cruz*, La Habana: Casa de las Américas, 1975 (Cuadernos Casa, 17), S. 71. Dieses schmale Buch gehört immer noch zu den besten Darstellungen der prekären Situation Sor Juanas, wie sie sich in ihren Schriften manifestiert.
18 Sor Juana Inés de la Cruz, «Respuesta a Sor Filotea», in: S. J., *Obras completas*, Bd. 4, hrsg. v. Alberto G. Salceda, México: Fondo de Cultura Económica, 1957, S. 444.
19 Zur Begriffsgeschichte von «estadista» vgl. José Antonio Maravall, «La cuestión del maquiavelismo y el significado de la voz ‹estadista› en la época del Barroco», in: Werner Bahner (Hrsg.), *Beiträge zur französischen Aufklärung und zur spanischen Literatur. Festgabe für Werner Krauss zum 70. Geburtstag*, Berlin: Akademie, 1971 (Schriften des Instituts für Romanische Sprachen und Kultur, 7), S. 523–532 (wieder abgedruckt in: J. A. M., *Estudios de historia del pensamiento español. Serie tercera: Siglo XVII*, Madrid: Cultura Hispánica, 1975, S. 107–123).

einziger intensiv mit der hier interessierenden Passage beschäftigt zu haben[20]. Soriano Vallès sieht in offener Opposition zu Octavio Paz in dem (scheiternden) Vorhaben der Seele, eine absolute Kenntnis der Welt zu erlangen, keinerlei gedankliche «transgresión» (Paz) der Autorin, sondern ganz im Gegenteil ein Treuebekenntnis zum Glauben, als «paso previo a la *Respuesta a Sor Filotea* y a su libérrima e incondicional entrega al Amor de su fe»:

> [...] como la «gloria» que, una vez reconocida su incapacidad para acceder a su *objeto de conocimiento*, se presentó ante el alma bajo la forma sucedánea de su autodestrucción es lo que postreramente «descalifica» la poetisa, debemos asimismo anticipar que ella sugerirá, al final de la obra, que no es en dicha autodestrucción en la que la protagonista de su poema se «realizará» (consiguiendo de tal modo la supuesta «gloria» de antemano reconocida como inalcanzable para la *intención* de conocimiento total), *sino en la pervivencia, manifestada en la no autodestrucción y, por tanto, en la aceptación de que ella tiene un único y apropiado modo de hacerlo*, siendo éste precisamente la humilde y constante adecuación de su *intención* a su potencia de conocimiento. Entendemos ahora que Faetón, lejos de ser el «héroe intelectual» de Sor Juana, sea más bien su «antihéroe»[21].

Will man es sich allerdings mit der ausführlichen Thematisierung des Phaethon-Mythos durch Sor Juana nicht ganz so leicht machen — auch im Blick auf das Pathos des Gedichtes im «estilo heroico», wie er nach der Aussage eines zeitgenössischen Lesers des *Sueño* nur «acciones ilustres» zukommt[22] — und von einer echten Umkehr auf dem Wege der irrenden Erkenntnis ausgehen, so könnte das jähe Ende des «sueño de la rázon» hundert Jahre vor Goyas *Capricho* 43 auch als eine Palinodie gelesen werden, die den eigenen Irrtum als solchen erkennt und die Strafe akzeptiert. Doch auch eine solche Lösung vemag die merkwürdig detaillierte Erörterung der nachrichtlichen Behandlung der Bestrafung durch die Autorin, die sich ja von einer ähnlich gearteten Behandlung bedroht sehen konnte, nicht recht zu erklären. Man könnte auch an eine nur ironische, nicht ernstgemeinte Palinodie denken, jener *Palinodia al Marchese Gino Capponi* Giacomo Leopardis gleich, die dieser 150 Jahre später mit den berühmten Worten beginnen läßt: «Errai, candido Gino; assai gran tempo. E di gran lunga errai»[23], und die doch deutlich auf das Gegenteil eines Widerrufs hinausläuft. Doch auch diese Beschreibung trifft offenbar nicht den Kern des Problems, hätten doch Ironie ebenso wie Parodie eine spielerische Souveränität gegenüber der kirchlichen Autorität und letzt-

---

20 Alejandro Soriano Vallès, *El «Primero Sueño» de Sor Juana Inés de la Cruz. Bases tomistas*, México: Universidad Nacional Autónoma de México/Instituto de Investigaciones Estéticas, 2000, S. 343–356. Vgl. auch A. S. V., *Rebeldía*, http://galeon.com/sorjuana/rebeldía.htm.
21 Ebd., S. 355. Die Hervorhebungen im Text.
22 Vgl. José Pascual Buxó, «El *Sueño* de Sor Juana: alegoría y modelo del mundo», in: J. P. B., *Las figuraciones del sentido. Ensayos de poética semiológica*, México: Fondo de Cultura Económica, 1984, S. 236.
23 Giacomo Leopardi, «Palinodia al Marchese Gino Capponi», V. 1/2, in: *Poesie e prose*, Bd. 1, Milano: Mondadori, ^{5}1988, S. 113.

lich gegenüber der Inquisition zur Voraussetzung, wie sie der Nonne Juana angesichts des blutigen Ernstes der möglichen Strafen kaum unterstellt werden kann — bekanntlich wurde Sor Juana am Ende ihrer intellektuellen Höhenflüge genötigt, mit ihrem eigenen Blut Abbitte zu leisten, bezeichnenderweise in der dritten Person: «Protesta que, rubricada con su sangre, hizo de su fe y amor a Dios al tiempo de abandonar los estudios humanos para proseguir, desambarazada de este afecto, en el camino de la perfección»[24].

Will man daher nicht annehmen, daß die Nonne Juana ebenso verfährt wie angeblich die neuspanischen Beamten gegenüber der katholischen Majestät im fernen Madrid, nämlich nach der Formel «Obedezco, pero no cumplo»[25], so gilt es nach einem anderen Erklärungsmodell für die perverse Ausführlichkeit zu suchen, mit der Sor Juana der Obrigkeit diverse Strategien der Machterhaltung durch Vertuschung einer Rebellion zur Auswahl anbietet. Sie ist ohnehin, wie ihr Briefwechsel mit dem Bischof von Puebla, aber auch ihre Gedichte und ihre *comedias* zeigen, mit den Techniken höfischer Dissimulation vertraut. Während diese aber wie die theatralische *dissimulatio* noch etwas von der Souveränität des Spiels hat, gerät die einer strengen Obrigkeit unterstellte Nonne Sor Juana mit ihren philosophisch-theologischen Spekulationen schnell in eine existentielle Gefahrenzone. Um das Verhalten zu beschreiben, das sie hier wählen muß, bietet sich deshalb als Beschreibung eine andere Denkfigur an: die Mimikry. Mimikry ist eine Form des Spiels, aber im Pflanzen- und Tierreich auch eine Strategie im tödlichen Ernst des Lebenskampfes. Beim Menschen steht Mimikry als die Kunst der Verstellung und der Maske nicht nur in Opposition zu den anderen Formen des Spiels, dem Wettkampf, dem Glücksspiel und dem Rausch[26], sondern, so Roger Caillois, ganz allgemein zu einer Welt der Ordnung, sei diese nun gesellschaftlicher oder kosmologischer Natur[27]. Es kann deshalb nicht verwundern, daß der Begriff der Mimikry auch in der Literaturwissenschaft und hier vor allem in den *postcolonial studies* Karriere gemacht hat. Zu nennen ist hier etwa Homi K. Bhabha, der eine Theorie der Mimikry formuliert hat, die das kulturelle Miteinander und Gegeneinander von Kolonisatoren und Kolonisierten zu erfassen versucht[28]. Dabei geht es für die Kolonisierten angesichts stabiler Machtverhältnisse insbesondere darum, entweder sich zu integrieren oder aber subtil statt massiv Widerstand zu leisten, Kritik in der Pose der Nicht-Kritik vorzutragen und Divergenz als Übereinstimmung zu maskieren. Oder — und damit nähern wir uns wieder Sor Juana — in der Sprache des 17. Jahrhunderts:

---

24 Zitiert in Sor Juana Inés de la Cruz, *Obras completas*, Bd. 1, hrsg. v. Alfonso Méndez Plancarte, México: Fondo de Cultura Económica, 1951, S. 518 f.
25 Vgl. Georgina Sabat de Rivers, *«El Sueño» de Sor Juana Inés de la Cruz. Tradiciones literarias y originalidad*, London: Tamesis, 1977 (Collección Támesis, 40), S. 147.
26 Roger Caillois, *Die Spiele und die Menschen. Maske und Rausch*, München u. a.: Langen/Müller, 1958, S. 19.
27 Ebd., S. 96 und S. 121.
28 Homi K. Bhabha, *The Location of Culture*, London/New York: Routledge, 1994.

Dissimulation mit den Mitteln der Simulation zu betreiben[29]. Sor Juana unterminiert — so könnte man in einem ersten Versuch die hier interessierende Passage deuten — mit ihrer an Parodie grenzenden Scheinakzeptanz der herrschenden Wertordnung *delito/pena* das Gebäude der Macht, ohne sich doch der Gefahr direkter Repression auszusetzen, sie optiert mit ihrem Vorschlag eines «político silencio» gleichsam für Galileo Galilei und gegen Giordano Bruno[30]. Mehr noch, und das fällt nun doch auf: Sie schlägt der Gegenseite genau das Verfahren vor, das diese ihr gegenüber anwendet, nämlich das «político silencio» (V. 813), das aber auch ihrer eigenen Tendenz zur Selbstverleugnung als Person entspricht, wie sie in der *Respuesta a Sor Filotea* dokumentiert ist: *suaviter in modo, fortiter in re*. Wir haben es hier mit einer Identität der rechtlichen Denkstrukturen von Richter und Opfer zu tun, die an die Schauprozesse der Stalinära denken lassen könnte, nur daß es hier um Geheimhaltung geht, nicht um Öffentlichkeit als Abschreckungsmittel. Jedenfalls gilt es festzuhalten, daß Sor Juana mit dieser Doppelperspektive die Spielformen der literarischen Ironie, der Parodie und auch der Palinodie weit hinter sich läßt. Als Strategin der Verstellung erweist sie sich ganz auf der Höhe der Zeit und z. B. auch im Einklang mit Baltasar Gracián, dessen *Discreto* sie kennt[31]. Vor allem aber — und damit kommt auch wieder die amerikanische Perspektive in den Blick — ist sie eine Einwohnerin Neuspaniens, die, wie der Druck und der Erfolg ihrer Werke im spanischen Mutterland beweisen, zu hundert Prozent kolonisiert — wir würden heute sagen, kulturell assimiliert — ist, die Gongora und Calderón nachahmt. Und doch argumentiert sie als Kolonisierte, nämlich in einer Form der Reproduktion des herrschenden Diskurses, die diesen zwar intakt läßt und akzeptiert, aber eben als Mimikry, dem eine Differenz, eine Divergenz eingeschrieben ist. Als gehorsame Nonne in ihrer Ordensgemeinschaft, als souverän argumentierende Frau in einer männlich geprägten Wissensgesellschaft, als perfekt der spanischen Kultur assimilierte Mexikanerin führt sie vor, was Mimikry sein kann: die Gleichzeitigkeit, ja die Einheit von Identität und Alterität. Für Sor Juana könnte demnach die Formel Anwendung finden, mit der Homi K. Bhabha den kolonialen Diskurs beschreibt: «almost the same, but not quite». Oder, in Anwendung eines Satzes, mit dem Cicero das Schweigen des römischen Senats angesichts seiner Anklagen gegen den Verschwörer Catalina als Zustimmung interpretierte: «Cum tacent, clamant». Auch Sor Juana klagt, indem sie zum

---

29 Vgl. in diesem Sinne schon Mabel Moraña, «Mímica, carnaval, travestismo: Máscaras del sujeto en la obra de Sor Juana», in: Petra Schumm (Hrsg.), *Barrocos y Modernos. Nuevos caminos en la investigación del Barroco iberoamericano*, Frankfurt a. M./Madrid: Vervuert/Iberoamericana, 1998 (Berliner Lateinamerika-Forschung, 8), S. 99–107.
30 Siehe oben Anm. 16.
31 Zu Graciáns Konzept der Verstellung (*dissimulatio*) vgl. Ulrich Schulz-Buschhaus, «Über die Verstellung und die ersten ‹Primores› des *Héroe* von Gracián» und «Innovation und Verstellung bei Gracián», in: U. S.-B., *Moralistik und Poetik*, Münster: Lit, 1997 (Ars rhetorica, 8), S. 70–72 u. 99–114.

(Ver-)Schweigen aufruft, an. Es erscheint nur konsequent, daß sie nach diesem Fazit die Schlußphase des *Primero Sueño* beginnen läßt, das Erwachen aus einem zum Albtraum gewordenen Traum: «yo despierta».

THEATRALISCHE UND BILDLICHE REPRÄSENTATIONEN

Gerhard Penzkofer

Hoffest, *momería* und höfische Revue in Gil Vicentes *La tragicomedia de Amadís de Gaula*

La tragicomedia de Amadís de Gaula von Gil Vincente wurde wahrscheinlich 1533 am Hof von João III in Evora zum ersten Mal aufgeführt[1]. Die Bühnenfassung von Montalvos *Amadís*[2] ist Gil Vicentes zweite Dramatisierung eines Ritterromans. Wenige Jahre vorher, vermutlich zwischen 1521 und 1525, hatte er mit der *Tragicomedia de Don Duardos* Szenen aus dem anonymen *Primaleón*[3] für die Bühne bearbeitet. Dieses Stück gilt heute fast einhellig als Höhepunkt von Gil Vicentes Theaterwerk[4]. Der *Tragicomedia de Amadís de Gaula* werden dagegen nicht ganz zu Unrecht die dramatische Spannkraft und der ästhetische Glanz des Vorgängers abgesprochen. Dennoch ist das Stück von hohem Interesse, weil seine übersichtlichen Strukturen den Zugang zur Bühnenpraxis, zur Genese dramatischer Gattungsmodelle, zu Zuschauererwartungen und auch zum zeitgenössischen Medienverständnis erleichtern. Es legt die Verfahren bloß. Die Gattungszuordnung bleibt dagegen, wie übrigens auch bei *Don Duardos*, ambivalent. In der *recopilaçam* von 1562 wird der Text als *tragicomedia* bezeichnet. Diesen bei Gil Vicente eigenwillig und unscharf verwendeten Begriff[5] übernehmen moderne Editionen[6]. Einzelne Ausgaben aus

---

1 Ich zitiere Gil Vicentes Theaterstücke aus Gil Vicente, *Teatro castellano,* hrsg. v. Manuel Calderón, Barcelona: Crítica, 1996.
2 Ich beziehe mich auf folgende Ausgabe: Garcí Rodríguez de Montalvo, *Amadís de Gaula*, hrsg. v. Juan Manuel Cacho Blecua, Madrid: Cátedra, 1991.
3 *Primaleón* bildet den ersten Teil des *Palmerín*-Zyklus, den ein heute unbekannter Autor 1512 in Salamanca in Druck gegebenen hat, um den ein Jahr vorher erschienenen *Palmerín de Olivia* fortzusetzen. Die neueste Edition des Romans stammt von María Carmen Marín Pina. Vgl. *Primaleón*, hrsg. v. María Carmen Marín Pina, Alcalá de Henares: Centro de Estudios Cervantinos, 1998.
4 Vgl. unter anderem Francisco Ynduráin, «La dramaturgia de Gil Vicente. *Don Duardos*», in: *Colóquio – Letras* 2 (1971), S. 14; Rainer Hess, «Gil Vicente, *Tragicomedia de Don Duardos*», in: Volker Roloff/Harald Wentzlaff-Eggebert (Hrsg.), *Das spanische Theater. Vom Mittelalter bis zur Gegenwart.* Düsseldorf: Bagel, 1988, S. 36–52; Stephen Reckert, «Gil Vicente y la configuración de la *comedia*», in: Víctor García de la Concha (Hrsg.), *Literatura en la época del Emperador*, Salamanca: Universidad de Salamanca, 1988, S. 168.
5 Zum Konzept der *tragicomedia* bei Gil Vicente vgl. William C. Atkinson, «*Comedias, Tragicomedias* and *Farças* in Gil Vicente», in: *Boletim de Filologia* 11 (1950), S. 268–280. Nach Atkinson zeichnet sich Gil Vicentes *tragicomedia* allein durch ihre hohe Thematik und ihren höfischen Charakter aus — «a play written on command to grace state celebrations at court», S. 276.
6 Ich verweise unter anderem auf die Ausgaben von Terence P. Waldron, Thomas R. Hart und natürlich auf die von mir benutzte von Manuel Calderón. Vgl. Gil Vicente, *Tragicomedia de*

dem 16. Jahrhundert nennen das Stück jedoch *auto* oder *comedia*[7]. Diese terminologische Unsicherheit, die bis heute zu Diskussionen über Gil Vicentes Gattungskonzeption führt[8], lässt vermuten, dass der Autor ein Bühnenspiel jenseits fixierter Gattungszuweisungen beabsichtigt, soweit diese im 16. Jahrhundert überhaupt existieren[9]. Meine These lautet, dass Gil Vicente in der *Tragicomedia de Amadís de Gaula* eine Dramenform erfindet oder fortentwickelt, die es gestattet, die höfische Welt- und Selbsterfahrung, die er bei seinen Zuschauern voraussetzt, mit all ihren Spannungen und Unstimmigkeiten als heiteres Spiel zu konsumieren. Ich bezeichne diese Form mangels besserer Optionen als höfische Revue. Eine Revue ist eine Reihung selbständiger, oft multimedialer und gattungsmischender Episoden und Nummern mit primärer Unterhaltungsfunktion, in denen eher die theatralische als die dramatische oder epische Dimension des Theaters dominiert[10]. Eine höfische Revue stimmt ihre Inhalte und Darbietungsformen mit den Erwartungen eines höfischen Publikums ab. Die Revueform des Theaterspiels ist in Mittelalter und früher Neuzeit eng mit Hoffesten, höfischen Maskenumzügen und *momerías* verbunden. Die historische Bedeutung der *Tragicomedia de Amadís de Gaula* dürfte darin liegen, dass sie vorführt, wie sich diese älteren Traditionen des dramatischen Spiels über die höfische Revue zu moderneren Theaterkonzeptionen verändern, ohne schon den Weg zu uns geläufigen Gattungsmodellen zu finden. Die *tragicomedia* zeigt, so meine ich, den Beginn des frühneuzeitlichen Theaters fast *in statu nascendi*. Diesen Zusammenhängen gilt im Folgenden meine Aufmerksamkeit. Ich vergleiche das Stück zuerst mit seiner Romanvorlage (1). Dann widme ich mich der Raumstruktur von

---

Amadís de Gaula, hrsg. v. Terence P. Waldron, Manchester: Manchester UP, 1959, und Gil Vicente, *Obras dramáticas castellanas*, hrsg. v. Thomas R. Hart, Madrid: Espasa-Calpe, 1962.

7   Belege in Gil Vicente, *Teatro* (Anm. 1), S. 275.
8   Zur Gattungsdiskussion vgl. unter anderem Atkinson, «*Comedias, Tragicomedias* and *Farças* in Gil Vicente» (Anm. 5), S. 268–280; Laurence Keates, *The court theatre of Gil Vicente*, Lissabon: Tellez da Silva, 1962, S. 112–115; Ynduráin, *La dramaturgia* (Anm. 4), S. 14–15; José María Díez Borque, *Los géneros dramáticos en el siglo XVI. El teatro hasta Lope de Vega*, Madrid: Taurus, 1987, S. 84–90; René Pedro Garay, *Gil Vicente and the Development of the Comedia*, Chapel Hill: University of North Carolina Press, 1988, S. 95–109; Miguel Angel Pérez Priego, «Espectáculos y textos teatrales en Castilla a fines de la edad media», in: *Epos* 5 (1989), S. 162; Manuel Calderón Calderón, «Una aproximación a las comedias de Gil Vicente», in: *Caligrama* 4 (1991), S. 185–212.
9   Zur Genese der dramatischen Gattungen in Spanien vgl. Margarete Newels, *Die dramatischen Gattungen in den Poetiken des Siglo de Oro. Eine einleitende Studie zum Thema der Dramentheorie im Goldenen Zeitalter*, Wiesbaden: Steiner, 1959. Vgl. daneben Federico Sánchez Escribano/Alberto Porqueras Mayo, *Preceptiva dramática española del renacimiento*, Madrid: Gredos, 1965.
10 Manfred Brauneck/Gérard Schneilin (Hrsg.), *Theaterlexikon. Begriffe und Epochen, Bühnen und Ensembles*, Reinbek bei Hamburg: Rowohlt, ³1992, S. 787–789. Zur Unterscheidung von dramatischer, epischer und theatralischer Funktion des Theaterspiels Wolfgang Matzat, *Dramenstruktur und Zuschauerrolle. Theater in der französischen Klassik*, München: Fink, 1982, S. 23–63.

Hoffesten und *momerías*, weil diese kaum zu überschätzenden Einfluss auf Gil Vicente ausüben (2). Die Raumkonstellationen der *tragicomedia* selber werden im dritten Teil der Arbeit beschrieben (3). Im vierten Teil zeige ich, wie die Abänderung überlieferter Raummodelle die Inszenierung höfischer Konflikte ermöglicht (4), die jedoch nicht in dramatischer Handlung ausgespielt, sondern in der Heiterkeit der Revue aufgehoben werden. Der höfischen Revue gilt der fünfte Teil meiner Arbeit (5). Den Schluss bilden Überlegungen zum Verhältnis von Spiel und Text bei Gil Vicente (6).

1. Die Inhaltsmontage

Die erste Szene der *Tragicomedia de Amadís de Gaula* zeigt, wie der junge Amadís, sein Bruder Florestam, sein Stiefbruder Galaor und sein «hermano de leche» Gandalim aufbrechen, um Ruhm, Ehre und Liebe zu gewinnen. Galaor will in die Türkei («Yo me voy a la Turquía», V. 89), Florestam «a donde Dios quisiere» (V. 90), Amadís möchte im Namen Orianas den «muy soberbioso Dardán» herausfordern (V. 78), Gandalim hält sich eher bedeckt. Die raumzeitlich nicht situierte Episode übernimmt die Aufgabe eines Prologs, der programmatisch die Verpflichtungen und Ziele des Rittertums vorträgt. Anders als Montalvos Roman verzichtet das Stück aber auf die Aventüren und Liebesabenteuer von Amadís' Vater Perión, mit denen die Romanhandlung beginnt, auf die Geburts- und Kindheitsgeschichte des Helden, auf seinen Ritterschlag, auch auf die Intrigen des bösen Zauberers Arcaláus, und ganz essentiell auf die Liebesidylle zwischen Amadís und Oriana, die Montalvos Erzähler zu verlegenen Kommentaren verleitet [11]. Das für das Stück charakteristische *name-dropping*, das an der Bühnenhandlung nicht beteiligte Romanfiguren nennt (Perión, Dardán, Angriote d'Estravaos, Arcaláus, Hurganda), deutet allerdings an, dass der Autor die Kenntnis des Romans voraussetzt. Ein belesener Zuschauer weiß, dass der «soberbioso Dardán» einer der ersten unritterlichen Gegner des Amadís ist, den der Held im 13. und 14. Kapitel des ersten Buches besiegt. Damit lässt sich auch der Beginn des Stückes situieren, vorausgesetzt, dass sich der Autor um eine Angleichung der Chronologie des Stücks und des Romans bemüht.

Dann wechselt das Spiel an den Hof des britannischen Königs Lisuarte, des Vaters von Oriana. Der mit Fanfarenklängen eintreffende Bote Arbindieta berichtet von sieben Königen («siete reyes»), die Lisuartes Reich bedrohen. Nur Amadís könne die Situation retten. Amadís, so erfahren wir, hat in der Zwischenzeit den im Prolog angekündigten Sieg über den «soberbioso Dardán» errungen, den Zauberer Arcaláus und Angriote d'Estravaos überwunden und sich der Ínsola firme bemächtigt, auf der er fortan regiert. Diese Episoden des Botenberichts stammen zum größten Teil aus dem ersten und vor allem

---

11 Montalvo, *Amadís* (Anm. 2), S. 278.

aus dem zweiten Buch des Romans. Arcaláus wird von Amadís in Kapitel 1.35 besiegt. Darauf spielt der Bote wahrscheinlich an. Auch Angriote d'Estravaos tritt in den Anfangskapiteln des Romans auf (1.18; 1.23; 1.31) und begleitet Amadís dann bis zum Handlungsende (4.133). Die Wundertaten auf der Ínsola firme, von denen Gil Vicentes Stück erzählt, finden im zweiten Buch des Romans statt (2.44). Die bei Montalvo von Arcaláus zu ihren bösen Taten angestifteten «sieben Könige» erscheinen dagegen erst später, in Kapitel 3.67, um bis zum Schluss des Romans präsent zu bleiben (4.132). Wir wissen nicht, ob Gil Vicente mit ihrer vorzeitigen Einführung gleich zu Textbeginn einen Bogen zwischen Anfang und Ende der Handlung herstellen will oder ob er nur eigenwillig mit den romanesken Vorgaben umgeht. Die übrigen unsystematischen Anspielungen auf Amadís' Taten sprechen eher für die zweite Möglichkeit. In jedem Fall klafft zwischen Prolog und Botenszene eine beträchtliche Zeit- und Handlungslücke, in der die Aventüren von Amadís verschwinden. Der heroische Amadís ist nicht Teil der Bühnenhandlung.

Oriana und ihre Freundin Mabilia haben dem Boten gelauscht, wollen aber nicht mit ihm sprechen, denn die Königstochter zieht es zu ihren Fischen im Gartenteich. Später lässt sie den Boten rufen, ohne Interesse für Amadís' Heldentaten zu zeigen: «Dexemos su pelear: cuéntame lo que dezía» (V. 201). Amadís leide, so Arbindieta, an Liebeskrankheit, der Name seiner Geliebten begänne mit «O». Offenbar weiß der Bote nicht, mit wem er spricht. Oriana allerdings versteht sofort und beteuert vor Mabilia, sie liebe Amadís wie einen Freund, auch wenn ihr diese Zuneigung Schmerz bereite. Mabilia, eine wahre Expertin der Liebeslehre, korrigiert: Schmerz heißt Leidenschaft. Deshalb wird der Bote mit einem Brief zu Amadís gesandt, der 300 Meilen entfernt auf der Ínsola firme regiert, um ihn an Lisuartes Hof zu holen. Die Szene endet mit dem Auftritt des Hofmannes Dorín, der Hunger hat und das Abendessen («cena») ankündigt. Dann verlassen Lisuarte und sein Hof musikalisch begleitet die Bühne: «Levanta-se el-Rey Lisuarte e toda su corte, e vão-se com música» (S. 287).

Nach einem Zeitsprung befinden wir uns wieder in Lisuartes Garten, um ein Uhr nachts. Amadís ist eingetroffen. Bei der Begegnung mit den Damen redet er wie die Liebenden der *cancioneros*, so kompliziert, dass Mabilia nichts versteht. Sie könne kein Latein, sagt sie («no sé latín», V. 339). Später fügt sie hinzu: «Responda quien os entendiere, qu'esso no sé qué será» (V. 379–380). Oriana erinnert sich nicht, warum sie Amadís hat rufen lassen. Die Gefahr der «siete reyes» scheint vergessen. Auch Amadís weiß nichts von ihnen. Er zieht es vor, seine Leidenschaft zu gestehen: Im Spiegel könne Oriana seine Geliebte sehen, sobald sie hineinblicke. Oriana erkennt die Absicht, fordert empört mehr Höflichkeit («más cortesía», V. 481) und tritt — ganz anders als die verliebte Romanheldin — wütend ab. Mabilia vermittelt. Oriana will Amadís erneut sprechen, der ist aber schon abgereist, obwohl ihm Mabilia Orianas Liebe verraten hat. Dann folgt die Katastrophe. Amadís' Zwerg berichtet aus Bosheit oder Dummheit von der vermeintlichen Leidenschaft seines Herrn zur schönen Briolanja und führt damit den Liebesbruch herbei. Oriana schreibt einen schmerzhaften Trennungsbrief, den Dorín zur Ínsola firme bringt. Das Stück folgt dabei eng Montalvos Roman, der im zweiten Buch (2.45–2.52) von den gleichen Ereignissen berichtet.

Auf der Ínsola firme löst das Schreiben tödliche Verzweiflung aus. Amadís entsagt der Welt und lässt sich, wie im Roman (2.48), als Beltenebrós bei einem Eremiten in Peña pobre nieder. Zurück am Hof von Lisuarte deckt Dorín die Lüge des Zwerges auf. Oriana bittet ihre Gefährtin Dinamarca, Amadís zu suchen und einen Versöhnungsbrief zu überbringen. Dann sind wir wieder bei Amadís, der den Besen des Einsiedlers wie ein Schwert führt. Zu ihm gesellt sich, immer noch nach dem Vorbild des Romans (2.51), Corisanda, die unglückliche Geliebte Florestams, von dem wir seit dem Prolog nichts mehr gehört haben. Auch Corisanda will aus Liebeskummer in der Wildnis leben, jedoch nicht auf ihre musizierenden Damen verzichten, die auch Amadís mit ihrem Gesang erfreuen. Da erscheint unverhofft, wie bei Montalvo (2.52), Dinamarca mit dem Brief Orianas. Amadís verlässt ohne große Abschiedsworte den Einsiedler und Peña pobre, um sich an Lisuartes Hof zu begeben.

Gil Vicentes *tragicomedia*, so ist deutlich geworden, folgt vor allem dem zweiten Buch von Montalvos *Amadís*. Das Stück konzentriert sich auf die unsinnige Eifersucht Orianas und die selbstzerstörerische Liebesverzweiflung des Helden. Es begreift Handlung als Liebeshandlung. Angesprochen werden daneben, oft zusammenhangslos und ausschließlich in Form von Botenberichten, ritterliche Episoden vom Anfang und vom Ende des Romans. Dabei bleibt unklar, wie der Autor die Szenenauswahl, die Chronologie des Stückes, die Schauplatzwechsel und die Bühnenpräsenz der Figuren vor dem romanesken Hintergrund konzipiert. Rätselhaft sind auch die vielen offenen Enden der Handlung. Das einleitende Aventüre-Versprechen von Amadís und seinen Brüdern wird nicht eingelöst: Florestam, Galaor und Gandalim verschwinden nach ihrem ersten Auftreten spurlos von der Bühne. Das gilt auch für die gefährlichen «siete reyes». Sie werden im Botenbericht als tödliche Gefahr für Lisuartes Reich vorgestellt, geraten aber schnell in Vergessenheit. Nach dem scheiternden Liebesgespräch zwischen Amadís und Oriana wird von ihnen nie wieder die Rede sein. Völlig isoliert ist die Figur Corisandas. Sie tritt in einer einzigen, zusammenhanglosen Episode auf. Auch das Ende des Stückes ist unerklärlich abrupt. Das alles spricht dafür, dass die *Tragicomedia de Amadís de Gaula* anderes intendiert, als eine treue Übersetzung von Montalvos Roman zu sein [12] und dass sie Gattungsstrukturen verfolgt, die erst noch untersucht werden müssen [13].

---

12 Vgl. dazu auch Stanislav Zimic, «*Amadís de Gaula* de Gil Vicente: De la novela al drama», in: *Boletín de la Biblioteca Menéndez Pelayo* 63 (1987), S. 36.
13 Nicht akzeptabel ist die Position von López Morales, der Gil Vicentes Stücke unter dem Stichwort «primitivismo dramático» schlichtweg als unstrukturiert, wenn nicht misslungen betrachtet. Vgl. Humberto López Morales, *Tradición y creación en los orígenes del teatro castellano*, Madrid: Alcalá, 1968, S. 120–129; zum «primitivismo dramático» S. 209.

2. Hoffest und Raummodellierung

Erste Hinweise zu Poetik und Intention des Stückes ergeben sich, wenn man die *Tragicomedia de Amadís de Gaula* mit der Tradition von Hoffesten, Hofprozessionen, höfischen Festbanketten, Tanzveranstaltungen, Maskenspielen und *momerías* vergleicht, die das frühneuzeitliche Theater prägen. Das liegt umso näher, als Gil Vicente selber für die Regie von Hoffesten am portugiesischen Königshof verantwortlich war [14]. Reiche Materiallieferanten für die Geschichte der Hoffeste und die Genese des spanischen Theaters sind frühneuzeitliche Chroniken und Aufzeichnungen [15]. Ich beziehe mich auf die Chronik *Hechos del Condestable Don Miguel Lucas de Iranzo*, die wahrscheinlich im Jahre 1471 kurz vor dem gewaltsamen Tod des Condestable beendet wurde [16], auf einen Brief des spanischen Botschafters am portugiesischen Hofe Ochoa de Ysásaga, der am 25. Dezember 1500 in größter Ausführlichkeit die *momos* am Königshofe beschreibt [17], und auf die Chronik von Gerónimo de Blancas mit dem Titel *Coronaciones de los serenissimos reyes de Aragón* aus dem Jahre 1641 [18]. Meine Darstellung orientiert sich nicht an der historischen Reihenfolge der Chroniken, sondern an der der beschriebenen Feste. Sie zielt vor allem auf einen Vergleich der Raumstrukturen.

Bei Königskrönungen sind Hoffeste, und mit ihnen die Vorformen des Theaterspiels, die bei den Festlichkeiten gepflegt werden, besonders großartig.

Ähnlich auch Dámaso Alonso. Vgl. Gil Vicente, *Tragicomedia de Don Duardos*, hrsg. v. Dámaso Alonso, Madrid: Boletín de la Real Academia Española, 1942, S. 17. Für historisch unangemessen halte ich auch die prominenten Versuche, Gil Vicentes Theater normativ einem Ideal der dramatischen Einheit unterzuordnen. Ich verweise unter anderem auf Leo Spitzer, «The Artistic Unity of Gil Vicente's *Auto da Sibila Casandra*», in: *Hispanic Review* 27 (1959), S. 56–77, und auf Elias Rivers: «The Unity of *Don Duardos*», in: *Modern Language Notes* 76 (1961), S. 759–766.

14 Zu Gil Vicente als Organisator und «impresario» des portugiesischen Hoftheaters vgl. Keates, *Court theatre* (Anm. 8), S. 15–35 u. 93–107.

15 Norman D. Shergold, *A history of the spanish stage from medieval times until the end of the seventeenth century*, Oxford: Clarendon, 1967, vor allem S. 113–142.

16 *Hechos del Condestable Don Miguel Lucas de Iranzo*, hrsg. v. Juan de Mata Carriazo, Madrid: Espasa-Calpe, 1940. Zur kulturgeschichtlichen Relevanz dieses Textes bereits Charles V. Aubrun, *La chronique de Miguel Lucas de Iranzo*, in: *Bulletin Hispanique* 44 (1942), S. 81–95. Vgl. daneben Juan Oleza, «Teatralidad cortesana y teatralidad religiosa», in: *Ceti sociali ed ambienti urbani nel teatro religioso europeo del '300 e del '400*, hrsg. v. Maria Chiabò/Federico Doglio, Viterbo: Centro Studi sul teatro medioevale e rinascimentale, 1985, S. 265–294; Lucien Clare, «Fêtes, jeux et divertissements à la cour du Connétable de Castille Miguel Lucas de Iranzo (1460–1471)», in: Centre Aixois de Recherches Hispaniques (Hrsg.), *La fête et l'écriture: théâtre de cour, cour-théâtre en Espagne et en Italie, 1450–1530*, Aix-en Provence: Université de Provence, 1987, S. 5–32.

17 Veröffentlicht in Israël Révah, «Manifestations théâtrales pré-vicentines: Les ‹Momos› de 1500», in: *Bulletin d'histoire du théâtre portugais* 3 (1952), S. 91–105.

18 *Coronaciones de los Serenissimos Reyes de Aragón. Escritas por Geronimo de Blancas chronista del Reyno [...]. Publicalo El Doctor Iuan Francisco Andres de Vztarroz con algunas Notas [...]. En Çaragoça, por Diego Dormer Año M. DC. XLI.*

Die Krönung von König Martín am 13. April 1399 gilt den *Coronaciones de los serenissimos Reyes de Aragón* als wahrscheinlich größtes Fest, das jemals stattgefunden hat («en algunas cosas parece que excedió a todas las passadas» S. 63). Außerordentlich sind schon die Vorbereitungen — die Ausschmückung und Einrichtung des Real Palacio de la Aljaferia in Zaragoza, die festliche Dekoration der Stadt, die Ankunft der adeligen und geistlichen Gäste, die prachtvollen Kleiderordnungen, die Musik mit ihren «trompetas, atabales y menestriles» (S. 65). Am Krönungstag selber wird der König um zwei Uhr morgens in einer feierlichen Prozession durch die mit zehntausend Fackeln beleuchtete Stadt zur Kathedrale geführt, wo ihn der Erzbischof von Zaragoza, Bischöfe und Prälaten empfangen. Nach einer «colacion» ruht der König im Kloster, während junge Adelige, die am nächsten Tag zum Ritter geschlagen werden sollen, die ganze Nacht über bei ihren Waffen wachen. Am nächsten Morgen wird Don Martín während eines feierlichen Hochamtes gesalbt. Dann folgen die Festlichkeiten und das Festbankett, dem ich mich nun genauer zuwende. Unter der Decke des Saales, in dem sich der König und seine männliche Begleitung befinden — denn Männer und Frauen speisen getrennt — ist auf einer bühnenartigen Empore eine besondere Vorrichtung angebracht, «una inuención de un grande espectáculo» (S. 75). Man erblickt den gestirnten Himmel. Auf Stufen sitzen Heilige mit Palmwedeln in den Händen, über ihnen der (gemalte) Gottvater inmitten seiner Seraphime. Bei späteren Krönungen, etwa der von Fernando el Honesto, wird er nicht mehr gemalt, sondern als lebendige Figur am Spiel selber beteiligt, während sich unter ihm nicht nur die Erde, sondern auch die Hölle öffnet. Vom Himmelsgewölbe fahren auf einer Wolke, begleitet von Musik, Engel zum König herab, mit Spruchbändern und Briefen in verschiedenen Farben, mit Fruchtschalen, Wasserbecken und einem Kelch. Das ist die erste «inuención». Es folgen weitere, die die von hocharistokratischen Mundschenken servierten Essensgänge unterbrechen. Zuerst erscheint eine erschreckend realistische Schlange:

> [...] salió vna grande culebra hecha muy al vivo, de muy estraña invencion, que echava por la boca grandes llamas de fuego, y a la redonda della venian muchos hombres armados de todas piezas, dando grandes vozes, y gritos, como que la querian matar, y que ella se defendia: y al fin hizieron como que la matavan, que escriven fue vna fiesta harto graciosa (S. 77).

Mit dem nächsten Gang wird ein Bühnenwagen in den Speisesaal geschoben, in Form eines Felsens, auf dem eine große, braune Löwin ruht, deren linke Schulter wie bei einer Wunde geöffnet ist. Aus der Öffnung steigt ein Kind mit den königlichen Wappen, um das vorher Männer in Waffen und «salvages» gekämpft haben:

> Desta roca salida al patio saltaron muchos conejos, y liebres, perdizes, tortolas, y otras aues de diuersas maneras, que començaron a volar por el patio: y tambien salieron algunos javalis, que regozijaron mucho la fiesta. A esto los hombres de armas, que auian quedado en el patio de la muerte de la culebra, acudieron a la

roca, y rodeandola por todas partes mostravan querer subir por ella a matar la Leona. Pero de la misma roca salieron luego muchos vestidos como Salvages, que impidiendoles la subida, se combatieron con ellos, peleando muy bravamente, hasta que vencieron a los hombres de armas, de que mostraron quedar muy contentos los Salvages. Y assi luego por la herida de la Leona saliò vn niño muy hermoso vestido de armas Reales, con vna corona en la cabeça, y vna espada desnuda en la mano derecha en señal desta victoria, y començò a cantar muy suavemente (S. 77).

Nach dem Essen wird getanzt, bis zur «colación» vor der Nachtruhe. Es tanzen der König, seine Hofmänner und Ritter und vielleicht sogar die Damen, wie der Autor argwöhnt — «y de creer es, que dançarian tambien las Reynas, y la Infanta, y las otras Damas, aunque no se escrive» (S. 78). Am nächsten Tag wiederholt sich alles bis ins Detail «sirviendose la comida de la manera, que el dia de antes, con las mismas invenciones artificiales, que se han referido» (S. 78).

Die Hochzeitsfeier des Condestable Miguel Lucas de Iranzo, der am Sonntag, dem 25. Januar 1461, in Jaén doña Teresa de Torres heiratet, ist völlig analog konzipiert. Ein Festzug begleitet das Brautpaar mit Standarten und Musik vor den Augen der gesamten Bevölkerung durch festlich geschmückte Straßen zur Kathedrale, in der der Erzbischof von Salamanca und der Bischof von Jaén die Trauung vornehmen. Dann wird im Fürstenpalast ein Festmahl aufgetragen. In den Höfen finden Stierkämpfe statt, in den Sälen tanzen die Gäste. Auch nach der Abendandacht wird getanzt, unterbrochen allein durch das Abendessen und ein Maskenspiel:

> [...] sobrevino vn esquadra de gentiles onbres de su casa, en forma de personas estrangeras, con falsos visajes, vestidos de muy nueua & galana manera, es a saber, de vn fino paño muy mucho menos que verde; representando que salían de vn qrudo catiuerio, do les fué libertad otorgada condiçionalmente que a la dicha fiesta de los dichos señores Condestable y condesa viniesen seruir y onorar. Los quales dançaron e baylaron bien más de tres oras (S. 48).

Wenige Tage später — denn das Hochzeitsfest zieht sich über 23 Tage hin — findet eine zweite *momería* statt:

> Y pasado este día y lo más de la noche, después de la çena, en la sala de arriba, do la señora condesa estaua en su cámara, estando el señor Condestable y los señores obispos y arçediano su hermano, con todas las otras gentes, que apenas podrían caber, vna ynfantería de pajes pequeños vinieron vestidos de jubones de fino brocado, y sobrellos vnas jaquetas cortas muy bien trepadas de paño verde, forradas en fino amarillo, las mangas largas, trepadas, con sus capirotes. Los quales tomaron por ynuención que era vna gente de ynota & luenga tierra, la qual venía destroçada & vençida de gente enemiga; & que no solamente les avía destroydo sus personas & vienes, mas los tenplos de la fé suya, los quales bienes decían que entendían fallar en estos señores Condestable y condesa.
>
> E que viniendo çerca de aquella çibdad, en el paso de vna desabitada selua, vna muy fiera y fea serpienta los avía tragado, & que pidían subsidio para dende salir. A la puerta de vna cámara que estaua al otro cabo de la sala, enfrente do estaua la

señora condesa, asomó la cabeça de la dicha serpienta, muy grande, fecha de madera pintada; & por su artefiçio lançó por la boca vno a vno los dichos niños, echando grandes llamas de fuego. Y así mismo los pajes, como trayan las faldas & mangas & capirotes llenas de agua ardiente, salieron ardiendo, que pareçía que verdaderamente se quemauan en llamas. Fué cosa por çierto que mucho bien paresçió.

Y después que grant rato ouieron dançado y baylado, çesaron de aquello; & fecha la colaçión, todos se fueron a reposar & dormir (S. 50–51).

Ähnlich gestaltet ist auch das von Ochoa de Ysásaga beschriebene Fest, das der portugiesische Hof an Weihnachten 1500 feiert, doch ist es raffinierter, technisch aufwändiger und galanter. Im großen Herrensaal des Schlosses ist auf der einen Seite ein niedriges, mit Brokatkissen bedecktes Podium aufgebaut, auf dem nach der Abendandacht die Königin und, etwas niedriger, die Hofdamen Platz genommen haben. Männer sind nicht anwesend, auch der König nicht. Sie spielen die *momería*. Den ersten Teil des Maskenzuges bildet ein von der anderen Seite des Saales her auf die Königin zufahrender Festwagen, der einen Zaubergarten darstellt, mit sechs Damen und einem auf einem mit Kerzen besetzten Quittenbaum thronenden Drachen. Der Einfall ist wirkungsvoll — «paresçió muy real invención» (S. 98). Die Damen sind keine Opfer des Ungeheuers, wie man zunächst meinen könnte, sondern Liebesfeen in einem Liebesgarten, den der Drache bewacht («huerto damor sagrado guardado por el Dragón», S. 98). Mit ihrer Zauberkraft stehen sie allen wahren Liebenden bei — «usando de aquel poder que por los Dioses nos fué otorgado de dar remedio a todos los verdaderos amadores» (S. 98). Diesmal aber reicht ihre Macht für den Liebeszauber nicht aus. Sie bitten deshalb die Königin, die schwierigen Liebesfälle zu lösen, die eben in Gestalt der *momos* in den Saal strömen. Zuerst kommt mit Musik und Trompetensignalen der maskierte König selber, der sich als schmachtender Liebender zur Königin gesellt. Er überreicht ihr eine «carta», nimmt seine Maske ab und tanzt mit ihr. Dem König folgen, alle leidenschaftlich verliebt, ein «gigante muy grande y feroz» (S. 100), acht Wallfahrer («romeros») auf dem Weg nach Santiago (S. 101), acht «henemigos malinos muy ferozes» (S. 101–102), acht «almas, con candelas encendidas en las manos» (S. 102), ein «paje pequeñito con caratula y con una ropeta llena de manillas doradas» (S. 102), ein «hermitaño, con su bordón y barba» (S. 102–103), schließlich «una mujer muy feroz, con un encantamiento fecho artificialmente que parecía una cueva». Dort befinden sich vier Gefangene, die nach dem Willen der Königin freigelassen werden (S. 103–104). Wie der König überreichen alle *momos* ihren Damen Briefe, die wahrscheinlich von einem lesekundigen Sprecher vorgetragen werden. Wir ersehen daraus, wie sich Körperregie, Tanz und Text verbinden. Außerdem erfahren wir, so etwa aus der «carta» der «mujer muy feroz», die auf aktuelle portugiesische Entdeckungen und Eroberungen anspielt, dass der Liebeszauber nicht nur Galanterie, sondern auch Herrscherlob ist — vorausgesetzt, dass der spanische Gesandte richtig mitstenographiert hat:

> Rey y Reyna y eçelente
> A quien reynos non nombrados,
> Occultos, nunca fallados,
> Desde el cabo de Oriente
> Obedeçen nuevamente,
> Q quien yslas y tesoros
> Encubiertos,
> Por caminos nunca çiertos,
> Conquistando muchos moros,
> Te son todos descubiertos [...] (S. 104).

Gegen Mitternacht ist die *momería* zu Ende. Es folgen das Abendessen und Tanz die ganze Nacht hindurch. Dann ziehen sich der König und die Königin, wie der Verfasser des Briefes nicht unzweideutig vermerkt, zu zweit in ein Schlafgemach zurück.

Die Episoden, die in diesen Chroniken geschildert werden, scheinen repräsentativ zu sein. Sie lassen sich durch viele weitere Belege stützen. Ich leite aus ihnen folgende Überlegungen ab:

1. Hoffeste[19] erhalten ihren Glanz durch Wettkämpfe, Stierkämpfe, Turniere, durch Musik, Tanz, Ballett, durch großartige Festessen, schließlich durch Prozessionen, allegorische Umzüge, Maskenspiele, *momerías*, *entremeses* und andere frühe Formen (oder Vorformen) des Theaters. Sie sind ein Multimedia-Spektakel, in dem die Hofgesellschaft sich selbst feiert und bei dem das Theaterspiel nur ein Teil unter vielen ist. Alle Varianten des Palastspiels sind dabei Ausdruck oder Allegorie dynastischer Macht — «el poder concebido como arte»[20]. Während des portugiesischen Festes wird das Fürstenlob sogar auf Spruchbändern und Briefen vorgetragen oder verlesen. Besondere Bedeutung hat die Schlange am Hofes des Condestable: Sie ist nicht nur ein mythisches Ungeheuer, nicht nur das Wahrzeichen der Stadt Jaén, sondern angesichts der Hochzeitsfeier auch ein kinderspeiendes Phallussymbol, das auf die Zukunft der Dynastie anspielt.

2. Das Weltmodell von Maskenspielen und Hoffesten ist zugleich vertikal und horizontal organisiert. Die Vertikale bringt auf übereinander gelagerten Spielebenen die theologisch-kosmische Dimension der Schöpfung, den

---

19 Zur Poetik der Hoffeste und im engeren Sinne der *momería* vgl. Roy Strong, *Arte y poder. Fiestas del Renacimiento 1450–1650*, Madrid: Alianza, 1988, S. 19–72. Daneben Keates, *Court theatre* (Anm. 8), S. 69–80 und Pérez Priego, *Espectáculos y textos* (Anm. 8), S. 149–155. Zur Geschichte der *momos* in Portugal Óscar de Pratt, *Gil Vicente. Notas e comentarios*, Lisboa: Clássica, 1931, S. 13–32; Eugenio Asensio, «De los momos cortesanos a los autos caballerescos de Gil Vicente», in: E. A., *Estudios portugueses*, Paris: Fundação Calouste Gulbenkian/Centro Cultural Portugués, 1974, S. 25–36; Stephen Reckert, *Espírito e letra de Gil Vicente*, Lisboa: Imprensa Nacional/Casa da Moeda, 1983, S. 39–59. Vgl. auch Hanna Dziechcinska, «Les mascarades dans la vie et dans la littérature», in: Philippe Ariès/Jean Claude Margolin (Hrsg.), *Les jeux à la Renaissance*, Paris: Vrin, 1982, S. 213–221.

20 Strong, *Arte y poder* (Anm. 19), S. 53.

Himmel, die Erde, später auch die Hölle, zur Geltung[21]. Zur Hochzeit Iranzos ist das ganze Universum geladen — «viene el universo al jubileo» (S. 41). Am Hofe des portugiesischen Königs weisen einzelne *momos* — vor allem die «almas, con candelas encendidas en las manos» (S. 102) — auf die Präsenz einer transzendenten Welt. An diese kosmisch-religiösen Weltentwürfe erinnern sich die *Autos de la Barca* von Gil Vicente, sein *Auto de los Cuatro Tiempos* oder die *Representación del Nascimiento de Nuestro Señor* von Gómez Manrique. Die Horizontale folgt dagegen dem Modell des Ritterromans mit seiner Opposition von Herrschaftsmitte und mythischer Peripherie. Die Mitte zeichnet sich durch ritterliche Kämpfe und Turniere, durch Belagerungen und Kriege oder durch die Abwehr phantastischer Fabelwesen aus. An den unbewohnten und wilden Rändern dieses Raums — die *Hechos del Condestable* sprechen von einer «desabitada selua» (S. 51) — agieren dagegen die Greifvögel, Drachen, Schlangen und wilden Männer einer fabulösen Wirklichkeit. «Selvages» und feuerspeiende Schlangen gehören zu den beliebtesten Motiven.

3. Neben dieser vertikalen und horizontalen Ausdehnung ist das Raummodell von Hoffesten in einem zuschauerbezogenen Sinne höfisch-anthropozentrisch gestaltet. Im Mittelpunkt des Palastspiels befinden sich der der Inszenierung zusehende — und oft an ihr beteiligte — Fürst, seine Familie und der Hof. Zum Fürsten gleiten auf Wolken Engel vom Himmel herab, um Gottes Botschaften zu überbringen. An ihn oder seine Gattin wenden sich Abgesandte ferner Welten, um Hilfe zu erbitten, um zu gratulieren, Geschenke zu überreichen oder nur, um zum Tanz aufzufordern. Immer führt die Bewegung des Spiels vom Rand zur Mitte, in der sich der Fürst befindet. Juan del Encinas *Égloga representada en la noche de natividad*, sein *Aucto del Repelón*, Gil Vicentes *Auto de la Visitación*, sein *Auto de las Gitanas* oder seine *Comedia del Viudo* übernehmen dieses Raummodell. Mittigkeit impliziert also eine vektorielle Ausrichtung des Raums: Sie schreibt der Raumstruktur eine zentripetale Gravitation und der Spielhandlung eine unumkehrbare Richtung von außen nach innen vor.

4. In der Regel sind die peripheren Außenräume erfundene, allegorische oder fiktive Räume mit imaginierten Gestalten, während der Innenraum und seine Vertreter — die Fürstenfamilie, ihre Umgebung, ein Innenhof des Palastes, ein Festsaal oder eine Kapelle — zunächst der Fiktionalisierung entzogen sind. Die vektorielle Ausdehnung des Raums impliziert, dass Gestalten einer fiktiven Welt in die nicht-fiktive Wirklichkeit realer Palasträume eines authentischen Fürstenpaares eindringen. Die Grenzen zwischen Fiktion und Nicht-Fiktion sind also radikal durchlässig — so sehr, dass der Fürst selbst in die

---

21 Damit verbunden ist selbstverständlich eine vertikale Bühnenarchitektur mit beweglichen Maschinen und Aufzügen, die die Verbindung zwischen den verschiedenen Plattformen der Bühne herstellen. Vgl. dazu William H. Shoemaker: «Los escenarios múltiples en el teatro español de los siglos XV y XVI», in: *Estudios escénicos* 2 (1957), S. 56–77.

fiktive Handlung eingreifen kann, wie Iranzo, der den fiktiven «selvages» des Spiels an seinem Hof Aufnahme gewährt. In Gil Vicentes *Comedia del Viudo* wird der Fürst sogar entscheiden müssen, wer auf der Bühne heiratet. Verbunden ist damit eine ambivalente Doppelung aller am Spiel beteiligten Figuren und Elemente: Aufführungsraum und Raum der Fiktion sind partiell identisch, ebenso Zuschauer und Spieler. Paradoxerweise müssten sich der Fürst und sein Hof selber in den Blick geraten, sobald sie Teil des Spieles werden. Die *Coronaciones* erheben diese Doppelung zum Strukturprinzip, denn der König bewundert in den Allegorien der Festinszenierung seine eigene Macht, etwa dann, wenn der Löwenfigur ein königliches Kind mit dem Wappen Aragóns entsteigt. Für den König ist das Spiel ein Spiegel der Monarchie und seiner eigenen königlichen Identität.

5. Die Chroniken belegen schließlich die spektakuläre Wirkungsabsicht des höfischen Festes. Jedes Hoffest zielt auf publikumswirksame, auf dem neuesten Stand der Technik gründende, oft multimediale Szenen, die in allen Texten übereinstimmend als «invención» bezeichnet werden[22]. Die brennenden Knaben, die das Maul der Schlange bei der Hochzeitsfeier des Condestable ausspuckt, sind ebenso eine «invención» wie der Zaubergarten und der Drachen am portugiesischen Königshof. Das Hoffest besteht in der Regel aus einer Multiplizierung von *invenciones*. Der Revue-Charakter, den ich in Gil Vicentes *Amadís* auszumachen vermeine, ist hier vorgeprägt, wobei ich davon ausgehe, dass die Reihung von *invenciones* einer Reihung von Revuenummern entspricht.

Ich fasse zusammen: Der Raum der Maskenspiele, Umzüge und *momerías*, die an Fürstenhöfen in Spanien und Portugal aufgeführt werden, weist gleichbleibende Merkmale auf: Er bildet ein zentriertes, vektoriell ausgerichtetes kosmisches Weltmodell, mit einer ungleichgewichtigen Opposition von Peripherie und Mitte, auf die das Spiel mit der Absicht zustrebt, die Grenzen zwischen Fiktion und Nicht-Fiktion aufzuheben. Diese Merkmale manifestieren sich regelmäßig auch in den ersten Theaterstücken Spaniens, bei Juan del Encina und bei Gil Vicente und eben auch in der *Tragicomedia de Amadís de Gaula*.

3. Raumstrukturen in Gil Vicentes *Amadís*

Gil Vicentes *Tragicomedia de Amadís de Gaula* zitiert, wie schon das Vorgängerstück *Don Duardos*, in erheblichem Maße Motiv- und Inszenierungs-

---

[22] Zur Poetik der *invención* Aubrun, *La chronique* (Anm. 16), S. 52–54. Zur zeitgenössischen Rezeption von Gil Vicentes Theater als Theater der *invención* vgl. Keates, *Court theatre* (Anm. 8), S. 32–33. Er zitiert dort García de Resende als Zeitzeugen: «E vijimos singularmente fazer representações destilo muy eloquente de muy nouas invenções, & feitas por Gil Vicente elle foy ho que inventou isto caa [...]». Das Zitat stammt aus Resendes *Miscelânea* (Coimbra 1917, S. 186).

paradigmen von Hoffesten und vor allem von *momerías*[23]. In beiden Stücken sind die Ähnlichkeiten zu dem von Ochoa de Ysásaga beschriebenen portugiesischen Hoffest unübersehbar. In *Don Duardos* gehören dazu neben den unvermeidlichen Versatzstücken der Ritterwelt (Schwert, Rüstung, Kampf, Turnier) der Liebesgarten von Flérida und das Auftreten von «salvages»: Das von Gil Vicente als Karikatur gezeichnete, abwegig hässliche und brutale Liebespaar Maimonda und Camilote, das vom Rand der Welt an Lisuartes Hof gezogen ist, um ihn auf zuerst lächerliche, dann bedrohliche Weise herauszufordern, gehört der gleichen Spezies von Menschen an wie der «gigante muy grande y feroz», die «henemigos malinos muy ferozes» und die «mujer muy feroz» der portugiesischen *momería*. Im *Amadís* erinnern die Requisiten des Rittertums, dann Orianas Garten und besonders der Held als Einsiedler an das Maskenspiel: Das Vorbild von Amadís auf Peña pobre dürfte der «hermitaño, con su bordón y barba» sein. Weitere Ingredienzien des Hoffestes sind das Ballett bei der Ankunft Corisandas, ihre singenden und tanzenden Damen, die festliche Musik, als Lisuarte vor Amadís' erstem Auftritt von der Bühne geht, Doríns Ankündigung eines Essens, das dem Publikum vielleicht wirklich serviert wird — in diesem Falle wäre das Stück ein *entremés* — und nicht zuletzt die aufwändige, von Fanfaren begleitete Ankunft Arbindietas. Vielleicht reisen Arbindieta und Amadís auf prächtig ausgerüsteten *carros* oder Schiffswägen, wie sie Gil Vicente in anderen Stücken gebraucht und auf die auch die *momería* am portugiesischen Hofe nicht verzichtet[24]. Ich verweise zuletzt auf die Raumstruktur der *tragicomedia*, die sich eng an den höfischen Maskenumzug anlehnt, auch wenn die vertikal-kosmische Achse des Stückes wenig ausgeprägt ist. Deutlich erkennbar sind die Dialektik von Fernräumen und Nahräumen, die Zentriertheit des dargestellten Raumes durch den Hof Lisuartes und die Bewegung von der Peripherie zur Mitte des Spiels.

Vor diesem Hintergrund heben sich die Unterschiede ab, die die *Tragicomedia de Amadís de Gaula* von Hoffesten und *momerías* unterscheiden, auch wenn wir über die Aufführungspraxis nicht genau informiert sind.

1. Die entscheidende, für die Entwicklung des frühneuzeitlichen Theaters kaum zu überschätzende Veränderung besteht darin, dass Gil Vicente im *Amadís* das gesamte Raummodell der höfischen Festinszenierungen — die Komplementarität von räumlicher Peripherie und Mitte, die Zentriertheit des Raums und seine Vektorialität — in die erfundene Welt des Bühnenspiels

---

23 Zum Einfluss der *momería* auf das Theater Gil Vicentes Keates, *Court theatre* (Anm. 8), S. 69–80; Asensio, «De los momos» (Anm. 19), S. 34–36; Reckert, «Gil Vicente» (Anm. 4), S. 41–45, und Calderón Calderón, «Una aproximación» (Anm. 8), S. 180. Vgl. auch Manuel Calderón Calderón/Joana Lloret Cantero,« La comunicación no verbal en los autos y en las farsas de Gil Vicente», in: *Literatura Medieval. III. Actas do IV Congresso da Associação Hispânica de Literatura Medieval*, hrsg. v. Aires A. Nascimiento e Cristina Almeida Ribeiro, Lisboa: Cosmos, 1993, S. 313–317.
24 Ronald Boal Williams, *The Staging of Plays in the Spanish Peninsula Prior to 1555*, Iowa: University of Iowa, 1935, S. 30–56.

projiziert. Die Mitte des Kosmos und das Gravitationszentrum, das die Menschen von den Rändern der Welt her anzieht, ist im *Amadís* nicht der reale Hof des Fürsten, sondern der fiktive Hof Lisuartes. In Lisuartes Palast treffen die Boten aus der Außenwelt ein. Von ihm aus werden Gesandte in die Welt geschickt. Auf ihn bewegen sich die Feinde zu. Nicht zuletzt ist er der Mittelpunkt der Liebeshandlung: Wenn Amadís mit Oriana sprechen will, muss er sich an Lisuartes Hof begeben.

2. Auch andere Elemente des höfischen Festes verlagern sich auf die Bühne. Bankette, Tanz und Musik sind Teil der dargestellten Welt. Rollenspiele betreffen nicht den Zuschauer als Mitspieler, sondern die fiktiven Figuren: Don Duardos nimmt die Identität eines Gärtners an, während Amadís mit zweifelhaftem Erfolg den Einsiedler mimt.

3. Das heißt, dass die *Tragicomedia de Amadís de Gaula* Fiktion und Nicht-Fiktion kategorisch unterscheidet, ohne auf die strukturellen und motivischen Vorgaben des Maskenspiels und des höfischen Festes zu verzichten, die in die fiktive Welt eingehen. Gil Vicente erfindet sein höfisches Theater, indem er die Geschichten des Ritterromans mit den Strukturen der *momería* verbindet. Montalvos Roman ist nicht nur Stoff- und Motivlieferant, sondern Fiktionalisierungshilfe, die die Genese des frühneuzeitlichen Theaters vorantreibt.

4. Damit verbunden ist die Möglichkeit, den dargestellten Raum zu dezentrieren. In der *momería* bildet der reale Fürst als Zuschauer und Mitspieler notwendig die Mitte des Spiels. Der fiktive Fürst muss dagegen nicht unbedingt exklusive Mitte sein. In der *tragicomedia* ist die von Amadís regierte Ínsola firme wahrscheinlich als zweites, mit dem Hof Lisuartes konkurrierendes höfisches Zentrum intendiert. Hinzu kommt als dritter Raum Peña pobre, der Menschen anderer Räumen anzieht, darunter Amadís, Corisanda und Dinamarca.

5. Im Vergleich zur *momería* differenziert die um ihre Mitte gebrachte Raumsemiotik die Bedeutungsstrukturen der dargestellten Welt. Sie ermöglicht den Aufbau einer raumgebundenen, oppositiven Semantik und die ereignishafte Entfaltung von Konflikten. Damit stößt sie zugleich die Einrichtung dramatischer Sujets an. Gil Vicente experimentiert mit der sujethaften Dramenkomposition, vernachlässigt sie aber zugunsten der Revueform [25].

6. Dieser Funktionalisierung des Raums entspricht der schnelle, in der zweiten Hälfte des Stückes fast abrupte Schauplatzwechsel: Er erhöht die Geschwindigkeit des Spiels und intensiviert die Konfrontation der Protagonisten durch raschen Perspektivenwechsel. Der Raum wird dramatisches Gestaltungsmittel.

Zusammenfassend lässt sich sagen, dass Gil Vicentes Umgang mit Hoffesten und *momerías* heute selbstverständliche Bühnenformen ankündigt:

---

25 Die Theorie der Raumsemiotik und des Sujets bezieht sich auf Jurij Lotman, *Die Struktur des künstlerischen Textes*, München: Fink, 1973, S. 327–358.

Dazu gehören die Fiktionalisierung des Bühnenspiels, die Erfindung ereignishafter Raumkonstellationen, der Aufbau von Konflikten und in ersten Ansätzen die Möglichkeit, Raum und Dramenhandlung zu verbinden.

4. Raum, Konflikt und Kasus

Ich möchte kurz zeigen, wie Gil Vicente semantische Räume konzipiert, welche Konflikte aus den Raumkonstellationen hervorgehen und wie diese dann eben nur teilweise in Handlung umgesetzt werden. Die Raumaufteilung der *tragicomedia* ist nicht immer eindeutig [26], doch scheint sie eine Polarisierung zwischen der Welt Lisuartes und Orianas auf der einen Seite und dem Raum des Amadís auf der anderen anzustreben, mit dem Darstellungsfokus, was Amadís betrifft, auf Peña pobre, weil sich die Bühnenhandlung für die Zauberinsel nicht interessiert. Dieser Entgegensetzung von Lisuartes Palast und Peña pobre entspricht eine Raumsemantisierung mit eng korrelierten, sich teilweise implizierenden Bedeutungsebenen. Der Raum von Lisuarte und Oriana, vor allem der Palastgarten, erscheinen, mit deutlicher Nähe zur Seelenallegorie, als Raum der ritterlichen Liebe (wie schon in *Don Duardos*), während Peña pobre exemplarischer Raum des Liebesverlustes ist. Auf diesen Räumen baut die Liebeshandlung des Stückes auf. Mit der Gegenüberstellung von erfüllter und unerfüllter Liebe kommt eine zweite Opposition ins Spiel, die Aventüre und Liebe als potentielle Gegner begreift. Liebe ist bei Gil Vicente nicht unbedingt, wie in der *Historia Regum Britanniae*, dem arthurischen Versroman, wie in den *Siete partidas* oder Montalvos *Amadís*, Stimulans und Ziel ritterlichen Handelns, auch keine überwindbare Gegenstrebigkeit zur Aventüre, sondern eine unter bestimmten Voraussetzungen weit über die Gefahr des «Verliegens» hinausgehende, radikale Bedrohung ritterlicher Identität. Identitätsrisiken tauchen immer dann auf, wenn sich Liebe als krisenhaft erweist. Liebeskrisen und Aventüre schließen sich aus. Der Grund dafür ist wahrscheinlich in der letzten Opposition zu suchen, die die *tragicomedia* auszeichnet. Der heikelste Teil der Raumsemantik ist in Gil Vicentes *Amadís* die Opposition inkongruenter Ehrbegriffe, von denen einer mit der ritterlichen Aventüre, der andere allein mit der Liebe zu tun hat. Ich gehe auf diese Ehrenopposition besonders ein, weil sie vermutlich das Bedeutungsfundament des Stückes bildet, weil sie das Selbstverständnis des höfischen Zuschauers am meisten tangiert und weil sie zugleich zeigt, wie die Raumsemantik durch die Semantik literarischer Gattungen unterstützt wird: Der erste Ehrbegriff ist der

---

26 Die Grenzen zwischen Insel und Einsiedelei sind wenig markiert, denn Amadís gelangt innerhalb der fiktiven Welt offenbar mit wenigen Schritten von einem Ort zum anderen, so dass beide eine unscharf konturierte Einheit herstellen.

des Epos und des Ritterromans, der zweite hängt eng mit der Lyrik der *cancioneros* zusammen [27].

Der mit der ritterlichen Aventüre verbundene, erste Ehrbegriff kommt programmatisch in der Einleitungsszene des Stückes zur Geltung. Dort sagt Amadís: «[...] el verdadero loor / es aquel que sin temor / se alcança por las manos; / y el general morir / es covardía esperallo / y lindeza aventurarlo, / porque hallo / que en la fama está el bivir» (V. 3–10). Für den Ritter sind Leben, die todesverachtende Aventüre und der daraus resultierende Ruhm identisch. Das Streben nach Ruhm entspricht den Traditionen der Familie und den Regeln der feudalen Ständehierarchie. Ich zitiere noch einmal aus dem Prolog, nun Florestam: «Y aun nos obliga a esto / que somos, sin división, / hijos del rey Perión / de Gaula, que es Padre nuestro / de alta generación, / porque somos obligados / a cometer cosas duras / y casos desesperados, / que de los altos estados / s'esperan altas venturas» (V. 42–51). Ritterliche Ehre ist familienbezogen, dynastisch, feudal. Von Liebe ist nicht die Rede.

Dem steht in Gil Vicentes *Amadís* ein zweiter Ehrbegriff gegenüber, der nicht die Familie, sondern die geliebte Dame zum Ehrenspender macht. Ritterliche Identität und Ehre setzen ausschließlich, wie in den Liebesmodellen der lyrischen *cancioneros*, die Anerkennung durch die geliebte Dame voraus. Deshalb ist die Oriana der *tragicomedia* nicht die spontan verliebte Königstochter des Romans, sondern die unerbittliche *dame sans mercy* der lyrischen Vorlagen. Deshalb weicht Amadís bei Gil Vicente erheblich von seinem romanesken Modell ab. Montalvos Amadís denkt noch auf dem Weg nach Peña pobre an die Pflichten des Ritterstandes: Er schlägt Gandalim zum Ritter, sorgt sich um die Ehre seiner Waffen und kämpft nicht zuletzt gegen Patín, den Kaiser von Rom, dem Oriana versprochen ist. Gil Vicentes Amadís zeigt dagegen alle Symptome der Liebeskrankheit, mit Tendenz zur suizidalen Selbstauslöschung, ohne Erinnerung an die Ehre, der der Sohn Períons verpflichtet ist. Deshalb vernichtet er Waffen und Rüstung in einem pathetischen Akt der Verzweiflung. Ich zitiere aus dem langen Monolog, in dem der Held, mit deutlichen Anklängen an die lyrische Dichtung, seinem Rittertum ein symbolträchtiges Ende setzt: «Tú, mi espada guarnecida / de tan hermosas hazañas, / en fuego seas hundida / como arden mis entrañas / consumiéndome la vida. / Y tú, puñal esmaltado, / fuerte y favorecido / de aventuras peligrosas, / de rayo seas quebrado, / en mil pedaços partido / como ahora están mis cosas» (V. 736–746). Der Liebesverlust führt zu einer todessüchtigen Zerstörungswut, die den Zeichen der feudalen Ehre gilt und das dynastisch-feudale Ehrverständnis zugunsten der Dame als Ehrenspender und Identitätsstifter zunichte gemacht.

---

[27] Zur Ehrenkonzeption in der mittelalterlichen und frühneuzeitlichen Literatur Spaniens vgl. María Rosa Lida de Malkiel, *La idea de la fama en la Edad Media castellana*, México: Fondo de Cultura Económica, 1952. Zur Ehre in Montalvos *Amadís* vgl. S. 261–265, zur Ehre bei Miguel Lucas de Iranzo S. 253–257.

Im Vergleich zu den einfachen Innen- und Außenkonstellationen der *momería* zielt Gil Vicente also auf eine dichte und differenzierte Raumsemantik, die Liebesglück und unerfüllte Leidenschaften, Liebe und Aventüre sowie gegensätzliche Auffassungen von Ehre konfrontiert. Offenbar will der Autor, anders als die Regisseure der *momería*, die höfische Welt als widersprüchlichen und konflikthaften Raum präsentieren. Daraus resultiert eine einfache Handlungskonstruktion, die weitgehend mit der Liebeshandlung des Stücks identisch ist: Die antagonistischen Räume initiieren die Bewegungen der Figuren; sie motivieren Szenen der Suche und der Begegnung und erleichtern die Trennung und die Versöhnung der Liebenden.

Dennoch wird das Konfliktpotential der oppositiven Räume von Gil Vicente nicht oder nicht konsequent ausgespielt, wie das Beispiel der niemals in Erscheinung tretenden «siete reyes» oder die unsichtbaren Aventüren des Amadís zeigen. Ich nehme deshalb an, dass die Funktion der Raumantagonismen vor allem darin liegt, die Aufmerksamkeit des Zuschauers auf Problembereiche höfischen Selbstverständnisses zu lenken. Wie angemessen ist Amadís' unritterliches Verhalten auf Peña pobre? Darf oder muss der Sohn Periôns wegen Oriana sein Rittertum leugnen? Ist die Verpflichtung in der Liebe höher zu werten als gesellschaftliche Verantwortung? Führt radikaler Selbstverzicht in der Liebe zu ethischer Vervollkommnung? Wie passen dynastischer Ehrbegriff und die Ehre, die der Dienst an der Dame verleiht, zusammen und wie ist das Verhältnis von feudalen und höfischen Werten zu deuten? Mit diesen Fragen führt die *tragicomedia* zwei Traditionslinien fort. Sie ist, wie Montalvos Roman oder Castigliones fast zeitgleicher *Cortegiano*, ein «manual de cortesanía»[28], denn sie differenziert Spielarten idealen höfischen Verhaltens. Zugleich stellt sie sich in die Tradition höfischer Kasuistik. Was zur Abwägung steht, sind in der *Tragicomedia de Amadís de Gaula*, wie im *Don Duardos*, Argumente der ethischen, sozialen und affektiven Selbstbegründung der Hofgesellschaft, die auf der Bühne die widersprüchlichen Prämissen ihres Handelns gespiegelt sieht[29]. Wenn sich aber Konflikte in kasuistischer Reflexion auflösen, dann begründet nicht die dramatische Handlung den Aufbau der *tragicomedia*. Damit komme ich wieder auf das Modell der höfischen Revue zurück, das, so meine These, die Gattungsstruktur des Stückes bestimmt.

---

28 Edwin B. Place, «El *Amadís* de Montalvo como manual de cortesanía en Francia», in: *Revista de Filología Española* 38 (1954), S. 151–169.
29 Vgl. dazu auch Bruce W. Wardropper, «Approaching the Metaphysical Sense of Gil Vicente's Chivalric Tragicomedies», in: *Bulletin of the Comediantes* 16 (1964), S. 1–9. Ähnlich Ynduráin, «La dramaturgia» (Anm. 4), S. 17.

5. *Invención* und «anderweitige» Handlung

Der Aufbau der *Tragicomedia de Amadís de Gaula* wird transparent, wenn man ihn als aus der *momería* abgeleitete Reihung von *invenciones* begreift, die in eine vom Roman vorgegebene Rahmenhandlung oder «anderweitige Handlung» eingebettet sind [30]. Die Geschichten des Romans, auf die die *tragicomedia* anspielt, die sie auf der Bühne reproduziert oder einfach voraussetzt, bilden mit ihrer beim Zuschauer bekannten Topographie, mit der Chronologie ihrer Aventüren und ihrem dem Märchen entliehenen übersichtlichen Ereignisangebot die Ermöglichungsbedingung für eine Abfolge von *invenciones*. Diese romaneske «anderweitige» Handlung dürfte sich weitgehend mit der Liebeshandlung des Stückes decken, obwohl auch deren Episoden *invenciones* sein können. *Invención* und «anderweitige» Handlung überschneiden sich. An die *momería* erinnert die *tragicomedia* also durch die Inszenierung und additive Anordnung von *invenciones*. Von ihr unterscheidet sie sich durch eine zumindest partiell auf der Bühne präsente «anderweitige» Handlung, die die Abfolge der *invenciones* begründet — mit vielfältigen Überlagerungsmöglichkeiten zwischen beiden. Romaneske «anderweitige» Handlung und *invención* ergeben zusammen die Gattung, die ich als höfische Revue bezeichne, wobei *invención* und Revuenummer gleichgesetzt werden.

Wie lassen sich die Szenen der *tragicomedia* als *invención* und Revuenummer identifizieren? Eine Szene wird zur *invención*, wenn ihre dramatische Funktion zugunsten ihrer theatralischen Selbstbezogenheit deutlich abgeschwächt wird. Gil Vicente setzt dazu verschiedene Verfahren ein. Das auffälligste ist das multimediale Spielarrangement und die musikalische Einrichtung der Szenen. Gil Vicentes Stücke sind deshalb zu Recht immer auch als Musiktheater [31] betrachtet worden. Der Einsatz von Tanz, Musik und Spiel steigert die theatralische Wirkkraft eines Figurenauftritts, unterbricht das Handlungskontinuum, schert wahrscheinlich auch aus der fiktiven Welt aus und begründet damit eine Revuenummer. Eine solche multimediale Revueeinlage ist die Ankunft Corisandas auf Peña pobre. Für den Handlungsfortgang ist Corisanda völlig überflüssig. Sie tritt nur dieses eine Mal und dabei völlig unmotiviert auf die Bühne. Vorher war von ihr nicht einmal die Rede. Wichtig scheint für Gil Vicente allein zu sein, dass Corisandas Damen singen und musizieren, wie die Regieanweisung verdeutlicht: «Cantam as donzelas de Corisanda e, acabada a música, aparece Dinamarca» (S. 316). Das

---

30 Zur «anderweitigen» Handlung Rainer Warning, «Elemente einer Pragmasemiotik der Komödie», in: Wolfgang Preisendanz/Rainer Warning (Hrsg.), *Das Komische*, München: Fink, 1976 (Poetik und Hermeneutik, 7), S. 283–287. Die Unterschiede zwischen höfischer Revue und Komödie sind für meine Argumentation wenig erheblich.
31 Anselmo Braamcamp Freire, *Vida e Obras de Gil Vicente. «Trovador, Mestre da Balança»*. Lisboa: Revista ‹Ocidente›, ²1944, S. 499–516; Albin Eduard Beau, «A música na obra de Gil Vicente», in: A. E. B., *Estudos*, Coimbra: Universidade de Coimbra, 1959, Bd. 1, S. 219–249.

Zusammenspiel von Körperbewegung, Dialog, Musik, Gesang und wahrscheinlich Tanz, das im Roman als Motiv vorgegeben, aber medienbedingt nicht realisierbar ist, dürfte für Gil Vicente Grund genug sein, um die Szene auf die Bühne zu bringen. Das gilt vermutlich auch für andere Episoden, in denen musiziert und getanzt wird. Ich denke an das von Dorín angekündigte Mahl des Königs, an Lisuartes festlichen Auszug aus dem Königspalast oder an das von Fanfarenklängen begleitete Eintreffen des Boten Arbindieta. Möglicherweise gehören zu diesen multimedialen Szenen auch die Ankunft Dinamarcas auf Peña pobre und Amadís' Abschied am Ende des Stückes. Amadís hat nicht mehr als zehn Verse zur Verfügung, um auf Dinamarcas lange Botschaft zu antworten, um dem Eremiten für seine Gastfreundschaft zu danken, um mit der immer noch auf Peña pobre weilenden Corisanda zu sprechen und um zu guter letzt auch noch seinen eigenen erregten Gemütszustand mitzuteilen. Das ist viel Inhalt und wenig Text, mit dem die *tragicomedia* unvermittelt und überraschend abbricht, es sei denn, Amadís' Lebewohl von Peña pobre würde als wortloses Spiel mit aufwändigen Requisiten, vielleicht mit Musik, fortgesetzt. Das würde die Kürze der letzten Verse erklären: Sie beenden den Text des Stückes, aber nicht das Stück selber.

Zu den Verfahren, die *invenciones* markieren, gehören neben den multimedialen Darstellungsformen auch plötzliche Veränderungen des Stilregisters, die einzelne Szenen gegen den Fortlauf der Geschichte als geschlossene ästhetische Einheit ausweisen. Die Besonderheit von Gil Vicentes Stück besteht darin, dass ihre *invenciones* stilistisch und sprachlich definiert sein können. Was gemeint ist, zeigt die kurze Episode, in der Dorín Orianas harten Abschiedsbrief überreicht. Der Roman schildert diesen Vorgang ausführlich, über viele Seiten hinweg, mit großem psychologischem Scharfsinn und vielen Details (2.45). Im Stück nimmt die Aushändigung des Briefes dagegen kaum Raum ein. Ich zitiere den gesamten Dialog der Szene: «¿La princesa preciosa / os dio esta carta, Dorín?» fragt Amadís sachlich. Dorín lakonisch: «Ella misma.» Amadís: «¿Para mí?» Dann folgt schon Doríns vernichtende Feststellung: «Sí, señor, y tan sañosa / que nunca tal la sentí» (V. 716–720). Diese fünf Verse haben offenbar nur die Funktion, Amadís' siebenmal so langen Verzweiflungsmonolog einzuleiten, in dem er sich von seinen Waffen und von der Welt trennt. Das *setting* ist unverzichtbar, denn der Klagemonolog selber bricht völlig mit seinem situativen Kontext: Amadís kommuniziert selbstvergessen nicht mit Dorín, der neben ihm steht, sondern mit der abwesenden Oriana, dann mit seinen Waffen. Er entwirft imaginäre Szenarien der Vernichtung in Räumen des Todes und der Gewalt, die mit dem Raum, in dem er sich befindet, nichts gemeinsam haben. Vor allem aber verändert sich Amadís' Sprache. Amadís spricht mit den Formeln und Topoi der lyrischen *cancioneros*, teilweise zitiert er ihre Texte, wie im folgenden Beispiel den *Cancionero general* von 1511: «Y pues la muerte a quien sigo / está muerta para mí, / voy, señora, sin abrigo / hazer vida, no contigo / no comigo ni sin ti» (V. 726–730). Damit verwandelt sich die Klage in ein verzweifeltes Liebesgedicht, das sich als selbständige lyrische Inszenierungseinheit aus der dramatischen Handlung ausgrenzt, wobei die Performanz des Vortrages wahrscheinlich genauso wichtig ist wie der Inhalt des Gedichtes. Zu diesem lyrischen Register zählt auch das Amadís' Monolog unmittelbar vorangehende Selbstgespräch Orianas (V. 655–715), das so sehr auf den Geliebten bezogen ist, dass es dessen Klage zum lyrischen Wechselgesang ergänzt, obwohl sich die Liebenden an getrennten Orten befinden. Auf ähnliche Weise kann man vielleicht den Textbeginn interpretieren, der das lyrische Stilregister durch die Sprache der ritterlichen Aventüre ersetzt. Wenn Helden, die danach nie wieder auf die Bühne treten, Aventüren ankündigen, die nie stattfinden, dann ist dies wahrscheinlich nur damit zu erklären, dass der Autor weniger auf Handlungsexposition oder dramatische Finalität zielt als auf eine glänzende Präsentation des heroischen Stilrepertoires. Ähnliches dürfte für die Präsentation der «siete reyes» gelten.

Zu den Verfahren der Revue zähle ich auch die Komisierung der Figuren. Sie wird in der Forschung so ausführlich diskutiert[32], dass ich sie zu den besonderen und eigenen Qualitäten der *tragicomedia* rechnen möchte, obwohl sie natürlich auch ein Stilphänomen ist. Amadís wird in einigen Szenen des Stückes komisch überzeichnet. Er spricht, wie im Vorgriff auf Molières *Précieuses ridicules*, ein unverständliches Liebeskauderwelsch. Er pocht auf die Regeln des *amor cortés*, ohne sie zu respektieren. Er verrät unbedacht den Namen seiner Dame in der Öffentlichkeit und fällt den Ränken seines Zwerges zum Opfer. Lächerlich ist Amadís vor allem aber auf Peña pobre. Ich nehme an, dass die Zuschauer gelacht haben — vielleicht voller Anerkennung —, als der Eremit seinen Zögling auffordert, den Besen nicht wie ein Schwert zu schwingen. Auch die von Mabilia ständig gerügte Oriana neigt zur Lächerlichkeit, weil sie ihr Liebesbedürfnis nicht durchschaut und weil ihre Verliebtheit und die Rolle der unnahbaren Liebesherrin nicht zusammenpassen[33]. Diese Komik der Figuren ist als Parodie ausgelegt worden[34]. Die *tragicomedia* sei eine Parodie des Ritterromans, Amadís ein Vorgänger des Don Quijote. Das ist nicht überzeugend. Die Botenberichte, die Amadís' Heldentaten resümieren, auch das Plädoyer für das Rittertum, das Amadís und seine Brüder zu Beginn des Stückes vortragen, sind frei von allen Ironie- und

---

32 Zur Komik der *Tragicomedia de Amadís de Gaula* vgl. Waldron *Tragicomedia* (Anm. 6), S. 1–56; Hart, *Obras dramáticas* (Anm. 6), S. 46–48; John Lihani, «Reseña de la edición de *Amadís de Gaula* de T. P. Waldron» in: *Modern Language Notes* 76 (1961), S. 284–286; Paul Teyssier, *Gil Vicente. O Autor e a Obra*, Lisboa: Instituto de Cultura e Lingua Portuguesa, 1982, S. 90. Gegen den komischen *Amadís* argumentieren Jack Horace Parker in: «Reseña de la edición de *Amadís de Gaula* de T. P. Waldron», in: *Hispania* 44 (1961), S. 197–198; derselbe in *Gil Vicente*, New York: Twayne, 1967, S. 102–107; Wardropper, «Approaching» (Anm. 29), S. 1–9; Alexander Parker, *The Philosophy of Love in Spanish Literature. 1480–1680*, Edinburgh: Edinburgh UP, 1985, S. 29; sowie Zimic, «*Amadís*» (Anm. 12), S. 35–56.
33 Zimic sieht darin erste Ansätze einer komplexen Figurengestaltung. Vgl. Zimic, «*Amadís*» (Anm. 12), S. 37.
34 Waldron, *Tragicomedia* (Anm. 6), Hart, *Obras dramáticas* (Anm. 6).

Parodiesignalen, während Amadís' Verzweiflung auf Peña pobre konsequent und allem Anschein nach unironisiert den Liebesregeln der *cancioneros* folgt. Die Anhänger der Parodie müsste daneben bedenklich stimmen, dass auch in *Don Duardos* der als Gärtner verkleidete Held Lachen provoziert, ohne seine höfische Identität auch nur für einen Moment abzustreifen, dann etwa, als ihn das Gärtnerehepaar, das ihn in Obhut genommen hat, mit einer drallen Bäuerin verheiraten will. Der verkleidete Don Duardos ist selbst in lächerlichen Situationen unüberbietbar höfisch. Ganz abgesehen davon muss man davon ausgehen, dass die Ritterkultur am Hofe der portugiesischen Könige zum Kern höfischer Bildung zählt. Sie ist (noch) kein Gegenstand des Verlachens. Ich ziehe es deshalb vor, die Komisierung im *Amadís de Gaula* als Teil einer Poetik der Revue zu deuten, die einzelnen Szenen eine besondere ästhetische Wirkung verleiht. Der komische Amadís wäre in diesem Sinne eine *invención*, ebenso der verkleidete don Duardos angesichts des unerwarteten und lächerlichen Heiratsangebots.

Die Deutung des komischen Heldenpaares als *invención* erlaubt Rückschlüsse auf die Wirkintention der Revue. Amadís und Oriana sind nur deshalb lächerlich, weil sie die gegenstrebigen Identifikationsangebote der lyrischen *cancioneros* und der romanesken Aventüre zu wörtlich nehmen und weil sie deshalb an Widersprüchen scheitern, die in den höfischen Normen selber angelegt sind. Sie sind komisch, nicht weil sie gegen höfische Normen verstoßen, sondern weil sie ihnen zu gut gehorchen. Sie sind komische Normerfüller. Das höfische Publikum kann sich deshalb wenigstens teilweise mit ihnen identifizieren. Die Rezeptionsintention der *tragicomedia* dürfte deshalb nicht die «brimade sociale», sondern integratives Hereinlachen sein[35], das Normkollisionen im höfischen Raum in Heiterkeit auflöst. Die Revue ersetzt jeglichen dogmatischen Weltzugriff, auch die Problemstellungen und Lösungen, die im Fortgang einer dramatischen Handlung angelegt sind, durch die unverbindliche Reihung attraktiver *invenciones*, durch das Vergnügen an der Wiederholung erprobter literarischer Repertoires und die Freude an der gelungenen Performanz. Sie verwandelt damit den kasuistischen Ernst der *tragicomedia* in ein Spiel, das Problembereiche der höfischen Welt identifiziert und zugleich entpragmatisiert. Die höfische Revue lässt kasuistisches Denken nur zu, wenn es unterhaltsam ist.

Ich fasse zusammen: In Gil Vicentes *tragicomedia* verweisen Leerstellen und Brüche in der Handlungslogik, unerwartetes Abbrechen der Dialoge, Ungleichgewichtigkeit von Dialog und Monolog, unmotivierte Wiederholungen, Verfahren der *mise en relief* und des *setting* auf die Gattungskonzeption der Revue. Die Anzeichen von Diskontinuität heben die Grenzen und Scharniere

---

35 Hier ließe sich vorzüglich argumentieren mit Helmut Plessner, *Lachen und Weinen. Eine Untersuchung nach den Grenzen menschlichen Verhaltens*, München: Lehner, 1950. Zum Hereinlachen («rire d'accueil») verweise ich auf Eugène Dupréel: «Le problème sociologique du rire», in: *Revue philosophique* 106 (1928), S. 213–266.

von *invenciones* hervor, die als selbständige Nummern in eine «anderweitige» Handlung eingelagert sind. Die Nummern selber zeichnen sich durch Multimedialität, besondere Stilregister und die Komisierung der Figuren aus. Ihr Ziel ist es, Spannungsfelder der höfischen Welt theatralisch zu gestalten. Die *tragicomedia* will nicht *katharsis* sein, sondern Anlass ästhetischer Bewunderung.

6. Spiel und Text

Der Vergleich der *invenciones* von Hoffesten und *momerías* mit denen der höfischen Revue, wie sie Gil Vicente geschaffen hat, zeigt einen für die Theatergeschichte wesentlichen Unterschied. In den *momerías* am Hofe des Condestable Miguel de Iranzo oder den Inszenierungen der aragonesischen Krönungsfeierlichkeiten ist die *invención* spektakuläres, wortloses Spiel mit Feuer speienden Ungeheuern, vom Himmel herabsteigenden Engeln, fahrenden Liebesgärten, mit Tanz und Ballett. Diese Elemente haben wir auch bei Gil Vicente identifiziert. Anders als in den Vorlagen konzipiert Gil Vicente jedoch auch sprachliche *invenciones*. Gil Vicentes *tragicomedia* zeichnet sich durch die Versprachlichung der *invención* aus. *Invenciones* sind die lyrische Klage, der furiose Liebesdialog, das komische sprachliche Scheitern, insofern sie einen eigenen, von der Rahmenhandlung unabhängigen Unterhaltungswert annehmen. Diese Versprachlichung der *invención* schließt an Thesen an, die die Genese des mittelalterlichen und frühneuzeitlichen Theaters mit der Inszenierung sprachloser Körperlichkeit verbinden[36]. Gil Vicentes *tragicomedia* würde dann einen Gattungszustand repräsentieren, in dem sich höfisches Theater, unabhängig von der dogmatischen Textbezogenheit des liturgischen Spiels, um verstärkte Texthaftigkeit bemüht. Höfisches Theater wird zum Texttheater[37]. Deshalb orientiert sich Gil Vicentes *tragicomedia* an literarischen Vorlagen, am Ritterroman und an der Lyrik der *cancioneros*, so sehr, dass sie als romaneskes[38] oder lyrisches[39] Theater bezeichnet wird. Zu den literarischen Modellen des Theaters gehören daneben die *novela sentimental*,

---

[36] Ich verweise hier vor allem auf Hans Ulrich Gumbrecht, «Für eine Erfindung des mittelalterlichen Theaters aus der Perspektive der frühen Neuzeit», in: Johannes Janota (Hrsg.), *Festschrift Walter Haug und Burghart Wachinger*, Tübingen: Niemeyer, 1992, S. 827–848. Vgl. daneben Priego, «Espectáculos y textos» (Anm. 8), S. 162.

[37] Zum literarischen Wissen von Gil Vicente vgl. grundlegend Carolina Michaëlis de Vasconcelos, *Notas Vicentinas*, Lisboa: Revista ‹Ocidente›, S. 149–507.

[38] Zu Gil Vicentes «comedias romanesquas» Garay, *Gil Vicente* (Anm. 8), S. 100; sowie Antonio José Saraiva, *Gil Vicente e o fim do teatro medieval*, Lisboa: Europa-América, ³1979, S. 95–96.

[39] Beau, «A música» (Anm. 31); Ynduráin, «La dramaturgia» (Anm. 4); Díez Borque, *Los géneros* (Anm. 8), S. 89; Priego, «Espectáculos y textos» (Anm. 8); Calderón Calderón, «Una aproximación» (Anm. 8). Zur Verbindung von romanesken und lyrischen Strukturen Reckert, «Gil Vicente» (Anm. 4), S. 167–168 u. 177.

Boccaccios *Fiammetta* oder *Pyramus und Tisbe*, wenn man an Juan del Encina denkt. Die Textbezogenheit der *Tragicomedia de Amadís de Gaula* manifestiert sich auch in den Besonderheiten der Bühnenhandlung und der Gestaltung des Dialogs. Ich denke an die raffinierte metrische und strophische Ausarbeitung des Textes[40], die Rhetorik der Figurenrede, ihre Annäherung an lyrische Gattungen und vor allem an die auffällige Rolle, die Botenberichte, Erzählungen und Briefe auf der Bühne einnehmen. Diese identifizieren, wie bei den erzählten Aventüren des Amadís oder den Taten der gefährlichen «siete reyes», das Bühnenspiel mit dem Vortrag von Texten. Handlung verwandelt sich in gesprochenen Text. Das mag an den zeitgenössischen Aufführungsbedingungen liegen, aber nicht nur, wie einem Wortwechsel zwischen Lisuarte und Arbindieta zu entnehmen ist. Lisuarte fragt nach Amadís: «¿Has oído en essas tierras / nuevas del Donzel del Mar?» Der Bote antwortet: «Es cosa para espantar / sus desafíos y guerras, / si las supiesse contar.» Diese Auskunft macht Lisuarte neugierig: «Cuéntalas sin más tardar, / las mayores a lo menos» (V. 133–139). Lisuarte geht es aber nicht nur um Information, sondern auch um das Vergnügen, das Erzählen bereitet. Deshalb sein Ausruf: «¡Oh, cuán dulce es escuchar / buenas nuevas de los buenos!» (V. 141–142). Erzählen, so lässt sich metapoetologisch folgern, hat eine eigene ästhetische Qualität, die seinen häufigen Einsatz legitimiert. Vielleicht gilt die Erzählung auf der Bühne sogar als besondere *invención*, die mit dem Bühnenspiel konkurriert. Das könnte erklären, warum die *Tragicomedia de Amadís de Gaula* dazu tendiert, Spiel und Erzählbericht zu verdoppeln: Wenn Dorín von Amadís' Leiden auf Peña pobre spricht (V. 966–989), dann wiederholt er nur, was der Zuschauer kurz vorher als Bühnenhandlung gesehen hatte (V. 890–929). Eine Variante der Vertextung von Handlung und der Handlungsverdoppelung durch gesprochene oder gelesene Texte ist der Brief. Es gehört zu den heute befremdlich erscheinenden, vielleicht der *novela sentimental* entliehenen Eigentümlichkeiten des Stückes, dass die Helden an den entscheidenden Ereignisknoten brieflich miteinander kommunizieren, ohne die Konfliktspitzen zum dramatischen Dialog zu steigern. Am Anfang des Stückes lässt Oriana Amadís durch einen Brief zur Liebesaussprache rufen (V. 270–279). Nach dem Verrat des Zwerges schreibt Oriana einen Trennungsbrief (V. 696–715), den Amadís auf Peña pobre liest (V. 716–772), ohne Doríns Rat anzunehmen, sich wiederum mit einem Brief zu rechtfertigen (V. 849–859). Danach erkundigen sich Oriana und Mabilia, wie Amadís ihren Brief aufgenommen habe (V. 930–965), wobei Doríns Antwort erzählt, was vorher als Spiel gezeigt wurde. Am Ende des Stückes verfasst Oriana ihren Versöhnungsbrief (V. 1015–1033 mit dazugehöriger Regieanweisung), den Dinamarca nach Peña pobre bringt (V. 1149–1158 mit Regieanweisung). Zur Bühnenhandlung gehört also in erheblichem Maße das Schreiben und Lesen von

---

40 Aufschluss über die metrischen und strophischen Formen des Stückes gibt der Anmerkungsapparat in Gil Vicente, *Teatro castellano* (Anm. 1), hier vor allem S. 276.

Briefen, das dialogische Interaktion nicht ersetzt, aber deutlich einschränkt. Die Einfügung von «cartas» in Kernbereiche des dramatischen Geschehens wirft ein aufschlussreiches Licht auf die Entwicklung der iberischen Schriftkultur. Es scheint so, als sei das Schreiben von Briefen für Gil Vicentes Publikum informationstragend und ereignishaft, eine *invención sui generis*. Die *Tragicomedia de Amadís de Gaula*, so fasse ich zusammen, ist in mehrfacher Hinsicht Texttheater — über ihre intertextuellen und intermedialen Bezüge, über die kunstvolle Ausarbeitung des Figurentextes, über die Verwandlung des Spiels in Narration und über Texte, die, wie die Briefe des Heldenpaares, Requisit des Bühnenspiels sind und zugleich als Informationsmedium, Darstellungsgegenstand und versteckter Aktant fungieren.

Begreift man die Textorientierung der *tragicomedia* als zukunftsweisende Erfindung Gil Vicentes, dann ist die Verbindung von wortloser Maskerade, Pantomime und Tanz auf der einen Seite und sprachlichen *invenciones* auf der anderen nicht nur Ausdruck eines höfischen Gesamtkunstwerks, das alle verfügbaren dramatischen Register zieht, sondern zugleich Indiz für die Gattungsevolution. Ich deute die wortlosen *invenciones* als Teil einer vergangenen oder vergehenden Bühnentradition, während die Textbezogenheit den Weg zur *comedia* der Renaissance und des Barock weist. Mit ihren Anleihen und Inszenierungszitaten aus höfischen Festen und *momerías* ist die *Tragicomedia de Amadís de Gaula* eine nostalgische, vielleicht sogar archaisierende Revue, mit ihrer Betonung von Sprache und Schrift Ankündigung eines modernen Theaters. Mit Bezug auf den Titel dieses Bandes, «Zwischen dem Heiligen und Profanen», könnte man festhalten, dass Gil Vicentes *Tragicomedia de Amadís de Gaula* in mehrfacher Hinsicht den Bereich des «Zwischen» besetzt, den ich mit dem Begriff der Revue abdecke. Gattungstypologisch okkupiert die Revue den Raum zwischen pantomimischem, tänzerischem oder zirzensischem Spieltheater und romaneskem und lyrischem Texttheater, zwischen höfischem Ritual und dramatischer Fiktion, zwischen *momería* und zukünftiger *comedia*. Historisch überbrückt sie die Zeit zwischen den Hoffesten des späten Mittelalters und den Bühnenspielen der frühen Neuzeit. Nicht zuletzt situiert sich die Revue kulturgeschichtlich in einem Zwischenraum, in dem religiöse, mythische, soziale und affektive Fundierungen der höfischen Welt, die ritterliche Aventüre, ritterliche und höfische Konzeptionen der Ehre und identitätsstiftende Affektnormierungen im Bühnenspiel theatralisch überformt und distanziert werden, ohne ihren Gültigkeitsanspruch zu verlieren. Vielleicht ist die höfische Revue ein besonders geeignetes Medium, um ungenormte Zwischenräume und noch richtungslose Übergänge zwischen Mittelalter und Neuzeit auszufüllen oder zu überwinden.

Ulrike Sprenger

NO∞DO
Zur frühneuzeitlichen Identitätsbildung Sevillas

Das spanische Siglo de Oro gilt wie kaum eine zweite kulturhistorische Epoche als bestimmt von der religiösen Diskurserneuerung im Zeichen der Gegenreformation. Während es die gesellschaftlichen und politischen Verhältnisse in anderen europäischen Ländern kaum zulassen, die in der Renaissance säkularisierten und pluralisierten künstlerischen und wissenschaftlichen Diskurse wieder im Namen der einen gültigen Konfession auf Linie zu bringen, scheint die weltlich wie religiös straff zentralistische «España una y católica» eine solche ideologische Gleichschaltung nicht zuletzt durch administrative Reformen zu bewältigen. Man denkt sich — um es anders zu formulieren — die kulturelle Praxis als instrumentell funktionalisiert durch einen ideologisch-diskursiven Überbau. Dieser wird vertreten und durchgesetzt im Schulterschluss der Institutionen von König und Kirche. Die sich in der Renaissance anbahnende Säkularisierung und Pluralisierung der Diskurse kann so zurückgenommen und religiös-staatstragend re-monologisiert werden[1].

Diese These von einer gegenreformatorischen ‹Diskurs-Renovatio› ist für die sogenannte Höhenkammliteratur mittlerweile zumindest umstritten, scheint aber für Gebrauchstexte und vor allem für die volkstümliche religiöse Praxis unhinterfragt zu gelten, die damit vollständig in ideologisch-diskursiver Funktionalität aufgeht.

Am Beispiel Sevillas, einer Hochburg gegenreformatorischer Religiosität, lässt sich jedoch nachweisen, dass die religiöse Regionalkultur sowohl in Riten wie in Texten gerade durch eine *Übererfüllung* diskursiver Vorgaben deren Rahmen sprengt, und performativ ein überschießendes Imaginäres freisetzt. An anderem Ort habe ich das konkret an den berühmten Sevillaner Bußbruderschaften gezeigt, die sich im 16. Jahrhundert unkontrolliert vermehren, den städtischen Raum zu konkurrierender Selbstinszenierung nutzen, die religiösen Zeichen bis in die Beliebigkeit treiben und sich nachhaltig der

---

1   Zur Pluralisierung in der Renaissance vgl. u. a. Wolf-Dieter Stempel/Karlheinz Stierle (Hrsg.), *Die Pluralität der Welten. Aspekte der Renaissance in der Romania*. München: Fink, 1987 (Romanistisches Kolloquium, 4). Insbesondere für das religiöse Drama des Siglo de Oro ist eine lückenlose «Ideologisierung» z. B. durch die Umsetzung des gegenreformatorischen Eucharistie-Konzepts festgestellt worden. Vgl. hierzu Joachim Küpper, *Diskurs-Renovatio bei Lope de Vega und Calderón. Untersuchungen zum spanischen Barockdrama; mit einer Skizze zur Evolution der Diskurse in Mittelalter, Renaissance und Manierismus*. Tübingen: Narr, 1990 (Romanica Monacensia, 32), und Gerhard Poppenberg, *Psyche und Allegorie. Studien zum spanischen «auto sacramental» von den Anfängen bis zu Calderón*. München: Fink, 2003.

diskursiven Kontrolle entziehen². Der institutionelle Apparat, der diese Bruderschaften zunächst fördert, wird die Geister, die er rief, nun nicht mehr los, ja die gegenreformatorische Propagandamaschinerie scheint ihre eigene Implosion zu betreiben, wenn sie zu demagogischen Zwecken die Zeichen des religiösen Geheimnisses den Laien übereignet.

Ich will im Folgenden an einem ganz anderen Beispiel dieses spannungsvolle Wechselspiel von diskursiver Kontrolle einerseits und performativer Widerständigkeit andererseits, von ideologischer Funktionalität und überschießender Dysfunktionalität der Zeichen im gegenreformatorischen Sevilla aufzeigen, nämlich an der Geschichte jenes Zeichens, das für die Sevillaner die Identität ihrer Stadt durch die Jahrhunderte wiedergibt. Dabei lässt sich ein Prozess der De- und Resakralisierung nachzeichnen, dem es jedoch letztendlich nicht gelingt, die einmal freigegebene Bedeutungsvielfalt des weltlichen Zeichens durch religiöse Überschreibung wieder einzuholen.

Wer heutzutage als Tourist Sevilla besucht, stößt auf ein in der Stadt allgegenwärtiges Emblem: Es zeigt eine Doppelschlaufe oder einen Knoten — etwa wie eine Acht oder ein aufgerichtetes Unendlichkeitszeichen, der *uroboros* —, flankiert von den Buchstabenpaaren No und Do, zusammen lesbar als «Nodo»:

NO 8 DO

Ähnlich wie das römische SPQR findet sich das Sevillaner Emblem in verschiedenen historischen Ausführungen an öffentlichen Einrichtungen der Stadt, vom Rathaus bis zu den Kanaldeckeln — seit 1995 wird es neben dem Wappen als offizielles Fahnenemblem Sevillas eingesetzt. Während die berühmte römische Formel, welche die städtischen Einrichtungen Volk und Senat zueignet, jedem in seiner Schulzeit mindestens einmal begegnet ist, kommt dem Besucher das Sevillaner Emblem in jeder Hinsicht «spanisch» vor: Wo die römische Formel an die Vorstellung einer in der Antike verwurzelten, historischen und räumlichen Kontinuität Europas anknüpft, macht der Sevillaner «Nodo» dem Besucher bewusst, dass er sich auf fremdem Terrain befindet, dessen Vergangenheit er *nicht* teilt, und dessen Zeichen er *nicht* lesen kann. Umso bereitwilliger entschlüsseln die Sevillaner dem Interessierten das Emblem und erzählen eine zugehörige Legende, auf die im folgenden noch einzugehen sein wird. Im Gegensatz zur lateinischen Abkürzung ruft das Sevillaner Rätselbild also keinen gemeinsamen europäischen Bildungskanon ab, sondern muss vor Ort entschlüsselt werden. Über die Legendenerzählung

---

2 Vgl. Vf., «Stehen und Gehen. Zu Prozessionskultur und Legendenbildung im Spanien der Frühen Neuzeit», in: Wolfram Nitsch/Bernhard Teuber (Hrsg.), *Vom Flugblatt zum Feuilleton. Mediengebrauch und ästhetische Anthropologie in historischer Perspektive*. Tübingen: Narr, 2002, S. 97–115; «Köpfe und Körper. Flagellanten, Historiographie und Hagiographie in Sevilla», in: Bettine Menke/Barbara Vinken (Hrsg.), *Stigmata. Poetiken der Körperinschrift*. München: Fink, 2004, S. 197–213.

wird der Fremde umso ritueller in einen exklusiven Kreis von Eingeweihten aufgenommen. Diese Bindung des Zeichens an einen performativen oralen Initiationsakt scheint gerade im Zeitalter der globalen Kommunikation das Rätselbild als Medium der Identifikation für Einheimische wie Fremde besonders attraktiv zu machen — nicht wenige amerikanische Austausch-Schüler oder Studenten lassen sich nach einem Besuch in Sevilla das Emblem eintätowieren — als Zeichen eines vertrauten und doch immer fremden Europa, oder auch als zunehmend populäre Rückbesinnung auf das okkulte Zeichen als Andeutung eines geheimen Bundes[3].

Gemeinsam ist der römischen Formel und dem Sevillaner Rätselbild mit den meisten städtischen Insignien, dass sie auf auch heute noch positiv besetzte historische Räume zurückgreifen. Im Falle von SPQR wäre dies eine idealisierte republikanische Antike, im Falle des Sevillaner «Nodo» das durch die *reconquista* rechristianisierte und neu geeinte Spanien, wie es die folgenden Ausführungen zeigen werden. Beide Embleme vollziehen also die städtische Identitätsbildung über eine nachträgliche *translatio* im weitesten Sinne. Um die Entstehung dieser *translatio* und ihre ideologische Funktionalität bzw. ihre potentielle Dysfunktionalität im diskursiven Rahmen der Gegenreformation soll es im Folgenden gehen.

Dabei soll die Entstehungsgeschichte des Sevillaner Emblems zurückverfolgt werden bis in Renaissance und Frühe Neuzeit. Es lässt sich zeigen, dass seine Funktion sich wandelt vom Ausdruck eines entstehenden Selbstbewusstseins des frühneuzeitlichen Subjekts über ein ideologisches Instrument nationaler und gegenreformatorischer Einheit hin zu einem Emblem regionaler Identität im gemeinsamen Europa. Am Beispiel des Sevillaner «Nodo» lässt sich auf diese Weise nachzeichnen, wie das frühneuzeitliche Subjekt der Renaissance sich zunächst die Schrift und über diese den öffentlichen Raum aneignet. In einem zweiten Schritt erfolgt dann im 16. und 17. Jahrhundert der Versuch einer gegenreformatorischen Vereinnahmung und Re-Institutionalisierung dieser persönlichen Zeichen. Die Neuzeit gewinnt schließlich aus ideologisch besetzten Zeichen wiederum ein Medium individueller, regionaler Identitätsbildung. Die Geschichte der öffentlichen Schrift als Zeichen städtischer Identität vollzieht sich demnach zum einen als eine Abfolge jeweils strategisch funktionalisierter Lesarten. In gleichem Maße aber stellt sich die Geschichte des Sevillaner Emblems dar als eine Geschichte dysfunktionaler Vieldeutigkeit, die zu immer neuen Auflösungen und Schürzungen des Knotens einlädt. Der Kampf um die Macht lässt sich damit insbesondere für die Zeit der Gegenreformation in Sevilla darstellen als ein Kampf um die Hoheit über Zeichenproduktion und -lektüre im städtischen Raum; kurz, es geht sowohl um die Bedeutung als um auch die Semiose des öffentlichen Zeichens und um seine versuchte Festschreibung im historiographischen Text.

---

3 Vgl. die Internetbeiträge und Webseiten von jungen Sevilla-Reisenden und Austauschstudenten.

In der Vorgeschichte von Reformation und Gegenreformation lässt sich das Emblem zu seiner Entstehungszeit als Teil einer im 15. Jahrhundert in Europa verbreiteten heraldischen Mode identifizieren: Zusätzlich zum Familienwappen begannen einzelne Adelige sich persönliche Devisen oder Motti zuzulegen, mit welchen sie ihren Besitz innerhalb der Familie markierten und, sofern sie einer städtischen Oligarchie zugehörten, auch ihr Eigentum innerhalb des städtischen Raumes. Im Falle Sevillas lässt sich der Nodo mit einiger Wahrscheinlichkeit zurückverfolgen zu Francisco de Villafranca, dessen Familie bis Ende des 15. Jahrhunderts in der Stadt großen Einfluss hatte, danach jedoch mangels männlicher Nachkommen aus den Chroniken verschwand[4]. In Gestalt und möglicher Bedeutung scheint das Zeichen deutlich von italienischen Vorbildern inspiriert: Der Knoten — italienisch *nodo*, spanisch *nudo* — steht im Mittelpunkt der Darstellung; durch die symmetrische Verdoppelung der Signifikanten, durch die Kombination von Bild und Schrift wird er wappentauglich und findet sich gleichsam zweifach geschürzt. Wie noch heute im Ehezeichen oder auch der Aidsschleife trägt er traditionell die Bedeutung von Treue und Solidarität, die sein Träger sich zuschreibt, sei es als Vasall eines Herrschers, oder, wie die ebenfalls im 15. Jahrhundert entstandenen, berühmten borromäischen Ringe, als Teil einer familiären Allianz[5]. Wem sich Francisco de Villafranca mit seinem Knoten verbindet, geht aus den Quellen nicht hervor. Die politische Treue seiner Familie jedoch galt seit ihrem

---

4 Für die folgende Rekonstruktion der historischen Entstehung des städtischen Emblems vgl. vor allem: Rafael Sánchez Saus, «Origen, creación y fortuna de la divisa NO∞DO en Sevilla», in: *Emblemata: Revista aragonesa de emblemática* 4 (1998), S. 99–124, und Emilio Carrillo, *El NO∞DO de Sevilla: significado y origen*. Sevilla: RD, 2005. Was den historischen Ursprung des Zeichens angeht, ist sich die lokale Forschung nicht einig: Die seriösere Studie von Saus, der ich hier folge, sieht den Ursprung bei der Familie Villafranca, während Carrillo das Zeichen bis zu Alfons dem Weisen persönlich zurückverfolgt, allerdings ohne die hier noch zu besprechende Legende zu akzeptieren. Neben der Bündnistreue kann hier auch ganz allgemein eine Treue des Königs zu Gott gemeint sein, die Buchstaben ließen sich dann lesen als eine Abkürzung von «Nomen Domini». Da es vor dem 16. Jahrhundert keine schriftlichen Quellen zum Knoten in Sevilla gibt, bleiben beide Genealogien spekulativ — sicher ist lediglich, dass es sich um ein traditionelles Bündniszeichen handelt. Mir geht es im Folgenden weniger um die Rekonstruktion der Geschichte des Knotens als vielmehr um die Genealogie der über ihn erzählten Geschichten aus diskursgeschichtlicher Perspektive der Gegenreformation. Die aktuellen lokalhistoriographischen Publikationen wären wiederum als Teil dieser Diskursgeschichte zu lesen.
5 Der Knoten findet sich später auch im Wappen der Reyes Católicos und wird unter Franco erneut als staatliches Emblem eingesetzt. Dies geschieht jedoch bereits unter ganz anderen Vorzeichen als der zunächst hier skizzierte Ausbildung von Familienwappen. Ich danke Aurora Egido und Agustín de la Granja für diese Hinweise auf die Verwendung des Knotens in der spanischen Geschichte. Weitere Beispiele für Familien- und Länderwappen mit Knoten ließen sich beliebig ergänzen — so trug auch Alexander der Große einen Knoten im Wappen, ebenso führt das Stadtwappen von London einen Knoten. Aufgrund der hier schon sichtbaren Vielfalt seiner Einsatzmöglichkeiten kann es nicht gelingen, den eigentlichen Ursprung des Knotens als Treue- oder Bündniszeichen zu ergründen. So geht es mir im Folgenden auch nur um die spezifische, spanisch-gegenreformatorische Aus- und Umformulierung einer im Knoten vorgegebenen allgemeinen Bedeutungsstruktur.

Aufstieg vor allem einem vom Reich unabhängigen Stadtadel — «Villafranca» oder «Stadtluft macht frei»: hier scheint der Name Programm. So unterstützten die Villafrancas im 13. Jahrhundert den aufständischen König Don Sancho, der mit Hilfe ebendieses städtischen Adels die Thronfolge von seinem Vater Alfons dem Weisen zu erzwingen gedachte. Die Orte, an denen Francisco de Villafranca 200 Jahre später sein Zeichen in Sevilla anbringt, verweisen ebenfalls auf das spezifische Selbstbewusstsein eines politisch aktiven städtischen Adels: Der Knoten fand sich zum einen auf dem von Francisco erbauten Befestigungsturm der Familie, zum zweiten im Kapitelsaal des alten Rathauses und zum dritten an allen jenen öffentlichen Gebäuden, für deren Errichtung Francisco in seiner Funktion als städtischer Bauaufseher verantwortlich war.

Diese sich im 15. Jahrhundert dergestalt etablierende Präsenz persönlicher Zeichen im öffentlichen Raum Sevillas scheint mir in zweierlei Hinsicht bedeutsam. Zum einen bezeugt sie ein säkulares Individuierungs- und Partikularisierungsbestreben des städtischen Adels nach italienischem Vorbild: Der frühneuzeitliche Stadtadel schreibt sich als weltliche Macht persönlich ein in den städtischen Raum, dessen Entzifferung und Beschriftung bis dahin der Kirche vorbehalten war. Die Stadtbewohner werden damit von Objekten zu Subjekten einer öffentlichen Zeichen-Setzung. Die das Stadtbild der Renaissance prägenden allgegenwärtigen Wappen, Siegel und Motti an öffentlichen Gebäuden mit ihren Knoten, Schnüren und Tieren können daher auch als eine Konkurrenz zum allgegenwärtigen Kreuz gesehen werden. Die frühneuzeitliche Stadt erklärt sich durch diese Aneignung über das Zeichen nun auch explizit als ein semiotischer und politischer Raum, in dem verschiedene personalisierte Machtinstanzen konkurrieren — die Stadt wird zum Schriftraum konkurrierender Zeichen[6]. Darüber hinaus zeigt sich zum zweiten die Emergenz der Schrift im öffentlichen Raum als unabhängiges, visuelles Zeichensystem von eigenständiger Ästhetik und Gültigkeit. In dem Maße, in dem die Schrift aus dem Kirchenraum in den öffentlichen Raum der Stadt entlassen wird, in dem humanistisch gebildete Architekten, Verwalter und Besitzer ihre Bauwerke signieren und sie zur Öffentlichkeit sprechen lassen, verliert die Kirche ihr Monopol auf die «Lesbarkeit der Welt»[7]. Innerhalb der mittelalterlichen Vorstellung von der «Welt als Buch» ist die Schrift nur eines unter vielen Zeichen, die alle aufeinander und letztendlich auf Gott verweisen. Als eigenständiges, säkulares Zeichensystem jedoch tritt die Schrift nun aus der

---

6 Auch das privat-weltliche Zeichen bleibt stets offen auf eine religiöse Bedeutung, es lässt sich jedoch gerade durch diese multiple Lesbarkeit als ein Mittel zur ‹Aneignung› des öffentlichen Raumes durch das frühneuzeitliche Subjekt verstehen. Zum städtischen Schriftraum der Renaissance, für den er den schönen Begriff der «grafosfera» prägt, vgl. Armando Petrucci, *La scrittura. Ideologia e rappresentazione*. Torino: Einaudi, 1980 (Piccola Biblioteca Einaudi, 472).

7 Hans Blumenberg, *Die Lesbarkeit der Welt*, Frankfurt a. M.: Suhrkamp, 1981.

«Ordnung der Dinge» heraus und kann jetzt dazu dienen, die Welt neu zu beschriften und damit auch neu zu ordnen.

Das Anbringen von Zeichen säkularer und partikularer Identität in der Stadt kann also als eine aneignende Überschreibung des öffentlichen Raumes gesehen werden: Wie so viele selbstbewusste Adelige der Frühen Neuzeit bemächtigt sich Francisco de Villafranca der Schrift als eines visuellen, ja architektonischen Mediums, das den Raum auf individuelle oder kollektive Macht zu zentrieren vermag. Das Bild des Knotens kann unter diesem Aspekt auch als Metazeichen der Macht gelesen werden: Diese befindet sich jeweils dort, wo das Monopol zur Ver- und Entschlüsselung der öffentlichen Zeichen liegt, wo der Knoten einer individuell kodierten Bedeutung geschürzt und wieder zerschlagen werden kann.

Damit enthüllt sich jedoch auch die Kehrseite jener eben skizzierten säkularen Aneignung der Zeichen zum individuellen Gebrauch: In dem Maße, in dem partikulare Macht jetzt Zeichen ostentativ selbst hervorbringen und den öffentlichen Raum beschriften kann, bedarf es umgekehrt auch der Präsenz ebendieser im Subjekt personalisierten Macht, um die eindeutige Lesbarkeit des willkürlich gesetzten und individuellen Zeichens zu garantieren; die Bedeutung säkularer Zeichen ist nicht mehr göttlich «gehalten» und damit nicht mehr ewig garantiert[8]: Dort, wo Subjekte sich der öffentlichen Zeichen bemächtigen und sie individuell kodieren, laufen diese jederzeit Gefahr, durch wiederum andere Subjekte umkodiert oder überschrieben zu werden[9].

In dieser Überschreibbarkeit des säkularen, individualisierten Zeichens im städtischen Raum offenbart sich damit zugleich die prinzipielle Bedeutungslosigkeit eines solchen öffentlichen Zeichens, dessen Sinn nicht mehr göttlich oder institutionell garantiert ist: Seine Semantik, seine Lesbarkeit muss stets von neuem performativ hergestellt werden. Schon knappe hundert Jahre nach den Villafrancas spricht ihr Signum nicht mehr für sich selbst, und Argote de Molina versucht sich 1588 als einer der ersten nicht geistlichen, umfassend gebildeten Chronisten Sevillas an einer solchen Um- bzw. Rekodierung des Emblems, das er nur noch im alten Rathaus vorfindet[10]. Die Familie Villafranca selbst scheint verschwunden, und die übrigen von Francisco signierten Gebäude haben die Reyes Católicos Fernando und Isabela inzwischen schleifen lassen, in ihrem Bestreben, eine Verselbständigung der Städte wie in Italien zu verhindern und die Spuren eines selbstbewussten Stadtadels zu löschen. Auch in Argote de Molinas Darstellung fehlt jeder Verweis auf die

---

8 Hans Blumenberg, «Wirklichkeitsbegriff und Möglichkeit des Romans», in: Hans Robert Jauß (Hrsg.), *Nachahmung und Illusion*, München: Fink, 1964 (Poetik und Hermeneutik, 1), S. 9–27.
9 Ein Kampf, wie er auch heute noch unter den Graffitti-Sprayern der Großstädte tobt.
10 Gonzalo Argote de Molina, *Elogios, armas, insignias i devisas de las reinas, infantes, condes ricoshombres, cavalleros i escuderos fijosdalgo contenidos en el repartimiento de la mui Noble y mui Leal ciudad de Sevilla* (1588), Real Biblioteca de Madrid, Manuscrito II/880, f. 1 r°.

Villafrancas, dafür erscheint in seiner Ausschreibung des Bildes erstmals die knappe Fassung jener berühmten, heute noch in Sevilla maßgeblichen Lektüre des Emblems, die zugleich eine Gründungslegende für das Zeichen liefert[11]. Argote liest das Zeichen als Bilderrätsel, das es sprachlich zu lösen gilt: Den zentralen Knoten sieht er als Bild eines Stranges oder eines Knäuels versponnener Wolle, spanisch «madeja». Liest er nun Buchstaben und Bild in der Art eines Rebus als Einzelworte, ergibt sich die Folge:

NO MADEJA DO

Dies lässt sich grammatisch auflösen in den Satz: «No m(e) ha dejado» — auf deutsch: ‹Er/Sie hat mich nicht verlassen›. Die Bedeutung des so gewonnenen Satzes wiederum entschlüsselt Argote durch eine zugehörige Legende, das heißt, er begründet den Zusammenhang von Signifikant und Signifikat durch ein tradiertes, einmaliges und außergewöhnliches Ereignis der Vergangenheit: Als der Sohn von König Alfons dem Weisen im 13. Jahrhundert gegen seinen Vater aufstand, wurde Alfons der Weise von der Stadt Sevilla unterstützt — dies findet sich in zeitgenössischen Dokumenten belegt. Zusätzlich zu zahlreichen Privilegien, so die nun von Argote 1588 erstmals formulierte Legende, habe Alfons jene Devise des «nodo» der Stadt als Dank für ihre Treue übereignet und sie zugleich mit Privilegien ausgestattet — Sevilla hat mich nicht verlassen:

> Rebelóse contra el rey don Alonso el Infante don Sancho, su hijo, y tuvieron su boz todos los reinos. Sólo Sevilla tuvo siempre su boz, por lo qual dio a esta ciudad por empresa una madexa con quatro letras. NO.DO. y la madexa en medio, que juntando con ellas el nombre de la madexa quiere dezir no me a dexado. Y esta devisa se vee en el cabildo viejo de Sevilla, y en la imagen que llaman de nuestra señora de las Madexas en la puente de [...] Carmona de Sevilla.

Wenn Argote dergestalt Kodierung und Rekodierung des Zeichens einer fernen königlichen Autorität übereignet, reinstitutionalisiert er es damit und entzieht es auf den ersten Blick für alle Zeiten einer erneuten Umdeutung. In ein- und derselben Bewegung stellt er die verlorengegangene Lesbarkeit performativ wieder her und begründet ihren Ursprung in der Vergangenheit. Damit performiert Argote gleichsam an historischem Ort die bereits in der Struktur des «uroboros» angelegte, jeweils semantisch neu zu füllende Selbstursprünglichkeit des Zeichens: Urbild der Unendlichkeitsschleife, des «nodo», ist die «coda vorace», die Schlange, die sich selbst in den Schwanz beißt und damit sich selbst immer zugleich Anfang und Ende ist[12].

---

11 Es handelt sich um die erste nachweisbare Formulierung der Legende, deren Ursprung vermutlich früher liegt, jedoch nicht durch Quellen belegt ist. Vgl. Sánchez Saus, *Origen*, (Anm. 4), S. 104.
12 Für die Verwandtschaft des Treueknotens mit dem Unendlichkeitszeichen vgl. Umberto Sansoni, *Il nodo di Salomone. Simbolo e archetipo d'alleanza*, Milano: Electa, 1998.

Die ideologisch-strategische Funktionalität des dergestalt performierten Ursprungs für das Sevilla des 16. Jahrhunderts ist offensichtlich: Das Emblem wird nun zu einem überpersönlichen Zeichen der städtischen Identität. Diese findet sich zugleich eingeschworen auf die katholisch-imperiale Einheit Spaniens unter Philipp II. Die Erinnerung an einen potentiell reichsgefährdenden, selbstbewussten Stadtadel findet sich aus der Zeichenlektüre vollständig getilgt — ja die Legende vollzieht gar ein pikante Umkehrung historischer Fakten, wenn sie das Zeichen der wohl eher abtrünnigen Villafrancas als Beleg für Sevillas Königstreue liest. Entscheidend ist die Festschreibung der Zeichendeutung auf das Verhältnis von König und Stadt — die Identität Sevillas findet ihre wichtigste Gründungslegende in der Entscheidung für den königlichen Herrscher und für dessen Reich. Die vom Knoten symbolisierte Treue findet sich umgeschrieben in eine spezifisch spanische Reichstreue. Zugleich mit dieser Deutung im Dienste der zentralistischen «España úna y catolica» wird das Emblem auch sprachlich gleichsam hispanisiert: Durch die Ausschreibung des Rebus wird die Lesbarkeit des italienischen Wortes *nodo* und damit die schlichte und universelle Primärbedeutung des Zeichens verdrängt zugunsten einer exklusiv spanischen Lesart. Bereits das Ausgangsemblem zeichnet auf knappem Raum die Negation einer Lücke nach: Das Bild des Knotens trennt die Silben des Signifikanten *nodo*, um den derart zerschlagenen Knoten zugleich umso nachdrücklicher in einer Verdoppelung der Bedeutung wieder zusammenzufügen. In seiner narrativen Version gibt Argote nun als erster dieser zeichenhaften Negation einer Lücke eine spezifisch spanische Bedeutung, indem er sie auf ein historisches Ereignis abbildet. Die frühneuzeitliche Stadtgeschichtsschreibung sucht sich jene Lücke, sucht sich ihren Zwischenraum, den es zu füllen gilt. Der durchschlagende ideologische Erfolg dieser nationalsprachlichen Ausschreibung des Emblems zeigt sich bis heute: Trotz der sprachlichen Nähe von italienisch *nodo* und spanisch *nudo* kommt in Sevilla niemand mehr auf die Idee, das Emblem könne einfach nur das bedeuten, was es auch zeigt: einen Knoten — jeder aber kann, wie eingangs gesagt, die Geschichte von Alonso el Sabio und der Königstreue Sevillas erzählen.

Eher implizit findet sich in Argotes Darstellung auch der Hinweis enthalten, dass im gegenreformatorischen Spanien die Treue zum König selbstverständlich die Treue zu Gott impliziert und der «nodo» damit resakralisiert wird: Das Zeichen findet sich auch an der Brücke von Carmona. Dort stand es wohl, weil die Brücke nach einem Erdbeben von Francisco Villafranca wiedererbaut worden war. Im 16. Jahrhundert nun schreibt man auch an diesem Ort das Zeichen im Sinne des Rebus aus und bezieht es auf eine in der Nähe stehende Madonnenskulptur. Damit werden politischer und religiöser Diskurs ganz im Sinne der Gegenreformation kurzgeschlossen: Das Emblem steht nicht mehr nur für Sevillas Königstreue, sondern auch für seine Gottesfürchtigkeit; und es kann auch umgekehrt bedeuten, dass die Stadt selbst nie von der Jungfrau und damit von Gott verlassen wurde: «No me ha dejado». So wird das Emblem über die Königstreue hinaus auf eines der zentralen gegenreformatorischen Ideologeme in Spanien geöffnet — auf die Beschwörung einer allen Angriffen Ungläubiger trotzenden, kontinuierlichen Präsenz göttlicher Gnade, in deren Licht die *conquista* als vorübergehende göttliche Prüfung erscheint und die christliche *reconquista* als gottgewollte Erlösung. Auch in diesem Sinne kann der narrativ verdichtete Knoten also eine schmerzliche Lücke in der religiösen Geschichte Sevillas tilgen: Auch durch die Maurenherrschaft stürzen Stadt und Land nicht aus der Heilsgeschichte. Einer solchen religiösen Überschreibung des Emblems kommt wiederum das Motiv der «madeja», des Wollstranges, entgegen: Die Tätigkeit des Spinnens ist traditionell an weiblichen Fleiß und weibliche Reinheit gebunden, in zeitgenössischen Texten des 16. und 17. Jahrhunderts wird das Haar Mariens topisch als goldener Strang, als «madeja de oro», bezeichnet[13]. Darüber hinaus kann auch über den legendären Spender des Emblems eine Verbindung zwischen «madeja» und Jungfrau geknüpft werden: Als Autor der berühmten Marienlieder, der *Cantigas* wird Alfonso el Sabio zu einem der wichtigsten Begründer des spanischen Marianismus.

Schon in der knappen Form, in der Argote sie wiedergibt, leistet die Legende also eine umfassende, rückwirkende *translatio* im Dienste der «España una y católica» Philipps des Zweiten: Das gegenreformatorische Sevilla des ausgehenden 16. Jahrhunderts findet seine ideologische Projektionsfläche in einem Sevilla des 13. Jahrhunderts, in dem die Mauren geschlagen sind, das spanische Königreich sich gerade neu formiert und um seine Einheit wie um seine Frömmigkeit zu kämpfen bereit ist. Alonso erscheint dabei als Protagonist einer in der *reconquista* restituierten königlichen Macht und bezeugt zugleich mit seiner engen Beziehung zur Jungfrau Maria die göttliche Legitimität dieser Macht. Das Emblem wird aus seinem ursprünglich familiengenealogischen oder partikularen Kontext gelöst und markiert nun die Präsenz einer übergeordneten, königlichen wie göttlichen Macht im städtischen Raum. Das öffentliche Zeichen und seine Deutung sind damit zum zentralistischen Propagandainstrument geworden — über zahlreiche Analogien performieren sie den Ursprung des spanischen Königreiches in Gott[14].

Die Möglichkeiten einer ihrerseits so dicht geknüpften Re-Kodierung des Knotens gründen nicht zuletzt in dessen Ursprung als religiöses Zeichen, der wesentliche strukturelle Lesbarkeiten vorgibt: Als kultisch-religiöses Symbol

---

13 So zum Beispiel in religiösen Dramen Calderóns.
14 Hierin liegt in meinen Augen die für den Historiker Saus unerklärliche suggestive Attraktivität des Zeichens für Argote und insbesondere die nachfolgenden gegenreformatorischen Chronisten: «Lo más curioso es que todas estas disquisiciones e hipótesis sobre el origen de la empresa, que ocuparon en algún momento a algunas de las principales figuras de la erudición sevillana de la época, se producen en un periodo en que el NO∞DO no es usado en absoluto por el Ayuntamiento hispalense, por lo que el interés de los curiosos no estuvo movido por la explicación de un hecho actual cuyo origen se desconocía, sino exclusivamente por la sugestión emanada del jeroglífico y su misteriosa vinculación con la historia de la ciudad»; vgl. Saus, *Origen* (Anm. 4), S. 106.

ist er spätestens seit keltischer Zeit belegt und erfreut sich von der
Antike bis ins späte Mittelalter höchster Beliebtheit als Ornament
religiöser Bilder und Texte [15]. Die Varianten reichen vom einfachen
Kreis über den einfach geschlungenen *uroboros* wie in Sevilla bis
zum häufig zu findenden vierpoligen sogenannten Salomonsknoten, dessen
Verwandtschaft mit dem christlichen Kreuz offensichtlich ist.

Im Rahmen eines diskursiv vorgegebenen religiösen Weltbildes kann der
Knoten vor allem die Verbindung von struktureller Komplexität einerseits und
struktureller Geschlossenheit andererseits eindrücklich verbildlichen: Als Variante des Kreises (auch im mathematischen Sinne) führt jeder Knoten eine
beliebig komplexe, duale oder mehrpolige, einsträngige oder mehrsträngige
Verschlingung zurück in die Eindeutigkeit der in sich geschlossenen Form —
der Knoten ist damit gleichermaßen Abbild wie Bannung der Komplexität der
Welt und wird zum privilegierten kosmologischen Ordnungssymbol. So gilt
der Knoten zum Beispiel als Instrument zur Beschwörung und Fesselung von
Dämonen, die bekanntermaßen nur geradeaus fliegen können und im Knoten
zum ewigen Kreisen verdammt werden.
Der mögliche Ausbruch eines Stranges,
die mögliche Häresie ist in diesem Welt-
Bild als immer schon gebannte mitge-
dacht [16]. Im Knoten finden sich alle
Gegensätze von vornherein in der
letztgültigen, göttlich garantierten Einheit
eingefangen.

Ein schöner Beleg für diesen Einsatz
des Knotens als Symbol einer einheitli-
chen, sich selbst stabilisierenden religiösen
Weltordnung findet sich in einer spanischen Darstellung des 14. Jahrhunderts,
die König Fernando «Matamoros» im Kampf gegen einen Dämon zeigt, der
die Gestalt eines Mauren angenommen hat [17].

Mit der frühneuzeitlichen Krise des göttlich verbürgten, im Sinne Blumenbergs «garantierten» christlichen Weltbildes verschwindet der Knoten als
christliches bzw. religiöses Zeichen in Europa und zieht sich in die Heraldik
zurück. Genau vor diesem Hintergrund scheint es mir signifikant, dass sich die
Sevillaner ‹Diskurs-Renovatio› ihres städtischen Knotens besinnt: Er ermöglicht dem Stadtchronisten die Herstellung eines dichten Bedeutungsgeflechts,
in dem, getreu dem analogen Denken einer bereits untergegangenen Ordnung,
alle Zeichen aufeinander und zuletzt auf Gott verweisen — das Bild des Knotens ermöglicht die Beschwörung einer bereits verlorengegangenen Einheit im

---

15 Für die nachfolgende — notwendig knappe — Skizze zur Geschichte des Knotens als religiösem Symbol vgl. ebenfalls Sansoni, *Il nodo* (Anm. 12).
16 Vgl. auch die besonders in Renaissance und Barock betonte Verwandtschaft des Knotens mit dem Labyrinth, ebd., S. 156 ff.
17 Miniatur aus dem 15. Jahrhundert, abgebildet ebd., S. 133.

Zeichen Gottes. Damit wird der Knoten zugleich als Meta-Zeichen dieses Ähnlichkeitswissens lesbar: Aus seiner Geschlossenheit kann keine abtrünnige, ‹dämonische› Bedeutung entweichen, sie erweist sich als immer schon durch eine Gegenbewegung aufgehalten — in der zyklischen Geschlossenheit des Knotens können alle Zeiten gleichursprünglich aufeinander projiziert werden.

Die im Vorangehenden nur angedeutete Vielfalt der Bezüge, über die der Sevillaner «nodo» historischen, politischen und religiösen Diskurs in der Legende verknüpft und im Sinne der Gegenreformation strategisch funktionalisiert, hat jedoch ihren Preis und zeigt die potentielle Auflösung des dergestalt renovatorisch geschlossenen Knotens. In seiner ideologischen Ausschreibung wird das Zeichen mit semantischer Bedeutung aufgeladen, ja überfrachtet. Die Legende performiert in der bildlichen Verdichtung den Schulterschluss zwischen Gott, König, Stadt und Reich. Genau in dieser Überfunktionalisierung liegt nun die potentielle Dysfunktionalität einer solchen Ausschreibung: Der Wille zur verbindlichen Lösung des Rätsels provoziert geradezu konkurrierende Lesarten — eine von ihnen führt Argote selbst an. Setzt man den Rebus anders zusammen und liest «no madexado» für «nicht verknäuelt» oder «nicht verknotet», so ergibt sich daraus eine politische Devise von Transparenz und Offenheit, wie sie sich weniger als Projektionsfläche für das zentralistische Spanien der Gegenreformation eignet, aber in den Kapitelsaal eines humanistisch orientierten Renaissance-Sevilla passt:

> Otros dizen que el cabildo usó desta devisa para sinificar por ella que lo que en él se tratase no fuese madexado o mazariado sino liso y sin madexas.

Die historiographische Betrachtung des Emblems, wie Argote sie erstmals unternimmt, ruft also zugleich mit der strategischen Ausschreibung ein Potential unentscheidbarer Vieldeutigkeit auf den Plan: Der Deutungsbedarf erzeugt Deutung und Konkurrenzdeutung gleichermaßen. Schon wenige Jahre später kapituliert der sich ebenfalls als Stadtchronist betätigende Abt Alonso Sánchez Gordillo vor dieser Pluralität der legendären Ausschreibungen des rätselhaften alten Zeichens. Um 1630 scheinen so viele Versionen und Deutungen — «tantos discursos» — zu kursieren, dass über eine gewisse «tradición» hinaus nichts Sicheres gesagt werden kann, und der ansonsten durchaus gerne in Legenden schwelgende Abt sich auf eine bloße Beschreibung des Zeichens zurückzieht:

> En un pilar de los arcos por donde viene el agua a Sevilla y entra por junto a la puerta llamada de Córdoba, en el medio de un puente [...] se reverencia una imagen de la Virgen Madre María Santísima con el ornato que el lugar permite, y con tradición que se pusó allí por orden del señor Rey Don Alonso Décimo, llamado el Sabio. Y sobre esto hay tantos discursos que ninguno parece cierto,

más que el que con la misma pintura o inscripción se manifiesta en letras que dicen: no madejado en esta forma [18].

Bis hierher lässt sich Folgendes zusammenfassen: Für den frühneuzeitlichen Stadtadel bietet die Schrift im öffentlichen Raum zunächst ein Mittel, sich persönlicher, partikularer Identität zu versichern — ein humanistisch universal gebildeter Adel bricht das Schriftmonopol der Kirche und setzt Zeichen individueller säkularer Macht im städtischen Raum. Dieser erste Aneignungsprozess wird abgelöst durch einen zweiten, in dem die Zeichen vergangener Macht neu überschrieben und strategisch umkodiert werden — nun im Sinne einer dem Individuum übergeordneten, institutionellen und gerade nicht partikular-föderalen, sondern zentralistischen Macht. Worauf es mir ankommt, ist, dass beide dieser in höchstem Maße funktional-strategischen Aneignungen des öffentlichen Schriftzeichens zugleich auch die potentielle Dysfunktionalität eines solchen säkularen Zeichens (und damit aller säkularen Zeichen) offenlegen: Villafrancas persönlicher «nodo» ist nicht mehr lesbar, sobald die Kontinuität der partikularen Genealogien und Allianzen nicht mehr gewährleistet ist. Die strategische Ausschreibung des Knotens zur Legende und die damit vollzogene *translatio imperii* trägt wieder überindividuelle Bedeutung, entbindet aber zugleich eine Vielfalt konkurrierender Lesarten. Um im Bildfeld zu bleiben: Wer es unternimmt, den Knoten zu lösen, ihn transparent zu machen auf eine Bedeutung und ihn damit einzubinden in einen ideologischen Diskurs, läuft Gefahr, zuletzt einzelne Fäden in der Hand zu halten, die sich auch anders verknoten lassen. Oder anders: Die Vertextung des Bildes, die narrative Auflösung des Knotens macht ihn wieder als Identifikationsfigur für ein Kollektiv lesbar, gibt seine Bedeutung jedoch der Stimmenvielfalt ebendieses Kollektivs preis, stellt das Material bereit für ein potentiell endloses Aus- und Weiterspinnen des Zeichens: Chronisten, Äbte und die «tradición» des Volkes produzieren «tantos discursos», so dass eine verbindliche Wahrheit uneinholbar wird. Die Geschichte des Sevillaner «nodo» und seiner Lektüren wäre damit bis hierhin symptomatisch zu lesen für jene unentrinnbare frühneuzeitliche Säkularisierung und Pluralisierung, mit der die Zeichen ihre institutionelle Verbindlichkeit verloren haben. Selbst die strategische ideologische Rekodierung scheint eine Diskursvielfalt eher hervorzutreiben als zu verhindern: Jeder Chronist Sevillas neigt einer anderen Deutung zu, je nachdem, ob er sich in erster Linie als städtischer Historiograph oder als gegenreformatorischer Ideologe versteht. Gerade die von der Gegenreformation initiierte Neu-Beschriftung und Neu-Lektüre der Welt, gerade ihre Wieder-Aneignung des Raumes über eine Rekodierung vorhandener Zeichen entbindet so eine Proliferation konkurrierender Deutungen. Die Festschreibungsversuche der Frühen Neuzeit selbst nehmen damit der oralen Tradition ihre scheinbar problemlose Geltung.

---

18 Abad Alonso Sánchez Gordillo, *Religiosas estaciones que frecuenta la religiosidad Sevillana* (1633), Sevilla, 1982, S. 238.

Die schriftliche Abwägung der verschiedenen Lesarten und die strategische Entscheidung für eine plausible Lesart macht den städtischen Raum damit auch als einen der öffentlichen Diskussion sichtbar: «otros dizen», «andere sagen». Die Wahrheit erscheint nicht mehr als vorgefundene, sondern als eine, die erst im Text gesucht werden muss. Gerade die strategische Festschreibung des «nodo» auf eine gegenreformatorisch relevante historische Bedeutung macht also frühneuzeitliche Wahrheit als Wahrheits-Erfindung erkennbar, als eine Tendenz zur «Realisierung» im Sinne Blumenbergs [19].

Während der Text Argotes in seiner historiographischen Abwägung von Möglichkeiten transparent bleibt auf die «Realisierung» einer strategischen Wahrheit, versucht erst Sevillas letzter frühneuzeitlicher Historiograph diesen schriftlichen Findungsprozess aus seinem Text zu tilgen. Um 1670 hält Diego de Zúñiga in einer mehrbändigen Stadtgeschichte die noch heute offizielle Version vom Ursprung des Sevillaner «nodo» fest: Auch hier wird die Bedeutung des Zeichens mit «no me ha dejado» wiedergegeben. Nun tauchen jedoch die bereits vergessenen Villafrancas unvermittelt wieder auf, da Zúñiga wohl von der Verbindung zwischen Emblem und Familie wusste. Diese erscheint jetzt jedoch als königstreuer Favorit Alonsos, als Medium, über das der König der Stadt ihr Emblem verleiht:

> […] y hallo en Memorias antiguas, que dio el Rey esta empresa y mote por mano de un caballero del linaje de Villafranca, muy su favorecido; causa de que también los Villafranca lo pusiesen con sus armas [20].

Hier tragen sowohl die Villafrancas als auch die Stadt Sevilla den Knoten aus dem gleichen Grund in ihrem Wappen — wegen ihrer unverbrüchlichen Treue zu König Alonso. Durch diese erneute Überschreibung tilgt Zúñiga die Spuren eines selbstbewussten Stadtadels schier noch erfolgreicher als durch bloßes Verschweigen der Villafrancas. Mögliche Deutungsvarianten erwähnt er nicht, sondern gibt die Legende als kontinuierlich überlieferte Wahrheit, als Resultat seines eigenen Quellenstudiums wieder («y hallo en Memorias antiguas»). Dieses historische Studium erlaubt es ihm zugleich, das Zeichen als ein «antiguo Symbolo de Lealtad» zu identifizieren. Zúñiga verbindet historisches Wissen und Quellenstudium mit der Legende, er bestimmt zum einen den Knoten historisch-systematisch als traditionelles Loyalitätssymbol und bildet dieses zugleich ab auf die historische, von Argote vorgegebene politische Situation unter Alfons dem Weisen. Damit findet sich die Pluralität der Diskurse re-monologisiert — in bruchloser Linearität stellt sich die Geschichte Sevillas nun als die einer stets königstreuen Stadt dar. Wenn dergestalt hier nun erstmals eine monologische Ideologisierung, eine monologische Schließung des Knotens vollständig zu gelingen scheint, gibt sich die vom Text pro-

---

19 Blumenberg, «Wirklichkeitsbegriff» (Anm. 8).
20 Diego Ortiz de Zúñiga, *Anales eclesiásticos y seculares de la muy noble y muy leal ciudad de Sevilla* (1677), Sevilla, 1795, Bd. 1, S. 331.

pagierte Wahrheit nicht mehr als eine «realisierte» zu erkennen, offenbart sich kontextuell jedoch nun als eine kontrafaktische: Im Augenblick der erfolgreichen ideologischen Schließung des gegenreformatorischen Diskurses hat Sevilla seinen politischen und wirtschaftlichen Zenit bereits weit überschritten und kann die Regierbarkeit seiner heterogenen Bevölkerung nur noch durch Gewalt gewährleisten. Zúñigas monumentales Werk beschwört eine historische Kontinuität und Identität, verschweigt aber, dass die Identität der Stadt, die über diese *translatio* eigentlich festgeschrieben werden soll, sich längst an das autoritäre Regime verloren hat. Auf der Ebene des Textes selbst hat die von Zúñiga versuchte ‹Schließung› oder Re-Monologisierung der konkurrierenden Bedeutungen ebenfalls ihren Preis: Gerade in der historisch-wissenschaftlichen Präzision, mit der sich der Geschichtsschreiber hier um die Festschreibung der Bedeutung bemüht, wird sichtbar, dass diese nun nicht mehr heilsgeschichtlich selbstverständlich erscheint, sondern nur noch durch kausale Lückenlosigkeit und den Anspruch auf Vollständigkeit garantiert werden kann. Im ständigen Versuch, historische und religiöse Wahrheit in eins zu schließen, in einem endlosen Analogie bzw. Motivationsrausch gerät Zúñigas monumentaler Text letztlich aus den Fugen und wird zum unabschließbaren Projekt[21].

So erscheint es nur folgerichtig, dass die Popularität des Zeichens schwindet, wenngleich sich die Geschichte seiner Deutungen fortschreiben ließe: 1928 widmet der regimekritische baskische Schriftsteller und Dichter Miguel de Unamuno dem Sevillaner «NO∞DO» ein Gedicht, in dem er die Symmetrie des Knotens in eine sprachliche Spiegelstruktur umsetzt und diese wiederum nutzt, um einen ewigen Kreislauf königlicher Machtwillkür darzustellen — Isabela und Fernando werden zu den beiden Polen des Knotens oder des Jochs einer fortwirkenden zentralistischen Macht[22]. Die jüngste Überschreibung schließlich funktionalisiert den «nodo» wieder für die städtische Identität im Rahmen eines nun größeren Zentralismus: Angesichts eines neuen, europazugewandten Spanien kann auch hier wieder Treue konnotiert werden, die das Land der EU als einer Art neuem Reichsherrn entgegenbringt. Die eingangs angesprochene orale Inititation, die zum Verständnis des Zeichens notwendig bleibt und sein erhaltener Geheimnischarakter verweisen jedoch zugleich auf eine innerhalb der nationalen Grenzenlosigkeit gewahrte regionale Identität und auf ein neues städtisches Selbstbewusstsein: Der

---

21 Solcherart «wuchernde», heute kaum mehr lesbare und wahrgenommene lokalhistoriographische Werke sind — meines Erachtens aus den genannten Gründen einer immer sowohl historisch als auch heilsgeschichtlich zu legitimierenden Wahrheit — symptomatisch für das ausgehende 17. Jahrhundert. Vgl. hierzu auch Simon Ditchfield, *Liturgy, Sanctity and History in Tridentine Italy*, Cambridge: Cambridge UP, 1995 (Cambridge Studies in Italian History and Culture).

22 Schon 1901 hatte Unamuno in einem Zeitungsartikel jede reichstreue Deutung des Knotens abgelehnt. Miguel de Unamuno, *Obras completas*, hrsg. v. Ricardo Senabre, Madrid, Turner, 1996–2004, Bd. 5, S. 316: «NO∞DO / Haz, yugo, nodo, la Loca; / tanto monta, monta tanto, / Aragón como Castilla, / Isabel como Fernando».

Fremde muss schon nach Sevilla kommen, um es zu verstehen — nur die Stadt selbst kann ihm von ihrer Identität erzählen — der «nodo» wird zum Schlüssel, mit dessen Hilfe sie die globale Welt kontrolliert einlässt und mit ihr kommuniziert. Wie ganz zu Beginn, bei Francisco de Villafranca, ist das öffentliche Zeichen nun wieder angewiesen auf persönliche Kommunikation, ja es scheint diese im Rahmen touristischer Kampagnen absichtsvoll zu generieren.

Am Beispiel des Sevillaner «nodo» ließ sich nachzeichnen, wie die Schrift im öffentlichen Raum seit der Frühen Neuzeit ideologische Aneignungsprozesse erst ermöglicht, deren Stabilität zugleich aber auch stets gefährdet. Die vom Knoten geknüpfte *translatio*, die das Verhältnis von Individuum, Stadt und Reich stets neu formuliert, steht im 15. Jahrhundert im Zeichen einer Emanzipation des Subjekts, das sich in den städtischen Raum einschreibt, im 16. Jahrhundert im Zeichen einer gegenreformatorischen Ideologisierung städtischer Identität, im 17. Jahrhundert im Zeichen kontrafaktischer Beschwörung einer bereits verlorenen Identität und der Supplementierung heilsgeschichtlicher Gewissheit durch historiographische Genauigkeit. Im 20. Jahrhundert schließlich wird das Zeichen wiederbelebt durch eine Neubestimmung regionaler Identität. Entscheidend scheint mir dabei, dass jede Um- und Überschreibung, jede dieser Funktionalisierungen in einer grundlegenden Dysfunktionalität des säkularen Schriftzeichens gründet: Einmal zum persönlichen Gebrauch freigegeben, lässt sich über die Schrift keine vollständige ideologische Re-Monologisierung mehr bewerkstelligen: Jede funktionale Semantisierung setzt potentiell überschüssige Bedeutung frei und stellt damit das Material bereit für die nächste Aneignung.

Bernhard Teuber

«Santo y bandolero». Sakralität und Profanität in den Räuberstücken des Siglo de Oro am Beispiel von Calderóns *Devoción de la cruz*

1. Räuber und Heiliger in einer Person

Für ein Hispanistisches Kolloquium, welches die spanische Literatur und Kultur des Siglo de Oro im Spannungsfeld von Sakralität und Weltlichkeit — also «zwischen dem Heiligen und dem Profanen» — untersuchen möchte, bieten sich zahlreiche Themen an. Eines aber drängt sich geradezu auf: Es ist die Konfrontation einer anscheinend extremen Form von Profanität — des Verbrechertums — mit der ihr diametral entgegengesetzten Kategorie — nämlich der Heiligkeit. Alexander A. Parker hat dafür in seinem klassisch gewordenen Aufsatz aus dem Jahre 1949 die schöne Formulierung geprägt: «Santo y bandolero», ‹Heiliger und Räubersmann›[1], was uns spontan an eine inhaltlich vergleichbare Fügung im Deutschen denken lässt, ich meine die Rede von «der Heiligen und Hure», die ihrerseits im Topos von der christlichen Kirche als einer *casta meretrix*, der schon bei Ambrosius von Mailand begegnet, eine lange Vorgeschichte kennt[2]. «Santo y bandolero», «Heilige und Hure», «casta meretrix», das alles sind — rhetorisch gesprochen — Paradoxa, wo nicht überhaupt *contradictiones in adiecto* respektive Oxymora. Parker zeigt jedoch im genannten Artikel auf, dass es im spanischen Siglo de Oro eine regelrechte Untergattung, ein Subgenus der Comedia, gibt, in welchem Räubersleute beiderlei Geschlechts sich bekehren und Heilige werden oder aber umgekehrt fromme, heiligmäßig lebende Einsiedler zu Verbrechern werden.

Den seinerzeit angekündigten Vorsatz, diesem widersinnig scheinenden Phänomen eine umfangreichere Monographie zu widmen, hat Parker nicht verwirklicht. Wohl aber hat Parker an Hand einer detaillierten Analyse wichtige Grundzüge dieser literarischen Linie nachzeichnen können und dafür zwei Paradestücke gewählt, nämlich *La devoción de la cruz* von Calderón und *El condenado por desconfiado*, das erstmals in einer von Tirso de Molina besorgten Stückesammlung veröffentlicht wurde und seither ihm zugeschrieben wird. Parkers Haupt-These besagt einerseits, dass der Ausstieg aus dem gesellschaftlich gebilligten ins illegitime Banditenleben in dem Maße

---

1 Alexander A. Parker, «Santos y bandoleros en el teatro español del Siglo de Oro», in: *Arbor* 43–44 (1949), S. 396–418.
2 Vgl. Hans Urs von Balthasar, «Casta meretrix» (1948/50), in: H. U. B., *Sponsa verbi*, Bd. 2, Einsiedeln: Johannes, 1961.

nachvollziehbar, ja gerechtfertigt werde, wie die entsprechenden Protagonisten von der Gesellschaft selbst geächtet oder von den Autoritäten, insbesondere von der väterlichen Instanz, ungerecht behandelt würden. Andererseits gelingt es Parker, die psychologischen Hintergründe aufzuweisen, die eine Nähe von Räuberleben und Heiligenleben bedingen: Im Gegensatz zur Lauheit vieler Durchschnittsgestalten seien sowohl der Räuber als auch der Heilige charaktermäßig gerade umgekehrt durch ihren Heroismus, ihren Mut und ihre leicht entflammbare Leidenschaftlichkeit ausgezeichnet. Wenn diese Eigenschaften in *malam partem,* in die falsche Richtung, gelenkt würden, entstünden daraus die schlimmsten Verbrechen — nach dem lateinischen Adagium: *Corruptio optimi pessima.* Wenn hingegen diese Eigenschaften *in bonam partem,* in die richtige Richtung, streben würden, könnte ein ehemaliger Räuber leicht zum Heiligen werden.

So siedelt sich das Ideal christlicher Demut zwischen anmaßender Hoffart und feiger Trägheit an; doch es ist klar, dass sich eher der Anmaßende zu einem heroischen Heiligen entwickeln wird als der völlig Untätige. Es geht demnach bei Parker sowohl um eine soziale Determination als auch um eine psychologische Disposition, die den Übergang von einem Leben in Unmoral zu einem Leben nach den Regeln moralischer Ordnung, von der Ausübung des Verbrechens zu Güte und Barmherzigkeit, vom Räuber- zum Heiligenstand möglich erscheinen lassen. Die beiden Bezirke, zwischen denen der Übergang erfolgt, das Sündhaft-Weltliche und das Tugendhaft-Heilige sind jedoch für Parker klar voneinander zu trennen, sie stehen jeweils für sich und haben für sich Bestand.

Nur im Vorübergehen sei darauf hingewiesen, dass Parker dann seine eigenen Voraussetzungen im überaus schlüssigen Interpretationsteil seines Artikels nur unvollkommen einzulösen vermag. Der Protagonist Eusebio aus *La devoción de la cruz* besitze im Grunde genommen innerlich schon jene rechte moralische Haltung, die gerade durch die mirakulös erscheinende Kreuzesfrömmigkeit veräußerlicht und emblematisch ausgestellt werde; und der Räuber Enrico aus *El condenado por desconfiado* zeichne sich immer schon durch seine unverbrüchliche Liebe zum greisen Vater aus, so dass diese Tugend am Ausgang des Stücks nurmehr — nach Art einer Achsenverlängerung — auf Gott selbst projiziert zu werden brauche, um ihm das Seelenheil zu sichern[3]. Mithin ist eine klare Distinktion zwischen Unmoral und Moral, zwischen der Unordnung des Räuberlebens und der Ordnung christlicher Caritas, die Parker voraussetzen möchte, vielleicht doch nicht ganz so einfach zu treffen; die Bekehrung eines Protagonisten wie Eusebio zum rechten Handeln oder aber der Abfall des Eremiten Paulo von der christlichen Religion wären auf ihre genauere Struktur hin zu befragen.

---

3 Vgl. Tirso de Molina, *El condenado por desconfiado*, hrsg. v. Ciriaco Morón, Madrid: Cátedra, 2000 (Letras Hispánicas).

2. Dritter Raum und These von der Säkularisierung

Der Prospekt unseres Kolloquiums[4] hat dazu eingeladen, eine Voraussetzung, die man beim Studium religiöser, geistlicher beziehungsweise weltlicher, profaner Literatur üblicherweise annimmt, zunächst einmal einzuklammern: nämlich die Vorstellung, dass sich in der kulturellen Topographie des Siglo de Oro das Heilige und das Profane problemlos unterscheiden ließen, dass zwischen ihnen prinzipiell eine klare Grenze zu ziehen sei, die allenfalls von Produzenten und ihren kulturellen bzw. textuellen Produkten, von Akteuren und ihren kulturellen bzw. textuellen Performanzen in die eine oder andere Richtung überschritten werde. Das hieße dann, dass in der *langue,* in der kulturellen Grammatik, die oppositiven Kategorien des Heiligen und des Profanen existieren, dass diese aber in den konkreten Akten der *parole* auf unterschiedliche Weise gebraucht und miteinander verknüpft oder gar vermischt werden können. Unsere weitergehende Frage lautete jedoch, ob nicht in der kulturellen Grammatik des Siglo de Oro neben dem Heiligen und dem Profanen eine dritte Kategorie denkbar sei, wie es ja auch in den Grammatiken mancher Sprachen neben dem Activum und dem Passivum das *genus verbi medium* oder neben dem Singular und dem Plural den Dual geben kann.

In diesem Sinne zu verstehen war die Aufforderung zu überlegen, ob es zwischen dem Heiligen und dem Profanen einen *in-between space* als einen *third space* geben könnte, wie ihn etwa Homi K. Bhabha beschrieben hat[5]. Für Bhabha ist der *in-between space* ein kultureller Raum, der sich durch seine Unbestimmtheit gegenüber der eingebürgerten Dichotomie von kolonisierenden und kolonisierten Gesellschaften auszeichnet. So gehören beispielsweise Menschen aus postkolonialen Gesellschaften, die sich auf dem Territorium der ehemaligen Kolonialmächte bewegen, nach Bhabhas Ansicht weder der kolonialen bzw. postkolonialen Kultur noch der kolonisierenden Hegemonialkultur an, sondern sie können einen ‹dritten Raum›, eine ‹dritte Kultur› eigenen Rechts bilden, die nicht in einer der beiden einander befehdenden Kulturen aufgeht und stattdessen die Merkmale einer komplexen Hybridität annimmt. Was Bhabha im Kontext der postkolonialen Frage skizziert und weitgehend auf territoriale Räume und die ihnen zuzuordnenden Kulturen fokussiert, kann vielleicht als Anregung, ja als eine Art von Denkmodell gelten für das Verhältnis des Heiligen zum Profanen in der Kultur des frühneuzeitlichen Spanien.

Wir sind in unseren Kategorienrastern weithin gewohnt, von zwei distinkten sich wechselseitig ausschließenden Sphären auszugehen[6]. Wie nun, wenn

---

4   Die konzeptuellen Überlegungen des Prospekts zum Kolloquium haben auch Eingang gefunden in die Einleitung zu diesem Band.
5   Homi K. Bhabha, *The Location of Culture,* London/New York: Routledge, 1994.
6   So im Grunde genommen auch Mircea Eliade, *Das Heilige und das Profane,* Reinbek: Rowohlt, 1957; französisch: *Le Sacré et le Profane,* Paris: Minuit, 1965.

sich diese Sphären überlappten oder wenn sie — neben Räumen eindeutiger Sakralität und eindeutiger Profanität — einen dritten Raum ausdifferenziert hätten, der ebenso ein Raum des Sowohl-Als-Auch (*et fanum et profanum*) wie ein Raum des Weder-Noch (*neque fanum neque profanum*) sein könnte, also ein Raum, der sich einer schlichten Zuordnung entzieht, ein Raum, in dem möglicherweise das Verhältnis der beiden Sphären je neu ausgehandelt werden muss und der darum mit Grenzziehungen unterschiedlichen Typs experimentiert. Es gibt starke Anhaltspunkte dafür, dass der Bereich dessen, was wir in Anlehnung an Clifford Geertz als «imaginative Praktiken» bezeichnen können[7], eine solche Topographie des *in-between* oder — weniger modisch ausgedrückt — des μεταξύ [*metaxy*], des ‹Dazwischen›, konstituiert. In dieses Feld gehören die Künste im weiten Sinne, insbesondere Literatur und Malerei, von denen auf diesem Kolloquium ausdrücklich die Rede ist.

Natürlich widerspricht ein solches Modell in gewisser Weise den üblichen Narrativen von einer eindeutigen, unumkehrbaren Säkularisierung[8], welche die europäischen Kulturen seit dem Ausgang des Mittelalters erfasst habe, der sich aber Spanien länger als andere Länder widersetzt habe, weil dort die diskursiven und sozialen Agenturen der Gegenreformation eine Resakralisierung des öffentlichen Raums wie des Bewusstseins durchgesetzt hätten[9]. Übliche Narrative betrachten die Säkularisierung als ein Nullsummenspiel, in dessen Verlauf die Ausdehnung des weltlichen zwangsläufig zu einer Reduktion des sakralen Bereichs führe, bis das Sakrale auf einige wenige, klar definierte Enklaven eingegrenzt sei. Doch möglicherweise ist dieses binäre Modell einer strikten Dichotomie beider Sphären unangemessen, gerade in einer Kultur wie der spanischen, wo zwar die Autorität der sakralen Sphäre aus bekannten Gründen fortbestand, wo aber zugleich seit langem aus nicht weniger bekannten Gründen eine kollektive Erfahrung gesteigerter Profanität in sämtlichen Lebensbereichen gemacht werden konnte. Dies könnte ein Grund dafür sein, statt mit einer binär mit einer ternär strukturierten Kartographie zu operieren.

Auffällig und unbestritten ist jedenfalls, dass wir in Literatur und Malerei Gattungen kennen, die ganz eindeutig dem Sakralen oder dem Profanen zuzuordnen sind und dass es andere gibt, bei denen diese Zuordnung schwierig

---

7   Vgl. Clifford Geertz, «Deep Play. Notes on the Balinese Cockfight» (1972), in: C. G., *The Interpretation of Cultures. Selected Essays*, New York: Basic Books, 1993, S. 412–453, hier S. 449.

8   Zum Begriff der Säkularisierung allgemein vgl. Hermann Lübbe, *Säkularisierung. Geschichte eines ideenpolitischen Begriffs* (1965), Freiburg i. Br./München, ³2003.

9   Am nachdrücklichsten hat eine solche These in den letzten Jahren vertreten Joachim Küpper, *Diskurs-Renovatio bei Lope de Vega und Calderón*, Tübingen: Narr, 1990; nuancierter argumentieren in dieser Hinsicht Hans Ulrich Gumbrecht, *Eine Geschichte der spanischen Literatur*, Frankfurt a. M.: Suhrkamp, 1990, oder Manfred Tietz, beispielsweise in seinem Beitrag zu diesem Band. Vgl. aber etwa auch Wolfgang Matzat: «Barocke Subjektkonstitution in Mateo Alemáns *Guzmán de Alfarache*», in: Joachim Küpper/Friedrich Wolfzettel (Hrsg.), *Diskurse des Barock: Dezentrierte oder rezentrierte Welt?*, München: Fink, 2000, S. 269–291.

wird. Die *comedias de santos y bandoleros* sind hierfür ein gutes Beispiel: Es sind weltliche Schauspiele, die im strengen Sinn überhaupt nicht als *comedias de santos,* als Heiligen- oder Märtyrerspiele, betrachtet werden dürfen. In der Regel handelt es sich nämlich um erfundene, historisch nicht nachweisbare Figuren, die offiziell nirgends als Heilige verehrt werden, die jedoch innerhalb der dramatischen Handlung allen Widerständen zum Trotz ihren Weg zur ewigen Seligkeit nehmen, so dass sie Aufnahme in die *communio sanctorum* erwarten dürfen und zur Heiligkeit gelangen. Doch gerade in solchen Stücken wird offenbar das komplizierte Verhältnis von Weltlichkeit und Heiligkeit zum Gegenstand der Verhandlung gemacht.

3. Heiligkeit als Transgression der Norm

Bei der Vorbereitung meines Beitrags bin ich zunächst von einer anthropologischen Hypothese ausgegangen, wie sie etwa von Roger Caillois und Georges Bataille im Umfeld des Pariser Collège de Sociologie entwickelt wurde: Im Gegensatz zu einer eindeutig gütigen, lichten, lauteren Seinsweise, die hebräisch als קָדוֹשׁ [*kaddosch*], griechisch als ἅγιον [*hagion*] oder lateinisch als *sanctum* zu bezeichnen ist und als Kennzeichen der jüdischen, christlichen oder islamischen Gottesvorstellung gelten darf[10], gibt es ein eher naturreligiös definiertes ἱερόν [*hieron*] oder *sacrum,* welches von Haus aus ambivalente Gestalt aufweist. Als *sacrum, sacré, sagrado* gilt, was sich außerhalb und jenseits der Grenze des üblicherweise Erlaubten befindet, das Verbotene und Verfemte ebenso wie das Numinose und Übersinnliche. In diesen Bereich des *sacrum* vermag man nur durch Überschreitung, durch Transgression des Erlaubten, durch Missachtung der Verbote einzutreten. Es liegt darum nahe, dass jeder Austritt aus der Sphäre gewöhnlicher Ordnung in die Sphäre des tabuisierten Draußen eine Kontaktaufnahme mit der Welt dieses doppeldeutigen *sacrum* ist; diese Kontaktaufnahme kann *in bonam partem* geschehen; dann ist sie reinigend und erhebend; sie kann aber ebenso *in malam partem* erfolgen, dann ist sie befleckend und erniedrigend.

---

10 Wir beziehen uns hier auf eine gängige Unterscheidung der jüngeren, vom Entmythologisierungsprogramm beeinflussten Theologie, wie sie durchaus auch vorzufinden ist bei Emmanuel Levinas, *Du sacré au saint. Cinq nouvelles lectures talmudiques*, Paris: Minuit, 1977. Zur Ambivalenz des *sacrum* vgl. vor allem die Arbeiten von Rudolf Otto, *Das Heilige. Über das Irrationale in der Idee des Göttlichen und sein Verhältnis zum Rationalen* (1917), München: Beck, 1987; Georges Bataille, *La part maudite* (1949), hrsg. v. Jean Piel, Paris: Minuit, 1967; Roger Caillois, *L'homme et le sacré*, Paris: Gallimard, 1950; und schließlich ist zu nennen Félix Duque (Hrsg.), *Lo santo y lo sagrado*, Madrid: Trotta, 1993, der dort in seinem eigenen Beitrag gegensinnig zu den Diskursen der Theologie, aber durchaus in Übereinstimmung mit Bataille das *sanctum* («lo santo») als eine domestizierte Verfallsstufe des *sacrum* («lo sagrado») charakterisiert.

Wie die großen Heiligen der Religionen die den Alltag regelnden Normen der Gemeinschaft in spektakulärer Weise übertreten, um damit vor den Menschen ein heroisches Zeugnis von der Macht und Liebe ihres Gottes abzulegen, so verstoßen auch die großen Verbrecher gegen die etablierte Ordnung und deren Gesetze, und sie formen eine Art von Gegengesellschaft. Es ist also nicht *virtualiter* die Disposition zu einem leidenschaftlichen Charakter allein, sondern es ist zugleich *actualiter* die Praxis der offenkundigen Normübertretung, worin der Räuber und der Heilige übereinstimmen: Der eine bricht die Gesetze und begeht die allerabscheulichsten Verbrechen; der andere verwirklicht in seinen Taten und Wundern mit bewundernswertem Heroismus die allerhöchsten Tugenden. Beide Typen sind extreme Ausnahmewesen sowohl ihrer inneren Haltung als auch ihrem äußeren Handeln nach.

Es kann uns hier nicht beschäftigen, wie die spanische Kultur näherhin mit der beschriebenen Doppelung der Heiligkeitskonzepte, ihrer Aufspaltung in das eindeutig hehre *sanctum* und in das schillernd zweideutige *sacrum* umgegangen ist. Jedenfalls scheint es in der europäischen — und *a fortiori* in der spanischen — Kulturgeschichte eine Koexistenz von *sanctum* und *sacrum* zu geben, das heißt, dass neben dem univoken Konzept des *sanctum,* welches die offiziellen religiösen Diskurse und Instanzen für sich reklamierten, auch das zwiespältige Konkurrenzkonzept des *sacrum* gab, welches deutlich erkennbare pagane Wurzeln hatte und sich möglicherweise gerade als ein solches *sanctum* ausgab, als ein solches *sanctum* verkleidete[11]. Allerdings zeigt sich klar, dass die Korrelation von Heiligkeit oder Verbrechertum im Zeichen der Transgression stets binär gedacht ist. Der Heilige wie der Verbrecher, überschreiten eine Grenze, welche die Welt jeweils in zwei Teile aufspaltet, unabhängig davon, ob diese Grenze nun zwischen einer irdischen und einer überirdischen Welt verläuft (den Heiligen mithin den himmlischen Engeln angleicht) oder aber zwischen einer menschlichen und einer untermenschlichen Welt (den Verbrecher mithin den wilden Tieren gleichmacht). Heiliger und Räubersmann sind — von ihren transgressiven Akten her betrachtet — jeweils Helden im Sinne von Jurij M. Lotmans Theorie literarischer Texte[12]. Sowohl für die Mitglieder des Collège de Sociologie als auch für Lotman wäre die Grenzüberschreitung aus der geordneten Welt in die Überwelt strukturell nahezu identisch zur Grenzüberschreitung aus der geordneten Welt in die Unterwelt. Daraus resultiert eine Art von Ununterscheidbarkeit zwischen der Überwelt und der Unterwelt, die daher rühren mag, dass weder die eine noch die andere

---

11 Reiches Belegmaterial für eine solche These findet sich in der grundlegenden Studie von Ulrike Sprenger, «Stehen und Gehen. Zu Prozessionskultur und Legendenbildung im Spanien der Frühen Neuzeit», in: Wolfram Nitsch/Bernhard Teuber (Hrsg.), *Vom Flugblatt zum Feuilleton. Mediengebrauch und ästhetische Anthropologie in historischer Perspektive.* Tübingen: Narr, 2002, S. 97–115.
12 Vgl. Jurij Michailovič Lotman, *Die Struktur literarischer Texte* (1970), übers. v. Rolf-Dieter Keil, München: Fink 1972 (UTB).

aus der Sicht der Alltagswelt fraglos darstellbar ist, weil sie sich ja der Alltagserfahrung und der Repräsentierbarkeit gerade entzieht.

4. *Tres faciunt collegium*

Worin bestehen die Gesetze der Gemeinschaft, die vom Transgressor überschritten werden? Bataille erwähnt vor allem das Begräbnisgebot und das Inzestverbot[13]. Beide Vorschriften instituieren und ermöglichen Gesellschaft. Das Begräbnis bewirkt in aller Regel, dass der Leichnam nicht spurlos von Tieren oder der Erde verschlungen wird, sondern dass dem Verstorbenen dank dem Bestattungsritual und eventuell der Grabstelle ein Andenken gesetzt wird; dass das Gedächtnis semiotisiert, an die Nachwelt übermittelt wird. Das Inzestverbot wiederum bedingt Exogamie, Verhandlungen und Allianzen mit Außenstehenden; es verhindert, dass Sohn und Mutter, Vater und Tochter oder Bruder und Schwester sich verbinden zu einer Dyade, die gegenüber der Umgebung autark, gegenüber den Einflüssen der Gemeinschaft immun ist. Transgression würde Bataille zu Folge nun heißen, dass diese Tabus nicht eingehalten werden: dass sich Paare sexuell verbinden, denen dies auf Grund der Verwandtschafts- und Gesellschaftsordnung verboten ist; oder dass der Leichnam des Verstorbenen nicht ehrenvoll bestattet wird, sondern dass er unbestattet als eine Art Untoter weiterhin am Leben der Gemeinschaft teilnimmt und sie heimsucht. Damit aber würde auch jene grundlegende Unterscheidung zwischen den Lebenden und den Toten durchlässig, die eine strikte Grenzziehung zwischen beiden Bereichen vornimmt und damit auch Grundlage des Tötungsverbots ist, das alle menschlichen Gesellschaften in der einen oder anderen Form kennen

In jüngerer Zeit wurde in der Forschung, angeregt durch die Arbeiten von Albrecht Koschorke zur Heiligen Familie[14], vorgeschlagen, die Figur des Dritten zur Keimzelle von Vergesellschaftung überhaupt zu erklären. Gesellschaft könne sich nur dort konstituieren, wo sich Paare und Dyaden öffnen und mit einer weiteren Instanz zur Dreierkonstellation verbinden würden. So erhält dann auch die Formel *Tres faciunt collegium* ihren positiven Sinn. Freilich ist die Öffnung der Dyade hin zu einem Dritten und die Reorganisation der Elemente zu einer stabilen, kooperativen Triade der glückliche Fall. Die Anthropologie des 20. Jahrhunderts hat insbesondere seit Freuds *Traumdeutung* und der darin angelegten Deutung des Oedipus-Mythos eine andere

---

13 Vgl. insbesondere Georges Bataille, *L'Érotisme*, Paris: Minuit, 1957.
14 Vgl. Albrecht Koschorke, *Die heilige Familie und ihre Folgen. Ein Versuch*, Frankfurt a. M.: Fischer, 2000, sowie schon früher den Band von Claudia Breger/Tobias Döring (Hrsg.), *Figuren der, des Dritten. Erkundungen kultureller Zwischenräume*, Amsterdam/Atlanta: Rodopi 1998; man beachte diesbezüglich auch den Prospekt des Konstanzer Graduiertenkollegs «Die Figur des Dritten» auf der Website: http://www.uni-konstanz.de/figur3/prg1.htm — http://www.uni-konstanz.de/figur3/prg4.htm.

Möglichkeit beschäftigt[15]. Der Zerfall der Minimalgestalt von Gesellschaft nach der Art des Dreierkollegiums und die Etablierung von Dyaden auf Kosten eines Dritten. Exemplarisch dafür wäre natürlich der Mord, den Oedipus an seinem Vater Laius begeht, und dann die Heirat des Oedipus mit Jocaste, der Witwe seines Vaters, die zugleich seine eigene Mutter ist. Die Überschreitung des Tötungsverbots, noch dazu in Form des besonders verwerflichen Vatermords (*parricidium*), und die Blutschande (*incestum*) in ihrer drastischsten Gestalt, nämlich als Heirat, Beischlaf und Schwängerung der Mutter durch den Sohn, verbinden sich in der mythischen Erzählung miteinander.

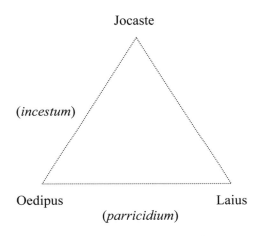

Das Schema verdeutlicht, dass der Wunsch, die Dreizahl in eine Zweizahl zu überführen, sei es vermittels des gewaltsamen Kampfes zwischen Sohn und Vater, aus dem nur einer als Sieger lebend hervorgehen kann, sei es im unstatthaften Begehren des Sohnes nach der Mutter, die den Vater aus der Gemeinschaft ausschließen muss, zu verhängnisvollen Konsequenzen führen muss. Keiner sieht diesen Sachverhalt vermutlich illusionsloser als René Girard, der im Horizont der französischen Anthropologie und Soziologie und gewiss auch in uneingestandener Anlehnung an Freuds pessimistische Lektüre des thebanischen Mythos die oedipale Konstellation in eine allgemeine Figur zu überführen sucht, nämlich in das Modell des mimetischen Begehrens[16]. Bezeichnenderweise geht Girard davon aus, dass der Ursprung des Begehrens nicht im Wert des ersehnten Objekts an sich, sondern in dessen Begehrtwerden durch den anderen liege und sich damit aus einem Akt der Übertragung speise. Indem der eine dasselbe Objekt begehrt wie der andere, imitiert der eine den anderen, sucht er sich ihm in seinem Wünschen gleich zu

---

15   Vgl. Sigmund Freud, *Die Traumdeutung* (1900), in: *Studienausgabe*, hrsg. v. Alexander Mitscherlich u. a., Frankfurt a. M.: Fischer 1972, Bd. 2.
16   Vgl. René Girard, *La violence et le sacré*, Paris: Grasset, 1972.

machen. Das mimetische Begehren ist demnach von Anfang an eingebunden in eine ganz in der Tradition der französischen Moralistik konzipierte Dialektik des Anerkennungsbegehrens; es ist eine Manifestation jenes *amour-propre*, der in einer Haltung der Eifersucht für sich selbst bekommen möchte, was der der andere für sich wünscht. Somit richten zwei Subjekte ihr Begehren auf ein und dasselbe Objekt und geraten unausweichlich zueinander in Rivalität, da nur eines der beiden Subjekte dieses Objekt auch tatsächlich erlangen kann. Der daraus erwachsende Konflikt kann nur beendet werden, so Girard, wenn das eine der beiden Subjekte geopfert, will heißen: getötet wird. Das mimetische Begehren habe demnach folgende Struktur:

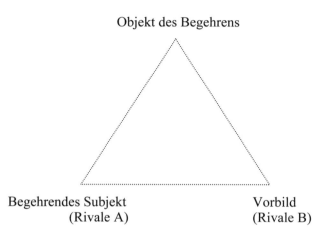

Das Subjekt eifert in seinem Begehren einem Vorbild nach, welches gewissermaßen einen älteren Anspruch auf das Objekt besitzt und nunmehr mit dem Rivalen in Streit gerät. Ziel des Kampfes ist es, aus der triangulären wiederum eine dyadische Relation zu machen, indem der störende Rivale ausgeschaltet wird. Girard hat die unheilvolle Vestrickung, in welche das von ihm so genannte «mimetische» oder «trianguläre» Begehren» führen kann, immer wieder betont. Der Ursprung eines ambivalenten, ja geradezu zerstörerischen Heiligen findet sich für ihn im Tötungsakt, im Gründungsopfer, durch welches der störende Rivale zum Sündenbock gemacht und geopfert wird, damit die Gesellschaft künftig ohne Rivalität, Neid und Hass weiterleben möge[17].

Es ist verwunderlich, dass Girard einer anderen ebenso wichtigen Dimension der Dreizahl weniger Beachtung schenkt, obwohl er sich in einem früheren Werk ausdrücklich mit ihr auseinandergesetzt hat, nämlich mit ihrer religiösen und literarischen Produktivität[18]. In seiner originellen, noch stark literaturtheoretisch bestimmten Frühschrift untersucht Girard prominente

---
17 Vgl. René Girard, *Le bouc émissaire*, Paris: Grasset, 1982: *Des choses cachées depuis l'origine du monde (Recherches avec J.-M. Oughourlian et G. Lefort)*, Paris: Grasset, 1987.
18 Vgl. René Girard, *Mensonge romantique et vérité romanesque*, Paris: Grasset, 1961.

Werke der Weltliteratur, in denen Figuren erscheinen, die in einer Relation der Triangulation gefangen sind, und nicht nach Maßgabe ihrer selbst («désir selon soi»), sondern lediglich nach Maßgabe eines fremden Vorbilds («désir selon l'autre») zu wünschen vermögen. Prototyp solch eines literarischen Charakters sei kein Geringerer als Don Quijote selbst, der in seinem Verhalten jenes Ideal der fahrenden Ritterschaft nachzuahmen suche, welchem Amadís de Gaula, sein großes Vorbild, ohne äußere Vermittlung — gewissermaßen aus sich heraus — nachgeeifert habe.

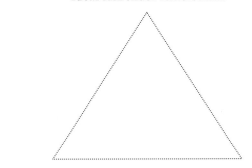

Überraschenderweise rückt Girard das Nachahmungsbegehren des Ritters in einen zunächst unerwarteten Kontext, wenn er über die Existenzweise des Don Quijote schreibt: «L'existence chevaleresque est l'*imitation* d'Amadis au sens où l'existence du chrétien est l'imitation de Jésus-Christ»[19]. Damit wird nun auch der Kategorie des Nachahmenden — Girard spricht von «disciple» (‹Jünger›) — und der Kategorie des ‹Vorbilds› («modèle à imiter») — Girard spricht ausdrücklich von «médiateur» (‹Vermittler› oder gar ‹Mittler›) — eine autoritativ sakrale Dimension zugesprochen. Religion, zumindest in ihrer christlichen Ausprägung, kann offenbar als ein Nachahmungsspiel verstanden werden, in dem der Gläubige nicht das eigene, sondern das fremde Begehren nachahmt, nämlich das Begehren des Meisters und Religionsstifters, der seinem Jünger damit die Teilhabe am Göttlichen vermittelt, auf das auch er sein ganzes Begehren gerichtet hat. Dieses Verhältnis, das Girard nach dem alten Titel einer Thomas von Kempen zugeschriebenen Schrift als ‹Nachfolge Christi› (*imitatio Christi*) bezeichnet, lässt sich wiederum graphisch darstellen:

---

19 Ebd., S. 16.

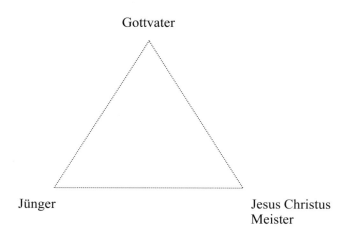

Das Gottesbegehren des Meisters, das sich auf seinen Jünger überträgt, und das Nachahmungsstreben des Jüngers, dem die Teilhabe an der Gottheit des Vaters geschenkt wird, entspricht zweifelsohne dem paulinischen Konzept der ‹Sohnschaft› oder ‹Gotteskindschaft› (*adoptio filiorum*, dann auch *filiatio*)[20]. Allerdings basiert solch eine ‹Filiation› offenkundig auf einer ternären Konstellation und auf einer mimetischen Übertragungsdynamik, die das Dreiecksmuster der ‹Nachfolge Christi› in die Nähe einer oedipalen Triangulation zu verschieben droht, so dass der Jünger und sein Meister zu Rivalen und Gegenspielern werden. Möglicherweise ist genau dieser Sachverhalt Girard unheimlich geworden, weshalb er in späteren Studien dem mimetischen Begehren so kritisch gegenübersteht. Trotzdem lassen die Darlegungen in *Mensonge romantiqe et vérité romanesque* im Grunde genommen den radikalen Schluss zu, dass sowohl die Religion als auch die Literatur überhaupt nur aus dem mimetischen Begehren und aus einer dadurch ermöglichten Verkettung der Subjekte erwachsen können. Für die Religion gilt dies, weil sie immer in der ein oder anderen Weise eine ‹Nachfolge› des Religionsstifters impliziert; und für die Literatur gilt es, weil die Übertragungsdynamik, die von einem Vorbild auf den Nachahmungstäter übergreift, sowohl auf der Ebene der romanesken Figuren als auch auf der Ebene der schreibenden Autoren wirksam wird.

Bereits Koschorke hat an Hand des Topos von der Heiligen Familie, bestehend aus Jesus, Maria und Joseph, zu zeigen versucht, wie stark eine christlich geprägte Imagination die Familienkonfigurationen der abendländischen Kultur geprägt hat. Man könnte darüber hinaus sogar argumentieren, dass in der Nachfolge von Augustins Spekulationen über die ternäre Zuordnung von *intelligentia* (Verstand), *memoria* (Gedächtnis) und *voluntas* (Wille) Dreierkonfigurationen sehr unterschiedlicher Art als *vestigia trinitatis*

---

20 Vgl. *Galater* 4, 1–7.

gedeutet wurden, als Hinweise darauf, dass die Natur insgesamt, die menschliche allzumal, in sich Spuren der Dreizahl bewahrt, weil sie ja von einem Gott erschaffen wurde, der selber ein dreifaltiges Wesen besitzt[21]. Damit zeigt sich aber, dass auch Dreierfigurationen *in utramque partem* auszulegen sind. Sie können als oedipale Triangulationen im Extremfall die Gemeinschaft zerstören und sie können als gelingende Triaden gleichsam einen Schatten der göttlichen Natur in die irdische Welt werfen. Damit lässt sich jetzt auch die ternäre Konfiguration von Religion und Literatur in einem wichtigen Punkt von der oedipalen Triangulation unterscheiden: Die eine strebt, wie wir gesehen haben, mit aller Macht eine Überführung der Triade in eine Dyade an und beseitigt darum gewaltsam den dritten Term der Struktur; die andere ist gerade umgekehrt darum bemüht, in der Instanz des dritten Terms die Gestalt des Mittlers oder Vermittlers anzuerkennen und auszuhalten. *In bonam partem* wirken stabile Triaden, in denen alle drei Terme bewahrt sind und miteinander fortdauern; *in malam partem* wirken labile Triangulationen, in denen sich ein Konflikt entzündet, welcher einen der drei Terme auszulöschen und eine Dreieranordnung in eine binäre Relation zu überführen sucht.

5. Brudermord

Die sexuelle oder gewalttätige Transgression beschädigt, wie wir gesehen haben, die ternäre Struktur der Welt und ihrer sozialen Institutionen; sie reduziert die Triade zur Dyade und führt sie damit praktisch zurück in einen vorgesellschaftlichen Zustand, der symbolische oder institutionelle Vermittlung weder kennt noch benötigt. Das wäre dann die undifferenzierte Unmittelbarkeit eines archaischen, ganz und gar zwiespältigen *sacrum*, das immer auch als ein Ausbund der schlimmsten Profanation verstanden werden kann. Vielleicht lässt sich darum die Hypothese formulieren, dass sich das *sanctum* nicht in einem schieren Vergessen oder in der Verdrängung des *sacrum* verwirklicht, sondern dass es gerade dort in Erscheinung tritt, wo die trianguläre Verfasstheit des Sozialen im Akt einer heillosen Transgression schon so gut wie zerstört und zu einer nurmehr zweistelligen Relation kollabiert ist, wo sich aber diese Dyade dann nichtsdestoweniger unverhofft auf ein rettendes Drittes hin öffnet und als eine geheimnisvolle Triade rekonstituiert. Exemplarisch für die Probleme des Räuberdramas im Spannungsfeld zwischen dem Heiligen und dem Profanen, zwischen Transgression und Rettung sollen darum im Folgenden einige aussagekräftige Szenen aus dem vermutlich berühmtesten Stück dieser Untergattung analysiert werden, nämlich aus Calderóns *Devoción de la cruz,* die 1629 erstmals mit dem Titel *La cruz en la sepultura* und unter

---

21 Vgl. Aurelius Augustinus, *De trinitate,* lat./dt., übers. u. hrsg. v. Johann Kreuzer, Hamburg: Meiner, 2005, Buch X, 12, 19 und Buch XIV, 12, 15.

Zuschreibung an Lope de Vega veröffentlicht wurde und deren veränderte und ergänzte Fassung dann 1636 mit der Zuschreibung an Calderón unter dem heute gebräuchlichen Titel erschienen ist, eben als *La devoción de la cruz*[22]. Die Forschung hat bereits früh darauf hingewiesen, dass auf Grund des Motivs der Geschwisterliebe, die zwischen dem Protagonisten Eusebio und seiner Zwillingsschwester Julia entbrennt, nicht nur der Inzest in allgemeiner Form zum Gegenstand werde, sondern dass es hier bereits Anklänge an den Oedipus-Stoff gebe, den Calderón später in seiner Comedia *La vida es sueño* nochmals aufgegriffen hat[23]. In der Tat ist das zentrale Element, um welches herum die Handlung organisiert ist, die unwissentlich inzestuöse Liebe zwischen dem Zwillingspaar Eusebio und Julia, das getrennt aufgewachsen ist, sich aber — ohne von der eigenen Identität zu wissen — kennen und lieben gelernt hat und die Ehe eingehen möchte. Da Curcio, der Vater der Julia, ein verarmter Hidalgo ist, kann er einerseits keine hohe Mitgift auf seine Tochter aussetzen, andererseits aber ist er auch nicht bereit, diese Tochter mit Eusebio zu verheiraten, der als Pflegesohn eines freien und zu Wohlstand gelangten Bauern aufgewachsen ist und auch dessen Erbe antreten soll. Stattdessen soll Julia in ein Kloster geschickt werden.

Als entdeckt wird, dass Julia mit dem ihr sozial nicht ebenbürtigen Eusebio einen Briefwechsel geführt hat — noch dazu ohne Wissen ihres Vaters — betrachten dies die männlichen Familienmitglieder als gravierende Ehrverletzung. Julias (vermutlich älterer) Bruder Lisardo erhält den Auftrag, den Eusebio zum Duell zu fordern, im Zweikampf die Familienehre wiederherzustellen und Julia damit wieder der unangefochtenen Autorität des Vaters zu unterwerfen. Eusebio, der nicht den Bruder seiner Braut töten möchte, versucht, ihn vom Duell abzubringen — doch vergeblich. So kommt es zum Zweikampf, den Lisardo verliert und Eusebio — entgegen seiner Erwartung — gewinnt. Obwohl er ursprünglich angenommen hatte, dass er dem waffenerfahrenen Lisardo unterliegen werde, gelingt es ihm, diesen tödlich zu verletzen.

Die Konstellation der Akteure ist im abstrakten Sinn eine durchaus oedipale. Eusebio versucht dem alten Curcio, der die Vaterinstanz symbolisch repräsentiert, die ihm unterstehende Frau, nämlich die Tochter Julia, zu entreißen — und Eusebio ist im Notfall dann auch noch bereit, zu diesem Zweck Lisardo, den bevollmächtigten Stellvertreter des Vaters, zu töten. Es kommt also zu einem tödlichen Kampf zwischen Eusebio und Lisardo. Eusebio tötet

---

22 Wir benutzen die gut eingeleitete und kommentierte Ausgabe von Pedro Calderón de la Barca, *La devoción de la cruz*, hrsg. v. Manuel Delgado, Madrid: Cátedra, 2000 (Letras Hispánicas); im Vorwort auf S. 11–16 die Rekonstruktion der Publikationsgeschichte. Eine resümierende Deutung des Stücks jüngeren Datums bei Christoph Strosetzki, *Calderón*, Stuttgart/Weimar: Metzler, 2001 (Sammlung Metzler), S. 130–137.
23 Vgl. Gerhard Poppenberg, «Calderóns *Leben ein Traum*», erscheint in: Peer Schmidt/ Gregor Weber (Hrsg.), *Traum und Politik. Deutungen sozialer Wirklichkeit im Europa des Barock*, Berlin: Akademie, 2008 (Colloquia Augustana).

Lisardo (und missachtet somit die Autorität des Vaters, der dem Lisardo die Vollmacht erteilt hat). Natürlich gibt es im Handlungsverlauf zahlreiche Entschuldigungsgründe für Eusebio, aber tragischerweise ist es *de facto* so, dass er mit dem Bruder seiner Braut auch den eigenen — von ihm bislang unerkannten — Bruder verwundet. Diese Konstellation lässt sich schematisch folgendermaßen darstellen:

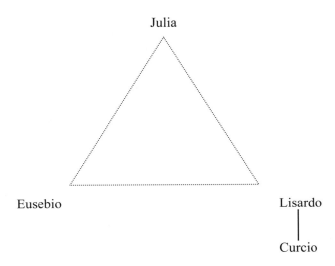

Was Eusebio mit dem Sieg über Lisardo anzustreben scheint, ist die Reduktion des oedipalen Dreiecks auf eine Dyade, in welcher Autorität und Einfluss der dritten Instanz, nämlich des Vaters bzw. des älteren Bruders ausgeschaltet wären und von nun an eine Zweierbeziehung zu Julia entstehen würde, die von niemandem mehr gestört werden könnte. Damit aber zeigt sich, dass Eusebio, getrieben von seinem ungewussten Inzestwunsch, die gesellschaftliche Ordnung transgrediert und bereit ist, sie dauerhaft zu zerstören.

Überraschend wendet sich dann das Blatt doch noch einmal: Den sterbenden Lisardo trägt Eusebio in ein nahegelegenes Höhlenkloster, dessen Mönche ihm die Beichte abnehmen sollen, so dass er nicht ohne Vergebung seiner Sünden zu sterben braucht. Wie ist dieses Verhalten Eusebios handlungsstrukturell zu beschreiben? Hatte Eusebio zunächst die Tötung des Lisardo angestrebt, um diesen zu eliminieren und Julia für die Bildung einer Dyade zu gewinnen, so bildet er nun doch überraschenderweise eine Triade mit ihm, allerdings eine Triade, die ins Übersinnliche ausgreift, weil sie Gott als unsichtbaren Dritten ins Spiel bringt: Eusebio ermöglicht dem Lisardo die Kommunikation mit einem Mönch, der als Gottes Stellvertreter Lisardos Beichte hört und in göttlicher Vollmacht die Absolutionsformel spricht. Diese Konstellation ist schematisch folgendermaßen darstellen:

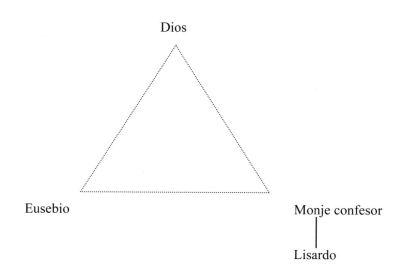

Das Objekt des Begehrens ist nicht mehr Julia, die ununterscheidbare Schwester und Braut der beiden feindlichen Brüder, sondern Gottes ewiges Heil. Die Transgression der familiären Ordnung wird durch Eusebios Barmherzigkeitsgeste keineswegs rückgängig gemacht, sondern auf einen neuen Raum hin geöffnet, auf den Raum der überirdischen Welt, die durch den Beichtvater vermittelt ist und der tridentinischen Sakramentenlehre von der Notwendigkeit der kirchlichen Heilsvermittlung durchaus entspricht. Mit Hilfe des Beichtvaters, der ihm zu sterben hilft, richtet Lisardo sein Begehren auf Gott, und Eusebio wird zum andächtigen Zeugen von Lisardos letztem Stündlein. Wie wir noch sehen werden, ruft diese Konstellation bei Eusebio ein gewissermaßen geläutertes mimetisches Begehren hervor, das sich später erfüllen wird, und zwischen den ehemaligen Antagonisten, die zuvor um den Besitz einer Frau kämpften, entsteht eine Art von Gleichrangigkeit, ja von Vertrautheit. Dies ist um so auffallender, wenn man bedenkt, dass der Stoff des vollendeten Brudermords, um den es hier ja geht, zahlreiche intertextuelle Referenzen in Erinnerung ruft, so natürlich den biblischen Brudermord des Kain an Abel, dann auch den Mord des Romulus an Remus, welcher mit der Gründung des römischen Staates aufs Engste verbunden ist. Doch diese beiden Brudermorde wurden entweder aus Hinterlist oder im Affekt begangen, nicht aus einer schicksalhaft tragischen Verstrickung. Am deutlichsten scheint mir daher die Verbindung zum Bruderkampf zwischen den thebanischen Helden Polynices und Eteocles, die bezeichnenderweise als Söhne des Oedipus und der Jocaste aus einem Inzest hervorgegangen sind und das transgressive Verhaltensmuster in der zweiten Generation austragen. Doch dem unversöhnlichen Ende des biblischen, des historiographischen und vor allem des mythischen Berichts setzt Calderóns Stück ein alternatives Ende entgegen, in welchem nicht die Zweizahl obsiegt, sondern stattdessen die Transgression der binären Ordnung im Lichte der Dreizahl verwandelt erscheint.

6. Inzest mit der Schwester

Im zweiten Akt ist Eusebio Räuberhauptmann im unzugänglichen Gebirge geworden. Stand der Brudermord im Mittelpunkt des ersten Aktes, so ist es im zweiten Akt die gegen das sechste Verbot verstoßende Todsünde des *raptus*, das ist eine Vergewaltigung, die hier in Tateinheit mit dem Inzest an der Schwester und mit dem Sakrileg, der Unzucht mit einer Person von geistlichem Stand, vollzogen werden soll. Man sieht, dass in der moraltheologischen Beurteilung des Falles praktisch alle Register gezogen werden: «he atropellado / el respeto del sagrado, / y la ley de la clausura.» (V. 1509–1511). Dass es sich um eine schwerwiegende Transgression handelt, wird allein schon durch den Gebrauch des einschlägigen Vokabulars deutlich.

Rein handlungsstrukturell betrachtet ist die Haupt-Szene des zweiten Akts eine Wiederholung des Handlungskerns aus dem ersten Akt. Julia ist gegen ihren Willen, allein auf Grund des verletzten Stolzes ihres Vaters Curcio und gleichsam zur Strafe für ihre unbotmäßige Beziehung zu Eusebio in ein Kloster eingewiesen worden. Doch indem sie dort letztlich ihr Gelübde abgelegt hat, hat sie sich nicht nur der väterlichen Autorität unterworfen, sondern sie ist zugleich eine Braut Christi geworden: «pero ya aquí, / con voto de religiosa, / a Cristo de ser su esposa, / mano y palabra le di. Ya soy suya. / Qué me quieres?» (V. 1527–1532). Eusebio vermag allerdings nur den Aspekt der Unterwerfung unter den Willen eines tyrannischen Vaters zu erkennen, und von ebendieser Autorität möchte er Julia in einer Nachtaktion befreien, indem er vollendete Tatsachen schafft und sie sich, da eine legitime Ehe ausgeschlossen ist, zur ständigen Geliebten macht, die dann als seine Gefährtin in der Räuberbande leben soll. Somit würde Eusebios Vergewaltigungs- und Verführungsplan im Erfolgsfall neuerlich zur Bildung einer Dyade führen: Ein Liebespaar würde außerhalb der gesellschaftlichen Ordnung zusammenleben, und die Autorität der ursprünglich beteiligten Vaterinstanz, aber auch die Gültigkeit des Ordensgelübdes, würde eskamotiert und außer Kraft gesetzt. Schematisch ließe sich dies folgendermaßen darstellen:

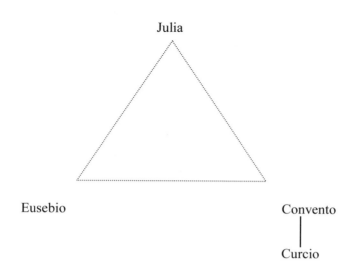

Julia ist mit dem ungestümen Vorgehen ihres geliebten Eusebio erst nach und nach einverstanden. Die Szene ist von höchster Dramatik gezeichnet. Eusebio kommt mit seinen Dienern zum Kloster. Er klettert die Leiter empor, spielt also — in der Aufführungssituation — von da an auf der Loggia des Corral [24]. Er entdeckt Julia in ihrer Zelle, indem er dort einen Vorhang zurückzieht. Es kommt zu einem kurzen Gespräch, in dem Julia ihn zunächst abzuwehren versucht, ihn dann aber zu erhören scheint, da er sie erpressen will. Als auch noch andere Schwestern sich nähern, soll Eusebio die Zellentür von innen schließen (das heißt, der Vorhang wird wieder vorgezogen, und das Paar ist hinter dem Vorhang der Loggia für das Publikum verborgen). Nun treten wieder die Diener in Aktion, die am Fuß der Leiter auf die Rückkehr ihres Herrn warten. Doch plötzlich erscheinen Julia und Eusebio erneut auf dem Balkon. Der Vorhang ist offenbar zurückgezogen beziehungsweise die Zellentür von innen geöffnet worden, und obwohl Julia völlig ungehalten ihren Eusebio zum Bleiben bewegen will, ist dieser nicht bereit, bei ihr zu verweilen und das begonnene Liebesspiel fortzusetzen.

Zunächst muss es dem Publikum scheinen, als wäre Eusebio von plötzlicher Impotenz geschlagen und würde sich darum aus dem Staub machen, was Julia zudem sofort als bittere persönliche Kränkung auffasst. Doch dann stellt sich heraus, dass Julia im Innern der Zelle immerhin schon ihren Ausschnitt geöffnet haben muss und dass Eusebio an ihrer Brust das kreuzförmige Mal zu sehen bekommen hat, welches er als Julias Zwillingsbruder auch selber trägt.

---

24   Zur Anlage der Bühne siehe N. D. Shergold, *A History of the Spanish Stage from Medieval Times until the End of the Seventeenth Century*, Oxford: Clarendon, 1967, und David Castillejo, *El corral de comedias. Escenarios, sociedad, actores*, Madrid: Concejalía de Cultura del Ayuntamiento de Madrid, 1984.

Diese Entdeckung hat bei ihm ein Gefühl religiöser Scheu ausgelöst, welches ihn zu Weiterem unfähig macht: «Tantos temores me causa / la cruz que he visto en tu pecho. / Señal prodigiosa ha sido, / y no permitan los cielos / que, aunque tanto los ofenda, / pierda a la cruz el respeto» (V. 1606–1611).

Erneut scheitert Eusebio daran, besser gesagt: er verzichtet darauf, unter Ausschaltung der dritten Instanz, welche die göttliche und väterliche Autorität verkörpert, gemeinsam mit Julia eine Dyade zu bilden. Im Anblick des kreuzförmigen Mals auf ihrem Leib wird ihm klar, dass Julia einem unsichtbaren Anderen vermählt ist und dass er diese Bindung zu respektieren hat. So wird ein zweites Mal eine triadische Struktur geschaffen, die sich einmal mehr auf die Figur eines übersinnlichen Dritten hin öffnet. Schematisch ist dies folgendermaßen darzustellen:

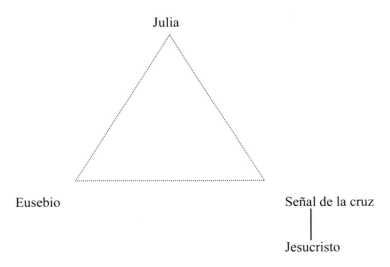

Eusebio erkennt, dass er in der eingetretenen Situation keine Ansprüche mehr an Julia stellen darf. Diese Erkenntnis bewegt ihn zur Flucht. Er wird fortan wie zuvor als Räuberhauptmann im Gebirge leben, Reisende ausrauben, misshandeln und gelegentlich töten, sich die Frauen der umliegenden Dörfer gefügig machen, eine Art von Guerilla-Krieg gegen die ansässigen Bauern führen. Doch das Sammelsurium solcher Übertretungen wirkt geradezu blass gegenüber dem transgressiven Potential, welches die nächtliche Szene von Eusebios Entführungsversuch entfaltet, der dann nichtsdestotrotz geradewegs in die Anerkenntnis von Julias Unverfügbarkeit mündet — unverfügbar ist und bleibt sie zumindest für ihren Bruder.

In den Augen der Gesellschaft ratifiziert hingegen Julia das nicht eingetretene Ergebnis des Vergewaltigungsversuchs, indem sie ebenfalls die Gelegenheit zur Flucht ergreift, das Kloster verlässt und damit ehrlos wird. Als Räuberin, als *bandolera,* die an Verwegenheit und Brutalität ihren männlichen

Spießgesellen in nichts nachsteht, wird sie wie Eusebio, aber auf eigene Faust die Gebirgsgegenden durchstreifen[25].

7. Sohnesopfer statt Vatermord

Gegenüber dem ersten und dem zweiten bietet der dritte Akt gleich zwei Beispiele extremer Transgression, die sich erneut als oedipale Dreiecke lesen lassen, welche von ihrer Dynamik her jeweils umgekehrt besetzt sind. Zunächst kommt es — nach vollendetem Brudermord und gerade noch vermiedener Vergewaltigung der Schwester geistlichen Standes, zu einem Zweikampf zwischen dem Sohn Eusebio und dem Vater Curcio, dessen Grund wiederum der Streit um die Ehre, das heißt: die symbolische Macht über Julia, die Tochter beziehungsweise Schwester und Braut, ist. Doch anders als im Kampf von Eusebio gegen Lisardo, der nur im Auftrag des Vaters handelte, als er den Degen führte, und damit dessen Stellvertreter, nicht aber der Vater selbst war, ist Eusebio in der neuen Situation nicht mehr bereit, seinen Gegner im Kampf zu töten. Er hat Respekt vor dem grauen Haar des Alten: «Y aunque pudieran tus bríos / darme temor, sólo temo, / cuando aquestas canas miro, / que me hacen cobarde» (V. 2155–2158). Wenn diesmal eine Dyade hergestellt werden soll, dann nicht mehr von Eusebio, sondern von Curcio, welcher bereit ist, den Kampf bis zum bitteren Ende fortzuführen. Wir gelangen somit wieder zu einem schon bekannten Schema:

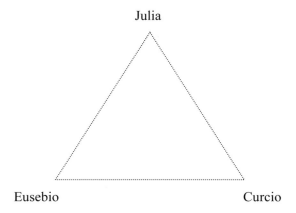

Als freilich Eusebio den Degen fallen lässt und sich vor Curcio auf die Knie wirft, mag auch der Alte nicht mehr weiterkämpfen. Eusebio hat mit dieser

---

25 Julia ist eine typische *mujer varonil*. Vgl hierzu Melveena McKenrick, *Woman and Society in the Spanish Drama of the Golden Age. A Study of the «Mujer Varonil»*, Cambridge: Cambridge UP, 1975.

Geste der Versuchung zum Vatermord widerstanden, wohingegen Curcio frohen Muts die Fortsetzung des Kampfes an seine Leute delegiert, gegen die sich weiterhin zur Wehr zu setzen Eusebio nicht zögert. Doch er unterliegt der Überzahl der Gegner, und so kommt es, dass ein Gefolgsmann des Curcio den Eusebio am Herzen trifft. Darauf stürzt der Getroffene den Berg hinab und bleibt unten tödlich verwundet liegen, wo ihn schließlich Curcio auffindet. Der Vater hat den Sohn, der ihm das Leben gelassen hat, von seinen Kämpfern töten lassen. An die Stelle des Vatermordes tritt hier das — beinahe freiwillige — Opfer des Sohnes. Es überlebt nur einer der beiden Männer, nämlich der ältere. Die Logik des oedipalen Antagonismus scheint so gesiegt zu haben. Und doch verwandelt sich auch diese Konstellation, die nun endgültig in die Dyade zu münden schien, auf wunderbare Weise in eine triadische Figur. Eusebio, der schon für tot gehalten wird, aber offenbar nur ohnmächtig ist, erlangt just in dem Augenblick das Bewusstsein zurück, da der Priestermönch Alberto vorbeizieht, dem er einst das Leben geschenkt hat. So kann Eusebio nun vor Alberto seine letzte Beichte ablegen, was dem Bühnenpersonal — Räuber, Landleute, aber auch Curcio und Julia — sowie dem Publikum in einem emblematischen Schlussbild gezeigt werden soll, wie die zugehörige Regie-Anweisung bekundet: «*Descúbrese* [scil. EUSEBIO] *de rodillas y* ALBERTO *confesándole*» (nach V. 2524). Damit kommen wir zur folgenden Graphik, die das frühere Schema von Lisardos gutem Tod wiederholt und eine weitere Triade produziert:

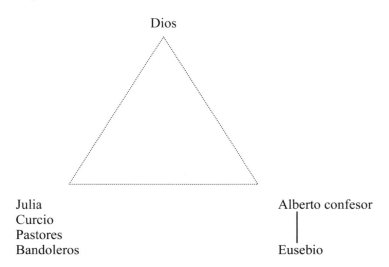

Wenn in Calderóns Fronleichnamsstücken gegen Ende des Spiels ein unechter Kelch mit einer unechten Hostie ausgestellt wird, um das Sakrament der Eucharistie zu veranschaulichen, dann scheint hier ganz analog in dem von der Umgebung nur gesehenen, nicht aber gehörten Sündenbekenntnis des Eusebio vor Alberto das Sakrament der Beichte und der Sündenvergebung zur Schau gestellt zu werden. Somit wird mit allen anderen auch Julia Zeugin von Eusebios letzter Beichte, und sie ahmt die Bekehrung des Bruders kurz darauf nach, indem sie im allerletzten Bild das Kreuz auf der Spitze des Berges umfasst und so nicht nur ihren Willen zu einem Leben in frommer Buße bekundet, sondern zugleich der Todesdrohung ihres erzürnten Vaters Curcio entgeht, der erst angesichts des Kreuzes von ihr ablässt. Das heißt aber, dass Julia in der triadischen Konstellation die Position gewechselt hat. Sie ist nicht mehr das passive Objekt des Begehrens, um dessen Besitz die männlichen Personen und Autoritäten sich gestritten haben, sondern sie tritt fortan aktiv in eine mimetische Relation zu ihrem Bruder Eusebio ein, dessen Gottesbegehren sie nachahmen wird. So kommt das Geschehen zu einem *happy ending*, zu einem guten Ende, freilich zu einem paradoxal anmutenden guten Ende. Gut ist dieses Ende nämlich deswegen, weil der Tod der beiden Protagonisten gut ist, sei es der leibliche Tod des Eusebio, sei es der figurative Tod der Schwester, die sich als Büßerin dafür entschieden hat, der Welt zu entsagen, will sagen: der Welt zu sterben. Was die antike Komödientheorie *felices exitus* nannte, wird hier in der brutalst möglichen Buchstäblichkeit in Szene gesetzt und nichtsdestotrotz in einem versöhnlichen Licht dargestellt[26].

8. Struktur, Gnade, Kontingenz

Mit unserer Deutung des Dramenausgangs haben wir unvermeidlich die Frage nach der Struktur der dramatischen Handlung gestellt. Zwei Lektüremöglichkeiten stehen hier prinzipiell nebeneinander. Betrachten wir die Handlung als Syntagma, dann haben wir es in einer typischen *comedia de santos y bandoleros* mit einem Konversions-Schema zu tun[27]. Wie Petrarcas *Canzoniere* aus einem ersten Teil *in vita di madonna Laura* und aus einem zweiten Teil *in morte di madonna Laura* besteht, so würde die Handlung des Räuberstücks aus einem ersten Segment *in statu peccati* und aus einem zweiten Segment *in statu gratiae* bestehen, und es ließe sich diese Doppelung auch als jener Dreischritt darstellen, den Agustín de la Granja in seinem Beitrag als charakteristisch für die Ausgestaltung des Magdalenen-Lebens benannt hat: *pecado, penitencia, gracia* — 1. Leben in Sünde, 2. Bekehrung und Buße, 3. Leben

---

26 Vgl. Isaac Benabu, «*La devoción de la cruz* y su ‹felice› fin», in: *Hacia Calderón (Octavo Coloquio Anglo-Germano)*, hrsg. v. Hans Flasche, Stuttgart: Steiner, 1988, S. 212–220. Zum Begriff der *felices exitus* als Charakteristikum der Komödie vgl. die Einleitung des Donat zu seinem Terenz-Kommentar.
27 Das Konversions-Schema wird — neben dem Leben des Bettlers, des Märtyrers oder des Wundertäters — als einer von vier Grundtypen des Heiligenstücks (*comedia de santos*) betrachtet bei Elma Dassbach, *La comedia hagiográfica del Siglo de Oro español. Lope de Vega, Tirso de Molina y Calderón de la Barca*, New York: Lang, 1997.

und Sterben im Stand der Gnade[28]. Doch die zweite und dritte Phase bilden in aller Regel, so auch in *La devoción de la cruz,* nur den kurzen Abschluss der Handlung. Daraus erwächst der Verdacht, dass diese Syntagmatik in den Räuberstücken nur jene Dimension der Handlung ausmachen könnte, die Rainer Warning in Wiederaufnahme eines älteren Begriffs als «anderweitige Handlung» bezeichnet hat[29], und in der Tat wissen wir aus Ilse Nolting-Hauffs Interpretation von Lope de Vegas Schauspiel *Lo fingido verdadero*[30], welches auf Grund des verfemten Status der Schauspielerschaft mit einem Räuberstück vergleichbar ist, dass dort die Paradigmatik die Syntagmatik überwiegt und die Handlungen der einzelnen Abschnitte als Wiederholungen voneinander anzusehen sind[31]. Wenn dies aber so wäre, dann hieße dies zugleich, dass die einzelnen Episoden — sowohl die Handlungssegmente aus dem Räuberleben als auch die Handlungssegmente aus der Zeit von Bekehrung, Buße und Gnadenstand — ein und demselben Paradigma angehören würden, also über gemeinsame Merkmale verfügen müssten. Nach der hier vertretenen These könnte die Öffnung der antagonistischen Dyaden zu Triaden das gesuchte strukturelle Charakteristikum abgeben.

In *La devoción de la cruz* tritt dann aber ein weiteres Textmerkmal hinzu. Bereits im ersten Akt berichtet Eusebio vor seinem Duell mit dem unerkannten Bruder Lisardo über sein bisheriges Leben und über die seiner Auffassung nach wundersamen Rettungen, die er seit seiner Geburt immer wieder im Zeichen des Kreuzes erlebt hat, so beispielsweise die folgende Szene:

```
255     Bello infante era en los brazos
        del ama, cuando mi fiera
        condición, bárbara en todo,
        dio de sus rigores muestra,
        pues con solas las encías
260     no sin diabólica fuerza,
        partí el pecho de quien fue
        el dulce alimento, y ella,
        del dolor desesperada,
        y de la cólera ciega,
265     en un pozo me arrojó,
        sin que ninguno supiera
        de mí. Oyéndome reír,
        bajaron a él, y cuentan,
        que estaba sobre las aguas,
```

---

28 Vgl. Agustín de la Granjas Beitrag in diesem Band.
29 Der Begriff stammt ursprünglich von Eduard von Hartmann. Vgl. Rainer Warning, «Elemente einer Pragmasemiotik der Komödie», in: *Das Komische,* hrsg. v. Wolfgang Preisendanz/R. W., München: Fink, 1976 (Poetik und Hermeneutik, 7), S. 279–333.
30 Vgl. Lope de Vega, *Lo fingido verdadero,* hrsg. v. Maria Teresa Cattaneo, Roma: Bulzoni, 1992 (Teatro spagnolo e ispanoamericano).
31 Vgl. Ilse Nolting-Hauff, «Lope de Vega, *Lo fingido verdadero*», in: *Das spanische Theater vom Mittelalter bis zur Gegenwart,* hrsg. v. Volker Roloff/Harald Wentzlaff-Eggebert, Düsseldorf: Bagel, 1988, S. 70–89.

270   y que con las manos tiernas
        tenía una formada cruz
        y sobre los labios puesta.

Die Kritik hat in dieser und in den vielen anderen Szenen unwahrscheinlicher Rettung gerne wunderbare Fügungen erkennen wollen, und in der Tat scheint ja Eusebio seine Erlebnisse in genau diesem Sinn auszudeuten. Nichtsdestoweniger kann man ebenso gut sagen, dass im ideengeschichtlichen Kontext der Frühen Neuzeit diese Reihung unglaublicher Begebenheiten geradezu zwangsläufig das Problem der Kontingenz virulent macht[32]. Gewiss ist im Fall von Amme und Säugling, die in einen erbitterten Konflikt geraten, der nur auf Kosten der einen oder des anderen entschieden werden kann, die rekurrente Dynamik wiederzuerkennen, durch welche eine gefährliche Triangulation, in welche das Findelkind Eusebio, seine Wärterin (*ama*) und der alte Bauer und Nährvater Eusebio verstrickt sind, in eine lebenserhaltende Triade überführt wird. Der tödlichen Konfrontation zwischen Säugling und Amme liegt auch hier ein unschwer zu erkennender oedipaler Antagonismus zu Grunde. Die Milch spendende Amme vertritt die Stelle der abwesenden Mutter, und sie ist dem Nährvater unterstellt. Indem sie der Knabe, von jener unersättlichen *cupiditas* der Säuglinge getrieben, über die sich schon Augustinus entsetzte, in die Brust kneipt, will er sie für sich selbst in Besitz nehmen und der Verfügungsgewalt des Nährvaters entziehen. Die Amme versucht daraufhin den Konflikt auf ihre Weise zu lösen, indem sie sich für ihren Herrn und gegen das angenommene Kind entscheidet, welches sie im wörtlichen Sinn verstößt. Der Säugling sehnt sich nach einer Dyade, in der er mit seiner Amme verbunden wäre; die Amme indes verweigert dem Säugling seinen Wunsch nach Verschmelzung und hält stattdessen dem Vorgesetzten die Treue, allerdings geschieht dies auf Kosten des Kindes. Doch dank des Kreuzeszeichens, welches die Arme des Kindes spontan und noch im Fallen auf dessen Brust zeichnen, geht der kleine Eusebio nicht im Brunnen unter, sondern es gelingt ihm, an der Wasseroberfläche zu schwimmen und am Leben zu bleiben. Der Knabe, dessen Leib nun selbst gewissermaßen die Gestalt des Kreuzes angenommen hat, öffnet damit die Dyade hin auf ein Drittes, das sich mittels der Symbolisierung, der Semiotisierung des Körpers insgeheim zu erahnen gibt:

---

32 Vgl. zum frühneuzeitlichen Kontingenzproblem im spanischen Bereich die nach wie vor unverzichtbare Studie von Hans-Jörg Neuschäfer, *Der Sinn der Parodie im «Don Quijote»*, Heidelberg: Winter, 1963. Siehe des Weiteren auch aus jüngerer Zeit Joachim Küpper, «Mittelalterlich kosmische Ordnung und rinascimentales Bewusstsein von Kontingenz. Fernando de Rojas' *Celestina* als Inszenierung sinnfremder Faktizität (mit Bemerkungen zu Boccaccio, Petrarca, Machiavelli und Montaigne)», in: *Kontingenz*, hrsg. v. Gerhart von Graevenitz/Odo Marquard, München: Fink, 1998 (Poetik und Hermeneutik, 17), S. 173–223.

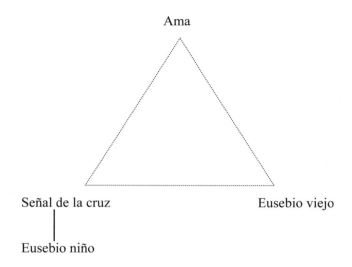

Trotz einer solchen Lesart des Ereignisses kommt das Theaterpublikum im ideengeschichtlichen und vor allem im literarischen Kontext der Frühen Neuzeit nicht umhin, diese Rettung keineswegs einsinnig nur als ein fragloses Wunder, sondern ebenso als Manifestation eines unerklärlichen Zufalls, als Folge unverfügbarer Kontingenz anzusehen. Die Überwindung des Triangulations-Schemas mit seiner todbringenden Dyade und dessen providentielle Überführung in eine heilbringende Triade ist trotz der extremen Häufung der Vorfälle, die in Eusebios autobiographischem ‹Botenbericht› zu Tage treten, im Grunde genommen von einem Phänomen der schieren Kontingenz schwer zu unterscheiden. Dies liegt daran, dass die Ursache des providentiell erscheinenden Effekts unsichtbar bleibt und unsichtbar bleiben muss. Auf der Bühne zu sehen ist immer nur der Kreuzessignifikant, dessen behauptetes Signifikat das Produkt, wo nicht die Projektion eines Deutungsaktes ist. So ließe sich dann behaupten, dass in *La devoción de la cruz* die Kontingenz so etwas wie die Figur der Rettung, der Erlösung, mit einem großen Wort: die Figur der Gnade ist[33]. Denn in allen Rettungsgeschichten des Eusebio gibt es eine Gemeinsamkeit: Er selber ist darin nicht der Handelnde, sondern als passiv Erleidender wird er aus einer Situation der Bedrohung befreit und in eine Situation der Sicherheit überstellt — ohne sein eigenes Zutun. Und zugleich gibt es in all diesen Begebenheiten einen gleichbleibenden Signifikanten zu lesen, das Zeichen des Kreuzes, dessen Signifikat sich einer klaren Zuschreibung entzieht und im Letzten verborgen bleibt, weil sein Sinn allenfalls vorbehaltlich erschlossen werden kann.

---

33 Zur Gnadendebatte der Theologen, die nicht nur für Tirsos *Condenado por desconfiado*, sondern auch für die zahlreichen weiteren Räuberstücke der Zeit von ungeheurer Bedeutung ist, siehe Henry W. Sullivan, *Tirso de Molina and the Drama of the Counter-Reformation* (1976), Amsterdam: Rodopi, ²1981.

Diese zunächst weithin latente Struktur, in der das handelnde zum erleidenden Subjekt eines grundsätzlich kontingenten Ereignisses mutiert, wird in der Schluss-Episode manifest, da Eusebios tödliche Konfrontation mit seinem Vater Curcio in eine Triade überführt wird, die ihm im Zeichen des Kreuzes die Beichte ermöglicht und ihn fürs ewige Leben rettet. Doch die ausgestellte Unwahrscheinlichkeit dieser Rettung im Zeichen des Kreuzes scheint geradezu emblematisch dafür zu stehen, dass eine solche Rettung immer nur als eine kontingente gedacht werden kann. Sie ist keineswegs durch Eusebios Werke erkauft, sind diese doch allesamt unvollkommen, unvollendet und moralisch fragwürdig. Vielmehr erweist sich Eusebios Erlösung, wenn man denn eine theologische Begrifflichkeit bemühen will, nicht als Frucht einer verdienten, erworbenen Gnade (*gratia acquisita*), sondern als das Geschenk einer umsonst verliehenen Gnade (*gratia gratis data*). Dann wäre *La devoción de la cruz* und dann wären vermutlich auch andere Räuberstücke der Epoche Orte zwischen dem Heiligen und dem Profanen, zwischen göttlicher Providenz und menschlicher Kontingenz, wo die göttliche Vorsehung als rein zufällig und der reine Zufall doch auch als gnädige Fügung erscheinen können. Ein kontroverses Kernstück der tridentinischen Theologie wäre damit, wenn nicht zur Disposition gestellt, so doch zum Gegenstand der Problematisierung gemacht und zur Verhandlung freigegeben: die berühmte Lehre von der Rechtfertigung des Sünders aus den guten Werken. Die Rettung des Räubers — und das ist dann nicht mehr das Ausnahmewesen, sondern die Menschennatur schlechthin — erfolgt gerade nicht aus den guten Werken, sondern aus der Kontingenz einer Bewegung, in der sich sichtbare Dyaden immer wieder neu zu offenbar triadischen Strukturen rekombinieren lassen, so dass man dahinter ein (unsichtbares) Drittes vermuten kann, aber nicht muss, und in dieser kontingenzgewirkten Offenheit manifestiert sich, wenn man so will, immer auch jene Ordnung der Gnade, die in einer Ökonomie des Begehrens gründet und doch dessen verhängnisvolle Mechanismen auszuheben sucht.

Gerhard Poppenberg

Pro fano. Zu *El pintor de su deshonra* von Calderón
(*comedia* und *auto*) sowie zu *Las meninas*
und *Las hilanderas* von Velázquez

Das lateinische Pronomen *pro* kann drei verschiedene Bedeutungsnuancen haben. Zum einen kann es *für* im Sinn von Parteinahme, Einsatz für bedeuten: *pro libertate, pro patria mori*; zum anderen kann es *für* als Stellvertretung bedeuten: *pro patre*, an Stelle, im Namen von; schließlich kann es *vor* im räumlichen Sinn bedeuten, wobei *pro* von *ante* unterschieden ist, indem *ante portam* von jemandem gesagt wird, der mit dem Gesicht, *pro porta* von jemandem, der mit dem Rücken zur Tür steht. Alle drei Bedeutungsschichten sollten in die Formel *pro fano* und mit ihr in die Ausführungen, denen sie vorangestellt ist, eingegangen sein. Das ergibt die besondere Form, den Raum zwischen *fanum* und *profanum* einzunehmen.

Calderón verhandelt in seinen Stücken, vor allem in den *autos sacramentales*, theologische und poetologische Grundsatzfragen; sie sind poetische Theologie in dramatischer Form. Wenn er in einigen Stücken die Malerei zum leitenden Motiv macht, ist zu vermuten, dass er darin entsprechend kunsttheoretische Grundsatzfragen erörtert. Das ist die leitende Hypothese der folgenden Ausführungen; sie wird unterstützt durch die Tatsache, dass Calderón in seiner «Deposición en favor de los Profesores de la Pintura» sich als guter Kenner der zeitgenössischen Kunsttheorie erwiesen hat. Diese Ausführungen werden durch Überlegungen zu zwei Bildern von Velázquez ergänzt, die ihrerseits als Beiträge zu einer Reflexion über das Wesen der Kunst deutbar sind. Es gibt bislang keinerlei Quellen, die eine Begegnung, gar einen näheren Kontakt zwischen Calderón und Velázquez belegten. Beide sind im Abstand eines Jahres geboren und beide waren bei Hofe oder in dessen Umfeld tätig. Velázquez war Hofmaler und hat hohe höfische Ämter, zuletzt ab 1652 das des Aposentador de Palacio, des Schlossmarschalls bekleidet, und Calderón ist in den fünfziger Jahren zum Grande de España ernannt worden; und schließlich waren beide Ritter des Santiago-Ordens. Es ist also keineswegs unwahrscheinlich, dass ein solcher Kontakt bestanden hat. Denkbar ist, dass sie bereits seit den zwanziger Jahren bekannt waren, zum Beispiel als beide je ein Stück und ein Bild zur Belagerung Bredas schufen[1].

---

1   Vgl. José Alcalá Zamora, «Velázquez y Calderón: dos vidas paralelas», in: José Alcalá Zamora/Alfonso E. Pérez Sánchez (Hrsg.), *Velázquez y Calderón. Dos genios de Europa*, Madrid: Real Academia de la Historia, 2000.

Wenn also zwar ein wirklicher Kontakt zwischen Calderón und Velázquez bislang nicht nachzuweisen ist, so ist doch immerhin ein Dialog auf der Ebene der Werke denkbar. Aurora Egido hat in ihrer Einleitung zu *La fiera, el rayo y la piedra* von Calderón einen Bezug des Autors auf *Las hilanderas* von Velázquez plausibel gemacht[2]. Die folgenden Überlegungen werden die beiden Versionen von *El pintor de su deshonra* mit den Bildern *Las meninas* und *Las hilanderas* in eine Beziehung setzen, deren Möglichkeit die grundsätzlichen Reflexionen zur Malerei bilden, die allen vier Werken den Gehalt geben. Der Möglichkeitsraum eines solchen Tetralogs ist dann neben dem realen der Stadt Madrid der geistige Raum der fünfziger Jahre des 17. Jahrhunderts. Er gestaltet sich als ein Doppeldiptychon, dessen vier Elemente jeweils Figurationen der Wahrheit von Werken der Kunst sind.

Sofern die These, der *auto sacramental* stehe an der Grenze zwischen Literatur und Liturgie, ein Fundament in der Sache hat, müssten die *autos*, denen eine *comedia* den Stoff geliefert hat, ein Moment deutlich werden lassen, das dabei für Calderón und seine Konzeption der Stücke besonders wichtig war[3]. Die Literatur an der Grenze der Liturgie ist nicht eine Verfallserscheinung des Religiösen, zum Beispiel als dessen Säkularisierung, sondern, so könnten gerade diese Stücke zeigen, die *autos sacramentales* sind ein Medium der Veredelung der Literatur: ihrer Sublimierung zu wahrer Literatur.

Solche Literatur gehört nicht dem Bereich des *fanum* an und ist auch nicht profan; sie hat ihren Ort auf der Grenze zwischen *fanum* und *profanum* und entwickelt so ein besonderes Verhältnis zu dieser Grenze. Sie ist liminale Literatur und als solche sublim. Sie macht den Schwellenraum zu ihrer Form und tendiert so dazu, die Unterscheidung von *fanum* und *profanum* zu annullieren. Deshalb ist sie nicht als Säkularisierung oder Profanierung des Sakralen zu verstehen und genausowenig als eine Sakralisierung des Profanen; beides bestätigt die Grenze und stärkt sie so. Vielmehr artikuliert sie beide Bereiche und überführt sie ineinander; so bildet sie einen eigenen Bereich aus — das Land des Ingeniums, wie es in *El pintor de su deshonra* heißt —, in dem mit der Unterscheidung von *fanum* und *profanum* auch die Grenze zwischen ihnen verschwindet. So entsteht ein Raum jenseits der Differenz, der neutral ist und der sein eigenes Kraftfeld bildet, indem er sich autopoietisch generiert. Die Logik und Ökonomie dieses neutralen liminalen Raums ohne Grenze — es ist der Raum des Figuralen — ist nicht exklusiv differentiell, aber auch nicht einfach undifferenziert, sondern integrativ differentiell; so wird er transliminal, nicht sublim, erhaben, eine Höhe bildend, sondern eben, ein Feld bildend, in dem innen und außen, oben und unten, hoch und niedrig etc. keine Orientierungsmarkierungen sind.

---

2   Pedro Calderón de la Barca, *La fiera, el rayo y la piedra*, hrsg. v. Aurora Egido, Madrid: Cátedra, 1989, S. 37–48.
3   Zu der angedeuteten These vgl. Gerhard Poppenberg, *Psyche und Allegorie. Studien zum spanischen «auto sacramental» von den Anfängen bis zu Calderón*, München: Fink, 2003.

I.

Die beiden Versionen von *El pintor de su deshonra*[4] untersuchen dieses Feld im Medium der bildenden Kunst, indem sie die Frage nach dem ontologischen Status der Bilder aufwerfen. Bilder, so Calderón in seiner Einlassung über die Malerei[5], verhalten sich zur weltlichen Wirklichkeit im Modus der Nachahmung — «un casi remedo de las Obras de Dios y emulación de la Naturaleza» (S. 91) — und bilden so eine Scheinwirklichkeit, die den Anschein des Wirklichen erweckt: «Pues sabiendo que es un manchado lino de minerales y licores, hace creer [...] que se ve presente lo historiado y real lo fabuloso» (S. 92). Die Frage ist dann, was es mit diesem Glauben und seinem Verhältnis zur wirklichen Gegenwart des Dargestellten auf sich hat.

In der *comedia* ist Don Juan ein Adliger, der Geschäfte gemacht und Studien getrieben hat und als *divertimiento* auch malt, da die Malerei das Ingenium fordert und deshalb eine Kunst im Sinne der *artes liberales* ist. Von ihm heißt es zu Anfang, er sei ein so guter Maler, dass er im Stande zu sein scheine, «ser a la naturaleza» zu geben. Das ist zunächst eine rhetorische Hyperbel, die seine Nachahmungskunst in der Tradition der Maleranekdoten hervorhebt; er malt so, dass es wirklich zu sein scheint. Die Formel — «dar ser a la naturaleza» — verweist aber darüber hinaus auf das angesprochene kunsttheoretische Grundsatzproblem. Wenn das Bild der Natur Sein gibt, kann es nicht nur Nachahmung im Modus des bloßen Scheins sein; als das Sein der Dinge im Bild hat es eine eigene ontologische Dignität.

Das Stück verbindet die Frage nach der Malerei und dem Bild mit der nach der Liebe und dem Begehren. Don Juan, der Maler, liebt Serafina, die ihrerseits Don Álvaro liebt und von ihm geliebt wird. Da der bei einem Schiffsuntergang umgekommen ist, wird sie von ihrem Vater mit Don Juan verheiratet. Die Hochzeit ist ihr wie eine Beerdigung; einerseits trägt sie ihre alte Liebe zu Grabe, andererseits will ihr die Ehe für sie selbst als ein Grab erscheinen. Damit ist ein weiteres Element eingeführt: der Tod im Verhältnis zu Begehren und Bild. Die Erinnerung an den toten Geliebten lässt Serafina in Ohnmacht fallen, also ebenfalls einen kleinen Tod erleiden. Der Geliebte ist aber gerettet worden und kommt gerade in dem Moment zurück, als sie ohnmächtig daliegt. Sie erwacht und denkt, er sei eine Erscheinung im Realen: «mi fantasía con cuerpo, / con voz mi imaginación, / con alma mi pensamiento» (S. 874a). Das wirft die Frage nach dem Verhältnis von Bild und Wirklichkeit, Phantasie und Leben in umgekehrter Blickrichtung erneut auf;

---

[4] Die *comedia* ist vor 1650 entstanden, da sie in diesem Jahr zusammen mit anderen Theaterstücken verschiedener Autoren gedruckt worden ist; sie wird zitiert nach der Ausgabe Pedro Calderón de la Barca, *Obras completas*, hrsg. v. Angel Valbuena Briones, Madrid: Aguilar, 1987, Bd. 2, S. 868–903. Der *auto sacramental* ist wahrscheinlich danach entstanden; eine genaue Datierung steht noch aus.
[5] Ernst Robert Curtius, «Calderón und die Malerei», in: *Romanische Forschungen* 50 (1936), S. 89–136.

der Maler gibt den Dingen im Bild ihr Sein, Serafina hat den Geliebten als Erinnerungs- und Wunschbild, das materiell wirklich und körperlich gegenwärtig wird: eine körperliche Phantasie und ein beseelter Gedanke.

Bild und Begehren sind so auf doppelte Weise konstelliert. Das Bild löst Begehren aus. Don Juan hatte sich beim Anblick eines Bildes von Serafina in sie verliebt. Umgekehrt erzeugt das Begehren ebenfalls und vor allem ein Bild. Das Begehren hat seinen Ort an der Grenze zwischen Physischem und Psychischem, es ist die Repräsentanz des Physischen im Psychischen, das sich dadurch überhaupt erst bildet; es entsteht als Erinnerungsspur des Begehrten und wird als Anwesenheit dieses Abwesenden zum Bild. Das Begehren — und mit ihm die Seele — konfiguriert sich als Bild, es ist das Physische als Bild, der Körper als Phantasie. Deshalb hat es eine triadische Verfassung; deren Momente bilden das körperliche Bedürfnis, das Objekt der Befriedigung und das Erinnerungsbild des Objekts, das das Bedürfnis in Begehren verwandelt.

Diese Problematik von Bild und Begehren wird im Stück mit der von Leben und Tod verbunden. Don Álvaro galt als tot, ist aber lebendig; Serafina war lebendig, ist als Verheiratete wie tot. Beide sind tendenziell Wiedergänger, die den Acheron in beide Richtungen überquert haben: er als geretteter Schiffbrüchiger, sie als Ohnmächtige, der so eisig im Herzen war, dass es für tot gehalten werden konnte[6]. Serafina ist dem Geliebten durch die Ehe nicht untreu geworden; da er als tot galt, hat sie sich quasi als seine Witwe neu verheiratet. Und deshalb ist seine Gegenwart für sie gefährlich, da sie ihre Ehre gefährdet. Don Álvaro entnimmt dem lediglich, dass sie emotional nach wie vor zutiefst engagiert ist und sie ihn weiterhin liebt. Ihre Affekte widersprechen ihrer Ehre; sie sprechen die Wahrheit ihrer verborgenen Wünsche.

Die Liebe, so zeigt sich, ist durch den Tod des Geliebten nicht beendet; sie ist stark wie der Tod und stärker als er. Das ist der tiefere Grund für die Konstellation von Begehren und Bild; sie bildet ein Kraftfeld, in dem der Unterschied von Leben und Tod neutralisiert wird. Das Stück zeigt das als die Verfassung der Wünsche; nach dem Tod des Geliebten hört die Liebe nicht auf, sie wird im Falle Serafinas verdrängt und unbewusst; die Gestalt der Verdrängung ist der Ehemann, den sie nicht liebt, nur ehrt. Mit dem Toten kehren auch die Wünsche wieder. Weil sie verheiratet ist und ihre Ehre zu achten hat, können ihre Wünsche aber in dem Geliebten kein reales Korrelat haben; er bleibt ein materialisiertes Wunschbild, eine körperliche Phantasie, ein Phantasma im Realen, das weder Wirklichkeit noch Bild ist.

So ergibt sich eine Reihe von binären Oppositionen: verborgen/offenbar; unbewusst/bewusst; abwesend/anwesend; vergangen/gegenwärtig; Affekt/Vernunft; Liebe/Ehre; Leben/Tod; Sein/Schein; Bild/Wirklichkeit. Das Stück

---

6 «Serafina: Un hielo / el corazón me cubrió. / Porcia: Y tanto que te prometo / que por muerto le ha tenido / gran rato dentro del pecho. / Serafina: Y es verdad, todo mi mal / fue que le tuve por muerto» (S. 875a).

versucht, das Verhältnis dieser Oppositionspaare zu erkunden. Das Gemeinsame der Verfassung von Bild und Begehren ist es, diese Opposition zu neutralisieren. Im Bild ist das Abgebildete abwesend und zugleich anwesend; im Begehren ist das Begehrte ebenfalls abwesend und zugleich anwesend. Beide bilden Felder einer Anwesenheit der Abwesenheit — gemäß der von Blanchot auch im Zusammenhang von Reflexionen zur Bildlichkeit entwickelten Formel. Entsprechendes scheint auch für die Beziehung von unbewusstem Wunsch und Bewusstsein zu gelten; dem Bewusstsein ist er abwesend, als unbewusster ist er anwesend. Damit wird aber die Differenzierung der Abwesenheit und Anwesenheit auf die zwei Ebenen des Bewussten und Unbewussten aufgeteilt. Eine solche differenzierende Zweiteilung lässt sich auch für das Bild und das Begehren feststellen. Gibt das Bild lediglich die scheinhafte Nachbildung eines Wirklichen, der Wunsch die phantasmatische Einbildung des Gewünschten, sind in ihnen Anwesenheit und Abwesenheit ebenfalls in zwei Bereiche differenziert. Das wahre Bild und das wirkliche Begehren hingegen neutralisieren diese Differenz von Sein und Schein, Bewusstem und Unbewusstem.

Das wird im Stück zu Beginn des zweiten Akts deutlich gemacht, als Don Juan vergebens versucht, seine Frau zu malen. Als Begründung führt er an, sie sei zu schön. Malerei ist Nachahmung der Wirklichkeit. Das Mangelhafte prägt sich der Wahrnehmung leichter ein als das Vollkommene; von diesem Wahrnehmungsbild geht das gemalte Bild aus. Der Mangel an Vollkommenheit ergibt das Hässliche, das somit konstitutiv partikular und fragmentarisch ist und als dieses jeweils verschiedene Einzelne leicht zu malen ist. Das Schöne hingegen gibt eine vollkommene Gesamtgestalt, die nur als solche wahrnehmbar und deshalb als diese schwer zu malen ist [7]. Die malerische Nachahmung bildet die inneren und äußeren Maßverhältnisse einer *facción* nach. Don Juans Imagination vermag die übermäßige Harmonie der *facción*, das eigentümliche *ser* Serafinas nicht so wahrzunehmen, dass er sie in einem inneren Wahrnehmungsbild nachbilden und so malen könnte [8]. Da er aber ansonsten, so sein sonderbares Argument, die Kunst der Malerei beherrscht, ist es nicht seine Schuld, sondern die der Schönheit Serafinas, dass er sie nicht

---

7 «De la gran naturaleza / son no más que imitadores / (vuelve un poco) los pintores; / y así, cuando su destreza / forma una rara belleza / de perfección singular, / no es facil de retratar; / porque como su poder / tuvo en ella más que hacer, / da en ella más que imitar. / Demás que en una atención / imprime cualquier objeto / con mas señas de un defeto, / más bien, que una perfección. / Y como sus partes son / más tratables, se asegura / la fealdad en la pintura / primero que una hermosura» (S. 880a).

8 «De este arte la obligación / […] es sacar las simetrías, que medida, proporción / y correspondencia son / de la facción; y aunque ha sido / mi estudio, he reconocido / que no puedo, desvelado, / haberlas yo imaginado / como haberlas tu tenido. / Luego si en su perfección / la imaginación exceden, / mal hoy las pinceles pueden / seguir la imaginación» (S. 880b).

malen kann⁹. Der *gracioso* Juanete zeigt, dass die Schuld sehr wohl bei ihm liege und er schlicht nicht in der Lage sei, die Schönheit seiner Frau zu verstehen, die doch für alle Welt offenbar sei. Damit ist ein Begriff in die Überlegungen eingeführt, der nicht den kunsttheoretischen Reflexionen entstammt, aber vom Stück mit ihnen verbunden wird. Juanete zeigt mit einer seiner Erzählungen, die stets auf komische Weise die Hintergedanken der Personen und die Untergründe der Handlung aufdecken, dass es dabei um unbewusste Wünsche geht. Der Vorwurf Serafinas, ihr Mann wolle nach anderen Frauen sehen, bedeutet in Wahrheit, dass sie einen anderen Mann im Sinn hat; ihre Schönheit ist wirklich schuldhaft, denn ihr Übermaß entspringt der verborgenen Liebe zu Don Álvaro. Vielleicht wird Schönheit, zumindest diejenige, die sich der schlichten Kunstfertigkeit des Malers entzieht und für deren Charakterisierung die Sprache der Zeit das *no sé qué* erfand, durch die Interferenz des Unbewussten gebildet; und vermutlich ist die «Schuld» dabei ein Moment, das sie noch steigert — *afina el ser*, so ließe sich der Name der Protagonistin als Element des *concepto* verstehen: es raffiniert ihre Schönheit, macht sie wesentlich. Und weil Serafinas Mann von alldem nichts weiß und sie in keinem Sinn erkannt hat, kann er sie nicht wahrnehmen und nicht malen.

Das Stück macht diese Zusammenhänge auch dramaturgisch explizit, indem der Geliebte, dessen Erinnerungsbild in Serafina die unbewussten Wünsche wach hält, genau an dieser Stelle wiederum körperlich real wird und bei ihr auftaucht. Serafina versucht ihm gegenüber geltend zu machen, ihre Liebe gehöre der Vergangenheit an, für die Gegenwart gelte ihre Ehe und ihre Ehre. Don Álvaro hält dagegen, das Begehren sei auf sonderbare Weise zeitlos. Es bildet eine eigentümliche Gegenwart und Wirklichkeit, in der die chronologische Ordnung der Zeit nicht wirksam ist. Deshalb ist es, auch wenn scheinbar vergangen und im Falle Serafinas durch die andere Wirklichkeit der Ehe überdeckt, noch genauso wirksam.

Die folgende Karnevalsszene macht den Konflikt von Ehre und Begehren als ein allgemeines und grundsätzliches Problem deutlich und gibt ihm mit der Maske eine formalisierte Gestalt. Maskierung ist Manifestation und Verbergung in eins und so ebenfalls eine Figur der anwesenden Abwesenheit. Die Maske verbirgt etwas und macht es zugleich als Verborgenes offenbar; sie neutralisiert die Differenz von Verbergung und Offenbarung. So kann das Begehren in der Karnevalsmaske manifest werden, ohne Unehre zu bewirken[10]. Maskerade und Karneval neutralisieren die Differenz von Begehren und Ehre. Der Karneval als Institution gibt eine bestimmte Form dieses neutralen Raums und die Maske gibt dem eine Gestalt. Nicht Offenbarung des Verbor-

---

9 «[…] sólo a este intento / me falta el conocimiento / que tengo de la pintura; / mas culpa es de tu hermosura» (S. 880b).
10 «[…] pues al máscara jamás / se le ha negado el favor / de hablar todo el tiempo que / el rostro tenga cubierto […]. Notable fue / la introducción de estos días, / pues aunque padre o marido / las [scil. a las mujeres] acompañen han sido, / Fabio, las galanterías / permitidas» (S. 883a).

genen, sondern offenbare Verbergung ist das Prinzip dieses Festes: *quidquid latet apparebit latenter* — es erscheint als Verborgenes und bleibt so der Ökonomie des Verbergens verhaftet. Die Offenbarung des verborgenen Begehrens ist zugleich die Verbergung dieses Offenbaren in der Maske.

Der neutrale Raum ist im Stück also letztlich nur erwähnungsweise wirksam, wie auch der Karneval insgesamt als gesellschaftliche Auszeit und Ausnahme lediglich sein Zitat ist. Zwar stellt Serafina, die dessen Potential offenbar erahnt, fest, «que no tuve mejor día en mi vida» (S. 888a/b), kehrt aber unmittelbar, als erschrecke sie vor diesem Potential — «que me importa la vida» (S. 889a) —, in den Raum der Ehe und der Ehre zurück. Aber ihr brennendes Begehren nimmt auch dieses Mal sofort wieder materielle Gestalt an; kurz darauf steht ihr Haus in Flammen, was vermutlich auch im 17. Jahrhundert bereits keine sonderlich kühne Metapher war.

Der dritte Akt bringt die Differenz von neutralem Raum und gesellschaftlichem Raum zum Tragen und bindet den ganzen Komplex wieder an die Frage des Kunstwerks zurück. Don Álvaro hat Serafina in eine Jagdhütte außerhalb von Neapel entführt. Diese Exklave könnte der Raum des realisierten Begehrens und der Wunscherfüllung für Álvaro und Serafina sein; tatsächlich ist er aber für Serafina — wie zuvor die Ehe — ein Grab[11]. Das Jagdhaus kann nicht zum neutralen Raum werden, da es Exklave ist, also in Differenz zum sozialen Raum steht. Für Serafina ist die Realisierung ihres Begehrens zu Don Álvaro keine Alternative zu Ehe und Ehre, Haus und Stand in ihrer Beziehung zu Don Juan. Deshalb entzieht sie sich jetzt Don Álvaro wie zuvor dem Ehemann. Er kann sie körperlich besitzen, wird aber ihre Seele nicht haben, und eine Schönheit ohne Seele ist wie eine Marmorstatue. Serafina wird so die Gestalt eines negativen Neutralen. In der Ehe ist sie unglücklich, weil sie an Don Álvaro denkt und ihn weiterhin begehrt; im Jagdhaus ist sie unglücklich, da sie an Don Juan denkt und die verlorene Ehre zurückwünscht. So macht sie *ex negativo* deutlich, was der neutrale Raum zu sein hätte: der soziale Raum einer profanen Realpräsenz, die nicht die Verfassung einer Auszeit und Exklave des Exzesses hätte, sondern Ausnahme und Ausgelassenheit als Form wäre. Das ergibt den Schwellenraum der Passage und der Verwandlung.

Das verdeutlicht auch das Stück *ex negativo*. Don Juan ist als Maler unterwegs, um seine entführte Frau zu finden und seine Entehrung zu rächen. Er verflucht den Ehrenkodex als einen *infame rito*, der den Ehrenmann zum Sklaven der anderen und der öffentlichen Meinung macht (S. 897b). Er stellt ihn als eine Form der Fremdbestimmung grundsätzlich in Frage, weiß aber auch, dass er als Mitglied der Gesellschaft ihm nicht entkommen kann: «pues no soy mientras vengado / no esté» (S. 898a). Die Ehre ist ein Prinzip heteronomer Lebensgestaltung. Gegen die Heteronomie, die er infam nennt,

---

11 «[…] siendo con estas pasiones / aquesta casa de campo / adonde tú me has traído / sepultura de mis años» (S. 894a).

insistiert Don Juan — wie bereits bei seinem gescheiterten Porträt Serafinas — auf seiner Autonomie. Er möchte die Ehre nicht von anderen abhängig sehen, sondern sie in seine eigenen Hände gelegt wissen[12]. Entsprechend insistiert er beim Malen auf den eigenen Kenntnissen und der eigenen Kunstfertigkeit, statt seine Kunst an der fremden Schönheit zu orientieren. Er scheitert, weil er — und das erweist ihn als einen Modernen im elementaren Sinn — sich eine Heteronomie, die nicht infam wäre, gar nicht vorstellen kann, obwohl er in seiner Liebe zu Serafina zu Anfang zumindest andeutungsweise die Erfahrung gemacht hatte, außer sich zu sein und nicht zu wissen wer er ist[13]. Das «no sé si soy yo» des Verliebten korrespondiert exakt dem «no soy mientras vengado no esté» des Entehrten. Er verkennt die heteronome Verfassung von Bild und Begehren, die in der Figur der anwesenden Abwesenheit gegeben ist. Bild und Begehren ermöglichen die Erfahrung «einer Ferne, so nah sie auch sein mag»; sie stiften eine Distanz und eröffnen so den Raum des anderen, das darin bestimmend ist[14].

Der Schluss des Stücks zeigt, worin die infame Heteronomie bestehen kann. Don Juan will *pintor de su deshonra* werden, indem er mit Blut malt und so seine Ehre reinigt. Das Blut wird so zur Signatur des *ritual infame*, dessen Werk das Infame schlechthin ist: das wilde Opfer der beiden Liebenden. Das blutige Werk des Malers ist die letzte Konsequenz des sozialen Raums der Differenzierung von Ehre und Begehren. Vielleicht ist der Ehrenkodex das Symptom einer Zivilisation, die das Verhältnis zu den unbewussten Wünschen und der Wirklichkeit der psychischen Akte verweigert. So gibt das Blutgemälde Don Juans, wie zuvor bereits das gescheiterte Porträt, die defiziente Form des Werks. Das Stück zeigt in der Liebes- und Ehrenhandlung eine defiziente Gestalt der Ökonomie des Begehrens und parallelisiert dies mit einer Reflexion auf den Status der Kunst und des Werks als Bild. Das Werk wird infam, wenn es ihm nicht gelingt, den neutralen Raum wirklicher Gegenwart zu stiften. Das infame Ritual der Ehre und das infame Werk der Kunst stellt so jeweils die Frage, welches die Gestalt einer nicht infamen Kunst und eines nicht ruchlosen Begehrens sein könnte. Das zeigt, so lässt sich hypostasieren, die andere Version desselben Themas; sie verwandelt die *comedia* in den *auto sacramental* und bearbeitet dabei die Motive neu.

---

12 «Poco del honor sabía / el legislador tirano / que puso en ajena mano / mi opinión y no en la mía» (S. 897b).
13 «[mi pecho] después que vio Serafina, / tan del todo se rindió / que aun yo no sé si soy yo» (S. 869a).
14 Vgl. Walter Benjamin, «Das Kunstwerk im Zeitalter seiner technischen Reproduzierbarkeit», in: W. B., *Gesammelte Schriften*; Bd. I/2, Frankfurt a. M.: Suhrkamp 1974, S. 431–508, hier S. 440 u. S. 479, sowie Jean-Luc Nancy, «Das Bild — das Distinkte», in: J.-L. N., *Am Grund der Bilder*, Zürich/Berlin: diaphanes 2006, S. 7–29.

II.

Calderón war in Fragen der Malerei und Kunsttheorie so beschlagen, dass die Malerinnung ihn 1677 in einem juristischen Streitfall als Sachverständigen vorladen ließ, um zu klären, ob die Malerei eine Kunst im Sinne der *artes liberales* sei. Er optiert klar und deutlich für den Kunstcharakter. Die Ausführungen, so hat Ernst Robert Curtius in einem Kommentar dazu gezeigt, werden in Kenntnis wichtiger kunsttheoretischer Schriften vorgebracht und beziehen aus ihnen ihre Argumente, entwickeln diese aber auch eigenständig weiter[15]. Als Definition der Malerei führt er an, sie sei «un casi remedo de las Obras de Dios y emulación de la Naturaleza» (S. 91). Das zeigt sich besonders in dem Feld, wo sie nicht nur das Sichtbare der äußeren Welt darstellt, sondern auch «la interior pasión del ánimo» malt, indem sie die Seele in den Gesichtszügen abbildet. Die höchste Bestimmung de Malerei ist demnach das Bild der Seele; darin liegt ihre Gottähnlichkeit[16]. Ein zweites Moment zur Charakterisierung der Malerei ist ihm die Klärung ihres Ursprungs, der aufs engste mit ihrer Definition als Nachahmung der Werke Gottes zusammenhängt. Wie Gott die Welt aus dem Nichts geschaffen hat, so ist die Malerei ebenfalls aus einem Nichts hervorgegangen. Dazu führt er eine ursprungsmythische Geschichte an, die in ihrem Kern seit der Antike überliefert ist. Zwei Jungen spielen am Strand und erkennen, dass ihre Schatten ihnen ähneln. In übermütigem Spiel, *traviesamente jugando*, zeichnen sie diese Schatten im Sand nach. Dieses anfängliche Bild wird nach und nach vervollkommnet, bis der «informe embrión» schließliche ein vollendetes Bild ergibt. Mit seinem Gespür für die entscheidenden Konstellationen fasst Calderón die Ausführungen zusammen. Um zu verstehen, dass die Malerei eine übernatürliche Dimension hat, ein «inspirado Numen de sobrenatural aliento» ist, genügt es, sich klar zu machen, dass sie im Zusammenspiel von Licht und Schatten als Bild im Sand entstanden ist, das ein Junge mit seinem Finger zufällig nachgezeichnet hat. Der numinose Charakter der Malerei zeigt sich sonderbarerweise an dieser «travesura de un acaso», dem übermütigen Kinderspiel, bei dem in der *travesura* Sonne, Schatten und Sand im Spiel waren[17]. Die Malerei ist aus einer Interaktion von Natur und Kultur hervorgegangen und ist ein Medium des Übergangs und der Verwandlung von Natur in Kultur. Das ist sie des Weiteren,

---

15   Curtius, «Calderón und die Malerei» (Anm. 5).
16   «Transcendiendo sus relieves de lo visible a no visible, no contenta con sacar parecida la exterior superficie de todo el Universo, elevó sus diseños a la interior pasión del ánimo; pues en la posición de las facciones del hombre (racional mundo pequeño) llegó su destreza aun a copiarle el alma [...] retratando en el rostro del corazón, nos demuestra en sus efectos, aun más parecido el corazón que el rostro» (ebd., S. 91).
17   «De modo que para argumento de ser la pintura inspiración de Numen de sobrenatural aliento, baste saber que fuese su taller primero la luz, su primer bosquejo la sombra, su primer lámina la arena, su primer pincel el dedo y su primer Artífice la joven travesura de un acaso» (ebd., S. 92).

weil sie die nichtigen Schatten in wahrhafte Bilder verwandelt und so, wie der göttliche Schöpfer, eine Wirklichkeit aus dem Nichtigen schafft. Dieser Vorgang ist an die Interferenz von Sonne und Schatten gebunden. Die Malerei ist demnach ein Medium, in dem die elementare Differenz von Licht und Dunkel ins Spiel kommt und auf eine besondere Weise als Interaktion von Nichts und Werk, Schatten und Gestalt ausgetragen wird.

Aus dieser Wesensbestimmung ergibt sich der weitere Argumentationsgang von Calderóns Ausführungen. Die Malerei taucht zwar nicht explizit im Kanon der sieben freien Künste auf, nicht aber, weil sie nicht dazu gehörte, sondern weil sie quasi ihre «Oktessenz» ist: «tan Arte de las Artes, que a todas las domina, serviéndose de todas». Das wird für die einzelnen Künste durchgeführt, so dass schließlich erwiesen ist, dass sie «el número transcendental de todas las Artes» ist. In seinem Kommentar führt Curtius an, die Apotheose der Malerei zum «Arte de las Artes» sei zwar in vorherigen Texten zur Kunst angelegt, aber von Calderón erst systematisch entwickelt worden. Um die herausragende Rolle der Malerei zu bestätigen, wird am Ende noch einmal ihr göttlicher Charakter unterstrichen. Gott hat sich als Gott im Menschen abgebildet, indem er ihn nach seinem Bild und Gleichnis und nach dem Musterbild seiner Idee geschaffen hat. Und als Mensch hat Gott sich im Schweißtuch der Veronika und im Grabtuch selbst abgebildet. Beide göttlichen Bildwerke ratifizieren die Malerei als «remedo de las obras de Dios»[18].

III.

Calderón war kein Theoretiker; der Traktat ist nicht seine Denkform. In seinen Stücken entwickelt er diese Fragen nicht diskursiv-theoretisch, sondern mythisch-dramaturgisch. Die Konstellation der dramatischen Figuren und die daraus sich ergebende Handlung bildet den Reflexionsprozess. Wie er dramaturgisch denkt und seine Reflexionen in Form von dramatischen Entwicklungen ausbildet, zeigt die Version von *El pintor de su deshonra* als *auto sacramental*[19]. In der *loa* treten die allegorischen Figuren JUSTICIA und PIEDAD auf und werden als «zagalas o ninfas de la Ley de Gracia» bezeichnet (S. 824b). Die allegorischen Gestalten der Tugenden, die Tugenden als geistige Gestalten, als Wesenheiten des Geistes, sind das Analogon der antiken Nymphen und Mädchen; sie geben die Figur des Mädchens als geistige Erscheinung. Das zeigt die Differenz von paganer Antike und christlicher

---

18 «Dios cuando Dios se retrató en el hombre, pues le sacó del ejemplar de su idea, imagen y semejanza suya; Dios cuando hombre [...] se retrató a sí mismo en el blanco cendal de lapiadosa Verónica y su misma Divinidad [...] se retrató en la Sabana Santa y Santo Sudario de Rostro. [...] ratificándose en ser la Pintura remedo de las obras de Dios, pues Dios, en cierto modo Pintor, se retrató en sus mayores obras» (ebd., S. 97).

19 Das Stück wird zitiert nach der Ausgabe Pedro Calderón de la Barca, *Obras completas*, hrsg. v. Angel Valbuena Prat, Madrid: Aguilar, 1987, Bd. 3, S. 823–847.

Moderne. Die Nymphen sind Figuren des Mädchens als Naturwesen, Figurationen der Natur als Mädchen; sie figurieren den geistigen Gehalt der Natur, die Natur als geistige Erscheinung. Nymphe und Natur sind Korrespondenzbegriffe; sie zeigen, dass die pagane Antike die Welt und das Leben der Menschen in ihr von der Natur, der *physis*, dass sie das Sein von der Natur her begriffen haben. Wenn die Nymphen im Christentum zu Tugenden und Lastern geworden sind, oder genauer, wenn diese das Entsprechende zu den Nymphen der Antike sind, dann sind sie Figuren des Mädchens als Moralwesen, Figurationen der Moral als Mädchen; sie figurieren den geistigen Gehalt der Moral, die Moral als geistige Erscheinung; so sind sie Gestalten der Seele, deren Tugendhaftigkeit die Mädchenhaftigkeit des Mädchens ausmacht. Mädchen und moralische Seele werden dann zu Korrespondenzbegriffen; sie zeigen, dass die christliche Moderne die Welt und das Leben der Menschen in ihr von der moralischen Seele, vom *mos*/Gemüt und vom Willen — in dem Sinn, wie ihn die theologisch-philosophische Tradition von Augustinus bis zu Nietzsche und Heidegger entwickelt hat —, dass sie das Sein vom Willen her begriffen hat.

Eine Gestalt des Willens ist das erotische Begehren; es ist als Trieb und sexuelle Begierde dem Körper und den mit ihm verbundenen Affekten zugeordnet: die körperliche Seite des Willens. In dem Maße, wie das Christentum die Seele als eine moralische Instanz entwickelt und die menschlichen Vermögen als moralische vergeistigt, wird es auch diesen Bereich des Willens in den Prozess einbeziehen. Die antike Erotisierung des Begehrens, wie sie exemplarisch das *Symposion* Platons beschreibt, geschieht als Idealisierung, die nach Maßgabe vor allem der Idee des Schönen als eine durch den Verstand vollzogene Abstraktionsleistung vom einzelnen Schönen zur Idee des Schönen vor sich geht. Die Vergeistigung des Begehrens, die im Christentum geschieht, vollzieht sich als Moralisierung im Geiste des Willenskonflikts. Im Komplex der troubadouresken, höfischen Liebe, vor allem des Petrarkismus ist die ferne, möglichst tote, oder einfach nur spröde sich entziehende Geliebte die Gegeninstanz zum Begehren des Liebhabers, das dadurch überhaupt erst richtig entflammt wird. Die parallel dazu aufkommenden platonisierenden Konzeptionen der Humanisten sind dagegen ein elementar neopaganes Rezidiv; ihre Tendenz wird aber auch in das christliche Dispositiv eingebunden, indem der Aufstieg zur Idee beispielsweise als der Widerstreit von Körper und Seele und so als ein konfliktiver Prozess konzipiert wird. Calderón hat diese Dynamik des Begehrens aus dem Geist des Willenskonflikts in vielen seiner Stücke dramaturgisch zu erkunden versucht. Der Vergeistigungsprozess lässt sich am Übergang von der *comedia* mit ihrer Liebesintrige zum *auto sacramental* mit seinem moralischen Konflikt besonders deutlich zeigen. Genauer: der *auto sacramental* zeigt die spirituellen Prozesse, die auch bei der gewöhnlichen Liebesintrige am Werk sind, in sublimierter Form.

Nach der *loa* beginnt das Stück selbst in einem ontologisch sonderbaren Bereich, noch vor der Weltschöpfung, aber nicht mehr innerhalb der

Gedanken Gottes vor der Schöpfung, sondern im Bereich des reinen Geistes außerhalb Gottes, der die Sphäre der Engel bildet. LUCERO, bereits nach der himmlischen Rebellion und dem Engelssturz, will zusammen mit CULPA eine weitere Untat begehen. Die Schuld wird als «sombra del cuerpo, cuerpo de la sombra» charakterisiert (S. 829b). Der Begriff des Schattens ist zum einen im Zusammenhang der das Stück grundierenden Maler-Allegorie von Belang; die angeführte Ursprungslegende der abendländischen Malerei lässt sie aus der Nachzeichnung des Schattens entstanden sein und der Status der Bilder ist seit je mit dem der Schatten analogisiert worden. Zum anderen ist der Schatten in den ontologischen Diskussionen problematisch gewesen; er gehört zur Familie der Scheinwesen und wirft die Frage nach dem ontologischen Status des Scheins auf, deren Beantwortung wiederum für die nach dem Status der Bilder wichtig ist. Das Stück gibt dem eine weitere Dimension, indem es Schatten und Schuld in eine Konstellation bringt. In einer ingeniösen Wendung, die von der Umkehrung des Chiasmus zehrt — vom Schatten des Körpers zum Körper des Schattens —, figuriert der Schatten als Schuld und die Schuld als Schatten den Geist des Bösen. Die Pointe dieser chiastischen Figur besteht darin, den Schatten als das nichtige Bild des Körpers in der Umkehrung selbst zu einem Körper werden zu lassen. Der Körper des Schattens ist aber die Schuld, also nicht ein anderer materieller Körper, sondern eine geistige Wesenheit. Um den Status eines solchen «cuerpo de la sombra», einer geistigen Körperlichkeit geht es im Folgenden: also nicht um «objetos verbales» wie Borges es für Quevedo angemerkt hat, sondern um «objetos espirituales»[20]. — Zugleich verwandelt die Wendung den Chiasmus von einer rhetorischen Figur zu einer Denkfigur, die ihrerseits zeigt, wie im Land des Ingeniums die geistigen Prozesse anders konzipiert und gestaltet werden.

Das Motiv für die geplante weitere Untat gibt zugleich die Vorgeschichte des Engelssturzes und somit den Bericht vom Ursprung des Bösen und der Schuld. Es ist die Geschichte eines Bildes und des Verhältnisses zu ihm. LUCERO hat das Bild der göttlichen Braut als «ejemplo de la idea de Dios», in einer Art Entwurf als noch nicht gemaltes gesehen. Aus Begehren zu ihr und Neid wegen ihres zukünftigen Standes hat er sich gegen Gott erhoben und ist in der himmlischen Entscheidungsschlacht in den Abgrund verbannt worden. Diese mythische Vorgeschichte von der himmlischen Urspaltung ist *lo Real*, im Verhältnis zu ihm ist die nun beginnende Weltgeschichte *lo Alegórico*[21]. Die Weltgeschichte geht — allegorisch — aus dem konfliktiven Begehren am Grund und als Grund des Schismas von Gott und Teufel hervor. Sie ist die allegorische Gestalt des Begehrens, das durch ein Bild ausgelöst wird. Diese von Calderón immer wieder gestaltete Urszene bildet einen drei-

---

20 Jorge Luis Borges, «Quevedo» (1952), in: *Obras completas*, Buenos Aires: Emecé, 1974: «Las mejores piezas de Quevedo [...] son [...] objetos verbales, puros e independientes» (S. 666).
21 «Pues oye desde aquí lo que no sabes, / que desde aquí lo Real pierde el objeto / y empieza lo Alegórico al concepto» (S. 830a).

fach geschürzten konzeptuellen Knoten; erst wenn man ihn begrifflich zu erfassen vermöchte, könnte man sich einem zureichenden Verständnis der Einsicht annähern, die Calderón damit dramaturgisch ins Werk gesetzt hat. Das Begehren entsteht aus dem Bild; der Konflikt von Gott und Teufel entsteht aus dem Begehren; aus dem konfliktiven Begehren entsteht als dessen Allegorie die Geschichte der Welt. Das ergibt die Struktur des Geistes als die der durch den Begehrenskonflikt befeuerten Liebe Gottes. Calderóns Urszene zeigt am Grund und als Grund des allegorischen Geistes, als Agenten der agonalen Spiritualisierung die agonale Triebstruktur des Begehrenskonflikts. Der allegorische Geist konfiguriert sich als die Artikulation antagonistischer Kräfte: von Licht und Schatten als Bild; von Gott und Teufel als Welt; von Begehren und Widerstand als Liebe. Das könnte eine Umwertung der Idee der Idee selbst bedeuten; die verschiedenen Ebenen des Agonalen generieren die Idealität der Idee.

Der göttliche Schöpfer wird als Maler konzipiert, so dass die Schöpfung als Gemälde entsteht: «en el principio era el lienzo»[22]. Das ist eine harte Fügung; die leere Leinwand ist einerseits die wüste und leere Erde des Anfangs der Genesis, sie wird aber auch mit der Formel des Prologs zum Johannes-Evangelium assoziiert, so dass hier Wort und Bild aufeinander bezogen sind; dem *fiat* entspricht ein *pingatur*. Auf der Leinwand war zunächst nichts als der Fleck eines Schattens zu sehen; ausgehend von ihm beginnt das Gemälde der Weltschöpfung[23]. Diese Figur hat mehrere Implikationen. Zunächst repliziert sie auf die Legende vom Ursprung der Malerei aus dem Schatten. Weiter bedeutet sie, dass die Weltgeschichte insgesamt eine große Geschichte des Schattens ist; die Schöpfung entsteht aus dem Schatten, und der ist die Aura der Welt und ihrer Geschichte. Schließlich bedeutet die Figur auch, da der Schatten ja vom Anfang des Stückes an mit der Schuld assoziiert wird, dass die Schuld und das Böse als konstitutiver Bestandteil in die Schöpfung als Bild eingehen und so zu ihrer Schönheit gehören: «malum auget decorem in universo»[24].

Der Höhepunkt des Sechstagewerks ist schließlich das Bild des Menschen, der Mensch als Bild, das der göttliche Maler nach seinem eigenen Vorbild, «a su Hechura y Semejanza» malt (S. 831a). Die Konzeption des Bilds, die mit dem Menschen ins Spiel kommt, hat ihren Einsatz an dessen Beseelung, durch die er sich von den anderen Bildern der Schöpfung unterscheidet. Als die damit aufgeworfene kunsttheoretische Frage ergibt sich dann, was dem im Feld der Kunst entsprechen könnte, was die Seele des Werks sein soll. Der

---

22 Zur Tradition von «Gott als Bildner» vgl. Ernst Robert Curtius, *Europäische Literatur und lateinisches Mittelalter*, Bern: Francke, 1948, S. 529–531.
23 «En el principio era el Lienzo / en la imprimación tan bronco, / que solamente a una sombra / le manchaba los contornos» (S. 831a).
24 Vgl. dazu Wolfgang Hübener, «‹Malum auget decorem in universo›. Die kosmologische Integration des Bösen in der Hochscholastik»; in: W. H., *Zum Geist der Prämoderne*, Würzburg: Königshausen & Neumann, 1985, S. 110–132.

göttliche Maler gibt einen Hinweis, indem er das Bild seines Sechstagewerks, also die Welt, als «país de mi ingenio» bezeichnet, in dem aber die *voces* eine größere Rolle spielen als die *lineas*, in dem das Sprachliche dem Bildlichen vorgeordnet ist. Ingenium und Seele sind mehr noch sprachlich als bildlich verfasst: «en este siempre ufano / país de mi ingenio veloz / corrió más lineas la voz que aun el pincel de mi mano» (S. 833a). Das Bildliche wird also in Funktion des Sprachlichen konzipiert. Die Idee des göttlichen Ingeniums hat eine bildliche und eine sprachliche Seite, das Ideale ist eidetisch und logisch verfasst, so aber, dass das ingeniöse Bild zuletzt auf das Wort bezogen ist. Das Verhältnis dieser bildtheologischen Konzeption von Mensch und Seele, Werk und Wahrheit zu der im göttlichen *fiat* implizierten worttheologischen wird im Stück nur angedeutet, nicht entfaltet. Das zu klären wäre Aufgabe einer zureichenden Theorie des Ingeniums. Denkbar ist jedenfalls, dass ein Maler wie Velázquez sich davon hat herausfordern lassen können und dass dies das Feld eines möglichen Dialogs zwischen dem Maler und dem Dichter bildet.

Die Implikationen dieser Bildkonzeption werden durch die Gehilfen des göttlichen Malers deutlich. CIENCIA gibt dem Maler die *Idea* vor, und sie ist zudem und als diese «el Saber del Bien y del Mal». Das ist auf der Ebene des Handwerklichen die Kunst des richtigen und falschen Malens. Es stellt aber auf der Ebene des Konzeptuellen das ganze Bildwerk und die Frage der Bildlichkeit des Bilds in diese moralische Konstellation der Unterscheidung von Gut und Böse; das Wesen des Bilds erschließt sich aus dieser Unterscheidung. INOCENCIA liefert die reinen Farben, und GRACIA ist das Medium der Ähnlichkeit zwischen Original und Bild. Mimesis ist dann nicht so sehr eine Frage des realistischen Abbilds, sondern der ingeniösen *gracia*. Die hat ihr Maß am göttlichen Maler selbst, nach dessen Bild und Gleichnis das Werk ja geschaffen ist. Dessen *Idea*, das Ideal als Urbild wird so als die Idee der Gottheit selbst erkennbar. Die Bildlichkeit des Bilds ist demnach eine Konfiguration aus der Idee der Gottheit in ihrem Verhältnis zum Bild dieser Idee im Menschen. Dem Bildcharakter Gottes entspricht der göttliche Charakter des Bilds. Diese ideale Verfassung des Bilds konfiguriert sich als die Differenz von Urbild und Bild, von Gott und Mensch, Schöpfer und Schöpfung. Die Gestalten dieser Differenz sind die Gehilfen bei der Entstehung des Bilds: die Unschuld, die Gnade und das Wissen von Gut und Böse. Ihr dynamisches Verhältnis macht die Bildlichkeit des Bildes aus, das demnach eine wesentlich prozesshafte Dimension hat; deren Dynamik erwächst aus dem Triebkonflikt.

Ein zweites Moment der Bildlichkeit des Bilds liegt im Verhältnis von Urbild und Bild. Die Frage nach dem Wirklichkeitscharakter des Bilds im Verhältnis zum Original wird in Termini von Körper und Seele entwickelt. Weil die Seele dem göttlichen Hauch entstammt, ist sie das Moment und der Ort der Artikulation von Urbild und Bild, Gott und Mensch; in ihr und durch sie wird diese Differenz ausgetragen. Die dynamische Verfassung des Bilds, sein Prozesscharakter wird sich als die Geschichte des Menschen entfalten. Es ist die Geschichte der Unterscheidung von Gut und Böse als die Entscheidung zwischen ihnen. Von ihr erhält das Bild sein Wesen. Und deshalb bildet die Seele das Konzept für die Frage nach dem ontologischen Status der Bilder; sie gibt dem Bild Wirklichkeit. Das wird durch den szenischen Kunstgriff offenkundig, dass in dem Moment der Beseelung das Bild, das der Maler malt, verschwindet und dahinter *Naturaleza humana* in Fleisch und Blut steht [25].

Das Bild ist — im Stück — so wirklich, dass es die Frage nach sich selbst aufwirft: «¿Quien soy?» (S. 834b). Das Sein des Bildes hat offenbar etwas mit dieser Selbstbezüglichkeit und diese wiederum etwas mit dem Verhältnis zum Nichtsein zu tun. Das Selbstbewusstsein des Bilds entwickelt sich an der Einsicht, soeben noch nicht gewesen zu sein, also als Zeitbewusstsein. Um die Verfassung seines Seins zu verstehen, muss es erkennen, was es zuvor gewesen ist, also wie es geworden ist [26]. Der erste Schritt dieser Erörterung der Bildlichkeit des Bilds ist die Einsicht in sein Gewordensein, in seine zeitliche Verfassung. Sie stiftet zum einen das Verhältnis zum Nichtsein, andererseits eröffnet sie eine Zukunft.

Die Präexistenz des Bilds im göttlichen Ingenium ist also zugleich eine Gestalt des Nichtseins. Die ideale Präfiguration der Welt und des Menschen ist eine Form des Nichtseins in Gott selbst; die Schöpfung ist die Gestalt der Beziehung, die Gott zum Nichtsein und zum Nichts unterhält. Für das Bild bedeutet das zunächst, dass seine Bildlichkeit wesentlich im Verhältnis zum Gewordensein besteht, das seinerseits ein Verhältnis zum Nichtsein impliziert. Es gibt ein Moment in der Bildlichkeit des Bilds, das im Nichtsein gründet; das ist sein Schattencharakter. Der Schatten hat im Stück drei Dimensionen. Das Dunkle ist die malerische Dimension des Nicht-Bilds; der Schatten ist die ontologische Dimension der Nicht-Wirklichkeit; die Schuld ist die moralische Dimension des Nicht-Lebens.

Ein weiteres Moment der Bildlichkeit des Bilds ergibt sich aus dem Verhältnis des Malers zu seinem Gemälde. PINTOR erklärt NATURALEZA, er habe sie gebildet, um sich dereinst mir ihr zu vermählen [27]. Die Zukunft des Bilds geht aus seiner Herkunft hervor. Das Motiv für die Schaffung des Bilds aus dem Urbild des Ingeniums ist das Begehren des Malers nach dem Bild der Idee seines Ingeniums, das so zur realen Ergänzung der idealen Präfiguration wird. Das Verhältnis zwischen Urbild und Bild ist als Begehren konzipiert. Das Bild hat seine konzeptuelle Dynamik aus der Begehrensbeziehung zwischen Maler und Bild, die zudem durch die Instanz des Dritten an Komplexität gewinnt.

---

25 «Bella imagen [...] formado tu cuerpo está / de alma y vida al cuerpo unida, / donde alma y vida infundida, / mayor perfección te informa, / dando a la materia forma / este aliento de la vida. — Cae el cuadro, y queda la Naturaleza donde él estaba» (S. 834a).

26 «¿Qué soberano poder / hoy ser al no ser ha dado, / que yo conmigo he pasado / sin mí del no ser al ser? / [...] ¿Quien soy? Pero ¿qué sentido / podrá decírmelo hoy, / si para saber quien soy / fuerza es saber quien he sido?» (S. 834b).

27 «Yo / soy quien formó e informó, / Humana Naturaleza, / tu ser, vida, alma y belleza / para hacerte esposa mía / algún venturoso día» (S. 834b).

Das bedeutet zum einen, dass Bild und Urbild wesensgleich sind; das ist mit dem Begriff der Seele impliziert. Der Bildcharakter der NATURALEZA HUMANA übersteigt den der anderen Bilder der Schöpfung, weil sie beseelt ist. Es gibt also eine Form der Bildlichkeit, die mehr ist als das bloße Abbild und die eine besondere bildliche Wirklichkeit erzeugt. Sie hat ihr Maß am Menschen. Sein Mehr-Sein im Verhältnis zum Sein der übrigen Schöpfung entspringt diesem Seelen-Anteil, der, weil er dem göttlichen Hauch entstammt, der göttliche Anteil in ihm ist[28].

Das bedeutet auch, dass es sich bei dieser Beziehung nicht einfach um die Pygmalion-Struktur handelt. NATURALEZA HUMANA ist nicht eine Puppe, die sich — «wie hymettisches Wachs» (Ovid, *Metamorphosen* X, 284 f.) — den Wünschen des Schöpfers anmisst, sondern eine eigenständige Persönlichkeit. Das wird szenisch deutlich gemacht, indem ihr ALBEDRÍO, den sie auch ihren *deseo* nennt, als Begleiter zugeordnet ist; damit eröffnet sich ihr der Spielraum der Freiheit, der als *experiencia*, als experimentelle Erfahrung der Welt und in der Liebesgeschichte als Verhältnis zur Instanz des Dritten entfaltet wird[29]. Für die Konzeption des Bilds ergibt das seinen wesentlichen Prozesscharakter. Der Maler-Schöpfer hat, nachdem er die Welt gemalt hat, von allen Dingen gesagt, dass sie gut sind, außer von seinem höchsten Werk, denn dessen Güte steht nicht ein für alle Mal fest, sie ist vielmehr dynamisch verfasst und bildet sich erst im Verlauf seiner Geschichte als diese Geschichte aus. Im wahrhaften Bild müsste demnach etwas am Werk sein, das dem entspricht, was im Menschen der freie Wille als Instanz der Unterscheidung und Entscheidung zwischen Gut und Böse ist. Das wahrhafte Bild müsste eine Verfassung haben, die dem entspricht, was im Menschen der Spielraum der Freiheit ist.

Auf der Ebene des Werks entspricht dem die *mise en abyme*; sie eröffnet eine Dynamik innerhalb des Werks und eröffnet, indem sie den Betrachter als Dritten impliziert, dem Bild seine Geschichte als die seiner Betrachtungen und Auslegungen. Der moralische Index der *mise en abyme* erschließt sich über die willenstheologische Konzeption des Bösen als Sein-Wollen-wie-Gott. Wenn Calderón die Malerei als «remedo de las Obras de Dios» definiert, ist dieser Anspruch implizit. Das Bild hat seine Wirklichkeit durch den göttlichen Anteil in ihm. Dieser Anteil kann, wenn der Wille nicht durch die Gnade im Geist der psychomachischen inneren Erfahrung formatiert wird, zum Bösen ausschlagen und ein hybrishaftes Sein-Wollen-wie-Gott ins Werk setzen.

---

28 «[…] que es la segunda fineza / que a mi ser has de deber / el ser con que te prefieres / a cuanto miras» (S. 834b/835a).

29 «Naturaleza: ¿Qué nuevo espíritu y brío / en mí nuevo ser crió / aquella voz que se oyó, / dando a entender que hay en mí / algo más que yo? Voz di: / ¿Quien es Albedrío? […] no sé qué efecto me trae que le he de llamar deseo / […] ¿Y de qué me ha de servir? — Albedrío: De que sepas elegir / el bien o el mal. […] Naturaleza: ... y tras la Natural Ciencia / he encontrado a mi Albedrío, / empiece el discurso mío / de todo a hacer experiencia» (S. 835a/b).

Velázquez hat die *Hilanderas* genau vor dem Hintergrund des Arachne-Mythos von der Hybris des Künstlers konzipiert.

Das selbstreferentielle Verhältnis des Bilds führt das Stück in einer ersten Version als den ursprünglichen Narzissmus vor. NATURALEZA betrachtet in einer Quelle ihr eigenes Bild und findet es wunderschön[30]. Dieser reine Selbstbezug, so warnen ALBEDRÍO und GRACIA sofort, ist eine Quelle möglicher Überheblichkeit. Entsprechend wird die narzisstische Selbstverliebtheit der NATURALEZA von LUCERO und CULPA benutzt, um sie zu verderben. Der Versuchung, durch die Übertretung des paradiesischen Verbots noch größere Schönheit zu erlangen und gottgleich zu werden, kann sie nicht widerstehen. Die Wirkung des Sündenfalls ist, dass das Bild übermalt und unkenntlich gemacht wird, so dass der göttliche Bräutigam es nicht mehr erkennt[31]. Im ursprüngliche Narzissmus ist zwar die Bildlichkeit des Bildes angelegt – er ist im Menschen die Entsprechung dessen, was das Urbild im göttlichen Ingenium war –, aber er ist lediglich die defiziente Form der selbstreferentiellen *mise en abyme*. Wie die Schöpfung die Realisierung des göttlichen Urbilds ist, so muss NATURALEZA ihre Bildhaftigkeit realisieren und ihren Selbstbezug veräußern. Der Narzissmus gibt nur in sofern die Struktur der Bildlichkeit, wie er nicht reiner Selbstbezug ist, sondern das Bild in seinem Bildraum auf ein anderes öffnet, indem er das Bild als Distanz erschließt und es so gewissermaßen entpygmalionisiert.

Der Maler reagiert zunächst mit Eifersucht auf den Liebesverrat seiner Braut. Aus Zorn will er das Bild der Schöpfung abwaschen; dem entspricht heilsgeschichtlich die Sintflut. Mit der Arche führt das Stück den Begriff des Schattens wieder ein und wertet seinen Gehalt auf hochingeniöse Weise um. Die Arche ist Schatten von etwas, das in Zukunft wirklich werden wird; sie verhält sich zur Kirche wie die schattenhafte Vorzeichnung zum fertigen Bild. Diese der Malerei entstammende Konzeption wird auf einer zweiten Ebene mit dem exegetischen und geschichtstheologischen Begriff der *figura* konstelliert und so mit heilsgeschichtlichem Gehalt aufgeladen. In der Terminologie des figuralen Denkens ist die Figur der Schatten, der die zukünftige Wirklichkeit präfiguriert. Der Schatten ist so nicht nur Schein, sondern auch Vorschein. Wie das Bild aus dem Schatten als Schein entstanden ist, so entsteht die Rettung des Bilds aus dem Schatten als Vorschein. Im Rahmen des Stücks bedeutet dies, dass der Schatten nicht nur das Mal der Schuld, sondern auch das Signum der Rettung aus der Schuld ist, dass Schuld und Rettung auf sonderbare Weise miteinander verbunden sind. Das ontologisch Nichtige des Schattens und das moralisch Nichtige der Schuld wir so zum Medium der Rettung.

---

30 «Admirable y peregrina / es en todo mi belleza. / ¿Qué, Humana Naturaleza, / te falta para Divina?» (S. 836a).
31 Lucero zu Naturaleza: «Sabré borrarte, de forma / que en la fealdad de tu rostro / quien te hizo te desconozca; / llega, Culpa, y en su cara / su yerro tu hierro ponga; / borrémosle de una vez, / porque en esperanzas locas / no fie en Dios esta imagen» (S. 842b).

Bildtheoretisch entspricht dem Nichtigen der phantasmatische und scheinhafte Charakter der Bilder; diesen Schattencharakter muss das Bild integrieren, im Medium des Schattens seine Wirklichkeit begründen. Dieses malerische Problem wird aus dem Geist der Figuralexegese gelöst, in deren Feld sich zeigt, was es mit der Wahrheit von Bildern auf sich haben könnte. Die Arche, die im Stück als Bild auf einem selbst archeförmigen Brett erscheint, verweist als schattenhafte Präfiguration auf eine Zukunft, in der die NATURALEZA vom Schatten der Schuld befreit sein wird[32]. Der Schatten — der Präfiguration — wird so zum Medium, den Schatten — der Schuld — zu beseitigen. Das Figurale impliziert zum einen, dass die Figur einen zeitlichen Index hat und dass sie wesentlich in einer Entwicklung besteht. Zum anderen ist dabei eine sonderbare Selbstbezüglichkeit am Werk: im Medium des Schattens das Schattenhafte überwinden. Diese Selbstbezüglichkeit ist der konzeptuelle Kern des Stücks und der in ihm entwickelten Bildproblematik aus dem Geist des Figuralen.

Das Bild als Bild ist schattenhaftes Phantasma; entsprechend sind die Zeichen als Zeichen durch ihre ontologische Nichtigkeit charakterisiert. Das Stück hat im Rahmen der Schöpfungsszene kurz die Tradition der adamitischen Ursprache in Erinnerung gerufen. Deren substantielle Bezeichnung ist durch die Schuld verloren gegangen und die Welt der Zeichen ist nichtig geworden. Eine Rückkehr ins paradiesische Kratylien ist nicht möglich. Deshalb muss die Welt der Zeichen ihre Wirklichkeit auf andere Weise erhalten; ist sie nicht natürlich gegeben, muss sie auf ingeniös-geistige Weise gebildet werden. Die gefallene Natur muss nach Ingenien reisen, um die Bilder und Zeichen wirklich werden zu lassen. Das Land des Ingeniums, so legt das Stück in einer ersten Antwort nahe, ist das Reich der Dichtung und im Weiteren das der Kunst im Allgemeinen. Dieses Reich hat seine eigene Geschichte, die nicht einfach chronologisch, sondern figural und typologisch verfasst ist. Das Figurale ist ein Medium der Wirklichkeit geistiger Welten. Das wird im Stück als die figurale Beziehung der Morgenröte nach der Sintflut und der Rettung durch die Arche zur Morgenröte der Heiligen Nacht nach der Geburt Christi vorgeführt. Solche Beziehungen quer zur chronologischen Geschichte werden, so fügt das Stück erklärend hinzu, im Rahmen der Allegorie möglich, die die formale Verfassung der Dichtung ist[33].

Das allegorisch-figurale Denken hat erkannt, dass die schattenhafte Verfassung der Bilder und Zeichen nicht durch die Referenz zu beheben ist, die den Schattencharakter nur bestätigt und befestigt. Um dieser Realismusfalle zu entgehen, kann die Wirklichkeit der Zeichen nur aus den Zeichen selbst entstehen, indem sie sich als allegorische konzipieren. Die Allegorie bezieht ihre

---

32 «Mostrando / que pueda humana persona / de quien es sombra esta tabla / exemptarme de ser sombra» (S. 841b).
33 «Pues aquí / no hay realidad de personas, / y lo alegórico puede pasar los siglos por horas» (S. 841b).

Wirklichkeit nicht aus der lebensweltlichen Wirklichkeit der *agora*, denn sie ist ja definitionsgemäß anders als die Rede des Markts. Ihre Wirklichkeit entsteht aus der selbstreferentiellen und autopoietischen Verfassung des Figuralen.

Heilsgeschichtlich ist das Figurale dreifach in die Ebenen der paradiesischen Schöpfung mit dem Sündenfall, der schattenhaften Präfiguration und der Wirklichkeit der Erlösung geschichtet[34]. Im Rahmen der Bildkonzeption des Stücks bewirkt der Sündenfall, dass des Menschen Bild durch die Schuld und ihren Schatten übermalt wird. Entsprechend kommt die Rettung als Erneuerung des Bilds; das Amt des Malers, *el Oficio*, ist es, das Bild zu retuschieren[35]. Die Passion — sie ist mit dem Baum des Kreuzes figural auf den Baum des Paradieses bezogen, aus dessen Holz der Legende zufolge das Kreuz gezimmert worden ist — retuschiert das verdorbene Bild mit dem Blut des göttlichen Malers. Das Bild durchläuft so einen Prozess der mehrfachen Retusche. Diese Schichten der Übermalung sind die Stadien der innerbildlichen Figuralität. Sie geben dem Bild seine wesentlich dynamische und zeitliche Verfassung; sein Sein ergibt sich aus seinem Werden. Die historische Dimension des figuralen Prozesscharakters hat ihren Gehalt in der moralischen Artikulation von Gut und Böse, aus der die Dynamik entspringt und deren triebhafte Tiefenstruktur das Stück als das konfliktive Begehren aufdeckt. Die formale Verfassung des ganzen Komplexes ist die Selbstbezüglichkeit der *mise en abyme*. Das Figurale gibt deren heteronome Gestalt. Präfiguration und Erfüllung stehen im Verhältnis einer inneren Alterität zueinander. Im Kunstwerk ergibt das den anderen Text oder das andere Bild als Teil des einen Textes oder Bildes.

Aus der figuralen Selbstbezüglichkeit entsteht ein Kraftfeld, das den Raum des Werks real werden lässt. Und weil die Artikulation von Gut und Böse den Gehalt der Selbstbezüglichkeit bildet, wird das Negative im Werkraum nicht ausgeschlossen, sondern integriert; so wird er zu einem neutralen Raum, zum Kraftfeld der integrierenden Verwandlung. Die Ökonomie und Dynamik des Figuralen besteht darin, aus dem Schatten eine Wirklichkeit zu machen. Das Stück führt die malerische Schöpfungsszene als Interferenz von Wort und Bild vor. Das Am-Anfang-war-die-Leinwand bildet als Replik auf den Prolog des Johannesevangeliums eine Konstellation aus Bildtheologie und Worttheologie. Möglicherweise ist die Schwelle von *fanum* und *profanum* auch die von Bild und Wort als die von Kultbild und exegetischem Wort, so dass der liminale Raum als Neutralisierung der Differenz auch der wäre, in dem Bild und Wort ineinander übergehen und immer schon ineinander übergegangen sind.

---

34 «De la Creación al Diluvio / buen salto ha dado la Historia, / y pienso que ha de dar otro, / si es que yo entiendo la trova, / del Diluvio al Nacimiento» (S. 842a).
35 «vengo a retocar / una imagen singular / que me ha borrado un error» (S. 844a).

IV.

Nach Victor Stoichitas[36] Auslegung des antiken Ursprungsmythos der Malerei ist das prototypische, paradigmatische und essentielle Bild das beseelte Doppel des Abgebildeten. Seine Funktion ist es, den Abwesenden im Bild anwesend sein zu lassen; als solches wird es im Tempel aufgestellt und kultisch verehrt. Das Bild ist die Anwesenheit der Abwesenheit. Der Abwesende überhaupt ist aber der Tote; im Bild — etwa in den *imagines maiorum* der Römer — ist der tote Abwesende anwesend. Und vermutlich steht das *fanum* als das Abgeschiedene in engstem Kontakt mit dem Bereich der Abgeschiedenen, die die Toten sind.

Wenn in der ursprungsmythischen Bestimmung des Bilds das phantasmatische Doppel als beseelt konzipiert wird, bedeutet das, es soll nicht einfach ein repräsentierendes Erinnerungszeichen sein, sondern den Abwesenden wirklich anwesend werden lassen. Entscheidend für die Bestimmung des ontologischen Status eines derartigen Bildes — das, gelänge es, zu recht kultischen Status beanspruchen dürfte, ja das Wesen von Kultus überhaupt bilden dürfte — ist dann die Frage, was in Bezug auf ein bildhaftes Doppel einer Person Seele bedeuten kann. Die ursprungsmythische Figuration lässt das Bild als Schattenriss entstanden sein, der dann in Ton gestaltet wurde. Der Schatten ist das natürliche Double der Menschen und so vermutlich zur mythischen Figur der Seele geworden; die Seinsart der toten Seelen ist mythisch die des Schattenbilds. Etwas weniger mythisch und abstrakter heißt das, Schatten und Seele sind Bezeichnungen für das immaterielle Double des Menschen, das seinen stofflichen Teil mit einer besonderen Eigenschaft ausstattet: der Persönlichkeit. Die Frage nach dem Bild als beseeltem Doppel ist dann die, wie man seinem Stoff, dem Lehm oder Stein, der Leinwand und den Farben etc. den «Schatten», das immaterielle Prinzip einfügt, das es erst vom Erinnerungszeichen zur wirklichen Gegenwart macht und weiter, welches der ontologische Status einer solchen wirklichen Gegenwart des Abwesenden ist.

Als wirkliche Anwesenheit der Abwesenheit ist das Bild ein Schwellenphänomen; es markiert den Übergang zwischen Anwesenheit und Abwesenheit, der zuletzt der Übergang zwischen Leben und Tod ist. Deshalb ist das kultische Bild als der Kultraum der Differenzierung von *fanum* und *profanum* möglicherweise wesentlich mit dem Totenkult verbunden; das *fanum* ist dann zunächst der abgesonderter Bereich, der den Toten und ihrer Anwesenheit im Bild gewidmet ist, und die Unterscheidung von *fanum* und *profanum* gründet darin, den Abgeschiedenen ihren Ort zu geben, was am Ende implizieren könnte, dass das Prinzip der Unterscheidung, also das Prinzip der Sprache und des Denkens überhaupt, das Differentielle als Struktur der Sprache zuletzt und zuerst in der Wahrnehmung der Differenz von Leben und Tod als der von Lebenden und Toten gründet.

---

36 Victor Stoichita, *Eine kurze Geschichte des Schattens*, München: Fink, 1999.

So wird das wesentliche Bild als beseeltes Doppel des Abwesenden und als seine wirkliche Anwesenheit im Bild zum Organon dieser Differenzierung von Leben und Tod und damit der von *fanum* und *profanum*. Die Unterscheidung nimmt als Bild Gestalt an und bildet so den Ort des Bilds als den Übergangsraum der Schwelle zwischen Leben und Tod. Der Ort des Bilds wäre dann die Schwelle, das Limen, die Verfassung des Bildes das Zwischen des Liminalen und seine Zeitform der Übergang als die Verwandlung von Leben in Tod und Tod in Leben. Der Bildraum ist so — als Feld des Übergangs — das Kraftfeld, in dem die Unterscheidung von Leben und Tod, Anwesenheit und Abwesenheit, indem sie vollzogen wird, zugleich neutralisiert wird. Das Bild gibt den Raum der Passage, in der es möglich wird, den Acheron in beide Richtungen zu überqueren. Das Bild kann so zum Raum der Auferstehung werden; das bedeutet umgekehrt: Auferstehung ist zu verstehen als das, was im wesentlichen Bild geschieht. Das Bild als beseeltes Doppel wird dann zum verklärten Leib und der Prozesscharakter des Figuralen erweist sich als Transfiguration.

Das ist selbstverständlich leichter gesagt als gemacht. Die Frage bleibt, wie das Bild es macht, zur wirklichen Anwesenheit des Abwesenden zu werden, wie es das Kraftfeld bildet, in dem der Weg zwischen den Bereichen durchlässig und in beide Richtungen begehbar und so die Unterscheidung von Leben und Tod hinfällig und neutralisiert wird. Vorläufig lässt sich sagen, dass es dazu nicht nur darstellen, sondern bewirken muss; es muss Werk als Wirklichkeit und Wirkung werden. Realpräsenz ist beispielsweise nicht der Effekt von Lebensgröße im Bild. Diese im 17. Jahrhundert aufkommende Konzeption dürfte auch ein Opfer der referentiellen Realismusfalle sein[37]. Wirkliche Gegenwart ist die Wirkung eines geistigen Vorgangs. Realpräsenz ist kein reales Prädikat, sondern eine Dimension des Seins.

Eine andere, ebenfalls liminale Konzeption der Bildlichkeit des Bilds ist die des jüdisch-christlichen Ursprungsmythos, derzufolge der Mensch als Bild und Gleichnis Gottes geschaffen wurde. Und vermutlich ist sie so anders gar nicht, sondern verhält sich komplementär zu der vorherigen. In der christlichen Anthropologie seit Augustinus ist das Bild Gottes im Menschen seine Seele, die als Replik auf die trinitarische Verfassung der Gottheit dreigestaltig ist. Dieses trinitarische Inbild ist der Spielraum, in dem der Mensch sein Wesen ausbilden kann. Eine solche Konzeption der Bildlichkeit ist — wenn überhaupt — nicht leicht zu verstehen, denn das Bildkonzept ist hier denkbar weit von jeder möglichen Abbildvorstellung entfernt. Es handelt sich eher um ein strukturelles Phänomen, um eine dynamische Beziehung von

---

37 Vgl. Victor Stoichita, «*Imago regis*: Kunsttheorie und königliches Porträt in den *Meninas* von Velázquez», in: Thierry Greub (Hrsg.), *«Las Meninas» im Spiegel der Deutungen. Eine Einführung in die Methoden der Kunstgeschichte*, Berlin: Reimer, 2001, S. 207–234. — Tatsächlich konnte der König auch in vielen anderen Gestalten real präsent sein: Bilder, Wappen, Standarten, Siegel, Briefe. Vgl. Regine Jorzick, *Herrschaftssymbole und Staat. Die Vermittlung königlicher Herrschaft im Spanien der frühen Neuzeit (1556–1598)*, München: Oldenbourg, 1998.

drei Instanzen. Ein solches Bild ist in keiner Weise referentiell auf eine außerbildliche Wirklichkeit bezogen, zu der es dann in einer differentiellen Beziehung stände, sondern es ist interferentiell konzipiert als die interne Dynamik der Instanzen, die als ihre Konfiguration eine eigene Wirklichkeit bildet. Diese Dynamik hat die spirituelle Tradition als innere Erfahrung beschrieben und konzeptualisiert. Sie hat nicht Gott als Referenten, sondern sie macht, wenn sie gelingt, die Gottheit in der Seele wirklich anwesend. Der Bildraum der Seele ist der Raum der Realpräsenz und das Bild ist deren Figuration. Bild und Seele sind also Korrespondenzbegriffe; die Seele ist die Wirklichkeit des Bilds und dieses ist die Seele als Gestalt.

V.

Diego Velázquez hat im zeitlichen Umfeld der Stücke Calderóns mit *Las meninas* und dem kurz darauf entstandenen, mit ihm konzeptuell in engstem Zusammenhang stehenden *Las hilanderas* zwei Bilder gemalt, die beide auf jeweils unterschiedliche Weise von dem sonderbar eigentümlichen Status der Bilder handeln; sie versuchen zu ergründen, was Bilder sind, indem sie ihre Entstehung erkunden; so zeigen sie, wie das Wesen der Bilder in ihrem Werden, ihrer prozessualen Dynamik liegt. Sie sind malerische Traktate über die Malerei[38]. *Las meninas* ist 1656 gemalt worden; in alten Inventaren wird es als «el cuadro de la Familia» geführt[39]. Das Bild hat von Anfang an als ein außerordentliches Kunstwerk gegolten. Die hohe Wertschätzung ist bis heute ungebrochen geblieben. Dabei ist ein guter Teil der Bewunderung für das Bild seiner rätselhaften Verfassung geschuldet. Martin Warnke hat das 1970 pointiert formuliert: «So bekannt das Bild geworden ist, so rätselhaft ist es geblieben; man weiß sehr genau wer, aber noch kaum, was dargestellt ist» (S. 7). Die zahlreichen Untersuchungen, Analysen und Deutungen des Bilds haben zwar vieles an ihm deutlicher werden lassen, manches auch eindeutig klären können, zuletzt aber doch nur die rätselhafte Verfassung *als* Rätsel immer deutlicher werden lassen. Es scheint sich um ein wahrhaft unergründliches, ja abgründiges Bild zu handeln. Antonio Palomino, der erste Biograph von Velázquez, hat in seinem kunsttheoretischen Werk *Museo pictórico y escala óptica* (1714–1724) in dessen dritten Band eine Beschreibung des Bilds gegeben und dabei die dargestellten Personen identifiziert; deshalb ist genau bekannt, wer dargestellt ist.

---

38 Vgl. etwa Rainer Brandt, «Diego Velázquez: *Las Meninas* o La familia de Felipe IV», in: *Philosophie in Bildern*, Köln: DuMont, 2000, S. 283–311: «ein Bild, das von der Entstehung eines Bildes handelt, ein gemalter Traktat der Malerei» (S. 283).
39 Vgl. Greub (Hrsg.), *«Las Meninas» im Spiegel der Deutungen* (Anm. 37); der Band versammelt die wichtigsten Analysen und Deutungen des Bilds. Zitatangaben im Text beziehen sich, sofern nicht anders angegeben, auf diesen Band.

Im Mittelpunkt des Vordergrunds steht die fünfjährige Infantin Doña Margarita, umgeben von einem Teil ihres Hofstaats. Ein Hoffräulein, Doña María Agustina reicht ihr kniend in einem Tonkrug Wasser. Auf der anderen Seite steht Doña Isabel de Velasco, sich der Prinzessin zuwendend, also wolle sie ihr etwas sagen oder zeigen. Im Vordergrund ein liegender Hund, der namenlos bleibt, den aber spätere Gelehrsamkeit als einen *mastín de la Mancha* identifiziert hat, eine Hunderasse, die häufig auf Bildern Philipps IV. zu sehen ist, was dessen Gegenwart womöglich bereits andeutet. Neben dem Hund der Zwerg Nicolasico Pertusato «pisándole para explicar al mismo tiempo que su ferocidad en la figura lo doméstico y manso en el sufrimiento». Hinter dem Hund steht Mari Bárbola, eine Zwergin «de aspecto formidable». Etwas weiter hinten, im Halbdunkel, Doña Marcela de Ulloa, eine Ehrendame, sowie ein ebenfalls namenlos bleibender Wächter der Damen [40].

Auf der linken Seite sieht man den malenden Maler Diego Velázquez selbst, die Palette in der linken, den Pinsel in der rechten Hand, am Gürtel den Schlüssel, der seinen Rang in der höfischen Hierarchie als Quartiermeister deutlich macht. Auf der Brust hat er das Kreuz des Santiago-Ritterordens, dem er zu der Zeit allerdings noch nicht angehörte. Der König hatte nach dem Tod des Velázquez angeordnet, das Kreuz hinzuzufügen; es heißt sogar, er habe es ihm eigenhändig aufgemalt. Palomino vergleicht dieses Selbstbildnis des Malers mit dem des griechischen Malers Phidias, der sein eigenes Bild auf den Schild der von ihm gemalten Göttin Athene malte; des weiteren mit dem Tizians, der sich selbst mit einem Bild Philipps II. in der Hand gemalt hat: Die Göttin und der König werten den Maler und seine Kunst auf. Im Bild des Velázquez entspricht dem zum einen das Selbstbildnis mit der Prinzessin.

Von dem Bild, an dem Velázquez malt, sieht man zunächst nur die Rückseite der Leinwand; schaut man genauer hin, sieht man im Hintergrund einen Spiegel an der Wand, der ein Paar reflektiert: Philipp IV. und seine Frau María Anna. Velázquez könnte also im Rahmen der dargestellten Atelierszene ein Doppelporträt des Königspaars malen, das demnach außerhalb der Szene, die im Bild dargestellt ist, für das Porträt Modell stände. Das würde erklären, warum die meisten der dargestellten Figuren aus dem Bild heraussehen: sie schauen auf das Königspaar. Lange Zeit hat man angenommen, der Spiegel reflektiere das Königspaar. Aber bereits Palomino hat angedeutet, dass der Spiegel nicht das Paar selbst, sondern dessen Bild auf der Leinwand reflektiere. Neuere Forschung hat die perspektivischen Linien des Bilds und die Größenverhältnisse des Raums im Alcázar, den Palomino genau benennt, untersucht und so beweisen können, dass tatsächlich der Spiegel die Vorderansicht der Leinwand reflektiert, genauer: einen Teil von ihr. Velázquez malt ein Ganzkörperporträt, der Spiegel zeigt ein Brustporträt. Die zunächst belanglos anmutende Unterscheidung von Spiegelbild des Königspaars und Spiegel-

---

40 Antonio Palomino de Castro y Velasco, *El museo pictórico y escala óptica*, Madrid: Aguilar, 1947, S. 920b.

bild des Bilds des Königspaars ist keineswegs unbedeutend; sie wird sich als ein wichtiges Moment in der Frage nach dem erweisen, was im Bild eigentlich dargestellt wird: nach seinem Gehalt.

Außerdem ist erkennbar, dass das Bild der Königin weniger weit ausgeführt ist als das des Königs. Da Doppelporträts eines Königspaars in der zeitgenössischen Kunst sonst nicht bekannt sind, ist zu vermuten, dass das Paar Teil einer Gesamtdarstellung der königlichen Familie ist, weshalb das Bild von den Zeitgenossen eben als «cuadro de la Familia» benannt wurde. Man müsste dann entweder annehmen, dass der König oder die Königin oder beide zu einer weiteren Sitzung ins Atelier gekommen sind oder dass die Infantin sich gerade vorbereitet, für den Maler Modell zu stehen. Rainer Brandt hat angenommen, das Bild zeige die Szene einige Augenblicke bevor die Infantin sich als Modell in Positur stelle und sie betrachte sich in einem Spiegel, der vor der Szene aufgestellt sei. Die Hypothese ist interessant. Sie ergäbe, dass die Blicke der Prinzessin, ihrer Begleiter und des Malers nicht eine Gestalt außerhalb des Bilds anschauten, sondern eben die Infantin, so dass das Bild auf diese Weise einen in sich geschlossenen autonomen Bildraum konstituierte. Brandt gibt keinen pragmatischen Grund für die Existenz eines solchen Spiegels im Atelier an und erst recht nicht dafür, dass Velázquez die Infantin nach dem Spiegelbild gemalt haben sollte. Deshalb bleibt es bis auf weiteres mindestens genauso plausibel, eine andere Person an dem Platz anzunehmen, auf den die Blicke der Figuren gerichtet sind. Und Palomino vermerkt ausdrücklich, dass sowohl der König als auch die Königin und die Infantin, während das Bild gemalt wurde, häufig ins Atelier gingen: «estimándolo por agradable deleite y entretenimiento» (S. 921b)[41].

Über dem Spiegel hängen zwei kaum zu erkennende Gemälde an der Wand; schon Palomino erwähnt ihre «poca claridad»; man hat sie durch eine überlieferte Inventarliste identifizieren können. Es sind Reproduktionen zweier Gemälde von Rubens und Jordaens: zwei Szenen aus den *Metamorphosen* des Ovid. Die eine stellt den Wettstreit im Teppichweben zwischen Arachne und Athene dar, den Velázquez selbst in den *Hilanderas* im Hintergrund abgebildet hat, die andere stellt den Wettstreit im Flötenspielen zwischen Pan und Apollon dar. Zwei Bilder also, die elementare Fragen der Kunst im mythischen Gewand behandeln und sie auf agonale Verhältnisse

---

41 Die Annahme Brandts, das ganze Bild stelle eine Spiegelszene dar, entbehrt vollends der Plausibilität. Velázquez hält den Pinsel, das Hoffräulein das Tablett und Nieto im Hintergrund den Vorhang mit der rechten Hand, und auch die Infantin greift mit der rechten Hand zu dem dargebotenen Krug; sie müssten, wäre es ein Spiegelbild, allesamt Linkshänder gewesen sein. Auch die Bilder im Hintergrund sind nicht seitenverkehrt. Wenn aber sehr wohl die Raumverhältnisse des Ateliers im Alcázar spiegelverkehrt sind, wie dem überlieferten Grundriss zu entnehmen ist, müsste das dann einen anderen, eher konzeptuellen Grund haben. Vielleicht hat Velázquez damit andeuten wollen, dass der Raum insgesamt, obwohl er als der reale Raum des Alcázar erkennbar war, durch diese Drehung der Seitenverhältnisse doch auch aus der Wirklichkeit herausgedreht ist und einen eigenen Bildraum «jenseits des Spiegels» konstituiert.

zurückführen. Auch rechts an der Wand sieht man Gemälde, die aber wegen der perspektivischen Verkürzung gar nicht zu erkennen sind. Neben dem Spiegel schließlich steht im Rahmen einer geöffneten Tür José Nieto, der Quartiermeister der Königin. Der obere Bereich, etwa ein Drittel des ganzen Bilds, ist ein kaum differenziertes Dunkel. So ergibt sich im unteren Feld, dem Vordergrund, ein lichter Bereich, im oberen Feld des Hintergrunds ein dunkler Bereich und dazwischen ein Feld, das der Bilder und des Spiegels, das einen Bereich im Halbdunkel bildet.

Palomino schließt seine Ekphrasis mit einem Satz, dessen letzter Teil immer wieder gern zitiert wird: «lo historiado es superior; el capricho nuevo; y en fin no hay encarecimiento que iguale al gusto y diligencia de esta obra, porque es verdad, no pintura» (S. 921b). Damit ist zunächst der Unterschied von Bild und Wirklichkeit angesprochen; das Bild erscheint derart wahrhaftig, so deutet Palomino an, dass es gar nicht wie ein Bild erscheint. Damit ist im Weiteren die Frage nach dem Gehalt, dem *capricho* oder *concepto* des Bilds angesprochen. Was wird hier eigentlich dargestellt? Was ist die Wahrheit dieses Bilds? Abschließend berichtet Palomino noch eine Anekdote, die einen Hinweis für die Richtung der Beantwortung dieser Frage gibt, und die ebenfalls immer wieder gern zitiert wird. Zur Zeit Karls II. betrachtet ein Besucher aus Italien, Luca Giordano, das Bild und ist offenkundig hingerissen. Als der König ihn nach seinem Eindruck fragt, antwortet er: «Señor, esta es la Teología de la Pintura.» Palomino erklärt das: «queriendo dar a entender que así como la Teología es la superior de las ciencias, así aquel cuadro era lo superior de la Pintura» (S. 922a).

Die Tatsache, dass die Perspektivlinien des Bilds genau den Größenverhältnissen des Raums im Alcázar entsprechen, hat zu der Annahme geführt, die Wahrheit des Bilds sei eine Art vorweggenommener Photorealismus: vollendete Malerei mit Hilfe der *camera obscura*, «eine Anticipation der Erfindung Daguerres» (S. 92), also absoluter Realismus der Darstellung. Das ist sicherlich nicht falsch, aber ebenso sicher ist mit dieser Wirklichkeitsdimension die von Palomino angesprochene «Wahrheit» nicht berührt. Carl Justi hat Palominos Hinweis auf die «Theologie der Malerei» dahingehend aufgenommen, Theologie sei «Wissen geoffenbarter Wahrheit, gegenüber der durch den natürlichen Verstand erworbenen»[42]. Das Bild ist demnach nicht nur ein Produkt der künstlerischen Anstrengung, sondern vor allem ein Erzeugnis der Inspiration des Künstlers, die ihm den Zugang zu den Urbildern der Kunst gibt, zu den Ideen, wie es in der kunsttheoretischen Begrifflichkeit der Zeit heißt. Als Theologie der Malerei nähert es sich dem Bereich des Idealen an: es gibt ein Bild von der Idee des Bilds überhaupt, von dem, was ein Bild zu einem Bild macht, von der Wahrheit des Bilds.

Das wird schon dadurch nahegelegt, dass auf dem Bild nicht nur die Szene der Hoffräulein dargestellt, sondern zudem eine ganze Serie von verschie-

---

42 Carl Justi, *Diego Velázquez und sein Jahrhundert*, Bonn: Cohn, 1923, Bd. 2, S. 339.

denen Typen der Bildlichkeit abgebildet ist. Das beginnt mit der dargestellten Leinwand am linken Bildrand, die der materielle Träger und Bildgrund des zu malenden Gemäldes ist, und die zudem nur von hinten zu sehen ist. Vor ihr steht Velázquez mit Palette und Pinsel. Das sind die vier elementaren und materiellen Bedingungen der Möglichkeit für ein Bild: Leinwand, Farbe, Pinsel, Maler. Der Mann in der geöffneten Tür im Hintergrund gibt gewissermaßen ein Modell für ein Bild in der Wirklichkeit: eine Gestalt in einem Rahmen, durch das Licht, das von draußen hereinfällt, sichtbar gemacht. Dem korrespondiert im Vordergrund die Prinzessin, die von ihren beiden Hoffräulein eingerahmt wird. Die nächste Stufe in dieser Typologie der Bildlichkeit gibt das Spiegelbild. Darüber hängen dann die wirklichen Bilder, Gemälde, die aber Repliken auf Bilder anderer Maler sind, also Bilder von Bildern, die zudem noch einmal von Velázquez in seinem Bild abgebildet werden. Der sich so andeutende Regress — das Bild des Bildes eines Bildes — dürfte für die Frage nach dem Gehalt nicht unbedeutend sein. Er zeigt sich noch einmal, wenn das Spiegelbild nicht das Königspaar, sondern das Bild reflektiert, das Velázquez gerade malt: Das Spiegelbild des Bilds führt eine selbstreflexive Struktur in das Bild ein. Mit ihr hängt ein großer Teil seiner rätselhaften Verfassung zusammen. Ein anderer Teil hängt mit seinem hochkomplexen Gegenstand zusammen. Aus der Beschreibung des Bilds haben sich — mindestens — drei thematische Bereiche ergeben. Im Vordergrund ist es ein Porträt der Infantin mit ihrem Hofstaat. Das ist es aber zugleich als Darstellung einer Szene im Atelier des Malers, der als ganzfiguriges Bild sich selbst bei der Arbeit darstellt. Dabei malt er aber schwerlich das Bild, das zu sehen ist, *Las meninas*, sondern eben das Bild, das im Hintergrund im Spiegel reflektiert wird und einen dritten Themenbereich markiert, das Königspaar. Der Maler stellt sich selbst beim Malen des Königspaars und im weiteren der königlichen Familie dar: zusammen mit der mehrfach selbstreflexiven Form ist damit das Thema und zugleich der Gehalt des Bilds, die ihm inhärente Idee oder sein Konzept gegeben. Das ist die Konstellation, als die das Bild die Theologie und damit die Wahrheit der Malerei anvisiert.

Aus dieser Konstellation ergibt sich eine Reihe von Paradoxien, die den Rätselcharakter des Bilds ausmachen. Das Königspaar ist dargestellt und bleibt zugleich doch außerhalb des Bilds, anwesend ist es lediglich als Spiegelbild des Bilds. Wenn der König, die Königin oder sie beide das Modell sind, stehen sie außerhalb des Bilds und sehen genau die Szene, die der Betrachter des Bilds *Las meninas* sieht, der sich somit just in derselben Position zu befinden scheint wie das Modell, das der Maler im Bild malt. Zugleich aber auch in der Position des Malers, der das Bild *Las meninas* malt. Diese Interferenz der Rollen von Modell, Maler und Betrachter wird noch befördert durch die Tatsache, dass einige der Figuren im Bild aus dem Bild herausschauen und den Betrachter ansehen. Damit ist ein vierter thematischer Bereich markiert: der Blick des Malers und der des Betrachters; beide fallen durch die Interferenz der Rollen mit dem königlichen Blick auf die dargestellte Szene zusammen. Das ergibt ein multiperspektivisches Bild; die Perspektive des Königspaars, des Malers und des Betrachters ergibt jeweils ein anderes Bild, zumindest aber eine andere Sichtweise des Bilds. Die Frage, was im Bild eigentlich dargestellt wird, findet sich so gespiegelt durch die, wer hier eigentlich was sieht.

Eine zentrale Frage der Deutung des Bilds ist nun, warum das königliche Paar nicht selbst dargestellt, sondern im Spiegel reflektiert abgebildet wird. Dazu sind plausible Überlegungen angestellt worden. Die frühe Neuzeit kennt die Traktatgattung des *speculum principum*, des Fürstenspiegels. Diese Idee findet sich auch in der bildenden Kunst dargestellt. Zum Beispiel der Fürst vor einem Spiegel, den ihm *Fides* und *Concordia*, die Repräsentanten von Kirche und Staat entgegenhalten (S. 122). Außerdem ist der Spiegel das Attribut der *Prudentia*, der Vorsicht und Klugheit, die eine der Haupteigenschaften des Fürsten sein sollte. Das Spiegelbild im Hintergrund zeigt das Königspaar unter dem Aspekt der *Prudentia* und stellt es damit zugleich typologisch in die Linie des *rey prudente*, Philipps II., der seinerseits auf das Urbild des weisen Königs bezogen werden wollte: auf den weisen Salomon des Alten Testaments. — In dieser Perspektive sind die beiden *bufones* vorne rechts Gegenfiguren nicht nur zur strahlend schönen Prinzessin; als Gestalten der Torheit sind sie ebenso auf die königliche Klugheit zu beziehen[43]. Mögliche Beispiele der Torheit sind in den mythologischen Szenen genau über dem Spiegel dargestellt; das Königspaar, das dem Maler Modell steht, hat sie unmittelbar vor Augen[44].

Einige Momente der Rätselhaftigkeit des Bilds hängen mit der angedeuteten Perspektivenvielfalt zusammen. Wenn Velázquez das Königspaar malt, gibt es eine Interferenz zwischen Betrachter und Modell des Bilds. Der Betrachter rückt in die Position des Modells, das vom Maler und den übrigen Personen des Bilds angesehen wird. Des Weiteren ist diese Position aber auch die, die Velázquez einnehmen musste, als er *Las meninas* malte, was eine weitere Interferenz ergibt. Velázquez malt zum einen das Bild des Königspaar, das ihm Modell steht; zum anderen malt er das Bild, das die Szene zeigt, die das Königspaar sieht, während es ihm Modell steht, und das Velázquez seinerseits malt, und das als Bild zeigt, wie Velázquez das Königspaar malt. Carl Justis Fiktion, der König könne das Bild angeregt haben, also seine Idee geliefert haben, hätte dann nicht so sehr den von ihm vielleicht intendierten Sinn, dem Bild eine realistische Genreszene als Motivgrund zu geben, sondern

---

43 Mari Bárbola ist 1651 in die Palastdienste eingetreten und hat im Laufe der Zeit sich große Vergünstigungen erwerben können: so beispielsweise ein Pfund Schnee an jedem Sommertag des Jahres 1658 (S. 173).

44 Jan Ameling Emmens deutet an, dass in den zeitgenössischen Kunsttraktaten eine Verbindung zwischen Klugheit und Perspektive hergestellt wird. Genaue Kenntnis der Perspektive in Theorie und Praxis ist Ausweis des Künstlers und Zeichen seiner Klugheit, seiner *perspicuitas*, seines scharfsichtigen «Durchblicks». Dem wäre weiter nachzugehen. Die ingeniöse perspektivische Konstruktion des Bilds jedenfalls weist Velázquez als Meister dieser Kunst der Klugheit aus. Deshalb auch kann er sich ganzfigurig und auf gleicher Höhe mit dem Spiegelbild des Königspaars darstellen (S. 126).

vielmehr den, Maler und Modell, das zudem der König wäre, sich auf der Ebene der Idee begegnen zu lassen. Die Idee ist dann etwas, das aus dem Bild selbst hervorgeht; sie geht nicht dem Bild voran, sondern ist eine Interferenz von Maler und Modell, von Bild und Wirklichkeit. So besteht die zentrale Bildidee eigentlich aus zwei Bildern. Velázquez malt das Königspaar und die *familia* schaut zu. Velázquez malt die *familia*, wie sie dem Malen des Königspaars durch Velázquez zuschaut. Beide Bilder sieht der Betrachter, wenn er sich auf das Bild einlässt.

Diese Verfassung des Bilds hat eine doppelte Konsequenz. Vom Standpunkt realistischer Mimesis ergibt sich ein Paradox. Das Bild kann nicht so gemalt worden sein, wie es jetzt zu sehen ist, da der Maler des einen Bilds mit dem Modell des anderen Bilds denselben Ort einnehmen müsste. Um dieses Paradox zu entschärfen, kann man die verschiedenen Momente, die im Bild gleichzeitig wirksam sind, in ein Nacheinander auflösen; das Bild ist ja schließlich keine Photographie. Ikonisch bleibt das Paradox gleichwohl bestehen. Damit löst sich das Bild aus dem mimetisch-realistischen Referenzraum und kreiert seinen eigenen Bildraum. Auch deshalb ist es so bedeutsam, dass die Szene hochrealistisch ist, dass die Perspektive korrekt ist und die Personen benennbar sind. Dieser Referenzraum wird durch den Bildraum abgebildet und zugleich transzendiert. Das Medium dieser Transzendenz ist die selbstreferentielle Verfassung des Bilds, die einen wesentlich eigenen Bildraum konstituiert, der aber nicht so sehr ein autonomer Bildraum ist, sondern einer, der sich aus der Interferenz von Maler und Modell, Bild und Betrachter ergibt. So lässt sich die Grundidee der Deutung Brandts aus ihrer fast autistischen Fixierung lösen. Die selbstreferentielle Verfassung ist nicht dadurch gegeben, dass die Infantin die Betrachterin ist, sondern dass Maler, Modell und Betrachter jeweils in derselben Position sind, Innen und Außen also in beständigem Fließen sind.

Die nächste Frage ist dann, warum und auf welche Weise die Konstitution eines eigenen Bildraums mit dem Porträt des Königs oder der königlichen Familie zusammenhängt. Denkbar ist, dass es um eine Legitimation dieses Bildraums geht. Velázquez malt sich selbst, wie er das Königspaar malt, und er zeigt das Bild, das er malt, als Spiegelbild. Künstler und König, Künstlerbild und Königsbild sind dabei jeweils aufeinander bezogen. Der Maler stellt sich in Lebensgröße dar und befindet sich somit auf gleicher Höhe und im selben Raum mit dem Königspaar, das seinerseits als Ganzkörperporträt dargestellt wird; die Bodenfläche des Bildraums ist nach vorn hin nicht begrenzt, sie geht unmittelbar in den Raum über, wo das Königspaar — und auch der Betrachter — steht. Das wiederholt sich noch einmal innerhalb des Bilds, indem Velázquez sich auf gleicher Höhe mit dem Spiegelbild des Königspaars darstellt. Für diese Betrachtung ist es nicht unwichtig, was die Rekonstruktion der perspektivischen Linien und der räumlichen Verhältnisse durch John F. Moffitt ergeben hat (S. 42 ff.). Demnach sind der Standpunkt des Königspaars und der ideale Standpunkt des Betrachters, der dann auch der des Malers sein müsste, nicht identisch. Sie kommen aber im Bild zusammen, indem sie eine Konstellation, ein *concepto* bilden, das durch das Ingenium des Malers ersonnen und durch das des Betrachters nachvollzogen wird. Die Differenz der Standpunkte von Betrachter/Maler und Modell wiederholt sich im Kleinen, die Doppelstruktur des Bilds im Großen. Das Königspaar steht frontal vor dem Spiegel, und sieht sich selbst in ihm gespiegelt. Der Betrachter, der neben dem Königspaar steht, schaut aus einem spitzen Winkel in den Spiegel und sieht so das Bild des Königspaars, das Velázquez auf der Leinwand malt. Die beiden Bilder sind nicht gleichzeitig wahrnehmbar, nur mental erkennbar; der Bildraum ist ein geistiger Raum. Das wird unterstrichen durch das formale Moment der Repräsentation der Repräsentation: der malende Maler, dessen Bild im Spiegel als Bild des Bilds reflektiert wird. Das ist aber genau die Form, in der das Königspaar im Bild dargestellt wird. Der eine Gegenstand des Bilds, das Königspaar, wertet durch seine Darstellung die Bildlichkeit des Bilds auf. Das Bild wird so in seiner Bildlichkeit real, indem es einen geistigen Bildraum konstituiert, der durch den König legitimiert wird.

Das gilt entsprechend, aber umgekehrt, für das Bild von Velázquez, der sich selbst nach einem Spiegelbild malen muss. Sein Selbstbild ist demnach ebenfalls Repräsentation der Repräsentation, die sich komplementär zu der des Königspaars verhält. Velázquez malt sich als Bild des Spiegelbilds, das Königspaar als Spiegelbild des Bilds. Das scheint sich in der Anekdote auszudrücken, nach der Philipp selbst dem Maler das Kreuz des Santiago-Ritterordens aufgemalt habe. Maler und König sind darin endgültig supplementär — nach Art der Vexierbilder von M. C. Escher — aufeinander bezogen: Velázquez malt den König, der Velázquez malt.

Diese Reziprozität von Velázquez und König, Maler und Modell, wird verdoppelt durch die von Modell und Betrachter. Die Mehrzahl der Figuren schaut aus dem Bildraum hinaus in den Raum des Betrachters, der somit von ihnen angesehen wird. Die Interferenz der zwei Bilder im Bildraum wird durch die Interferenz von Bildraum und Sichtraum potenziert und weiter spezifiziert. Die selbstreflexive Verfassung des Bilds konstituiert einen Bildraum, der sich aber als geistiger Raum erst im Betrachter verwirklichen muss. Das Zusammenwirken dieser beiden Interferenzen erzeugt die *presencia real*, die königliche Anwesenheit und die Realpräsenz des Bilds als hochkomplexe Interpenetration von Repräsentationsfiguren.

Eine weitere Ebene der selbstreferentiellen Selbstreflexion, der Repräsentation der Repräsentation sind die Bilder an der Wand, die beide von der anmaßenden Hybris von Künstlern handeln. Vor allem das eine, das den Arachne-Mythos zeigt, ist hier bedeutsam, da Velázquez dieses Sujet in seinem Bild *Las hilanderas* selbst gemalt hat. Dieses Bild im Bild weist so aus dem Bildraum in den Wirklichkeitsraum; die referentielle Wirklichkeit außerhalb des Bilds ist aber wiederum ein Bild, der Bildraum der Spinnerinnen, der seinerseits auf den Teppich als einen Bildraum im Bildraum verweist. Einen derartigen Dialog der Bilder hat Svetlana Alpers in ihrer Studie zu Velázquez als Prinzip der Bildlichkeit von Bildern aufgezeigt: Bilder entstehen aus Bildern[45]. Ein solcher Dialog verwirklicht sich erst durch den Betrachter. Das wird in diesem Bild durch die Leinwand vorn links angedeutet, die einen großen Teil des Bildraums einnimmt und zunächst nur von hinten zu sehen ist. Sie markiert das wesentliche Moment des Bilds, sein *concepto*, das durch den Betrachter erst realisiert wird, indem er die jeweils andere, «ergänzende Hemisphäre» mental konstituiert. Das Bild zeigt die der Sichtbarkeit abgewandte Seite des Bilds und stellt so den Prozess vom Nichtsehen und der Unsichtbarkeit zum Sehen und der Sichtbarkeit als einen Weg der vermittelnden Reflexion dar. Deshalb sind die unscharfen und die dunklen Bereiche des Bilds elementare Bestandteile des *concepto*. Sie markieren das Entstehen des Bilds als Artikulation von Licht und Dunkel, Sichtbarkeit und Unsichtbarkeit, Gestalt und Ungestalt. Und sie machen deutlich, dass Sichtbarkeit nicht eine Sache des Gesichtssinns ist, sondern des Geistes, der erst durch die Aktion des Ingeniums erschließt, was wahrhaft zu sehen ist. Die aus dem Bild schauenden Gestalten thematisieren damit auch diesen Akt des Sehens selbst: an der Grenze zum Nichtsehen. Sie sehen etwas, das der Betrachter zunächst nicht sieht, dann aber, vermittelt, als Repräsentation der Repräsentation eben doch sieht. Sie ergänzt das durch die Rückseite der Leinwand markierte negative Moment der Abwesenheit des Bilds durch die Anwesenheit des reflektierten Bilds dieses Bilds.

Der Blick des Betrachters wird durch die verschiedenen thematischen und perspektivischen Schwerpunkte des Bilds sowie durch die verschiedenen Personen, die ihn aus dem Bild heraus ansehen, zunächst weitgehend aufgesplittert und zerstreut. Erst in einem zweiten Schritt kann er sich reflektierend klarmachen, dass dieser «Streueffekt» (Leo Steinberg) dadurch eingegrenzt wird, dass die verschiedenen Linien der Blicke und der Perspektiven ihrerseits allesamt durch ein Moment gebündelt werden. Diese Form einer gehegten Dissemination ergibt die Realpräsenz des Bilds. Das konzeptuelle Schillern kommt im Spiegel zu sich selbst. Vom Standort des Betrachters aus spiegelt er im spitzen Winkel die Vorderseite der Leinwand, das Bild des Königspaars. Vom Standpunkt des Modells, des Königspaars, das dem Spiegel gegenüber steht, spiegelt er dieses selbst. So zeigt er das Königspaar gewissermaßen doppelt, indem er zwei Orte spiegelt, die aber jeweils ‹dasselbe› enthalten: das Königspaar als wirkliches und als gemaltes, beides aber als Spiegelbild. Diese drei Momente — die Wirklichkeit, das Bild und das Spiegelbild — sind die drei Dimensionen des geistigen Bildraums, der sich aber erst durch die Interaktion von jeweils zwei Instanzen konstituiert: von Maler und Modell, Velázquez und dem Königspaar, sowie von Bild und Betrachter.

---

45 Svetlana Alpers, *The Vexations of Art. Velázquez and Others*, New Haven: Yale UP, 2006.
    — Die damit möglicherweise aufgeworfenen ontologischen Probleme deutet der Satz an, mit dem Aristoteles zwischen Lebewesen und Dingen unterscheidet: Ein Mensch entsteht aus einem Menschen, nicht aber eine Liege aus einer Liege (*Physik* II, 1, 193 b 9).

VI.

Im Bild der königlichen Familie wird die Problematik der *presencia real* durch das Wortspiel — königliche Anwesenheit und Realpräsenz — nahegelegt; mit *Las hilanderas* hat Velázquez einen Bildraum gemalt, dessen Realpräsenz ganz aus der Wirklichkeit des Malerischen hervorgeht. Das 1657 oder 1658 gemalte Bild ist ein Musterbeispiel für ein Bild, das einen liminalen Bildraum schafft. Dargestellt ist nicht, wie immer wieder behauptet wird, eine Szene in einer Teppichweberei. In Madrid existierte seit den 1620er Jahren in der Calle Santa Isabel eine Teppichweberei mit mehreren Webstühlen. Die dargestellte Szene wird allgemein in diese oder eine nach ihrem Muster entworfene Teppichweberei in Madrid verlegt. Svetlana Alpers hat darauf hingewiesen, dass die Bereitung des Garns, die Frauenarbeit war, nicht in der Werkstatt der Weberei stattfand, in der Männer arbeiteten, und dass ohnehin der Vorgang des Webens im Bild gar nicht dargestellt wird. Der dargestellte Ort kann also weder die *tapicería real* sein, noch sonst eine Weberei. Es ist, so Alpers, «an imaginary site»; die Wirklichkeit des Bilds hat eher phantastischen als faktischen Charakter[46].

Tapisserien sind in der Hierarchie der Künste unter der Malerei angesiedelt: nicht Kunst sondern Handwerk, also Kunstgewerbe. Als solches standen sie aber hoch im Kurs; themengebundene Teppichserien gehörten zum festen Inventar besserer Häuser. Wenn Velázquez mit dem Bild einen Beitrag zum Streit um den Status der Malerei als *ars liberalis* liefert, den Maler und Malereitheoretiker im 16. und 17. Jahrhundert austragen und in den ja noch 1677 Calderón mit seiner *Deposición* eingreift, dann wäre es konsequent, dies ausgehend von der Bildtechnik zu tun, die das Handwerkliche am wenigsten verleugnen kann. Indem das Bild den vorderen, deutlich handwerklichen Teil vom hinteren Kunstteil abtrennt, könnte es in dieser Debatte eine Position beziehen[47].

Im Vordergrund sieht man, wie die Wolle, die oben rechts als noch unversponnener Ballen Rohwolle an der Wand hängt, am Spinnrad von der alten Frau zu fast nichtigen Fäden verarbeitet und in der Hand der jungen Frau rechts als Wollknäuel aufgewickelt wird. Links sieht man einen Haufen von fertigem Gewebe und eine Leiter zur provisorischen Hängung von Teppichen; das deutet an, dass die Weberei zumindest nicht fern ist, unterstreicht aber auch den imaginären Charakter des Raums. Das ganze ist zugleich auch eine Figuration des Übergangs vom Gestaltlosen zur Gestalt, von der formalen Ungestalt des Flecks zur geformten Gestalt des Kreises im Spinnrad und der

---

46 Ebd., S. 150.
47 Verena Krieger hat gezeigt, dass die Tapisserien im Streit um den Kunstcharakter der Malerei eine exemplarische Rolle gespielt haben: vgl. «Arachne als Künstlerin. Velázquez' *Las hilanderas* als Gegenentwurf zum neuplatonischen Künstlerkonzept», in: *Zeitschrift für Kunstgeschichte* 65 (2002), S. 545–561.

Kugel im Knäuel, das seinerseits wiederum der amorphe Ausgang für das geformte und figurierte Bild des Teppichs ist, der selbst noch einmal als amorpher Haufen in der linken Ecke liegt. Der Verarbeitungsprozess zum Teppich wird nicht gezeigt. Im Hintergrund stehen vor einem an der Wand hängenden fertigen Teppich einige Frauen, die durch ihre Kleidung deutlich als adlige Damen markiert sind: Käuferinnen, die sich die bestellte Ware ansehen. Im hintersten Grund hängt der Teppich selbst, auf dem man sehr undeutlich einige am Himmel schwebende Putten erkennen kann, sowie eine verschwommen wahrnehmbare Darstellung eines Stiers mit einem Mädchen darauf: Zeus und Europa. Der Bildraum scheint also tatsächlich ganz imaginär zu sein; er ist — chimärisch — aus verschiedenen Räumen gebildet.

Das Bild ist deutlich zweiteilig aufgebaut; ein eher düsterer Vordergrund ist von einem hellen Hintergrund abgetrennt, der zudem noch durch zwei Stufen gegenüber dem Vordergrund erhöht ist, also wie auf einem Podest wirkt. Die runde Kuppel mit einer runden Öffnung ist eine Hinzufügung des 19. Jahrhunderts; sie ist für den Gehalt des Bild nicht von Belang. Das Licht fällt strahlend hell von links in diesen Raum. Die Zweiteilung ist zunächst eine soziale: vorne die Arbeiterinnen im Halbdunkel, die Produzenten; hinten die aristokratischen Käuferinnen, die Konsumenten. Dann ist sie im Weiteren auch eine künstlerische; vorne findet sich das Handwerk, hinten die Kunst.

Die Zweiteilung wird aber auch durch innerbildliche Korrespondenzen unterlaufen. Dem Spinnrad vorn korrespondiert der Körper des Holzgestells auf der Schwelle zum hinteren Raum, das wie ein musikalisches Saiteninstrument aussieht, das aber wohl eine *devanadera* ist, ein Gestell zum Aufwickeln des Garns; dem Lichteinfall vorn durch das Fenster entspricht der stärkere Lichteinfall hinten; den fünf Frauengestalten vorn entsprechen ebenfalls fünf Personen hinten, vier Frauen und eine Gestalt mit einem Helm, die aber, quasi aus Symmetrie- und Korrespondenzgründen, auch eine Frau sein müsste; ihre konkrete Korrespondentin wäre dann die alte Frau vorn links, die ebenfalls eine Kopfbedeckung trägt; auch zwischen den Frisuren der Frauen gibt es Entsprechungen.

Der Aufbau des ganzen Bildes hat etwas Theatralisches. Die Erhöhung hinten wirkt wie eine Bühne, zu der das vordere dann der Publikumsraum wäre. Zugleich ist der hintere Teil aber selbst wie eine Bühne organisiert. Die Damen sind dann die Zuschauerinnen, die Tapisserie bildet die Szene mit einem mythischen Sujet: Europa und Zeus. Wenn die *devanadera* wie ein Musikinstrument erscheint, könnte das an die Musikintervention zwischen den Akten eines Theaterstücks erinnern. Zugleich wäre es dann Repräsentant einer weiteren Kunst, der Musik neben der Malerei, dem Drama und vielleicht auch der Dichtung, denn das Motiv von Zeus und Europa verweist auf die seinerzeit allgegenwärtigen *Metamorphosen* Ovids, in denen die antiken Mythen dem Barock am ehesten präsent waren. Wenn es in dem Bild um die Position der Kunst ginge, wären so implizit und wie von ungefähr die weiteren, nachmals so genannten schönen Künste anwesend.

Ist man einmal für die szenische Gestalt des Bildaufbaus hellsichtig geworden, erkennt man, dass auch der vordere Teil szenischen Charakter hat. Links zieht eine der Frauen einen Vorhang beiseite, hinter dem sich ein Fenster abzeichnet, durch das ein wenig Licht in den vorderen Raum fällt; vor allem die Frau rechts sitzt in diesem Lichtstrahl. Der Fenstervorhang wirkt jedoch optisch wie ein Vorhang auf der Bühne, der gerade zur Seite gezogen worden ist und etwa den Blick vom vorderen auf den hinteren Teil der Szene freigibt oder eine neue Szene eröffnet. Dann sind aber die Betrachter des Bilds von Velázquez das Publikum, und das Bild öffnet sich gewissermaßen nach vorn, über den Bildrand hinaus, in den Raum des Betrachters, der umgekehrt mit in den Bildraum einbezogen ist, denn er findet sich seinerseits als Zuschauer in den Zuschauerinnen im hinteren Teil selbst dargestellt[48].

So ergibt sich eine mehrfache Schichtung von Szenen und Repräsentationsebenen, die das Problem der Darstellung selbst als ein Hauptthema des Bilds deutlich macht; die Zuschauer der Szene der Spinnerinnen werden verdoppelt in den Betrachtern des Teppichs; eine von ihnen schaut sich um und schaut genau in Richtung des Zuschauers außerhalb des Bilds, markiert ihn als Zuschauer, der sich zum Bild von Velázquez verhält wie die adligen Damen sich zu dem Teppichbild an der Wand verhalten. So schließt sich ein Kreis vom Zuschauer außerhalb des Bilds zu den Zuschauern innerhalb des Bilds und wieder zurück zum Zuschauer außerhalb des Bilds. Bei diesem Übergang zwischen Bild und Wirklichkeit wird nicht die Wirklichkeit in den Bild- und Fiktionsraum überführt, um einen möglichst großen mimetischen Wirklichkeitseffekt zu erzielen, vielmehr wird der Bildraum der Imagination auf die Wirklichkeit des Betrachters hin geöffnet und erzeugt so in ihm eine profane Erleuchtung[49]. Das könnte eine entscheidende Differenz zwischen Renaissance-Realismus und Barock-Konzeptismus sein. Die Grenze von innen und außen, von Darstellung und Dargestelltem wird auf eigentümliche Weise unscharf. So wird sie aber auch als diese Grenze markiert und zugleich problematisch gemacht. Was hat es mit der Kunst und ihrem Verhältnis zur Wirklichkeit auf sich?

In dem Zusammenhang wird ein Charakteristikum des Bilds bedeutsam. Es thematisiert in gewisser Hinsicht das Licht selbst, das zum Beispiel vorn durch das Fenster einfällt und die junge Frau rechts besonders gut sichtbar macht, während die Frau in der Mitte im Schatten sitzt und deshalb nur

---

48 Martin von Koppenfels hat das «innere Rahmung» genannt und als allegorisierendes Verfahren deutlich gemacht; vgl. Martin von Koppenfels: «Gespinste. Anmerkungen zu Velázquez' *Las Hilanderas*», in: *Compar(a)ison* 2 (1994), S. 197–226.

49 Diese Bildstruktur ist bereits in der frühen Küchenszene mit Martha und Maria am Werk, die Velázquez 1619/20 gemalt hat. Vorne sieht man die Küche, wo körperliche Nahrung bereitet wird, hinten die geistige Nahrung Christi; der ist durch eine Tür noch einmal gerahmt und abgesondert und tritt mit den Füßen aus diesem Rahmen heraus. Die Frau vorne sieht aus dem Bild heraus und öffnet es so auf den Betrachter. Der Krug im Hintergrund und die Küchengeräte im Vordergrund bilden Korrespondenzen, der Fisch als Christussymbol und Chistus selbst, das Profane und das Sakrale bilden eine Konfiguration.

undeutlich erkennbar ist; sie hat ein Gesicht, das beinahe an einen Totenkopf denken lässt. Das Sonnenlicht gibt Sichtbarkeit und Leben; der Schatten und das Dunkel ist die Region des Todes. Im Hintergrund ist das Licht so leuchtend grell, dass es die Motive des Teppichs zum Schillern bringt und sie gar nicht wahrnehmbar sein lässt. Carl Justi hat in seiner großen Velázquez-Monographie diese Verwendung des Lichts als zum Gehalt des Bilds selbst gehörig interpretiert; der bestehe in einem Übergang von der Wirklichkeit über das Bild zur Vision, deren Medium eben das Licht ist. Die Sonne und ihr Licht «macht das Wirkliche zum Bild und das Bild zur Vision»[50].

Wenn das Bild eine Genreszene aus dem Umfeld einer Teppichweberei darstellt — pittoresk aufgemachte Frauen aus dem Volk bei der Arbeit, zum höheren Vergnügen der Aristokratinnen, die deren Produkt kaufen wollen, und die sich diese Genreszene von Velázquez ihrerseits wieder in ihr Kabinett hängen werden —, ist das Bild eine kleine Allegorie der damaligen Gesellschaft als szenische Darstellung. Dann kann man eventuell, wie manche Interpreten es tun, die drei Spinnerinnen zusätzlich als Gestalten der drei Parzen deuten, die den Lebensfaden spinnen, abmessen und schließlich abschneiden; darauf verweise der Totenkopf der mittleren und das gäbe der Genreszene den unerlässlichen Schuss barocker Vanitas-Pathetik.

Es fragt sich aber, wie in einer solchen Genreszene die Gestalt mit dem Helm unterzubringen sein soll. Ist das eine Anspielung auf ein apokryphes Kapitel des *Don Quijote*, dessen Held sich nicht nur in eine Druckerei, sondern auch in eine Teppichweberei begeben hätte? Neuere Forschung, seit etwa fünfzig Jahren, hat sich weitgehend darauf geeinigt, dass im Hintergrund eine Passage aus Ovids *Metamorphosen* dargestellt wird: der Mythos der Arachne aus dem Buch VI, 1–145[51]. Arachne ist eine junge Frau aus Lydien, nicht von hohem Stand, das wird mehrfach betont — die soziale Differenzierung ist also auch hier von Anfang an präsent —, aber doch hochberühmt: «sed arte clara fuit» (V. 8). Schon ihr Vater hat Wolle purpurn gefärbt und verarbeitet: die Farbe Rot ist ein leitendes Motiv bei Ovid und im Bild des Velázquez. Arachnes «opus admirabile» ist allseits berühmt, so dass sogar die Nymphen aus Flüssen und von Bergen kommen, um es anzusehen. Es ist eine Freude, die fertigen Stoffe zu sehen, und ebenso, ihr Entstehen zu betrachten: «tantus decor adfuit artis» (V. 18), mit solchem Geschick ist sie bei der Sache; auch hier wird der Produktionsprozess von Anfang an thematisiert.

Man sagt, sie habe bei Pallas Athene/Minerva selbst gelernt, der Göttin, die das Weben als Kunst beschützt. Arachne fühlt sich durch eine solche Lehrerin beleidigt. In ihrer Hybris fordert sie die Göttin auf, sich mit ihr im

---

50 Justi, *Diego Velázquez und sein Jahrhundert* (Anm. 42), Bd. 2, S. 344.
51 Es hat allerdings auch immer wieder Versuche gegeben, dem Bild andere Sujets abzulesen, die sich aber, so weit zu sehen ist, nicht durchgesetzt haben. Vgl. Madlyn Kahr: «Velázquez's *Las Hilanderas*: An New Interpretation», in: *Art Bulletin* 62 (1980), S. 376–79; Teja Bach: «Metamorphosen Ovids in Velázquez' Malerei», in: *Wiener Jahrbuch für Kunstgeschichte* 48 (1995), S. 43–60.

Wettkampf zu messen; dann wird man sehen, wer Sieger ist. Wird sie besiegt, kann Athene mit ihr machen, was sie will. Die Göttin besucht sie in Gestalt einer alten Frau und rät ihr zur Mäßigung. Sie möge sich begnügen mit der Position der Ersten unter den Menschen; ihre Worte über die Göttin sind Frevel. Arachne wird zornig und antwortet der Alten, indem sie noch zulegt an Hybris: «consilii satis est in me mihi» (V. 40); sie braucht keinen fremden Rat, sie ist sich selbst genug. Die Göttin soll doch endlich zum Wettkampf (*certamen*) antreten, wenn sie sich denn traut.

Die Göttin nimmt daraufhin ihre wirkliche Gestalt an und erscheint als gerüstete Pallas Athene, mit Helm und Schild, strahlend in ihrer Göttlichkeit. Alle Anwesenden, auch die Nymphen, sind erschrocken und ehren die Göttin, nur Arachne nicht. Aber sie wird rot; eine plötzliche Glut überkommt ihr zorniges Gesicht, wie purpurne Morgenröte, die dann zu Weiß wird (*candescere*), wenn die Sonne aufgeht. Darauf könnte die rot-weiße Kleidung der Frau im Hintergrund in der Mitte und das strahlende, epiphanische Licht des Raums verweisen; überhaupt ist Rot und Weiß im ganzen Bild dominant. Arachne insistiert auf dem Wettkampf und verfällt ihrem Schicksal (V. 45–52).

Beide beginnen zu weben, so kunstvoll, dass man, wie beim Regenbogen, die Übergänge der Farben gar nicht erkennen kann und gleichwohl an weiter auseinander liegenden Stücken sieht, dass es sie gibt; die Farben sind Purpur und Gold. Pallas stellt eine Reihe von Göttern da: Zeus, Poseidon, Mars, Athene selbst und Victoria/Nike. In den Ecken stellt sie — zur Warnung, als Prophezeiung — vier Wettkämpfe dar: Herausforderer der Götter, die dafür mit Metamorphosen bestraft wurden. Eine Metamorphose kann also Rettung und Strafe sein. Sie umrahmt das Bild mit Ölzweigen, die ihr eigenes Emblem sind. Arachne zeigt Bilder und Szenen, in denen Götter menschliche Mädchen verführt und vergewaltigt haben; sie beginnt mit Europa und dem Stier; dann stellt sie weitere Beziehungen der Götter zu irdischen Frauen dar. Immer sind dabei Metamorphosen der Götter zum Zweck des Betrugs im Spiel. Und Arachne stellt jedes Mädchen mit ihrem eigenen Gesicht dar (121). Schließlich stellt sich auch Arachne wie Pallas selbst dar. Als Rahmen nimmt sie Efeu und Blumen.

Pallas ist erzürnt, da sie einerseits nichts zu tadeln findet, denn die Bilder sind hervorragend gemacht. Aber die dargestellten Themen, die Schande der Götter, missfallen ihr und sie zerreißt die Bilder. Sie ist ebenfalls zornig, wie Arachne zuvor; die Ebenen sind nivelliert. Arachne nimmt einen Strick und will sich erhängen; Pallas hat Mitleid mit ihr und lässt sie leben. Aber zur Strafe soll sie trotzdem hängen, als Spinne-Arachne, in die sie verwandelt wird, kann sie weiterhin spinnen und weben.

Ist diese Geschichte im Bild von Velázquez verarbeitet, wäre die Gestalt mit dem Helm Pallas Athene, die rot-weiß gewandete dann Arachne. Da das Bild bereits fertig ist, müsste es der Moment sein, wo Pallas Athene in Zorn gerät. Wenn weiter das Bild von Velázquez eine Genreszene aus Madrid darstellt, müsste die Arachne-Mythe ein Thema des Teppichs sein, den die adligen Käuferinnen sich betrachten. Im Vordergrund die beiden Streitenden, im Hintergrund eines der Streitmotive: Zeus und Europa. Schaut man sich das genauer an, wird diese Zuordnung fraglich. Die beiden Frauen gehören gar nicht wirklich zum Teppich, sie stehen ebenso im Raum der Betrachterinnen, und eine wirft sogar einen Schatten. Der Eindruck wird verstärkt durch die Tatsache, dass der untere Rahmen des Teppichs nicht zu sehen ist — oder gar nicht vorhanden ist. Der Teppich öffnet sich auf seine Zuschauerinnen, wie das ganze Bild sich seinerseits auf seine Zuschauer hin öffnet. Arachne und Athene gehören einerseits zum Teppich, andererseits scheinen sie zur Szene vor dem Teppich zu gehören. Sie befinden sich zwischen dem Bereich der Käuferinnen und dem des Bilds.

Wenn die beiden Gestalten also wirken, als gehörten sie zur Szene der Käuferinnen, wäre das ein epiphanischer Augenblick. Mitten in Madrid erscheint die Göttin Athene, wie das für einen Athener der Antike jederzeit denkbar war. Diese Epiphanie wird aber hier als eine Wirkung der Kunst vorgeführt. Das Bild wird Vision und die Vision wird Wirklichkeit. Das Bild zeigt den und das Moment, wo die dargestellte Szene vom Bild in die Wirklichkeit übertritt, wo der Schein real wird: «verum taurum, freta vera putares» — ein wahrer Stier und wahrhaft das Meer, so heißt es von Arachnes Zeus-Europa-Bild (V. 104). Und diese Wirkung ist göttlich; die Kunst hat die Kraft, einen epiphanischen Moment zu erzeugen. Mit dem Arachne-Mythos liefert das Bild zugleich aber die moralische Warnung dazu. Dieser Anspruch ist Hybris, die Nemesis folgt auf dem Fuße. Der Künstler, der sich das anmaßt, wird bestraft.

Die Leiter in der Mitte links, von der nicht zu sagen ist, wie sie da steht, als stände sie frei, führt aus dem Bildraum hinaus, und zwar genau in den Bereich, aus dem das strahlende Licht in den hinteren Raum einfällt. Diese Leiter wird so auch als symbolische erkennbar. Sie bezeichnet den Aufstieg, der zwischen den beiden Bereichen des Bilds stattfindet und der den Gehalt des Bilds bildet: von der Wirklichkeit zum Bild, vom Bild zur Vision, von der Vision zum Licht. Es geht hier offenbar um eine spirituelle Erfahrung, für die, angefangen mit der Himmelsleiter Jakobs, die Leiter traditionell steht. Ein Aufstieg von der Praxis zur Theorie, vom Handwerk zur Kunst, von der Welt zum Himmel, vom Materiellen zum Spirituellen, vom Profanen zum Sakralen etc. Und für diesen Aufstieg der spirituellen Erfahrung gibt das Szenario der Hybris den moralischen Gehalt. Arachne will eine Autonomie, die ohne jede Alterität ist; sie will ihre Fähigkeit, ihre Kunst keinem anderen, erst recht keiner Göttin schulden und aus sich originell und einzigartig sein. Sie ist die Gestalt der Autonomie, die der Maler in Calderóns *comedia* einnimmt. In dem Maße, wie das als eine Figur hybrishafter Überhebung erkennbar wird, markiert sie das satanische Moment des — modernen — Künstlers, das überhebliche Sein-Wollen-wie-Gott, das sich keiner fremden Instanz unterordnen will; das *non serviam* als *non discam*: ich will nichts, habe nichts zu lernen[52].

---

[52] Die Spinne als Figur der Autonomie ist im 17. Jahrhundert — und auch später — nicht gerade häufig zu finden; aber Velázquez ist auch nicht der einzige, der sie so verwendet. Eine Generation später hat Jonathan Swift *The Battle of the Books* (1697/1704) im Kontext der *querelle des anciens et des modernes* geschrieben. Der allegorische Kampf in der Bibliothek, bei dem die modernen mit den alten Büchern über den Vorrang am Parnass streiten, wird durch eine weitere allegorische Streitszene eingeleitet. Die Spinne wirft der Biene vor, sie sei eine Vagabundin; sie lebt von dem, was sie in der Natur vorfindet, während die Spinne häuslich ist und ihre Mittel ganz aus sich selbst hat. Ihr Netz, «this large Castle [...] is all built with my own Hands, and the Material extracted altogether out of my own Person». Genau das wendet die Biene gegen sie; die Spinne hat ihre Burg mit «Dirt and Poison» gebaut, das sie aus sich selber freisetzt: «You boast, indeed, of being obliged to no other Creature, but of drawing and spinning out all from your self.» Dagegen fliegt die Biene von Blüte zu Blüte und reichert durch das, was sie einsammelt, ihr Selbst an. «By a lazy Contemplation [...], by an overweening Pride, which feeding and engendering on it self, [the spider] turns all into Excrement end Venom; by an universal Range, with long Search, much Study, true Judgement and Distinction of Things, [the bee] brings home Honey and Wax.» Die Spinne ist hier die Figur der Modernen, die alles aus sich selbst und autonom machen wollen und nicht wie die Biene ihren Honig aus den Blüten anderer ziehen. Vgl. Jonathan Swift, *A Full and True Account of the Battle Fought last Friday, Between the Antient and the Modern Books in St. James's Library*, in: J. S.: *A Tale of a Tub. With Other Early Works*, hrsg. v. Herbert Davis, Oxford: Blackwell, 1957, S. 137–165, hier S. 149 f.; vgl. auch Marc Fumaroli, «Les abeilles et les araignées», in: Anne-Marie Lecocq (Hrsg.): *La querelle des anciens et des modernes*, Paris: Gallimard, 2002, S. 7–218, hier: S. 21–28. Zu Anfang des 17. Jahrhunderts hat Francis Bacon die gleiche Opposition im *Novum Organum* (1620) zur Typencharakterisierung der Wissenschaftler eingesetzt; und er fügt als dritten Typus noch die Ameisen hinzu. Sie sind die Empiriker, die nur sammeln und das Gesammelte horten. Ihr Gegensatz sind die Theoretiker, die nach Art der Spinnen ihre Netze aus ihrem eigenen Innern fabrizieren. Die Biene wählt den Mittelweg; sie sammelt wie die Ameise, verwandelt und verdaut das Gesammelte aber dann durch ihren Geist. Auch hier ist die Spinne die Figur der überheblich autonomen Seite der Moderne. Vgl. Francis Bacon, *Instauratio magna II: Novum organum*, hrsg. v. Graham Rees, Oxford: Clarendon, 2004, I, 95, S. 152 f. Die Gegenüberstellung von Bienen und Spinnen ist traditionell nicht üblich. Das Bienengleichnis allein wird seit der Antike im Kontext von Diskussionen zur Mimesis verwendet. Vgl. dazu allgemein Dina de Rentiis, *Die Zeit der Nachfolge. Zur Interdependenz von imitatio Christi und imitatio auctorum im 12.–16. Jahrhundert*, Tübingen: Niemeyer, 1996, und D. de R., «Der Beitrag der Bienen. Überlegungen zum Bienengleichnis bei Seneca und Macrobius», in: *Rheinisches Museum für Philologie* 141 (1998), S. 30–44. Für den Hinweis auf den Arachne-Mythos bei Dante, der im Folgenden angesprochen wird, danke ich Dina de Rentiis. Zu Beginn des 14. Jahrhunderts hatte bereits Dante den Arachne-Mythos in der *Divina Commedia* für poetologische Überlegungen eingesetzt. Im *Inferno* (XVII, 18) wird die phantastische Gestalt des Geryon mit den Webereien der Orientalen und mit Arachnes Webkunst verglichen. Die poetologische Dimension der Geryon-Episode wird dann deutlich gemacht in dem Flug, den Dante und Vergil auf seinem Rücken machen. Das Flug-Zeug wird mit einem Schifflein verglichen, das wiederum auf die «navicella del ingegno» vom Anfang des *Purgatorio* (I, 2) verweist. Die beiden elementaren Assoziationen Dantes während des Flugs — Phaeton und Ikarus — erinnern an das Moment der Überhebung, das in dieser poetologischen Konzeption am Werk ist. Später im *Inferno* ist dann umgekehrt die frevelhafte Überhebung des Odysseus, die Säulen des Herakles nach Westen zu überqueren und ins offene Meer aufzubrechen ein toller Flug, («folle volo», XXVI, 125). Im *Purgatorio* erscheint Arachne dann ausdrücklich als die Gestalt des künstlerischen Hochmuts. Die Gesänge X–XII handeln insgesamt vom Hochmut.

Dieses problematische Spannungsfeld von Autonomie und Heteronomie, Imitation und Invention wird aber von Arachne-Velázquez ins Bild gesetzt, indem sie ihre autonome Einzigartigkeit durch eine Darstellung des Raubs der Europa nach einem Bild von Tizian zeigt. Originalität ist — das zeigt das Bild — eine Sache der Nachahmung, der *aemulatio*, des nachahmenden Wettstreits. Kunst wird aus Kunst gemacht, so Alpers prägnant (S. 155). Die Frage ist dann, ob solche Nachahmung eine derartige Schülerschaft sein muss, die den von Harold Bloom analysierten Komplex der Einflussangst erzeugt. Möglicherweise zeigt Velázquez durch die Konstruktion seines ingeniösen Bildraums, dass er zwar und wie er von Tizian und Rubens gelernt hat, dass er aber jetzt kein Schüler mehr ist und so auch vorher keiner im Sinne der Einflussangst sein musste. Die Meisterschaft des ehemaligen Schülers neutralisiert das Schülerverhältnis nachträglich und überführt es in einen Dialog *inter pares* ohne die verheerenden Machtkämpfe der Einflussangst.

Die Beziehung von Imitation und Invention ist traditionell harmonisch ausgeglichen aufgefasst worden. Sie wird in der frühen Neuzeit zunehmend gespannt. Für Velázquez scheint sich — so ließe sich die Überlegung von Alpers fortspinnen — die Spannung von Beeinflussung und Originalität so ausgetragen zu haben, dass die Nachahmung gerade die ingeniöse Invention freigesetzt und so neue *conceptos* und *caprichos* hervorgebracht hat. Das führt nicht zu einer radikalen Unabhängigkeitserklärung im Geist der Modernen, sondern zu einer Denkfigur, für die Invention des Neuen und Imitation des

---

Sie beginnen mit einer poetologischen Passage: der Evokation des wahrhaftigen Bildes: «pareva si verace / [...] Che non sembiava imagine che tace» (X, 37/39). Ein weiteres Bild stellt David, den «umile Salmista» (X, 65) als Gegenfigur des hochmütigen Künstlers dar. Das «visibile parlare» dieser wahrhaftigen Bilder verdankt sich der Tatsache, dass Gott selbst sie geschaffen hat. Die poetologische Dimension der Passage zeigt, dass Dante nichts weniger intendiert als die *aemulatio* der Kunst Gottes. Und dafür gibt Arachnes Wettstreit mit Minerva ein Paradigma. Der zwölfte Gesang beginnt wiederum mit einer Serie von dreizehn — übermenschlich kunstvollen (XII, 64/69) — Bildern des Hochmuts; das siebte, also das mittlere ist Arachne. Sie wird mit dem Adjektiv, das auch das Unternehmen des Odysseus charakterisiert hat, als «folle Aragne» angesprochen wird; ihr Werk ist ihr zum Üblen angeschlagen (XII, 43/45). Ein letztes Mal wird Arachne im achtzehnten Gesang des *Paradiso* angeführt. Wenn Dante den Übergang von der himmlischen Sphäre des roten Mars zu der des weißstrahlenden Jupiter beschreibt, vergleicht er dies mit dem Wechsel der Farben von Röte zu Blässe im Gesicht einer Frau (XVIII, 64/69). Kommentatorische Gelehrsamkeit hat dies mit der Passage der *Metamorphosen* assoziiert, die einen ebensolchen Wechsel der Gesichtsfarben bei Arachne beschreibt, als sie erkennt, dass sie tatsächlich die Göttin Minerva selbst herausgefordert hat. Arachne ist also in allen drei Teilen der *Commedia* die Figur der Hybris des Künstlers, der in autonomer Überhebung die Position Gottes einzunehmen versucht. Zum Arachne-Mythos bei Dante vgl. Teodolina Barolini, «Arachne, Argus and St. John: Transgressive Art in Dante and Ovid», in: *Mediaevalia* XIII (1989), S. 207–226: «*Purgatorio* XII's acrostic, the inscribing of a visual art of Dante's coin into the representation of God's visual art, is an emblem of the paradoxical situation in which Dante has placed himself, whereby his art becomes an Arachnean act of rivally emulation» (S. 221). — Vgl. auch Pamela Royston Macfie, «Ovid, Arachne and the Poetics of Paradise», in: Rachel Jacoff /Jeffrey T. Schnapp (Hrsg.), *The Poetry of Allusion. Virgil and Ovid in Dante's «Commedia»*, Stanford: UP, 1991, S. 159–172.

Alten dialektisch oder besser konzeptistisch verschränkt sind. Wie weit er sich dafür auf kunsttheoretische Überlegungen der Traktatliteratur beziehen konnte, wäre eigens zu untersuchen.

Die Sammlung der spanischen Könige wird so zu einem Museum des Malers, das die Funktion der Inspiration hat und die Einsicht möglich macht, dass Bilder aus Bildern entstehen. Die anderen Bilder sind die Musen, die neue Bilder inspirieren. Eine Pointe dieser Konstellation könnte sein, dass damit der göttliche Ursprung künstlerischer Meisterschaft, für den Athenes Anspruch im Arachne-Mythos letztlich steht, durch diese Beziehung von Arachnes Bild zu einem anderen Bild in Frage gestellt wird. Die vertikale Linie der göttlichen Inspiration wird ins horizontale Feld der zwischenbildlichen Beziehungen verlegt. Svetlana Alpers hat auf magistrale Weise gezeigt, wie Velázquez in einen Dialog mit den Vor-Bildern von Tizian und Rubens tritt und wie er so einen ganz im Feld des Malerischen bleibenden Bildraum deutlich, ja transparent werden lässt. Velázquez nimmt Figurenkonstellationen — Alpers zeigt das für Tizians *Diana und Callisto* und die *Hilanderas* — und malt sie neu: transfiguriert sie[53]. Es fragt sich dann, was das Licht bedeutet, das im Hintergrund aus unbekannter Quelle einfällt, ja einbricht, und das schon Carl Justi fasziniert hat; es erleuchtet die Figuren auf dem Teppich und vor ihm so, dass die Differenz zwischen ihnen getilgt wird: «the effect is odd, even magic» (Alpers, S. 211).

So wird der imaginäre Raum zum Raum der Phantasie, deren Gestalten entstehen, indem sie Bilder aus Bildern bildet. Diese Umgestaltung und Transfiguration ist die Wirklichkeit der Bilder, die so nicht Abbildungen, sondern Umbildungen sind. Das zeigt Velázquez, indem er verschiedene Bildebenen im Bild selbst anordnet und diese wiederum zu Darstellungen der Entstehung von Bildern macht. Das Werk wird so zum Bild der Bildung des Bilds. Das zeigt sich im Vordergrund als Handwerk, im Hintergrund und tiefenstrukturell als Kunst aus Kunst — über dem Abgrund der Figur moralischer Überhebung als Wille zur künstlerischen Autonomie.

Die Artikulation zweier Bereiche gehört zum Standardrepertoire spanischer Bilder dieser Zeit und ist charakteristisch für die Kunst überhaupt. Im Bild von Velázquez wird diese Struktur auf eigentümliche Weise verwirklicht und zugleich fraglich gemacht, denn die Übergänge zwischen den Bereichen sind fließend. Das ist der Sinn der Ununterschiedenheit der Figuren des Teppichs und vor dem Teppich. Die Bildräume gehen ineinander über. Das

---

53 Und diese Neugestaltung geht über die rein formale Behandlung hinaus und reicht womöglich bis ins Figurale der Figuren, in den Bereich, wo die Haltungen, Gesten, Formeln über das Formale hinausweisen und zum Ausdruck von Affekten werden. Damit könnte die Frage nach dem, was da eigentlich dargestellt wird, erst wirklich gestellt werden. Beides sind Bilder, in denen ausschließlich Frauen dargestellt sind, so dass denkbar wird, dass es hier um weibliche Pathosfiguren als Figuren des Weiblichen geht. Und das könnte nun wahrhaft ein Feld sein, in dem Velázquez sich auch mit Calderón, dem Dramatiker des weiblichen Begehrens, getroffen hat.

Mythische, die andere Welt reicht in diese hinein; diese Welt ist selbst mythisch und göttlich konfiguriert. Der geistige Bildraum entsteht als dieser Übergang, der sich aber erst durch die Interaktion von jeweils zwei Instanzen ausbildet: von Bild und Bild, von Maler und Bild, von Bild und Betrachter. So wird das Bild zu einer Darstellung des Geistes selbst, indem es ihn in Aktion zeigt. Das Ingeniöse des Bilds liegt dann darin, dass es das Ingenium am Werk und als Werk zeigt: als Bild- und Repräsentationswerk, das auf diese Weise bildliche Realpräsenz erzeugt. So zeigt es auch, dass Realpräsenz nicht ein reales Prädikat ist, nicht eine Eigenschaft an dem, was da real präsent ist, sondern eine Dimension des Seins; die eröffnet sich als Wirkung des *concepto*, das in der Repräsentationsdynamik des Bilds ins Werk gesetzt ist, für das Ingenium des Betrachters. Realpräsenz ist das Wirklichsein als geistige Wahrheit des Bilds.

Abb. 1: Velázquez, *Las Meninas* (1656), Madrid: Museo del Prado

Abb. 2: Velazquez, *Las Hilanderas* (1657/1658), Madrid: Museo del Prado

Hans-Jörg Neuschäfer

Zwischen *fanum* und *profanum*.
Stilmischung und ‹Realismus› in der Genremalerei von Velázquez und Murillo

Wie in der Literatur gibt es auch in der Malerei die klassische Stiltrennung. ‹Hohe› Gegenstände — religiöse Motive, historische Großereignisse, Portraits von Potentaten und Eminenzen — werden ernst und würdig dargestellt, meist auch in großem Format. Dagegen sind Wirtshausszenen (*bodegones*), Stilleben, familiärer Alltag, Einblicke in das zeitgenössische Leben — all das, was unter dem Oberbegriff ‹Genremalerei› läuft — ‹niedere› Motive, die oft kleinformatig und mit Humor, als Satire oder gar als Groteske ausgeführt werden[1].

Die spanische Malerei des Siglo de Oro allerdings hat interessante Mischformen hervorgebracht, die der klassischen Stiltrennung widersprechen. Bei Velázquez und Murillo findet man das Hohe und das Niedere, das Ernste und das Lächerliche, auch das Heilige und das Profane so eng miteinander verknüpft, dass es bisweilen fast nahtlos ineinander übergeht. Das soll im Folgenden an einer Reihe von Beispielen demonstriert und diskutiert werden, wobei auch auf ähnliche Erscheinungen in der Literatur zu verweisen ist.

Besondere Aufmerksamkeit werde ich bei der Malerei einem der Lieblingsmotive Murillos, den Sevillaner Straßenjungen, widmen. Die entsprechenden Bilder waren 2001 in einer Ausstellung der Münchner Alten Pinakothek zu sehen. Ich war damals eingeladen, über Affinitäten zur *novela picaresca* zu sprechen. Heute aber sollen die Bilder selbst im Mittelpunkt stehen. Es versteht sich, dass ich dem Ausstellungskatalog, insbesondere den Beiträgen von Peter Cherry, manche Anregung und Belehrung verdanke[2].

Ich beginne mit einem Bild von Velázquez im Vergleich mit einem Bild von Murillo. Das Velázquez–Bild hat den Titel *Christus bei María und Marta* (Abb. 1) und stammt aus dem Jahr 1618. Den Hauptteil des Gemäldes bildet

---

1 Ich danke den Teilnehmern an der Münchner Tagung für wichtige Denkanstöße. Für die Diskussion des ‹Realismus›-Problems ist, neben dem in Anm. 2 zitierten Katalog, Erich Auerbach, *Mimesis. Dargestellte Wirklichkeit in der abendländischen Literatur*, Bern: Francke, 1946, nach wie vor grundlegend. Was ich gegen Auerbach einzuwenden habe, bezieht sich nicht auf seine Grundidee, sondern auf seine Vernachlässigung der spanischen Literatur im Siglo de Oro, die für seine Argumentation von zentraler Bedeutung gewesen wäre.

2 *Bartolomé Esteban Murillo. Kinderleben in Sevilla*, München: Alte Pinakothek, 2001; dort besonders Peter Cherry, «Murillos Darstellungen des Kinderlebens. Tradition, Inhalt und Bedeutung eines Genres» (S. 20–65); «Pedro Núñez de Villavicencio und die Genremalerei in Sevilla nach Murillo» (S. 93–103).

eine geradezu überrealistische Genre- oder Küchenszene. Ein junges Mädchen, fast noch ein Kind, vielleicht auch eine Magd, der die Unzufriedenheit aus dem Gesicht spricht, stößt in einem Mörser Knoblauch und Pfeffer klein. Die Reste davon liegen noch auf dem Tisch, an dem sie arbeitet. Ebenso vier Sardinen auf einem Teller und, auf einem zweiten Teller, zwei Eier mit einem Löffel; dahinter ein Ölkrug. Das alles deutet auf die Zubereitung einer einfachen Mahlzeit hin. Hinter der jungen steht eine alte Frau, deren rechter Zeigefinger auf den oberen rechten Bildrand deutet, als wolle sie die Junge aufmerksam machen auf das, was sich dort abspielt.

Gezeigt wird in dem kleinen Ausschnitt etwas ganz anderes, nämlich eine Szene aus der Bibel (*Lukas* 10, 38 ff.), die dem Bild auch den Namen gegeben hat. Obwohl sie rein räumlich viel unscheinbarer und abgerückter ist als die Küchenszene, gibt sie dieser erst einen ‹höheren› Sinn. Bekanntlich sitzt in der biblischen Szene Maria zu Füßen des Herrn, um keines seiner Worte zu verlieren, während Martha die praktische Arbeit verrichten muss und darüber nicht erbaut ist. Man sieht im Ausschnitt, dass Christus sie mit der erhobenen linken Hand, also mit einer ‹sprechenden› Geste, zur Mäßigung mahnt und, so scheint es, zu bedenken gibt, dass die *vita activa* und die *vita contemplativa* gleichwertig sind. Der Betrachter hört förmlich das Bibelzitat:

> Martha aber machte sich viel zu schaffen, ihm zu dienen. Und sie trat hinzu und sprach: Herr, fragst du nicht darnach, dass mich meine Schwester lässt allein dienen? Sage ihr doch, dass sie es auch angreife!
> Jesus aber antwortete und sprach zu ihr: Martha, Martha, du hast viel Sorge und Mühe; eins aber ist not. Maria hat das gute Teil erwählt; das soll nicht von ihr genommen werden.

Man sieht also, wie in diesem Bild realistischer Alltag auf der einen Seite und Heilsgeschichte auf der anderen so aufeinander zukomponiert sind, dass die heilsgeschichtliche Darstellung gleichsam als Bild im Bild — oder, mit Cervantes zu sprechen, als «eingeschobene Geschichte» — erscheint, die eine an sich belanglose ‹Haupthandlung› überhaupt erst bedeutsam macht[3]. Denn es wird nun klar, dass die alte und ‹wissende› Frau mit ihrer Zeigegeste auf das biblische Beispiel verweist und damit die junge Frau dazu mahnt, auch eine so niedrige Beschäftigung wie die einfache Küchenarbeit als etwas Gottgefälliges zu akzeptieren. «Der Herr wandelt selbst inmitten der Küchentöpfe und hilft dir in geistlichen wie in weltlichen Angelegenheiten», sagte niemand geringerer als Santa Teresa im *Libro de las fundaciones*[4].

---

3   Dazu Hans–Jörg Neuschäfer, *La ética del «Quijote». Función de las novelas intercaladas*, Madrid: Gredos, 1999.
4   Zitiert im Murillo-Katalog (Anm. 2), S. 178. Das Zitat lautet im Original: «Pues ¡ea! hijas mías, no haya desconsuelo: cuando la obediencia os trajere empleadas en cosas exteriores, entended, que si es en la cocina, entre los pucheros anda el Señor, ayudándoos en lo interior y esterior»; vgl. Santa Teresa de Jesús, *Libro de las fundaciones*, hrsg. v. José María Aguado, Madrid: Espasa–Calpe, o. J. (Clásicos Castellanos, 115), Kap. 5, S. 143.

Technisch ist die Verbindung der beiden Ebenen so hergestellt, dass die Szene mit Christus durch ihre Helligkeit auf sich aufmerksam macht, so als würde ein «Powerpoint» auf die dunkle Küchenwand projiziert, wenn dieser anachronistische Vergleich erlaubt ist. Tatsächlich spielt sich die biblische Szene wohl auf einem Bild, oder in einem Spiegel oder hinter einer Art Durchreiche in einem Nebenzimmer ab, das nach links zu, also zu Christus hin, in helles Licht getaucht ist. Die ‹Durchreiche› ist zugleich die Abtrennung zwischen den beiden Bedeutungsebenen und die Verbindung zwischen ihnen.

Das Bild von Velázquez stellt also einerseits eine Alltagsverrichtung dar und enthält andererseits doch auch eine über dieses Sujet hinausreichende christliche Lehre. Es ‹spricht› zu uns und legt einen Vergleich nahe; es erzählt im Grunde ein Exemplum oder eine Parabel. Man sieht: Es gilt hier nicht nur «ut pictura poesis», sondern auch das Umgekehrte: «ut poesis pictura»[5].

Totzdem muss festgehalten werden: Hauptanziehungspunkt für den Betrachter ist (wie im *Don Quijote*) die vordergründige Alltagsrealität der ‹Haupthandlung›, die aber durchlässig bleibt auf ein ‹Jenseits›, das durch die Duchreiche herüberschimmert. Dabei sind die beiden Welten weder scharf getrennt noch grundverschieden. Die biblische Szene bleibt im Rahmen des Alltagsgeschehens, von dem sie mitumfasst wird. Und sie ist ihrerseits ziemlich alltagsnah, handelt es sich doch nicht um eines der großen Wunder oder den Leidensweg Christi, sondern um eine fast familiäre, ja intime Hausszene, die im Grunde ganz ‹natürlich› ins Bild passt, so wie Küche und Wohnzimmer eines und desselben Hauses zueinander passen.

Betrachten wir nun Murillos Bild *Der Heilige Thomas von Villanueva als Kind verteilt seine Kleider*, entstanden um 1670 (Abb.2). Wir haben hier kein häusliches Intérieur vor uns, sondern eine Straßenszene inmitten einer stilisierten Stadtlandschaft. Blickfang im Vordergrund ist eine Gruppe von Kindern am Ende einer Gasse, die von hohen dunklen Wänden, vielleicht auch einem Torbogen überwölbt ist, sodass die Kinder durch diese hohe Umrahmung noch kleiner gemacht und als Gruppe zusammengefasst werden. Im Hintergrund weitet sich der Blick auf einen Platz, auf dem rechts eine Kirche und links Häuser zu erkennen sind, vor deren einem gerade ein Reiter absteigt, der von zwei Personen — einer erwachsenen Frau und einem Kind, also wahrscheinlich von seiner Familie — in der offenen Tür erwartet wird. Also ein ‹realistischer Schnappschuss› mit den Kindern im Vorder-, der Stadtlandschaft und der Familienszene im Hintergrund.

Bei den Kindern handelt es sich um eine Bande von zerlumpten Straßen- und Betteljungen, die seinerzeit den Magistraten nicht wenig Kopfzerbrechen

---

[5] Terence O'Reilly weist auf den Einfluss der Meditationshandbücher im 17. Jahrdundert hin. Sie richteten sich an ein Publikum von Laien und hielten sie dazu an, die Welt des Alltags mit dem Geist des Glaubens in Verbindung zu bringen. Vgl. «The literary context of a *bodegón* of Velázquez», erscheint in: *Hispanic Research Journal* 9 (2008).

bereiteten⁶. Bei Murillo, der die Straßenkinder zu einem wichtigen Sujet seiner Malerei machte, wirken sie meistens, aber nicht immer, harmlos; im vorliegenden Fall eher nicht. Es ist das gleiche ‹Personal›, das auch in der *novela picaresca* oder in Cervantes' *Rinconete y Cortadillo* anzutreffen ist: Kinder aus deklassierten Familien, die sich mehr schlecht als recht auf eigene Faust durchs Leben schlagen müssen, so wie heute die Straßenkinder in Rio, in Bukarest oder Petersburg. Es handelt sich also, bezogen auf die klassische Stillehre, um ein niedriges Sujet; niedriger geht's nicht.

Und doch erhält gerade diese Szene zugleich eine erhabene Bedeutung durch die Figur in ihrer Mitte: den Jungen mit dem weißen Hemd, der sich auf den ersten Blick nur wenig von den anderen abhebt; auch *seine* Kleidung ist unvollständig und unordentlich. Erst bei genauerem Hinsehen wird man die Unterschiede gewahr: Sein Gesicht ist rein, sein Haar gepflegt, und er trägt Schuhe, während alle anderen barfuß sind. Und erst wenn man den Titel des Bildes in Betracht zieht — «Der Heilige Thomas von Villanueva als Kind verteilt seine Kleider» —, merkt man, warum er den anderen ähnlich sieht und doch nicht so ist wie sie: Seine unvollständige Bekleidung ist nicht Ausdruck des Mangels, sondern der Caritas. Er ist halbnackt nicht, weil er ebenfalls keine Kleider hat, sondern weil er im Begriff ist, sie herzugeben. Erst dann sieht man auch, dass sein Kopf von einem ganz leichten Heiligenschein umgeben ist, den man zunächst auch für einen hellen Fleck auf der Mauer halten könnte. Dieser helle Fleck wiederum korrespondiert mit der hellen Farbe der Kirche, die unmittelbar daneben im Hintergrund zu sehen ist.

Der Junge also ist Tomás de Villanueva, der als Erwachsener Erzbischof von Valencia und 1658 (kurz vor der Entstehung des Bildes) heilig gesprochen wurde, weil er als Inbegriff der Caritas galt. Wir haben es hier mit einer Art *engaño*- oder *trompe-l'œil*-Technik zu tun: Was auf den ersten Blick eher wie ein Raubüberfall aussieht — schließlich sind die Straßenjungen alles andere als zimperlich, greifen sich mehr als dass sie sich beschenken lassen, und sind nicht gerade vor Ehrfurcht erstarrt —, erweist sich bei genauerem Hinsehen als ein Akt christlicher Nächstenliebe. Im Bild von Murillo steht zwischen dem Profanen und dem Heiligen also keine Trennlinie mehr; beides — das höchste und das niederste Sujet, das Heiligenbild und die Gassenszene — vermischt sich auf engstem Raum; die Stiltrennung ist aufgehoben. Das Erhabene steigt herab und mischt sich ins ‹Leben›, genauer ins Elend, ja ist Teil von ihm; und die Armut ihrerseits wird durch die Berührung mit dem Erhabenen selbst erhoben, ja zum Gegenstand ernster, alles andere als mokierender Betrachtung. Das wird übrigens auch durch das Format dieses und ähnlicher Genrebilder Murillos unterstrichen: in diesem Fall 2,19 m auf 1,48 m, also jenes Großformat, das eigentlich den großen Anlässen vorbehalten war⁷.

---

6 Dazu Antonio Domínguez Ortiz, *La Sevilla del siglo XVII*, Sevilla: Universidad de Sevilla, 1986.
7 Größenangaben im Katalog (Anm. 2)

Auch unter den ‹reinen› Kinderbildern von Murillo gibt es die für ihn so typische Mischung von realistischem Genremotiv und einem zweiten moralischen, anagogischen, auf die christliche Lehre verweisenden Sinn. So etwa bei *Zwei Jungen und ein Mohrenknabe* (um 1670; Abb. 3). Hier geht es nicht um Kleidung, sondern, wie meist in Murillos Picaresca-Bildern, ums Essen, die Hauptsorge der Straßenjungen. Das Bild zeigt auch keine Stadtlandschaft, sondern eine Freiluftszene, wohl ein *descampado* vor den Toren Sevillas, wo sich das gestohlene oder erbettelte Gut ungestört verzehren lässt. Hier stehen sich — seltener Ausnahmefall in der Malerei des 17. Jahrhunderts — Schwarz und Weiß gegenüber. In Wirklichkeit war eine solche Konfrontation wohl weniger selten: In Sevilla wurden viele schwarze Haussklaven gehalten[8], und Murillo selbst hatte eine farbige Haushälterin in seinen Diensten, die er 1676 in die Freiheit entließ. Hier also bettelt der schwarze Knabe um einen Anteil am Kuchen oder an der Pastete des weißen Jungen, dessen nackte und schmutzige Füße ihn als Straßenjungen ausweisen, obwohl, wie oft bei Murillo, das anziehende Profil und der Kopfschmuck den Schmutz der Extremitäten wieder ausgleichen. Der weiße Knabe will aber von seiner Beute nichts hergeben, entzieht sie der fordernden Geste seines ‹Gegners› und hält schützend die ausgebreitete Rechte darüber. Anders der kleinere Junge zur Linken, der freundlich aus dem Bild herauslächelt, die Konfrontation damit abmildert, zumal er den Schwarzen am Rock packt und ihn damit gleichsam einlädt, *doch* näherzutreten. Damit erst bekommt das Bild seine ‹höhere› moralische Bedeutung. Es repräsentiert die zwei Haltungen, die auch heute noch gegenüber den ‹Fremden› eingenommen werden: einerseits die Habgier, die nichts hergeben und nicht teilen, sondern alles für sich behalten will; anderseits die Freigebigkeit, die zur Teilnahme einlädt. Freilich wird — das muss immer wieder betont werden — dieser *sensus moralis* nicht aufgezwungen. Man kann im Bild auch ganz einfach einen alltäglichen Vorgang im *struggle for life* der Picaresca erkennen und es dabei bewenden lassen.

II.

Nun sind nicht alle Genrebilder Murillos so deutlich auf einen zweiten und vor allem auch nicht nur auf einen religiösen oder mythologischen Sinn hin zu öffnen. Anstatt durch die Religion oder den Mythos kann die ‹höhere› Bedeutung auch durch ein «mythisches Analogon»[9] vermittelt werden, also durch ein Äquivalent für das Mythische. Solche Äquivalente können zum Beispiel Mytheme wie «die Natur» oder «der Kreislauf des Lebens» sein. Man denke etwa an Murillos Bilder zu den Jahreszeiten, in denen der *Frühling als*

---

8   Domínguez Ortiz, *La Sevilla del siglo XVII* (Anm. 6).
9   Der Begriff stammt von Clemens Lugowski, *Die Form der Individualität im Roman*, Berlin: Junker und Dünnhaupt, 1932.

Blumenmädchen, der *Sommer als junger Mann mit einem Früchtekorb* repräsentiert wird.

Aber es gibt bei Murillo auch Bilder, bei denen die ‹Lizenzierung von oben› nicht mehr eindeutig zu benennen ist und die insofern schon ‹autonom› erscheinen. Dazu gehört zum Beispiel das ebenso suggestive wie rätselhafte, zwischen 1655 und 1660 entstandene *Gruppenbild* (Abb. 4; ein typischer Verlegenheitstitel), in dem das Erhabene und das Niedrige, der Ernst und die Komik nebeneinander stehen: man beachte den würdigen, zugleich selbstgewissen und gütigen Gesichtsausdruck der älteren Frau mit der Brille, den nackten Hintern des Kindes und die Grimasse der jüngeren Frau neben der ungezwungenen Heiterkeit des Jünglings. Das Bild hat in der kunstwissenschaftlichen Forschung zu bemerkenswerten hermeneutischen Anstrengungen geführt. Ich zitiere aus dem Katalog der Münchner Ausstellung von 2001:

> In der Vergangenheit wurde dem Bild der unpassende Titel *Familiengruppe* gegeben. Für Murillos Zeitgenossen wäre allerdings offenkundig gewesen, dass es sich keineswegs um eine Sevillaner Durchschnittsfamilie handelte. Neue wissenschaftliche Untersuchungen haben in der alten Frau eine jener Kupplerinnen gesehen, die in Spanien ‹Celestina› genannt werden. Die junge Frau mit dem gelüfteten Schleier wird als die traditionelle Verführerin [...] interpretiert, wodurch nahegelegt wird, dass das Bild eine Kuppelszene mit dem Betrachter in der Rolle des Kunden schildert. Obwohl die junge Frau weit davon entfernt ist, verführerisch zu wirken, suggeriert ihre auffordernde Geste der ‹Entschleierung› vor dem Betrachter, dass sie ‹im Angebot› ist. Sie legt ihre Hand auf die Schulter eines jungen Mannes, der, modisch gewandet, mit einem offenen Lächeln aus dem Bild herausblickt. Er könnte eher der Zuhälter der Frau sein als ein Prostituierter, dessen Dienste von ihr angeboten werden. [...] Und schließlich ist da noch — für moderne und gegenüber Kindesmissbrauch sensibilisierte Augen höchst problematisch — der Blick auf das entblößte Hinterteil des kleinen Jungen durch das Loch in seiner Hose. Brown (1998) hat ins Feld geführt, es lasse «an verbotene sexuelle Praktiken denken, die offensichtlich einen der Auftraggeber des Künstlers reizten» (S. 200).

Wenig spricht dafür, dass diese Auslegung richtig ist. Zum einen kenne ich von Murillo nicht ein einziges Bild, das sich nicht an die — damals besonders engen — Grenzen der Dezenz hielte, zumal die Zensur mit Argusaugen über deren Einhaltung wachte. Zum anderen kann man die beeindruckende Figur der älteren Frau kaum mit einer Celestina vergleichen, zu der bekanntlich ein gehöriges Maß an Verschlagenheit gehört. Dem fröhlichen jungen Mann, der eigentlich noch ein halbes Kind ist, kann man nur schwer den Zuhälter, und noch weniger den «Prostituierten» abnehmen. Was die Figur der jüngeren Frau angeht, die angeblich «im Angebot» steht, so meint die angeführte Interpretation ja schon von sich aus, dass sie nicht gerade verführerisch wirkt. Und der Kinderpopo... Hier bedarf es wohl wirklich neuester, hauptsächlich durch die Sensationspresse eingebrannter ‹Erfahrungen›, um dabei Böses zu denken, ja das Bild zu einer Art Onaniervorlage für einen finanzstarken Auftraggeber und Päderasten zu machen.

Lassen wir aber diesen Deutungsansatz beiseite, müssen wir einen anderen an dessen Stelle setzen, der, um es gleich zu sagen, gewiss auch nicht alle Wünsche erfüllt. Es liegt nahe, es einmal mit einem «mythischen Analogon» zu versuchen und die Komposition auf ihren auffälligen Kreischarakter, aber auch auf die Altersunterschiede zwischen den verschiedenen Figuren hin zu betrachten. Das Kind liegt mit dem Rücken zum Betrachter, leicht schräg, mit dem Kopf auf dem Schoß der alten Frau und mit den (übrigens gut beschuhten) Füßen vor dem Jüngling. Dieser stützt sich, etwas gebückt, Fuß an Fuß bzw. Schuh an Schuh mit dem Kind, mit dem rechten Bein auf einen Tisch oder ein Geländer. Ihm zur Seite, etwas größer, weil aufrecht stehend, die nicht mehr ganz junge Frau, die durch ihre auf dessen Schulter ruhende Hand mit dem Jüngling verbunden ist. Das Kopftuch, das sie gerade abzieht, schafft durch die ausladende Armbewegung eine Verbindung zum ebenfalls weißen Kopftuch (kein Schleier!) der alten Frau, die ihrerseits Körperkontakt mit dem Kind hat: Man beachte ihre schützende Geste, die den Kopf des Kindes liebevoll umfasst; selbst wenn sie ihn ‹nur› laust — wie manche Interpreten meinen[10] — nimmt das der Berührung nichts von ihrer Innigkeit. Die Füße des Kindes wiederum berühren die des Jünglings, und so fort: eine alle Personen auch körperlich umfassende Kreisbewegung, die sich unendlich wiederholen lässt. Nicht umsonst hat die Gruppierung der Personen die Form einer Ellipse. Es ist deshalb zumindest nicht abwegig, an den Kreislauf des menschlichen Lebens oder an den der Natur zu denken: von der Kindheit über die Jugend, das Erwachsenenstadium bis zum wirklichen Alter (auch wenn der alten Frau zugebilligt werden muss, dass sie noch mitten im Leben steht). Aber dass das Kind sein Haupt in den Schoß des Alters bettet, gibt dem mythischen Analogon vom Kreislauf der Natur zusätzlich eine christliche Pointe im Sinn des *memento mori*.

Freilich: Die hier vorgenommene Allegorese ist sicher nicht zwingend. Man kann das Bild auch so betrachten, als ob es in seiner unnachahmlichen Stilmischung einfach ‹dem Leben› abgeschaut wäre. Das bringt uns zugleich noch auf eine dritte Möglichkeit der Betrachtung. Sie knüpft an eine andere Auffälligkeit an, von der bisher noch nicht die Rede gewesen ist: den Dialog- oder Kommunikationscharakter des Bildes, aus dem, außer dem Kind, alle anderen so herausschauen, als ob sie es auf jemanden abgesehen hätten, möglicherweise auf den Betrachter selbst. Und fast möchte man meinen, dass sie sich über diesen Jemand lustig machen: Die jüngere Frau, weit davon entfernt, uns erotisch ‹anzumachen›, schneidet uns eine Fratze; der Jüngling lacht uns an oder aus, und das Kind — damit eben doch *auch* ‹kommunizierend› — streckt uns sogar den Hintern hin. Nur die alte Frau hält die Contenance. Es ist dies übrigens nicht das einzige Bild Murillos, in dem sich die Figuren über den Betrachter mokieren. Nicht weniger reizvoll als das *Gruppenbild* ist *Zwei Frauen am Fenster* (zwischen 1655 und 1660; Abb. 5), auf dem die jüngere

---

10 So Diego Angulo Íñiguez, *Murillo*, Madrid: Espasa-Calpe, 1981, Bd. 1, S. 456.

weibliche Figur, mit Arm und Ellenbogen sich abstützend, amüsiert aus dem Fenster und damit auch ‹aus dem Rahmen› blickt, während eine offensichtlich ältere Frau, halb hinter dem Fensterladen verborgen, nur mit Mühe und mit Hilfe eines Schleierzipfels, den sie vor den Mund hält, vor Lachen an sich halten kann. Beide Figuren schauen auf den Betrachter, der sich auf diese Weise in seinem eigenen Hinschauen gleichsam ertappt und in Verlegenheit gebracht sieht. Aber wie auch immer man das *Gruppenbild* deuten will: schon allein die Tatsache, dass es die Interpreten zu unterschiedlichen Deutungen herausfordert, ist ein Beweis für seine Selbst-Herrlichkeit und damit für eine erstaunlich weitgehende Kunst-Autonomie.

III.

Freilich handelt es sich hier um gleichsam ‹leichte›, nämlich heitere Sujets, die nicht dem gleichen Zwang der Legitimierung ‹von oben› unterworfen sind wie die ernsten Motive. Zu solchen im Prinzip zwanglosen Darstellungen gehören auch eine ganze Reihe jener reizenden Kinderportraits, die Murillo populär gemacht haben und hinter denen man gewiss nicht gleich eine moralisierende Absicht suchen muss. Man denke etwa an den *Knaben, auf ein Fensterbrett gestützt* (Abb. 6) oder an den *Knaben mit Hund* (Abb. 7). Hier geht es wohl eher um die Hervorhebung einer gewissen kindlichen Unbeschwertheit von dem, was die Erwachsenen plagt: Ehrenrücksichten; die Sorge um den Erhalt oder die Erringung von gesellschaftlichem Status; religiöse Skrupel; von der ständigen Todesbedrohung durch die Pest und andere Seuchen ganz zu schweigen, die zu Lebzeiten Murillos die Hälfte der Sevillaner Bevölkerung hinweggerafft haben. Außerdem ist stets etwas von dem kinderfreundlichen Geist des Evangeliums in diesen Bildern zu spüren, die insofern eben doch *auch* durch eine lizenzierende Instanz geprägt werden. Man muss dabei auch bedenken, dass die Figur des Kindes in der Malerei des Siglo de Oro die Reinheit der christlichen Seele vor Augen zu führen hatte, so wie sie idealtypisch in den zahlreichen Bildern vom Jesuskind ihren Ausdruck fand[11]. Jesus als Kind ist das Vorbild, das noch bis in die Welt der Kinderarmut hinüberleuchtet.

Um zu begreifen, wie stilisiert und arrangiert Murillos Kinderbilder gleichwohl sind, braucht man sie nur mit Beschreibungen aus der *novela picaresca* zu vergleichen, in denen wesentlich mehr vom realen sozialen Umfeld der Kinder zur Anschauung kommt als auf den Bildern des Malers.

---

11 Dazu ausführlich Katalog Murillo (Anm. 2), S. 23 f. Vgl. auch Erasmus, *Tratado o sermón del niño Jesús en loor del estado de niñez* (1516), hrsg. v. E. Asensio, Madrid, 1969. Cherry verweist außerdem auf die Tendenz zur Idealisierung der Armen als Kinder Gottes und auf entsprechende Traktate: Juan Luis Vives, *De subventione pauperum* (1525), und Cristóbal Pérez de Herrera, *Discursos del amparo de los legítimos pobres y reducción de los fingidos* (1598).

Bei ihm erscheinen Kinder und Jugendliche aus dem pikaresken Milieu immer für sich, isoliert von der Umwelt und vor allem ohne erwachsene Dienstherren, Ausbeuter und Aufpasser. Und auch wenn sie zerlumpt und barfuß sind: Sie haben trotzdem genug zu essen: «Sehet die Vögel unter dem Himmel an; sie säen nicht, sie ernten nicht, sie sammeln nicht in die Scheunen; und euer himmlischer Vater ernährt sie doch» (*Matthäus* 6, 26). Es scheint, als ob das Elend, das in Wirklichkeit erschreckend war, zumindest teilweise von ihnen abgefallen und sie selbst in der Hand Gottes seien: «Lasset die Kindlein zu mir kommen und wehret ihnen nicht; denn solcher ist das Reich Gottes» (*Markus* 10, 14). Man darf Murillos Kinderbilder aber auch nicht verniedlichen. Dass einige von ihnen einen deutlichen moralischen Hintersinn haben, wurde bereits gezeigt (*Mohrenknabe*; *Heiliger Thomas*). Und dass bei manchen von ihnen die ‹Realität des Lebens› nicht ganz verdrängt wird, ja sogar sichtbare Spuren hinterlässt, soll an zwei Beispielen noch kurz erläutert werden. Betrachten wir etwa das berühmte Bild der Melonenesser (um 1650; Abb. 8), das in der Münchner Alten Pinakothek hängt. Auf ihm sind zwei Jungen zu sehen, die scheinbar stillvergnügt nur dem Augenblick leben, der Befriedigung der primären Bedürfnisse, also Hunger und Durst. Allerdings sitzen die beiden, ohne ihn gewahr zu werden, vor einem düsteren schwarzen Hintergrund. Ist es abwegig, wenn man hier an die furchtbare Pestepidemie in Sevilla und an die Hungersnot erinnert, die just in die Entstehungszeit des Bildes fielen? Also dunkle Wolken, die heraufziehen; ein *memento mori* auch hier?

Oder nehmen wir die *Würfelspielenden Kinder* (um 1670; Abb. 9). Dort ist der Hintergrund zwar lichter; dafür ist der Vordergrund bedrohlicher als bei den Melonenessern. Dass es sich hier nicht um ein harmloses Kinderspiel, sondern durchaus um den ‹Ernst des Lebens› handelt, zeigen Blicke und Gesten der beiden Knaben, die von einer gespannten Atmosphäre zwischen den beiden zeugen. Schließlich geht es um Geld, wie die Münzen beweisen, die vor dem ausgestreckten Fuß des vorderen Jungen liegen und die sich wohl auch in der geballten Faust seines Gegenübers befinden, der die andere Hand fordernd hinhält, während der Weißbehemdete mit den Fingern auf die eben gefallenen Würfel zeigt, deren Augenzahl genau zu erkennen ist. Die beiden schauen sich keineswegs freundlich an, und man merkt, dass zwischen ihnen ‹dicke Luft› herrscht. Bezeichnenderweise liegt das Essbare hier unbeachtet und gleichsam vergessen am unteren rechten Bildrand. Wir befinden uns hier jedenfalls nicht mehr im Bereich kindlicher Unschuld, sondern mitten in den Gefahren der Picaresca, wobei die — seinerzeit oft angeprangerte — demoralisierende und jedenfalls gefährliche Wirkung des Glücksspiels gleichsam mit Händen zu greifen ist [12].

---

[12] Dazu Augustín Redondo (Hrsg.), *La formation de l'enfant en Espagne aux XVIème et XVIIème siècles*, Paris: Publications de la Sorbonne, 1996. Außerdem Verweise bei Cherry (Anm. 2, S. 53) auf zeitgenössische Warnungen wie Adrián de Castro, *Libro de los daños que resultan del juego*, Granada: Sebastián de Mena, 1599; Francisco de Luque Fajardo,

IV.

Wenn schon die Kinderbilder nicht immer nur von ihrem eigenen Reiz, das heißt von der ‹Natürlichkeit› ihrer Figuren leben, so trifft dies um so mehr auf die ernsten Sujets aus der Sphäre der Religion (ersatzweise der Mythologie) und der weltlichen Macht zu. Hier vor allem kommt die Stilmischung in ihrer für das spanische Siglo de Oro charakteristischen Ausprägung zur Geltung: Die Darstellung der Lebenswirklichkeit bedarf einer Legitimierung ‹von oben›, aber mit dieser Lizenz darf Diesseitiges bis in die Alltagsrealität hinab in eigenem Glanz und mit eigener Würde erscheinen.

Man denkt hier zunächst an berühmte, durch Berufung auf die Mythologie lizenzierte Bilder des Velázquez: an seine *Venus mit dem Spiegel* (zwischen 1644 und 1648), die, als weiblicher Akt, dazu in ihrer wahrhaft ‹hinterrücks› eingeschmuggelten Erotik, gewiss eine Ausnahmeerscheinung in der spanischen Malerei des 17. Jahrhunderts darstellt. Oder — weniger riskant – an die Bilder, auf denen Alltagsarbeit unter Berufung auf Göttermythen eine frühe realistisch-naturalistische Würdigung erfährt: die *Hilanderas* (gleiche Datierung), mit Blick auf den Wettstreit zwischen Arachne und Athene, und die *Schmiede Vulkans* (1630).

Selbst an Murillos berühmter *Rosenkranzmadonna* (zwischen 1675 und 1680; Abb. 10), das nun wirklich das religiöse Sujet *par excellence* zur Darstellung bringt — die Gottesmutter mit dem Jesuskind —, fällt sofort auf, wie perfekt das *fanum* und das *profanum* einander durchdringen. Wir haben auf der einen Seite zwar den Heiligenschein, der Mutter und Kind umgibt; wir haben die Engel, die zu ihren Füßen zu schweben scheinen; wir haben die Aura der Verklärung, auch die ‹Überlebensgröße› des kleinen Jesus, die einem solchen Sujet geschuldet sind; wir haben aber auch die vollkommen irdische Gestalt der jungen — man darf wohl auch sagen: ungemein reizvollen — Mutter, die reich und geschmackvoll gekleidet ist, nicht wie eine Heilige, sondern wie eine Sevillaner Patrizierin, deren *outfit* durchaus auch ihren diesseitigen sozialen Rang unterstreicht. So thront sie als Gottesmutter im Himmel, und bleibt doch zugleich eine anziehende Persönlichkeit, die den Betrachter auch und gerade ‹an und für sich› entzückt [13].

Fiel desengaño contra la ociosidad y los juegos (1603), hrsg. v. Martín de Riquer, Madrid: Real Academia Española, 1955.

13 Vgl. Mariano Sánchez de Palacios, *Murillo. Estudio biográfico y crítico*, Madrid: Offo, 1965. Sánchez de Palacios macht (S. 99) auf eine ähnliche Durchdringung von *fanum* und *profanum* in Murillos *Sagrada familia* (1650) aufmerksam. Dort wird die Heilige Familie lebensnah als würdige Sevillaner Handwerkerfamilie ins Bild gesetzt. Auffällig ist dabei besonders die Figur Josefs als stattlichem *machote*. (Dazu muss man wissen, dass der Figur des Heiligen Josef im spanischen Folklore seit jeher eher spöttisch gedacht wird als der eines ‹divino cornudo›). Nur das Männchen machende weiße kleine Hündchen verschafft diesem an sich ernsten Bild noch einen Hauch von Heiterkeit, wie sie einer Genre-Szene gemäß ist.

Die hier beschriebene Form der Stilmischung, die immer auch eine Rückbindung des *profanum* ans *fanum* einschließt, ist auch in der Literatur des spanischen Siglo de Oro zu beobachten. Erich Auerbach hat sie in seinem bahnbrechenden Buch über *Mimesis. Dargestellte Wirklichkeit in der europäischen Literatur* weitgehend außer Acht gelassen[14]. Erst in der zweiten Auflage versuchte er, durch ein Kapitel über den *Don Quijote*, die Lücke ein wenig zu schließen. Gewiss war Auerbach — im Gegensatz zu Vossler oder Spitzer — kein Hispanist; trotzdem kommt das Übergehen der spanischen Literatur im 16. und 17. Jahrhundert nicht von ungefähr, denn sie passte nicht recht in die These, wonach erst im späten 19. Jahrhundert — im Realismus/Naturalismus — wieder möglich wurde, was zuerst in den biblischen Erzählungen zu beobachten war: die Darstellung ernst genommener Alltäglichkeit und die Gleichberechtigung ‹hoher› und ‹niederer› Stilelemente. Der *Quijote* aber sei, gerade weil das Alltägliche und Lächerliche dort einen so breiten Raum einnehme, letztlich noch der niederen oder unernsten Literatur zuzurechnen. Auerbach übersah dabei allerdings zweierlei: zum einen die Tatsache, dass im Ersten Teil des *Quijote* die eingeschobenen Geschichten, die insgesamt mehr Raum einnehmen als die Haupthandlung (mit der sie im übrigen kunstvoll verwoben sind), einen ernsten und teilweise auch tragischen Gegenpart darstellen, dass durch sie also eine Stilmischung ins Spiel kommt, die der Alltagsebene der in der Tat überwiegend heiteren Haupthandlung größere Würde und eine höhere, die Grundsätze christlicher Ethik zur Geltung bringende Bedeutung verschaffen[15]. Das ist insoweit ähnlich wie bei Velázquez, wo durch die ‹eingeschobene› biblische Szene mit Jesus, Martha und Maria die Vordergrundhandlung der Küchenszene gleichsam geadelt wird.

Auerbach übersieht zum anderen, dass der zweite Teil des *Quijote* eben deshalb weitgehend auf eingeschobene Geschichten verzichten kann, weil dort die Haupthandlung selbst schon ein stilistisch ausgeglicheneres und ein moralisch höheres Niveau erreicht. Man denke nur an Sanchos Statthalterschaft, mit der er sich, gegen die Erwartung der Granden, gerade nicht lächerlich macht; oder an den würdigen Tod des einfachen Alonso Quijano, der den Realitäten ernst und gefasst ins Auge sieht, dem Quijotismus abschwört und sich gewissenhaft auf einen christlichen Tod vorbereitet. Im zweiten Teil sind also Alltag und Moral, Komik und Ernst, Profanes und Heiliges nicht mehr voneinander getrennt, sondern stehen, ähnlich wie in der Genremalerei Murillos, im gleichen Bezugsrahmen.

Aber nicht nur der Roman des Cervantes, auch andere Gattungen, etwa das Theater, weisen diese besondere Art der Stilmischung auf. Schon die Bezeichnung *comedia* setzt die Aufhebung der Stiltrennung voraus. Und in Lopes *Fuenteovejuna* zum Beispiel agiert niederstes Personal mit höchster Würde, während der adlige Comendador seinen niederen Instinkten freien

---

14 Vgl. Erich Auerbach, *Mimesis* (Anm. 1).
15 Dazu detailliert Hans-Jörg Neuschäfer, *La ética del «Quijote»* (Anm. 3).

Lauf lässt[16]. Auch die *novela picaresca* ist eine Mischform. Im *Guzmán de Alfarache* etwa wird die Geschichte des Pícaro in einer Weise erzählt, die keineswegs nur komisch oder grotesk wirkt, steht doch alles Erzählte im Rahmen einer Lebensbeichte und der durch sie bedingten moralischen Reflexion. Gattungsbildend wurde jedenfalls der *Guzmán* und nicht der *Lazarillo*, auch wenn dieser uns heute mehr erfreut, weil wir uns von der ‹Lizenzierung von oben› emanzipiert haben. Der *Lazarillo* aber musste seine freimütige Frechheit noch mit der Indexierung bezahlen.

Zwischen Malerei und Literatur des Goldenen Zeitalters gibt es also grundlegende Gemeinsamkeiten, was das Prinzip der Stilmischung, was das Aufgehobensein des Menschen im Rahmen der göttlichen Weltordnung und was das Verhältnis von *fanum* und *profanum* anbelangt. Und es ist gerade dieses Aufgehobensein in einer höheren Ordnung, das der Darstellung der menschlichen Verhältnisse jenen Spielraum verschafft, in dem sie auch für sich selbst einnehmen können. Genau darin liegt der Unterschied zum Realismus des 19. Jahrhunderts, wo es diesen Bezugsrahmen nicht mehr gibt und wo infolgedessen die profanen Lebensbedingungen selbst für das Schicksal der Menschen ausschlaggebend erscheinen.

Wie sich *fanum* und *profanum* gegenseitig zur Geltung bringen, soll abschließend und zusammenfassend noch an Velázquez' meistkommentiertem Bild — *Las meninas* (1656; Abb. 11) — gezeigt werden, das man hier nicht in allen Einzelheiten zu beschreiben braucht[17]. Das Bild ist schon im Vordergrund ‹gemischt›, denn es bringt zwei ganz verschiedene Sujets zur Anschauung. Im Vordergrund ist eine scheinbar selbstgenügsame familiäre Genreszene zu sehen: die kleine Infantin umgeben von ihrer Begleitung, den kaum älteren Bedienerinnen oder Gespielinnen links und rechts von ihr, den erwachsenen Aufsichtspersonen im Hintergrund, den Gnomen am rechten Bildrand und dem Hund im rechten unteren Bildwinkel.

Auf der linken Seite, neben dem knienden Hoffräulein, macht ein zweites Sujet auf sich aufmerksam: der Maler Velázquez selbst, der zwar nicht ganz vorn, ‹an der Rampe› steht, aber doch unübersehbar ist, weil er sich keineswegs klein macht. Ganz im Gegenteil: er strotzt, während er von seiner Arbeit aufblickt, geradezu von Selbstbewusstheit, sichtbar auch in der geradezu ostentativen Weise, mit der er die mit dem Santiago-Kreuz dekorierte Brust wölbt. Freilich ist gerade dieses Kreuz zugleich eine ‹von oben› verliehene Auszeichnung. Es handelt sich also, zweitens, um ein Selbstportrait des Malers Velázquez, der vor einer riesigen Leinwand steht, die er gerade bearbeitet

---

16 Dazu Hans-Jörg Neuschäfer, «Lope de Vega und der Vulgo», in: Horst Baader/Erich Loos (Hrsg.), *Spanische Literatur im goldenen Zeitalter. Fritz Schalk zum 70. Geburtstag*, Frankfurt a. M.: Klostermann, 1973, S. 338–356.

17 Von der klassischen Monographie Carl Justi, *Velázquez und sein Jahrhundert*; zuerst Bonn: Cohen, 1888, bis zur *Meninas*-Analyse, mit der Foucault 1966 *Les mots et les choses* eröffnete, reicht das Spektrum origineller Interpretationen, zu denen das vieldeutige Bild den Anlass gab.

und die den ganzen linken Rand des Bildes einnimmt, ohne dass man vorderhand erkennen kann, *was* er malt, denn die Leinwand dreht uns gleichsam den Rücken zu.

Auf den ersten Blick stehen die beiden Sujets unvermittelt nebeneinander, jedes reizvoll in sich selbst. Fast meint man, es mit einer ähnlichen ‹Blickkontakt›-Situation wie im *Gruppenbild* Murillos zu tun zu haben. Erst wenn man genauer hinschaut, merkt man, dass dies nicht der Fall ist: Im Hintergrund, mit der rechten Unterkante genau über dem Scheitel der Infantin, befindet sich ein Spiegel, und in diesem Spiegel sind die eigentlichen ‹Auslöser› der ganzen Komposition zu sehen: das Königspaar, die allerchristlichsten Majestäten. Sie sind zwar nicht direkt im abgebildeten Raum anwesend, sondern befinden sich davor. Aber man merkt jetzt doch, dass in Wahrheit aller Augen auf sie gerichtet sind, vom Hofmann an der hinteren Tür über das familiäre Ensemble um die Infantin bis hin zum Maler. Nur das Getränke reichende Fräulein ist für einen Moment durch die Bedienung der Infantin abgelenkt, was die ‹Natürlichkeit› der Szene nur erhöht. Zugleich sind jetzt die beiden scheinbar je für sich stehenden Sujets zu einem neuen, gemeinsamen gebündelt: dem Herrscherportrait als dem dritten Sujet. Denn es ist offensichtlich, dass eben dieses Portrait vom Maler gerade auf die vor ihm stehende Leinwand gebannt wird, deren Bildfläche unserem Blick zwar entzogen ist, von der wir aber, dank dem Spiegelbild, dennoch wissen, was sie zu enthalten im Begriffe ist.

So steht die ganze Szene, obwohl sie auch für sich selbst spricht, doch noch in einem legitimierenden Rahmen, gleichsam unter der Kontrolle einer höheren Macht, des Königspaares nämlich, das sie von vorne, vom Sitz der zu Portraitierenden her, und von hinten, aus dem Spiegel heraus, gleichsam umklammert und überhaupt erst in einen Zusammenhang bringt, der die einzelnen Teile integriert: den Malvorgang und den Maler; die Infantin mit ihrem kleinen ‹Hofstaat›; und die Eltern, die Modell stehen oder sitzen.

Aber es gibt doch zugleich eine signifikante Spannung zwischen dem gemalten Bild, das wir unmittelbar erblicken, und dem zu malenden Bild, das wir nur erschließen können. Im zu malenden Bild sind die Herrscher die Hauptpersonen; im gemalten ist es, neben der Infantin, der Künstler selbst, dessen Schöpferkraft wir die ganze, so überaus ingeniöse *composition en abîme* zu verdanken haben und der damit — in seinem Métier — selbst über eine Macht verfügt, die der des Königs ebenbürtig ist: die Macht über die Darstellung oder Repräsentation der Dinge und Personen mittels eines von ihm geschaffenen Werkes. Vor unseren Augen entsteht damit so etwas wie Kunst-Autonomie. Freilich nur deshalb und insoweit, wie sie ihre Grenzen akzeptiert und wie sie es hinnimmt, dass sie der Ermächtigung durch eine höhere Instanz bedarf.

Abb. 1: Velázquez, *Christus bei María und Marta* (1618), London: National Gallery

Abb. 2: Murillo, *Der Heilige Thomas von Villanueva als Kind verteilt seine Kleider* (um 1670), Ohio: Cincinnati Art Museum

Abb. 3: Murillo, *Zwei Jungen und ein Mohrenknabe* (um 1670), London: The Trustees of Dulwich Picture Gallery.

Abb. 4: Murillo, *Gruppenbild* (1655-1660), Fort Worth (Texas): Kimbell Art Museum

Abb. 5: Murillo, *Zwei Frauen am Fenster* (1655-1660), Washington D. C.: National Gallery of Art

Abb. 6: Murillo, *Knabe auf ein Fensterbrett gestützt*, London: National Gallery

Abb. 7: Murillo, *Knabe mit Hund,* St. Petersburg: Eremitage

Abb. 8: Murillo, *Die Melonenesser* (um 1650), München: Alte Pinakothek

Abb. 9: Murillo: *Würfelspielende Kinder* (um 1670), München: Alte Pinakothek

Abb. 10: Murillo, *Rosenkranzmadonna* (1675-1680), Madrid: Museo del Prado